U0892363

让法律被信仰

法之治

孙晋 李胜利 著

竞争法原论

第二版

法律出版社
LAW PRESS·CHINA

孙　晋

1971年生，安徽人，法学博士，1996年至今在武汉大学法学院工作。2005年11月破格晋升副教授，2007年9月至2008年8月援疆任新疆大学法学院副院长，2008～2009年伯克利加州大学法学院访问学者，2011年晋升教授，2012年遴选为博士研究生导师，2014～2015年入选国家“双千计划”挂职江苏省镇江市中级人民法院副院长，2019年2～3月在中共中央党校学习。现为武汉大学与国家发改委战略合作共建基地——武汉大学竞争法与竞争政策研究中心主任、武汉大学网络治理研究院执行院长，兼任中国商业法研究会副会长、中国法学会经济法学研究会常务理事。

主要研究竞争法、企业（公司）法、经济法基础理论、互联网与法律。主要著作有《竞争性国有企业改革路径法律研究》《反垄断法——制度与原理》《中国企业法制的演进与变革》《产融结合的金融监管和反垄断规制研究》《中国与世界：竞争法发展研究报告》；主编《现代经济法学》《商法学》《房地产法》《网络法》等教材。在《中国法学》、《人民日报》、*Canadian Social Science*、*Frontiers of Law in China*、《中国法学》（英文版）、《新华文摘》、《中国社会科学文摘》等报纸和期刊公开发表中英文论文150余篇。主持国家社科基金重点项目和一般项目、教育部规划基金项目和后期资助项目、最高人民法院重大司法研究课题、中国法学会部级课题、国家市场监管总局政策研究课题等50余项。

李胜利

1972年生，安徽颍上人，法学博士，2009年至今在安徽大学法学院工作。现为安徽大学法学院副院长，教授、博士研究生导师，兼任中国法学会经济法学研究会理事、中国商业法研究会理事、安徽省法学会经济法学研究会副会长、安徽省法学会法学教育研究会副会长兼秘书长、武汉大学竞争法与竞争政策研究中心研究员、暨南大学竞争法与产业发展研究中心研究员等，2014～2015年国家首批“双千计划”人员，被任命为安徽省高级人民法院审判管理办公室副主任（挂职）。

主要研究竞争法、经济法基础理论、房地产法。主要著作有《美国联邦反托拉斯法百年：历史经验与世界性影响》（独著）、《农村土地整治法律规制研究》（合著）；主编《房地产政策与法规》，副主编《新世纪经济法的反思与挑战》《经济法：案例与材料分析》《经济法学》等学术著作多部。在《法商研究》《财贸经济》《经济法论丛》《法学评论》《新政治经济学评论》等报纸和期刊公开发表学术论文、译文60余篇，多篇被中国人民大学书报资料中心复印报刊资料《经济法学、劳动法学》和《中国社会科学文摘》等转载或转摘。主持、完成国家社科基金、教育部等科研项目多项。

前言（第二版）

本教材第一版自2011年在武汉大学出版社付梓以来，受到读者的欢迎，期间武汉大学出版社有意再版。我们考虑到《反不正当竞争法》已于2017年大幅度修订，并于2019年修正；国家于2016年和2017年初步建立了公平竞争审查制度，竞争政策基础性地位越来越得到加强；随着2018年国家机构改革方案实施，新组建了国家市场监督管理总局，作为我国统一实施反垄断执法和反不正当竞争执法的专门机构，尤其是反垄断执法体制发生了很大改变；反垄断法律制度过去在国家发展和改革委员会、原国家工商行政管理总局和商务部"三驾马车"共同努力下也在不断发展，尤其是国家市场监督管理总局于2019年6月制定了三个重要部门规章，并于2020年1月2日发布了《〈反垄断法〉修订草案（公开征求意见稿）》。鉴于此，教材理应大幅度修改补充完善。我们又考虑到扩大教材覆盖面和影响力，所以决定第二版在法律出版社出版。

本教材具有理论性、实践性和国际性特征。立足我国，理论联系实际，力求反映我国竞争法的最新理论研究成果，归纳我国竞争法的最新立法成果和动向，呈现我国竞争执法体制的最新变革和优点。本教材在内容上不局限于国内，还进行了适当的横向比较。教材适合用作经济法专业研究生和法学本科生的竞争法教材或者辅助教材，也适合从事竞争法实务工作的执法官员、企业法务人员和律师作为工具书或参考书。

感谢法律出版社法治与经济分社沈小英社长的大力支持，感谢陈妮编辑的认真细致，让教材以全新的面貌和更高的质量与大家见面。

前言（第一版）

德国社会市场经济的设计者、曾任联邦德国总理的路德维希·艾哈德在其著作《来自竞争的繁荣》中有言："竞争是获得繁荣和保证繁荣最有效的手段。只有竞争才能使作为消费者的人们从经济发展中受到实惠。它保证随着生产力的提高而俱来的种种利益，终于归人们享受。"竞争机制是市场机制的核心，竞争法是市场经济的法律基石，尤其作为竞争法核心的反垄断法，素有"经济宪法"和"市场经济大宪章"之称，其在市场经济成熟国家发挥重要作用已过百年，市场经济越发达和经济发展越健康的国家，其竞争法也越发达。一个国家（地区）没有竞争法，就不可能有市场经济；没有良好的竞争法制的有效保障，市场经济的运行机制就会出现严重问题。我国正在积极推进市场经济体制建设，1993 年国家颁行了《反不正当竞争法》，2007 年又颁布了《反垄断法》，我国的竞争法律体系基本确立。然而，我们必须清醒地认识到，我国竞争法制尚处于起步阶段，还有待进一步完善，《反不正当竞争法》修改工作事不宜迟，《反垄断法》细化和完善工作迫在眉睫。本书立足于我国经济转型和制度变迁的宏大时代背景，从微观上阐释和论述中国的市场经济、企业行为和参与国际竞争需要怎样的竞争法律制度，尤其结合最近中国新颁行的《反垄断法》和即将面临彻底修改的《反不正当竞争法》，介绍国外的相关制度、关注国外相关制度的最新进展和论证我国现代竞争法律制度的形成与完善。这些都需要一部新教材予以完整反映。

当下，国内教材编著往往是理论性有余而实用性不足，国外理论与制度阐述过多而结合本国国情对国内制度的剖析不足，我国法学本科教育正处在从偏重理论性教学向偏重实践性实用性教学模式的深刻转型时期，研究生教育也深受影响，然而我国法学教材尤其是竞争法教材滞后，既不能适应这种转变，也无法满足教学需求，亟须法学教材的编著更新理念并及时更新内容。本教材积极适应我国当前和今后的法学教育转型，符合学生在校学习所需，回应社会对培养合格人才的要求，努力建设一流的实用的教材。总体而言，本教材编著遵循如下原则：

1. 立足国内，借鉴国外，注重中外比较研究；
2. 立足理论，结合立法，讲究理论联系实践；
3. 立足当前，总结过去，探索未来发展趋势；
4. 立足实用，深入简出，方便学生学习掌握。

本教材最大的特色就是立足中国已逾 30 年的改革开放历史过程，随着我国社会主义市场经济体制的逐步确立,阐明富有中国特色的竞争法制的构建、完善及未来发展趋势;另一个特色就是教材编写适应我国法学教育尤其是法学本科教育的转型,注重实用性和实务性,适合法学专业本科生、研究生的教学所需。

本教材内容上包括竞争法基础理论、反垄断法律制度、反不正当竞争法律制度三大部分。

目　　录

第一部分　竞争法基础理论

第二部分 反垄断法律制度

第三部分 反不正当竞争法律制度

第一部分　竞争法基础理论

第一章　市场经济与竞争法

第一节　市场经济与竞争

市场经济是以利益最大化为内在驱动力，通过供求、价格、竞争等市场机制配置社会资源和引导社会经济运行的经济体制模式。竞争性是市场经济的本质特征和必然要求。它有利于调动市场主体积极性，提高经济效率，推动科技创新，优化社会资源配置。

从历史学的角度来看，市场经济对应于小农经济，是商品经济发展的高级阶段；就国别横向比较而言，市场经济则对应于第二次世界大战时期德国、日本的集权经济和战后苏联、东欧、中国的计划经济。

市场经济体制的形成是一个历史发展过程，市场经济竞争机制在市场经济发展过程中逐渐形成并完善起来。小农经济即小生产自给经济是一个封闭的体制，在这个体制中，只在小范围内存在产品交换竞争；计划经济即集权经济是国家统制经济的体制，类似于寡头垄断市场经济，竞争只在国家允许的范围内有限和有条件地存在；计划经济是国家中央集权的产物，国家掌握了几乎所有的生产生活要素并加以配置，社会上没有商品、没有市场，从根本上否定竞争。① 市场经济竞争机制的历史过程，实际上是市场经济开放性机理不断起作用的过程。在这个过程中，独立和趋利的竞争参与各方相互作用，由最初的相互排斥和对抗，逐渐发展为相互排斥又相互依存的关系；这种变化标志着市场经济的竞争机制从初期的不完善逐渐向成熟阶段过渡和发展。已经发展起来的工业化国家，在它们发展的早期，也都经历过这样的历程。市场经济起源之初，限制竞争和不正当竞争情形难以避免，但是这种消极行为又不能任其泛滥，否则它将彻底破坏市场竞争机制和毁掉市场经济发展的基础。所以，早期的市场经济国家都采用了十分严厉的办法来控制这种局面，这个办法就是法治基础上的规范竞争。

从根本上来说，市场经济是一种自由竞争经济，自由竞争是市场经济的灵魂。自由竞争的持久与延续有赖于公平竞争。竞争是市场经济的核心，公平是市场经济的灵魂。

---

① 在计划经济条件下，传统的社会主义国家曾经把“竞争”贴上了“资本主义社会专利”的标签，认为社会主义国家的不同企业和事业单位之间只存在“竞赛”，这实际上是对竞技体育语境中“竞赛”的牵强附会的借用。在我国的体育竞技中，“竞赛”的原则可以用 8 个字概括——“友谊第一、比赛第二”，借用之意蕴耐人寻味。

市场经济不仅要有竞争性,更要有公平性。没有竞争,市场就没有活力;没有公平,市场就没有秩序。竞争机制崇尚"优胜劣汰、适者生存",更有赖于政府有形之手对市场平等、有限且高效地干预。一定时期内和一定地域内社会资源总是有限的,国家与国家之间的经济竞争主要体现在有限的社会资源能否得以优化配置。在市场经济中,没有竞争也就无法实现资源的合理配置,市场自我调节经济运行只有在国家所确认和保护的竞争这一前提下才是相对有效的。正是从这个意义上说,市场经济归根结底是竞争经济,竞争是市场经济内在要求的基本制度原则。① 还是从这个意义上说,20 世纪后半叶计划经济和市场经济的竞争注定了前者的败局。

由此看来,竞争是市场经济的基本构成要素,是市场经济活力的源泉。有这样一个故事,挪威一家远洋捕捞公司发现存放在水槽中的沙丁鱼不喜欢游动,很像半死不活的鱼,不喜欢游动的沙丁鱼和冷冻的鱼一样丧失了鲜味。捕捞公司一直为这个问题所困扰。后来,一位精明的船长想出了一个绝妙的办法:他在存放沙丁鱼的鱼槽里放入了一些生性好动的鲇鱼。鲇鱼东游西窜,将"死水一潭"的沙丁鱼惊动了,沙丁鱼生怕被鲇鱼吃掉,便一改懒得游动的习性而紧张地快速游动,等到船靠岸时,这些沙丁鱼一条条都还是活蹦乱跳的。因此,这家公司的沙丁鱼始终能卖一个更好的价格,而且生意十分火爆。这个自然界现象只是有关竞争的一个形象的例子。市场与竞争的关系也许正像上述鲇鱼和沙丁鱼一样:没有市场那么竞争就不可能存在,正如没有鲇鱼就没有沙丁鱼等各种海洋生物;市场没有竞争就没有活力直至死亡,正如海洋没有沙丁鱼、鲇鱼等海洋生物就没有生机。德国社会市场经济的设计者、曾任联邦德国总理的路德维希·艾哈德在其著作《来自竞争的繁荣》中有言:"竞争是获得繁荣和保证繁荣最有效的手段。只有竞争才能使作为消费者的人们从经济发展中受到实惠。它保证随着生产力的提高而俱来的种种利益,终于归人们享受。"②竞争的内涵到底是什么?竞争的本义是多个市场主体旨在赢取同一目标而争竞,即在市场经济条件下市场主体之间为实现自身经济利益最大化在生产、销售、管理、技术、服务等方面相互争胜的行为。竞争按照法律和道德为批判标准,可以分为正当竞争(合法竞争)和失范竞争(非法竞争),后者又包括限制竞争(垄断)和不正当竞争两种基本情况。至于竞争的意义,我国有学者作过比较全面的归纳:竞争是一种效益机制、一种创造机制、一种分配机制和一种发现过程,并认为自由即自由竞争和秩序对竞争意义的实现至关重要。③

实际上,竞争与协作的关系也非常重要,市场主体之间不单需要自由竞争,通过市场主体之间的协作,可以有效减少甚至避免过度竞争和无节制竞争所带来的负面影响。

---

① 参见[德]K. 赫德齐纳:《竞争理论》(德文版),第 18 页。转引自陈秀山:《现代竞争理论与竞争政策》,商务印书馆 1997 年版,第 8 页。

② [德]路德维希·艾哈德:《来自竞争的繁荣》,祝世康译,商务印书馆 1987 年版,第 11 页。

③ 参见邱本:《自由竞争与秩序调控》,中国政法大学出版社 2001 年版,第 288 ~ 295 页。

市场竞争是各种市场主体为了生存和发展，通过市场行为的优胜劣汰而展开的争斗和较量。市场协作是各种市场主体在市场经济条件下，按照市场规则的基本要求，协同参与市场经济活动，以实现各自的经济利益或既定目标。在市场经济条件下，竞争与协作是对立统一的关系。

第二节　竞争法与世界竞争立法

一、竞争规制及其法律化

市场的自由竞争和有序竞争并非市场常态，市场竞争常常表现为竞争失范，这就是我们通常所谓的市场失灵和市场障碍的主要表现。① 竞争失范主要有两种情形：竞争不足和竞争无序。竞争不足往往是大企业对相关市场的垄断和限制竞争所引起的经济现象；竞争无序往往由于竞争过于激烈而导致，主要表现为市场主体采取各种不正当竞争行为打击竞争对手、抢夺商业机会。竞争失范导致竞争关系的失衡，甚至引致竞争不能，竞争机制的破坏使社会资源不能得以优化配置，这就需要国家对市场竞争失范予以规制，进行竞争立法，为市场竞争确立规则，反对限制竞争和不正当竞争行为。竞争规制是指为保障自由公平竞争机制充分发挥优化配置资源的作用，国家对市场主体的垄断行为和不正当竞争行为进行打击制裁，从而排除市场竞争障碍的规制。哈耶克曾经指出："竞争发挥功能不仅要求诸如资金、市场和信息渠道之类的充分组织与特定的制度……而且首先取决于适当的法律制度的存在，这种法律制度既能维护竞争，又能使其以最有益的方式运行。"②

竞争规制主要针对竞争性产业内的垄断行为和不正当竞争行为，然而随着20世纪70年代末以来世界范围内垄断产业规制改革的不断深入，垄断性产业内经济性规制开始逐步放松，竞争机制被逐渐引入，由此竞争规制进入垄断性产业内，竞争规制的领域越来越广泛。现在，在很多垄断性产业内，呈现的是一幅经济性规制和竞争规制并存的景象，不过二者的规制目标是有区别的。一般而言，经济性规制是用政府行为直接替代市场机制配置资源，竞争规制则是通过排除竞争障碍以促进市场调节机制更好发挥作用；前者是不相信市场或者由于市场失灵不能发挥作用，后者则是努力找回市场，使遭受破坏的市场秩序恢复其本来的面目。正是由于二者存在上述区别，人们一般将经济性规制称为政府的直接规制，而将竞争规制称为间接规制。③

作为国家（政府）利用有形之手矫正市场失灵、弥补市场缺陷而规制市场的主要方

---

① 参见漆多俊：《经济法基础理论》（第4版），法律出版社2008年版，第280页。

② ［英］哈耶克：《通往奴役之路》，王明毅等译，中国社会科学出版社1997年版，第122页。

③ 参见孙晋主编：《现代经济法学》，法律出版社2020年版，第178页。

式,20 世纪以来,竞争规制越来越重要也越来越普遍,其表现有二:一是反对限制竞争和垄断行为,二是反对不正当竞争行为。垄断(限制竞争)和不正当竞争都妨碍自由和公平竞争,扭曲价值规律,妨碍市场机制充分发挥调节作用,都是市场障碍的表现,因此竞争规制所依托的竞争法包括反垄断法和反不正当竞争法,二者的基本性质和功能是一致的。[①] 当然,也有少数人在狭义上使用"竞争法"这一概念,单指反不正当竞争法或反垄断法。一般意义上,竞争法是以市场竞争关系和市场竞争规制关系为调整对象,以反对限制竞争和不正当竞争为主要表现,以保护公平、自由竞争为主旨的实体性竞争法律规范和程序性竞争管理法律规范的总称。由此看来,竞争法的调整范围包括限制竞争行为和不正当竞争行为,竞争法的调整对象包括竞争关系和竞争规制关系。至于竞争法的基本原则,作为对竞争的立法、执法、司法和守法普遍具有指导意义的根本准则,应该包括自由竞争原则、公平竞争原则、适度规制原则和社会公共利益原则。

二、世界竞争立法概况

现代竞争法是市场经济发展到一定阶段的产物。早在古罗马时期就有以公平和诚实信用原则为判断某种商业行为是否构成不正当竞争的标准,颁布法律禁止价格市场垄断。17 世纪以来,英国等西欧国家在民法、商法及判例中对各种背离商业道德的不正当竞争行为作出禁止性规定。这些规范竞争的早期法律规定数量少且零散,未能形成系统的法律体系。[②] 市场经济发展到 19 世纪晚期,各种不正当竞争和垄断行为越来越多,对市场机制的破坏力越来越大,各种社会利益冲突日益严重,国家对市场经济的干预在所必然。直到 19 世纪末 20 世纪初期,竞争法产生的经济基础(垄断在市场中广泛存在和破坏性严重)、政治基础(国家对市场经济进行必要干预的正当性)和法律基础(立法社会本位的确立和社会法学派的兴起)才具备,现代意义上的竞争法才最终形成。

制定一种新型的竞争法律用来保护竞争过程的思想,最早出现于 19 世纪末。在 19 世纪初,竞争还是个非常边缘的概念,到了 19 世纪末它已经变得十分重要。它被赞誉为人类的改造者,创造财富、消灭贫困、减少阶级差别和保障自由的新普罗米修斯。[③] 艾哈德认为,竞争是提高生产率的最理想的手段,人类进步来自竞争,社会繁荣来自竞争。[④] 竞争是市场经济最显著的特点,没有竞争将不是市场经济。国家为了规范竞争,依法保护自由竞争和进行有序的竞争,必须有竞争法。竞争法是指在市场经济条件下,以市场主体之间的竞争关系和国家调节市场竞争关系作为调整对象,以保护竞争自由

---

① 参见漆多俊:《经济法基础理论》(第 3 版),武汉大学出版社 2000 年版,第 278 页。

② 参见吕明瑜:《竞争法教程》,中国人民大学出版社 2008 年版,第 52 页。

③ 参见[美]戴维·J. 格伯尔:《二十世纪欧洲的法律与竞争》,冯克利、魏志梅译,中国社会科学出版社 2004 年版,第 18 页。

④ 参见[德]路德维希·艾哈德:《来自竞争的繁荣》,祝世康译,商务印书馆 1983 年版,第 153 ~ 154 页。

和维护竞争秩序为主旨，以反垄断和反不正当竞争作为核心内容的各种法律规范的总称。在19世纪末，制定保护竞争过程使其不受限制和歪曲的一般性法律逐渐成为欧洲大多数地区和美国的法律及经济秩序的核心内容。[①] 这种新型的法律体现了公法与私法的融合，以公法为主，它是私人利益和社会利益的统一且社会利益优先。

在欧洲，奥地利早在1803年就规定市场主体"为了不劳而获提高商品价格损害公众"的卡特尔价格协议属于刑事犯罪，首次确认该协议无效，1870年该条款从刑法转入《反串通法》；[②]1810年法国同样利用刑法对价格反竞争行为予以规制，于19世纪中期之后又利用《法国民法典》的侵权规定辅助规范价格以外的其他反竞争行为，直至1986年颁布法国竞争法《价格及自由竞争的命令》；[③]德国在1869年《商法》和1894年《商标法》中尝试着对卡特尔行为和一些不正当竞争行为进行约束，1896年《反不正当竞争法》是世界上第一部反不正当竞争单行法律，[④]1957年颁布的《反对限制竞争法》被认为是当今世界最严厉并在欧洲影响最广的竞争法律。现代反垄断和限制竞争法律制度的确立当首推美国，1890年美国议会通过的《谢尔曼法》(《反托拉斯法》)，以及1914年的《克莱顿法》和《联邦贸易委员会法》，确立了美国的反垄断法律制度，后来鉴于市场竞争形式的多样化，美国又对上述法律进行了相关的修订并补充了相关立法，如《鲁宾逊－帕特曼法》《惠勒－李法》《反托拉斯民事程序法》等，法院关于各类反限制竞争案的大量判例也是美国竞争法的表现形式。美国《反托拉斯法》对世界反垄断立法和法律实施产生了强大的示范效应和推动作用，亚洲的日本在1947年颁布的《关于禁止私人垄断和确保公正交易的法律》(以下简称《禁止垄断法》)被认为是美国《反托拉斯法》的翻版。

第二次世界大战结束后，一些国际性组织和地区性组织也在积极开展竞争立法。1948年哈瓦那《国际贸易组织宪章》出现了禁止垄断条款，1980年联合国第35届大会通过了《关于控制限制性商业惯例的公平原则和规则的多边协议》；依据1957年《罗马条约》发展起来的欧盟竞争法体系对欧盟一体化进程起到了巨大的推动作用。

在欧美竞争立法发展近一个世纪以后，广大发展中国家如苏联、东欧诸国、中国等从计划经济体制转型为市场经济体制的国家也开始了各自竞争法的立法进程，俄罗斯1991年颁布的《关于商品市场上竞争和限制垄断行为的法律》(以下简称《商品市场竞争法》)被视为该国向市场经济体制过渡的奠基石，1995年颁布适用于金融、电信、交通等行业管制的《自然垄断法》，1999年通过了《保护在金融服务市场上竞争的法律》(以下简称《金融市场竞争法》)，2006年7月俄罗斯将《商品市场竞争法》和《金融市场竞

---

① 参见[美]戴维·J.格伯尔：《二十世纪欧洲的法律与竞争》，冯克利、魏志梅译，中国社会科学出版社2004年版，第1页。

② 同上书，第64～65页。

③ 参见刘继峰：《竞争法学原理》，中国政法大学出版社2007年版，第34～35页。

④ 参见邵建东：《德国反不正当竞争法研究》，中国人民大学出版社2001年版，第4～7页。

争法》合并成为统一的《俄罗斯联邦竞争法》。与传统的欧美成熟市场经济国家有所不同,转型国家竞争法的中心任务是推动经济转轨对行政性垄断的规制。行政性垄断是计划经济体制的遗留和政治体制改革滞后的产物。政府之手对市场干预力度强、范围广,与政府关系密切的企业比如国有企业和政府部门之间的关系很难一下子归位到设计中的市场与政府的一般关系结构状态,对政府职能部门的监督缺失也为其权力寻租打开方便之门,所有这些都促成了严重且较普遍的行政性垄断问题。

第三节　竞争法的多元化功能

竞争法作为市场经济发展到一定历史阶段的制度创新和新的法律现象,它在初期的作用主要是规范市场竞争和保护市场竞争者,虽然在不同的国家和不同的历史时期它的作用有所不同,但是越到后来人们赋予它越多的期望,它承载的功能和意义也就相应地越来越丰富。

一、规范市场竞争秩序以维护市场竞争机制

竞争的一般含义是指两个或两个以上的个人或集团为了追求同一目标而互不相让、互相争胜的行为,经济领域中的竞争就是经济主体在市场上为实现自身经济利益最大化,而在投资、生产、销售、管理、技术、服务等方面,相互争胜的角逐过程。竞争是商品生产和商品交换的产物,是市场经济的产物,没有市场经济,也就不可能有竞争的存在。反之,没有竞争,也不可能有真正意义上的市场经济,市场经济归根结底是竞争经济,竞争是市场经济内在的基本要求,是市场经济发展与变迁的动力与源泉。只有保证竞争机制的有效运作,才能确保市场主体的优胜劣汰,促进资源的合理流动和优化配置,实现社会整体经济效率的提高和社会福利的增加。作为市场规制法最重要组成部分的反垄断法和反不正当竞争法,就是市场竞争机制的守护神,其通过禁止不正当竞争行为、协议垄断行为、滥用市场支配地位行为、行政性垄断行为和控制经营者集中行为,修复被破坏的市场竞争环境,或防止市场竞争环境恶化,从而为市场机制充分发挥优化配置资源作用扫除障碍。因此,竞争法规范竞争秩序、维护竞争机制,使社会资源得以优化配置,也就推动了经济效率的提高和实现社会福利的增加。

二、保护消费者利益和社会公共利益

在经营者与消费者之间的市场交易活动中,由于消费者不仅在经济实力、专业技能及对商品信息的获取能力方面无法与经营者相抗衡,而且各自为政,力量分散,处于明显的弱势地位。对于这种状况,以抽象人格主体为对象对双方予以平等保护的民商法无能为力,现代经济法则必须进行回应。否则,不仅作为现代经济民主理念重要体现的消费者主权原则无从实现,而且“消费决定生产”最终沦为空谈,由此带来对整个社会经济循环的破坏,社会经济的健康与稳定受到威胁。因此,这种情形必须得到矫正。矫

正的手段就在于通过法律对不同主体权利义务的重新配置，提升消费者与经营者的对话与对抗能力，使经营者与消费者之间的利益达到新的平衡。第二次世界大战结束以后，从各国实践来看，越来越多的国家突出和强调竞争法的消费者保护功能，并且制定专门的消费者保护法、产品责任法对消费者进行倾斜性保护。

很多国家在其竞争法律当中明文规定或通过判例确认保护社会公共利益是竞争法的立法目的，我国《反垄断法》第1条就开宗明义地规定保护社会公共利益是我国《反垄断法》立法目的之一。反不正当竞争立法同样通过打击不正当竞争行为恢复正常竞争秩序、弘扬商业道德以保护社会公共利益。其实，竞争法保护社会公共利益这一功能也是竞争法之社会本位立法的应有之义。

三、规范政府规制权力

竞争法一方面将市场主体和市场行为作为规制对象，另一方面也应将政府及其规制行为作为规制对象。政府对市场主体的规制是公共权力对市场的干预，无论是理论分析还是现实情况都已经证明，在权力的运用中，那些掌握权力的人并不都是追求社会公共利益最大化，很可能假借公共利益之名行追求部门利益、小集体利益甚至个人利益之实。在市场规制过程中，规制者、管理者拥有强大的权力，极易导致权力滥用、官僚主义、寻租与腐败等现象出现，使国家经济发展同时面临“市场失灵”和“政府失败”的双重风险。因此，竞争法必须控制政府的市场规制行为，规范政府规制权力也是竞争法的重要任务。这也说明，那种认为经济法只是“政府干预之法”即为政府授权的法，而“干预政府”即控制政府权力只是行政法任务的观点是很片面的。[①] 经济法不仅为政府调节经济授权，也从合理分配权力、赋予市场主体监督权力、正当程序、司法监督等途径控制政府的经济调节权力。美国反托拉斯判例所确立的一些原则，以及俄罗斯联邦的竞争法通过对政府限制竞争权力的限制来达到规范政府规制权力的目的，我国《反垄断法》对行政性垄断的规定也是一个很好的例证。竞争法尤其是作为其核心的反垄断法不仅实现和维护经济民主，在民主国家通过维护经济民主可以确保政治民主，在转型国家还能够通过实现经济民主以推动政治民主的进程。[②]

综上而言：早期的竞争法其功能主要定位于优化资源配置和促进经济发展，这一点当无异议，得到世界的广泛认同和各国市场经济实践的屡次验证；20世纪60年代以来人们又开始强调竞争法对消费者福祉的尊重和保护；然而现代越来越多的学者认识到竞争法在促进实现政治民主上的现实意义，认为竞争是历史上最伟大、最出色的剥夺权力的手段。[③] 历史的经验告诉我们，如果少数人手中的经济实力显著集中形成垄断，它便具有威胁民主社会的危险性。然而市场经济竞争的结果往往易于产生企业经济力的

---

① 参见孙晋：《论经济法基本性格的二重性》，载《法商研究》2001年第1期。

② 参见孙晋：《反垄断法：制度与原理》，武汉大学出版社2010年版，第27页。

③ 参见邱本：《市场竞争法论》，中国人民大学出版社2004年版，第41～42页。

集中,这就需要运用民主的方法、民主的原则来对企业的这种经济力集中加以制约。"如在经济领域内民主受到排斥,在其他领域内民主会更易于受到限制或排斥。"①正是从这个意义上说,竞争法尤其是反垄断法所维护的经济民主是一个社会的政治民主的物质基础和实现前提。故而,竞争法不仅对转型国家的市场经济体制的确立和完善至关重要,对其政治民主的推动和实现同样意义重大。

第四节 我国的经济转轨与竞争法的制度初构

一、我国远未结束的经济转轨

1949 年中华人民共和国成立以来,实行高度中央集权的计划经济体制,消灭私有制,以国家计划代替市场,以产品供给代替商品,把国有企业(时称国营企业)和集体企业作为完成国家各种计划的生产者和供给者。在计划经济体制下,没有真正意义上自主经营、自负盈亏的企业,没有商品,自然也就没有市场;正所谓"皮之不存,毛将焉附",没有市场,没有真正的市场经营主体,竞争也就不可能存在。

从 1978 年年底开始,改革开放开启了中国经济转轨即由计划经济体制向市场经济体制转型的大幕,倡导社会主义民主法制建设和商品经济的快速发展是我国经济转轨的制度保障和经济基础,对内启动国有企业改革和对外开放引进外资是经济转轨的两大动力。虽然在 20 世纪 80 年代末 90 年代初出现了一场关于改革成败和计划与市场的争论,②这场争论和非议在一定程度上影响了市场化改革的进程,使中国经济转轨面临严峻挑战。但是,1992 年春邓小平南方谈话和中共十四大的召开,为这场争论画上了句号,中国明确提出建立社会主义市场经济的目标。

虽然我国自改革开放至今国民经济保持了逾 40 年连续快速增长,国家也从供给型经济转向需求型经济、由封闭和半封闭型经济转为开放型的经济、从温饱型经济转为小康型经济,③但是我们必须认识到,我国市场经济的制度保障即法治还没有完全确立和完善,与市场经济相吻合的有限政府和责任政府还没有完全实现,传统的计划和国家过度干预还在一定程度上存在,国有企业垄断、行政性垄断情况较为普遍和严重。这些都说明我国的渐进式改革和经济转轨还没有完全达到其目标,深层次的制度问题还亟待解决,现代市场经济体制还没有完全确立,中国经济仍旧处于转轨之中。

二、经济转轨对竞争法的需求及我国竞争法的产生和发展

中国的经济转轨最终将在制度变迁尤其是法治环境确立的条件下完成。④ 在经济

---

① 应克复等:《西方民主史》,中国社会科学出版社 1997 年版,第 112 页。

② 参见吴敬琏:《转轨中国》,四川人民出版社 2002 年版,第 22 页。

③ 参见李曙光:《转型法律学:市场经济的法律解释》,中国政法大学出版社 2004 年版,第 30 ~ 35 页。

④ 同上书,第 43 页。

制度变迁中，法律制度的变迁最重要，因为经济制度变迁和经济转轨的正当性乃至目标需要由法律制度加以确认，也要由法律制度对变迁和转轨的阶段性成果进行巩固，还要由法律制度对变迁和转轨的过程加以保护。没有必要的法律制度之保障，经济转轨就无以实现。正是在这个意义上，我们说没有法治就没有市场经济，市场经济实质上就是法治经济。由于经济转轨，我国的商品经济得到持续快速和较为充分的发展，有了众多真正意义上的独立的市场主体，市场主体能够自主经营及其商品能够自由流动，这才有了真正意义上的市场竞争，竞争机制在社会资源优化配置中扮演着越来越重要的角色。我国在转轨过程中市场竞争日趋激烈已是不争的事实，相伴而生的限制竞争和不正当竞争现象也越来越多，反过来又严重干扰了竞争机制发挥社会资源优化配置功能，阻碍了我国市场化改革的深化和经济转轨的顺利推进。经济转轨和市场化改革这一特定的经济基础对我国竞争法的立法势必提出制度上的要求。由此看来，在我国如果没有经济转轨，就没有竞争法的制度需要。从这个意义上说，我国竞争法是经济转轨和市场化改革的产物。①

我国的竞争立法始于20世纪80年代初。针对改革开放之初即商品经济发展初期我国存在竞争不足和限制竞争两种矛盾的情况，1980年10月17日国务院发布了《关于开展和保护社会主义竞争的暂行规定》（以下简称《竞争十条》）。简单来讲，《竞争十条》主要有两个主旨：一是肯定社会主义也需要竞争并鼓励和倡导竞争，二是反对垄断和不正当竞争以保护正当竞争。② 今天看来，《竞争十条》③具有明显的时代性、局限性和不彻底性，④但它开启了我国竞争立法的序幕，为后续立法进行了理论准备和实践积累。

其后，地区和部门竞争立法取得了较大的成就。1985年11月公布实施的《武汉市制止不正当竞争行为试行办法》是我国第一件地方竞争立法文件，然后《上海市制止不正当竞争暂行规定》（已失效）于1987年发布，《江西省制止不正当竞争试行办法》（已失效）于1989年发布。同时，部门立法也开始启动。于1982年颁布并于1987年修改的《广告管理条例》禁止广告经营中的垄断和不正当竞争行为，1983年颁布的《国营工业企业暂行条例》（已失效）禁止企业采取不正当竞争手段进行竞争，1987年颁布的《价格管理条例》对企业之间或行业之间商定垄断价格应予禁止，1987年发布的《关于组建和发展企业集团的几点意见》（已失效）要求鼓励竞争防止垄断是组建企业集团的原则。20世纪80年代地方和部门立法为90年代的全国统一立法积累了有益的经验。

---

① 孙晋：《计划经济向市场经济转轨的制度结晶：新中国70年竞争法的发展》，载《深圳特区报》2019年11月12日。

② “垄断”在《竞争十条》中被称为“地区封锁”和“部门分割”。

③ 《竞争十条》已被国务院《关于废止2000年底以前发布的部分行政法规的决定》（发布时间：2001年10月6日）废止。

④ 参见王艳林：《中国经济法理论问题》，中国政法大学出版社2001年版，第138页。

1987 年国家启动了竞争法的起草工作。1989 年各方对立法中的诸如立法模式和在多大范围反对垄断等一些基本问题意见分歧太大,导致立法工作停顿下来。[①] 1992 年年初,国家工商行政管理局根据全国人大常委会的立法计划成立专门起草小组,先行开展《反不正当竞争法》的起草工作,形成《反不正当竞争法(征求意见稿)》,1993 年 9 月 2 日第八届全国人大常委会第三次会议通过《反不正当竞争法》,该法自 1993 年 12 月 1 日起施行。

《反不正当竞争法》颁行后,第八届全国人大常委会就把《反垄断法》列入立法规划并开始了起草工作。其间,针对《反垄断法》争议太大迟迟不能出台而垄断与限制竞争情况又比较严重,在《反不正当竞争法》相关条款[②]规定禁止公用企业限制竞争之外,国家颁行的《价格法》(1997 年)、《招标投标法》(1999 年)、《国务院关于禁止在市场经济活动中实行地区封锁的规定》(2001 年)、《外国投资者并购境内企业暂行规定》(2003 年,已失效)、《对外贸易法》(2004 年)也在各自领域对愈演愈烈的垄断和限制竞争行为进行规范,然而由于规范的凌乱,对垄断和限制竞争行为没有起到应有的威慑和规范作用。经过 14 年的努力,我国《反垄断法》终于在 2007 年 8 月 30 日由第十届全国人大常委会第二十九次会议通过,并于 2008 年 8 月 1 日实施。该法的颁行标志着我国建立了较为完备的现代竞争法体系,基本满足了我国经济转轨和市场化改革的制度需求。2017 年 11 月 4 日,第十二届全国人民代表大会常务委员会第三十次会议修订了《反不正当竞争法》,根据 2019 年 4 月 23 日第十三届全国人民代表大会常务委员会第十次会议《关于修改〈中华人民共和国建筑法〉等八部法律的决定》又对该法进行了细微修正。为了适应市场经济发展,进一步完善反垄断法律制度体系,《反垄断法》需要与时俱进进行修订,根据 2018 年 9 月 10 日发布的《十三届全国人大常委会立法规划》,《反垄断法》的修订已被全国人大常委会列入立法规划中的第二类项目。根据工作部署,国家市场监督管理总局起草了《〈反垄断法〉修订草案(公开征求意见稿)》,2020 年 1 月 2 日向社会公开征求意见。随着我国市场化改革和经济转轨的进一步深入,我国竞争法亦会与时俱进走向完善。

三、我国台湾地区和香港特区的竞争法概况

(一)我国台湾地区的“公平交易法”

竞争法在我国台湾地区被称为“公平交易法”。我国台湾地区经济法规,在竞争规范之前主要是以管制性规范的形态出现,其中包括不少扶持特定产业的政策法规。然而随着 20 世纪 60 ~ 80 年代台湾地区工商业快速发展,经济社会结构发生激变,经济建设的自由化和国际化发展程度提高,为迎合此种新时代之需求,必须建立公平合理之竞争秩序与环境,以维护市场之正常运作,并消除有碍市场竞争之阻力,俾新的经济规范

---

① 参见王艳林:《中国经济法理论问题》,中国政法大学出版社 2001 年版,第 141 页。

② 《反不正当竞争法》第 6 条、第 7 条、第 11 条、第 15 条。

建立。[①] 台湾地区竞争法规就是在这样的经济背景下产生的。台湾地区采取了统一规范模式。同样历经10余载,台湾地区“公平交易法”于1991年1月18日“三读”通过并于2月4日发布。在实施8年后,为更好地适应经济发展需要并为台湾地区市场经济体制与国际接轨,在吸纳国际上竞争法最新立法精神和制度发展的基础上,该法规于1999年2月和2000年4月得以修正,最新一次修订发生于2015年1月22日,并于2月4日公布实施。

(二)我国香港特区的《竞争条例》

我国香港特区的竞争法目前尚处于立法的发展阶段。2010年香港特区《竞争条例(草案)》对外发布征求意见,2011年7月香港特区《竞争条例(草案)》进入香港特区立法会的审议程序。但是有人质疑《竞争条例(草案)》以欧盟法例为主要蓝本,但欧盟的竞争法条文概括空泛,主要靠指引及案例来执法,缺乏法律上的确定性。正是基于这样的担心,香港特区立法会就有议员提出不要急于推出立法。[②] 备受瞩目的《竞争条例(草案)》在香港工商界引起广泛争论,特区政府针对社会各界议论提出就草案的主要争议焦点还需再次进行研究,期望能制定一部好的竞争法,不会成为香港经济发展的掣肘。香港立法会于2012年6月14日最终通过《竞争条例》,并于2015年12月14日在香港全面实施。该条例的立法宗旨是:禁止任何业务实体妨碍、限制或扭曲在香港的竞争行为,禁止大幅减弱在香港的竞争的合并,设立竞争事务委员会及竞争事务审裁处以保证法律的执行力。毫无疑问,该条例的通过与实施可以遏制和打击香港市场的垄断行为而保护自由竞争,捍卫香港享誉全球的“自由经济的最后一块净土”的美誉。

---

① 赖源河编审:《公平交易法新论》,中国政法大学出版社、元照出版有限公司2002年版,“编审序”。

② 参见林健锋:《〈竞争条例〉不可仓促立法》,载经济通中国站—香港脉博频道:http://column.etnet.com.cn/column-list-EtnetcolB109/6288.htm.,最后访问日期:2019年9月22日。

第二章　竞争法的体系构成与立法模式

所谓竞争法的体系，是指以一国现行关于市场竞争规则的所有立法为基础所构成的，作为一个有机统一体存在的法的整体。一般作为经济法的一个子部门独立存在。从理论上来看，竞争法一般由反垄断法和反不正当竞争法两大块构成；从法律渊源角度来看，从宪法中的有关条款，到专门的竞争法典、民法典或商法典，以及其他立法中有关市场竞争的规则，再到司法判例、行政机关的条例、命令等，往往形成一个颇为庞杂的法律体系；而从各国（地区）立法实践来看，由于政治、经济、社会、历史乃至法律传统和文化等方面的不同，目前各国（地区）竞争法体系构成不尽相同，甚至可以说差别相当大。

第一节　各国（地区）的竞争立法模式

当今世界各国（地区）的竞争立法主要有三种模式：①

第一种是以美国为代表的分散型立法模式。美国反托拉斯法是一个以规制限制竞争行为为主、兼及不正当竞争行为的法律体系，以 1890 年《谢尔曼法》、1914 年《克莱顿法》、1914 年《联邦贸易委员会法》为基础，加上国会通过的一系列修正案及补充立法、各州立法和司法判例，共同构成了一个庞大的体系。该法律体系以反垄断为主要内容，在反不正当竞争方面的主要渊源是《联邦贸易委员会法》第 5 条，该条第 1 款是认定不正当竞争行为的最重要的武器："商业中或影响商业的不公平的竞争方法是非法的；商业中或影响商业的不公平或欺骗性行为及惯例，是非法的。"而在《联邦贸易委员会法》和《克莱顿法》中亦有涉及商业贿赂、虚假广告等典型的反不正当竞争行为的条款。②英国的竞争法制与之近似。③

---

① 本部分主要引自李胜利：《我国竞争法立法模式的选择》，载《财贸研究》2004 年第 2 期。本书有删改。

② 除此之外，在反不正当竞争领域，美国从传统普通法中的仿冒行为（passing-off）之诉发展出范围宽泛的不正当竞争诉讼；而 1946 年制定的《兰哈姆法》第 43 条第 1 项也对不正当竞争提供了广泛的救济。参见孔祥俊：《反不正当竞争法新论》，人民法院出版社 2001 年版，第 34 ~ 36 页。

③ 李国海教授指出，英国作为判例法系的鼻祖，其竞争法采用了分散立法的模式，不作反垄断法和反不正当竞争法的二元划分。从立法文件的内容来看，主要是反垄断法，反不正当竞争法的内容很少。详见李国海：《英国竞争法研究》，法律出版社 2008 年版，第 1 页。

第二种是以德国为代表的两法并行的分别立法模式。德国于1896年制定了世界上最早的一部《反不正当竞争法》，基于实际需要在1909年修订后重新颁布，经多次修订而施行至今，其中于2004年进行的修订幅度颇大。该法以保护竞争者、消费者及其他市场参与人免遭不正当竞争之害为主要目的，同时以列举和概括的方式禁止各种不正当竞争行为；在反垄断方面，德国于1957年制定了《反对限制竞争法》即《卡特尔法》，时至今日亦经过多次修订。故对于德国而言，其完整的竞争法律制度确立于20世纪50年代，《反对限制竞争法》体现了国家的宏观经济政策，《反不正当竞争法》则维持了微观的市场交易秩序，二者联手促进了“自由＋秩序”的社会市场经济体制的实现，对第二次世界大战后德国经济腾飞起到了应有的保障作用。日本、韩国、瑞士等国亦属于该种情况。

第三种是以我国台湾地区为典型代表的合并“立法”模式，将传统的反垄断法与反不正当竞争法合并在一部单行法典之中。我国台湾地区于1991年制定的“公平交易法”，其第二章“独占、结合、联合行为”（现改名为“限制竞争”）属于典型的反垄断法内容，而第三章“不公平竞争”则基本上属于传统的反不正当竞争法内容。与之相近的有南斯拉夫1974年《防止不正当竞争和垄断协议法》，匈牙利1990年《禁止不正当竞争法》，俄罗斯1995年《关于竞争和在商品市场中限制垄断活动的法律》，越南2003年《竞争法》等。该种“立法”模式出现最晚。

当然，以上归纳有时可能无法很好地涵盖所有国家或者地区的竞争立法模式。例如法国，大致可以归结为第二种模式，但是具体表现上，在反不正当竞争方面一般以《法国民法典》为依据。王晓晔教授指出，反不正当竞争法与民法的关系可追溯到法国法院1850年依据《法国民法典》第1382条对不正当竞争案件所作的判决。在这个判决中，法国法院首次使用了“不正当竞争”这一概念，《法国民法典》由此也被视为反不正当竞争法的母法。时至今日，法国法院对不正当竞争行为基本还是依据《法国民法典》第1382条和第1383条关于不法行为的总则性条款进行判决。① 而在反垄断方面，法国于1953年8月9日出台了关于“保持与重建工商业自由竞争”的法规，其中涉及了治安管理和竞争政策。这是法国以保持充分、有效的竞争为目的的第一部法律文件。后来随着时间、社会政治经济形势的改变，法国在1996年12月1日出台了“关于价格和竞争自由的法令”，这项法令建立起一整套竞争规则，形成了一个协调一致的整体，被称为新法国竞争法。② 显然就法国来说，其反不正当竞争法和反垄断法也是并行的，没有混合在一起，但是立法形式跟德国、日本等的做法差异还是相当明显的。

至于我国，1993年《反不正当竞争法》可以说“名实不符”，因为从其内容上来看，是一种较典型的混合式立法，列举的11种违法行为中，有6种属于典型的不正当竞争

---

① 参见王晓晔：《重要的补充——反不正当竞争法与相邻法的关系》，载《国际贸易》2004年第7期。

② 参见陈鹏、[法]罗歇·布特：《法国竞争法概要》，载《法学家》1999年第3期。

行为,而另外 5 种则属于典型的垄断和限制竞争行为。我国究竟应该采取哪一种立法模式,理论上曾有过热烈的讨论。但是,随着 2007 年《反垄断法》的出台,特别是 2017 年《反不正当竞争法》的修订,两法并行的立法模式已成定局。

但是哪一种做法更可取?笔者认为,除历史因素外,这与人们对反不正当竞争法和反垄断法之间关系的不同认识有直接关系。

第二节　关于反不正当竞争法和反垄断法之间关系的不同认识

关于反不正当竞争法和反垄断法之间关系,学者们有着不同看法,这主要与他们对于不正当竞争行为和垄断及限制竞争行为的性质是否相同或相近的认识相关。

一、反不正当竞争法与反垄断法关系的一般理论认识

一般认为,1890 年美国《谢尔曼法》是世界上最早的反垄断立法,[①]1896 年德国《反不正当竞争法》则是最早的反不正当竞争立法,[②]二者产生时间差不多,均出现于 19 世纪末垄断资本主义的开始阶段,是现代市场经济体制发展到相当程度的产物,也是国家或者政府"有形之手"试图以法律手段直接干预市场竞争秩序的最早尝试,深刻地体现了"市场、调节机制与法律的同步演变"。[③]

作为一个统一的概念,竞争法规制各种反竞争行为,依其性质,大致可以分为两类:不正当竞争行为和垄断(及/或限制竞争)行为。至于不正当竞争行为的产生,往往是由于市场上同行业经营者数量众多,竞争激烈而导致一些经营者采取道德低下的竞争手段,这是竞争过度的表现;而垄断行为的产生则在于市场竞争不足,某些经营者因其规模巨大而获得了单方面决定交易价格,以及其他交易条件的地位或能力,并借此盘剥交易对手、排挤竞争者,或者多个经营者通过不正当的联合行为(卡特尔)来寻求对某

---

① 在此之前,美国普通法中就有拒绝执行诸如固定价格等限制贸易(restrained trade)合同的传统,在 1890 年《谢尔曼法》通过之前,美国已经有 14 个州在州宪法上明文规定取缔垄断或反对限制贸易,堪萨斯州、内布拉斯加州等更是制定了专门的反托拉斯法案。受到了美国当时反托拉斯浪潮的影响,加拿大反托拉斯立法比起美国 1890 年《谢尔曼法》还要早一年多,该法案大部分内容系从同时期纽约州的悬而未决的反托拉斯法案复制而来(具体可参见李胜利:《美国联邦反托拉斯法百年:历史经验与世界性影响》,法律出版社 2015 年版,第 13 ~15 页、第 197 ~198 页)。但是由于加拿大反托拉斯法实施效果不彰,未能进一步发展,加上该国不像美国那样具有巨大的国际影响力,因此"全球首部"反垄断法的桂冠就被戴在谢尔曼法头上了。

② 英美法中的假冒之诉(passing-off)至少可以上溯至 1842 年[Perry v. Truefitt(1842)6 Beav. 66],是其反不正当竞争法的渊源;1850 年前后法国法院在有关判决中提出了"不正当竞争"的概念,并据此逐渐发展出法国反不正当竞争法。但这些国家专门的反不正当竞争成文法出现较晚,甚至一直缺少独立法典。

③ 参见漆多俊:《市场、调节机制与法律的同步演变——世纪之交的回顾与展望》,载漆多俊主编:《经济法论丛》(第 1 卷),中国方正出版社 1999 年版,第 1 ~24 页。

个市场的控制地位或能力。二者之间关系也是相当密切：不正当竞争行为事实上是对经营者自由竞争权利的滥用，而价格卡特尔等垄断行为，则往往是竞争过度的产物，其结果导致了竞争不足。

传统上一般认为：反不正当竞争法是公平竞争法或正当竞争法，规制各种有悖于善良风俗或者商业道德的不正当竞争行为（仿冒、混淆、诋毁、虚假宣传、侵犯他人商业秘密等），保护的是公平或正当竞争秩序；反垄断法是自由竞争法，规制那些试图排除、限制竞争的垄断行为（垄断协议或联合限制竞争行为、滥用市场支配地位行为、经营者集中或企业合并等），保护的是自由竞争秩序。二者理念不同，但分别从各自角度出发共同维护良好的、正常的市场竞争秩序。

传统上反不正当竞争法与反垄断法的实施机制也大为不同。早期的反不正当竞争法一般均通过民事诉讼的方式予以实施，可见国家或政府在不正当竞争领域中的干预力度较小，较为克制。直到今天，对不正当竞争行为的制止，世界各国（地区）仍普遍通过受损害者或者相关利益方提起民事诉讼的方式来实现。而反垄断法则不同，非常依赖公共实施（public enforcement），即运用政府机构去发现及制裁违法者，[①]这是由美国《谢尔曼法》开创的传统，并在此后影响所有进行反垄断立法的国家或者地区。当然，允许私人通过民事诉讼方式去发现及追究垄断者责任的私人实施（private enforcement），也是由《谢尔曼法》开创，并在相当晚时期才被其他国家或地区广泛接受，例如欧盟尽管在20世纪中期就引进了该制度，但直到2005年和2008年才先后发布绿皮书和白皮书，意图促进欧盟竞争法的私人实施。[②] 目前，私人实施在各国（地区）已经成为与公共实施并行的反垄断法两大支柱之一。

因其对于保护市场竞争秩序的基础性作用，反垄断法在不同的国家或者地区被称为“经济宪法”“自由企业大宪章”。由于注重维护社会公共利益并严重依赖公共实施，传统上反垄断法往往被视为公法；而反不正当竞争法则因其源于民法，作为特别侵权行为法，常被视为私法，或者具有较强的私法特征。[③]

上述关于反不正当竞争法与反垄断法的一般认识，构成了立法者、学者处理二者关

---

① See A. Mitchell Polinsky Steven Shavell, "Handbook of Law and Economics", Volume 1, *Elsevier* (2007), p. 405.

② See Kai Hüschelrath and Sebastian Peyer, Public and Private Enforcement of Competition Law-A Differentiated Approach, ZEW Discussion Paper No. 13 – 029.

③ 更为激进的看法来自一位民法学者。以最典型的德国《反不正当竞争法》为例，学者认为从其产生、发展，作为该法核心的一般条款的解释与适用，都离不开私法基础，都符合现代民法的客观化、社会化特征，因而是“民法体系下的反不正当竞争法”。参见王博文：《德国反不正当竞争法私法属性的历史和理论建构》（上、下），载《竞争政策研究》2016年第4期、第5期。但是，这一认识不但与我国竞争法学界普遍认识不符，也与有关德国学者的提法相异：“反不正当竞争法第1条既可以是经济私法，也可以是竞争公法。”竞争公法作为经济公法的重要构成部分，与经济私法相对，显然属于公法范畴。参见［德］乌茨·施利斯基：《经济公法》，喻文光译，法律出版社2006年版，第4～5页。

系的基石:如果倾向于坚持自由竞争法与公平竞争法具有较多不同,则更有可能选择分别立法模式,在二者的实施上也尽可能采取不同的机制;如果认为不正当竞争行为和垄断行为之间密切联系、没有本质区别,则更有可能采取合并立法模式,在实施机制上也会相通。就目前我国学界与立法者的态度来说,2017 年《反不正当竞争法》修订过程及结果表明,主张垄断行为不同于不正当竞争行为的呼声占据了主导地位。

然而,上述关于反不正当竞争法与反垄断法关系的一般认识是否准确地反映出有关实践?二者之间异质性更为突出,以至于必须划清界限,还是更具共性,可以融为一体?可以通过若干典型国家(地区)竞争法实践一窥真伪。

二、反不正当竞争法与反垄断法关系的境外图景

目前,全球 100 多个国家(地区)制定了自己的竞争法。最具代表性的应当是作为竞争法先行者的美国、德国,二者均具有全球影响力,并各自拥有一批忠实的追随者;日本、韩国及我国台湾地区则因其历史、文化、社会及经济发展阶段的相似性,是具有价值的研究对象。另外,在竞争法的立法形式上,美国是典型的分散型立法模式,德国、日本、韩国是典型的两法并行的分别立法模式,我国台湾地区则为合并"立法"模式的典型,分别代表了目前存在的三大竞争立法模式。以下拟对这些典型国家或者地区立法中的二者关系作一简析。

(一)美国

美国是最早进行反垄断(反托拉斯)立法的国家,以 1890 年《谢尔曼法》、1914 年《克莱顿法》和《联邦贸易委员会法》为基础,辅之以大量修正案及判例,再加上各州均有自己的反托拉斯立法(与联邦立法在内容上没什么区别),构成了一个庞大而复杂的法律体系,目前仍是全球最具影响力的反垄断法体系。

美国在对不正当竞争行为的规范方面也存在大量联邦及各州的判例及成文法。早期的反不正当竞争法源于传统的假冒之诉(passing-off),发生于 1842 年、被认为是第一起假冒之诉的案件中,法官龙代尔爵士提出"一个人不能在出卖自己的货物的时候,将其伪装成另一个人的货物"。① 1946 年《兰哈姆法》第 43 条 a 款被公认为联邦反不正当竞争法的主要渊源,该条款被视为一个专门而有限的不正当竞争救济条款,用以保护商业利益免受不正当的商业行为的侵害。②

有趣的是,作为反托拉斯法三大基石之一的《联邦贸易委员会法》,其第 5 条不公

---

① Perry v. Truefitt(1842)6 Beav. 66,49 E. R. 749.

② See Germain, Kenneth B. (1973), "Unfair Trade Practices Under Section 43(a) Lanham Act: You've Come a Long Way, Baby, Too Far, Maybe?", *Indiana Law Journal*, Vol. 49, Iss. 1, Article 6.; Colligan v. Activities Club of New York, 442 F. 2d 686 (2d Cir. 1971); Sara G. Serbin and George Baker, v. Ziebart International Corporation, Inc. and Ziebart corporation, sheilah Guarino, v. Sun Company, Inc., Sun Refining & Marketing Company, Robertmcclements, Jr., David Zebley and Wells, Rich, Andgreene, Inc., 11 F. 3d 1163 (3d Cir. 1993).

平竞争方法(unfair method of competition)条款被认为不仅仅是一个具有广泛效力的反托拉斯条款,[①]同时也具有反不正当竞争的功能。例如,在1934年的一起案件中,联邦最高法院认为一家企业利用博彩式营销方法面向儿童销售糖果的行为是"不正当的"。[②] 这种对违反公共政策及商业道德行为的规范,可以说是典型的反不正当竞争法。除了第5条,该法第12条和第14条对虚假广告的禁止,也与其他国家反不正当竞争法中的虚假宣传条款近似。

(二)德国

1896年德国《反不正当竞争法》是世界上第一部针对不正当竞争的专门立法,禁止虚假广告、商业毁谤、假冒商标、侵犯商业秘密等行为。由于上述简单列举很容易被企业以各种新的不正当竞争手法所规避,因而在1909年进行大修,引入了以"善良风俗"(bono mores)为核心的一般条款作为第1条。从此该法开始了判例法的历程,并在2004年又一次大修时,将此前通过一般条款司法认定的不正当竞争行为予以类型化。

德国《反对限制竞争法》颁布于1957年,是在"秩序自由主义"思想的主导下制定的。其思想源泉是人道主义价值,而非效率或者其他单纯的经济关切。[③] 该法此后经过多次修订,其实施经验及理论对于欧盟及其成员国的反垄断法有最大的影响力。

德国《反不正当竞争法》和《反对限制竞争法》的制度经验及两法并行的立法模式,对具有大陆法系传统的国家(地区)影响很大。至于两法间的关系,有学者曾提出德国立法者所认为的,二者之间实际上没有什么联系,从性质上和内容上来看,后者不能被视为前者的补充或者发展。[④] 但亦有学者提出,德国反不正当竞争法是其反限制竞争法的开端。[⑤] 不管是否存在承继关系,作为竞争法的有机组成部分,二者之间还是存在极为密切的关系,德国学者们普遍认为:"这两部法律之间的共性要大于其个性。它们之间并不存在不可克服的矛盾,而是反映了市场经济制度下互相关联、相辅相成的两项要求。"[⑥]不但如此,二者在内容上也存在交叉,诸如联合抵制、歧视、掠夺性定价等行为

---

① 《联邦贸易委员会法》第5条第1款规定:商业中或影响商业的不公平的竞争方法是非法的;商业中或影响商业的不公平或欺骗性行为及惯例,是非法的。后来法院在有关反托拉斯案件中对于该条款做了极为宽泛的解释,使得包括《谢尔曼法》第1条和第2条规定的行为在内的几乎所有反竞争行为都可以归入其中。参见李胜利:《美国联邦反托拉斯法百年:历史经验与世界性影响》,法律出版社2015年版,第146页。

② 参见FTC v. R. F. Keppel & Bro. ,Inc. ,291 U. S. 304(1934)。联邦最高法院还在该案判决书的一个注释中引用了立法时一位参议员回复对"不正当竞争"概念的批评时,提到需要建立贸易中的道德标准(a standard of morals in trade),并提到德国人毫不犹豫地禁止违反善良风俗(contra bonos mores)行为,并由法院来决定何种行为是违反良好道德的(good morals)。

③ 参见[美]戴维·J. 格伯尔:《二十世纪欧洲的法律与竞争》,冯克利、魏志梅译,中国社会科学出版社2004年版,第296页。

④ 参见王晓晔:《竞争法的基础理论问题》,载《经济法论坛》2004年第1期。

⑤ 参见赖源河编审:《公平交易法新论》,元照出版有限公司2005年版,第69页。

⑥ 邵建东:《德国反不正当竞争法研究》,中国人民大学出版社2001年版,第28页。

可能同时违反反垄断法和反不正当竞争法,[①]德国联邦法院甚至在1999年的一起反垄断案件中适用了《反不正当竞争法》;[②]而2004年修订后的《反不正当竞争法》第3条(一般条款)不再使用原法第1条(一般条款)中"善良风俗"概念,取而代之以"不公平"(unfairness)概念。一个合理的推测是对于一项行为是否违反该法,可能会聚焦于市场和竞争相关的方面,而不是传统的伦理道德或法律原则。[③] 由此充分体现了两部竞争法之间的复杂关系。

(三)日本

主要是为了履行《巴黎公约》的国际义务,1934年日本通过《不正当竞争防止法》,禁止那些故意造成市场混淆、仿冒,以及商业诋毁等不正当竞争行为。之后该法经过多次修订,不断扩大法律的适用范围,将更多的不正当竞争行为纳入其中,如侵犯商业秘密、商业贿赂、破坏技术保护措施、域名抢注等。与德国反不正当竞争法相比,该法不足之处如下:第一,缺少一般条款;第二,"尽管UCA不要求当事人之间存在竞争关系,但该法只保护竞争者,不保护消费者"。[④]

日本反垄断法则出现于第二次世界大战之后。在驻日盟军总部经济非军事化、民主化、和平复兴的要求下,以美国反托拉斯法为蓝本,日本于1947年制定了《禁止垄断法》,即反垄断法,被公认为具有很强的、严厉的结构主义色彩。随着国际形势的不断变化,该法不断进行缓和性修改,并在事实上陷入运用的停滞与消极化。[⑤] 直到20世纪70年代之后才发生转折,反垄断执法得到加强,修法的态度也趋于严厉。

日本反垄断法的一大特点在于,除传统反垄断法的三大实体支柱(限制竞争协议、滥用市场支配地位、企业合并)外,还存在针对"不公正的交易方法"的规制措施,是对那些没有达到私人垄断水平、尚不构成实质性限制竞争,但具有一定的阻碍公平竞争的可能性的行为,在其萌芽期就予以规制的制度,涵盖了垄断协议和滥用市场支配地位,以及尚未达到垄断协议或者不具有支配地位企业的不正当竞争行为。这些规定与美国反托拉斯法中有关价格歧视、搭售、不公平竞争方法等有共通之处。因此,"一方面可以说是受美国反托拉斯法的影响,另一方面也反映了东方国家对于滥用市场支配地位规制的本土化运用"。[⑥] 该制度之后被韩国竞争立法及我国台湾地区的竞争规范所借

---

① See Hanns Ullrich, "Anti-Unfair Competition Law and Anti-Trust Law: A Continental Conundrum?", *EUI Working Paper LAW* No. 2005/01.

② 参见王晓晔:《重要的补充——反不正当竞争法与相邻法的关系》,载《国际贸易》2004年第7期。

③ See Jan Peter Heidenreich, The New German Act Against Unfair Competition, http://www.iuscomp.org/wordpress/? p = 349#sdfootnote19sym, 2018 - 09 - 06.

④ [德]弗诺克·亨宁·博德维希主编:《全球反不正当竞争法指引》,黄武双、刘维、陈雅秋译,法律出版社2015年版,第424页。

⑤ 参见[日]根岸哲、舟田正之:《日本禁止垄断法概论》,王为农、陈杰译,中国法制出版社2007年版,第10~13页。

⑥ 戴龙:《日本反垄断法研究》,中国政法大学出版社2014年版,第58~59页。

鉴并广为应用。该法所列举的不公正的交易方法之中，诸如欺瞒性地引诱顾客、以不合理利益引诱顾客、对竞争者的交易妨碍，乃至对竞争公司内部的干涉等行为，在其他国家或者地区往往被视为典型的不正当竞争行为。

（四）韩国

韩国竞争法制与日本相当近似。其《不正当竞争防止法》于1951年生效，以日本1934年《不正当竞争防止法》为蓝本，除了增加立法目的条款，二者结构上几乎一致，①也同样缺少一般条款。1986年为履行加入《巴黎公约》的国际义务，并应对美国加强知识产权保护的要求，全面修订该法；1991年又作出重大修订，增加商业秘密保护条款，并更名为《不正当竞争防止及商业秘密保护法》（Unfair Competition Prevention and Trade Secret Protection Act）。为了加强商业外观及商业秘密的保护，该法于2018年4月再次修订并于同年7月生效。②

尽管早在1963年韩国就试图制定反垄断法，但由于种种原因，多次努力均未成功。直到20世纪70年代末，政府主导型经济发展政策的负面影响开始显露，希望将经济运行的基本方式从政府主导型改为民间主导型，才于1980年通过了《垄断规制与公平交易法》，此后经过一系列修订。③ 与日本反垄断法相近，《垄断规制与公平交易法》也禁止可能阻碍公平交易的不公平交易行为，包括不当引诱顾客、妨碍经营活动、不当提供赠品等在德国及中国属于典型的不正当竞争的行为。“回顾垄断规制法的实施过程，该法对限制不公平交易行为和确立公平交易秩序起到了重要作用，但未能达到通过限制滥用市场支配力、企业结合及不当共同行为以确立自由竞争秩序和限制资本过度集中的目标。加之韩国自实施该法以来，市场结构未能得到改善，反而使资本更加集中到少数大企业手中，因此社会对其评价并不高。”④从上述评价可以看到一个有趣的现象：学界对于《垄断规制与公平交易法》在垄断行为规制方面的效果并不满意，但是对该法对不公平交易行为的规制效果的评价倒是颇为正面。

（五）我国台湾地区

我国台湾地区对竞争制定规则始于1980年。在市场经济发展到一定阶段、国际上保护知识产权压力增大等背景下，经过10余年努力，我国台湾地区于1991年颁布“公平交易法”，一年后施行，此后经过多次修订。尽管学者们有各种不同看法，但2006年经济合作与发展组织（Organization for Economic Cooperation and Development，OECD）

---

① 参见吕来明、熊英：《反不正当竞争法比较研究：以我国〈反不正当竞争法〉修改为背景》，知识产权出版社2014年版，第8～9页。

② See Young Joo Song，*SOUTH KOREA*：*Revised Unfair Competition Prevention Act Specifies Protection of Trade Dress and Business Ideas*，https://www.inta.org/INTABulletin/Pages/SOUTHKOREARevisedUnfairCompetitionPreventionActSpecifiesProtectionofTradeDressandBusinessIdeas7312.aspx，2019－04－28.

③ 参见［韩］权五乘：《韩国经济法》，崔吉子译，北京大学出版社2009年版，第56～57页。

④ 同上书，第57页。

(以下简称经合组织)完成的同侪审查中,对台湾地区“公平交易法”及“公平交易委员会”的工作颇为肯定。[①]

与上述国家(地区)不同的是,台湾地区“公平交易法”是一部将反不正当竞争法与反垄断法合二为一的合并“立法”典型。根据2015年修订后的版本,该法规第二章为“限制竞争”(原为“独占、结合、联合行为”),包括多项反垄断条款,第三章为“不公平竞争”,针对多种不正当竞争行为。最后还有作为概括条款的第25条。[②] 依据台湾地区“公平交易法”建立起的“公平交易委员会”[③]统一对所有的独占、结合、联合行为及不公平竞争行为行使执法权。从实践来看,“公平交易委员会”查处的违法行为中,不正当竞争数量远远超过限制竞争。据统计,截至2005年对不公平竞争所作的处分占全部案件的73.28%。[④]

值得注意的是,经过长期争论,原第18条[⑤](转售价格维持)和原第19条[⑥](妨害公平竞争之行为)均从第三章“不公平竞争”移至第二章“限制竞争”之中。其中原第18条变为第19条,内容从转售价格条款无效的规定调整为禁止无正当理由的限制转售价格行为;原第19条变为第20条,其文字从最初的“有妨碍公平竞争之虞者”到1999年修订的“有限制竞争或妨碍公平竞争之虞者”,再改为“有限制竞争之虞者”,违法行为的列举也相应做了调整。这一修正很明显是基于学界认为两类行为理论上兼具限制竞争及不公平竞争色彩且前者大于后者的共识。[⑦] 原第19条在实务中相当重要,在该法规实施的前10年依据该条款处理的限制竞争行为,在所有限制竞争案件中占了一半之多。[⑧]

---

① See OECD, Competition Law and Policy in Chinese Taipei(2006).

② 我国台湾地区“公平交易法”第25条规定:除另有规定者外,事业亦不得为其他足以影响交易秩序之欺罔或显失公平之行为。

③ 2011年我国台湾地区通过“公平交易委员会组织法”。依据该规定,台湾地区“行政院公平交易委员会”改制为“公平交易委员会”,以提高其独立性;“委员”由台湾地区行政管理机构负责人提名经台湾地区“立法机构”同意后任命,均为专任,任期4年,任满得连任,人数由9人减为7人。

④ 参见廖义男:《公平交易法的修法方向》,载中国台湾地区《竞争政策通讯》2007年第5期。

⑤ 台湾地区“公平交易法”原第18条规定:事业对于其交易相对人,就供给之商品转售与第三人或第三人再转售时,应容许其自由决定价格;有相反之约定者,其约定无效。

⑥ 台湾地区“公平交易法”原第19条规定:有下列各款行为之一,而有限制竞争或妨碍公平竞争之虞者,事业不得为之:(1)以损害特定事业为目的,促使他事业对该特定事业断绝供给、购买或其他交易之行为。(2)无正当理由,对他事业给予差别待遇之行为。(3)以胁迫、利诱或其他不正当方法,使竞争者之交易相对人与自己交易之行为。(4)以胁迫、利诱或其他不正当方法,使他事业不为价格之竞争、参与结合或联合之行为。(5)以胁迫、利诱或其他不正当方法,获取他事业之产销机密、交易相对人数据或其他有关技术秘密之行为。(6)以不正当限制交易相对人之事业活动为条件,而与其交易之行为。

⑦ 按照我国台湾地区学界通说,该条第1款、第3款、第5款被认为是不正当竞争条款,第2款、第4款、第6款则被视为限制竞争条款。

⑧ 李宪佐、吴翠凤、沈丽玉:《“公平交易法”第十九条规范之检讨——以“有限制竞争或妨碍公平竞争之虞”为中心》,载《“公平交易法”施行十周年回顾与前瞻学术研讨会论文集》,中国台湾地区行政管理机构“公平交易委员会”2002年版,第215~282页。

（六）小结

从上述典型国家（地区）竞争法律法规历史及现状，笔者以为可以得出如下结论：

第一，反不正当竞争法与反垄断法均各有其固有领域，但远非“井水不犯河水”，而是颇有交叉重叠之处，例如上述国家或者地区有关不公平的竞争方法的规范。这在其他一些国家中也有体现，比如在不少欧洲国家，一般具有历史更为深厚的不正当竞争行为的控制制度，在反垄断法出现之前，诸如集体抵制、滥用市场力量等一批限制竞争行为都是通过反不正当竞争法来规制的。直至今天，仍有一些掠夺性行为究其性质是不正当竞争、限制竞争抑或二者兼有，仍不是十分清楚：发生在具有经济依赖性的交易双方之间滥用市场力量的行为（如拒绝交易、歧视性行为、掠夺性行为等），或许并不违反欧盟竞争法，但是可能被成员国依据反不正当竞争法认定违法。①

第二，有美国学者指出，欧美竞争法的历史表明公平（fairness）问题长期以来都受到关注。仅仅是最近美国才偏离了这一传统目标，现在如何看待这一变化还为时太早。② 事实上目前已经有不少对于这种芝加哥学派的消费者福利至上的反托拉斯政策目标的反思与批评。③ 至于日韩，无论立法还是执法中均十分关注不公平交易行为。而公平则向来是反不正当竞争法的核心议题，从这一角度来看，两部法律具有相同或者相似的内核。

第三，从德国2004年《反不正当竞争法》的修订、美国2015年关于《联邦贸易委员会法》第5条的政策声明④来看，现代反不正当竞争法在维护市场交易中的善良风俗、商业道德（保护竞争者）之余，也更加注重竞争本身（保护竞争）的价值，意味着与现代反垄断法政策思想、分析路径的接近。

因此，反不正当竞争法与反垄断法之间固然可以用“公平竞争法”与“自由竞争法”来作理论区分与描述，但是二者之间很难说存在一个明显的理论界限，从各国或者地区实践来看则更为复杂。正因如此，也才有了世界各国或者地区各不相同的竞争法立法模式。

---

① See Hanns Ullrich, “Anti-Unfair Competition Law and Anti-Trust Law: A Continental Conundrum?”, *EUI Working Paper LAW* No. 2005/01.

② See David J. Gerber, *Fairness in Competition Law: European and U. S. Experience*, Prepared for Presentation at a Conference on Fairness and Asian Competition Laws held on March 5, 2004, in Kyoto, Japan.

③ See Matthew Yglesias, *Democrats' Push for a New Era of Antitrust Enforcement, Explained*, https://www.competitionpolicyinternational.com/democrats-push-for-a-new-era-of-antitrust-enforcement-explained/, 2018-09-09.

④ See FTC, *Statement of Enforcement Principles Regarding "Unfair Methods of Competition"*, Under Section 5 of the FTC Act, https://www.ftc.gov/system/files/documents/public_statements/735201/150813section5enforcement.pdf, 2018-09-07.

第三节 我国竞争立法模式的现实与未来

一、我国竞争立法模式的现实

竞争法的合并立法与分别立法均有相当的理论依据,亦有境外的立法及执法实践经验作为支撑,令人一时难以辨别其高下。当然,我国立法者的实际选择是分别立法,应该说有其必然性。①

从我国竞争立法的过程来看,最初起草的思路是合并立法模式,但是由于在反垄断条款方面争议太大、无法统一,而于1993年先行出台了主要是为了解决市场竞争无序问题、解决微观竞争秩序问题的《反不正当竞争法》。至于涉及宏观竞争秩序的反垄断条款,大多被拿掉,仅保留了现实中亟待规范的若干限制竞争行为,有关反垄断法的原则性规定及企业合并控制、卡特尔控制等基本制度未有涉及。由此,我国《反不正当竞争法》是一部主要调整不正当竞争行为、兼及部分限制竞争行为的法律,可以称为综合的或混合的立法模式。② 至于反垄断问题,按照当时有关人士的看法,应"单独研究完善,争取在三四年中也能立法"。③ 此后,反垄断法被列入全国人大常委会的立法规划,有关国家机关进行多轮起草、论证工作,经过艰苦努力,于2007年通过,也正式确立了两法并行的竞争法格局。

由于立法时的局限性与应急性,1993年颁行的《反不正当竞争法》事实上成为一部兼有不正当竞争及垄断行为的综合性或混合性立法,第二章"不正当竞争行为"所列举的11种违法行为中,仅有第5条市场混淆、第8条商业贿赂、第9条虚假宣传、第10条侵犯商业秘密、第13条有奖销售、第14条商业诋毁等6项为典型意义上的不正当竞争行为,而第6条公用企业限制竞争、第7条行政垄断、第11条低价竞销、第12条搭售、第15条串通招投标等5项则被普遍视为垄断行为,条款数目上几乎平分秋色。尽管多个更具限制竞争色彩的条款是否保留或者写入《反不正当竞争法》一直存在理论争议,④但是2017年11月通过的修正案则较为彻底地删除了各项限制竞争条款,使《反

---

① 关于这方面讨论可参见李胜利:《我国竞争法立法模式的选择》,载《财贸研究》2004年第2期。

② 参见国家工商行政管理局条法司:《现代竞争法的理论与实践》,法律出版社1993年版,第168页。

③ 王学政在1993年3月15日上海"反不正当竞争国际研讨会"上的发言:《关于中国的限制性商业惯例立法》。转引自陈有西:《反不正当竞争法律适用概论》,人民法院出版社1994年版,第222页。

④ 参见王晓晔:《论滥用"相对优势地位"的法律规制》,载《现代法学》2016年第5期;朱理:《滥用相对优势地位问题的法律规制——虚幻的敌人与真实的危险》,载《电子知识产权》2016年第6期;戴龙:《滥用相对优势地位的法律规制研究——兼议〈反不正当竞争法(修订草案送审稿)〉第6条的修改》,载《中国政法大学学报》2017年第2期;孔祥俊:《论反不正当竞争法修订的若干问题——评〈中华人民共和国反不正当竞争法(修订草案)〉》,载《东方法学》2017年第3期;李胜利:《反不正当竞争法的现代化及本土化——〈反不正当竞争法〉修订的若干意见》,载《安徽大学学报》(哲学社会科学版)2017年第6期;等等。

不正当竞争法》成为一部纯粹的“公平竞争法”，也使我国两法并行的竞争法格局更加清晰和稳固。

二、我国未来竞争立法模式之展望①

不能否认，随着我国社会经济条件的变化和法学理论研究的深入，在总结有关立法、执法经验的基础上，若干年后可再重新考虑竞争法的立法模式。也许届时我们可以将反不正当竞争法与反垄断法予以合并，称为“竞争法”；甚至可以以消费者利益为中心，全面平衡消费者、竞争者（企业）及社会整体利益，对包括《反不正当竞争法》《反垄断法》乃至《消费者权益保护法》在内的法律规范进行全面的整合，制定出一部市场行为法或者公平交易法。从消费者在现代经济生活中的中心作用，以及尊重个人权利、提升人民生活品质等角度来看，当有此必要。

关于这几部法律的整合基础，本书认为，在承认市场竞争的基础性作用的前提下，它们均关注实质公平而非形式公平，承认不同市场主体的交易能力在客观上存在差异，从而为解决市场失灵现象设定了与一般民商法不一样的行为规则，如对中小企业的特殊保护、对消费者的特殊保护等。一般来说，整个民商法坚持认为人人独立而且平等（所谓抽象的“原子人”），仅在特殊场合承认不平等，并给予一定的法律救济；而反垄断法、消费者权益保护法等所体现的思想是，许多情况下市场主体之间不存在真正的平等，那种建立在不公平基础上（民商法中）的“平等”，仅仅是形式上的“平等”，是非正义的。为此要提供充分的法律救济，以使交易各方回到较为公平的起跑线上。因此，尽管都是有关经济事务的立法，它们与合同法等传统民商法之间的区别是明显的。以合同法为例，尽管被公认为是整个市场交易的基本规则，但是其信守“契约自由”精神，尽管有“诚实信用原则”等加以矫正，仍不足以解决大企业以协议限制竞争及消费者保护等问题。否则，就不会有反垄断法的产生，也不会有那么多的国家制定消费者保护法。

当然，理论上这几部法律虽存在同质性，其整合绝非易事。本书认为，至少应当同时具备以下条件，才有可能在中国出现一部综合性的公平交易法：

（1）社会经济条件方面：应当具有较高的经济发展水平，市场经济体制较为成熟与完善，这种条件下各种市场主体的道德水平也将有大的提高，能够使人们在较高的层面上审视各种市场行为的合法性及合道德性。因为经济法律的完善不能脱离整个社会的商业环境。在转型时期及经济成长阶段不太可能形成良好的商业道德环境，在这方面，许多国家的经济发展史已经足以证明。

（2）社会观念及社会组织方面：对消费者在经济发展中的根本性地位和作用有充分的认识，公平交易及消费者主权思想真正深入人心。而这些有赖于消费者运动的兴起和消费者组织的完善，同时也离不开具有独立性和公信力的其他社会组织（如行业

---

① 本部分主要引自李胜利：《我国竞争法立法模式的选择》，载《财贸研究》2004年第2期。本部分有删改。

协会等)的发展。从而为这一综合性立法提供多方面的强大的外在促进力量和执法力量。

(3)司法实践及法学理论方面:在目前分别立法的基础上,加强对实践中出现的各种问题的研究、总结,使得对各相关子部门的特性、共性及其关系在理论上有更为清晰的认识,在立法技术上使之能够有机地存在于一部法典之中。

第四节　我国竞争法体系

目前,随着1993年《反不正当竞争法》和2007年《反垄断法》的制定,我国竞争法体系已经基本健全,形成了一个以上述两部法律为基础,辅之以大量其他有关法律中的竞争法条款,国务院发布的行政法规,最高人民法院司法解释,国家发展和改革委员会、商务部、原国家工商行政管理总局(2018年后为国家市场监督管理总局)等制定的部门规章,以及各地方立法等在内的、颇具规模的法律体系。其中,《反垄断法》和《反不正当竞争法》是该法律体系的核心和基本组成部分,因而称为竞争基本法;而其他法律法规中也含有一些与竞争相关的法律规范,因而称其为竞争附属法(或竞争相关法);此外,还有我国参加的国际公约中有关竞争方面的规定,也应成为我国竞争法律体系的组成部分。它们之间相互联系,构成有机统一的整体。① 以上法律法规中往往既有实体性规则,也有不少程序性规则。

一、法律层面

具体而言,除了2007年《反垄断法》,尚有不少法令法律中包含反垄断条款。如1997年《价格法》第14条规定了三种限制竞争行为:(1)价格卡特尔行为,即经营者"相互串通,操纵市场价格,损害其他经营者或者消费者的合法权益";(2)低价倾销行为,即经营者"在依法降价处理鲜活商品、季节性商品、积压商品等商品外,为了排挤竞争对手或者独占市场,以低于成本的价格倾销,扰乱正常的生产经营秩序,损害国家利益或者其他经营者的合法利益";(3)价格歧视行为,即经营者"提供相同商品或者服务,对具有同等交易条件的其他经营者实行价格歧视"。1999年《招标投标法》也规定了三种限制竞争行为:(1)串通投标行为,"投标人不得相互串通投标报价,不得排挤其他投标人的公平竞争,损害招标人或者其他投标人的合法权益。投标人不得与招标人串通投标,损害国家利益、社会公共利益或者他人的合法权益"。(2)招标人的歧视行为,"招标人不得以不合理的条件限制或者排斥潜在投标人,不得对潜在投标人实行歧视待遇"。(3)非法强制及限制行为,"招标人不得强制投标人组成联合体共同投标,不得限制投标人之间的竞争"。此外,我国《刑法》也含有一些有关反垄断方面的罪名。

---

① 参见王仁富:《中国竞争法律体系及其协调性研究》,安徽大学2010年博士学位论文。

除《反不正当竞争法》外,《商标法》《专利法》《著作权法》这三部知识产权法所规定的侵犯他人商标权的行为、侵犯专利权的行为及盗版行为等既违反了这三部专项法律,同时也多出于不正当竞争的目的。2013 年修订的《消费者权益保护法》第 20 条第 1 款规定:“经营者向消费者提供有关商品或者服务的质量、性能、用途、有效期限等信息,应当真实、全面,不得作虚假或者引人误解的宣传。”2015 年修订的《广告法》第 4 条规定:“广告不得含有虚假或者引人误解的内容,不得欺骗、误导消费者。广告主应当对广告内容的真实性负责。”第 5 条规定:“广告主、广告经营者、广告发布者从事广告活动,应当遵守法律、法规,诚实信用,公平竞争。”2015 年修订的《食品安全法》第 73 条第 1 款规定:“食品广告的内容应当真实合法,不得含有虚假内容,不得涉及疾病预防、治疗功能。食品生产经营者对食品广告内容的真实性、合法性负责。”以上条款均涉及虚假宣传这种不正当竞争行为。《价格法》也反对经营者的不正当价格行为,“利用虚假的或者使人误解的价格手段,诱骗消费者或者其他经营者与其进行交易”。《产品质量法》第 5 条规定:“禁止伪造或者冒用认证标志等质量标志;禁止伪造产品的产地,伪造或者冒用他人的厂名、厂址;禁止在生产、销售的产品中掺杂、掺假,以假充真,以次充好。”《对外贸易法》中也有反不正当竞争行为的规定,如第 33 条第 1 款规定,“在对外贸易经营活动中,不得实施以不正当的低价销售商品、串通投标、发布虚假广告、进行商业贿赂等不正当竞争行为”,并禁止对外贸易中伪造、变造或者买卖进出口原产地证明、进出口许可证、进出口配额证明或者其他进出口证明文件。此外,我国《刑法》也设定了有关不正当竞争行为的罪名,如侵犯商业秘密罪,损害商业信誉、商品声誉罪,虚假广告罪等。

二、行政法规和规章层面

目前,我国专门的反垄断或反不正当竞争的行政法规不多。其主要有 2001 年《国务院关于禁止在市场经济活动中实行地区封锁的规定》(2011 年被修订)及 2008 年《国务院关于经营者集中申报标准的规定》(2018 年 9 月被最新修正)。另外,2001 年《国务院关于整顿和规范市场经济秩序的决定》和 2016 年《国务院关于在市场体系建设中建立公平竞争审查制度的意见》也具有很大的指导意义,特别是后者,2017 年 10 月,国家发展改革委、财政部、商务部、国家工商行政管理总局(已撤销)、国务院法制办公室(已撤销)为此制定了《公平竞争审查制度实施细则(暂行)》,以推进我国公平竞争审查制度的施行;进而在 2019 年 2 月国家市场监督管理总局发布了《公平竞争审查第三方评估实施指南》的公告。值得一提的是,2019 年公布的《优化营商环境条例》也包含了反垄断法的一些内容,如其中第 5 条强调“国家加快建立统一开放、竞争有序的现代市场体系,依法促进各类生产要素自由流动,保障各类市场主体公平参与市场竞争”,该条例自 2020 年 1 月 1 日起施行。

至于相关的行政规章,目前已有不少。在反垄断方面,商务部制定了《经营者集中申报办法》(2009 年)、《经营者集中审查办法》(2009 年)、《关于实施经营者集中资产或业务剥离的暂行规定》(2010 年,已失效)、《未依法申报经营者集中调查处理暂行办法》(2011 年)、《关于评估经营者集中竞争影响的暂行规定》(2011 年)、《关于经营者集中附加限制性条件的规定(试行)》(2014 年)、《关于经营者集中简易案件适用标准的暂行规定》(2014 年)等。国家发展和改革委员会 2003 年制定的《制止价格垄断行为暂行规定》,后来被 2010 年出台的《反价格垄断规定》和《反价格垄断行政执法程序规定》所取代,不过这两份文件也已失效。现今有效的是 2017 年发布的《国家发展改革委关于进一步加强垄断行业价格监管的意见》和《国家发展改革委关于全面深化价格机制改革的意见》。原国家工商行政管理总局近年来制定了《工商行政管理机关查处垄断协议、滥用市场支配地位案件程序规定》(2009 年)、《工商行政管理机关制止滥用行政权力排除、限制竞争行为程序规定》(2009 年)、《工商行政管理机关禁止垄断协议行为的规定》(2010 年)、《工商行政管理机关禁止滥用市场支配地位行为的规定》(2010 年)、《工商行政管理机关制止滥用行政权力排除、限制竞争行为的规定》(2010 年),不过这些文件都已被废止。2015 年制定的《关于禁止滥用知识产权排除、限制竞争行为的规定》仍属有效,1993 年的《关于禁止公用企业限制竞争行为的若干规定》、1998 年的《关于禁止串通招标投标行为的暂行规定》也还尚未完全失效。国家市场监督管理总局自 2018 年成立以来,统一行使之前三大反垄断执法机构的反垄断职权,举措频繁:于 2018 年 9 月 29 日修订了《关于经营者集中申报的指导意见》《关于经营者集中简易案件申报的指导意见》《关于经营者集中申报文件资料的指导意见》《关于规范经营者集中案件申报名称的指导意见》《经营者集中反垄断审查办事指南》《关于施行〈经营者集中反垄断审查申报表〉的说明》,以上文件都于公布当日生效;又于 2019 年 6 月 26 日公布了《禁止垄断协议暂行规定》《禁止滥用市场支配地位行为暂行规定》《制止滥用行政权力排除、限制竞争行为暂行规定》三份部门规章,均自 2019 年 9 月 1 日起生效。另外,还有一些联合文件,如 2013 年商务部、国家税务总局、国家发展和改革委员会、公安部、财政部、交通运输部、中国人民银行、国家工商行政管理总局(已撤销)、国务院法制办公室(已撤销)、中国银行业监督管理委员会(已撤销)、中国证券监督管理委员会、中国保险监督管理委员会(已撤销)联合印发了《消除地区封锁打破行业垄断工作方案》的通知,以及上文所提到的 2017 年《公平竞争审查制度实施细则(暂行)》。

在反不正当竞争方面,主要有原国家工商行政管理局 1993 年制定的《关于禁止有奖销售活动中的不正当竞争行为的若干规定》,1995 年《关于侵犯商业秘密行为的若干规定》(1998 年被修订)和《关于禁止仿冒知名商品特有的名称、包装、装潢的不正当竞争行为的若干规定》,1996 年《关于禁止商业贿赂行为的暂行规定》,等等。

在反垄断方面,还有一些较为特殊的文件存在,例如《国务院反垄断委员会关于相关市场界定的指南》(2009 年),不具有强制效力,但在反垄断法有关条款的理解与执行上意义重大。除了该指南,“关于滥用知识产权的反垄断指南”“反垄断案件经营者承诺指南”“横向垄断协议案件宽大制度适用指南”“汽车业反垄断指南”“关于垄断协议豁免的一般性条件和程序的指南”“关于认定经营者垄断行为违法所得和确定罚款的指南”等一系列类似文件正在制定之中。

三、司法解释

在司法解释方面,2007 年出台的《最高人民法院关于审理不正当竞争民事案件应用法律若干问题的解释》,最集中地对有关不正当竞争案件如何适用《反不正当竞争法》作出了解释;而 2012 年制定的《最高人民法院关于审理因垄断行为引发的民事纠纷案件应用法律若干问题的规定》,则对反垄断民事诉讼案件的管辖、举证、责任承担、诉讼时效等问题予以明确。除此之外,1998 年《最高人民法院关于全国部分法院知识产权审判工作座谈会纪要》、2007 年《最高人民法院关于全面加强知识产权审判工作为建设创新型国家提供司法保障的意见》,以及 2001 年《最高人民法院关于民事诉讼证据的若干规定》(2008 年被调整),2008 年《最高人民法院、最高人民检察院关于办理商业贿赂刑事案件适用法律若干问题的意见》等,也分别对有关问题做了进一步规定。

除以上法律法规规章和司法解释外,我国已有许多省、自治区、直辖市、经济特区、省辖市,以及享有立法权的较大的市的地方人大颁布了地方性的反不正当竞争法规;我国参加的有关国际条约如《巴黎公约》和《与贸易有关的知识产权协定》(Agreement on Trade-Related Aspects of Intellectual Property Rights,TRIPs)等也成为我国竞争法的重要组成部分。

第二部分　反垄断法律制度

第三章　反垄断法基本理论概述

第一节　市场垄断与反垄断立法

一、垄断的定义

市场经济永远呈现出这样的规律：竞争导致垄断，垄断阻碍竞争。① 为了维护市场机制尤其是市场竞争机制正常运转，国家就需要制定反垄断法以规制垄断。何为垄断？“垄断”一词的英文 monopoly 出自希腊语的 mono（单独的）和 polist（卖者）两个词语的合意，意思是“单一的销售者”，也就是指某一个人控制了一个产品的全部市场供给，没有其他人能够生产或销售他的产品或替代品。②

现代意义上垄断的概念首先来自经济学。在经济学上，垄断是指在生产集中和资本集中高度发展的基础上，一个大企业或少数几个大企业对相应部门产品的生产和销售的独占或联合控制。一般而言，垄断在理论上是完全竞争的另一面。拥有垄断优势的卖方会限制产量、抬高价格，以此实现利润最大化。垄断市场，是一种与竞争市场相对立的市场类型。垄断市场常常可以用三个结构性和功能性因素来描述：（1）一个卖者占据整个市场，即市场上只有一个卖者，它控制着整个行业的全部供给；（2）卖者的产品具有独特性（消费者或交易相对方没有其他替代品可供选择），所以卖者作为垄断厂商是价格的决定者；（3）有足够的障碍可以阻止新的市场进入者，并使其退出市场也很困难。③

然而在法学上，对于垄断的含义有不同的理解。从狭义上来说，垄断是指赋予某个（些）人或企业的一种特权或特别优势，正是由于这种专有权利（或实力）的存在，上述人或企业才能从事一种特别的事业或贸易，制造某种特别的产品或控制某种特殊商品的整个供应规模。垄断是一种市场结构形式，在这种市场结构中，一个或仅仅少数几个人或企业支配着某项产品或某项服务的总供应规模。④ 从广义上来说，垄断包括垄断

---

① 参见《列宁全集》（第 27 卷），人民出版社 1991 年版，第 336 页。

② 参见［美］保罗·萨缪尔森、威廉·诺德豪斯：《经济学》，高鸿业等译，中国发展出版社 1992 年版，第 842 页。

③ 参见［美］欧内斯特·盖尔霍恩等：《反垄断法与经济学》（第 5 版），任勇等译，法律出版社 2009 年版，第 59 页。

④ 参见尚明主编：《反垄断法理论与中外案例评析》，北京大学出版社 2008 年版，第 1 ~ 2 页。

状态和垄断行为两个方面。不像经济学家对于垄断比较宽容的态度,垄断在法学上一般具有非法性,从而也就一般具有了可责难性。

经济学上的垄断是从微观层面即企业这个市场主体来探讨垄断的含义,而法学上的垄断是从宏观层面即市场竞争秩序上来理解垄断的概念;经济学上对垄断的规制目的是确保效率和追求效率,而法学上对垄断的规制目的兼具有效率与公平甚至实现社会正义。

各国反垄断法较少对垄断进行一般界定,①只是根据各自需要解决的主要问题侧重从一个角度或某个方面对相关问题加以规定。各国因市场情况、法律传统和垄断的表现等诸多差异,对垄断有着不完全相同甚至完全不同的界定。综观各国反垄断法的规定,其所规制的垄断可分为垄断结构(也称为垄断状态、垄断规模)和垄断行为两个方面。现代各国反垄断法所规制的垄断正在发生从市场结构逐步向市场行为的转变。垄断状态,即垄断性的市场结构。垄断状态一般形成于合法、公平的竞争过程之中,是公平竞争的结果或规模经济的表现形式。垄断状态尽管客观上可能对经济自由和经济民主造成损害,但主观上并没有故意限制竞争。对垄断状态进行规制意味着当一个或少数几个企业在某种商品或服务领域的市场占有率达到或超过一定比例,使该领域的竞争受到实质限制或损害时,就被认定构成垄断,往往面临反垄断执法部门的肢解或者资产剥离、营业划出。垄断行为则是占据市场支配地位的经营者故意实施的滥用市场优势限制竞争的行为,或者以谋求垄断利润为目的的限制竞争行为。前者主要包括搭售及附加不合理交易条件、差别待遇、掠夺性定价、强制交易、限制转售价格、独家交易等,后者则主要包括订立固定价格、限制产量、瓜分市场等卡特尔协议,以及企业合并、股份保有、董事兼任等经营者集中。垄断行为是当前各国反垄断法的主要规制对象,甚至是唯一规制对象。②

本书认为,垄断无论表现为垄断状态还是垄断行为,最终都表现为是对市场竞争的限制,在现实中,各种限制竞争行为也就是垄断行为。一般来说,“限制竞争行为”与“垄断行为”应当是含义相同的概念,都是“反垄断法”要予以规制的。“就垄断而言,无论是促成垄断的扩张和联合过程,还是垄断造成独占的结果,都是对竞争的限制;限制竞争的行为,则无不是垄断性行为。”③在反垄断法中人为区分垄断和限制竞争的必要性不大。

---

① 日本是极少数对垄断进行法律界定的国家。日本《禁止垄断法》第2条第5款规定:“本法所称的垄断,是指事业者无论是单独还是采取与其他事业者相结合或合谋等其他任何方式,排除或者支配其他事业者的事业活动,从而违反公共利益、实质性地限制一定交易领域内竞争的行为。”

② 参见王先林:《竞争法学》,中国人民大学出版社2009年版,第211页。

③ 史际春:《关于中国反垄断法的概念和对象》,载《法学前沿》编辑委员会编辑:《法学前沿》(第3辑),法律出版社1999年版,第130页。

二、垄断形成的原因

垄断形成的原因很多,最根本的一个原因就是为了建立和维护一个合法的或经济的壁垒,从而阻止其他企业进入该市场,以便巩固垄断企业的垄断地位。垄断企业作为市场唯一的供给者,很容易控制市场某一种产品的数量及其市场价格,从而可连续获得垄断利润。具体地说,垄断市场形成的主要原因有以下几个方面:

(一)生产发展的趋势和竞争的结果

在生产的社会化发展过程中,自由竞争自然而然会引起生产和资本的集中,而当生产和资本的集中发展到一定阶段以后,就必然会产生垄断。我们可以从两个方面来分析这个问题:一方面,生产和资本的集中发展到一定阶段时就产生了垄断的可能性。因为当生产和资本发展到一定阶段后,生产和资本逐步集中到少数的大企业手中,它们之间就容易达到协议,形成垄断,使其操纵、控制市场供给成为可能,而其他企业则无法与之竞争。另一方面,生产和资本的集中发展到一定阶段后,生产和资本必然集中到了少数大企业手中,这些大企业要在竞争中打败对方单独取胜,则很不容易。为了避免两败俱伤从而获取稳定的垄断利润,它们都有谋求妥协达成垄断的共同需要。

(二)规模经济的要求

有些行业的生产需要投入大量的固定资产和资金,如果充分发挥这些固定资产和资金的作用,则这个行业只需要一个企业进行生产就能满足整个市场的产品供给,这样的企业适合于进行大规模的生产。具有这种规模的生产就具有经济性,低于这种规模的生产则是不经济的。这样来看,规模经济就成为垄断形成的重要原因。同时,大量的固定资产和资金作用的充分发挥,使企业具有了进行大规模生产的能力和优势,因而这个企业能够以低于其他企业的生产成本或低于几个企业共同生产的成本、价格,向市场提供全部供给。那么,在这个行业当中,只有这个企业才能够生存下来,其他企业都不具备这种生存能力。

(三)自然垄断性行业属性的制约

有些行业具有向规模经济、范围经济发展的内在趋势,而在整个市场中随着企业生产规模的扩大和范围的扩展,单位成本递减,从而实现的效益增加,这些行业具有自然垄断属性。在通常情况下,这些具有自然垄断性的行业是由政府来投资经营的,如电力、电话、自来水、天然气及公共运输等行业就是如此。这些具有自然垄断性的行业的发展必然要求实行垄断经营。自然垄断性行业的发展之所以要求垄断经营,是因为其与垄断经营之间存在紧密联系的技术经济因素。

总体来说,自然垄断性企业由于实行垄断经营,可以通过规模经济和范围经济产生利益,并且由于其垄断地位而不会产生过多的成本。具体来说:第一,自然垄断性行业的生产需要庞大的固定资本投资,实行垄断经营,生产规模就大,客户就多,单位成本就越小,就能得到规模经济效益。第二,自然垄断性企业进行联合生产经营要比企业单独生产的成本低,从而获得生产与分配的纵向统一利益和对多种用户提供多种服务的复合供给利益,即获得范围经济效益。第三,自然垄断性行业生产需要的设备投资巨大,折旧时间长,同时这些设备很难转移作为其他用途,所以,固定成本有较大的沉淀性。这三个方面的技术理由就形成了进入市场的重要技术壁垒,使新的企业很难进入该市场,从而自然形成垄断市场。

在自然垄断性行业,如果由一个公司垄断经营,则既能保证技术的统一性,又能避免重复建设,资本的投资效率和利用效率都得到提高。这种状况在自然垄断性行业发展初期是垄断市场形成的一个重要原因。但是,随着现代科学技术的飞速发展,自然垄断性行业的技术性障碍往往不复存在,一个自然垄断性行业的某个或某些环节不再具有自然垄断属性,那么这个行业就不能再因此而实行高度全面的垄断经营,必须引进适度的竞争或者在某个环节打破垄断引入竞争,这样才能促进其健康发展,否则只能损害消费者和社会公共利益,阻碍行业自身的健康发展。遗憾的是目前我国许多自然垄断性行业的经营者和有的政府官员的经营思路还一直停留在自然垄断性行业发展初期的认识水平上。

(四)国家保护专利的需要

专利是政府授予发明者的某些权利。这些权利一般是指在一定时期内对专利对象的制作、利用和处理的排他性独占权,从而使发明者获得应有的收益。某项产品、技术或劳务的发明者拥有专利权以后,在专利保护的有效期内形成了对这种产品、技术和劳务的垄断。专利创造了一种保护发明者的产权,在专利的有效保护期内其他任何生产者都不得进行这种产品、技术和劳务的生产与使用,或模仿这些发明进行生产。若不保护发明专利,社会和生产就难以进步与发展。

(五)国家对进入的法律限制

政府通过特许经营,给予某些企业独家经营某种物品或劳务的权利。这种独家经营的权利是一种排他性的独有权利,是国家运用行政和法律的手段赋予并进行保护的权利。政府的特许经营,使独家经营企业不受潜在新进入者的竞争威胁,从而形成合法的垄断。政府对进入市场进行法律限制形成法律垄断,主要是基于三个方面的考虑:一是基于某种公司福利需要的考虑,例如某些必须进行严格控制的药品的生产,必须由政府特许独家经营;二是基于保证国家安全的考虑,例如各种武器、弹药的生产必须垄断;三是基于国家财政和税收收入的考虑,例如国家对某些利润丰厚商品如烟草进行垄断专营等。

三、反垄断法的概念

关于反垄断法的概念,理论界对其研究相对薄弱,世界范围内尚无统一的定论。在我国,有的学者从反垄断法的适用对象、规范对象、调整对象三者入手界定反垄断法的概念,认为反垄断法乃是通过规范垄断和限制竞争行为来调整企业和企业联合组织相互之间竞争关系的法律规范的总和。有的学者从内涵和外延的角度对反垄断法的概念进行界定:从内涵上讲,反垄断法是禁止行为人排除或限制市场竞争的行为(可以统称为反竞争行为)的法律部门或者法律规范的总称;从外延上讲,反垄断法是禁止反竞争的购并、联合行为或者滥用市场力量行为的法律部门或者法律规范的总称。还有学者从反垄断法的功能的角度给反垄断法下定义,认为反垄断法是反对限制竞争、维护自由公平竞争和经济活力的一类法律的通称。①

经合组织对"反托拉斯法"的界定是,"反托拉斯法是指一个有关垄断和垄断行为的经济政策和法律的领域。反托拉斯法或反托拉斯政策主要是美国使用的术语,而在许多其他国家则使用竞争法或者'竞争政策'一词。一些国家使用公平交易法或者反垄断法。大多数反托拉斯法或者竞争法既有关于结构的规定,如合并、独占、市场独占地位和集中,又包括行为的规定,诸如合谋、固定价格和掠夺性定价"。②

我们认为,在经济法范畴,反垄断法属于市场规制法,是调整国家对垄断和限制竞争行为进行规制过程中发生的社会关系的法律规范。由于反垄断法是市场自由竞争和经济民主的根本保障,因此反垄断法素有"自由企业宪章"和"经济宪法"的美誉。它既能维护市场经济国家的自由竞争体制,又能促进经济转轨国家向市场经济体制顺利转型。

四、主要国家(地区)和国际反垄断立法

19 世纪末至 20 世纪前半叶,由于生产社会化伴随生产集中和资本集中,市场垄断日益严重,产生经济危机,并引发严重社会问题乃至政治危机,西方国家纷纷制定法律规制垄断,对市场进行强行干预和管理。反垄断法应运而生且在全球范围内得到较快发展。

(一)美国

在立法模式上,美国的反垄断立法采取了制定法和判例法结合模式。美国南北战争前后发生的产业革命及战后激烈的市场竞争促使托拉斯等垄断组织横行,引起更严重的经济危机和社会危机,全美掀起了反托拉斯运动,立法司法机关也纷纷采取行动规制垄断。在制定法上,美国国会于 1890 年率先通过《保护贸易和商业免于非法垄断和限制法》即《谢尔曼法》,对共谋限制州际和外国间贸易或商业的做法认定为非法,成为美国反托拉斯法的立法先声,该法条文简约、规定简单,但在世界反垄断法的立法史中具有开拓性的里程碑意义。1914 年国会颁布了《克莱顿法》和《联邦贸易委员会法》,对《谢尔曼法》予以补充。《克莱顿法》的重要性仅次于《谢尔曼法》,主要规定价格歧视、搭售和排他交易合同、可能导致垄断的企业合并、在相互竞争的企业中任职的普通董事等四种行为违法(但不是犯罪),并规定了著名的垄断受害方的三倍损害赔偿

---

① 参见吕明瑜:《竞争法教程》,中国人民大学出版社 2008 年版,第 82 页。

② 孔祥俊:《反垄断法原理》,中国法制出版社 2001 年版,第 7 页。转引自 OECD Centre for Co-operation with the European Economies in Transition, *Glossary of Industrial Organization Economics and Competition Law*, p. 15。

金制度。[①] 1936 年通过《鲁宾逊－帕特曼法》规制价格歧视以修正《克莱顿法》。1950 年颁布《塞勒－凯弗威尔法》,实质修改《克莱顿法》第 7 条,禁止一切减少竞争的合并。1962 年国会通过《反托拉斯民事程序法》,1974 年通过《反托拉斯诉讼程序和惩罚法》,1980 年通过《反托拉斯诉讼程序改进法》,2010 年司法部和联邦贸易委员会联合发布了最新的《横向合并指南》。美国反托拉斯法对世界其他国家和地区的反垄断立法产生了巨大影响。

(二)德国

在市场规制法的立法模式上,德国采取了分别立法模式,即在《反不正当竞争法》之外制定《反对限制竞争法》。德国对垄断(德国最典型的垄断形式是卡特尔)的法律态度非常曲折,第一次世界大战前后国家出面扶持卡特尔等垄断组织成长,魏玛共和国时期颁布《卡特尔条例》限制卡特尔滥用市场优势,希特勒上台后颁布《强制性卡特尔法》全面推行国家卡特尔政策,第二次世界大战后盟国占领当局于 1947 年颁布《非卡特尔化法令》以实现德国经济民主,联邦德国 1955 年着手制定《反对限制竞争法》并于 1957 年通过该法。该法的理论基础是弗莱堡学派的新自由主义经济理论,其核心理论强调竞争是社会市场经济的核心,保护竞争和反对垄断不仅可以提高经济效益,还可以保障政治民主。《反对限制竞争法》将社会市场经济的基本原则和国家的竞争政策以法律的形式确立。该法生效以来曾先后经过 1966 年、1973 年、1976 年、1980 年、1990 年、1998 年和 2005 年共 7 次修订,以适应社会经济发展所需。尤其是 2005 年的带有根本性的修订,实现了德国法与欧盟竞争法的协调与对接,是一次比较彻底的"欧洲化"改革。[②]

(三)欧盟

欧洲经济共同体是欧盟的前身。欧盟竞争法的主要内容是反对限制竞争法。随着 1957 年欧洲经济共同体的创立,欧洲开始了一体化的进程,其中,竞争法起到了至关重要的作用。这一进程又使竞争法发挥了远远超出其他任何条件下所发挥的作用和影响。[③] 欧盟竞争法的思想和理论根植于第二次世界大战期间欧肯和伯姆等人所倡导的秩序自由主义学派,即弗莱堡学派的体现社会政策和有序自由的市场经济秩序。欧盟竞争法立法始于 1951 年的《欧洲煤钢共同体条约》即《巴黎公约》中的竞争法规定,[④]这又成为其后 1957 年《建立欧洲经济共同体条约》即《罗马条约》的竞争法规定即条约第

---

① 参见[美]基斯·N. 希尔顿:《反垄断法:经济学原理和普通法演进》,赵玲译,北京大学出版社 2009 年版,第 24～25 页。

② 参见种明钊主编:《竞争法》,法律出版社 2008 年版,第 36 页。

③ 参见[美]戴维·J. 格伯尔:《二十世纪欧洲的法律与竞争》,冯克利、魏志梅译,中国社会科学出版社 2004 年版,第 416 页。

④ 《欧洲煤钢共同体条约》中的竞争法规定有两条:第 65 条禁止限制竞争协议,第 66 条是针对经营者集中和滥用市场势力的规定。

85 条和第 86 条的参照文本,[①]虽然这两条规定行文简短、构想宽泛,但它们的作用却是“立宪性”的。[②] 1997 年《共同体条约》于阿姆斯特丹进行了修改,修改后的《欧盟条约》成为欧盟竞争法体系的基础性法律规范,该条约中有关竞争的基本规则主要是第 31 条、第 81 条、第 82 条、第 87 条、第 88 条和第 89 条。其中作为欧盟竞争法核心的第 81 条和第 82 条分别是《罗马条约》的第 85 条和 86 条。《欧盟条约》第 81 条专门对限制竞争协议进行规范,《欧共体理事会关于执行欧共体条约第 81 条和第 82 条竞争规则的 1/2003 号条例》(以下简称《1/2003 号条例》)和《关于欧盟委员会根据欧共体条约第 81 条、第 82 条调查程序的第 773/2004 号决议》(以下简称《第 773/2004 号决议》)等法律文件对其进行了补充,第 82 条是对滥用市场支配地位的规定,同样地,《1/2003 号条例》和《第 773/2004 号决议》等法律文件对其进行了补充规定;《欧盟条约》并无专门规制企业集中与合并的法律规定,欧盟对企业集中的竞争法规制始于 1989 年的《部长理事会关于控制企业之间合并行为的 4064/89 号条例》即《合并控制条例》,2004 年欧盟出台了新的《企业合并控制条例》即《部长理事会关于控制企业之间合并行为的 139/2004 号条例》,接着于 2004 年和 2007 年先后公布了《横向合并评估指南》和《非横向合并评估指南》,从而使欧盟建立起完备的经营者集中控制制度并处于世界领先地位。[③]欧盟竞争法不仅对各成员国的竞争法立法和完善及趋同有直接的推动作用,如推动意大利于 1990 年颁布其第一部竞争法,而且对世界许多国家都产生了重要影响。

(四)日本

日本最早将反垄断法引进亚洲,其反垄断立法深受美国反垄断法的影响。在第二次世界大战前和战争期间,日本大力扶持垄断。第二次世界大战结束后,美国占领当局在日本强行推行经济民主化政策,将大财阀、大企业集团进行肢解,日本仿效美国的反托拉斯法于 1947 年颁布了《禁止私人垄断法》,《禁止私人垄断法》所规范的垄断有三种基本类型:私人垄断、不正当的交易限制和不公平交易方法。由于 20 世纪 50 ~ 70 年代日本实行产业政策优先于竞争政策,因此该法没能得到严格执行。该法经过多次修改,现行《禁止私人垄断法》是 2005 年 4 月 20 日修正、2006 年 1 月 4 日生效的。经过多次修改尤其是 2005 年修改之后,享有行政、准司法、准立法权限的法律执行机构公正交易委员会越来越独立和权威,日本《禁止私人垄断法》的执法水平已经大体接近美国、

---

① 《罗马条约》的竞争法规定主要反映在第 85 条和第 86 条。第 85 条遵循了《欧洲煤钢共同体条约》第 65 条的基本架构,第 86 条关于禁止滥用市场支配地位的规定是在《欧洲煤钢共同体条约》第 66 条基础上发展而来的。参见[美]戴维·J. 格伯尔:《二十世纪欧洲的法律与竞争》,冯克利、魏志梅译,中国社会科学出版社 2004 年版,第 430 页。

② 参见[美]戴维·J. 格伯尔:《二十世纪欧洲的法律与竞争》,冯克利、魏志梅译,中国社会科学出版社 2004 年版,第 430 页。

③ 参见孙晋、范舟:《欧盟〈非横向合并评估指南〉评析——兼论对我国非横向合并反垄断法规制的启示》,载漆多俊主编:《经济法论丛》(总第 19 卷),武汉大学出版社 2011 年版。

欧盟反垄断法的水平。[①] 今天在日本,《禁止私人垄断法》已经作为"经济宪法"扮演着极其重要的角色,处于经济法的核心法律地位。[②] 战后日本经济奇迹的发生和民主政体的确立都与《禁止私人垄断法》有着密不可分的关系。

(五)英国

英国是最早形成反垄断判例法的国家。英国的反垄断法包括判例法和制定法两个渊源。英国现代反垄断立法始于1948年颁布的《垄断与限制性行为法》,此后,经过1973年实施《公平贸易法》、1998年颁布《竞争法》和2002年出台《企业法》,英国才最终形成完善的反垄断法体系。2002年的《企业法》不完全是关于竞争的立法,还包括消费者权益保护和破产等内容,但是关于规制垄断的内容占据了该法的大部分篇幅和主体地位,该法改造了竞争法执行机构公平贸易局、设立竞争上诉法庭、改革合并规制制度和市场调查制度、引入新的法律制裁手段、改组竞争委员会的设置,[③]完成了对英国竞争法的最大一次改造和完善。

(六)国际反垄断立法

在各主要国家纷纷制定并完善各自反垄断法的时候,国际竞争法也获得了长足发展。1948年,国际社会制定了《哈瓦那宪章》即《国际贸易组织宪章》,宪章规定受限制性商业行为损害的国家既可以同行为发生地国友好磋商,要求予以制止,也可以向国际贸易组织申诉。该宪章虽未生效,但其规定的反对限制性商业行为的原则和解决问题的方法对以后的国际反垄断法立法有借鉴意义。1969年由拉美诸国成立的安第斯集团为建立共同市场采取了一系列措施,关于控制限制性商业行为的措施占了很大比重。世界贸易组织(World Trade Organization,WTO)及其前身关税与贸易总协定(General Agreement on Tariffs and Trade,GATT)在一系列协定中对大量限制竞争行为进行规制:《关税与贸易总协定》是一个在国际经济领域引导公平竞争的纲领性法律文件,要求在国际贸易中遵循非歧视原则和透明度原则,《与贸易有关的知识产权协定》(Agreement on Trade-Related Aspects of Intellectual Property Rights,TRIPs)禁止滥用知识产权,《服务贸易总协定》(General Agreement on Trade in Services,GATS)涉及垄断和限制性商业惯例、补贴和政府采购,《反倾销协定》《补贴与反补贴协定》《保障措施协定》《与贸易有关的投资措施协定》也都有与反垄断法律制度相关的内容。联合国在国际反垄断立法中扮演了非常重要的角色,1980年联合国召开了限制性商业惯例问题会议,在联合国第35届大会上批准了《关于控制限制性商业惯例的公平原则和规则的多边协议》,标志着国际性控制限制性商业惯例这一竞争立法取得进展;1984年联合国发布《消除

---

① 参见[日]村上政博:《日本禁止垄断法》,姜姗译,法律出版社2008年版,中文版序言。

② 参见[日]根岸哲、舟田正之:《日本禁止垄断法概论》,王为农、陈杰译,中国法制出版社2007年版,中文版序。

③ 参见李国海:《英国竞争法研究》,法律出版社2008年版,第40~41页。

或控制限制性商业惯例法律范本》，该范本第1条规定法律的目标或宗旨是："消除或有效控制企业通过滥用或谋取和滥用市场支配地位以限制进入市场或过分限制对贸易和经济发展具有或可能具有不利影响的竞争的行动或行为，或通过企业间正式、非正式、书面、非书面的协定或安排以产生类似影响的行动或行为"；2002年，联合国贸易与发展会议在《关于控制限制性商业惯例的公平原则和规则的多边协议》基础上，根据国际反垄断发展的需要和各国的建议制定了《竞争法范本》，从而为协调和统一各国竞争法提供了可资借鉴的法律文件。

第二节　反垄断法的特性

一、反垄断法的国家适度干预性

在19世纪中晚期之前，人们一直秉承古典经济学的自由市场经济理念，反对国家干预经济，认为对市场干预越少的政府就是越好的政府。19世纪中后期以来，由于社会化大生产和资本越来越集中，市场上的垄断和限制竞争情况愈演愈烈，经济危机时有发生，这说明当时出现了严重的市场失灵，传统的放任自流由市场自我克服难以奏效，民商法不能对垄断行为进行有效矫正，这就需要国家伸出"有形之手"来干预市场，弥补市场失灵，使市场机制恢复其应有的调节机制。[①] 当时的市场失灵主要是由垄断组织的限制竞争行为破坏了市场竞争机制所致，所以国家干预经济的突破口就是通过新的立法规制垄断，反垄断法就是国家经济职能发达和干预经济的制度结果，也是对民商法功能不足的制度延伸和发展。正如世界上不存在绝对的自由，世界上同样也不存在绝对自由的市场经济，国家通过反垄断法等经济法属性的立法对市场进行适度的强制性干预显然是必要的，是符合现代市场经济运行规律和内在要求的。只有以市场自我调节机制为主，并在市场调节之外辅以适度适当的国家调节，这样市场经济才能持续良好地运行。[②] 反垄断法的国家干预性体现了经济法的本质属性，现代经济法就是以反垄断法为开端的。

二、反垄断法的社会本位性和社会法属性

自由资本主义时期，政治国家和经济社会的联系远没有今日之紧密，传统的公法如刑法和行政法较少涉足经济生活，市场经济所依赖的法律秩序主要是民商法秩序，民商法的立法基础是意思自治和契约自由，遵循个人本位，维护个体利益。到了19世纪中后期，在意思自治和契约自由的民商法的"庇护"下，托拉斯、卡特尔、康采恩、辛迪加等

---

① 参见漆多俊：《经济法基础理论》(第3版)，武汉大学出版社2000年版，第20页。

② 参见孙晋等：《论经济法的基本原则》，载徐杰主编：《经济法论丛》(第5卷)，法律出版社2005年版，第98页。

各种垄断组织形成并迅速发展壮大,这些垄断力量限制竞争情况日益严重,个人本位的民商法对此无能为力。19 世纪后期应时而生的社会法学派对法律的个人本位提出质疑,主张国家立法应该遵循社会本位,个体利益的实现离不开社会整体利益的实现,当个体利益和社会利益发生冲突的时候,应该以社会利益为重。为了规制垄断力量和反对限制竞争行为的反垄断法就是在社会法学派思潮影响并指导下的新的立法尝试,国家对个别市场垄断组织的个体利益的限制,其出发点就是为了维护整个社会利益不致受损,所以反垄断法遵循的就是社会本位立法宗旨。就这个意义而言,反垄断法是社会性立法,它利用公法的手段即国家公权力对传统的私人经济领域进行干涉,在国家公权力进行调整的同时,不排除适用私法调整,弥补了公权力之缺陷,从而使反垄断法兼有公法和私法的双重属性。这既不同于纯粹的公法,又不同于传统的私法。反垄断法虽然未能像民商法公法化那样首先开创公法私法融合之先河,其却是公法私法融合最好的表现,是公法私法融合结出的硕果,属于社会法法域。①

三、反垄断法实体法和程序法的有机结合性

综观世界各国和地区的反垄断立法,一般都是把反垄断实体规范和程序规范融合在一起,而不是像传统法律部门那样将实体法和程序法分别立法。这种立法创造经实践检验比较有效。将实体法和程序法结合作出规定,能够明确市场经济主体的相关权利和义务,规范反垄断执法机关的权限、规则和程序等,客观上保护了市场竞争主体的权益,从而有效节省了反垄断的法律资源。② 另外,实体规范和程序规范融为一体,为市场主体提供了更明确的行为预期和法律指引,更有利于法律的遵行,也方便反垄断法的私人提起诉讼即私人实施,提高法律实施的效果。

四、反垄断法的不确定性

反垄断法的不确定性是反垄断法所具有的比较鲜明的特征,其不确定性主要表现为规范对象的不确定,③对垄断协议、滥用市场支配地位和经营者过度集中这些垄断行为的认定必须综合考虑许多市场因素甚至需要进行市场调查,对同样的行为在不同的地区和不同的时间可能得出不同的判断和认定。反垄断法的不确定性源于反垄断法实体规范具有高度的原则性和抽象性,如美国反托拉斯法核心规范一般就是几个条文,欧盟竞争法规范主要是《罗马条约》第 81 条和第 82 条。确认垄断行为的原则如"合理原则"本身就具有不确定性,该原则强调对行为相关因素的具体分析具有很强的主观性,自然加剧了反垄断法的不确定性。反垄断法所规范的对象是市场中的具体行为,市场不间断变化,行为有多种表现,也就决定了反垄断法只能以变应变,急剧发展的反垄断

---

① 法学理论界一般认为,19 世纪末以来,遵循社会本位立法形成的法律与规范国家政体维护统治阶级利益的公法和遵循个体本位维护个人利益的私法不尽相同甚至大相径庭,它们属于第三法域。第三法域就是社会法法域,包括经济法和作为部门法的社会法(如劳动法和社会保障法)。

② 参见张穹:《反垄断理论研究》,中国法制出版社 2007 年版,第 65 页。

③ 参见沈敏荣:《法律的不确定性——反垄断法规则分析》,法律出版社 2001 年版,第 75 ~ 77 页。

法之变动性增加了反垄断法的不确定性。另外,国家产业政策对竞争执法的影响不可小视,对反垄断法的确定性带来影响。[①] 上述反垄断法的不确定性给了执法者极大的自由裁量权,也对执法者的执法能力提出了较高要求;给法律的确定性和可预见性带来挑战,也增加了反垄断法的适用弹性和威慑力。成立专门的执法机构甚至设立专门的法庭,积累提炼执法经验,注重经济分析方法,不断适时修改完善法律,都是应对反垄断法不确定性的有效举措。

第三节　反垄断法的立法目的和法律地位

一、反垄断法的立法目的

前文我们分析了竞争法具有规范市场竞争秩序以维护市场竞争机制、保护消费者利益和规范政府规制权力的多元化功能,作为竞争法体系核心的反垄断法同样具有这些功能定位。

反垄断法的功能与反垄断法的目的休戚相关。为了更好地了解反垄断法的功能,我们需要首先了解反垄断法的立法目的。

对市场竞争秩序进行有效控制以协调企业竞争自由和限制竞争之间的冲突,是反垄断法一般要达到的目标。美国经济学家萨缪尔森(Paul A. Samuelson,1915～2009)曾经说过:"反垄断法在企业变成一头垄断的野猪时,防止它到处乱窜。"[②]实际上,确定合理的反垄断法立法目的是构建反垄断法体系的前提条件。

在我国反垄断法立法过程中,学者对反垄断法立法目的的争议主要体现在竞争、效率、保护消费者等方面。有学者认为维护竞争或效率是反垄断法唯一目的,保护消费者只是反垄断法的副产品;有学者认为反垄断法的立法目的是保护消费者利益的,而维护市场竞争只是其手段,保护消费者才是反垄断法的终极目的。而有人则认为反垄断法的目的是促使竞争的优化和消费者利益的最大化,只是前者属于竞争法范畴,后者是非竞争的范畴。我国《反垄断法》的颁行为这场争论画上了句号。

我国反垄断法的立法目的体现在《反垄断法》第 1 条,该条规定:"为了预防和制止垄断行为,保护市场公平竞争,提高经济运行效率,维护消费者利益和社会公共利益,促进社会主义市场经济健康发展,制定本法。"这说明我国反垄断法确立了多重立法目的。笔者认为,上述关于立法目的的规定,至少包含三层内容:

第一,预防和制止垄断行为,保护市场公平竞争,提高经济运行效率。反垄断法的主要任务是维护并促进市场竞争,发挥市场竞争机制的积极作用。这是各国反垄断法

---

① 参见种明钊主编:《竞争法》,法律出版社 2008 年版,第 220 页。

② 孔祥俊:《反垄断法原理》,中国法制出版社 2001 年版,第 1 页。

立法最初的目的。现在,我国社会主义市场经济体制已经建立,但还不够健全,需要在深化经济转轨和市场化改革中继续发展。通过市场竞争来优化资源配置,可以提高经济效率,增强经济的活力和竞争力,是推动经济又好又快发展的重要途径。制定《反垄断法》,建立健全市场竞争不可缺少的游戏规则,制止经营者通过实施垄断行为排除或者限制经营对手参与市场竞争,进而谋取垄断的利益。这种被称为垄断利益的不合理利益,它的存在和发生破坏了公平竞争的规则,损害了市场机制的优胜劣汰和对资源的优化配置,对提高经济运行效率不利。反垄断法自然要将预防和制止垄断行为、保护市场机制放在首位。

第二,维护消费者利益和社会公共利益。维护消费者利益是反垄断法的主要目的和功能之一。垄断的目的和结果都在于限制甚至消除竞争,垄断者实现了垄断利益,而广大消费者失去了消费选择。在垄断条件下,经营者不需要技术创新,不需要下气力提高产品和服务的质量,就能获得可观的垄断利润,而消费者却只能无奈地接受。从宏观意义上讲,没有比垄断更损害消费者权益的了。尽管反垄断法也保护受垄断行为伤害和剥夺的经营者的竞争利益和市场参与机会,但其主旨却在于维护市场竞争机制和保护消费者福祉,而不只局限于保护竞争者。[①] 所以,在我国反垄断法的立法目的和作用的规定中,不像《反不正当竞争法》那样规定"保护经营者和消费者的合法权益",而只规定了"维护消费者利益"。社会公共利益与宏观上的消费者利益有着相同的性质。作为个人或单位利益的对立面,社会公共利益自然具有其社会公共性,是为大多数公民的利益而存在并作为其出发点和归宿的。在目前条件下,有理由认为维护社会公共利益的行为是符合法律和国家政策的行为。经营者不能从自身利益出发或从行政机关的地方利益或部门利益出发,以社会公共利益为借口而实施限制或消除竞争的行为,这是现代反垄断法立法目的所蕴含的应有之义。

第三,促进社会主义市场经济健康发展。制定《反垄断法》是健全我国社会主义市场经济法律制度,形成中国特色社会主义法律体系的内在要求。其实质或者说最终目的就是促进社会主义市场经济健康发展。改革开放以来,我国已制定了不少促进市场经济发展的法律,然而,《反垄断法》的出台和实施,填补了我国已有的社会主义市场法律体系框架中的一个最重要的空白点,《反垄断法》的颁行,既是对我国过去30年经济转轨和市场化改革成果的制度确认,也是对我国进一步深化经济转轨的制度保障,对促进建立健全统一开放、竞争有序的市场经济体制将发挥基石一般的作用。

由此可见,我国反垄断法确立的总体目的是"促进社会主义市场经济健康发展",通过几个措施(子目的)即预防和制止垄断行为、保护市场公平竞争、提高经济运行效率、维护消费者利益和社会公共利益来保障这一总体目的的实现。

---

① 参见[美]基斯·N.希尔顿:《反垄断法:经济学原理和普通法演进》,赵玲译,北京大学出版社2009年版,第32页。

另外,我国有学者认为反垄断法在立法目的之外还有一般性目的,反垄断法的一般性目的与立法目的并不完全相同,反垄断法的立法目的应建立在一般性目的范畴之内。[①] 本书同意这种观点。实际上,各个国家可以根据其不同的政治经济条件和社会发展阶段以确定特定的反垄断法目的,而且反垄断法的立法目的还可以通过反垄断法的修改而不断地进行修正。这里所指的反垄断法一般性目的是抛开各国具体法律文件中所表现的、总结反垄断及其法律的历史发展而抽象出来的目的。反垄断法的一般性目的是就这类法律本身的一般价值意义而言的。反垄断法的立法目的则是与特定时期的立法者制定反垄断法的动机相关的。

一般来说,反垄断法的一般性目的包括经济目的、社会目的和政治目的。[②] 反垄断法的经济目的主要表现在提高经济效率,促进贸易自由化,利于实现私有化,以及完善市场经济的发达程度。反垄断法的社会目的主要是对消费者利益的保护,包括消费者免受市场势力的影响、保护中小企业的机会和利益、保护民主的价值和原则、保护公共利益、确保市场公平和平等、在市场民主的条件下实现经济上和政治上的平等。反垄断法也具有很强的政治目的,如美国《谢尔曼法》的制定是基于这样的前提,即适当限制竞争力的相互作用将产生最好的经济资源配置、最低的价格、最好的质量和最大的物质进步,由此所提供的环境将有助于保持民主的政治与社会制度;美国前总统罗斯福曾警告说,如果人们容忍私人力量的增强,并使其比他们的民主国家本身还要强大,那么民主自由就会受到威胁。又如,在欧共体建立在经济一体化和贸易自由化基础上的共同体一体化进程中,反垄断法起着非常重要的作用。同样地,我国通过反垄断法的立法和实施宣扬民主、自由和公平价值,通过促进实现或维护经济民主为推动政治民主进程打下牢固的经济基础,都是我国反垄断法应有的政治目的。

二、反垄断法的地位

反垄断法的地位,就是反垄断法在人们对社会规范的认知当中的地位和在法律体系中的地位。

(一)反垄断法具有经济宪法的地位

宪法是维护民主与自由的基本法。相对于宪法的政治属性,现代社会的人们以宪法借喻反垄断法,一般认为在市场经济领域反垄断法具有基石一般的地位和作用,即反垄断法是维护经济民主和经济自由的基本法,担负着反经济专制(垄断)和反限制竞争自由的重要使命。[③]

美国最高法院在1972年的一项判决中指出:反托拉斯法……是自由企业的大宪章。它们对维护经济自由和我们的企业制度的重要性,就像权利法案对于保护我们的

---

① 参见阮赞林:《论反垄断法的目的》,载《重庆工学院学报》(社会科学版)2007年第11期。

② 同上。

③ 参见吕明瑜:《竞争法教程》,中国人民大学出版社2008年版,第90页。

基本权利的重要性那样。[1] 此后,美国最高法院常在判决中将《谢尔曼法》代称为“经济自由的宪法”。在美国,这种指称的理由是反垄断法与宪法有许多相同或相似之处:在追求自由的目标上二者具有内在的统一性,二者一样对公民(企业)的基本权利有广泛的影响,模糊规范的清晰化范式具有相似性。[2] 美国将反垄断法视为“经济宪法”的观点很快被德国、日本、欧盟等世界许多国家和地区所认同和接受。

市场经济根基于个人自由与企业自由,市场经济的基本表征就是自由的独立的市场主体在市场中自由竞争、自主经营,市场经济运行的基本机制是竞争机制。企业自由和经营自主直接表现为市场主体的竞争自由,没有竞争自由,则竞争机制无以存在和发挥作用。反垄断法则以促进实现竞争自由和维护竞争自由进而确保竞争机制正常运行为目标。所以,反垄断法的经济宪法地位是由竞争自由和竞争机制在市场经济中的根本性地位和作用决定的。

(二)反垄断法是经济法的核心

经济法学是一个年轻的学科,经济法是始自 19 世纪末的法律现象。作为部门法的经济法一般认为由竞争法(反垄断法)、宏观调控法、国家投资经营法三个亚系统组成。[3] 那么,到底哪一个亚部门法在经济法体系中处于核心地位呢?有学者主张宏观调控法尤其是财政法是我国经济法的核心和“龙头”,更多的学者认为反垄断法才是我国经济法的核心,这场争论至今没有停止。[4]

本书认为,对待这个问题应该用历史的眼光和发展的观点进行分析。在世界范围内,经济法的产生与发展始于美国、德国等国家的反垄断法立法和反不正当竞争法立法,其后,在凯恩斯的全面干预理论影响下,随着国家干预的方式多样、范围拓展、力度加大,宏观调控法和国家投资经营法才出现,但在 20 世纪 70 年代至 80 年代西方国家经济长期陷入滞胀以来,西方国家被迫采取放松管制和私有化政策,宏观调控法尤其是国家投资经营法的地位和作用大不如前。从总体上看,反垄断法在西方国家的经济法规范中处于核心地位,尤其在 20 世纪七八十年代以来还享有了“经济宪法”和“自由企业大宪章”的美誉。

在我国,经济法的产生和兴起是与国家经济转轨相伴而生的,没有经济转轨和以市场为取向的改革,就没有经济法。在转轨和改革初期即 20 世纪 70 年代末至 90 年代初,由于仍然受到传统的计划经济体制强大的制度惯性之影响,初生的经济法以国有企业(时称全民所有制企业或国营企业)为主要研究对象,属于国家投资经营法范畴的国

---

① See United States v. Topco Associations. Inc. ,405 U. S. 596,610(1972).

② 参见刘继峰:《竞争法学原理》,中国政法大学出版社 2007 年版,第 179 页。

③ 参见漆多俊:《经济法基础理论》(第 4 版),法律出版社 2008 年版,第 26 ~ 36 页。

④ 中国经济法研究会 2009 年年会上,原本没有列入大会主题的“经济法的龙头法是财政法,还是反垄断法”最后成为这次大会贯穿始终的真正主题。会上史际春教授和王晓晔教授的观点截然相反,前者主张财政法是我国经济法的核心和“龙头”,后者认为反垄断法才是我国经济法的核心。

有企业法(如《全民所有制工业企业法》)及国有企业改制立法自然也就成为我国经济法的主要构成和核心内容。20 世纪 80 年代末和 90 年代,国家越来越重视对国民经济运行和布局的宏观调控,财政法、税收法、金融法等立法兴起,宏观调控法一时间取代国有企业立法成为我国经济法的核心。1992 年建立社会主义市场经济体制以来,尤其是 2001 年我国加入世界贸易组织(WTO)以后,随着市场经济体制在我国的基本确立,市场上不正当竞争和垄断现象日益严重,反过来严重影响了市场竞争机制的正常运行,阻碍了我国市场经济体制的进一步完善。国家认识到竞争法立法的紧迫性和重要性,于 1993 年颁布了《反不正当竞争法》,又于 2007 年制定了《反垄断法》。应该看到,新生的反垄断法不仅寄托了国人对它的厚望,在实施的初期也确实发挥了非常重要的作用。反垄断法日益成为我国经济法体系的核心。

反垄断法的核心地位,还反映在它对经济法其他组成部分的影响和评价上。国家在制定、修改完善和实施宏观调控法和国家投资经营法的过程中,应该遵循反垄断法的立法主旨和法律精神,维护市场自由、保护市场竞争和尊重市场竞争机制。我国当前仍有一些宏观调控立法和国家投资经营立法在一定程度上就存在背离反垄断法的原则和规则的问题,一些宏观调控举措和国家投资经营行为也在客观上起到了保护垄断否定市场机制的反作用。[①] 这正是我国经济法立法及实施需要改进和完善的主要方向和任务,也是矫正和改进我国宏观调控举措和国家投资经营行为的指导方针。从这个意义上讲,反垄断法在经济法体系中处于核心地位当无异议。

① 比如,一些国家投资经营行为在一定程度上存在“嫌贫爱富”和“锦上添花”的政策偏好,就有违反垄断法的反对垄断、公平竞争原则之嫌。

第四章　垄断协议规制制度

第一节　垄断协议概述

一、垄断协议的概念

在市场经济条件下,垄断协议广泛存在于经济生活的各个阶段和各个方面,与滥用市场支配地位、经营者集中等垄断行为相比,垄断协议历史最久,对竞争危害最大,存在最隐蔽和难以判断,其表现出发生量大、涉及面广、对市场影响速度快等特点,对有效竞争的破坏具有普遍性和持续性。

(一)垄断协议的含义

垄断协议,在不同的国家和地区有不同的称谓,美国《谢尔曼法》将其称为“共谋”“联合”;欧共体直接将其称为“限制竞争协议”;德国《反对限制竞争法》称其为“卡特尔”;日本《禁止垄断法》将其称为“不正当交易限制”;我国台湾地区将其称为“联合行为”。所谓垄断协议,即限制竞争协议,是指两个或两个以上的经营者以协议、决议或者其他联合行为实施的排除、限制市场竞争的行为。垄断协议的核心是联合与共谋,具体行为包括口头协议、书面协议和协调行为等。所谓口头协议,是指相关经营者以限制市场竞争为目的而通过口头的形式明确订立的限制竞争协议;所谓书面协议,是指相关经营者以限制市场竞争为目的而通过书面形式明确订立的限制竞争的协议;所谓协调行为,是指相关经营者虽未以口头或书面的形式明确订立限制竞争的协议,但其以限制市场竞争为共同目的而协调市场的行为。

我国《反垄断法》第 13 条第 2 款规定:“本法所称垄断协议,是指排除、限制竞争的协议、决定或者其他协同行为。”其中,“协议”是指经营者之间通过书面或口头形式达成一致意见;“决定”是指企业间的组织或者其他形式的企业联合体以决议的形式,要求其成员企业共同实施某种排除、限制竞争的行为;“协同行为”则是指经营者之间虽没有达成书面或口头的协议、决定,但相互进行沟通,心照不宣地实施了协调的、共同的排除、限制市场竞争行为。

(二)在各国反垄断立法中关于垄断协议规定的三种形式

其一,反垄断法对垄断协议只作原则性的规定。[①] 例如,美国《谢尔曼法》第 1 条对

① 参见张穹:《反垄断法理论研究》,中国法制出版社 2007 年版,第 111 页。

垄断协议的规定:“任何契约,以托拉斯形式或以其他形式的联合、共谋,用来限制州际间或与外国间的贸易与商业,是非法的,任何人签订上述契约或从事上述联合或共谋,是严重犯罪。”我国台湾地区“公平交易法”中也规定:“联合行为,谓事业以契约、协议或其他方式之合意,与有竞争关系之他事业共同决定商品或服务之价格,或限制数量、技术、产品、设备、交易对象、交易地区等,相互约束事业活动之行为而言。”

其二,反垄断法对垄断协议只作出列举而无抽象概括。① 例如,欧盟在《建立欧洲联盟的条约的竞争规则》中列举了5种应予禁止的限制竞争协议,具体包括:直接或间接固定交易价格或其他交易条件;限制或控制生产、市场技术开发或投资;分配市场或供应来源;对于其他交易方的同等交易使用不同的条件使其处于不利的竞争地位;使其他方承担在性质或商业习惯上与所签合同没有联系的额外业务作为签订合同的条件。

其三,反垄断法对垄断协议既作原则性的规定,又作出具体列举。例如,德国《反对限制竞争法》第1条规定:“企业之间达成的协议,企业联合组织作出的决议以及联合一致的行为,如以阻碍、限制或扭曲竞争为目的或使竞争受到阻碍、限制或扭曲,则是禁止的。”我国《反垄断法》原则上禁止垄断协议,同时又对垄断协议的具体形式予以列举。

二、垄断协议的特征

垄断协议与经营者集中、滥用市场支配地位存在不同:首先,与滥用市场支配地位相比,垄断协议的主体由多个主体构成;其次,与经营者集中相比,垄断协议具有不稳定性,相互之间达成的协议不会像经营者集中那样稳定;最后,垄断协议一般为法律所禁止,而经营者集中一般只要经营者不滥用市场支配地位实施限制竞争行为,就是合法的。

(一)主体由多个独立的经营者即市场主体构成

1. 垄断协议发生在两个或者多个经营者之间。垄断协议是多个主体实施的共同行为,单个主体不可能实行垄断协议,这里就把它与单个经营者滥用市场支配地位限制竞争的行为区分开来。此外,这里的经营者应作广义的理解。在国外反垄断法实践中,它既包括所有以营利为目的而从事生产经营活动的组织,也包括不以营利为目的而从事生产经营活动的组织,既包括公司、国有企业、专业合作社等法人企业,也包括不具有法人资格的个人独资企业、合伙企业及个体工商户等。②

2. 参与垄断协议的经营者具有独立性。垄断协议主体的独立性表现在:首先,法律上具有独立的人格,这是它成为垄断协议主体独立的首要条件;其次,实质上具有独立的决策能力。现实生活中,母公司与子公司之间经常会达成一些限制竞争的协议,但它

---

① 参见张穹:《反垄断法理论研究》,中国法制出版社2007年版,第111~112页。

② 参见种明钊主编:《竞争法》,法律出版社2008年版,第251页。

并不构成垄断协议,各国法律一般对其不进行规制,理由是子公司虽然具有独立的法律人格,但是不具备独立的决策能力。例如,欧共体于1970年处理的柯达公司案,柯达公司在欧洲的多家子公司协议采取相同销售条件,向其他欧共体成员国出口商品时,采取与当地的柯达分支机构同样的价格,而对销往欧共体以外的商品施加限制。欧共体委员会认为,由于柯达公司的分支机构受母公司的控制,不能独立作出决策,这些分支机构之间在公司集团内部达成的协议不属于具有独立的经济决策能力的经营者作出的协议,因而不可能产生影响竞争的后果。

(二)主观意思的一致性

主观意思的一致性是指经营者之间存在共谋或者故意,或者是企业之间的组织如行业协会故意实施的限制竞争行为。垄断协议是两个或两个以上经营者之间实行的限制竞争的行为,经营者之间为实行限制竞争或者达到限制竞争的目的必然会进行一定的意思联络。如果经营者之间没有意思联络,而是偶然对市场状况反应的一种契合行为,则不构成垄断协议。经营者之间的意思联络可以通过协议、决议、协同行为等方式来实现。意思联络表示方式可以是书面协议、口头协议、默示等。行业协会限制竞争行为的决议,并不要求全体成员的共同一致的故意,只要是多数成员的意志就可以,因为行业协会的决议对一切成员都具有约束力。

(三)排除、限制竞争的效果

经营者之间达成的协议、决议、协同行为造成了限制市场竞争或者可能限制市场竞争的后果,这是垄断协议的必备要件。并不是所有的协议、决议、协同行为都受到禁止,只有具有排除、限制竞争的后果的行为才受到法律的禁止,这里还包括垄断协议目前还没有带来排除、限制竞争的后果,但是继续实施就可能产生排除、限制竞争的后果。因此,判断经营者之间的协议等行为是否为反垄断法所禁止,一般都会依赖经济分析方法,以此来判断对市场竞争的影响,进而得出判断。从各国的实践经验来看,竞争者之间固定价格、限制产量、划分市场的垄断协议一般会对市场竞争产生严重的危害后果,各国反垄断方法一般都对其进行严厉禁止;而对其他的垄断协议如独家交易、选择性销售、中小企业的联合行为等,则需进行经济分析,而且法律也会规定适用除外制度对一部分垄断协议进行豁免。

三、垄断协议的表现形式

垄断协议的表现形式有企业间的协议、团体决议及协同一致行为,判断经营者之间是否存在垄断协议,需要证明协议、决议、协同一致行为的存在。在美国,证明违法行为主要取决于证明协议的存在。通过直接证据可以证明明示协议,这些证据可以是包含或者提及一项协议的文件,记录与会者之间达成协议的会议记录,或者知道协议的人提供的证言。一项协议也可以通过推论加以证明,即通过间接证据链进行推论,包括下列事实:竞争者在实施特定的行为之前召开了会议,有电话记录等,如一家公司告诉另一家公司其打算将价格提高到特定的数额。①

(一)企业间限制竞争的协议

在反垄断法上,企业之间达成的限制竞争协议与民法、合同法关于协议的规定不同,其范围要宽泛得多,它还可以指合同之外的合意。反垄断法禁止企业之间协议的依据是其限制了竞争,无论这些约定的条款是否达到了合同的程度,只要采取了约定的方式并在后果上具有限制竞争性,就属于反垄断法上的限制竞争协议,就应当为法律所禁止。欧共体委员会在 1999 年的一项决定中指出:“当当事人遵守一项共同计划,而该计划决定它们彼此间在市场上的行为方式,或共同不行为时,就可以说其间存在一项协议。它们共同作出决定,或采取共同的计划,这不需要采用书面的形式。不需要任何形式,也不需要具备任何违约责任条款,或其他执行措施。协议的存在,可由当事人的行为明确或隐含地表现出来。”可见,限制竞争协议既可以是书面协议,也可以是口头协议即君子协议,既可以是双方正式签署的规范性文件,也可以是双方传递的电报传真和信件。②

(二)企业团体的决定

企业团体的决定是指由同行业的企业联合组织或者同职业的人士共同成立的联合组织等企业团体所作出的反映协会成员意愿的决定。决定可以包括由这类组织制定的规则,如章程、纪律等对协会成员具有约束力的规定,以及没有约束力的建议。决议通常是以一个法律主体(如行业协会)的名义发出的,在这个企业团体中执行,因此它是团体成员意思表示,反映了他们的共同意志。在欧盟竞争法中将其直接规定为“企业团体所作的决定”,德国《反对限制竞争法》规定为“企业联合组织”作出的决定,日本《禁止垄断法》第 8 条对行业协会的限制竞争行为做了禁止规定。在各国经济生活的实践中,由行业协会出面组织协会成员实施排除、限制竞争的垄断协议是垄断协议的一个重要形式。我国《反断法》第 16 条规定,行业协会不得组织本行业的经营者从事垄断协议。

(三)企业间的协同行为

企业间的协同行为是垄断协议中极具包容性的一种形式,是指企业在没有合同或协议的情况下,为共谋避免竞争而实行的协同一致的经营行为。它涵盖了企业间限制竞争的协议,以及企业团体的决定所未能包括的其他一切具有同谋性质的垄断协议。它具有两个特征:一是企业间存在限制竞争的共谋;二是实践中存在一致行为,即为实现共谋的目的而实行协同行为代替独立行为。例如,几家经营同类产品的厂商为避免相互之间竞争并获取高额利润,经过会议讨论后,在相同时间同幅度实行价格上涨,他

---

① 参见孔祥俊:《反垄断法原理》,中国法制出版社 2001 年版,第 366 页。

② 参见杨洁:《对我国反垄断法有关垄断协议规制的理解与认识》(一),载《工商行政管理》2009 年第 21 期。

们之间并未形成协议或决议,但该行为为反垄断法禁止的协同行为。

四、垄断协议的分类

立法上对垄断协议的规定,多是概括或列举,或者是概括与列举并存。如美国《谢尔曼法》第1条的规定就是典型的概括:"任何契约,以托拉斯形式或其他形式组成的联合、共谋,用来限制州际间或与外国之间的贸易或商业,是非法的。任何人签订上述契约或从事上述联合或共谋,是严重犯罪。"我国现行《反垄断法》则是概括与列举并存。现实中,垄断协议的表现形式多种多样,对其可以按照不同的标准分类:

(一)按照主体间的关系,它可以分为横向垄断协议与纵向垄断协议

这种划分方法是各国反垄断法在立法上最为常见的一种划分方法。垄断协议既可以发生在处于同一经济层面有着直接竞争关系的经营者之间,也可以发生在不存在直接竞争关系的上下游经营者之间。具有竞争关系的经营者之间达成的横向垄断协议对市场竞争产生危害较大,一般国家对之严格惩治;而不存在直接竞争关系的上下游经营者之间的纵向垄断协议的危害性相对而言较小,在其不损害市场竞争的时候,不受反垄断法规制。有些国家的反垄断法明确将垄断协议区分为横向垄断协议和纵向垄断协议,如德国、俄罗斯等;大部分国家(地区)在立法中不作区分,但在司法实践中区别对待,如美国、欧盟等;我国《反垄断法》没有明确对横向垄断协议和纵向垄断协议下定义,但在条文中将二者分别规定。

(二)按照内容,它可以分为价格垄断协议与非价格垄断协议

在市场资源配置过程中,价格起着传递信息、决定供求状况及决定利益分配的作用,价格竞争是市场经济的主要手段,对价格的限制将直接导致竞争机制难以发挥作用。因此,价格垄断协议最常见,其危害性较突出,成为各国反垄断法规制的重点。我国国家发展和改革委员会于2010年12月29日颁布并于2011年2月1日施行的《反价格垄断规定》规定禁止8种价格垄断协议。① 对价格垄断协议,尤其是固定或者变更商品价格的行为,一般适用本身违法原则。欧盟委员会于2010年11月9日对全球11家航空公司处以7.99亿欧元罚款,以惩罚它们在货运业务领域结成非法价格卡特尔,实施操控燃油附加费等垄断行为。② 欧盟委员会说,这11家航空公司和德国汉莎航空公

---

① 我国《反价格垄断规定》禁止的8种价格垄断协议分别为:(1)固定或者变更商品和服务(以下统称商品)的价格水平;(2)固定或者变更价格变动幅度;(3)固定或者变更对价格有影响的手续费、折扣或者其他费用;(4)使用约定的价格作为与第三方交易的基础;(5)约定采用据以计算价格的标准公式;(6)约定未经参加协议的其他经营者同意不得变更价格;(7)通过其他方式变相固定或者变更价格;(8)国务院价格主管部门认定的其他价格垄断协议。

② 这11家航空公司包括英国航空公司、法荷航集团、加拿大航空公司、日本航空公司、新加坡航空公司等。德国汉莎航空公司虽参与了这一非法价格卡特尔,但因为该公司第一个向欧盟委员会检举揭发而适用宽恕制度被免于处罚。详见中国反垄断法网:http://www.antimonopolylaw.org/article/default.asp?id=2301。

司在 1999 年 12 月到 2006 年 2 月间通过秘密协议,采取协调一致的行动对航空货运收取燃油和安全附加费,违反了欧盟的反垄断规定。非价格垄断协议具有多种表现形式,既有对地域、客户、数量的限制,也有对技术购买或开发的限制,各种行为对竞争的危害性也较明显,往往能够间接实现固定价格的目的。[①]

(三)按照主体意思表达形式,它可以分为协议型联合行为与默契型联合限制竞争行为

垄断协议的共谋方式多样。经营者以可被证实的书面协议、口头约定或者有关联合组织的决议、决定等方式进行的行为被称为协议型联合行为,如经营者之间的协议、行业协会的决议等。经营者没有以明示方式进行的限制竞争行为则属于默契型联合限制竞争行为。默契型联合限制竞争行为是有关企业在未达成正式协议的情况下,主体之间心照不宣的一致行为,有意识地以实际合作来代替竞争,如协同行为就是其典型。

(四)按照参与主体,它可以分为企业间达成的垄断协议与企业联合组织、行业协会等实施的垄断协议

垄断协议主要存在于同一产业的经营者或者不具有竞争关系的上下游企业之间,但现实经济生活中,如果行业协会、职业协会(如律师协会、会计协会、医师协会等)或者地区性、非常设的企业团体为了本行业成员的利益,作出的固定价格、划分市场等方面的决议,也会构成对竞争的严重损害,这也是反垄断法上需要禁止的垄断协议。例如,2007 年"世界方便面协会"实施的统一价格行为,就是典型的行业协会实施的垄断协议。

第二节　垄断协议的规制原则

垄断协议是现代市场经济条件下主要的垄断形式之一,它抑制了市场竞争机制功能的发挥,损害了其他经营者、消费者和社会的公共利益,但有些时候,一些垄断协议又具有较强的积极作用而不当然具有违法性。垄断协议能否成为反垄断法规制的对象,主要是看该协议是否具有排除、限制竞争的效果。在规制垄断协议的过程中,有两项非常重要的原则被用作判断、认定垄断协议违法与否的标志,它们就是本身违法原则与合理原则。[②] 这两项原则都是美国在反垄断法适用的过程中逐步创立起来的,最早仅在规制限制性贸易协议即垄断协议中适用,后来被广泛应用于滥用市场支配地位、经营者

---

① 参见尚明主编:《反垄断法理论与中外案例评析》,北京大学出版社 2008 年版,第 51 页。

② 本身违法原则和合理原则是在美国反托拉斯司法判例中逐渐形成的,对于非法垄断判定最重要的两大原则。本身违法原则的适用范围包括横向价格固定、横向市场划分、联合抵制、转售价格维持、搭售或捆绑销售。合理原则主要适用于企业合并、纵向市场划分、垄断高价、掠夺性定价等行为。

集中等限制竞争行为的分析判断中。

一、本身违法原则

本身违法原则,又称当然违法原则,是指市场上的某些垄断协议行为,不必考虑其具体情况和后果,直接认定其严重损害竞争,构成违法而进行禁止的原则。本身违法原则对垄断协议的法律后果的判断仅以行为是否发生为标准,只要符合法律规定条件的行为一经发生就构成违法,就不需要分析行为是否存在合理理由、是否具有促进竞争的效果,或者其促进市场竞争的效果可以抵消其对市场竞争的损害。① 一般来说,适用本身违法原则的横向垄断协议有固定价格、限制数量协议、联合抵制,纵向协议有固定价格行为、限制转售最低价格行为等。

本身违法原则最早出现于19世纪末,产生于美国法院解释《谢尔曼法》第1条的过程之中。《谢尔曼法》第1条规定:"任何契约,以托拉斯形式或其他形式组成的联合、共谋,用来限制州际间或与外国间的贸易与商业,是非法的,任何人签订上述契约或从事上述联合或共谋,是严重犯罪。"在其实施的最初几年,法院坚持对该条文进行字面解释,主张该条禁止"任何""一切"限制贸易的协议、联合与共谋,而不论该行为的形式与后果。当时司法实践认为该规定所体现的是"本身违法原则"。

在适用本身违法原则时,协议的目的、后果,当事人的市场力量都不在考虑之列。在美国,一种协议只有在最高法院具有完全理解和正确评价其真实的性质的充分经验,以及可以高度确定地说该协议只是对竞争的导致低产量和高价格的"赤裸裸的限制"时,才会被归入本身违法的范围。此类协议被认定为本身违法的理由是"其对竞争具有有害后果以及缺乏任何抵消有害后果的优点"。具体地说,适用本身违法原则有两个具体的理由:首先,适用本身违法原则可以避免法院在反托拉斯诉讼中进行费时的司法调查,而这些调查往往是困扰诉讼的难题,如对促进竞争还是损害竞争的衡量。如果法院有足够的经验可以认定某种协议总是损害竞争的,可以通过宣告其本身违法而直接节省司法资源。其次,本身违法原则为《谢尔曼法》第1条带来了极大的确定性,为商业社会提供了所需的明确的指导。②

欧盟竞争法把以下共谋行为视为适用"本身违法原则"的垄断协议:(1)固定价格协议;(2)纵向最低价格约束;(3)分割销售区域和客户,限制生产数量和其他交易条件的横向协议;(4)以排斥竞争为目的的联合抵制行为。欧共体委员会2000年发布的《关于纵向协议集体豁免条例使用指南》第4条(a)明确规定,固定转售价格和强加一个最低销售价格的行为不能得到豁免,是法律一律禁止的。③

二、合理原则

不属于本身违法原则的限制竞争协议,都归属于合理原则适用的类型。合理原则

---

① 参见尚明主编:《反垄断法理论与中外案例评析》,北京大学出版社2008年版,第66页。

② 参见孔祥俊:《反垄断法原理》,中国法制出版社2001年版,第232页。

③ 参见邵建东等编著:《竞争法学》,中国人民大学出版社2009年版,第250页。

是指对市场上的某些垄断协议行为并不必然认为其违法，是否违法视其具体情况而定。对于这类协议，反垄断执法机构或法院要分析协议所涉及的市场具体情况，协议实施前后的市场变化情况，以及协议的性质和后果等因素。经过分析认为该协议不合理地限制了市场竞争，则可认定其违反了反垄断法而加以禁止；反之，该协议则不受反垄断法的约束与规范。

合理原则最早产生于美国1911年的标准石油公司案中，在该案中合理原则正式作为解释《谢尔曼法》的另一重要原则，即如果限制贸易是为了达到某种积极的社会目的，而这种社会目的抵消或超过了对竞争所造成的损害，则不为法律所禁止。在标准石油公司案中最高法院认为：限制贸易行为有合理与不合理之分，而检验某种行为合理与否的方法，是看这种行为是促进竞争还是抑制竞争；只有不合理地限制了竞争的行为，才违反《谢尔曼法》。根据美国的立法、执法和司法，合理原则分析主要将存在有关协议时的竞争状态与不存在该协议时的竞争状态相比较，中心问题是，该相关协议是否可能通过提高能力或增强利益驱动，来提高价格或者降低产量、质量，减少服务或创新，从而损害竞争。合理原则需要进行灵活的调查，重点与细节要根据具体协议的性质和市场情况而变化。具体来说，主管机构会调查协议的商业目的，并审查协议是否在运营中已经引起反竞争型损害。①

合理原则的发展，与各国经济、社会、政治的发展具有密切联系，它的出现是经济发展的必然结果。合理原则反映了人们对垄断协议经济效果认识的深化，即认识到它的双面性，既可能带来限制竞争的危害后果，同时也可能促进竞争。例如，根据《欧共体条约》第81条第3款的规定，如果某些具有限制性的协议、决定或者协调行为有助于改善生产或者分销商品，或者促进技术进步和经济发展，同时使消费者获得相当程度的优惠，则有可能得到豁免。

合理原则在具体实践中可以按照以下两个步骤来运用：

第一，分析协议的目的是否为良性的，即良性的目的最终是促进而不是限制竞争的。如果目的不是良性的，该协议就是非法的，即使只产生很小的危害后果。良性目的是法院在进行合理分析中所要考虑的一项重要事实，原因有二：首先，该目的必须是促进竞争，如果不是促进竞争，直接认定其非法而无须进一步分析；其次，知道协议目的能够使法院更为精确地确定该协议将来的反竞争后果。

第二，如果协议的目的是良性的，就必须确定协议对竞争产生的最终后果。最终后果的确定方法是，确定该协议已促进或者将要促进竞争的程度，并将该促进竞争的程度与已经或者将要限制竞争的程度相比较。许多事实都与确定协议对竞争的最终影响有关，包括协议的具体目的、市场力量和当事人的经济力量。如果最终的后果是限制竞争，就是非法的；反之，最终后果是促进竞争的，就是合法的。当事人的市场力量也是确

---

①　参见尚明主编：《反垄断法理论与中外案例评析》，北京大学出版社2008年版，第68页。

定协议现在和将来的反竞争后果的一个重要事实。确定协议的最终结果常常要求复杂的和旷日持久的调查,并需要综合考察经济学家、统计学家的专家意见和经营者的意见。

三、对本身违法原则与合理原则的利弊评析

本身违法原则与合理原则是美国法院解释《谢尔曼法》第1条禁止贸易限制规定的两种方法,它是基本的、非常重要的竞争政策分析工具。

实践中,本身违法原则的标准明了且易于操纵,只需判断特定的行为是否发生,只要发生特定的行为,就可以构成违法行为。合理原则通过对行为的目的和后果进行评价,判断其行为是否非法。

美国《竞争者之间协作行为的反托拉斯指南》指出:"最高法院运用两种分析模式决定竞争者之间的协议的合法性:本身规则和合理规则。"有些类型的协议可能对竞争的损害非常大并不会对竞争有重大的促进作用,以至于没有必要花费时间和费用对其后果进行专门的调查,一旦予以认定,此类协议就按照本身违法予以指控。所有的其他协议则根据合理原则予以评估,即涉及对协议的总体竞争后果进行事实调查,并且其重点和细节因协议的性质和市场条件的不同而变化。

(一)本身违法原则的利与弊

由于垄断协议在经济中的危害性,使用本身违法原则对维护有效竞争具有重要意义:首先,本身违法原则体现了反垄断法律法规对垄断协议的严厉规制,对于某些严重危害市场竞争行为的垄断协议,适用此原则可以对经营者起到威慑的作用。其次,为法院、行为人提供明确的指导。本身违法原则为法院、当事人提供了具体的行动指南,法院可以根据法律的具体规定对行为人的垄断协议直接适用具体的法律规定,而不用花费大量的时间来调查具体行为的合法性;企业在计划和实施商业行为时,有具体的法律标准作为参考,不必担心其行为可能遭受突如其来的反垄断法限制。最后,节约司法资源。由于垄断协议行为的高度隐蔽性、专业性,其调查较之一般的民事诉讼案件更为困难,可能需要非常专业的调查队伍及耗费大量的时间来进行。如果法院可以根据法律的规定直接适用本身违法原则,这样就可以避免法院在反垄断法诉讼中进行耗时耗力的司法调查,从而节省司法资源。

本身违法原则保证了法律的稳定性、易于操作、效率高,但它太过于对垄断协议的一概否定,在现实中它可能会使一些具有合理性的行为受到法律的严厉禁止。比如,由于缺乏对具体行为有害性与合理性的分析和评价,在一些行为具有对竞争的促进作用或者具有对社会公共利益的促进作用方面,由于它们也可能限制竞争,法律可能一概禁止,从而可能损害效力与正义。

(二)合理原则的利与弊

合理原则体现了反垄断法对垄断协议规制的全面性与灵活性,在一定程度上弥补了本身违法原则的缺陷,可以使反垄断法的适用能更好地适应复杂的经济情况,避免本

身违法原则对某些具有积极作用的垄断协议进行全盘否定。例如，对于中小企业的联合行为，一般对竞争不会产生危害后果，其联合行为主要是为了改善中小企业的技术、提高其与大企业的竞争力，有利于繁荣市场，适用合理原则就可以使这种行为免于受到法律的禁止。

合理原则同样地存在一些不足之处：其一，使诉讼变得复杂，诉讼成本增加。具体问题具体分析加大了诉讼的复杂程度，同时繁重的调查取证任务还使当事人、法院、行政机构诉讼成本急剧上升。其二，合理原则可能导致司法权滥用。合理原则赋予反垄断执法机构、法院更多的自由裁量权，一方面它可以灵活处理垄断协议，另一方面它增加了这些机构滥用司法权的可能性。其三，法律的不确定性使行为人行为没有具体依据。合理行为原则规定的模糊性，一方面可以保证有益于社会经济发展的行为免于法律处罚，但另一方面它的不可预见性使企业在进行一些限制竞争协议的时候没有具体的法律依据，对于一些限制竞争的行为，这些企业有可能铤而走险。

正是由于本身违法原则与合理原则各有优缺点并互相补充，各国现代反垄断法都注重对这两个原则进行协调，甚至在有些国家，本身违法原则与合理原则之间的区别已经不再明显，其适用范围有时也会出现一些模糊的边缘地带。①

第三节　横向垄断协议

亚当·斯密在其《国富论》中有一句名言："进行同一种贸易活动的人们甚至为了娱乐或消遣也很少聚集在一起，但他们聚会的结果，往往不是阴谋对付公众便是谋划抬高价格。"这句话从某个侧面描述了具有竞争关系的企业通过相互达成限制竞争的协议来谋取高价的倾向性。同一行业中的经营者之间存在竞争关系，如果他们企图通过协议、决议或者其他协同行为来避免竞争，谋取不正当利益，就会构成反垄断法上的垄断协议，进而受到法律的禁止。通常，我们将同一行业经营者之间的这种限制竞争或者旨在限制竞争的协议、决议、协同行为称为横向垄断协议。横向垄断协议的主体是具有竞争关系的经营者，其主要表现形式有：固定价格行为、划分市场行为、限制数量协议、联合抵制行为。

一、横向垄断协议的概述

（一）横向垄断协议的概念

横向垄断协议（horizontal agreements among competitors），又称卡特尔、横向限制竞争行为、横向限制竞争协议、联合行为等，是指具有竞争关系的经营者之间达成的旨在

---

① 参见郑鹏程：《美国反垄断法"本身违法"与"合理法则"适用范围探讨》，载《河北法学》2005 年第 10 期。

排除、限制竞争或者实际上具有排除、限制竞争效果的协议、决定或者其他协同一致的行为。横向垄断协议由于是具有竞争关系的行为人之间订立的限制竞争协议,直接并严重地对竞争产生危害后果,因而历来是各国的反垄断法所规制的重点,如美国反垄断法律中将该类行为称为“本身违法”,无须多加权衡。

不同国家和地区的立法或者实践对横向垄断协议的称谓并不相同。例如,美国反托拉斯法及相关实践活动中一般将横向垄断协议称为“联合行为”或者“协作行为”,德国《反对限制竞争法》一般称为卡特尔,我国台湾地区“公平交易法”称为“联合行为”,日本《禁止垄断法》称“不正当交易限制”为横向垄断协议。我国《反垄断法》没有明确规定横向垄断协议的名称,但列举了横向协议的主要表现形式,如固定价格、限制生产或销售数量、联合抵制交易等。

(二)横向垄断协议的类型

首先,根据反垄断法对横向垄断协议的态度的不同,可以将横向垄断协议分为本身违法的横向垄断协议、适用合理原则的横向垄断协议、可以得到豁免的横向垄断协议。本身违法的横向垄断协议是指经营者之间的行为只要符合横向垄断协议的要件,适用本身违法原则对其进行规制,即直接规定为违法行为;适用合理原则的横向垄断协议是指经营者之间的行为虽然符合横向垄断协议的要件,但适用合理原则对其进行定性;可以得到豁免的横向垄断协议是指符合横向垄断协议的构成要件,但是根据垄断协议的豁免制度直接免受反垄断法的处罚。①

其次,根据横向垄断协议所指向的内容不同,可以将横向垄断协议分为固定价格、限制数量协议、划分市场协议、限制创新协议、联合抵制协议等类型。其中,固定价格的横向垄断协议又分为固定最低价格与固定最高价格及固定价格区间协议等,限制数量协议又分为限制销售数量与限制生产数量,划分市场协议又划分为划分产品市场、划分地域市场、划分顾客市场等。

最后,根据市场主体所处的层次不同,可以将横向垄断协议分为需求方的横向垄断协议与供应方的垄断协议。例如,供应钢材的生产商们联合固定钢材的销售价格,购买钢材的销售商则由于供应商们的联合行为,而不得不付出比正常价格高得多的价格。

二、横向垄断协议的特征

(一)主体是具有竞争关系的经营者

横向垄断协议是多个经营者之间的一种横向联合,其成员是两个或两个以上处于同一产销阶段、互为竞争对手的经营者。这里的经营者既可以是提供同种类商品和服务的供应者,也可以是需要购买同种类商品和服务的需求者。

1. 主体的范围。就行为主体而言,各国(地区)对横向垄断协议的当事人存在不同

---

① 根据欧共体、德国相关立法,可以得到豁免的卡特尔可依据豁免方式的不同,分为集体豁免卡特尔和个别豁免卡特尔两类。根据卡特尔获得豁免的程序不同,又可以分为登记卡特尔、驳回卡特尔和批准卡特尔。

规定,美国《谢尔曼法》对横向垄断协议的主体没有施加任何限制,在实践中承认一切具有法律人格的自然人和组织都是横向垄断协议的主体。在欧共体和德国的竞争法中,卡特尔行为的主体是“企业”,而企业在很大程度上是一个经济学的概念,根据相关法律解释和案例,此处的“企业”不仅包括具有独立法律人格的各种企业形态,还包括自由职业者、参与市场活动的国家和国家机关等公权力的主体。日本《禁止垄断法》规定的“事业人”,主要是指从事商业、金融业及其他事业的人,包括一切从事市场活动的主体,范围比较广泛。① 总之,各国(地区)反垄断法认为参与市场竞争的主体只要具有独立的法律人格,能够独立承担法律责任,无论采用何种形态,都可以成为横向垄断协议的主体。②

2. 作为横向垄断协议主体的经营者之间具有竞争关系、处于统一产销阶段并互为对手是指经营者之间属于同一特定市场厂商,仅限于“水平竞争”,而不包括具有“垂直关系”的竞争者。市场价格是由商品的供应者与需求者双方共同决定的,其中任何一方达成联合来限制相互间的竞争行为,都会对市场价格产生不良影响。所以,同业经营者之间实行的联合行为历来是各国反垄断法规制的重点。

(二)主体间具有限制竞争的主观合意

在主观方面,横向垄断协议成员具有协调行动和限制竞争的共同意图。正是通过这种合意,他们从竞争变为合作,将商品服务的需要者或者供应者视为共同的敌人。在市场经济条件下,经营者有独立的自主经营决策权,每个经营者都可以根据自身实际和市场状况来决定其产量、价格,在竞争中获利。但竞争也意味着风险,为了避免竞争、获取超额利润,经营者相互之间都希望达成一致行为,以此来避免残酷的竞争、获取丰厚的利润。在对限制竞争行为合意的判断中,我们一般会考察合意的方式、合意的内容,以及去证明合意的存在。

1. 横向垄断协议合意的方式可划分为协议、决议和协同行为。协议是同业经营者之间依据自己的意思订立的具有法律效力的意思表达,通过协议的形式限制竞争是横向垄断协议的基本形态;决议是同业经营者团体内部意思的一致反映,如行业协会、企业联合会的章程、决议等;协同行为是指除协议和决议之外的意思联络,可以导致同业经营者的共同限制竞争行为。

2. 合意的内容主要是对商品或服务的价格、数量、交易对象、交易地区等加以约定。各国(地区)反垄断法中对合意的内容规定不一,大概可以分为固定价格、限制数量、限制交易地域或交易对象、限制改进设备与技术、协议共同抵制等。

---

① 参见尚明主编:《反垄断法理论与中外案例评析》,北京大学出版社2008年版,第78页。

② 凡在市场上从事商品生产、经营或者提供服务的自然人、法人或其他组织,都可以作为卡特尔行为的主体,包括具有合法经营者资格的经营者、没有营业执照但实际从事经营活动的经营者、被撤销营业执照仍继续经营的经营者,以及“挂靠”他人而负责实际经营的经营者。

3. 合意的证明问题。具有竞争关系的经营者之间的限制竞争行为要构成反垄断法上的横向垄断协议,需要有证据证明。

如果经营者作出的经济决策是根据自身情况和市场状况单独作出的,没有经过协调,而是偶然的行为相似性,一般不认为是横向垄断协议。

(三)客观上实施了限制竞争的联合行为

这是横向垄断协议的客观要件,是指两个或者两个以上的经营者以口头、书面和其他方式来订立协议或实施其他共谋行为,并在实质上排除、限制竞争,具体表现为经营者通过协议、决议、协同行为而达成的固定价格、限制数量、划分市场、联合抵制、限制开发新技术与购买新设备等行为。客观上限制竞争行为包括达成合意的行为与实施合意的行为两个方面。

1. 达成合意的行为,是指两个或两个以上的经营者以书面、口头或行为等方式进行联络、磋商,并最终达成限制竞争的协议。经营者之间就共谋事项进行如沟通、协商、行动、决议等协调的行为。只有当事人之间达成君子协议或采用行动方式表示缔结横向垄断协议时,“一致行动”才是构成违法横向垄断协议的要件。

2. 实施合意的行为,是即指达成合意后的实施行为,同业经营者之间通过决议、协议、协同行为等方式达成了限制竞争、谋取利润的合意后,还要在经营中实践。

(四)对市场竞争秩序造成了损害

横向垄断协议不仅对正当经营者的公平竞争权、消费者的合法利益构成损害,最主要的是侵害了自由、公平、有效的竞争秩序,这也是各国反垄断法对垄断协议严厉规制的原因。对市场竞争秩序造成损害是指对市场竞争机制已经产生或者将要产生不合理的影响,而且损害或可能产生的损害需达到一定程度,否则不应受反垄断法的规制。

首先,在当事人双方以书面形式订立好垄断协议的情况下,并不要求这种行为实质上限制竞争的事实,只要根据相关市场情况及协议的内容推断出该协议将在实质上限制竞争,便构成了违法垄断行为。

其次,横向垄断协议对竞争产生的损害要达到一定的程度,如果不达到一定的程度,就没有必要对其进行规制。例如,两家中小型的电器销售商统一制定价格,虽然它是固定价格行为,但是仅此两家商店的行为并不会限制这个城市中电器行业的竞争秩序,就不会受到法律的禁止。只有那些足以影响市场竞争秩序的行为才属于法律禁止的横向垄断协议。

三、对横向垄断协议的规制

(一)美国对横向垄断协议的规制

美国关于横向垄断协议的规定主要规定在《谢尔曼法》第 1 条之中,“任何契约,以托拉斯形式或其他形式组成的联合、共谋,用来限制州际间或与外国间的贸易与商业,是非法的,任何人签订上述契约或从事上述联合或共谋,是严重犯罪。”可见,《谢尔曼法》只是对横向垄断协议作出原则性规定,这与美国的判例法传统有关,反托拉斯法只是以一般条款的形式规定需要禁止的非法行为，而究竟哪些行为具体属于违法行为则留给法院根据个案情况进行判断。

司法实践中，美国法院将本身违法原则与合理原则分别应用于不同类型的横向垄断协议。按照本身违法原则处理的案件，主要是那些对竞争的损害非常明显的行为，这些行为对竞争的损害，一般不因其他因素的影响而有所改善，因此对其判断、认定无须加以证明，只要这种特定行为已经发生，就构成违法。而按照合理原则处理的案件，则相对比较复杂，不仅要确定行为本身的客观存在，而且要考虑行为的意图、方式及后果，只有综合分析、确定该行为对竞争造成实质性损害时，才认定其违法。具体来说，首先要看市场主体签订协议的目的和意图，其次要看横向垄断协议对竞争的效果，最后还要分析横向垄断协议所使用的手段。

美国反托拉斯法对横向垄断协议规制的发展，主要体现在美国司法部和联邦贸易委员会在2000年4月共同发布的《竞争者之间协作行为的反托拉斯指南》。① 这个指南是依据美国反托拉斯法中的合理原则，对事实上和潜在的竞争者之间建立合作性的合营企业、在技术领域的交叉许可、共同采购和共同销售、建立商会及建立战略同盟等各种横向合作行为进行分析，为反垄断执法机关分析竞争者之间的合作行为提供了指导性的意见。需要注意的是，《谢尔曼法》是联邦法律，所以法律规定只有具有州际意义的横向垄断协议才受到该法的管辖，而不具有此种意义的横向垄断协议则由各州的法律调整。

（二）欧共体对横向垄断协议的规制

欧共体对联合限制竞争行为的实体规定主要在《欧共体条约》第81条，欧共体委员会和欧洲法院在执法和司法实践活动中通过判例和法律解释使上述规定变得十分具体。该条款规定，企业之间的一切协议、企业团体所作的决定和协同一致的经营行为，可能影响成员国之间的贸易并且具有阻止、限制或者扭曲共同市场内的竞争的目的或者效果的，都与共同体市场不相容而被禁止。同时，第1款还具体列举了一系列限制竞争行为：(1)协议必须具有限制竞争的目的和后果；(2)协议妨碍了成员国之间的贸易；(3)协议限制竞争的后果必须达到比较“显著”的程度。

需要注意的是，《欧共体条约》第81条并没有对联合限制竞争行为作出横向和纵向的区分，但是，根据欧共体委员会和欧洲法院的执法和司法实践，第81条禁止的限制竞争行为包括横向垄断协议、纵向垄断协议，以及一些涉及知识产权的许可证协议，因此该条规定同样适用于横向垄断协议。而且，横向垄断协议由于对竞争的危害比较大，因此在执法和司法实践中受到了严厉禁止。

（三）德国对横向垄断协议的规制

德国在第二次世界大战前就曾颁布了规制卡特尔的有关法令，但是由于当时的社

---

① 参见王晓晔：《美国反垄断法域外适用析评》，载《安徽大学法律评论》2002年第1期。

会历史条件的限制,规制卡特尔条例的有关法令并没有得到很好的执行。第二次世界大战后,在盟国政府的推动下,1957 年,德国颁布了《反对限制竞争法》,它是德国历史上最重要的竞争立法,经多次修改一直适用至今。对卡特尔进行有效规制是该法的主要任务之一。1998 年,德国对《反对限制竞争法》进行了较大幅度的修改,修改后的第 1 条规定:“处于竞争关系之中的企业之间达成的协议、企业联合组织作出的决议以及联合一致的行为,如以阻碍、限制或扭曲竞争为目的或使竞争受到阻碍、限制或扭曲,则是禁止的。”根据这一规定,卡特尔在法律上成为被概括禁止的行为,其行为是无效的。

德国对卡特尔的态度非常明确和严厉,但是并非一切卡特尔行为都是法律所完全禁止的行为,特定卡特尔可以通过一定的程序获得豁免。《反对限制竞争法》第 2 条至第 8 条对标准和型号卡特尔、条件卡特尔、专门化卡特尔、中小企业卡特尔、合理化卡特尔、结构危机卡特尔等允许豁免,并对其豁免适用第 1 条禁令的条件和程序作出了具体规定。根据规定,这些卡特尔必须向卡特尔当局申请登记或者申请豁免,并经过登记或者得到豁免处分后方可实施。

(四)日本对横向垄断协议的规制

第二次世界大战后,日本与德国相似,在美国占领当局的压力下于 1947 年制定了《禁止垄断法》。该法将横向垄断协议称为不正当交易限制,根据该法第 2 条的界定,不正当交易限制是指事业者以契约、协议或者其他名义,与其他事业者共同决定、维持或者提高交易价格,对数量、技术、产品、设备或者交易对象等加以限制,相互间约束或完成其事业活动,从而违反公共利益,对一定交易领域内的竞争构成实质性限制。该法第 3 条规定,事业者不得进行不正当的交易限制。依据该法第 1 条,共同交易拒绝即联合抵制交易不被允许;同时,《关于流通、交易惯性在禁止垄断法中的指导方针》中明确某些危害严重的价格卡特尔适用“原则违法”规制方针;另外,根据《经营者团体指导方针》的规定,市场分割协议也被认为是“原则违法”行为。① 从立法看,日本对横向垄断协议采取概括禁止态度。

(五)我国对横向垄断协议的规制

我国《反垄断法》第 13 条列举了需要明确禁止横向垄断协议的具体形式,即具有竞争关系的经营者达成的限制竞争的协议,具体包括 6 种形式:固定或者变更商品价格;限制商品的生产或销售数量;分割销售市场或者原材料采购市场;限制购买新技术、新设备或者限制开发新技术、新产品;联合抵制交易;国务院反垄断执法机构认定的其他垄断协议。

四、横向垄断协议的表现形式

(一)固定价格行为

固定价格行为,又称价格卡特尔、价格联盟、固定价格协议,是指具有竞争关系的经

① 参见王玉辉:《垄断协议规制制度》,法律出版社 2010 年版,第 90 ~ 92 页。

营者为避免价格竞争，通过协议、决议或者协同行为，共同决定商品或服务的价格。固定价格行为主要表现为经营者之间协议涨价、协议实行最低限价、协议统一价格。

从经济学角度分析，固定价格行为对竞争的危害最严重。价格是市场竞争中最有效、最敏感的手段，是市场资源配置的信号。当某种产品的价格高的时候，就会刺激厂商扩大产量，同时也会刺激更多的厂商进入该市场。当某种产品价格低的时候，市场上的生产要素就会流向其他领域。一旦产品的价格被固定下来，价格的激励功能就会丧失，生产要素不能得到合理分配，劣质产品和落后企业不能被淘汰。这其实就是动摇了市场经济赖以存在的基础——价格机制作用的正常发挥。同时，固定下来的价格一旦成为垄断价格，也会大大超过正常价格水平，消费者为此会付出高昂代价，严重损害消费者的利益。因此，在各国的反垄断实践中，凡涉及限定产品的价格、价格构成、最低限价或者最高限价的横向垄断协议，反垄断法一般都会依据本身违法原则认定它们是严重的限制竞争行为。

美国《谢尔曼法》第1条就将固定价格行为规定为严重的违法行为，后来法院通过一系列的判例明确固定价格行为是本身违法的严重限制竞争行为。只要存在固定价格协议，无论其价格是否合理、参与者的动机如何、协议所处的具体市场环境如何，一律视为违法。美国最高法院曾经明确地指出：由于经济和商业的变化，一个在今天看起来是“合理”的固定价格，也许明天就会变为不合理。①

（二）划分市场行为

划分市场行为即市场分割协议，是指竞争者之间对销售地区、交易对象或者产品等进行分割达成协议。由于固定价格或者变更价格协议一般在各国适用本身违法原则，受到严厉禁止，划分市场协议往往被经营者们作为固定价格的替代方式，通过在一定的地域市场、顾客市场或产品市场内消灭竞争来间接达到控制价格的目的。在某些方面，市场划分行为比固定价格更能影响竞争。经营者们通过在特定的区域或者产品市场内消除竞争，留下唯一的经营者，这其实就是间接地固定价格行为，唯一的经营者可以任意定价，而不受到任何可能的危险。

我国《反垄断法》将划分市场行为根据经营者进行活动的不同分为划分销售市场与划分原材料市场；还可以根据对象不同划分为划分产品市场与划分服务顾客市场；还有一种最常见的划分是对地理、客户、产品市场进行划分。通过划分市场行为，某一地域只有一个销售者，这时，销售者就可以在这个地域内进行垄断行为，获取其谋求的利润，损害消费者的利益。

1. 划分地理市场，是指处于竞争关系之中的经营者之间对相关地理市场进行划分的限制竞争行为。参与协议的经营者只在划分给自己的特定地域内从事经营，而不到

---

① 参见［美］马歇尔·C. 霍华德：《美国反托拉斯法与贸易法规：典型问题与案例分析》，孙南申译，中国社会科学出版社1991年版，第172页。

划分给其他经营者的地域内从事经营去参与竞争。在这种状况下,各经营者之间就不可能存在竞争,各个经营者可以在自己的特定区域内因不会受到来自其他竞争者的压力,最终形成垄断地位。

2. 划分客户市场,是指具有竞争关系的经营者之间根据某一标准对客户作出划分,在竞争者之间进行分配的限制竞争行为。通过协议将特定客户分配给参加协议的某一企业。在招标投标中表现最为典型,如某一工程项目公开招标时,市场划分协议可以只安排一家企业做中标的准备,其他投标人按照约定报出更高的投标价格(陪标),或者其他参加协议的企业不参加投标,从而使所安排的企业可以比较轻松地中标。

3. 划分产品市场,是指具有竞争关系的经营者之间就产品类型进行划分的限制竞争行为。经营者各自生产或销售某种产品,其他经营者则承诺不与之竞争。这些产品分别在某一地域生产或销售,产品可能是同类产品,但不能相互替代。产品市场划分后,经营者不用担心其他经营者扩张其产品类型、参与其所经营的特定类型产品的竞争,相关产品的竞争就在很大程度上被限制了。①

(三)限制数量协议

限制数量协议,也称数量卡特尔,是指竞争者之间以签订有关商品生产或者销售数量等协议的方式控制商品的价格,避免相互之间竞争的行为。例如,我国彩管业三次停产保价案,1999年6月、2001年5月、2007年年初国内彩管企业三次采取一致行动停产、限产以保持价格,即属于典型的限制数量协议。限制数量协议与横向固定价格行为往往结合在一起,限制市场竞争与损害消费者利益。②

参与限制数量协议的企业通过控制或限制相关市场上产销的供给量,进而间接限制价格。限制数量协议主要有以下几种类型:一是限制产量协议。它是指由参与企业直接商定各成员企业的具体生产数量,从而限制市场的总生产量和流通量,以达到控制价格目的的协议。二是限制销售量协议。它是指由参与企业直接限定成员企业的具体市场投入量,进而限制流通总量,以达到控制价格目的的协议。三是限制投资、购买原材料与新设备的协议。它是指参与企业通过对投资或购买原材料、设备的限制,从而限制产量和销售量,以达到间接控制价格目的的协议。③ 一般而言,限制数量协议是指前面两种。

(四)限制创新与技术进步

限制创新与技术进步是指具有竞争关系的经营者共谋限制购买新技术、新设备或限制开发新技术、新产品。在市场经济中,经营者要想在市场上获得较大的份额,获取更多的利润,途径是通过降低产品的价格,而产品价格很大因素取决于技术与设备。产

---

① 参见史际春等:《反垄断法理解与适用》,中国法制出版社2007年版,第99~100页。

② 同上。

③ 参见周昀:《反垄断法新论》,中国政法大学出版社2006年版,第155页。

品创新与新技术开发会提高企业的生产力水平、降低企业的单位产值成本，是企业在激烈的竞争中获胜的“法宝”；同时，消费者也会因为一些企业的产品价格降低而获利。一些企业为了获得高额利润，会签订限制创新与技术进步的协议，这种行为不仅会限制行业的发展，也会损害消费者的利益。这实际上是限制竞争的行为。

欧共体对限制技术创新的垄断协议规定为违法行为，但同时，对于具有促进创新作用的横向垄断协议可以适用豁免制度。例如，《欧共体条约》第 81 条第 3 款规定：如果某些具有限制性的协议、决定或者协调行为有助于改善生产或者分销商品，或者促进技术进步和经济发展，同时使消费者获得相当程度的优惠，则有可能得到豁免。瑞典《竞争法》第 6 条禁止了“限制或者控制生产、市场、技术发展或者投资”的行为；匈牙利《禁止不正当竞争法》第 14 条第 2 款特别禁止“阻碍技术进步”的垄断协议。我国《反垄断法》禁止限制购买新技术、新设备或者限制开发新技术、新产品的横向垄断协议。

（五）联合抵制行为

联合抵制行为，又称联合拒绝交易，是指两个或两个以上具有竞争关系的经营者以协议的方式联合起来，共同拒绝与其他竞争对手、供应商或者客户进行交易的行为。在通常情况下，商品或服务的提供者是有权决定是否将其商品或服务提供给某一顾客的，这种做法不违反反垄断法的规定。但是，如果两个或两个以上的供应者采取共同的行动，拒绝将其商品提供给一些顾客，这种行为就会受到反垄断法的追究。联合抵制交易的行为破坏了市场竞争规则，使特定的经营者失去了公平竞争的机会。因此，很多国家的反垄断法都将之规定为禁止的联合行为，我国《反垄断法》也将其明确规定为禁止的行为。

联合抵制行为的直接对象是市场上的特定经营者，不是价格、数量、地域等市场竞争机制的核心构成要素，但联合抵制协议同样对市场竞争具有排除、限制竞争的影响。然而并非所有的联合抵制行为都是法律所禁止的，有时候联合抵制行为可能提高经济效率或者促进行业健康发展，例如中小企业联合对抗大企业以确保市场有效竞争，同行企业联合拒绝与污染环境的企业进行交易等。由于联合抵制行为影响后果的复杂性，需要考虑多种因素对其进行综合判断。

美国对于联合抵制行为的法律标准不是特别确定，在早期一些案件中，法院没有明确其对联合抵制行为的态度。在 20 世纪 40 年代的一些案例中，法院开始倾向于对联合抵制行为适用本身违法原则。20 世纪 70 年代末 80 年代初，法院考虑了联合抵制行为的合理性，在一些案件中拒绝适用本身违法原则。就目前法院的观点来看，一般在联合抵制行为的参与者市场力量较为明显或者联合抵制直接限制或者排斥了竞争的情况下，才按照本身违法原则处理，而对于一些用于合法目的的联合抵制行为则按合理原则进行分析。①

---

①　参见尚明主编：《反垄断法理论与中外案例评析》，北京大学出版社 2008 年版，第 78 页。

德国《反对限制竞争法》第 21 条规定:"企业或者企业联合组织不得以不公平地损害某些企业为目的,要求另一个企业或者企业联合组织封锁供货或封锁采购。"可以看出,德国对联合抵制行为采取了较为严厉的禁止措施。

日本《禁止私人垄断法》从实施之初就对联合抵制行为即共同拒绝交易适用合理原则予以规制,根据该行为对实际或潜在的新进入的经营者的交易活动影响程度进行判断,只有当共同交易拒绝、有效地排除、限制了有能力的事业者即经营者自由竞争,从而在一定交易领域产生实质性的限制竞争效果时,才将该行为认定为不正当交易限制并予以规制。①

第四节　纵向垄断协议

在市场经济条件下,市场主体间实施的限制竞争行为多发生在具有竞争关系的经营者之间,但不排除一些不具有竞争关系的企业间也实施限制竞争行为,如处于上下游关系的生产性企业和销售性企业达成的固定价格或者独家交易协议。为了与处于同一经营层次的经营者之间实施的横向垄断协议相区别,我们把这种上下游经营者之间的限制竞争行为称为纵向垄断协议。具体来说,纵向垄断协议是指处于不同经营层次的经营者之间通过决议、决定或者其他协同方式实施的排除、限制竞争行为。

一、纵向垄断协议的概述

纵向垄断协议(vertical agreements between buyers and sellers),又称纵向限制竞争行为、纵向限制竞争协议、纵向联合行为,是指经营者在向其交易对象提供商品的过程中,设定其向第三人转售商品的价格或者设定其他排除、限制竞争的交易条件。参与纵向垄断协议的经营者在同一产业中处于不同的经营层次,这些经营者之间并不存在真正的竞争关系,而更多的是买卖交易关系。简言之,纵向垄断协议就是供应商与经销商(包括生产商与销售商、批发商与零售商)之间达成的限制竞争协议。它最早出现于德国 1957 年的《反对限制竞争法》中,后来许多国家效仿德国区分横向垄断协议与纵向垄断协议。而有些国家和地区在反垄断立法上不对垄断协议进行区分,如美国、日本、欧共体等,但在实践中加以区别。

与横向垄断协议不同,对于纵向垄断协议主要有两种观点:一是以美国芝加哥学派为代表,认为由于纵向垄断协议不是同业竞争者之间的协定,其目的不是共同限制生产数量或者抬高商品的价格,相反,当事人的共同目的在于提高产出,而不是限制产出,所以这种协议普遍能够起到增加社会财富的作用。二是以微观分析学派为代表。他们不是对纵向垄断协议给予肯定,而是要求对这种限制竞争行为进行具体分析,不仅分析协

---

① 参见王玉辉:《垄断协议规制制度》,法律出版社 2010 年版,第 102 页。

议当事人所处市场的结构、各自在相关市场上的地位,还应当分析限制竞争的动机等。在整体上,微观经济分析学派的观点在各国反垄断法中占据主导地位。美国、德国等一概都不对纵向垄断协议持肯定态度,而是对其采取微观经济分析的方法。①

欧共体委员会认为,对纵向限制竞争协议应进行谨慎的评价,既不能说它们一概具有推动竞争的作用,也不能说它们一概是反竞争的,重要的是评价纵向限制对市场结构的影响。如果一个纵向限制竞争协议的当事人都处于有效竞争的市场上,而且这个限制不会严重影响市场竞争,这个纵向限制对市场竞争就可以起到积极的影响。相反,如果一个市场本来就几乎没有竞争,纵向限制就会起到严重阻碍进入市场的后果。② 应该承认,欧共体委员会基于微观分析学派理论的主张是符合现实的。

二、纵向垄断协议的特点

(一)协议主体处于上下游不同市场

纵向垄断协议与横向垄断协议最大的不同之处体现在主体方面,纵向垄断协议的参与主体是同一产业中处于不同经济阶段的有买卖关系的经营者,由于主体相互之间处于不同的经营层次,因此没有直接的竞争关系。同横向垄断协议一样,纵向垄断协议也是由两个或两个以上的经营者构成,主体具有法律上的独立性及实质上具有独立的决策能力。单个主体及没有独立决策能力的经营者不能构成纵向垄断协议的主体。例如,生产商和代理商之间的固定价格行为,虽然代理商受制于生产商,但是不能认定其构成纵向垄断协议,因为代理商没有独立的定价权。

(二)主体间的主观故意

纵向垄断协议的主体实施的纵向垄断协议同样具有故意性,但由于纵向垄断协议主体处于不同的经营层次,各自的目的可能有所不同。例如,生产者可能是出于维护产品的形象,对销售者的销售价格进行最低价格限制,而销售商可能出于在特定地区垄断此种商品的目的而与生产商达成协议。此外,与横向垄断协议不同,纵向垄断协议的主体在实施纵向限制竞争行为时,达成故意的形式一般都是明示。

(三)实施限制竞争行为

纵向限制竞争行为包括两个要件:首先,当事人为限制竞争签订了协议或进行了密谋,与横向垄断协议有所不同,纵向垄断协议必须有经营者主体之间的协议、密谋,没有主体间的这些行为,纵向协议不可能发生;其次,当事人实施了限制竞争的具体行为,是指纵向协议的当事人实施了具体的限制竞争行为。

(四)有危害竞争秩序的危险

纵向垄断协议有产生限制竞争效果的可能。虽然纵向垄断协议的经营者之间没有竞争关系,处于不同的经营层次,但其实施此行为的目的仍是阻碍同一经营层次的竞

---

① 参见王晓晔:《纵向限制竞争协议的经济分析》,载《月旦民商法杂志》2004 年第 3 期。

② 参见王晓晔:《竞争法学》,社会科学文献出版社 2007 年版,第 261 页。

争,通过这种方式获取不当利益,造成了危害市场竞争秩序的后果。例如,生产商可能出于维护其产品形象的目的,与销商达成固定价格的协议,不仅损害消费者的利益,更重要的是对竞争产生了重大危害。

三、纵向垄断协议的竞争政策分析

纵向垄断协议相对于横向垄断协议而言,危害性较小,对市场竞争的影响比较复杂。不同类型的纵向垄断协议之间、同类型的纵向垄断协议在不同的市场条件下的竞争效果都不相同。因此,大多数国家的反垄断法对纵向垄断协议的规制不同于横向垄断协议,除了固定价格、限制最低价格适用本身违法原则,其他类型的纵向垄断协议根据具体情况适用合理原则。从各国立法及实践来看,纵向垄断协议因其具体形式不同对竞争的影响有很大区别,积极后果与消极后果并存。

(一)纵向垄断协议的积极后果

正如微观经济学派所言,纵向垄断协议对于市场交易和经济发展还是具有积极意义的。它可以促进一些实力薄弱的企业进入市场、减少生产商和销售商的成本,还在一定程度上能够实现转售价格的稳定,客观上保护了消费者的利益。

1. 这种协议更加有利于推动企业进入市场,尤其是在推动企业进入外国市场方面。如果一个国家的商品或者服务要进入另一个国家的市场,生产商一般需要花费比进入国内市场更大的投资,包括支付克服一些国际贸易中存在风险的花费等。而生产商通过和销售商订立纵向限制竞争协议则可以为企业进入外国市场提供一定的保障,减少进入市场的成本。

2. 这种协议可以减少生产商和销售商的成本。生产商在一定地域内给个别销售商独家销售产品的权利,使该企业努力推销这种商品,尽量减少商品的运输成本和交易成本,防止了其他销售商搭便车的行为,这样对生产商、销售商和消费者各方都是有利的。

3. 能够实现转售价格的稳定,客观上保护了消费者的利益。纵向限制竞争协议的一种重要表现形式为供应商对销售商的转售价格进行限制。这种纵向的价格限制协议有利于防止价格在销售过程中的过分抬高或暴涨,对稳定市场秩序、保护消费者利益都是有利的。此外,纵向垄断协议还有助于提高商品的售前、售后服务和相关服务的质量。

(二)纵向垄断协议的消极后果

与横向垄断协议相比,纵向垄断协议的危害后果要轻一些,但是它也会对竞争产生消极影响,这些消极后果主要包括形成价格卡特尔、限制品牌内的竞争、设置市场进入障碍。

1. 形成价格卡特尔。纵向垄断协议本身可能并不违法,但是销售商或生产商可能借助纵向垄断协议达到横向垄断协议的效果。例如,某城市的几个冰箱销售商试图在城市冰箱市场上形成一个价格卡特尔,几个销售商的横向固定价格协议可能容易导致某个销售商违反协议的情况,所以这些销售商就可以与冰箱生产商达成维持转售价格协议来实现这一目的。此种情况下,如果一个销售商违反了转售价格协议,将可能受到失去货源的制裁。另外,如果生产商对产品的销售价格进行限制,如固定价格、限制最低价格,在价格约束的情况下,同一商品的销售商不能开展竞争,实际上形成了价格卡特尔。

2. 限制品牌内的竞争。纵向垄断协议一方面可以加强品牌间的竞争,但另一方面也会妨碍销售商之间的竞争,导致品牌内竞争的减少。比如,生产商和销售商一旦形成维持转售价格的垄断协议,销售商之间就不能开展价格竞争,对于消费者不利;还有,如果生产商对其产品的销售实行地域限制、独家销售,那么在这个地域内,这一品牌就不存在竞争,如果没有其他的可替代商品,销售商就可以维持较高的价格,相当于小范围的垄断,不利于消费者。

3. 设置市场进入障碍。在独家交易协议中,生产商一般要求销售商遵守其独家购买协议,因而使其他具有竞争关系的生产商或者潜在竞争者很难找到销售渠道,因而就阻止了其产品进入相关市场,同时还限制了市场竞争,封锁了市场。

四、纵向垄断协议的反垄断法规制

与横向垄断协议的当事人处于竞争关系中不同,纵向垄断协议的当事人处于生产、销售的不同阶段,如生产商、批发商和零售商,属于上下游关系,彼此之间一般无直接竞争关系。由于横向垄断协议直接限制了原本处于竞争关系中协议当事人之间的竞争,对其他竞争者和整个市场竞争秩序的危害往往是直接的、严重的,因此它是各国反垄断法规制的重要对象,如在美国,横向垄断协议构成了适用本身违法原则的联合行为的主体部分。而纵向垄断协议则不同,多数非价格约束的纵向垄断协议对竞争的限制性影响有限,如在美国主要适用合理原则分析其违法性,在欧洲成为集体豁免的主要对象。即使是价格约束的纵向垄断协议,对竞争的影响也较复杂,不像多数类型的横向垄断协议一概适用本身违法原则。

(一)美国的反垄断法规制

美国对于垄断协议的规定没有区分横向垄断协议与纵向垄断协议,对纵向垄断协议的规定也主要在《谢尔曼法》第1条、第2条中,认为制造商与流通者间订立维持转售价格协议,会妨碍流通者间价格竞争的,属违法。此外,美国后来颁布的《克莱顿法》第3条对纵向垄断协议也有较针对性的规定:“在商业交易中,不管一种商品是否被授予专利,如果这个商品是在美国司法管辖的范围内使用、消费、零售、出租、销售或者订立销售合同,只要该合同是以买方不与卖方的竞争对手进行交易为条件而固定价格或者给予折扣或者回扣,以及该行为实质上会减少竞争或者旨在形成商业垄断,该交易就是不法的。”①

美国对纵向垄断协议并非一概肯定或者否定,而是以是否妨碍自由竞争为标准。

---

① 尚明主编:《主要国家(地区)反垄断法律汇编》,法律出版社2004年版,第189页。

法律对纵向垄断协议的规定都比较原则,为了避免和减少法律的不稳定性,法院判例和行政机关颁布的指南在具体司法和执法活动中发挥着重要作用。其中,较为重要的是1985年发布的《纵向限制指南》,该指南是依据美国最高法院适用合理原则分析纵向垄断协议的判决而制定的,特别是依据1977年Sylvania案的判决。该指南对纵向销售地域约束、客户约束、排他性约束及搭售协议等作出了分析,但没有就纵向价格限制作出特别规定。

在司法实践中,美国最高法院将纵向协议分为纵向价格协议和纵向非价格协议。其中,对于纵向价格协议适用本身违法原则,这主要体现在Dr. Miles案中。美国最高法院指出,生产商与销售商之间如果订立固定转售价格的协议,这个协议会妨碍销售商之间的价格竞争,其结果就如同这些销售商之间订立了价格卡特尔。因此,法院依据《谢尔曼法》第1条认定纵向价格行为是违法行为。而对于纵向非价格协议则适用合理原则。例如,在1977年Sylvania案中,最高法院认为对纵向非价格协议都应该采取合理原则进行具体分析,这个案件在一定程度上为以后的审判活动提供了分析纵向垄断协议的基本模式,将价格限制与非价格限制的不同效果予以区分。①

(二)欧盟的反垄断法规制

《欧共体条约》对横向限制竞争协议与纵向限制竞争协议不加区分地作了统一规定。但考虑到纵向垄断协议与横向垄断协议相比可能对经济发展具有促进作用,欧共体颁布了一系列对具有积极作用的纵向垄断协议的集体豁免条例。在反垄断法律实施中,践行纵向垄断协议和横向垄断协议区别对待的理念,对于纵向非价格垄断协议,大多适用合理原则,而对于纵向价格垄断协议一般直接适用本身违法原则。

《欧共体条约》第81条第1款第5项明确规定禁止下列行为:要求交易对方接受在本质上或者在商业惯例上均与合同标的无关的附加条件,并将此作为订立合同的前提条件。② 后来,欧共体委员会发布了《关于纵向垄断协议的2790/99号条例》,这是关于纵向集体豁免的一个综合性条例,不仅适用于独家销售、特许经营,在没有例外规定情况下还适用于其他类型的纵向垄断协议。

在欧盟竞争法中,直接固定转售价格和限制最低转售价格行为是违法的。为了便于集体豁免条例的执行,欧共体委员会2000年5月发布了《纵向协议集体豁免条例适用指南》,其第4条明确指出,一个协议如果限制买方确定其销售价格的能力,或者强加一个最低转售价格,这个协议不能得到豁免。同时该指南规定,限制转售价格的行为可以表现为直接限制,即协议对销售价格作出明确规定,也可以表现为间接限制,如固定销售商最低销售利润,或在一个固定的价格水平上规定销售商的最大折扣率,或者禁止销售商对价格打折等。

---

① 参见尚明主编:《反垄断法理论与中外案例评析》,北京大学出版社2008年版,第78页。

② 参见尚明主编:《主要国家(地区)反垄断法律汇编》,法律出版社2004年版,第670页。

从整体上看，认为纵向限制竞争具有反竞争性的观点在各国和地区的反垄断法中占主导地位。但各国和地区对其也并非一概否定，一般会采取经济分析方法对其进行微观分析和综合判断。①

（三）我国的反垄断法规制

我国《反垄断法》虽然没有明文区分横向垄断协议与纵向垄断协议，但是在法律规定中专门对二者进行了区分，在该法的第 14 条中规定了纵向垄断协议的具体形式：禁止经营者与交易相对人达成下列垄断协议：（1）固定向第三人转售商品的价格；（2）限定向第三人转售商品的最低价格；（3）国务院反垄断执法机构认定的其他垄断协议。我国台湾地区“公平交易法”第 18 条也规定，事业对于其交易相对人，就供给之商品转售与第三人或第三人再转售时，应容许其自由决定价格；有相反之约定者，其约定无效。

五、纵向垄断协议的表现形式

根据纵向垄断协议对竞争的不同影响，反垄断法律理论与实践长期以来将纵向垄断协议分为纵向价格垄断协议与纵向非价格垄断协议两大类。纵向价格垄断协议对竞争的危害较大，其中的纵向固定价格协议与维持最低转售价格协议被视为严重限制市场竞争的行为，很多国家对其直接适用本身违法原则进行规制。而纵向非价格垄断协议对竞争的影响相对而言较小，对其一般适用合理原则。

（一）纵向价格垄断协议

纵向价格垄断协议是指经营者与交易相对人达成协议，固定或限定交易相对人向第三人转售商品的价格。纵向价格垄断协议的消极作用在于：（1）它使价格固定，限制价格的信息传递和调节功能的正常发挥；（2）它妨碍了销售方相互间的价格竞争，影响竞争的优胜劣汰机制的发挥；（3）它使消费者被迫接受被固定化了的较高价格，损害消费者的利益。正是由于纵向价格垄断协议的这些消极作用，它被视为严重损害竞争的行为。如德国《反对限制竞争法》第 14 条规定，企业间关于商品或服务的协议，如果协议中一方就其所提供的商品、其他商品或者服务限制另一方与第三方制定价格及交易条件的自由，得予以禁止。

从学理上分析，纵向价格垄断协议可分为 6 种：（1）固定转售价格，即固定交易相对人向第三人转售商品的价格；（2）限定最低转售价格，即限定交易相对人向第三人转售商品的最低价格；（3）限定最高转售价格，即限定交易相对人向第三人转售的最高价格；（4）限定转售价格区间，即限定交易相对人在其指定的价格范围内向第三人转售商品；（5）限制交易相对人的定价权，即交易相对人在确定向第三人转售价格时，须经经营者同意；（6）默示限定转售价格，即虽然没有明示限制交易相对人的定价权利，但当其定价低于一定标准时，则对其采用违约罚款、拒绝供货等方式制裁。② 本书主要介绍

① 参见王玉辉：《垄断协议规制制度》，法律出版社 2010 年版，第 109 页。

② 参见种明钊主编：《竞争法》，法律出版社 2008 年版，第 251 页。

纵向最低价格协议与纵向最高价格协议。

1. 最低价格协议

最低价格协议包括固定转售价格协议和限定最低转售价格协议。固定转售价格是指生产商与销售商在签订买卖合同时约定销售商必须按照与生产商约定的价格销售产品,不得自由变更价格。限定最低转售价格是指生产商与销售商约定销售商必须按照与生产商签订的协议中的最低价格销售产品,销售商不得低于其约定价格销售商品。

如果一个生产商固定其销售商的转售价或限制其销售商的最低转售价,销售商就必须以约定的价格或者不低于约定的价格转售产品或服务。这不仅剥夺或限制了转售人在与第三方交易中的定价自主权,而且使同一品牌商品的销售商之间无法开展价格竞争,实际上相当于在销售商之间建立一个价格卡特尔,对市场竞争造成直接而严重的危害。这样的后果是导致商品的高价,直接损害了消费者的利益。因此,固定转售价格协议和限定最低转售价格协议为许多国家反垄断法所严格禁止。例如,美国最高法院在 1911 年迈尔博士医药公司诉约翰 · D. 帕克父子公司一案的判决中就依据《谢尔曼法》第 1 条认定纵向价格约束是违法行为。法院认为纵向固定转售价格协议会严重限制销售商之间的竞争,这种做法同销售商联合订立价格卡特尔的后果是一样的,使社会公众享受不到销售商之间的竞争所能带来的好处。

2. 最高价格协议

最高价格协议是指生产商限制销售商的最高转售价格,即销售商的转售价格必须低于约定的价格。与纵向最低价格协议适用本身违法原则不同,对于纵向最高价格各国一般适用合理原则。在美国,很长一段时间纵向最高价格协议适用本身违法原则,但是后来与纵向非价格协议一样适用合理原则。在 1977 年州石油公司诉卡恩一案中,美国最高法院开始在纵向最高价格协议上适用合理原则。欧共体委员会 2000 年发布的《纵向协议集体豁免条例适用指南》第 4 条(a)也明确指出,禁止纵向价格约束的规定不适用于卖方对买方作最高销售限价的行为,从而明确了纵向最高价格约束不属于本身违法的行为,应当适用合理原则在个案中分析判断其对竞争的影响。①

值得注意的一个法律现象是,自我国反垄断法实施以来,我国反垄断执法机构与人民法院对纵向价格垄断协议选择了不同的规制路径:前者适用违法推定规则,主张对该行为原则上予以禁止;后者倾向于适用合理原则,强调考虑行为的排除、限制竞争效果。② 这种分歧根源于《反垄断法》第 13 ~ 15 条规定过于原则,缺乏可操作性,有待法律进一步完善。

---

① 参见邵建东等编著:《竞争法学》,中国人民大学出版社 2009 年版,第 250 页。

② 参见张骏:《转售价格维持反垄断法实施的理想路径选择》,载《法学评论》2020 年第 4 期。

（二）纵向非价格垄断协议

纵向非价格垄断协议是指所有不涉及价格成分的其他纵向垄断协议。纵向非价格垄断协议与纵向价格协议的不同主要有两点：首先，在内容上，前者体现为非价格限制，后者体现为价格限制；其次，在法律态度上，前者通常适用合理原则，后者大多适用本身违法原则。纵向非价格垄断协议所表现出来的行为实际上也是占有市场支配地位的经营者滥用市场优势的具体表现，在某些方面如独家交易、搭售上形成垄断协议和滥用市场支配地位的“竞合”。

1. 独家交易协议

独家交易协议，又称排他性交易协议，是指供应商和经销商通过合同、协议等方式约定供应商同意在特定的地区内向经销商独家销售商品，或者经销商同意只从供应商处购买用于转售的商品，或者供应商与经销商相互承诺上述之约束。支配企业通过与交易对方订立排他性交易契约，可达到抑制竞争者甚至将其逐出市场的目的，也会妨碍下一经济阶段的竞争者进入。独家交易协议包括独家购买协议与独家销售协议两种。独家购买协议是指购买人在协议中向支配企业承诺，除了支配企业或其指定的第三方企业，购买人不得从其他任何供货商购买协议中所规定的商品。独家销售协议是指支配企业在协议中向购买人承诺，出于转售某种商品的目的，它在特定市场只向购买人提供商品。独家销售协议的典型形式就是独家经营协议，它对竞争有明显的限制作用，但同时它又有利于降低销售费用，保证产品的质量及售后服务，因此各国对其基本上适用合理原则。

在此，要注意区分独家交易协议与独家代理协议。独家代理协议不属于独家交易协议。独家代理协议是代理人根据委托人的意思从事的商业行为，代理人没有独立从事商业行为的决策能力。如果代理人在被委托的经济活动中，具有一定的独立地位，如可以决定销售价格、承担经营过程中的风险，则其实质是独立的交易人，其协议则构成独家交易行为。后面章节还要进一步探讨作为滥用市场优势具体行为的独家交易。

2. 特许经营协议

特许经营是指特许权人向特许经营人授予对一定商品或服务的经营权，由特许经营人支付特许经营费的经营模式。特许权人可能是拥有专利权、商标权、版权、技术秘密、商品名称、特殊经营模式的所有权的主体，特许经营人是利用特许权人的这些权利去进行经营的主体。例如，遍布各地的肯德基、麦当劳餐厅等就是典型的特许经营。根据我国2007年公布的《商业特许经营管理条例》第3条的规定，商业特许经营是指拥有注册商标、企业标志、专利、专有技术等经营资源的企业，以合同形式将其拥有的经营资源许可其他经营者使用，被特许人按照合同约定在统一的经营模式下开展经营，并向特许人支付特许经营费的经营活动。

特许经营协议是指经营者将其已投入流通的产品、商标或者商业运作方式或者附属服务转让给另一经营者使用，而另一经营者又连续支付使用费或者其他报酬的协议。

特许经营协议有三个特征:一是所有被特许人共同使用一个商业名称、商业标记或者使用统一的装潢;二是特许权人为被特许人持续提供经营指导、技术支持和业务培训等服务,在支持被特许人的同时规定产品或服务的统一模式、统一标准;三是特许经营者向特许权人缴纳一定的费用。特许经营协议在经济上的合理性主要表现在:首先,加强生产商之间的产品竞争;其次,特许权人对被特许人产品和服务的统一,以及严格的质量标准有利于改善销售服务、维护消费者的利益;最后,特许经营有成熟的经营模式并为被特许人提供一系列的指导,为销售商进入市场提供便利,并可以与大企业进行竞争。①

一般情况下,特许经营是合法的活动,其可能提出禁止竞业的要求,如果有合理的商业理由,可以得到豁免。例如,美国最高法院在1977年关于大陆电视公司诉GTE希尔万尼亚一案中指出,除了维护转售价格的协议,特许经营等纵向非价格约束都应根据合理原则进行分析。但是,如果特许经营协议规定经营者不得从第三方购买相同质量的产品,或者限制经营者的销售价格,这些条款具有严重的反竞争后果,不能得到豁免。

3. 搭售协议

搭售协议是一种附条件交易协议,即一个销售商要求购买其产品或服务的买方同时也购买其另一种产品或服务,并且把买方购买其第二种产品或者服务作为其可以购买第一种产品或服务的条件,这样的协议就是搭售协议。在这种情况下,第一种产品或服务就是搭售品,第二种产品或服务就是被搭售品。

搭售品可能对消费者不利。但是,在基于产品完整性要求、维护商品的质量和稳定性考虑时,搭售也可能是一种合法合理的行为。法律禁止的搭售行为是一种不合理的安排,具有严重的反竞争后果,即其实施的搭售行为没有合理的理由且会加强企业的市场支配地位、限制市场竞争。在识别一个搭售行为是否反竞争时,应当综合考虑搭售企业的搭售目的、市场地位、相关市场、相对的市场结构、商品的特性等多种因素。搭售的违法性还体现在侵犯消费者的福利。下一章在滥用市场支配地位部分还要进一步解释作为滥用市场优势手段的搭售。

4. 选择性交易协议

选择性交易协议通常对协议双方都有一定的约束。作为生产商的协议当事人一般只能向符合一定专业标准的销售商供应商品,这一般包括销售商的专业资格、销售商的营业员水平,以及营业场所的技术条件或者设备等。作为销售商的协议当事人则不得向协议销售网络之外的批发商或者零售商转售协议商品。这就是说,双方都有选择交易对手的可能性,但同时又都受到了协议的约束。②

生产者采取选择性交易制度可能基于各种各样的原因。其包括用于销售高科技或

---

① 参见邵建东等编著:《竞争法学》,中国人民大学出版社2009年版,第250页。

② 参见王晓晔:《竞争法学》,社会科学文献出版社2007年版,第279页。

者豪华品牌商品；潜在的客户太少，不适宜建立太大的销售网络；或者为了选择有能力承担特定义务的销售商，拒绝不合格的销售商从而保护商品的品牌形象等。不管出于何种原因，这种对特定销售商的选择常常会压制品牌内部的竞争。一般国家都对其适用合理原则，考虑其实施行为时的具体条件。例如，欧盟委员会和欧洲法院一般从三个方面分析选择性交易是否违反《欧共体条约》第85条第1款：(1)该种产品采用选择性交易是否恰当；(2)确立选择性交易是否建立在客观的技术条件的要求之上；(3)所有符合条件的经销商是否都能进入销售网络。①

第五节　行业协会限制竞争行为

行业协会是现代经济活动中非常重要的组织，它能够通过自身职能规范行业内的竞争活动，但同时它也有可能为了维护本行业企业的利益而损害消费者利益、危害竞争秩序。行业协会实施的旨在限制竞争维护企业成员利益的行为是各国(地区)竞争法规制的重要对象，欧共体、德国、日本等国家(地区)竞争法都对其进行了相关规定，我国《反垄断法》第16条规定：行业协会不得组织本行业的经营者从事垄断协议行为。行业协会存在形式比较特殊，它实施的限制竞争行为与一般的垄断协议有较大的不同，但它仍是垄断协议的一种特殊形式。

一、行业协会限制竞争行为概述

行业协会是指一定地区内具有相同职业、彼此具有竞争关系的经营者，依据法律而组成的，旨在维持本行业共同利益的法人团体。由于行业协会是同业经营者所组成的社会组合，其成员目标在于利益最大化。当行业协会的协调行动和限制竞争符合行业协会成员的整体利益时，在利益的推动下，行业协会便可能实施限制竞争行为。

(一)行业协会概述

行业协会作为同业经营者所组成的维护同业者之间的共同利益的社会组织，其所担负的职能非常广泛，包括实施自我管理、提供行业服务、协调同业关系等。行业协会可以通过行业自律实施自我管理，有利于确立行业的管理秩序，约束成员的不法、不合理的活动。但同时，它在自我管理促进成员利益的时候，可能进行一些限制竞争的行为，如进行产量、价格方面的信息发布，可能造成限制竞争的市场后果。因此，行业协会是比较特殊的垄断协议主体。

(二)行业协会限制竞争行为的概念

行业协会限制竞争行为，又称行业协会垄断协议，是指行业协会以行业协会决议、规章等方式实施的排除、限制竞争的行为。虽然行业协会不在市场上提供商品或服务、

---

① 参见阮方民：《欧盟竞争法》，中国政法大学出版社1998年版，第258页。

从事交易行为,但因其决议、规章、建议、活动通常会影响其成员之间的决策,所以其会间接影响市场秩序、价格状况、竞争秩序。各国反垄断法都对其限制竞争行为进行了规制。

行业协会限制竞争行为的表现形式不是“协议”,而是行业组织的决议。对行业协会的“决议”应作广义理解,其不仅包括会员依章程作出的书面或口头决议,还包括协会章程的条款、行业协会作出的决议、协会对会员作出的标准认定等。

(三)关于行业协会限制竞争行为的反垄断法规定

对于行业协会限制竞争行为的具体认定,欧盟竞争法明确规定“企业协会的决议”为限制竞争协议的一种形式,《欧盟条约》第81条规定:“凡可能影响成员国间贸易,并以阻碍、限制或扭曲共同市场竞争为目的,或有此效果的企业间协议、企业联合组织的决定或一致行动,均被视为与共同市场不相容而被禁止。”在欧共体,行业协会的限制竞争行为若只是限制经营者之间的竞争还不充分,这种行为必须是对商品或服务之价格、产量、创新、选择或品质足以产生负面影响的限制竞争行为,才是应加以禁止的行为。而怎样判断该行为的负面效应,需要考虑行为的性质、行为人之市场力量及市场结构。

美国反托拉斯成文法没有明文规定“共谋”包括贸易协会或企业协会的决议,而是在判例法中确立了规制行业协会限制竞争行为的原则和应考虑的具体因素。行业协会所实施的限制竞争行为,很多都是和其职能的行使联系在一起的,如信息交换和标准化认定,而这些职能对经济生活的影响是两面的,所以在这些种类的案件中,一般适用合理原则进行分析。①

我国《反垄断法》第11条规定:“行业协会应当加强行业自律,引导本行业的经营者依法竞争,维护市场竞争秩序。”第16条规定:“行业协会不得组织本行业的经营者从事本章禁止的垄断行为。”

(四)行业协会功能的两重性

现代社会,以中介组织和行业协会为代表的“社会中间层”成为在国家与市场之外的重要一极。中介组织担负着更多的公共管理职能,行业协会自治治理被认为是社会的第五种治理机制,在市场经济中发挥着越来越重要的作用。② 一方面,行业组织对行业发展起着协调、引导的积极作用;另一方面,它的这种特殊的行业规制作用又极有可能演化成限制竞争的行为。

1. 行业协会的积极作用

首先,行业协会通过对企业成员的规制,可以对反垄断法的有效实施起到补充作

---

① 参见张桐:《垄断协议表现形式的认定标准之构建——对我国〈反垄断法〉中垄断协议相关条款的反思》,载《黑龙江省政法管理干部学院学报》2008年第4期。

② 参见余晖:《行业协会组织的制度动力学原理》,载《经济管理》2001年第4期。

用。行业协会通过积极引导、适度限制，将企业行为限于反垄断法允许的范围之内，如对企业联合、合作进行行业内标准化，不仅可以使企业间通过合作、竞争，提高竞争者的竞争能力，还可以促进市场秩序的良好发展。其次，行业协会通过信息收集和交换、研究开发、举办展览、提供教育和培训服务等功能，提高成员企业的市场竞争力，促进市场健康发展。此外，行业协会通过行业制度和行业道德标准的建立，维护良好的竞争秩序，有利于抵制不正当竞争行为。

2. 行业协会的消极功能

尽管行业协会可以协调同业关系，增进行业的共同经济利益，但行业利益可能与社会利益发生矛盾时，行业协会可能会选择维护本行业的利益。例如，当某个行业内的市场竞争非常激烈时，为了规避竞争风险和防止利润下滑，行业协会成员会极力推动行业协会出面协调同业关系。在这种情况下，行业协会可能作出相关决议，要求成员限制产量或者规定最低价格，从而阻止成员之间就价格、产量等方面开展竞争。由于行业协会的成员较广泛，作出的相关决议具有一定的约束力，相对于一般的垄断协议，其危害后果更严重。

二、行业协会限制竞争行为的特点

行业协会作出的限制竞争行为与独立的经营者之间达成的垄断协议既有联系又有区别。行业协会作出固定产品价格、限制产量、划分市场的决议，会使成员之间的竞争受到限制，这与同业经营者之间达成的垄断协议相似。可以说，行业协会作出的限制竞争决议是同业经营者之间联合限制竞争的一种特殊形式。正因如此，德国、欧共体、英国等的竞争立法都将行业协会限制竞争行为与同业经营者之间的限制竞争协议并列，将它们都看作垄断协议的表现形式。① 但是，行业协会限制竞争行为与垄断协议相比也存在明显区别，具体表现在以下几个方面：

（一）主体是行业协会及参与行业协会的企业成员

行业协会决议不管具体表现为章程、决议、标准认定，还是具有限制竞争的信息交流，其主体都是行业协会及参与的企业成员，自始至终未遵守协会的决议、未参与其中的企业，不属于行业协会限制竞争行为的主体，可以不受反垄断法的惩罚。一般的垄断协议主体是两个以上处于竞争关系之中的经营者。如果行业协会主动作出决定实施限制竞争行为，相关企业遵守其规定，对行业协会及参与企业都作出惩罚；如果在这个过程中，一些企业成员没有参与限制竞争行为，则可免除对其的惩罚，而只处罚协会和参与的企业成员；如果小企业被胁迫参加限制竞争行为，如不参加将对其进行联合抵制或者拒绝信息供给，可以对其减轻处罚或者豁免。

---

① 根据《欧共体条约》第 81 条、德国《反对限制竞争法》第 1 条、英国《竞争法》第 2 条的有关规定，具有排除、限制竞争目的或效果的企业联合组织的决议将被禁止。

(二)成员多数意思表示的一致,而非全体成员一致的意思表示

行业协会限制竞争的决议不要求全体成员一致的意思表示,可能只需要多数成员同意即可,某些决议还可以直接由行业协会决策机构直接作出。因此,决议并不代表所有成员的一致意思表示,在行业协会被一些大企业操纵的情况下,还可能只代表大企业的意志。而一般的垄断协议是各方意思表示一致的结果,只要有一些企业不同意,则很难形成垄断协议。

(三)行业协会限制竞争行为具有隐蔽性

由于行业协会是合法、独立、不进行营利活动的组织,可以通过行业协会的规章、决议、信息交流、标准认定等方式形成垄断协议。由其策划、实施限制竞争行为,经常与其日常运作和职权行使联系在一起,二者之间的界限难以划分。

(四)行业协会限制竞争具有较大的危害性

行业协会作出的限制竞争行为相对于一般的限制竞争行为而言,危害较大。首先,成员具有广泛性,行业协会的成员几乎涉及一个行业的大部分企业或者是一个地区的大部分企业;其次,行业协会作为一个稳定性的组织,它具有较强的组织性,会对其决议的实行与否进行直接监督并实行惩罚性措施,任何违反其决议的组织有可能受到行业的限制,如限制信息等;最后,行业协会达成的垄断协议不以全体成员的统一为条件,只要多数同意通过就可以对全体成员产生约束力。

(五)目的是维护其成员的利益

行业协会是非营利性的社会组织,其作出的限制竞争的行为不是为了自身利润的最大化,即使行业协会在活动过程中可能会获得某种形式的收入,但行业协会本身是不以营利为目的的。① 行业协会是同业经营者组成的维护本行业利益最大化的社会组织,行业协会的目的是维护其成员的共同利益。

虽然行业协会垄断具有特殊性,但其本质上仍是垄断协议。无非是将全体会员的共同意思由协会这个利益代表者来表达,借用了多数决定这一民主机制,并以协会的处罚权为支撑,使其呈现出一些特质。因而,各国反垄断法通常将其纳入垄断协议,进行专门规制。

三、行业协会限制竞争行为的主要类型

行业协会服务于企业成员的共同利益,旨在提高本行业的整体经济实力,但行业协会也可能通过各种直接或者间接的手段协调成员行动,从而限制相关市场的竞争。从实践情况看,行业协会通过行业行为限制竞争主要有以下几种类型:

(一)制定含有限制竞争内容的规章

制定内部规章是行业协会拥有的重要权利。在行业协会存续期间,行业协会有权

---

① 参见史际春等:《反垄断法理解与适用》,中国法制出版社2007年版,第128页。

发布各种各样规范自身活动并要求其成员遵守的规章制度。行业协会规章是保障行业协会顺利运作并实现其目的的重要保障。行业协会规章的重要内容之一是为成员活动确立规则。由于法律通常无法对具体行业领域的业务规则作出详细的规定,这些行业协会制定的规则在制定法缺失的情况下发挥重要的补缺作用,成为成员活动的重要行为准则,也是协调成员之间关系的重要依据。在行业协会制定的规则中,有些规则能促进成员之间的竞争或者有助于建立公平的竞争环境,但有些规则却可能包含限制竞争的内容。例如,某些职业协会制定的规则中包括相关业务的最低收费,限制成员之间在收费方面的竞争,律师协会或者医师协会都有可能实施此种行为。

(二)限制竞争的信息交流

信息交流是行业协会发挥作用的重要手段,也可能成为行业协会促成垄断协议的载体。在行业协会内部进行信息交换排除、限制竞争主要包括以下几种类型:其一,行业组织牵头进行的信息交换,交换的内容包括价格信息、产品数量、销售地域等,这些具有商业秘密的信息一经交流,可能导致协同行为;其二,由领导型企业所进行的关于未来商业计划的信息交换,领导型企业具有引领行业发展的能力,它公开的未来商业计划可能包括以后价格、数量等的具体规定,可能导致相关企业同意提高价格、降低数量;其三,行业协会出版或编辑价格指南,可以直接导致企业成员协调提高价格等一致行动;其四,行业协会为成员企业信息交换搭建平台,企业成员限制竞争行为可以通过这种合法形式来进行;其五,行业协会成员企业各自相互交换职员,通过互派成员,用表面形式来掩盖其限制竞争的目的。

行业协会的一个很重要的职能是发布信息,这些信息涉及价格、销售及市场份额等。这些信息可能是企业过去的情况,也可能是企业当前和今后的经营信息,对市场竞争有很大影响。在欧共体委员会的实践中,行业协会的信息交流常常成为审查对象,因其有时被视为企业间的协议,有时被视为企业团体的决议,更多的情况下被视为企业的协同行为。欧共体委员会认为,企业原则上可以通过相互交换信息在更加透明化的市场上得到好处,但必须保证在市场上相互自由地和独立地开展经营活动。如果交换信息成为企业间协调市场行为的工具,这种信息交换就是违法的。例如,反垄断法上的一个著名的早餐卡特尔案,案情是欧洲几家主要的苯胺燃料制造商约定定期聚会,以不拘形式的方式就各自企业今后的价格政策交换意见,但结果所有参加早餐聚会的公司后来都同时提高了价格,提价的百分比也相同。欧共体委员会对这几家苯胺燃料制造商作出了罚款决定,并得到了欧洲法院的支持,法院认为有意识地在价格政策上采取相似行动构成《欧共体条约》第81条规定的协同行为。①

(三)行业协会的标准认定

行业协会制定与发布行业的行为标准、技术标准、从业人员职业标准和市场进入标

① 参见孔祥俊:《反垄断法原理》,中国法制出版社2001年版,第373页。

准是其重要职能。它可以淘汰不符合标准的生产厂商,促进竞争,使行业朝着规范化、专业化的方向发展,提高产品或服务的水平,有利于消费者利益和行业的整体水平的提高。但标准化在带来极大方便的同时,也造成排除、限制竞争的后果。例如:以标准化淘汰不符合标准的生产厂商,而这部分厂商的存在客观上将增加竞争的活跃性;以标准化为借口,拒绝给对标准产品具有强大竞争威胁的革新产品予以认证而阻碍市场竞争的激烈度;通过设置标准而建立起市场壁垒,进而不恰当地提高市场新进入者的竞争成本,增加了消费者购买标准产品所支付的成本;通过对一些不必要的技术指标和原料的标准化设定,提供了市场竞争者的生产成本,不利于中小企业在市场竞争中的生存和发展,进而减少了大企业所面临的竞争威胁,最终降低了市场的充分竞争程度。[①] 反垄断法一般采用合理原则来认定排除、限制竞争。

(四)制定具有限制竞争内容的决议

行业协会在实施自我管理和为成员提供服务的过程中,需要对各种有关事务作出决议。行业协会的决议一般根据行业协会章程规定通过会议的形式作出,有些决定需要全体成员或者多数成员决议通过,有些决定则可以由行业协会的管理机构直接作出。行业协会作出的决议一般具有约束力,行业协会成员不遵守将会受到惩罚或者无法得到相关服务。如果行业协会的决定中包括限制竞争的内容,如要求成员按照行业协会的决议进行固定价格、限制产量等,将直接限制相关市场的竞争。

各国(地区)竞争法一般只禁止行业协会作出的具有限制竞争内容的决议,如行业协会根据章程或者多数企业成员的要求作出的排除、限制竞争的统一定价行为;对最低销售价格、价格上涨率或上涨幅度作出决定;对标准价格、基准价格、目标价格等价格的基础作用作出决定;设定共同的价格界定方法,对影响实质性定价的回扣、手续费、折扣的限度作出决定等。

---

① 参见鲁篱:《行业协会经济自治权研究》,法律出版社 2003 年版,第 284 页。

第五章　滥用市场支配地位规制制度

第一节　市场支配地位概述

一、市场支配地位的含义

自1890年7月2日美国国会通过《保护贸易和商业免于非法垄断和限制法》即《谢尔曼法》至今，经过一个多世纪的发展，反垄断法已经逐渐形成了以禁止卡特尔、禁止滥用市场支配地位和经营者集中审查三大支柱为核心的法律体系。从反垄断法律体系内部三大支柱来看，都会不同程度地涉及市场支配地位的认定问题。由此，市场支配地位的认定和规制，也就成为反垄断法中的一个关键问题。

“市场支配地位”在不同的国家有不同的称谓和含义。在美国，“垄断力量”(monopoly power)即法律意义上的“市场支配地位”，其是指企业或企业群体将价格提高到或者维持在竞争水平以上的那种相当程度的市场力量。欧共体委员会在关于大陆罐头一案的裁决中对市场支配地位的定义作出了表述：如果企业凭借市场份额，或者凭借其与技术秘密或者与取得原材料和资金的渠道，以及其他重大优势如商标权等相关的市场份额，能够决定相关产品一个重大部分的价格，或者控制其生产或者销售，这就表明它具有市场支配地位。① 在日本，私人垄断被定义为“事业者单独或通过与其他事业者的结合、合谋等，把其他事业者从市场上排挤出去同时通过垄断来支配市场”。② 在我国，有的学者将市场支配地位界定为“企业或者企业集团能够左右市场竞争或者不受市场竞争约束的市场地位”。③ 有的学者将其定义为“企业在相关市场中具有不考虑其他因素而独立行动的能力，这种能力足以影响市场的有效竞争状态”。④ 上述解释从不同的侧面对市场支配地位的含义进行了阐释。本书认为欧共体委员会对市场支配地位的定义是比较全面的。如果企业因在市场上的某种优势(市场份额、技术优势、资源优势)而使企业在市场上独立于竞争之外，不受其他企业的影响，并且还可以控制市场产品的价格和产量，那么这样的企业就具有了市场支配地位。

---

① 参见王晓晔：《欧共体竞争法》，中国法制出版社2001年版，第229页。

② [日]丹宗昭信等编：《现代经济法入门》，谢次昌译，群众出版社1985年版，第82页。

③ 孔祥俊：《反垄断法原理》，中国法制出版社2001年版，第522页。

④ 文学国：《滥用与规制：反垄断法对企业滥用市场优势地位行为之规制》，法律出版社2003年版，第113页。

二、市场支配地位的表现形式

由于市场支配地位本身具有不同的表现形式,因此许多国家(地区)的反垄断法在界定市场支配地位时,分别就市场支配地位的不同情形作出了规定。尤其以德国《反对限制竞争法》更为详细,该法第19条第2款规定,一个企业如其作为相关产品市场和地域市场的某种商品或服务的供应者或者需求者符合下列条件,即具有市场支配地位:(1)没有竞争者或不存在实质上的竞争;或者(2)相对于其他竞争者具有突出的市场地位。第3款规定:一个企业至少占有1/3市场份额的,推定其具有市场支配地位;由3个或3个以下企业组成的整体共同占有市场份额达到50%或者由5个或5个以下企业组成的整体共同占有2/3的市场份额,视为具有市场支配地位。

(一)独占(monopoly)和准独占(quasi-monopoly)

在反垄断法中,独占一般是指一家企业作为某种特定商品或者服务的供应者或者需求者,在相关市场没有竞争者或没有实质上的竞争者。可以说独占意味着企业在特定的相关市场上没有竞争者,拥有独占市场的垄断地位,这种地位既可以依据法律规定获得和维持,也可以是一种自然状态。由于这种地位使该企业不面对来自任何方面的现实的或潜在的竞争,可以左右和控制市场价格和排除竞争,因而我们称其为市场支配地位的一种形式。美国《谢尔曼法》第2条规定,"实施独占、意图实施独占,或与他人结合共谋实施独占者"可负刑事责任,处罚金或3年以下有期徒刑。1956年美国最高法院在美国政府诉杜邦公司垄断玻璃纸生产案(United States v. E. I Du Pont De Nemours & Co.)中,认为独占是市场支配力的表现,意即以控制市场价格或排除竞争的力量来认定,对于经营者所处之势力,是否具有可依其意愿抬高价格或排除竞争之力量作判定之依据。① 我国台湾地区"公平交易法"第5条第1项规定,"独占""谓事业在特定市场处于无竞争状态,或具有压倒性地位,可排除竞争之能力者"。

准独占是指一家企业作为某种特定商品或服务的供应者或需求者,在相关市场上不存在实质性的竞争,即具有准垄断的地位,其作用相当于独占。处于准独占地位的企业,可以在相当程度上决定自己的经营策略和经营行为,而无须特别考虑其竞争对手、购买人或供应人的存在和反应。独占地位和准独占地位是市场结构的一种状态,在经济学中属于完全垄断的市场结构状态,实践中较为罕见,通常在国家(地区)行使垄断权的情况下才会出现。②

(二)突出的市场支配地位

作为市场支配地位表现形态的"突出的市场支配地位"又称"压倒性地位"或"绝对优势",是指企业在相关市场中虽然有竞争者,或者虽然有实质上的竞争,但该企业因其占有的市场份额大、采购或销售的渠道发达、财力雄厚等因素,相对于其竞争者而言

---

① 参见赖源河编审:《公平交易法新论》,台北,元照出版有限公司2005年版,第175页。

② 参见尚明:《对企业滥用市场支配地位的反垄断法规制》,法律出版社2007年版,第86页。

具有突出的市场优势。因此,“突出的市场支配地位”是相对于其他经营者而言的,它是一个相对概念,必须根据相关市场上的具体情况来确定。

突出的市场支配地位与独占和准独占不同,独占和准独占只能相对于特定相关市场及其竞争关系而言,而绝对优势则是以企业的大小强弱等因素为标准。因此,在确定企业是否具有绝对优势时,除了重点考察该企业占有市场的份额外,还要考虑其他各种相关的结构因素。有的企业可能在任何相关市场上都不具有独占地位,但由于它具备相当大的规模而可能被认定为具有突出的市场地位。① 德国在《反对限制竞争法》中从以下几个方面对这个不确定的概念进行了精确的表述,有关的各项判断因素分别是:市场占有率、财政实力、采购市场和销售市场的进入、对其他企业的渗透以及其他企业进入该企业所在市场的法律上或事实上的障碍。只要具备这些因素中的一个或若干个,就可确定该企业拥有绝对优势。因此有的企业可能在相关市场上都不具有独占地位,但由于它具有相当大的规模而可认定为具有绝对优势。

(三)寡占(oligopoly situation)

寡占又称寡头垄断,是指在一个不完全竞争市场中,市场被少数厂商所控制,而且在少数厂商中有一个以上其规模大到足以联合总体市场,而可以影响市场之价格。易言之,数个不存在实质性竞争或真正竞争的大企业作为一个整体共同控制市场上的产品或服务,包括价格、数量或销售等经营状况。德国《反对限制竞争法》第 19 条对寡占的规定是两个或两个以上企业之间就某种商品或服务不存在实质上的竞争,并且这些企业在总体上具备了独占、准独占或者突出的市场地位的要件。② 我国台湾地区“公平交易法”第 5 条第 2 款规定,两个以上事业,实际上不为价格之竞争,而共同对外关系具有前项关于“独占”规定之情形者,也视为独占。③ 分析德国和我国台湾地区关于寡占的规定,可以发现有两种情形:一是各个寡头合起来就是市场上的独占或者准独占者,在相关市场中没有其他竞争者或没有实质上的竞争;二是寡头合起来具有“绝对优势”,在相关市场中具有绝对自由决策权和对其他竞争者的绝对影响,可以排除其他竞争者。寡占是一种介于垄断和完全竞争之间的市场结构。寡头可以是两个、三个、五个,也可以更多,一般来说,“这一数量范围在两个到十二个之间”。④

三、市场支配地位的成因

马克思主义经典作家认为,竞争产生垄断,垄断是自由竞争引起生产集中,以及生

---

① 参见王磊:《市场支配地位的认定与反垄断法规制》,中国工商出版社 2006 年版,第 19 页。

② 参见尚明主编:《主要国家(地区)反垄断法律汇编》,法律出版社 2004 年版,第 19 页。

③ 参见赖源河编审:《公平交易法新论》,台北,元照出版有限公司 2005 年版,第 172 页。

④ [美]肯尼思·W. 克拉克森、罗杰·勒鲁瓦·米勒:《产业组织:理论、证据和公共政策》,上海三联书店 1989 年版,第 207 页。转引自王磊:《市场支配地位的认定与反垄断法规制》,中国工商出版社 2006 年版,第 19 页。

产集中到一定阶段的结果。[①] 这是市场支配地位取得的根本原因。

就市场支配地位的具体成因而言,我国有学者将其归纳为以下几个方面:特质资源的占有;自然垄断;知识产权垄断;行政性垄断;企业自身发展;兼并。[②] 我国商务部反垄断局原局长尚明先生所持观点与此比较相近,他认为,在通常情况下,市场支配地位主要产生于以下方式:通过政府授权或行政垄断取得,即在有些情况下,市场支配地位并非由企业自身的经营行为形成,而是由于政府给予了特定企业排他性生产或销售某种商品或提供某种服务的权利;通过自然垄断取得,即当一种商品或服务由一个企业生产或提供时,其成本低于两个或两个以上的企业生产或提供同样的商品或服务时,就会因为规模经济的原因而形成自然垄断;企业合法经营取得,又可以分为依靠企业的创新和远见、在知识产权的保护下和通过竞争优势取得三种具体方式;通过非法行为取得,所谓非法行为主要是指反垄断法反对的卡特尔、市场支配地位的滥用和不当的企业并购。[③] 应该说,上述归纳比较全面和准确。就现阶段我国情况而言,行政性垄断显然是我国市场支配地位的最主要成因,也是危害最大的成因;进入21世纪以来,在国家大力推行国有企业战略重组和实施企业"走出去"战略的双重背景下,日益频繁的兼并重组在形成我国市场支配地位方面越来越起着主导作用。

四、市场支配地位的法律性质

市场支配地位是一种经济现象,是企业在市场竞争中通过自我积累扩张不断兼并收购逐步取得的。企业取得市场支配地位是否必然非法呢?依据法律分析,企业经营过程中取得市场支配地位本身并不违法。在美国,《谢尔曼法》禁止的行为是企业单方面企图垄断或者说试图垄断化,前者是指使用非法手段获取垄断势力,后者指使用非法手段维持垄断势力。这说明企业取得市场支配地位后,只要不是企图垄断或使用非法手段获取垄断势力就不会触犯反托拉斯法。欧盟也作出类似的规定,即企业具有市场支配地位本身并不违法,只有滥用这种市场支配地位才是违法的。以上说明企业取得市场支配地位是一种合法的状态,因此也就说明了市场支配地位的法律属性。市场经济的规则就是通过竞争从而实现优胜劣汰的规则,所以企业在市场中无时无刻不感到竞争的压力。为了能在竞争中生存和发展,企业必须不断地改善产品质量,降低价格,改进售后服务,让消费者受益,这就是有效竞争带来的结果。然而与此同时,面对竞争的压力,企业也想限制竞争,抵制竞争或排除、限制竞争。企业一旦在竞争中获得了市场支配地位,它也就可以利用自己的支配地位来影响市场竞争了,如限制其他企业进入市场等。一旦企业利用自身取得的市场支配地位实施此种限制竞争行为,它也就因滥用市场支配地位而违法了。

---

① 参见《列宁选集》(第2卷),人民出版社1973年版,第740~743页。

② 参见王磊:《市场支配地位的认定与反垄断法规制》,中国工商出版社2006年版,第24~25页。

③ 参见尚明:《对企业滥用市场支配地位的反垄断法规制》,法律出版社2007年版,第97~99页。

第二节　市场支配地位的界定

市场支配地位的认定,是对企业滥用市场支配地位行为进行规制的一个基础性工作。判断一个经营者是否在竞争过程中采取了限制竞争的行为,应该通过一种客观的、非常透明的经济学上的标准来衡量。西方经济学和法学从不同的角度对其进行了深入研究,提出了多种分析计算方法。根据反垄断法原理,界定企业是否取得市场支配地位主要从以下三个方面进行考虑,即相关市场范围、市场集中程度和市场进入壁垒。

一、相关市场的界定①

(一)相关市场(relevant market)的概念

相关市场的概念最早出现于美国反托拉斯案件判决书中,也称"特定市场""关联市场"等。其含义是指作为竞争主体的企业从事经营活动、开展市场竞争的市场范围。我国台湾地区"公平交易法"把相关市场称为"特定市场",指"事业就一定商品或服务,从事竞争之区域或范围"。② 显然,作为市场来讲,最直接的理解应该是产品市场和区域市场,市场是在某一特定的区域销售产品的,相关市场是在某一特定区域销售相关产品的。然而,作为判断竞争关系来讲,仅仅有产品和地域的概念还不够科学和严密,还要有时间的概念,很难想象在前后时间差异巨大的情况下会形成依靠反垄断法维持的竞争关系。在产品市场和商品市场都确定的情况下,时间就是一个重要的因素。欧洲法院在已判决的反垄断案中认为相关市场包括三个因素:相关产品市场、相关地域市场和相关时间市场。③ 所以说相关市场是一个因事而异、因地而异、因时而异的概念。

相关市场的确定对于市场支配地位的认定具有关键意义。实际上,需要考察的企业即市场竞争者就是市场支配力的分子,相关市场范畴就是分母,相关市场就是判断有关市场竞争者经济力量大小的依据和背景。被考察的企业的规模是确定的,如果所确定的相关市场越狭小,那么被考察的企业的市场支配力就越大,就越有可能被认定占据市场支配地位;相反,如果界定的相关市场越大,说明被考察的竞争企业控制该市场的力量相对就越小,就越没有独占或支配市场的能力。从某种程度上讲,如果市场被确定得相对狭小,产品的每一个供应者都可能成为垄断者。④ 因此,确定相关市场的过程,实际上就是确定哪些产品和哪些企业之间形成相互竞争关系,以及在什么范围内和多

---

① 相关市场在反垄断法中是一个关键概念,除了市场支配地位的判定必须依赖相关市场的界定,在控制经营者集中时相关市场的界定是对市场集中度和经营者的市场份额进行界定的前提,直接关系到最终的判定结果。

② 尚明主编:《主要国家(地区)反垄断法律汇编》,法律出版社 2004 年版,第 914 页。

③ 参见阮方民:《欧盟竞争法》,中国政法大学出版社 1998 年版,第 114 页。

④ [英]约翰·亚格纽:《竞争法》,徐海等译,南京大学出版社 1992 年版,第 56 页。

大程度上进行竞争,并因此确定竞争者市场支配力依据的过程。实际上,在美国和欧盟的反垄断法关于滥用市场支配地位的案例中,左右案件判决结论的常常是相关市场的界定。例如,1956 年美国政府指控杜邦公司垄断玻璃纸生产案中,因为玻璃纸为杜邦公司独家生产和销售,市场占有率为 100%。如果把玻璃纸界定为独立市场,杜邦公司在这个产品市场上构成独家垄断是毫无疑问的,政府正是这样认定的。但是,法院则将玻璃纸看作包装材料的一种,把包装材料界定为本案的相关市场,相关市场被扩大了,杜邦公司在包装材料这个产品市场上仅占有 18%,不构成垄断。从这个案例可以看出,在反垄断法中对市场支配力的认定在很大程度上取决于对相关市场特别是产品市场的界定。①

(二)界定相关市场的步骤

在界定相关市场时,必须考虑到商品的各种相关因素,通常考虑的是交易对象、交易地区、交易时间、交易阶段、交易对方等因素。正是基于这种考虑,在反垄断法上一般把相关市场归纳为产品市场(product market)、地域市场(geographic market)和时间因素三个概念。

1. 产品市场。产品市场是确定相关市场最主要的方面,是界定相关市场的第一步。所谓产品市场,是指与某竞争产品具有替代关系的全部产品的范畴,也就是市场上可以与之形成有效竞争的商品和服务的范围,所有可以与之形成有效竞争的商品和服务构成该商品或服务的产品市场。② 在竞争法中对产品市场的判断主要是分析和认定产品的相互竞争关系。对竞争关系的分析则主要是通过对产品的替代性关系分析完成的,两个产品彼此之间替代程度越高,竞争关系就越强。在界定相关市场时,目前一些国家或地区反垄断执法机构都通过需求替代性分析和供给替代性分析的方法来界定产品的相关市场。③

2. 地域市场。地域市场也称地理市场或空间市场,是指就产品或服务进行有效竞争的地理区域或者空间范围。它是决定相关市场范围的另一个重要因素,也是界定相

---

① 参见尚明:《对企业滥用市场支配地位的反垄断法规制》,法律出版社 2007 年版,第 37 页。

② 参见高菲:《论美国反托拉斯法及其域外适用》,中山大学出版社 1993 年版,第 86 页。

③ 需求弹性分析解决的是产品之间的替代程度问题,有关产品市场仅限于垄断产品本身还是包括可替代产品,美国法院认为,倘若替代产品像被垄断的产品一样也包括在同一市场中,那么两种产品——垄断产品和可替代产品之间必须实际处于竞争状态。产品之间的替代性越强,它们之间的竞争关系就越强,它们属于同一产品市场的可能性就越大。在界定产品市场时不仅要考虑买方的需求弹性,还要估算竞争者或者潜在竞争者的供给弹性,考虑实际和潜在的供应商。如果说需求弹性分析是从买方的角度分析产品市场,是观察买方对产品价格变化的反应,那么供给弹性分析则是从卖方的角度分析市场,是观察某产品的生产者和潜在生产者对该产品价格变化的反应。很显然,单独通过需求弹性分析界定产品市场,没有直接考虑潜在的生产者转而生产该产品的可能性,据此确定的相关产品市场的范畴可能要小,导致最终认定企业占据支配地位的可能性就大;如果同时考虑了供给方面的弹性分析,则据此界定的市场范畴就要宽泛,因此最终认定企业占据支配地位的可能性就小。

关市场过程中，在确定了产品市场之后的第二个重要步骤，有时候地域市场的重要性会超过产品市场。《欧共体竞争法中界定相关市场的通告》第8条指出，相关地理市场是指相关企业供给或者购买产品或者服务的地域，且它们在这个地域内的竞争条件基本上是一致的。地域市场既可以是一个较小的城市范围，也可以是更大的省或州范围、国家范围、跨国市场甚至是世界市场。地域市场是从地域成本上对产品市场范畴的限制。地域市场对界定相关市场的限制是通过分析由于地理方面的约束对相互竞争的产品和生产者之间成本的增加而对竞争可能性的限制程度。在诸多考察因素中，有两个因素对界定地理市场的范围至关重要：一是产品的运费与其价值的关系，如水泥、石头建材等笨重且价值较低的产品的销售区域要比黄金、石油等重量较轻且价值较高的产品的销售区域小得多；二是产品的易腐性，易腐烂、难保存的产品其地理市场的范围也相对较小。

3. 时间因素。在理论界关于"时间市场"的争论还没有得出结论。但是，时间因素作为一种判断相关市场的重要因素来讲，具有重要的意义。时间市场是指相同或近似产品在同一区域内相互竞争的时间范围。各国对时间市场在相关市场确定中的地位有不同的观点，欧洲法院、德国法院判例表明其将时间市场作为与产品市场、地域市场并列的因素。[①] 美国立法和司法判例没有将时间市场纳入相关市场界定过程中。[②] 多数观点认为，时间市场应是确定相关市场的重要因素，也是重要步骤之一。在某些情况下，时间对于产品的销售具有决定性意义。例如，质量相同的西瓜在相同的地方，冬季与夏季的销售价格大不相同。某些产品因季节性、时尚型或为迅速发展的技术因素所左右，市场情况往往会随时间的变化而发生变化。因此，在确定相关市场时需要考虑时间因素。实际上，任何竞争者对任何产品在一定区域和时间内的市场地位是特定的，任何市场的存在在时间和空间上都是相对的。产品市场是从相关市场的主体进行考察的，地域市场是对相关市场从空间的角度考察的，时间市场则是从时间的角度对相关市场的考察，三者共同构成了完整的相关市场。随着当今世界科学技术的迅速发展，速度和效率备受推崇，许多产品的科技含量越来越高，更新换代的速度越来越快，也许企业的某种产品在某一时间确实具有支配地位，但这种市场支配地位很可能是暂时的或稍纵即逝。因此，在市场节奏和科技发展都越来越快的今天，判断企业是否具有市场支配地位，特别是认定高科技企业是否拥有市场支配地位时，时间市场是至关重要的。

二、市场集中度的分析——市场占有率

在相关市场的范围确定后，经济学对市场支配地位的测算主要是通过计算市场力量进行的。就经济学而言，每个企业都具有不同程度的市场力量，但只有其市场力量达到一定程度，足以使该企业能够持续地将价格维持在竞争价格水平之上，而又不至于丧

---

① 参见阮方民：《欧盟竞争法》，中国政法大学出版社1998年版，第114页。

② 参见时建中等：《〈反垄断法〉中相关市场的含义及其界定》，载《重庆社会科学》2009年第4期。

失过多市场份额的情况下,该企业可以被认为具有市场支配地位。[①] 所以,计算市场支配地位的核心是认定企业在相关市场中维持垄断价格的能力,这个能力是靠企业对市场的控制力来完成的。测算市场的集中度主要可以通过 CRn 标准和赫希曼—赫芬达尔指数(HHI)标准来进行,[②]然而判断企业市场控制力、支配力的最好证据是市场占有率。

一方面,如果一个或者几个企业在相关市场上长期具有很高的市场占有率,这个事实本身就可以作为具有市场支配地位的证据。另一方面,究竟多大比重的市场占有率才算构成市场支配地位,大多数国家或地区没有明确的规定。美国的反托拉斯法一般是根据具体案例中市场的类型来决定的。美国法院的判决虽然把垄断力或者市场力解释为控制价格和排除竞争的一种经济实力,但企业的这种实力往往建立在占有很大市场占有率的情况下。欧共体竞争法也是这样,《罗马条约》第 82 条虽然没有根据市场占有率直接推定市场支配地位,但欧盟委员会和欧共体法院在其司法实践中非常重视市场占有率标准。

市场占有率也称市场份额,是指企业在相关市场上所销售的产品或者提供的服务,占该相关市场所有销售产品或者提供的服务的比例。在相关市场明确后,企业市场占有率就可以作为判断支配地位的基础指标。企业的市场占有率是企业经济实力和市场竞争力的客观反映。一般情况下,大的市场占有率会使企业获得大的市场力量。市场占有率越大,企业进行交易的独立性、影响和制约其他经营者的能力就越强,获取或滥用市场支配地位的可能性就越大。因此,反垄断法将企业的市场占有率作为评定、推定、认定企业是否取得市场支配地位的重要标准甚至是直接推定的标准。[③]

一些国家(地区)的反垄断法明文规定,企业的市场占有率达到一定标准,即被推定为具有市场支配地位。德国《反对限制竞争法》第 19 条第 3 款规定:"如果企业有不低于 1/3 市场占有率,就推定其具有市场支配地位。有多个企业组成的整体有如下情况时推定其具有市场支配地位:(1)该整体有 3 个或 3 个以下企业组成,它们共同占有 50% 以上的市场;或者(2)该整体有 5 个或 5 个以下企业组成,它们共同占有 2/3 以上

---

① 参见孔祥俊:《反垄断法原理》,中国法制出版社 2001 年版,第 521 页。

② 集中度(Concentration Ratio,CR)既可以用来测量行业内集中,又可以测量跨行业集中。CRn 是指同一产业内,前若干家企业的销售收入占整个产业的比重,它通常用来衡量一个市场的集中程度,集中程度越高则垄断程度(市场力量)越高。市场集中度公式如下:CRn = Qn/(Qn + Qm)。其中,CRn 为集中度;Qn 为前 n 家最大企业的销售收入(或者就业量、资本量等);Qm 为产业内其余企业的销售收入(或者就业量、资本量等)。集中度指标中的 n 是一个变量,n 值可以取任何正整数,但一般测量者多取 4 或者 8,即以行业内前 4 家或者前 8 家企业的市场占有率代表整个行业的市场集中度。为了修正 CRn 测算市场集中度的缺陷,美国率先采用了赫希曼—赫芬达尔指数(Herfindahl-Hirshmann-Index,HHI)来评估市场集中程度。HHI 是指所有市场主体所占市场份额的平方和。从理论上来讲,赫希曼—赫芬达尔指数不但考虑了企业总数,而且考虑了企业的规模分布,是一个较好的计算垄断程度的公式。

③ 参见尚明:《对企业滥用市场支配地位的反垄断法规制》,法律出版社 2007 年版,第 119 页。

的市场。但这些企业能够证明其相互之间能够开展实质上的竞争，或者这些企业在总体上相对于其他竞争者不具有突出的市场地位的，不在此限。”韩国《垄断规制与公平交易法》第4条规定，在一定的交易领域中，市场占有率符合以下各项规定之一的事业者，推定为支配市场的事业者：一个事业者的市场占有率在50%以上；3个以下的事业者的市场占有率合计在75%以上，但是该情形中市场占有率不满10%者除外。我国《反垄断法》也规定了市场支配地位的推定制度，该法第19条第1款规定：“有下列情形之一的，可以推定经营者具有市场支配地位：（一）一个经营者在相关市场的市场份额达到二分之一的；（二）两个经营者在相关市场的市场份额合计达到三分之二的；（三）三个经营者在相关市场的市场份额合计达到四分之三的。”

由于优势地位是相对而言的，因此在采用市场占有率标准时要充分考虑竞争对手的市场占有率。市场占有率较大的企业，如果其竞争对手与其占有率相差不大，该企业也难以形成支配地位；反之，如果该企业与其竞争对手的市场占有率相比明显占优势，其就容易处于市场支配地位。由于市场占有率在很大程度上决定了支配力量的存在，因此在反垄断案件的处理过程中，确定企业市场占有率的准确比例是非常关键的。确定市场占有率的方法通常是被告在相关市场上的销售额除以该市场的总销售额，乘以百分之百所得出的百分比。

市场占有率的计算公式是：

市场份额 = 特定企业的销售额/相关市场的总销售额 × 100%

关于市场占有率具体达到多少可以认定具有市场支配地位和不具有市场支配地位，不同国家和地区的反垄断法和实践不尽相同。但比较多数的观点认为，如果企业的市场占有率超过70%，其市场支配地位是明显的；如果企业的市场占有率不足30%，一般不具有市场支配地位；如果企业的市场占有率在30%～70%，必须考虑其他能够进一步说明企业竞争地位的因素。欧盟委员会在1980年的第十次竞争政策报告中，曾提出了一个测算企业市场占有率的参考数据范围，市场占有率在40%以上的企业，较容易被认为具有优势地位，市场占有率在20%～40%的，在参考相关因素后仍有被认为具有市场优势地位的可能性。[①] 根据《罗马条约》第82条的规定，虽然并没有明确规定市场支配地位，但从一些案件的审理可以看出，在确定市场支配地位时，它们并不仅仅拘泥于市场占有率，有时还需关注其他因素如企业总体规模、技术优势状况、产品和地理位置等。我国《反垄断法》第18条规定，认定经营者具有市场支配地位，应当依据下列因素综合认定：(1)该经营者在相关市场的市场份额，以及相关市场的竞争状况；(2)该经营者控制销售市场或者原材料采购市场的能力；(3)该经营者的财力和技术条件；(4)其他经营者对该经营者在交易上的依赖程度；(5)其他经营者进入相关市场的难易程度；(6)与认定该经营者市场支配地位有关的其他因素。应该说这个规定是比

① See Tenth Report on Competition Policy, (1980) point150.

较全面的。

三、市场进入壁垒的分析

在对被告企业所处的相关市场、市场集中程度加以界定后,可以说我们对企业在市场中所处的地位是比较清楚的。然而,要真正确定企业是否形成了很强的市场力量,它会不会使用这种力量来扭曲市场竞争,还要作进一步分析。所谓扭曲市场竞争,就是限制竞争行为、反竞争行为,这一点直接与已界定的相关市场是否允许新的企业能够自由地参与或退出市场有关,也就是说与这个市场对新企业进入市场的难易程度即新的企业进入相关市场需要哪些条件有关。因此,在一个合理的时间范围内有多少预期的经营者(厂商)有能力进入?它需要多少时间能进入这个产业?进入需要多少成本?与这位厂商相比,新厂商是否处于不利的地位?新厂商是否拥有一样的技术、一样的产品和一样的信息?退出需要成本吗?

进入壁垒能够较好地回答以上问题。经济学家们对进入壁垒的理解有所不同。率先提出"进入壁垒"概念的贝恩认为,进入壁垒是指在位厂商可以长时间把产品售价定在最小平均生产成本以上,而不会引起潜在进入者进入的程度。诺贝尔奖获得者乔治·斯蒂格勒认为,进入壁垒可以为一种生产成本,这种成本是打算进入这一产业的新厂商必须负担,而在位厂商无须负担的。不管争论如何,分析市场力量的形成与竞争的关系,考察是否存在进入壁垒是非常重要的。进入壁垒在决定集中度的因素中起着重要作用,它决定了潜在竞争的程度。一般认为,一个可信的进入威胁将引导在位厂商更加激烈地竞争。就滥用市场支配地位而言,所需要进行的分析是已经取得市场支配地位的企业是否利用了其市场力量设置市场进入壁垒,目的在于妨碍或阻止其他企业进入市场参与竞争,如果存在这种行为就构成了市场支配地位的滥用。

综上所述,界定企业是否具有市场支配地位,需要我们同时对相关产品市场、相关地理市场进行界定,考虑时间因素,并对相关市场上的企业参与竞争的市场结构进行分析。除此之外,我们还要考虑进入壁垒等因素,以最终较为科学地界定市场上的企业是否具有市场支配地位。

第三节 市场支配地位的滥用

一、市场支配地位的法律规制原则

反垄断法对市场支配地位的规制原则,国际上有各种不同的提法,归纳起来主要有两种不同的理论观点,并由此形成了不同的法律制度,即"结构主义"规制方法和"行为主义"规制方法。由于"结构主义"规制和"行为主义"规制的主要区别在于是否聚焦于市场集中度和市场支配力(市场势力),以及市场支配力(市场势力)本身是否合理合法,因此此处理论之争同样适用于后文关于经营者集中反垄断法规制的讨论。

(一)“结构主义”规制方式

结构主义规制方式,是指为了保持合理即竞争的市场结构而对市场支配地位进行规制的反垄断控制制度。结构主义规制的特点是,拥有市场支配地位本身就是法律所应当反对和控制的,其理论依据是哈佛学派的产业组织理论。该理论最初由经济学家梅森和贝恩提出,形成了著名的“市场结构—市场行为—市场绩效”范式。所谓市场结构,是指在特定的市场中,企业之间数量、份额、规模上的关系,以及由此而形成的竞争形式;市场行为是指企业在市场竞争和相互博弈中所采取的策略和对策,一般包括产品政策、价格政策、促销政策和并购行为等;市场绩效是指产业运行的效率,是企业在市场行为中所形成的产业资源配置、技术进步和产业规模经济实现程度等方面所达到的状态,借此来判断市场结构和市场行为的优劣。“结构主义”认为上述三者之间存在密切的单向因果联系:市场结构决定企业的市场行为,市场行为产生市场绩效。判断一个行业是否具有竞争性,应该主要看该行业市场结构是否高度集中,是否实际上有一个或多个寡头垄断控制,另外还要看该行业的进入壁垒是否太高而限制了其他新企业的进入。结构主义规制方式。简言之,就是反垄断法针对的对象是集中的市场结构或者企业的市场支配地位本身。“结构主义”认为,当企业拥有市场支配地位时,说明其所在的市场很可能是一个相对集中的市场。这种情况下,反垄断法即确认具有市场支配地位的企业违法,需要采用遏制企业垄断市场的行为,运用分拆企业剥离资产等手段减少市场集中度,使市场恢复竞争状态。为了维护有效竞争,结构主义规制方式不仅规范占市场支配地位企业的行为,而且要调整市场结构。

实际上,结构主义规制是凯恩斯主义全面干预理论在反垄断法上的必然反映和制度折射,凯恩斯主义主张不是等到市场运行出了问题国家(政府)才进行调节干预,而是在经济运行还没有出现问题时就要积极干预,以预防和避免市场出现问题。结构主义规制方式以日本和早期美国的反垄断法为代表。

(二)“行为主义”规制方式

行为主义规制指的是法律仅规范企业滥用市场支配地位的行为,而不禁止企业拥有市场支配地位本身。欧盟及大多数大陆法系国家和地区的反垄断法普遍采取了行为主义规制模式。行为主义规制模式的特点在于:对于市场支配地位本身,反垄断法并不禁止,而禁止具有市场支配地位的企业滥用市场支配地位的行为。从各国法律规范规定和判例来看,滥用支配地位行为主要有三个构成要件:(1)被指控的企业具有市场支配地位。市场支配地位是滥用行为的首要构成要件。反垄断主管机关和法院在认定企业行为是否属于滥用行为时首先要考察被指控的企业是否具有市场支配地位;被指控的企业往往以否认自己具有市场支配地位为由进行抗辩。(2)滥用行为的存在。具有市场支配地位的企业如果不在特定市场实施一定的行为,仅仅市场支配地位本身不会引起调查或诉讼。(3)损害后果。滥用行为排除或限制竞争,对有效竞争和消费者福利产生了损害后果。①

行为主义规制方式主张行为才是判断对竞争影响的主要因素,对市场的干预主要应针对企业利用市场支配地位的不公平竞争行为。其理论基础是来自对哈佛学派展开批评的芝加哥经济学派,强调以效益理论解释各种现象,反对强调结构在市场中的绝对作用,市场不应抵制有益于市场绩效的结构。行为主义盛行也反映了凯恩斯主义全面干预理论已经受到质疑。

美国反垄断执法过程中,贯穿了"结构主义"和"行为主义"的相互变换和影响。从早期的"行为主义"主导到20世纪30年代至60年代的"结构主义"大行其道,再到70年代中期回归"行为主义",两种思想并非简单的轮回,其中反映了美国经济理论、利益目标和法律规则的更替与演进。其实,即使在"结构主义"盛行的时候,也不是一味地不考虑企业行为,在"行为主义"占有主流的时候,"结构规制"也并非一味被排斥。

欧盟的情况与美国有些不同,其始终以"行为主义"的规制方法贯彻始终。但是,市场份额在决定支配力是否滥用的问题上,一直起着重要的作用。

与美国类似,当今日本的反垄断立法及其实践,也表明对于垄断结构和垄断行为采用了双重禁止的方式。

以上各国(地区)的反垄断立法和实践证明,不管实行"行为主义"还是"结构主义",都是基于对经济发展的关注与协调。从目前来看,各国(地区)较为普遍地实行"行为主义"控制方法,原因在于防止"结构主义"的扩大化或滥杀无辜,使市场回到公平竞争的轨道上。同时鼓励企业在此基础上做大做强。需要注意的是,即使是"行为主义"的控制方法,也要以"结构主义"为前提条件,没有"结构"的"行为"不是反垄断法关注和规制的目标。结构和行为有着天然的盟友关系。我国可以综合借鉴美国、欧盟、日本的经验。我国在反垄断立法过程中,首先应坚持"行为主义"的规制方法,并在此基础上,注意对垄断状态即市场结构的判断。在执法实践过程中,不宜简单地将拆分企业作为处罚滥用支配地位的主要手段。

二、市场支配地位滥用的界定及其学理分类

企业即经营者取得市场支配地位,有的是通过国家授权取得,有的因行业的特殊性质而取得,而大多数是在市场竞争中取得即竞争的结果。根据"行为主义规制"的理论,市场支配地位本身一般不违法,即现代反垄断法并不一概禁止市场支配地位本身,反垄断法主要禁止滥用市场支配地位的行为。因此,界定滥用行为就成了反垄断法上至关重要的问题。从各国(地区)的反垄断立法来看,一般只是根据其关注的重点列举出滥用市场支配地位行为的若干典型表现,鲜见对"滥用"进行定义,司法判例中也缺少明确的概括性表述。② 滥用,顾名思义,直译应理解为不适当地使用。关于滥用市场

---

① 参见王磊:《市场支配地位的认定与反垄断法规制》,中国工商出版社2006年版,第54页。

② 参见王先林:《竞争法学》,中国人民大学出版社2009年版,第270页。

支配地位,经合组织的解释是,具有支配地位的企业为维持或者增强其市场地位而实施的反竞争的商业行为。在繁杂多样的商业行为中,哪些行为属于滥用,因个案及国家的不同而不同。欧洲法院在1979年审判霍夫曼公司诉欧共体委员会一案时,曾经解释道:"滥用优势地位的概念是与具有优势地位的企业的行为相联系的概念。有关企业由于存在这样的地位,不仅影响了市场结构,而且通过采取与商业交易中产品和服务的正常竞争所不同的手段,具有妨害现存市场上竞争程度的维持或者竞争发展的作用。"①从经合组织和欧洲法院的解释可以看出对市场支配地位滥用的一般理解,在认定滥用行为时,应当把握以下几点:第一,滥用行为是由企业实施的,并且是由具有市场支配地位的企业实施的;第二,滥用行为产生了反竞争的后果,具有违法性;第三,滥用的表现形式多样,包括垄断定价、掠夺性定价、价格歧视、拒绝交易、搭售行为等。在联合国贸易和发展会议竞争法范本中对滥用市场支配地位的行为,分为滥用的行为和视为滥用的行为。滥用行为包括企业操作市场、限制他人进入及限制市场内的竞争;视为滥用的行为包括掠夺性定价、歧视性定价、限制转售价格、限制商标权利、非必要的行为等。

(一)市场支配地位滥用的构成要件

1.实施滥用行为的主体是特定的,即该主体具有市场支配地位。滥用行为是具有市场支配地位的企业实施的,滥用的行为主体是具有支配地位的企业,这个主体是特定的,不管是绝对支配地位还是相对支配地位。而其他不具有滥用的资格的企业即使采取了同样的滥用行为,一方面该行为达不到具有市场支配地位的企业滥用的效果即限制竞争,另一方面该行为有可能受反不正当竞争法追究,从而也不受反垄断法规制。

2.具有市场支配地位的企业实施了滥用行为。滥用行为在立法和司法上有两种不同模式,即概括式和列举式。美国《谢尔曼法》第2条就是概括式立法模式的代表,它只作出了一些原则性的禁止规定,没有列举予以禁止的具体行为。这种方式的优点是赋予法官较大的造法功能和自由裁量权,反垄断政策可以不断地与现实中的商业行为实现同步协调;其缺点在于在司法实践中缺乏统一的标准,法律的确定性较差。而《欧共体条约》第82条则采取的是列举的模式,将滥用行为进行具体的规定。德国、英国、匈牙利等国的反垄断法均具体列出了滥用行为。这样就提高了法律的确定性和可预期性,加强了法律对市场的引导性。

3.市场支配地位取得的违法性。如果企业具有垄断或企图垄断的意图,或谋求取得或维持市场支配地位,由于其违法性,应受到限制或制裁。但当市场支配地位源于技术创新等合法性行为时,就不应当受到法律的干预。违法性即违反了关于竞争秩序方面的法律,是反垄断法所要规制的市场支配地位的显著特点。从企业行为者的主观因素讲,追求支配力有利于规模经济的发展和规模效益的提高,这种支配地位的取得来自

① 阮方民:《欧盟竞争法》,中国政法大学出版社1998年版,第195页。

企业经营活动的本能和创新价值的体现,或来自知识产权的合法授予等,是正常的。但是,如果支配地位的取得来自行政性垄断,意图垄断市场限制竞争,获取超额利润损害消费者利益,则被认为违反了反垄断的规则。①

4. 市场支配地位的滥用行为削弱或限制了市场竞争,损害了市场竞争秩序。从维护公平竞争秩序而言,具有市场支配地位的企业的滥用行为的损害结果是限制竞争。企业实施滥用市场支配地位的行为指向的对象是其他竞争者或消费者,其目的有很强的指向性。欧洲法院一系列判例和理论都认为企业行为构成《欧共体条约》第81条规制的一个重要要件是企业之间的行为对贸易的影响和对竞争的扭曲达到"显著程度",进而推论滥用市场支配地位达到"显著程度",即适用第82条予以规制。《欧共体条约》第82条和第81条一样,都以影响或损害成员国之间的贸易来对企业的限制竞争行为和滥用市场优势行为进行界定,所以欧盟竞争法关于滥用的概念,以损害了成员国之间的自由贸易为重要构成要件之一。② 另外,滥用行为损害的对象除公平竞争秩序以外,还涉及消费者的权益。例如,2004年3月,美国软件业巨头微软公司因滥用在个人电脑操作系统市场上的优势地位,被欧盟委员会处以4.97亿欧元罚款。此后,微软公司又因为拒不纠正其垄断做法而被欧盟委员会于2006年7月和2008年2月分别处以2.8亿欧元和8.99亿欧元罚款。在处罚理由上,欧盟委员会认为微软的捆绑销售等滥用行为对竞争的扭曲和对消费者的影响已达到"显著程度",应接受反垄断处罚。

(二)滥用市场支配地位的分类

市场支配地位滥用有许多划分方法,其中在理论和实践中比较常见的是从对竞争的不同影响来加以划分。滥用市场支配地位行为基本上可以分为两种基本的类型,即剥削性滥用(exploitative abuse)和排斥性滥用(exclusive abuse)两大类。

1. 剥削性滥用

剥削性滥用是指拥有市场支配地位的企业利用其市场力量,不受竞争的制约,向交易相对人提出不合理的交易条件,特别是采用不合理的垄断价格、在不同客户之间进行歧视或差别待遇、强制交易等行为。剥削性滥用来自欧盟竞争法理论,认为具有市场势力的经营者通过降低产量和将价格提高到竞争性水平以上,剥削其客户即与具有支配地位经营者纵向联系的企业或消费者,剥夺了本该属于其交易伙伴所应得利益,实现其垄断利润。③ 所以说剥削性滥用是利用强制手段剥夺交易对象的利益,这种滥用的性质具有剥削他人的性质。④ 典型的剥削性滥用是《罗马条约》第82条第a项列举的"直接或者间接地施加不公平的采购价格或销售价格"。

---

① 参见尚明:《对企业滥用市场支配地位的反垄断法规制》,法律出版社2007年版,第160页。

② 参见文学国:《滥用与规制:反垄断法对企业滥用市场支配地位行为之规制》,法律出版社2003年版,第148页。

③ 参见王磊:《市场支配地位的认定与反垄断法规制》,中国工商出版社2006年版,第59页。

④ 参见尚明:《对企业滥用市场支配地位的反垄断法规制》,法律出版社2007年版,第162页。

2. 排斥性滥用

排斥性滥用也称妨碍性滥用或反竞争滥用，与剥削性滥用针对的是其客户不同，排斥性滥用针对的目标是其竞争对手。它是指拥有市场支配地位的企业为了排挤竞争对手和排斥竞争，或者为了将市场优势不合理地扩大到相邻市场而实施的限制竞争行为，如拒绝与其竞争对手交易、限制竞争对手进入市场或提高竞争对手进入市场的成本或掠夺性定价、搭售、独家交易等。由于排斥性滥用行为对与其纵向联系的企业或消费者并不直接造成伤害，但该行为排挤竞争对手从而直接减损竞争，因此其更容易引起反垄断关注。由于举证相对容易，以及出于对竞争市场维护的考虑，在实践中欧盟的竞争执法对排斥性滥用包括支配地位企业的拒绝供应、忠实折扣，以及独家的或者有选择的销售制度等行为的指控更频繁和常见。

与欧盟竞争法在理论上将滥用区分为剥削性滥用和排斥性滥用不同，美国反托拉斯法并未区分滥用的行为类型，只是在司法判例中归纳了垄断高价、掠夺性定价、价格歧视、拒绝交易、搭售和独家交易等具体滥用市场支配地位行为。可见，剥削性滥用和排斥性滥用这种学理性区分主要是为了帮助执法机关正确认识滥用，区分并非绝对。事实上，有些滥用行为同时涵盖剥削性滥用和排斥性滥用两种特征，歧视性定价即使如此，①而且两类滥用行为相互并不排斥，在一定条件下还有可能转化，关键是把握滥用行为的反竞争性。

三、滥用市场支配地位的具体行为

（一）垄断价格

所谓垄断价格，是指具有市场支配地位的企业在销售商品或购买生产资料时，凭借其垄断地位所规定的、旨在保证其获得最大限度利润的市场价格。它是由具有市场支配地位的企业人为制定的价格，是不受市场的影响而独立存在，不受市场竞争机制的调节而变化的独立价格。随着经济的发展和市场的不断变化，产品或服务的价格也在不断地变化，不断地趋向于合理的价格和贴近真实的价值。可是“垄断价格”却保持着人为所制定的价格恒定不变。垄断价格分为垄断高价和垄断低价两种形式。垄断高价也称超高定价（excessive pricing），是指由一个在特殊市场中占据支配地位的经济实体销售商品时所规定的大大超过商品价值和生产价格的垄断价格，其目的在于攫取超额利润；垄断低价则是指由一个在特殊市场中占支配地位的经济实体向非垄断企业或小生产者购买原材料时所规定的低于商品价值或生产价格的垄断价格，其目的在于攫取超额利润或者靠损害卖方利益来补偿自己的不正当成本。简言之，具有市场支配地位企业垄断价格的表现呈现两种现象：一种是作为供应方，高价销售其产品；另一种是作为销售方，低价购进产品。我国与自然垄断密切相关的垄断性国有企业和国有控股企业

---

① 歧视性定价即支配企业对不同客户提供不同的价格，采取这种措施既可能是为了剥削难以在他处购买商品的某些客户，也可能是为了排挤竞争对手，将客户从竞争对手那里争取过来而故意向客户低价销售。

主要采取超高定价,从消费者那里赚取高额利润。竞争法理论认为,垄断者或者占市场支配地位的企业凭借其市场优势,非常可能向市场提供比其实际可能生产的数量少得多的产品;而与此相对应,索要与其生产成本相比不合理的价格。垄断定价的目的是获取超额利润,与排挤竞争对手无关,所以反垄断法的任务就是要求具有支配地位的企业的产品或服务的价格保持在与市场竞争条件下相适应的水平,以保护消费者的利益。

在垄断价格的认定中,最大的难题是如何确定一个正常的和有效竞争市场条件下应有的价格水平。在这个方面,国外大多采用比较市场的方法,即从产品的角度、空间的角度或者时间的角度找出一个可比的市场。在具体操作中,进行价格比较经常考虑以下因素:一是以成本加合理利润为基础确定正常价格;二是考虑产品因素,即把争议中的产品或者服务与其他具有可比性的产品或者服务进行价格比较;三是考虑空间因素,欧盟和德国法也使用跨空间比较的方法将一个占市场支配地位企业的产品的价格与外国市场上同类产品的价格加以比较进行间接的认定;四是考察时间因素,即对于从产品上或者空间上不存在可比性的产品或服务,可以把这个垄断企业或者占市场支配地位的企业在过去某个时刻的产品或者服务价格作为一个参照点,来评价这个企业以后的涨价行为。①

在立法上,《欧共体条约》第 82 条规定超高定价是一种滥用行为;韩国《垄断规制与公平交易法》第 3 条第 1 项规定,"不正当地确定、维持或变更商品或服务的价格"是需要禁止的滥用市场支配地位行为;俄罗斯《关于竞争和在商品市场中限制垄断活动的法律》第 5 条规定,"经济实体在市场中滥用支配地位",其中禁止的一项行为为"维持垄断性高价或低价";日本《禁止垄断法》所规定的"垄断状态"之一即为超高定价。我国《反垄断法》第 17 条第 1 款第 1 项规定,禁止具有市场支配地位的经营者"以不公平的高价销售商品或者以不公平的低价购买商品"。

(二)掠夺性定价

掠夺性定价(predatory pricing),一般是指拥有市场支配地位的企业将产品以低于成本的价格销售,待竞争对手被排挤出市场或吓退欲进入市场的潜在竞争者之后,再将产品价格提高的行为。② 掠夺性定价的目的是排挤竞争对手,夺取市场,维持或强化自己的市场支配地位。认定掠夺性定价须考虑 4 个方面的问题:

一是实施掠夺性定价的经营者具有市场支配地位。两家或多家旗鼓相当的企业是很难成功实施掠夺性定价的,而且它们可以通过兼并或协议共谋等方式回避掠夺定价,只有当一家企业占据市场优势情形下,优势企业凭借规模经济条件和雄厚的经济实力,为了排挤竞争对手和扩大市场,拿出"输得起"的姿态,在掠夺性定价中以大欺小。如

① 参见尚明:《对企业滥用市场支配地位的反垄断法规制》,法律出版社 2007 年版,第 177 ~ 179 页。

② 参见[美]丹尼斯·卡尔顿、杰弗里·佩罗夫:《现代产业组织》,黄亚钧等译,上海三联书店、上海人民出版社 1998 年版,第 554 ~ 555 页。

果优势企业还是多元化经营,那么它还可以通过交叉补贴方式对其中的一种产品因进行掠夺性定价所受损失加以弥补,更有利于开展掠夺性定价。

二是所定价格低于成本。经济学理论认为,一个产品的价格如果低于其边际成本,该价格就是掠夺性定价。在这种情况下,企业肯定是亏本销售。而在企业占市场支配地位的条件下,亏本销售则可以证明企业排挤竞争对手的意图。然而,无论在任何情况下,产品的价格必须要补偿可变成本,由此得出的结论是:如果产品的价格低于其可变成本,这个价格可能就是掠夺性定价。①

三是这种定价损害了市场的有效竞争。如何判断对市场有效竞争的损害?美国法院通过判例认定一般从两个方面进行判断:首先是否存在消灭竞争对手的意图;其次是否存在损害了有效竞争的效果。对损害竞争效果的判断,主要通过考察企业生产份额的变化来认定。②

四是在排除竞争对手后提高价格。滥用市场优势的经营者通过掠夺性定价将竞争对手排挤出市场后,会马上提高价格,或者将价格提高到掠夺性定价前的水平,或者将价格提高至垄断价格水平。

我国1993年《反不正当竞争法》第11条曾规定,经营者不得以排挤竞争对手为目的,以低于成本的价格销售商品。我国《反垄断法》第17条第1款第2项也明文规定,禁止具有市场支配地位的经营者“没有正当理由,以低于成本的价格销售商品”。

(三)搭售和附加不合理交易条件

搭售和附加不合理交易条件是常见的滥用行为,是指拥有市场支配地位的经营者违背交易相对人的意愿,在提供商品或服务时,搭配出售其他商品或服务,或就商品的销售地区及销售对象等进行不合理限制的行为。作为一种强卖行为,搭售和附加不合理条件的交易违背了平等对待每一个交易者的经营理念,限制了交易相对人自由选购商品和服务的活动,还会使竞争对手相对减少交易机会,可能会对竞争带来不利的影响,还可能会增加市场进入的障碍。事实上,搭售是为了通过杠杆效应将市场支配地位扩大到另一产品市场,或者通过搭售扭曲或妨碍另一产品市场的交易自由与竞争而获利。③ 占市场支配地位的企业的市场范围扩大到了另一个市场,这种地位的扩大是不公平的。值得注意的是,搭售在特定情况下也可能有一定的合理性。例如,将电脑主机和鼠标等必要的配件一起销售能够节约成本,并且可能给消费者带来方便。1984年美国法院在杰斐逊区(Jefferson Parish)一案中指出了搭售的特点:所涉及的是两个独立的商品或服务;销售一种商品以购买另一种商品为条件;销售商具有足够的市场力量,使

---

① 参见王晓晔:《戒律强势——欧共体竞争法中的滥用市场支配地位》,载《国际贸易》2000年第5期。

② 参见文学国:《滥用与规制:反垄断法对企业滥用市场支配地位行为之规制》,法律出版社2003年版,第274页。

③ 参见王磊:《市场支配地位的认定与反垄断法规制》,中国工商出版社2006年版,第140页。

搭售商品的市场贸易受到限制。由此看来,违法的搭售和附加不合理条件交易既限制了相关市场的竞争,又限制了消费者的交易自由。

我国《反垄断法》第 17 条第 1 款第 5 项规定,禁止具有市场支配地位的经营者“没有正当理由搭售商品,或者在交易时附加其他不合理的交易条件”。

(四)拒绝交易

拒绝交易(refusal to deal)也称抵制,在欧盟竞争法里典型的拒绝交易行为就是拒绝供货。市场优势企业对特定对象拒绝交易的目的不是从交易对象处获得利润,而是要将其排挤出市场。一般而言,一个企业有权选择自己的交易对象,这是其经营自主的体现。但是,一个具有支配地位的企业的拒绝交易行为有可能构成滥用而受到反垄断法的制裁。这主要是因为:第一,生产商通过强迫供货的方式,可以强迫批发商或者零售商按照其规定的价格销售商品,从而可以限制批发商或者零售商在这种产品上的价格竞争;第二,拒绝供货可以推动建立封闭性的销售网络,从而构成进入市场的障碍;第三,拒绝供货可以限制消费者的购买渠道,给消费者带来不便;第四,拒绝供货限制处于上下游企业的经营活动。另外,拒绝交易并不总是受到指责,它也常常能够产生效率,或者具有其他合理根据。正因如此,对拒绝交易案件要根据合理原则进行审查。一般地说,在认定拒绝交易中的滥用行为时,有必要考虑下列要素:企业的市场力量,拒绝的理由,由此造成的竞争损害。如果被拒绝的企业能够避开该交易而仍然是竞争对手,该拒绝交易就不具有反竞争性。① 总之,在处理拒绝交易案件时,竞争主管机关应该谨慎从事,不能以对单个竞争对手的损害而错误地确定为是对竞争本身的损害。对于拒绝交易,美国反托拉斯法和欧盟竞争法的态度是有所不同的。从欧盟的角度来看,如果具有支配地位的企业突然与长期合作伙伴中断交易关系,可能会因为有违公平而受到反垄断法的惩处。但美国法律可能不认为该行为存在什么问题,因为美国法律的分析基础是效率。美国人一般认为垄断企业没有义务与其竞争对手或其他客户做交易,除非垄断企业拥有关键设施。在美国法律中,只有当拒绝交易的目的是获得或维护垄断地位时,才有可能被作为违法对待。②

我国《反垄断法》第 17 条第 1 款第 3 项规定,禁止具有市场支配地位的经营者“没有正当理由,拒绝与交易相对人进行交易”。

(五)独家交易

独家交易(exclusive dealing)是指拥有市场支配地位的企业限定其经销商只销售其一家的商品,而不允许经销其他同类竞争者的商品。很显然,独家交易是优势企业对贸易伙伴规定的限制交易方的义务滥用。独家交易表现形式多样,最常见的是经营独家商品和独家供货。前者为处于支配地位的供应商要求只经销其一家的商品,不允许

① 王磊:《市场支配地位的认定与反垄断法规制》,中国工商出版社 2006 年版,第 132 页。

② 尚明:《对企业滥用市场支配地位的反垄断法规制》,法律出版社 2007 年版,第 192 页。

经销其他同类竞争者的商品;后者为拥有市场支配地位的销售商要求他的供应商在特定地区范围内只向他一家提供某种产品,以将其他销售商排挤出市场。独家交易实质上是针对优势生产商的同业竞争对手,一旦达成独家交易协议,生产商的同业竞争者就少了一条销售渠道,在竞争中处于不利境地。如果经销商在销售市场也具有市场优势,那么限制竞争情形就更为严重。这就是反垄断法对独家交易加以限制的理由。

独家交易的影响具有两面性,既有可能危害竞争也有可能提高效率。在 1984 年杰斐逊区一案中,美国最高法院认为,只有在购买者或销售者的"显著部分"被排挤出市场的情况下,独家交易才是不合理的。[①] 所以,在国外的实践中,法院一般应用合理原则对独家交易的违法行为进行分析。

我国《反垄断法》第 17 条第 1 款第 4 项规定,禁止具有市场支配地位的经营者"没有正当理由,限定交易相对人只能与其进行交易或者只能与其指定的经营者进行交易"。

(六)差别待遇

差别待遇(discrimination)又称歧视性行为,是指拥有市场支配地位的企业无正当理由对条件相同的交易对象提供不同的价格或其他交易条件,从而使某些交易对象处于不利的竞争地位的行为。价格歧视(price disicrimination)是差别待遇最主要的表现形式,即卖方对购买相同等级、相同质量商品的买方要求支付不同的价款,或者买方对提供相同等级、相同质量商品的卖方支付不同的价款,从而使相同商品的卖方因销售价格不同或者买方因进货价格不同而获得不同的交易机会,直接影响他们之间的公平竞争。

美国最高法院认为,如果歧视所导致的价格差别大到可能使经销商的竞争对手处于不利的竞争地位,则这种歧视是非法的。欧洲法院根据《罗马条约》第 82 条第 3 项将其定性为滥用性歧视,当被告拥有市场支配地位时,其歧视性定价行为对共同体市场竞争就产生了实质性影响。我国《反垄断法》第 17 条第 1 款第 6 项规定,禁止具有市场支配地位的经营者"没有正当理由,对条件相同的交易相对人在交易价格等交易条件上实行差别待遇"。

(七)共同滥用行为和"瓶颈"垄断

我国《反垄断法》第 17 条第 1 款第 7 项作为一项兜底条款规定,禁止具有市场支配地位的经营者从事"国务院反垄断执法机构认定的其他滥用市场支配地位的行为"。这里的"其他滥用市场支配地位的行为"就包括共同滥用市场支配地位行为和"瓶颈"垄断行为。

所谓共同滥用指的是若干企业联合起来,形成共同占有市场支配地位的关系,然后

---

① 参见王磊:《市场支配地位的认定与反垄断法规制》,中国工商出版社 2006 年版,第 139 页。

以共同的行为滥用这种地位,限制竞争。[1] 根据该定义,共同实施滥用市场支配地位行为的市场主体至少在两个以上,其联合的形式可以多种多样。共同滥用行为多发生在诸如针对产品价格、数量、技术、交易对象、交易地区等方面。在实践中,这种共同滥用行为与卡特尔往往很难区别。[2]

"瓶颈"垄断又称控制关键设施,是指具有市场支配地位的经营者凭借其所掌握的具有"瓶颈"性质的基础设施和建立的供应管网、销售网络遏制其他同业竞争者的经营活动的行为。对"瓶颈"垄断立法的典型是德国《反对限制竞争法》,该法第 19 条第 4 款第 4 项规定,一个具有市场支配地位的企业作为特定商品或服务的供应者或需求者,如有以下行为即构成滥用——"拒绝另一个企业以给予适当报酬的方式进入自己的网络或其他基础设施的,除非该另一个企业出于法律上或事实上的事由,非使用他人网络或其他基础设施则无法在上游或下游市场上作为支配市场企业的竞争者从事活动;但支配市场的企业能证明这种共同使用因经营或其他事由是不可能的或不能合理期待的,不适用本款规定"。在我国有一个典型的"瓶颈"垄断案例。2005 年以来,三峡旅游公司从其母公司三峡工程总公司那里获得了三峡大坝区域的旅游开发和经营权,并以三峡建设为名、控制出入坝区人流为实控制了三峡建设专用公路和坝区道路,而三峡建设专用公路和坝区道路被封闭管理,是进出三峡大坝的唯一通道,形成"瓶颈"垄断。由此三峡旅游公司自然就控制进出大坝的关键设施,导致三峡旅游市场中任何与之竞争者都处于竞争劣势地位。因为绝大多数游客的目的是参观三峡大坝,而只有三峡旅游公司的游客才能顺利地通过三峡专用公路到达坝顶参观。自然在这个市场上的其他竞争者都无法与三峡旅游公司展开实质性竞争。[3]

四、滥用市场支配地位与限制竞争协议的关系

(一)单独滥用市场支配地位与限制竞争协议

就市场结构而言,在市场竞争较充分的阶段,限制竞争协议往往是企业实施垄断障碍较小、成本较低的初级行为方式,此时企业之间互相依赖,一个企业不能独立于其他企业去限制市场竞争或操纵市场价格。因此,如果要获得高额垄断利润,只有采取互相联合的形式,共同采取行动。而市场到了寡头垄断、准独占乃至独占阶段,市场结构发生了根本变化,使其中某一企业具有了市场支配地位,该企业可独立于其他企业控制市场价格与供应而获得高额垄断利润。因此,滥用市场支配地位是企业垄断行为的一种终极形态,也是一种高级形态。两种形态对比的结果其实质是都形成了对市场的价格与供应进行操纵与控制的能力,唯一的区别是限制竞争协议是通过协议或默契配合等形式进行的,参与企业各自仍然是独立的市场主体,各自独立承担法律义务,所以这种

---

① 参见阮方民:《欧盟竞争法》,中国政法大学出版社 1998 年版,第 398 页。

② 参见尚明:《对企业滥用市场支配地位的反垄断法规制》,法律出版社 2007 年版,第 195 页。

③ 参见孙晋:《三峡旅游公司涉嫌垄断经营的法律思考》,载《法治研究》2007 年第 5 期。

联合不稳定,政府政策、市场环境、企业自身等内外因素的变化都可能导致这种联合解体。而滥用市场支配地位则不同,它一般是具有支配地位的企业不依赖于其他任何企业甚至不顾及政府的监督而单独采取的行动。由于是一家企业的滥用行为,因此它可以采取更多的形式和手段来达到对市场竞争的控制与操纵,它也更为复杂、更加隐蔽、更难以监管。达成限制竞争协议的企业之间如果实施企业并购行为,那么并购后的企业很快就具有市场支配地位,限制竞争协议就很快演变成滥用市场支配地位的形态。

(二)共同滥用市场支配地位与限制竞争协议

共同滥用市场支配地位规定于欧盟竞争法之《罗马条约》第82条第1款:一个或者多个在共同市场内或者其中的相当一部分地域内占有市场支配地位的企业滥用这种地位的任何行为,可能影响成员国之间贸易的,因与共同市场不相容而被禁止。共同滥用市场支配地位最早提出是在欧共体委员会1989年处理的意大利平板玻璃案中。共同滥用市场支配地位与限制竞争协议两相比较的共同点包括:第一,两种行为都是由两个以上具有相互独立的市场主体资格的企业作出,这些企业都各自独立承担法律责任;第二,两种行为在性质上都属于限制竞争的垄断行为;第三,两种行为的行为方式都是两个以上企业之间的联合行为,都采取了合同、协议、决议等方式;第四,两种行为都体现出了市场支配力,即都能够影响或操纵市场价格与产量等;第五,既符合共同滥用市场支配地位行为又符合限制竞争协议特征的垄断行为属于反竞争行为的竞合。二者的区别表现在:第一,共同滥用市场支配地位行为的企业之间通过协议联合后的行为就如同一个企业实施的行为一样,而限制竞争协议的企业虽然在产品价格或产量分配上达成了一致,但它们在行为上仍然各自保留一定的独立性;第二,共同滥用市场支配地位行为比限制竞争协议更为稳定,相互之间不会或不可能出现欺诈现象,而限制竞争协议则由于各自所保留的独立性而使这种联合具备不稳定性;第三,在行为特点上,前者可以采取多种多样的行为方式如拒绝交易、搭售、掠夺性定价等,而后者只是按照协议约定的制定价格或按照协议分配的产量组织生产等;第四,共同滥用市场支配地位行为与限制竞争协议的法律规定不同,以欧共体竞争法来看,前者为《罗马条约》第82条,而后者为第81条;第五,虽然共同滥用市场支配地位行为与限制竞争协议都必须是两个以上企业的行为,但对于前者而言,行为本身可以由多个企业实施,也可由一个企业单独实施。

五、滥用市场支配地位与知识产权保护

知识产权包括版权、商标权、专利权,在本质上是一种特定的主体所依法享有的财产权,它的重要特征之一就是其专有性,即知识产权的权利人对自己创造性的劳动成果享有专有权,未经法律的授权或权利人的许可,任何人不得享有或使用。这种特征使得知识产权具有了垄断的性质。[①] 正因为知识产权的垄断性,知识产权法和反垄断法之

---

① 参见徐明华、包海波等:《知识产权强国之路》,知识产权出版社2003年版,第53~54页。

间存在天然的冲突。以专利权为例,知识产权法通过授予知识产权所有人限制竞争的权利而促进创新,而反垄断法则通过反对限制竞争行为而促进市场竞争。但是,反垄断法和知识产权法又有着共同的经济目标:鼓励创新和竞争,最大化地造福消费者。① 当知识产权权利人选择性地拒绝出售或许可专利时,两部法之间的价值冲突更加显著,以至于有可能损害下游或相关市场的竞争关系。通常来讲,只要不存在垄断目的和垄断效果,经营者有权拒绝与他们选择的任何人进行交易。但是,如果在某个市场的专利权人滥用其市场支配地位使其垄断权扩张到另一个市场,则这种行为就可能会引起反垄断责任。专利权人如果滥用其专利权违背了知识产权法或者反垄断法的终极目的,损害了公共利益,则也会受到反垄断法的规制。

例如,在美国柯达案等几个典型的案例中,美国法院曾对专利排他权是否包括选择性拒绝销售权并将其作为垄断方式的一种,存在不同的观点。在柯达案Ⅱ②中,柯达公司拒绝出售其享有专利权和著作权的复印机零配件给独立维修机构(ISOs),第九巡回法院的基本观点是:知识产权拥有者的排他权是有限制的。该法庭提出了一个可辩驳的假设,即知识产权拥有者利用其知识产权赚取利润的欲望是合法的。但是,如果能证明这种利用背后隐藏着垄断目的,则这种假设可被推翻。然而,除了案情与柯达案I③和柯达案Ⅱ相似之外,联邦巡回法院在 Xerox 案中明显偏离了第九巡回法院在柯达案Ⅱ中的结论,而认同了地区法院的判决,即知识产权拥有者有权从拒绝许可或出售其知识产权中获得利润,而不受市场的限制。

同样地,在鹰图公司诉英特尔公司案(Intergraph Corp. v Intel Corp.)中,联邦巡回法院推翻了地区法院的判决,该地区法院的判决明显扩大了反垄断法的适用范围而限制了知识产权人拒绝交易的自由。此外,在 1998 年,联邦贸易委员会曾作出了制裁英特尔的判决,认为这种行为构成了非法垄断,非法企图垄断及不公平竞争,违反了《联邦贸易委员会法》第 5 条的规定。联邦贸易委员会认为,英特尔用其在微处理器市场的垄断地位强迫至少三个客户将其拥有或者开发的微处理器相关技术免费许可给英特尔。因为选择性地拒绝交易行为已经抑制了微处理器领域的创新,所以在诉讼中形成

---

① 参见王先林:《知识产权与反垄断法:知识产权滥用的反垄断问题研究》,法律出版社 2001 年版,第 85 页。

② ISOs 在对柯达公司的起诉中宣称,制造商利用其在零配件市场的垄断力在相关服务市场制造垄断,其行为触犯了《谢尔曼法》。北加利福尼亚州地方法院形成了对柯达的初审判决,而上诉法院推翻了地方法院的判决,最高法院裁定驳回初审判决,发回重审。在发回地方法院重审后,原告在辩论结束前撤回了第一部分有关搭售和共谋的诉讼请求。但根据地方法院对 ISOs 的判决,地方法院实际上同意发布一个永久性禁令,即要求制造商销售其"所有的零配件"给 ISOs,但是制造商上诉了。See Image Technical Services, Inc. v. Eastman Kodak Co. ,125 F. 3d 1195(9th Cir. 1997).

③ 美国最高法院认为,如果其他生产者的产品不能用来修理柯达的机器,则这个产品或服务的单个构成部分可以构成相关产品市场。这个决定是有关捆绑销售法方面的重要观点之一,对于理解第九巡回法院对柯达案Ⅱ的处理决定有重要参考作用。

了一个裁决，以防止英特尔在发生知识产权诉讼时，非法扣留从客户那里得来的信息。①

美国 1980 年以前的大部分涉及专利权单方面拒绝交易的请求，都是偏重依据知识产权法来分析知识产权对于反垄断义务的排除权的。但是，我们从微软（Microsoft）案和亚马逊（Amazon）案可以看出，法律系统对知识产权的过度保护会带来重大的垄断问题，尽管美国对微软的行为曾采取了严厉的制裁措施，但是微软并没有从根本上放弃类似做法，浏览器、服务器、播放器等产品层出不穷，微软的具体手法也不断翻新。这似乎表明，对类似微软的垄断行为进行审查和规制的努力，并不能因为美国作出相应裁决而终止。② 因此，根本问题是是否存在专利权范例可以满足这种本身快速变化且相对复杂的高新技术的要求，对高新技术产业的垄断行为进行统一的指导。在高新技术产业当中，由于制造者之间或者所谓的“网络效应”的相互依存度高，发明通常不会是单一和孤立的；相反，技术通常是通过连续不断的积累而不断进步。而且包含单一专利的产品正在飞快地转化为多专利产品。例如，柯达影印机和微图形设备的部分零配件是具有专利的，而其他零配件并没有专利。因此，如果大量的零配件厂商不能同时使用某一专利技术，则在这一领域的创新就很难得到较大发展而造福消费者。由于高新技术产业的这一特点，反垄断法和专利权行使之间的冲突就变得尤为尖锐。许多对创新和竞争的经验主义研究和经济学分析显示，保护竞争并不会削弱创新，而是增强创新。③

实际上，任何事物只要超出了必要的限度，合法的权利也可能走向反面。特别是排他性权利的占有和使用，往往使权利持有人产生了防范和故步自封的想法，也可能会产生反垄断法所规制的垄断行为。拥有知识产权这种独占权往往会使企业在某一特定市场上形成垄断地位或者支配地位，至少是加强了这种地位。如果有关企业的这种垄断地位或者支配地位被用来实施反竞争的行为，通过不正当的拒绝许可他人使用知识产权以消除或减少自己在特定市场上的竞争压力，或在许可他人利用其知识产权的过程中附加了某种明显限制正常竞争的条件以获取垄断利益等，那么这种对合法垄断权的不正当行使行为就违背了自由公平竞争的原则，同样会构成对反垄断法的挑战。

---

① In re Intel Corp. No. at 88 (F. T. C. June 8, 1998), Agreement Containing Consent Order, § II (A), http://www. ftc. gov/os/1999/03/d09288intelagreement. htm.

② 参见韩立余：《从欧美微软案看知识产权权利的反垄断法规制》，载游劝荣主编：《反垄断法比较研究》，人民法院出版社 2006 年版，第 123 页。

③ See F. M. Scherer, *Outline of FTC Testimony in Hearings on Global and Innovation-Based Competition Before The Federal Trade Commission*, (Nov. 29, 1995), http://www. ftc. gov/opp/global/scherer. shtm, 2008－12－02.

第四节　我国对滥用市场支配地位行为的规制

当前在我国现行法律法规中,已经对滥用市场支配地位行为作出了一系列的规定,这些立法主要体现在以《价格法》为代表的法律法规之中。《反垄断法》对规制滥用市场支配地位行为作了具体规定。

一、滥用市场支配地位在我国的主要表现

我国经济经过40余年的改革开放和市场竞争的洗礼,已培育出一批具有世界竞争力的一流企业。与此同时,一些已经取得市场支配地位的企业也自觉或不自觉地开始滥用市场支配地位。一些在华的跨国企业、境外的企业也在滥用其市场支配地位,它们的行为导致了限制及排斥市场竞争、排挤竞争对手、损害消费者福利的结果。

当前,滥用市场支配地位行为在我国的表现可以归纳为以下三个方面:

一是国内企业滥用市场支配地位行为的表现。在我国,滥用市场支配地位更为突出的还是一些公用企业或自然垄断行业。[①] 我国是由计划经济向市场经济转轨的国家,公用事业在很大程度上借助于国家及政府部门的行政权力及资源优势在市场上占据绝对的垄断地位。公用事业包括邮政、电信、供电、供水、供气及公共交通等企业。公用事业的产品与服务往往要通过有线或无线电网、管道、路轨等网络来提供,网络建设耗材巨大,且一般建成后不会重复建设,因而具有自然垄断特性。自然垄断本身并不违法,即这些行业因自然垄断而占有市场支配地位。由于这些企业产品及服务的需求弹性小,处于垄断地位的企业便会提高价格或附加条件以谋取较大利益。国家统计局21世纪初的一次抽样调查证实:我国百姓认为最应该破除垄断的行业,电信排第一,其次是铁路、邮政和电力;因为缺乏竞争,滥用垄断地位的现象更是屡禁不绝。这些行业在早期的搭售行为也是司空见惯,电信搭售电话机、煤气搭售燃气灶等都是典型的滥用市场支配地位的行为。这些具有自然垄断性质的滥用行为也将是我国反垄断的一大特色。随着我国市场经济建设的发展,无论是国有企业还是民营企业,都在扩大自身规模走规模经济发展之路,国家也在制定相关产业政策加以鼓励。规模经济和合法取得的市场支配地位本身并没有错,但随着企业取得市场支配地位,滥用这种市场支配地位以限制市场竞争的行为的可能性也大大增加了。

二是在华跨国公司滥用市场支配地位行为的表现。我国市场经济在发展的过程中,同时出现的另一种现象就是在华跨国公司取得市场支配地位逐渐改变我国市场竞

---

① 在我国现阶段,公用企业、自然垄断行业往往由政府独资或控股,表现为国有独资企业(包括国有独资公司)或国有(控股)企业,所以公用企业、自然垄断行业和国有(控股)企业三者往往很难明确界分,同质化程度高。

争结构。这些跨国公司取得市场支配地位后,也会滥用其市场支配地位或限制市场竞争或索取垄断高价或进行价格歧视等。在华跨国公司滥用市场支配地位行为表现包括搭售及附加不合理条件、价格歧视、掠夺性定价、拒绝交易、独家交易等。跨国公司正在凭借其技术优势、品牌优势和规模经济优势,构筑其较高的行业进入壁垒,可以长期地把价格提高到完全竞争水平以上获取巨额垄断利润。例如,微软公司就针对我国消费者分别采取了价格歧视、超高定价及掠夺性定价的滥用市场支配地位行为。

三是外国企业对我国滥用市场支配地位行为的表现。滥用市场支配地位行为不仅在境内时有发生,即使在境外,外国企业也同样针对我国采取滥用市场支配地位的行为。

二、我国《反垄断法》对滥用市场支配地位的规定

我国《反垄断法》对滥用市场支配地位行为作出了如下一些规定:

首先,我国《反垄断法》第 17 条对市场支配地位作出了清晰的界定,"市场支配地位,是指经营者在相关市场内具有能够控制商品价格、数量或者其他交易条件,或者能够阻碍、影响其他经营者进入相关市场能力的市场地位"。该法第 6 条规定:"具有市场支配地位的经营者,不得滥用市场支配地位,排除、限制竞争。"这意味着经营者在经营活动中不得实施滥用市场支配地位的行为,妨碍其他经营者正常的生产经营活动,排除或限制竞争,或实施明显损害消费者利益的行为;同时,依据这一条规定,可以看到我国《反垄断法》对于经营者取得市场支配地位并不认为是违法行为,只有滥用市场支配地位才被《反垄断法》禁止。那么,认定经营者取得市场支配地位应考察哪些因素呢?对此,该法第 18 条规定:"认定经营者具有市场支配地位,应当依据下列因素:(一)该经营者在相关市场的市场份额,以及相关市场的竞争状况;(二)该经营者控制销售市场或者原材料采购市场的能力;(三)该经营者的财力和技术条件;(四)其他经营者对该经营者在交易上的依赖程度;(五)其他经营者进入相关市场的难易程度;(六)与认定该经营者市场支配地位有关的其他因素。"

根据以上规定和分析可以认为,如果经营者存在以下情形之一,则可以认定其具有市场支配地位:(1)某种特定商品的一个经营者或几个经营者控制某一特定市场;(2)在特定市场上为独家经营者或没有竞争者,且该经营者使其他经营者难以进入;(3)在特定市场上某经营者居于压倒性地位,其他经营者难以进入该市场;(4)在特定市场内虽然存在两个以上的经营者,但他们之间就某种特定商品并无任何实质意义的竞争。另外,经营者的市场占有率达到具有我国《反垄断法》第 19 条第 1 款第 2 项和第 3 项规定的情形,可以推定其处于市场支配地位,即经营者具有了市场支配地位。并且该法第 19 条第 2 款和第 3 款还规定,其中有的经营者市场份额不足 1/10 的,不应当推定该经营者具有市场支配地位。被推定具有市场支配地位的经营者,有证据证明不具有市场支配地位的,不应当认定其具有市场支配地位。这一条实际上为经营者行使抗辩权预留了空间,为经营者证明自己是否取得市场支配地位规定了举证的权利和义务。

由此可见,对市场支配地位的取得所考虑的因素既包括了竞争性的市场结构因素、市场进入壁垒,也包括了动态的市场竞争条件的变化。考虑这些因素的目的在于考察经营者是否取得了控制产品生产、操纵市场价格和销售的能力。

其次,我国《反垄断法》第17条针对市场竞争中惯常出现的7种具体的滥用市场支配地位行为分别单独以条文作出了禁止性的列举:(1)以不公平的高价销售商品或者以不公平的低价购买商品,此即所谓禁止垄断高价或价格歧视之情形。(2)没有正当理由,以低于成本的价格销售商品,这就是说处于市场支配地位的经营者不得以排挤竞争对手为目的,以低于成本的价格销售商品,此即所谓禁止掠夺性定价。(3)没有正当理由,拒绝与交易相对人进行交易,这就是说处于市场支配地位的经营者没有正当理由不得拒绝向购买者尤其是零售商或者批发商销售商品,此即所谓禁止拒绝交易。(4)没有正当理由,限定交易相对人只能与其进行交易或者只能与其指定的经营者进行交易,也就是说处于市场支配地位的经营者不得采取胁迫或者其他不正当的方法,促使其他经营者从事限制竞争的行为,即所谓的禁止强制交易;或者说处于市场支配地位的经营者不得要求经销商在特定市场内只经销自己的商品,不经销其他经营者的同种或同类商品,即所谓禁止独家交易。(5)没有正当理由搭售商品,或者在交易时附加其他不合理的交易条件,即处于市场支配地位的经营者不得违背交易相对人的意愿搭售商品或者附加其他不合理的交易条件,此即所谓禁止搭售或者附加不合理的交易条件。(6)没有正当理由,对条件相同的交易相对人在交易价格等交易条件上实行差别待遇,也就是说处于市场支配地位的经营者没有正当理由,不得对条件相同的交易对象,就所提供的商品的价格或其他交易条件,实行价格歧视等差别待遇,此即所谓禁止价格歧视。(7)国务院反垄断法执法机构认定的其他滥用市场支配地位的行为,此即兜底条款。可见,我国《反垄断法》第17条对各种典型的滥用行为作出了详细的列举加概括规定。

最后,我国《反垄断法》规定了滥用市场支配地位应当承担行政和民事两类法律责任。该法第47条规定,经营者违反本法规定,滥用市场支配地位的,由反垄断执法机构责令停止违法行为,没收违法所得,并处上一年度销售额1%以上10%以下的罚款。由此可见,滥用市场支配地位的行为人承担法律责任的形式和内容可以包括:其一,若国务院反垄断执法机构认定滥用市场支配地位行为成立并作出处罚,行为人必须停止其违法行为;其二,行为人因滥用市场支配地位行为而获得的非法收入必须上缴国库;其三,行为人因为滥用市场支配地位行为对市场经济秩序的损害、对消费者福利的剥夺等必须接受反垄断执法机构的行政罚款处罚,处罚的幅度可以是该行为人上一年度销售额1%至10%。另外,我国《反垄断法》第50条规定,经营者实施垄断行为,给他人造成损失的,依法承担民事责任。由此可见,滥用市场支配地位行为人如果因为其滥用行为给相关经营者(或竞争者)或消费者造成了损失,则该行为人依法还必须承担民事损害赔偿责任。

三、我国《反垄断法》关于规制滥用市场支配地位立法存在的问题

从我国《反垄断法》对滥用市场支配地位的规定来看,可以说,我国《反垄断法》对滥用市场支配地位的规定既吸收了美国的经验也参考了欧盟及亚洲国家和地区的立法。但是,我国《反垄断法》对滥用市场支配地位行为规制的立法条文仍存在一些问题有待解决。

(一)对滥用市场支配地位承担的法律责任规定不清晰

滥用市场支配地位是垄断的高级阶段,比垄断协议更隐蔽、更复杂、更稳定,手段更多、调查取证更困难,欧美国家和地区的反垄断法都直接立法规定了联合限制竞争行为的豁免制度,而没有为滥用市场支配地位规定豁免制度。滥用市场支配地位行为对市场竞争的破坏更大,社会危害性也相应地更大。从法律责任的规定来看,对滥用市场支配地位的处罚在条文设计上应体现出比限制竞争协议有更大的处罚幅度。但是,我国《反垄断法》却为二者规定了相同的处罚责任形式与幅度。很显然,这种规定对二者的这种差别认识是模糊的。

该法有关民事责任的规定太简单,需要进一步具体地规定,包括针对滥用市场支配地位行为的特点,明确规定有权追究民事责任的主体范围除竞争者外是否包括消费者和代表公共利益的机构,私人提起民事诉讼的条件,请求损害赔偿的要件是实行过错责任还是无过错责任原则,损害赔偿的性质是实际赔偿还是惩罚性赔偿,以及赔偿额的确定等问题。[①] 另外,我国《反垄断法》没有规定滥用市场支配地位行为人的刑事责任,缺乏这样的条文,对规制滥用市场支配地位这种高级垄断形态的垄断行为,无论是境内管辖还是境外管辖将成为隔靴搔痒,失去该法应有的威慑力。[②]

(二)对共同滥用市场支配地位应当作出进一步的规定

共同滥用市场支配地位的概念由欧共体委员会在意大利平板玻璃案中首先提出。我国《反垄断法》第 17 ~ 19 条实际上是对共同滥用市场支配地位行为作出的规定。但是,这些规定仅限于推定的情况。需要强调的是,与限制竞争协议不同,共同滥用市场支配地位最典型的特征是:共同滥用市场支配地位行为人之间通过协议联合后的行为就如同一个企业实施行为一样。而对于企业之间的联合虽然双方在一些方面达成了一致,但它们在行为上仍然是各个独立的主体。因此,我国《反垄断法》应对共同滥用市场支配地位有必要作出进一步的界定。

(三)滥用市场支配地位损害赔偿责任规定力度不足

世界各国(地区)反垄断法在规定滥用市场支配地位承担的法律责任时都倾向于较大的处罚力度。例如,美国法律对滥用市场支配地位行为可适用 3 倍的损害赔偿及

---

① 参见王先林:《竞争法学》,中国人民大学出版社 2009 年版,第 284 页。

② 参见孙晋:《我国〈反垄断法〉法律责任制度的缺失与完善》,载《法律适用》2009 年第 11 期。

承担诉讼费和合理的律师费;[①]我国台湾地区也规定了最高可达损害数额3倍的损害赔偿;日本虽未直接规定3倍的损害赔偿,但规定了滥用市场支配地位行为须承担刑事责任及法院有充足理由时可宣告分拆企业这些严厉的惩罚措施,足以震慑从事滥用市场支配地位行为的企业。我国《反垄断法》没有规定数倍赔偿和分拆企业的责任形式,也没有规定滥用市场支配地位构成违法犯罪的应依法追究刑事责任。法律的惩戒力度不够,法律的实施将遇到巨大困难。因此,我国《反垄断法》可借鉴境外的经验,加大对滥用市场支配地位行为的赔偿力度。[②]

---

① 参见尚明主编:《主要国家(地区)反垄断法律汇编》,法律出版社2004年版,第187页。

② 参见孙晋:《我国〈反垄断法〉法律责任制度的缺失与完善》,载《法律适用》2009年第11期。

第六章　经营者集中控制制度

第一节　经营者集中的反垄断法界定

一、反垄断法学对经营者集中的界定

关于经营者集中的界定，有的学者认为，一个企业只要通过取得另一个企业的法定数量的财产或股份、订立合同、控制人事任免及建立合营企业等方式达到控制或支配另一个企业的目的，则两个企业就被视为发生了经营者集中行为。[①] 有的学者认为，反垄断法上的集中主要有三种情况：(1)狭义的合并，即民商法或者公司法意义上的合并，英语"merger"通常指的是这种含义；(2)通过收购股份获取对其他企业的控制，这种情况下，收购企业和被收购企业不改变各自的法律主体资格；(3)两个或者两个以上的企业在保留各自独立法律人格的前提下，通过合同、联营等方式形成控制与被控制的关系。[②] 有的学者认为，竞争法关于企业合并概念的重点并非在于被合并的企业法律人格的变化，而在于企业合并产生或可能产生的市场经济力量的集中和合并对市场竞争的影响上，关注合并后是否创设或强化了企业的市场支配地位。[③]

此外，日本反垄断法学者将经济力量集中归纳为一般集中和市场集中两大类。经济力量的一般集中是指社会的经济力量向整个国民经济领域或具有广泛范围的整个产业部门中居领先地位的特定巨型企业长期流动所形成的集中，主要包括控股公司式，大规模非金融公司式和金融公司式三种类型；经济力量的市场集中是指经济力量向特定的市场或产业中居领先地位的少数企业流动所形成的集中。[④]

对于我国《反垄断法》关于经营者集中的界定，有的学者认为，出于建立和维护市场有效竞争之目的，"经营者集中"还应当涵盖能够直接或者间接对其他企业产生支配性影响以致能够改变市场结构的其他经济活动，如两个企业共同建立一个长期的且具

---

① 参见曹康泰主编：《中华人民共和国反垄断法解读：理念、制度、机制、措施》，中国法制出版社 2007 年版，第 112 页。

② 参见徐孟洲、孟雁北：《竞争法》，中国人民大学出版社 2008 年版，第 194 页。

③ 参见徐士英主编：《新编竞争法教程》，北京大学出版社 2009 年版，第 68 页。

④ 参见[日]根岸哲、[日]舟田正之：《日本禁止垄断法概论》(第 3 版)，王为农、陈杰译，中国法制出版社 2007 年版，第 73 页、第 127 页。

有独立经济实体功能的合营企业,即它们共同的子公司。[①] 当然,该合营企业建立的目的是限制母公司之间的竞争。企业合并是伴随商品经济的高度发展而产生的一种经济法律现象。在反垄断法领域,企业合并的含义非常宽泛,与企业结合、经营者集中等概念可以通用。

综上所述,关于经营者集中的界定,除日本反垄断法独创的企业控股规制制度外,国内外的法律规定及学者的学说可以说是大同小异。笔者认为其可以分为两类,即经营者合并和经营者控制取得。

(一)经营者合并

经营者合并是指两个或者两个以上原本各自独立的经营者合并为一个经营者的行为。其包括吸收合并和新设合并。这是经营者集中的最基本的方式。

(二)经营者控制取得

经营者控制取得是指一个或者多个经营者对其他一个或者多个经营者发生决定性影响的各种情况,这种控制因权利安排、合同规定或者其他方式而发生。其具体包括以下三种类型:

1. 财产型。财产型是指一个或者多个经营者通过取得其他经营者的财产而能够控制其他经营者的情况,包括取得股份和资产。就取得资产而言,一个经营者如果要控制另一个经营者,一般必须取得被控制经营者50%以上的资产。但就取得股份而言,由于股份的流动性和分散性,一个经营者往往不需要取得被控制经营者50%的股份就可以对其实现控制。例如,德国《反对限制竞争法》第37条第1款规定,如果一个企业取得另一企业50%或者25%的股份,这两个企业可被视为出现了企业合并。

2. 人事型。人事型是指经营者通过人事方面的控制而能够控制其他经营者的情况,包括:(1)人事兼任,即一个人同时担任两个或者多个企业的高管;(2)人事合并,即通过直接或者间接控制主要高管的人事任免来达到控制其他企业之目的。

3. 经营型。经营型是指通过控制其他经营者的经营活动或者设立合营企业的方式实现的控制,包括受让或承租经营,受委托经营,设立合营企业等。

关于经营者集中的界定,还存在另外一个问题没有给予足够的关注,即经营者集中是否包含自然人。我国《反垄断法》第12条规定:"本法所称经营者,是指从事商品生产、经营或者提供服务的自然人、法人和其他组织。"所以,根据我国法律的规定,经营者集中包含自然人的集中。笔者赞同这一观点。而许多学者认为,由于"企业"和"企业合并"概念被长期使用,故它们在反垄断法中的意义分别相当于"经营者"和"经营者集中",所以将这两个概念交叉使用。笔者认为,"企业"只是"经营者"的一种,"经营者"还包括"自然人","企业合并"只是"经营者集中"的一种,严格说来将这两个概念交叉使用是不够严谨的,有违法律的权威性和严谨性。

---

① 参见王晓晔:《〈中华人民共和国反垄断法〉中经营者集中的评析》,载《法学杂志》2008年第1期。

此外,许多学者都注意到了经营者集中与英语“merger”的关系,有的认为 merger 仅指狭义的合并,是经营者集中的一种,即民商法或者公司法意义上的合并。[①] 有的认为反垄断法关注的不是企业联合的方式,而是企业联合后对市场竞争的影响。因此,反垄断法中 merger 的含义就扩大到一个企业能够对另一个企业的经营活动产生支配性影响的所有方式。[②] 笔者认为,根据反垄断法的发展趋势,merger 的含义扩大是不可避免的,应该包含一个企业能够对另一个企业实现控制或支配的所有方式。

二、我国《反垄断法》对经营者集中的界定

经营者集中的界定是指经营者集中这一范畴的基本内涵和外延。根据我国《反垄断法》第 20 条的规定,所谓经营者集中,是指经营者合并,经营者通过取得其他经营者的股份、资产,以及通过合同等方式取得对其他经营者的控制权,或者能够对其他经营者施加决定性影响的情形或者行为。

第二节　经营者集中的分类及其意义

一、经营者集中的分类

关于经营者集中的具体表现,我国《反垄断法》没有具体规定。对于经营者集中的分类,立法及理论没有太大分歧,根据参与集中的经营者在经济中的相互关系及原所在市场领域,一般将其分为横向集中(合并)、纵向集中(合并)与混合集中(合并)。也有学者将横向集中称为水平集中,将纵向集中称为垂直集中。

(一)横向集中(横向合并)

横向集中又称水平集中,是指处于相同市场层次上的或者具有竞争关系的企业之间的集中。换言之,横向集中是指因生产或销售同一类型产品或提供同种服务而处于相互直接竞争中的企业之间的集中,是销售相同或者具有密切替代关系的产品的实际的或者潜在的竞争者之间的集中。[③] 有的学者认为,横向集中是指生产或销售相同或相似(可替代性)的产品或者提供相同或相似(可替代性)的服务且彼此处于相互直接竞争关系的企业之间的集中,如电脑生产商之间的集中。[④] 还有学者认为,横向合并是指相同产品的生产者和销售者之间的合并。[⑤] 从这些定义可以看出,经营者横向集中主要有以下两个特征:(1)参与集中的经营者处于同一市场层次,即生产相同或相似的

---

① 参见徐孟洲、孟雁北:《竞争法》,中国人民大学出版社 2008 年版,第 194 页。

② 参见王晓晔:《竞争法学》,社会科学文献出版社 2007 年版,第 335 页。

③ 参见徐孟洲、孟雁北:《竞争法》,中国人民大学出版社 2008 年版,第 196 页。

④ 参见曹康泰主编:《中华人民共和国反垄断法解读:理念、制度、机制、措施》,中国法制出版社 2007 年版,第 113 页。

⑤ 参见徐士英:《新编竞争法教程》,北京大学出版社 2009 年版,第 69 页。

产品或者提供相同或相似的服务;(2)参与集中的经营者相互具有直接竞争关系。

横向集中是经营者集中最为常见的一种类型。过度的横向集中由于直接消灭竞争对手从而减损竞争,会对经济产生消极影响,是各国反垄断法重点关注和规制的对象。

(二)纵向集中(纵向合并)

纵向集中又称垂直集中,是指处于不同市场层次上的企业之间的集中,实际上是相互间有买卖关系的各个企业联系在一起。[①] 也有学者认为,纵向集中这种处于不同生产或销售环节的企业之间的合并,其实是将原来的市场交易关系内化成企业内部的管理关系。[②] 还有学者认为,纵向集中是指同一产业中处于不同经济阶段,彼此之间不存在直接竞争关系但存在买卖关系的企业之间的集中,如电脑生产商与电脑销售商之间的集中。换句话说,纵向集中是指生产过程或经营环节相互衔接、密切联系的企业之间,或者具有纵向协作关系的企业之间的合并。[③] 由此可知,纵向集中具有以下两个特征:(1)参与集中的经营者不处于相同的市场层次,所以不具有竞争关系;(2)参与集中的经营者之间具有买卖关系或者交易关系等纵向协作关系。

经营者纵向集中可以分为:(1)前向集中,即向其产品的下游生产流程方向集中,如生产零件或原材料的企业并购其加工企业或装配企业;(2)后向集中,即向其产品的上游生产流程方向集中,如装配或制造企业并购零件或原材料生产企业。[④]

纵向集中一般情况下对竞争没有多大影响,但过度及不当的纵向合并还是有可能对竞争产生危害的。比如,纵向集中可以使未参与或者未完全参与集中的企业处于不利的竞争地位,纵向集中还可以提高市场进入壁垒从而影响潜在竞争者进入市场参与竞争。

(三)混合集中(混合合并)

混合集中是指生产经营的产品或服务彼此没有关联的企业之间的集中,集中的企业处于不同的生存或经营领域,彼此之间既无直接的竞争关系又无买卖关系,如钢铁厂与玻璃厂的集中、信息产业和保健食品行业的合并、金融企业与制造业的合并等。即混合合并是分属不同产业领域的企业跨行业的合并。[⑤] 混合集中的特征是参与集中的企业处于不同的市场领域和产业领域,既无直接竞争关系又无纵向交易关系。

混合集中可以分为三种形态:(1)产品扩张型混合集中,是指产品生产技术或工艺相似企业间的集中,其目的是利用自身技术优势,扩大产品门类;(2)市场扩张型混合集中,是指具有相同产品销售市场的企业间的集中,其目的是利用自有(或目标企业)

---

① 参见徐孟洲、孟雁北:《竞争法》,中国人民大学出版社 2008 年版,第 198 页。

② 参见徐士英:《新编竞争法教程》,北京大学出版社 2009 年版,第 69 页。

③ 参见曹康泰主编:《中华人民共和国反垄断法解读:理念、制度、机制、措施》,中国法制出版社 2007 年版,第 113 页。

④ 同上。

⑤ 参见徐士英:《新编竞争法教程》,北京大学出版社 2009 年版,第 70 页。

的市场优势,扩大市场销售额;(3)纯粹混合集中,是指产品和市场都无关联的企业间的集中。[①]

混合集中对竞争的影响比纵向合并还要小,由于参与混合集中的经营者处于不同的产业领域,因此集中不会增加市场集中度或者增加相关市场的支配能力,不会对竞争秩序产生太多不利影响。但是,如果是各个行业的龙头企业或者占优势的企业之间的混合集中,则可能产生大型混合企业(集团),会增强参与集中企业的经济实力,从而增强其支配力,这种企业(集团)的存在会对市场竞争秩序产生潜在的消极影响。

二、经营者集中分类的意义[②]

经营者集中主要表现的企业合并有横向合并与非横向合并之分,这种划分的意义主要体现在二者对市场竞争的影响大不相同,从而引起反垄断法的规制态度也有迥异:横向合并对竞争的损害更为直接和明显,模式也较为单一,容易判断,也容易遭受反垄断审查;非横向合并容易形成效率抗辩,现实中的模式也具有多样性,一般不会对竞争产生直接影响,但在特定情况下也会对竞争造成妨碍,不容易判断,需要具体情况具体分析。因此,应当对横向合并和非横向合并分别实施反垄断规制。根据其自身特点,建立相应的有区别的规制制度。

(一)横向合并对竞争的影响

1. 横向合并对竞争的良性影响

横向合并追求规模经济的效果导致能在短时间内提高工厂生产的专业化水平,并达到最佳生产规模的要求,以降低单位产品的生产成本。同时,企业规模的增大使直接筹资和借贷的能力都会相对提高。消除竞争是横向合并特有的动机。在这个过程中,合并企业可以增加自己的市场份额,从而提高自身的竞争力。[③] 其实处于不同发展阶段、不同地域的同行业企业之间往往有各自的生产资源、销售渠道、市场开拓等方面的优势,它们之间实现横向合并,往往可以利用相互间已有的资源,避免了重复性的投资。另外,对濒临破产的企业的并购显然有利于社会整体利益,中小企业之间的合并直接有利于增强相关市场的竞争。

2. 横向合并损害有效竞争

与横向合并对竞争的良性影响相比,其对竞争的损害是主要的,因为横向合并直接消灭竞争对手,从根本上消除或减少竞争。2004 年欧共体《横向合并评估指南》第 22 条规定,横向合并显著地损害有效竞争,特别是通过产生或者加强支配地位而造成上述

---

① 曹康泰主编:《中华人民共和国反垄断法解读:理念、制度、机制、措施》,中国法制出版社 2007 年版,第 115 页。

② 该部分主要参见孙晋:《横向合并和非横向合并反垄断法规制之比较——兼议我国经营者集中控制制度的构建与完善》,载肖永平主编:《珞珈法学论坛》(第 10 卷),武汉大学出版社 2011 年版。

③ 例如,柯达收购乐凯一案中,柯达利用乐凯的销售网络和生产设施,乐凯则学习柯达的先进技术同时赢得研发的重要资金,实现了同行业之间的有效协同。

损害,主要有两种方式:(1)使一个企业或者多个企业摆脱竞争约束,从而增强其市场力量,而无须从事协调行为(单边效果);(2)改变竞争的性质,即以前未进行协调的企业,现在非常可能相互协调并且提高价格,或以其他方式损害有效竞争。对于集中前就彼此协调的企业来讲,集中会使它们之间的协调更加容易、更加稳定或者更加有效(协调效果)。实际上现实中横向合并所导致的对竞争的危害几乎都可以归于是单边效果或协调效果的具体体现。

3. 横向合并消除直接的竞争性限制

横向合并减少甚至消灭可生产替代产品的厂商,因此可以消除直接的竞争性限制。定价限制的消除能否导致价格上升需要一个详细的评估。然而,在一定程度上,直接竞争限制的解除可能期望产生高价,这种效果可能被合并产生的减价效果所抵消。[①] 净效果可能依然是价格下降。虽然这种横向合并带来的价格下降在一定范围内是有利于竞争的,但它也可能产生抑制竞争的结果。在这类案例中,对竞争性限制的首要关注是合并后,与新主体竞争的对手将会被边缘化或退出市场,一旦这种情况出现,合并者将必然有机会提高价格。[②]

(二)非横向合并对竞争的影响

1. 非横向合并容易形成效率抗辩

根据现代公司理论,由于合同的不完整性及较高的交易费用,一个企业如果能与市场上与之相对应的企业协作,则可提高效率。但如果合同完整(预见到了未来可能发生情况的具体结果)并且交易费用很低,企业间协调经济活动的需求就不会非常强烈;然而,如此详尽的合同的成本会非常高,经济发展与变化必然导致企业活动的有效范围也会随时变化,这样合并就成为提高效率的适当方式。[③] 另外,按照反托拉斯经济学的解释,纵向合并作为对产品市场失效的反应,实质是企业行政管理过程对市场过程的替代;混合合并可被视为是对资本市场失效的反应,由企业内部组织对市场组织的替代。[④] 从非横向合并提高了效率这一角度考虑,芝加哥学派的反托拉斯经济学家们主张反垄断法应该对非横向合并采取更富同情的立场。20 世纪 80 年代以来,美国通过

---

① 作者不同意这样的理论假设,即所有的横向合并必然导致价格的增加。这种预测是建立在一个简单的理论模型之上。虽然这种模型提供了一个有用的分析框架,但它并不能为真实世界中的合并效果预测提供一个完整的基础。See RBB Economics Brief 18, *Turning the Tables: Why Vertical and Conglomerate Mergers are Different*, RBB Economics March 2006.

② See RBB Economics Brief 18, *Turning the Tables: Why Vertical and Conglomerate Mergers are Different*, RBB Economics March 2006.

③ See Jeffrey Church, *The Impact of Vertical and Conglomerate Mergers on Competition, a Report Written for the European Commission* (Directorate General for competition and Directorate B Merger Task Force), September 2004.

④ 参见[美]奥利弗·E. 威廉姆森:《反托拉斯经济学——兼并、协约和策略行为》,张群群、黄涛译,经济科学出版社 1999 年版,第 57～59 页。

修改合并指南其反垄断机构始终对非横向合并网开一面，使非横向合并成为美国实现规模经济、范围经济和协同效应及增强国际竞争力的主要途径。2008 年国际金融危机全面爆发，美国奥巴马政府加大反垄断执法力度，[①]非横向合并在美国也有可能受到反垄断法的审查。

2. 非横向合并对竞争的影响是间接的，对竞争的负面影响往往导致经营战略的变化

横向合并对竞争典型的负面影响就是直接刺激提价，与此相反，非横向合并对竞争潜在的负面影响是可能导致供货或采购政策的变化，或者为消费者提供产品范围的变化，这些会对竞争企业的价格、需求和定价造成间接的影响，并最终影响到消费者的利益。[②] 例如，垂直合并后的企业为保证其上游业务的利润，使其他的下游竞争者能够继续向其上游部分采购，就不会在下游开展激烈的价格战，从而损害消费者的利益。非横向合并带来了互补或不相关产品的供给者，因此它不能直接解除竞争性的限制。[③] 事实上，在考虑消费者利益的同时，既然一种产品的降价会导致相关产品的需求上升，互补产品的合并又为新公司提供了降价的可能。再以垂直合并为例，垂直合并不仅改变了上游企业的价格激励，而且可能改变下游企业的价格激励和选择输入供应商时竞争对手的激励。[④] 垂直合并在其与下游竞争对手之间创造了多元化市场的互动。垂直合并的企业将认识到如果它为其下游的竞争对手提供市场进入机会的话，它在下游市场更积极的价格可能会伤害到其在上游市场的利润。这反过来又影响到竞争对手在选择进入供应商时的激励，并因此使之成为一项战略，而不是进入市场中被动的买方。[⑤] 垂直合并可以提高下游竞争对手的成本，不是因为对手被排除在输入供应商之外，而是因为合并改变了对手在选择输入供应商时的激励。垂直合并为下游市场的竞争对手之间的多元化相互依存创造了机会并将因此产生共生效果。

3. 非横向合并的多种形式导致其竞争及反竞争效果的多样性

与横向合并不同，非横向合并竞争效果的评估不存在“规范模型”。但出于对非横向合并“无害性”的证明，芝加哥学派则创建了“规范模型”，指出了非横向合并无损于竞争的情形。芝加哥学派的观点是基于特定的推测之上的，这就意味着将适当的竞争

---

① 参见袁野：《奥巴马政府计划加强反垄断执法》，载美国之音 2009 年 5 月 12 日；《美国政府拟加大反垄断力度，或先拿谷歌开刀》，载人民网：http://it.people.com.cn/GB/42891/42894/9293509.html，最后访问日期：2019 年 12 月 26 日。

② See Jeffrey Church, *The Impact of Vertical and Conglomerate Mergers on Competition*, a report written for the European Commission (Directorate General for competition and Directorate B Merger Task Force), September 2004.

③ Ibid.

④ See Yongmin Chen, "On Vertical Mergers and Their Competitive Effects", *RAND Journal of Economics* Vol. 32, No. 4, Winter 2001, pp. 667 – 685.

⑤ Ibid.

损害理论在运用于具体并购案件的时候,一定要小心谨慎,不同的机制下产生的损害也可能不同。

垂直合并对经济发展确实具有一定的积极作用,它能使供应、销售和生产环节得到更好的调整和配合,从而可以使产品流转的中间环节及交易成本缩减,因此可以产生一定的规模优势。然而,如果一个垂直合并覆盖市场的范围过大,从维护竞争性的市场结构来看,它对竞争也会产生不利影响。①

混合合并对竞争的不利影响小于横向合并,且有可能产生显著效益,包括通过提供大量资金,通过替换平庸的管理层或巩固优秀的管理层来提高管理效率;使研究与销售相协调;通过经营多样化来提高应对经济波动的能力;提供销售企业的市场以鼓励创业和风险承担。但这并非说明反垄断法对混合合并就可以完全放任。② 在特定情况下,混合合并可能会对竞争产生较大不利影响,需要反垄断法的相应规制。

4. 非横向合并给竞争带来的不利影响

(1)垂直合并对竞争的不利影响

垂直合并对竞争的不利影响主要表现在以下三个方面:

首先,垂直合并可能提高进入壁垒,逃避费率监管。垂直合并可以提高进入壁垒,促进相互勾结,或使处于垄断地位的供应商逃避费率监管。在零售领域,如果大比例的上游产品通过零售店铺的纵向一体化被出售或合并会破坏性消除买家,那么反垄断法就应当关注垂直合并中企业之间的相互勾结。③

其次,垂直合并容易导致市场封锁。垂直合并减少没有参加合并的企业的交易机会,限制它们进入市场的渠道。垂直合并发生后,不管合并企业对未参与联合的企业是否有意识施加限制竞争性的影响,合并都可能将这些企业置于不利的地位。因为垂直合并可能使没有参加合并的企业减少参与交易的机会,使它们再也不能进入通过垂直合并从而关闭了的市场。④

最后,垂直合并会导致价格歧视。垂直合并发生后,即使对于未参加合并的企业没有完全关闭市场,但是合并企业间的原材料买卖价格或者产品销售价格与这些未参与合并的企业间交易价格也是绝不相同的,这在事实上就产生了歧视性的价格条件。⑤

---

① 参见王晓晔:《企业合并中的反垄断问题》,法律出版社 1996 年版,第 14 页。

② William J. Kolasky, *Conglomerate Mergers and Range Effects: It' s A Long Way From Chicago to Brussels*, Before the George Maso University Symposium Washington, D. C. , November 9, 2001.

③ Frederick R. Warren-Boulton, "The Contribution of the Merger Guidelines to the Analysis of Non-Horizontal Mergers", *20th Anniversary of the* 1982 *Merger Guidelines: The Contribution of the Merger Guidelines to the Evolution of Antitrust Doctrine*, May 21, 2002. http://www. usdoj. gov/atr/hmerger. htm#papers.

④ 在布朗鞋公司诉美国案中,法官指出纵向合并会阻止其他竞争者进入本来是对其开放的一部分市场,进而导致市场竞争力的削弱。See Brown Shoe Co. v. U. S. , 370 U. S. 294(1962).

⑤ See Yongmin Chen, "On Vertical Mergers and Their Competitive Effects", *RAND Journal of Economics* Vol. 32, No. 4, Winter 2001, pp. 667 – 685.

(2)混合合并对竞争的不利影响

混合合并当出现可能导致互惠交易、构筑防御措施或使企业具有实施捆绑销售的能力的情况下,就会对竞争产生不利影响。[①] 混合合并由于是互补性合并,企业有利用多元化经营的便利,因此容易形成实施捆绑销售的能力。合并后的企业展开捆绑销售,在不同产品的销售间实行交叉补贴,以这部分的盈利弥补另一部分的亏损,并通过有效的定价方法将对手挤出市场。[②] 2001 年欧盟禁止通用电气公司(GE)和霍尼韦尔公司(Honeywell)混合合并的理由就在于此。

(三)在影响竞争方面,非横向合并与横向合并的区别

1. 非横向合并与横向合并对竞争的损害有着本质区别。横向合并可能消除有市场势力的当事方对彼此因竞争而产生的市场制约,合并的结果将直接减少甚至完全消灭市场上的竞争者。可以推定,横向合并会导致市场份额增加和价格提高(至少有提价的机会),而对非横向合并则很难作出类似的明确推断。[③] 其根本原因在于,横向合并是替代者之间的合并,而非横向合并往往是互补者之间的合并,有利于提高效率,即相对于横向合并,非横向合并更注重效率抗辩。

2. 非横向合并与横向合并对竞争影响的方式不同。非横向合并对竞争的影响是间接的和潜在的,而横向合并则更为直接和强烈。横向合并对竞争典型的负面影响就是直接刺激提价,而非横向合并对竞争潜在的负面影响是可能导致供货或采购政策的变化,或者为消费者提供产品范围的变化,这些会对竞争企业的价格、需求和定价造成间接的影响,并最终影响消费者的利益。[④] 因此,判断非横向合并是否会妨碍有效竞争,无法直接从价格的变动中得到答案,须经过深入分析,权衡利弊,而且更多地取决于其是否对消费者造成损害。

3. 非横向合并反竞争效果较横向合并更加丰富。横向合并的反竞争效果评估,目前各国都已经形成了一套行之有效的"规范"流程,而对非横向合并竞争效果的评估却不存在"规范模型"。由于形式的多样性,在反竞争效果的评估上也就更为复杂,即合并结果有可能促进竞争也有可能反竞争,需要依赖在个案中对事实证据的考察和具体问题具体对待。

正是因为横向合并与非横向合并对竞争的影响大不相同,所以欧盟、美国、澳大利亚等国家和地区的反垄断法对二者采取了区别对待的方法。以欧盟为例,欧洲委员会

---

① 参见孙晋:《企业混合合并的反垄断法分析》,载《时代法学》2009 年第 5 期。

② 参见卫新江:《欧盟、美国企业合并反垄断规制比较研究》,北京大学出版社 2005 年版,第 17 页。

③ See Paul Hofer and Mark Williams, "Non-horizontal mergers", *The European Antitrust Review* 2007, pp. 6－7.

④ See Jeffrey Church, *The Impact of Vertical and Conglomerate Mergers on Competition*, a report written for the European Commission (Directorate General for competition and Directorate B Merger Task Force), September 2004.

在2004年发布了《横向合并评估指南》之后,为了防止非横向合并可能减少上游市场和下游市场的竞争,2007年11月又发布了《非横向合并评估指南》。《非横向合并评估指南》大量引用了经济理论——特别是前芝加哥学派的经济理论,重点分析交易时的非横向合并排除竞争对手、损害消费者利益的可能性;《非横向合并评估指南》的重点为纵向合并是否会使收购公司不利于其竞争者,无论是限制竞争还是提高竞争者的成本;然后《非横向合并评估指南》还关心竞争与消费者是否受到了损害。

我国《反垄断法》《经营者集中申报办法》和国务院《关于经营者集中申报标准的规定》等法律法规和部门规章的规定并没有关于横向合并和非横向合并的区分,当然也就没有相应的有区别的规制制度。这从表面上看似乎是把横向合并和非横向合并在反垄断法上作同等对待,适用相同的规制制度。但是,这种同等对待实际上是欠妥的。如前所述,横向合并与非横向合并有各自的特点,对竞争影响的方式不同,程度也不同,所以需要适用不同的规制制度。事实上法律的不加区别之规定恰恰说明我国立法者只关注横向合并而忽视了非横向合并,没有充分考虑到非横向合并对竞争也具有危害性,所以说我国反垄断规制制度对于非横向合并实质上形成明显的立法缺漏。[①] 这与国际立法潮流是相悖的,也不利于维护我国的竞争秩序。

欧洲委员会2007年11月颁布的《非横向合并评估指南》,澳大利亚2008年11月制定的包括非横向合并规制内容的新的《合并指南》,以及美国2010年《横向合并指南》和2020年6月发布的《纵向合并指南》,为我国完善经营者集中控制制度提供了参考与借鉴。

第三节　经营者集中控制实体标准

经营者集中控制的实体标准可以分为一般标准和具体分析因素。

一般标准是比较原则的标准,是从总体和宏观上衡量一起经营者集中的标准,主要包括市场支配地位标准和实质减少竞争标准。市场支配地位标准是指一起经营者集中如果产生或者加强了经营者的市场支配地位,并且该市场支配地位可能产生严重限制、排除市场竞争时,该集中就应当被禁止。实质减少竞争标准是指一起经营者集中如果产生或者可能产生实质减少竞争的效果时,该集中就应当被禁止,该集中与是否产生或加强市场支配地位没有必然联系。

具体分析因素是为具体适用一般标准提供具体的分析基础,主要包括相关市场的界定、参与集中的经营者的市场份额及市场控制力、市场集中度、市场进入壁垒、效率及破产等。

---

① 参见孙晋:《企业混合合并的竞争法分析》,载《时代法学》2009年第5期。

对于相关市场的界定是对经营者集中进行规制的第一步,也是非常重要的一步。相关市场的界定是对市场集中度和经营者的市场份额进行界定的前提,直接关系到最终结果。因此,从某种程度上说,如果市场规定得相当狭窄,产品的每一个供应者都会成为垄断者。①

在审查市场集中度时,应用最广泛的一种有效标准是赫希曼—赫芬达尔指数(HHI)。在任何市场中,合并后赫希曼—赫芬达尔指数(HHI)高于1800,这个市场就被认为是高度集中市场,如果赫希曼—赫芬达尔指数(HHI)在1000~1800,那么这个市场为中度集中的市场。在高度集中市场,如果一个合并的Delta["Delta"代表合并后与合并前市场赫希曼—赫芬达尔指数(HHI)的差数]高于50,那么这个合并可能引起潜在限制竞争的关注;在中度集中市场,如果一个合并的Delta高于100,那么这个合并可能引起潜在限制竞争的关注。

市场进入主要指的是潜在的市场能否及时地、可能和充分地阻止或者抵消合并的反竞争效果。如果一个市场的进入壁垒比较低,而一起集中不会实质提高该市场的进入壁垒,即使集中到只剩一个企业,该经营者集中也不会对市场产生不利影响。因为在这种情况下,虽然经营者没有现实中的竞争对手,但它有潜在竞争对手。当经营者为获取高额利润而提高产品的价格时,其他潜在的经营者就会迅速进入该市场。但是,如果一起经营者集中使得相关市场的进入壁垒大为提高,集中后处于支配地位的经营者就可能滥用市场地位,而不用担心其他的经营者进入该市场与之竞争。毫无疑问,市场进入壁垒的高低,直接决定了该起集中是否具有减少竞争的后果。

一、国外反垄断法规定的实体标准

(一)美国

1. 一般标准

美国《克莱顿法》第7条规定:"从事商业或者影响商业活动的任何人,不能直接或间接占有其他从事商业或者影响商业活动的一人的全部或部分股票或者资产,如果在国内任何地区的任何商业领域,该占有可能实质性地减少竞争或者旨在形成垄断。"②可见,美国采用了实质减少竞争标准作为规制经营者集中的一般实体标准。

2. 具体分析因素

1992年,美国司法部和联邦贸易委员会首次联合发布了《横向合并指南》,根据其规定,具体分析因素包括以下5个方面:(1)审查合并是否能显著提高市场集中度;(2)根据市场集中度和其他相关市场因素,评价合并是否会产生潜在的反竞争效果;(3)潜在的市场能否及时地、可能和充分地阻止或者抵消合并的反竞争效果;(4)合并企业的效率;(5)本应干预的合并中是否有一方面临破产的威胁。

---

① 参见[英]约翰·亚格纽:《竞争法》,徐海等译,南京大学出版社1993年版,第56页。

② 尚明主编:《主要国家(地区)反垄断法律汇编》,法律出版社2004年版,第195页。

美国司法部和联邦贸易委员会于2010年联合发布最新的《横向合并指南》。该指南体现了美国政府反垄断政策的发展变化,以及世界反垄断法发展的趋势。具体而言,该指南在具体分析因素方面具有以下关键变化:①

(1)确定反竞争效应的证据。比如,执法部门可观察合并后对竞争可能产生的实际影响、基于经验直接进行影响比较、判断合并前当事人之间是否已存在或将存在激烈竞争关系(head-to-head competition),以及检验合并当事人中是否存在"背离企业"(maverick firm),通过这些证据去具体判断合并的反竞争效应。

(2)市场界定(market definition)。降低了市场界定的重要性,市场界定不再是进行竞争效应分析的必要前提,某些经济模型可在事先未界定相关市场或始终不界定相关市场的前提下被适用。

(3)市场集中度(market concentration)。现行指南规定,如果赫希曼—赫芬达尔指数(HHI)超过1800,市场就是一个高度集中市场,该市场中发生的一起合并如果致使赫希曼—赫芬达尔指数(HHI)增长100点以上,则该合并可能被禁止。

(4)单边效应(unilateral effects)。《横向合并指南》(建议稿)指出,合并一方的产品因提价导致消费者将合并另一方的产品作为替代而产生的销售损失比例,即转移率越大,则单边效应发生的可能性越大。《横向合并指南》指出,一项合并中如果合并当事人的共同市场份额在35%以上,则可推定合并公司的产品为近似替代品。

(5)协同效应(coordinated effects)。在协调效应方面,《横向合并指南》规定,如果一起合并将导致相关市场中度或高度集中,并且市场显示出易受协同行为侵害的特质,则执法部门可能禁止该起合并。

(6)潜在市场进入(entry)。关于潜在的市场进入,《横向合并指南》(建议稿)指出,可以阻碍合并后的企业提价的可能的市场进入如果在相关市场上从未实际发生过,则会很大程度上影响执法部门对于潜在市场进入的认可。在市场进入的及时性方面,现行《指南》中有关实现市场进入的时限考量为两年。在市场进入的可能性方面,《横向合并指南》(建议稿)指出,如果市场进入对企业有利可图,则市场进入具有可能性。市场进入的有利可图性依赖于进入市场后企业可能的产出水平及价格,以及可能产生的单位成本。市场进入的充分性方面,这表明执法部门会寻求那些能够证明市场进入至少在规模与实力上能够替代合并所涉公司的可靠证据。

(7)合并效率(efficiencies)。《横向合并指南》指出,能被类似的既往经验所证实的效率抗辩(efficiency claims)将最有可能被执法部门所采信。《横向合并指南》还表明,执法部门在审查过程中会审视合并是否会促成更为高效的创新。

另外,美国司法部(Department of Justice, DOJ)和联邦贸易委员会(Federal Trade

---

① 参见韩伟:《美国〈横向合并指南〉修订的最新动向》,载中国法学网:http://www. iolaw. org. cn/showNews. asp? id = 21907. ,最后访问日期:2010年8月18日。

Commission ,FTC)于2020年6月30日联合发布的《纵向合并指南》,取代了1984年版《合并指南》中的非横向合并部分内容。该指南包括6个部分:(1)概述;(2)反竞争效果证据;(3)市场界定、相关产品、市场份额与市场集中度;(4)单边效应;(5)协同效应;(6)促进竞争的效果。

(二)欧盟

1. 一般标准

欧盟对企业并购的规制是把重点放在企业并购后市场集中度的变化上,即关注的重点是,是否会出现新的或者加强原有市场的支配地位,这种新的或者加强原有市场支配地位的并购是否会妨碍到整个欧盟市场的有效竞争。① 根据《欧共体条约》第86条和1989年第4064/89号理事会《控制企业集中条例》,欧盟确立了企业合并规制制度的市场支配地位标准,即一项具有共同体规模的并购因其使企业产生或增强支配性地位并严重妨碍共同体市场或其相当部分地域的有效竞争的,应宣布为与共同体市场不相容。支配地位的概念,在1989年第4064/89号理事会《控制企业集中条例》中被规定为:"一个或多个企业利用其经济力量、阻止相关市场内的有效竞争,使它们有机会在相当程度上独立于其竞争者、客户以及最终消费者行为。"2003年11月27日,欧盟部长理事会通过并于2004年1月20日颁布了新的《企业合并控制条例》——第139/2004号条例,以取代1990年生效的第4064/89号条例。欧盟新《企业合并控制条例》第2条规定,如果一个合并并没有使企业产生或者增强其支配地位也没有严重阻碍整个共同体市场或者其相关区域的有效竞争的,这个合并将被视为与共同体市场相容的合并。如果一个合并使企业产生或者增强其支配地位并严重地阻碍了共同体市场整体或者其大部分区域的有效竞争的,这个合并就可视为与共同体市场不相容。由此可见,新条例取得的一个重要成就是对实体标准的改革,在采用市场支配地位标准的基础上,引入了新的实体性标准——"严重损害有效竞争"标准。② 欧盟与美国的实体标准正在趋同。

2. 具体分析因素

根据2004年欧盟《企业合并控制条例》的规定,对经营者进行评估时,应当考虑如下因素:所有与并购有关的相关市场的结构以及欧共体内/外的企业的实际的或者潜在的竞争情况,以此决定维持并发展欧共体内有效的竞争的需求;有关企业的市场地位及其经济和财务力量;对供应商和用户而言其他可获得的选择;相关企业的供应和营销渠道;进入市场的法律和其他障碍;相关货物和服务的供求趋势;中间消费者和最终消费者的利益;技术和经济进步的发展。

2004年1月28日,欧盟制定了《横向合并评估指南》,该指南的结构包括下列因素:

---

① 参见刘和平:《欧盟并购控制法律制度研究》,北京大学出版社2006年版,第135页。

② 同上书,第140页。

(1)委员会对待市场份额和集中标准的方法;

(2)在缺乏抵消因素时,合并对相关市场产生反竞争效果的可能性;

(3)对合并所产生的市场力量的增加,买方力量作为一个抵消性因素起作用的可能性;

(4)进入在相关市场中维持有效竞争的可能性;

(5)效率作为抵消合并可能产生的对竞争的有害影响的因素起作用的可能性;

(6)破产企业抗辩的条件。

(三)澳大利亚

1. 一般标准

在借鉴美国反托拉斯法的基础上,澳大利亚于 1974 年制定了《贸易惯例法》,该法案的第 50 条明确禁止澳大利亚省(或地区)具有或者可能具有实质减少竞争效果的企业合并。该法案规定,如果某项企业合并将会产生或者可能产生实质减少市场竞争的效果,则禁止一个法人直接或间接获得另一法人的资产或自然人的财产,禁止一个自然人直接或间接获得另一法人的资产或自然人的财产。澳大利亚企业合并规制制度采用的一般标准的特点是,以禁止实质损害竞争的企业合并为基础,辅之以效率抗辩和适当的公共利益豁免。有效的竞争是指在市场上不存在任何卖家或卖家群体通过操纵价格获得更多的利润。

2. 具体分析因素

根据澳大利亚 1974 年制定的《贸易惯例法》,如果要评估企业合并的影响,必须考虑的要素包括但不限于:特定市场中现实或潜在的国际竞争;进入特定市场的难易程度;特定市场的市场集中度;特定市场中企业间相互制衡的力量;合并后存续企业提高价格的可能性;在特定市场中获得替代产品的难易程度;特定市场的活力,包括增长力、创新力和产品的多样化;合并对市场活力和竞争效果可能造成的削弱;特定市场纵向结合的性质和程度。

为了使合并规制制度更具有可操作性,1999 年 6 月,澳大利亚竞争与消费者委员会(Australian Competition and Consumer Commission, ACCC)发布了《合并指南》。为了适应新的经济发展形式,以及受到国际上反垄断立法趋势的影响,2008 年 12 月,ACCC 颁布了新的《合并指南》。根据这两部指南的规定,对一起合并进行分析和评价时,应考虑以下具体因素:

第一,界定相关市场,包括产品市场、功能市场、地理市场和时间市场。这是计算市场份额和界定其他相关市场特征的必要前提。如果合并发生在一个并不具有相关性的市场,则 ACCC 无须采取下一步行动。根据 2008 年颁布的指南,相关市场的界定更加精确。该指南进一步细化合并种类,并且根据不同合并类型——横向合并、纵向合并和混合合并——各自的特点进行分别规制,而非像先前一样一概而论。将不同类型的合并进行分别规制是现代反垄断法的趋势。该指南对纵向合并和混合合并给予了特别关注，明确非横向合并可能会给消费者带来福祉，但在一些情形下，非横向合并也具有损害竞争的效果。

第二，分析市场集中度。当时的ACCC采取了一种“安全港”标准。这一标准表明ACCC在何种情况下会继续关注合并。如果测定的集中度高于该门槛值，并不意味着此项合并就是实质减少竞争的，此时还需要进一步评估其他因素。但是，2008年新修订的指南取消CR4① 测试方法，结束以市场份额“安全港”的单一标准作为认定“实质减少竞争”的关键因素。ACCC摒弃了认为市场在一定程度的集中下具有竞争力的假设，而是利用市场份额和集中度作为一项合并是否会引起单方或协同效应的初始指标。

第三，考量进口竞争的水平和性质。ACCC主要确定进口能否为合并企业提供或者可能提供一种竞争机制，这种进口竞争是否充分并且足以抑制国内市场势力的滥用。

第四，分析新的市场进入的难易程度。如果在特定的市场中，存在新的市场参与者，并且能在较大范围和较长的时间内阻止合并企业运用市场势力，则该企业合并也不大可能会造成实质减少竞争的效果。

第五，考虑其他必要的合并因素。在此过程中，主要考量那些可能对竞争造成严重影响的因素。这些因素具有积极或消极的效果，ACCC对其进行全面综合的评估，最终确定企业合并是否可能具有实质减少竞争的效果。

此外，新的《合并指南》还有两点重要的变化：第一，确认了ACCC在对合并进行具体分析时，将会审查公司内部的相关文件，以此作为支持其所作出的审查决定可信度的一种论据。新指南确认了公司文件和董事会文件在ACCC进行合并评估中的重要性，指出这些公司内部文件将作为评估合并各方将来是否会成为相关市场中有影响力的竞争者及他们相互之间竞争程度的证据。第二，2008年《合并指南》同时关注了单方效应和协同效应及其影响。1999年《合并指南》主要侧重于分析合并造成的单方影响，即合并公司运用市场力量的单方能力。新指南对合并可能造成的单方效应和协同效应并重，这和国际上规制合并的方式保持了一致。当合并公司通过暗示或明确的方式协调市场内的其他公司共同定价、制定产量或者相关的商业决策时，协同效应便会产生。对协同效应重视程度的增加反映了ACCC对于澳大利亚产业集中和企业联合数量增加的问题的关注。

只有在ACCC对这些具体分析因素进行充分考虑后，才能得出一起合并是否实质减少了竞争。如前所述，有效的竞争是指在市场上不存在任何卖家或卖家群体通过操纵价格获得更多的利润。如果一起合并造成了实质减少竞争的效果，ACCC也不一定全面禁止该起合并，而会考虑采取一些可以抵消实质减少竞争效果的行动。这样既实现了效率，也兼顾了竞争秩序。当然，如果合并方认为合并有利于提高效率或者有利于公共利益，则可以向审理委员会提出授权申请。

---

① 合并导致4家或更少的企业市场份额为75%以上。

(四)英国

1.一般标准

2002年11月7日,英国颁布了《企业法》,并于2003年6月20日正式生效。2002年《企业法》是英国最新的竞争立法,在该法颁布以前,英国企业合并规制制度采取的一般标准是公共利益标准。新法在实体上以“实质减少竞争”作为是否限制企业合并的审核标准,取代以“公共利益”为标准的审核制度。

2.具体分析因素

在2002年《企业法》颁布以前,英国企业合并规制制度采取的一般标准是公共利益标准。英国垄断与合并委员会在审查一起合并是否符合公共利益时,有5条具体分析标准:①是否有利于保持和促进英国市场的竞争局面;是否有利于提高消费者利益;是否通过竞争促进了新产品的开发和成本的降低;是否有利于产业和就业的平衡分布;是否有利于保持和促进英国企业在海外市场的竞争实力。

2002年后,英国采用了实质减少竞争标准,根据英国财政部与贸易产业部《关于2002年企业法解释说明》第133章,可以对实质减少竞争作出以下定义:实质减少竞争标准是从经济的角度出发,通过审查合并行为是否增加或促进企业市场控制力,无论这种市场控制力是单方的还是通过双方或多方合作行为,造成产量减少、价格上涨、较少的产业革新、市场内可选择质量下降。大量的因素可作为衡量合并是否造成实质减少竞争的潜在评判标准,主要因素如下:②(1)市场份额;(2)合并前后市场集中程度;(3)有效竞争的比较生产效率,以及该市场内公司的金融业绩;(4)该市场准入度及与相关市场的关系;(5)替代商品及供需双方的可替代范围;(6)该市场变化和革新程度是否因不采取合并,合并企业将会出现经营失败,这种经营失败是否会造成该企业资产退市;(7)市场内供应者、消费者和其他参与者的行为。我们可以看到竞争的实质减少标准的核心就是关于市场竞争度的比较。

综上所述,各国或地区的立法规定,对一起经营者集中,如果采用市场支配地位标准,一旦反垄断执法机构认为经营者将创设或者强化市场支配地位,那么反垄断执法机构就不会再考虑效率等其他方面的证据,这样就会使本来可以大大提高效率或者有利于公共利益的经营者集中被轻而易举地否决掉了。而如果采用实质减少竞争标准,情形可能恰好相反。因为虽然该起经营者集中将创设或者强化市场支配地位,但是反垄断执法机构一定会认真地考虑效率等方面的证据。如果这起经营者集中会大大地提高效率,且所提高的效率大于所受到的损失,或者有利于公共利益,则反垄断执法机构就

---

① 参见曹康泰主编:《中华人民共和国反垄断法解读:理念、制度、机制、措施》,中国法制出版社2007年版,第141页。

② 参见路延君:《简析英国企业合并控制的法律改革》,载北大法宝网:http://pkulaw.cn/fulltext_form.aspx?Gid=335587166,最后访问日期:2020年2月19日。

会同意该起经营者集中。所以，当今世界多数国家的经营者集中规制制度倾向于采用实质减少竞争作为一般标准。

二、我国反垄断法规定的实体标准

（一）一般标准

根据我国《反垄断法》第 28 条的规定，经营者集中具有或者可能具有排除、限制竞争效果的，国务院反垄断执法机构应当作出禁止经营者集中的决定。

由此可见，我国反垄断法采用的一般标准类似于实质减少竞争标准，但相对于实质减少竞争标准，我国反垄断法的标准过于宽泛。因为大部分经营者集中都会产生一定的排除竞争的效果，只要把这种效果控制在一定范围内，就不会对竞争秩序产生实质影响，反而会有利于提高经济效率。制定如此宽泛的标准会将本不需要规制的经营者集中纳入反垄断法规制的范围，一方面增加了企业的负担，不利于经济发展；另一方面会增加反垄断执法机构的不必要的工作量，造成行政资源的浪费。

（二）具体分析因素

根据我国《反垄断法》第 27 条的规定，我国采用的具体分析因素包括以下 6 个方面：(1) 参与集中的经营者在相关市场的市场份额及其对市场的控制力；(2) 相关市场的市场集中度；(3) 经营者集中对市场进入、技术进步的影响；(4) 经营者集中对消费者和其他有关经营者的影响；(5) 经营者集中对国民经济发展的影响；(6) 国务院反垄断执法机构认为应当考虑的影响市场竞争的其他因素。第 28 条、第 29 条的规定对第 27 条进行了补充。第 31 条规定，对外资并购境内企业或者以其他方式参与经营者集中，涉及国家安全的，除依照本法规定进行经营者集中审查外，还应当按照国家有关规定进行国家安全审查。这为经营者集中反垄断审查和国家安全审查的衔接做了规定。

（三）对我国法律相关规定的评析

我国《反垄断法》的上述规定似乎存在矛盾。因为依照我国《反垄断法》第 28 条第 1 句，反垄断执法机构作出是否禁止经营者集中的决定时，只是考虑这个集中是否具有排除、限制竞争的影响。这显然是从竞争政策出发的，如经营者集中能否导致过高的市场集中度。但是根据我国《反垄断法》第 27 条第 5 项的规定，反垄断执法机构还要考虑集中“对国民经济发展的影响”，这似乎说明反垄断执法机构从一开始还要考虑国家的产业政策。这就出现了一个问题，即反垄断执法机构作出禁止或者批准经营者集中的基本依据是什么——是以竞争政策为导向，还是以产业政策为导向？如果说世界各国反垄断法在内容上存在一定差别，那么它们在企业合并控制方面毫无疑问都是以竞争政策为导向的。①

此外，我国《反垄断法》第 28 条第 1 句将禁止经营者集中的要件定为“具有排除、限制竞争效果”，这也存在较大问题。因为任何企业并购活动对于相关市场和相关企

---

① 参见王晓晔：《〈中华人民共和国反垄断法〉中经营者集中的评析》，载《法学杂志》2008 年第 1 期。

业都具有一定的限制性影响。反垄断法允许一般性的限制竞争,但不允许程度严重乃至排除竞争的限制竞争。至于什么样的企业并购可达到排除竞争和严重限制竞争的程度,应在具体案件中进行具体的经济分析,特别是考察相关的市场结构。①

从严格意义上来讲,任何经营者集中案件都会造成市场竞争受到限制,只是不同经营者之间的集中对市场竞争形成的限制效果不同而已,有的甚至可能排除了市场竞争。而《反垄断法》第28条前半部分规定,经营者集中具有或者可能具有排除、限制竞争效果的,国务院反垄断执法机构应当作出禁止经营者集中的决定。依据该规定,我们不难得出这样的结论,即任何经营者集中的案件都有可能受到反垄断执法机关查处。一方面,法律允许经营者依法实施集中以提高市场竞争能力;另一方面,法律所允许的这种行为却随时随地都有可能受到执法机关的禁止。这就使相关立法具有非常的不确定性,造成经营者守法的"两难选择"。② 所以,宜将我国的标准修改为"严重排除、限制竞争"即"严重实质减少竞争"标准。

具体分析因素则应包括以下七个方面:

1. 界定相关市场。界定相关市场是对经营者集中进行规制的第一步,也是非常重要的一步。相关市场的界定是对市场集中度和经营者的市场份额进行界定的前提,直接关系到最终的结果。对于如何界定相关市场的工作应由具备专业知识的反垄断机构来完成。

2. 参与集中的经营者的市场份额及市场控制力。反垄断执法机构界定完相关市场之后,接着确定参与集中的经营者的市场份额及对市场的控制力。对于相关市场的不同界定会在计算市场份额时产生差异极大的结果。

3. 市场集中度。市场集中度是指在一个特定的市场和行业中,少数几家大型企业手中掌控的生产份额的大小。一般来说,相关市场上经营者数目越少,则市场集中度就越高;经营者数目越多,则市场集中度就越低。

4. 市场进入。市场进入主要指的是潜在的市场能否及时地、可能和充分地阻止或者抵消合并的反竞争效果。如果一个市场的进入壁垒比较低,一起集中就不会实质提高该市场的进入壁垒,该经营者集中就不会对市场产生不利影响。毫无疑问,市场进入壁垒的高低直接决定了该起集中是否具有减少竞争的后果。

5. 效率。反垄断法的效率化已经成为一股不可阻挡的趋势,随着芝加哥学派成为反垄断法的主流经济学观点,效率作为一项重要的具体分析标准越来越受到重视,美国和欧洲的反垄断法的修改充分说明了这一点。

6. 经营者集中对消费者的影响。我国消费者在市场中往往处于弱势地位,尤其需要得到法律的保护。如果一起经营者集中会对消费者产生重大不利影响,则应该被

---

① 参见王晓晔:《〈中华人民共和国反垄断法〉中经营者集中的评析》,载《法学杂志》2008年第1期。

② 参见丁茂中:《论我国经营者集中控制标准的立法不足》,载《北方法学》2008年第3期。

禁止。

7. 本应干预的集中各方是否有一方面临破产的威胁。在现代市场中，集中已经成为规避破产的一种重要方式：一方面，集中可以帮助陷入破产危机的经营者摆脱危机；另一方面，集中可以防止破产带来的巨大的社会资源浪费。所以，在审查经营者集中行为时，应当考虑若禁止集中是否会导致一方经营者破产。

第四节 经营者集中控制程序制度

一、经营者集中申报制度

对经营者集中实行申报制度，由反垄断机构审查决定是否允许实施机制，是多数国家和地区控制经营者集中的主要手段。大多数经营者集中一般有利于提高效率且对竞争不会产生严重妨碍，所以无须进行审查；只有那些对竞争产生严重影响的、达到一定规模或标准的经营者集中才会受到审查，极少数经营者集中最终会被禁止。经营者集中在经济生活中非常频繁，反垄断执法机构不可能对所有的集中都逐一审查，所以各国（地区）反垄断法都确定有各自的审查标准，其中有的以交易额、企业总资产额或净销售额综合考量为标准（如美国），有的以参与合并的经营者总资产额为标准（如日本），有的以参与集中的经营者销售额为标准（如欧盟），我国台湾地区则以市场占有率或销售额为标准。

（一）国外反垄断法关于经营者集中申报的规定

1. 美国

与英国和澳大利亚相比，美国采取的是强制事前申报制度。根据美国 1976 年《哈特—斯科特—罗迪诺反垄断改进法》（Hart-Scott-Rodino Antitrust Improvement Act，HSR Act）和美国联邦贸易委员会 2001 年制定的申报规则（HSR Rules），一个企业并购是否申报，取决于以下条件：（1）并购方或者被并购方是否在美国从事影响美国的商业活动，这个标准简称为商业标准；（2）被并购的资产或者被并购的有表决权的股票是否达到一定数量标准（该标准每年随美国 GNP 的变化而被调整），这个标准简称为交易规模标准；（3）交易金额达到 2.268 亿美元或不足这一金额但超过 5670 万美元的情况下，并购方和被并购方在全球范围的销售额或者资产（该标准每年随美国 GNP 的变化而被调整），这个标准简称为当事人标准；（4）豁免申报的其他可能性。根据上述交易规模标准，一个并购的交易额不足 5670 万美元则不需要申报。根据上述当事人标准，被并购方和并购方在全球的资产或者销售额分别没有达到 1130 万美元和 1.134 亿美元，则并购不需要申报。此外，即便达到上述申报标准的企业并购，仍有很多可得到豁免的可能性，特别是当一个并购涉及外国资产或者外国公司有表决权的股票时。根据 HSR Rules 第 802.50 条，一个美国公司或者外国公司取得一个外国公司，如果该外国公司上一营业年度在美国境内的销售额没有超过 567 万美元,这个并购活动可免于申报。此外,即便被并购的外国公司上一营业年度在美国境内的销售额超过 567 万美元,在下列情况下,这个并购仍可免于申报:(1)并购方和被并购方均为外国企业;(2)并购方和被并购方上一营业年度在美国市场的销售额共计不足 1.247 亿美元;(3)并购方和被并购方在美国的资产共计不足 1.247 亿美元;(4)并购交易额没有超过 2.268 亿美元。①

此外,根据《克莱顿法》第 7 条的规定,收购人收购其已经持有 50% 以上股份的公司的有表决权的股份可以申报豁免。

2. 欧盟

欧盟实行的也是强制事前申报制度。根据欧共体 1989 年颁布的《企业合并控制条例》的规定,该条例只适用于具有欧共体影响的合并。根据 2004 年修订后的《企业合并控制条例》第 1.2 条的规定,对欧共体具有重要影响的合并是指:(a)所有参与合并的企业在世界范围的销售额超过 50 亿欧元,并且,(b)参与合并的企业中至少有两个企业在共同体市场的销售额超过了 2.5 亿欧元。各参与合并的企业在共同体市场上的销售额有 2/3 以上来自一个且同一个成员国的除外。《企业合并控制条例》第 1.3 条对除第 1.3 条规定之外的应该进行申报的标准作出了规定:不符合第 2 款所规定标准但是具有下列情形也视为对欧共体具有重要影响的合并:(a)参与合并的所有企业在世界范围内的年营业额总额超过 25 亿欧元;(b)参与合并的企业至少在三个成员国中的合计营业额均超过 1 亿欧元;(c)参与合并的企业中至少有两家企业在(b)中所指的至少三个成员国每一个中的年营业额均超过 2500 欧元;(d)至少有两个参与合并的企业在欧共体范围内的年营业额超过 1 亿元。各参与合并企业在欧盟范围内的年营业额的 2/3 来自一个和同一个成员国的除外。② 这说明欧共体竞争法中的企业并购申报标准也充分考虑到了被并购企业的情况。

3. 德国

德国本质上实行的也是事前申报制度,根据德国 1973 年颁布的《反对限制竞争法》的规定:如果参与合并的诸企业在合并之前的最后一届营业年度,在全世界的总销售额超过 10 亿马克,并且至少一个参与企业在国内的销售额超过 5000 万马克,则必须在合并前向卡特尔局申报。③ 1980 年对《反对限制竞争法》的修改扩大了需要登记申报的企业合并,其规定:如果参与合并的企业中有一个企业的年销售额达到 20 亿马克,合并也要事先进行全面的登记申报。此外,《反对限制竞争法》还规定了事后申报标

---

① 参见王晓晔:《〈中华人民共和国反垄断法〉中经营者集中的评析》,载《法学杂志》2008 年第 1 期。

② 参见郑泰安、郑鈜等:《反垄断法律制度研究》,四川人民出版社 2008 年版,第 176 页。

③ 参见曹康泰主编:《中华人民共和国反垄断法解读:理念、制度、机制、措施》,中国法制出版社 2007 年版,第 131 页。

准,按照该法规定:合并企业双方或多方合计年营业额在5亿马克以上10亿马克以下的案件,可以在合并完成后报联邦卡特尔局审查;合并企业双方或多方合计年营业额在5亿马克以下的案件,免于进入企业合并审查程序,但在合并完成后必须向联邦卡特尔局备案。①

4. 英国

英国采取自愿申报原则。英国2002年颁布的《企业法》在程序上基本保持了《公平贸易法》的相关规定,特别是在企业合并申报制度上依旧采取自愿申报,即参与合并的企业可以自愿向主管机关申报,但法规不强制要求参与合并的企业对合并行为进行申报。主管机关根据相关情况对没有申报的企业合并行为进行审查和监督。英国的申报形式包括正式申报和非正式申报。申报的标准为:合并方在英国的总营业额超过7000万英镑,或在英国造成或增加的总市场份额达25%。②

5. 澳大利亚

与英国一样,澳大利亚也采取自愿申报原则。澳大利亚2008年颁布的《合并指南》中引入了新的合并申报门槛标准,该标准并非强制性的,其设定是用来过滤,并因此使ACCC进行的合并审查限制于那些可能潜在引起竞争损害的合并,也可以帮助合并当事人及其顾问确定他们进行的企业合并是否应该通知ACCC。尽管指南对企业合并没有强制性的事前通知要求,但是,ACCC仍然鼓励和建议那些可能受到《贸易惯例法》管制的合并当事方在合并完成之前或者具有合并的现实可能性时,自愿将合并情况通知ACCC以便审查。指南规定,当一项合并同时满足以下两项条件时,鼓励合并双方在合并完成前向ACCC进行申报:③(1)合并当事方的产品是可替代的或互补的;(2)合并后的公司在相关市场中占有超过20%的合并后的市场份额。

(二)我国反垄断法关于经营者集中申报的规定

我国《反垄断法》规定,经营者集中达到国务院规定的申报标准的,经营者应当事先向反垄断机构申报,未申报的不得实施集中。我国《反垄断法》还对申报豁免作了规定,根据我国《反垄断法》第22条的规定,经营者集中有下列情形之一的,可以不向国务院反垄断执法机构申报:(1)参与集中的一个经营者拥有其他每个经营者50%以上有表决权的股份或者资产的;(2)参与集中的每个经营者50%以上有表决权的股份或者资产被同一个未参与集中的经营者拥有。

我国《反垄断法》本身并没有规定经营者集中的申报标准,而是委托国务院来制定具体的申报标准。2008年3月国务院发布的《关于经营者集中申报标准的规定(征求

---

① 参见曹康泰主编:《中华人民共和国反垄断法解读:理念、制度、机制、措施》,中国法制出版社2007年版,第131页。

② 参见尚明主编:《反垄断:主要国家与国际组织反垄断法律与实践》,中国商务出版社2005年版,第88页。

③ 参见澳大利亚2008年《合并指南》第2条(section 2)。

意见稿)》采用了营业额和市场占有率两个指标,不过于2008年8月1日正式通过的《国务院关于经营者集中申报标准的规定》取消了市场份额标准,其第3条规定,经营者集中达到下列标准之一的,经营者应当事先向国务院商务主管部门申报,未申报的不得实施集中:(1)参与集中的所有经营者上一会计年度在全球范围内的营业额合计超过100亿元人民币,并且其中至少两个经营者上一会计年度在中国境内的营业额均超过4亿元人民币;(2)参与集中的所有经营者上一会计年度在中国境内的营业额合计超过20亿元人民币,并且其中至少两个经营者上一会计年度在中国境内的营业额均超过4亿元人民币。营业额的计算,应当考虑银行、保险、证券、期货等特殊行业、领域的实际情况,具体办法由国务院商务主管部门会同国务院有关部门制定。同时其第4条规定,经营者集中未达到该规定的申报标准,但按照规定程序收集的事实和证据表明该经营者集中具有或者可能具有排除、限制竞争效果的,国务院商务主管部门应当依法进行调查。

此外,根据我国《反垄断法》第23条的规定,经营者向国务院反垄断执法机构申报集中,应当提交下列文件、资料:(1)申报书;(2)集中对相关市场竞争状况影响的说明;(3)集中协议;(4)参与集中的经营者经会计师事务所审计的上一会计年度财务会计报告;(5)国务院反垄断执法机构规定的其他文件、资料。申报书应当载明参与集中的经营者的名称、住所、经营范围、预定实施集中的日期和国务院反垄断执法机构规定的其他事项。

国务院《关于经营者集中申报标准的规定》总体而言是比较合理的,但是也有一些遗憾:一是仅仅考虑了银行、保险、证券、期货等特殊行业、领域的特殊性,没有考虑普通行业之间的差异;二是银行、保险、证券、期货等特殊行业、领域的营业额还需要另行规定,所以这个规定还比较粗陋,作用有限。① 另外,一方面,反垄断法只应禁止对于市场竞争有严重损害的合并,并购申报门槛不应太低,否则会给那些对市场竞争有利或者中性的合并带来不必要的成本;另一方面,企业合并是优化企业组织结构和提高企业市场竞争力的一个重要方式,也是挽救濒临破产的中小企业的一个重要途径。因此,如果被并购企业不足一定规模,合并应当免除申报义务。②

二、经营者集中审查制度

(一)国外反垄断法关于经营者集中审查的规定

一些国家的反垄断法规定,经营者集中的审查分为初审和主审两个阶段。初审期间美国、德国、日本、英国等国规定为30天,在这个"等待期间"内合并企业不得实施集中,主管机关应当在该期间内对经营者集中进行初步审查,如果认为集中对市场竞争没有严重影响,应该在期满前作出批准集中的决定。如果认为集中对市场竞争有严重影

---

① 参见陈玉祥:《经营者集中审查标准研究》,载《法制与经济》2008年第11期。

② 参见王晓晔:《〈中华人民共和国反垄断法〉中经营者集中的评析》,载《法学杂志》2008年第1期。

响,主管机关应当在初审期内作出进一步审查的决定,集中申报就进入主审程序。德国规定主审期限为4个月,联邦卡特尔局以处分的方式作出禁止合并或准许合并的决定,如果在此期间未作出禁止决定,则视为准许。

反垄断主管机关审查和决定是否批准经营者集中的实质要件,就是看该集中是否会使相关市场的竞争受到实质性限制。如美国《克莱顿法》第7条规定,禁止合并的实质要件是企业合并将实质减少竞争或旨在形成垄断;德国《反对限制竞争法》第36条规定,合并将产生或加强市场支配地位,联邦卡特尔局应禁止合并,但参与合并的企业证明也能改善竞争条件的,且这种改善超过市场支配的弊端,则不在此限。

英国在《2002年企业法》颁布后经营者集中审查制度发生了最新变化:①

第一,审查期间。《2002年企业法》规定的审查期间有所缩短,使审查更加具有效率。法案规定:正式申报的企业合并案件,审查机关必须在30天(以前为35天)内作出审查决定;非正式申报的企业合并案件,审查机关必须在40天(以前为45天)内作出审查决定。

第二,公开审查决定。法案规定,对于所有合并案件,主管机关在对其作出审查决定后,有义务在决定作出的第一时间将该决定对外公开,发表详细的声明。此项修改增加了主管机关活动的透明度,也有利于利害关系人及时作出反应。

第三,司法救济。该法案设立了竞争上诉法庭以受理有关企业合并案件。根据规定,合并企业,以及因企业合并审查机构所作出的决定受到侵害的任何人都有权向该法庭提起上诉。

(二)我国反垄断法关于经营者集中审查的规定

我国审查制度可以分为初步审查和实质审查两个阶段。

初步审查是指反垄断执法机构在较短的时间内对经营者集中进行初步评价,对那些对市场竞争秩序影响不大的集中,作出准予集中的决定;对那些对市场竞争秩序具有或者可能具有损害影响的集中,作出进一步实质审查的决定的程序。《反垄断法》第25条对此做了规定,即"国务院反垄断执法机构应当自收到经营者提交的符合本法第二十三条规定的文件、资料之日起三十日内,对申报的经营者集中进行初步审查,作出是否实施进一步审查的决定,并书面通知经营者。国务院反垄断法执法机构作出决定前,经营者不得实施集中。国务院反垄断执法机构作出不实施进一步审查的决定或者逾期未作出决定的,经营者可以实施集中"。

实质审查是指反垄断执法机构在初步审查的基础之上,在更长的时间内对经营者集中进行实质评价,作出是否准予该起经营者集中的法律程序。实质审查的时间要比初步审查的时间长,我国《反垄断法》第26条对此作出了规定,即"国务院反垄断执法机构决定实施进一步审查的,应当自决定之日起九十日内审查完毕,作出是否禁止经营

① 参见李国海:《英国竞争法研究》,法律出版社2008年版,第195~198页。

者集中的决定,并书面通知经营者。作出禁止经营者集中的决定,应当说明理由。审查期间,经营者不得实施集中。有下列情形之一的,国务院反垄断执法机构经书面通知经营者,可以延长前款规定的审查期限,但最长不得超过六十日:(一)经营者同意延长审查期限的;(二)经营者提交的文件、资料不准确,需要进一步核实的;(三)经营者申报后有关情况发生重大变化的。国务院反垄断执法机构逾期未作出决定的,经营者可以实施集中"。

我国《反垄断法》的审查程序规定具有一些明显的优点:①

首先,大多数对竞争秩序没有严重危害的经营者集中可以在时间较短的初步审查阶段获得批准,即大部分企业合并可在初步审查期的30天内得到批准。30天内没有被告知得到批准的合并,只要没有被通告进入第二审查期即实质审查阶段,合并也被视为得到了批准。较短的初步审查期限规定,有利于提高企业和市场的效率。

其次,我国《反垄断法》中审查期的规定有很大灵活性。例如,在某些复杂情况下,如经营者同意延长审查期,或者经营者提交的文件资料不准确从而需进一步核实,或者经营者申报后的有关情况发生了重大变化,反垄断执法机构可将90天的实质审查期延长至150天,这就给企业并购得到批准创造了条件。经营者可以在这段时间内,修改集中的内容,与反垄断执法机构进行协商,以获得批准。但是,这种特殊情况只适合于极少数情况,不能滥用,否则将令参与集中的经营者长期处于不确定状态,不利于企业正常经营和经济效率的提高。

最后,增加了透明度。我国《反垄断法》第26条规定,反垄断执法机构作出禁止经营者集中的决定时,应当说明理由。

从未来进一步完善我国反垄断法的视角出发,我们认为,在经营者集中申报阶段还要注意以下问题:(1)应当严格实行强制事前申报,防止事后追究带来的资源浪费;(2)应当适当提高申报标准,减小应当申报的经营者集中的范围,在不严重损害竞争的情况下鼓励经营者集中,发展规模经济。因为我国还处于发展阶段,规模经济不够发达,较低的申报标准会扩大应申报的经营者集中的范围,一方面会降低经营者参与集中的积极性,不利于发展那些有利于提高我国经济发展效率的集中;另一方面会加大反垄断执法机构的不必要的工作量,造成行政资源的浪费。

在经营者集中审查阶段:首先,应尽量缩短经营者集中审查的期限,不得滥用特殊情况的规定延长审查期限,因为这段时间内经营者处于不确定状态,不利于其发展。其次,在作出允许集中的决定时,也应当说明理由,因为反垄断执法机构面对的不仅是参与集中的经营者,还有相关市场上的其他经营者。如果集中得到批准,将会对其他经营者产生重大影响。所以,在批准集中时,也应当说明理由。

---

① 参见王晓晔:《〈中华人民共和国反垄断法〉中经营者集中的评析》,载《法学杂志》2008年第1期。

第七章　行政性垄断规制制度

第一节　行政性垄断概述

一、行政性垄断的概念

行政性垄断是有别于一般的市场垄断即经济垄断而言的，是我国学者为与传统的市场经营主体的经济性垄断行为相区别而抽象出来的一个概念，由于这种情况在转轨国家比较普遍和严重，因此它带有鲜明的转轨经济特色。① 我国在经济转轨和发展市场经济过程中遭遇的最严重的垄断问题不是跨国公司、外资企业垄断，也不是私营企业垄断，而是普遍存在且危害严重的行政性垄断。② 作为经济体制从计划经济向市场经济转轨和国家治理从人治向法治转型的最大"副产品"，行政性垄断已成为我国经济持续健康快速发展和市场经济体制进一步完善的制度性"瓶颈"，破除行政性垄断成为我国当前及今后较长时期经济体制改革和政治体制改革的重要任务，也是二者工作的主要交集。行政性垄断是行政权力在利益驱动下被扭曲和滥用，从而不当干预市场的结果，本质上是行政违法行为。行政性垄断严重破坏了自由竞争的市场秩序，阻碍了我国统一市场的形成，妨碍了社会资源的优化配置，增加了社会成本，损害了经营者和消费者的利益。另外，行政性垄断还阻碍了我国政治体制的改革和和谐社会的构建。可以说，行政性垄断问题不解决，我国的经济民主和政治民主就难以实现。因此，我国必须对行政性垄断进行严格的法律规制，为我国经济和社会发展创造良好的环境。

行政性垄断也称滥用行政权力限制竞争行为或者行政性限制竞争行为，是指市场经营主体依赖或借用行政机关和公共组织之滥用行政权力，二者合力排除或者限制竞争而形成的垄断。我国 1993 年《反不正当竞争法》第一次对行政性垄断行为进行法律规制，该法第 7 条规定："政府及其所属部门不得滥用行政权力，限定他人购买其指定的经营者的商品，限制其他经营者正当的经营活动。政府及其所属部门不得滥用行政权力，限制外地商品进入本地市场，或者本地商品流向外地市场。"我国《反垄断法》将行

① 市场经济成熟国家也在一定程度上存在行政性垄断问题，如在美国主要表现为州建立和实施进入壁垒。

② 我国现阶段和可预见的未来，市场上的垄断主要是行政性垄断，这与市场经济国家主要是经济性垄断有根本区别。

政性垄断称为行政机关和法律、法规授权的具有管理公共事务职能的组织“滥用行政性权力排除、限制竞争行为”,专设第五章进行专门的规定,第32条和第33条规定行政机关和法律、法规授权的具有管理公共事务职能的组织不得滥用行政权力实施限制竞争行为,我国在反行政性垄断立法上取得了诸多突破。但是值得注意的是,虽然我国法律专章规定行政性垄断,但并非说明行政性垄断就是我国反垄断法所规制的与滥用市场势力、限制竞争协议和经营者过度集中并列的第四类垄断行为,其实行政性垄断存在于滥用市场势力、限制竞争协议和经营者过度集中三种垄断行为之中,是促成我国垄断现象(行为)发生的一种因素和我国垄断行为具备的一种转轨阶段之特质。

二、行政性垄断的成因

行政性垄断在我国表现突出,其产生的原因比较复杂,既有历史的原因又有现实的原因,既有政治的原因又有经济的原因。具体而言,行政性垄断产生的主要因素包括:①

(一)行政性分利集团的产生是产生行政性垄断的前提

“分利集团”或称“利益集团”,一般是指“一个持有共同态度、向社会其他集团提出要求的集团”。美国经济学家奥尔森(Mancur Olson)在《国家兴衰探源》这一著作中提出并论证了以下观点:允许自由地建立各种组织而又长期没有动乱或入侵的国家,其经济增长受到分利集团的阻碍和危害也更严重。奥尔森认为,分利集团之所以会阻碍经济增长,主要是这些特殊的利益集团具有排他性,它们阻碍了技术进步,资源的流动与合理配置;它们降低了生产经营活动的报酬,提高了社会交易成本而降低了社会经济效益。奥尔森说:“希望采取集体行动以增加其收入份额的组织,不会关心社会总收益的下降或‘公共损失’。因此,用分蛋糕来比喻社会总收益的分配还不够恰当,更近似的比喻是在瓷器店里争夺瓷器:一部分人虽然多拿了一些,但是还会同时打破一些本来大家可以分到手的瓷器。”②实施行政性垄断的主体所谋取的利益是一种集团利益,行政性垄断的结果也不是增加了社会总收入,而是减少了社会总收入。③ 由此看来,在我国主要为国有企业和国有控股企业的市场主体④和国家相关经济管理主体不正当地追求经济利益是行政性垄断发生的根本动力。

(二)利益分配制度不合理是行政性垄断产生的外在条件

我国新旧体制转轨是产生行政性垄断的根源。现有的财政政策造成了地区、部门利益的强化。任何扭曲的社会现象都是和经济利益相关联的。改革开放后,地区、部门利益日趋突出,尤其在实行财政分灶吃饭后,本地、本部门企业的经营好坏,直接影响财

---

① 参见孙晋:《三峡旅游公司涉嫌垄断经营的法律思考》,载《法治研究》2007年第5期。

② 参见[美]曼库尔·奥尔森:《国家兴衰探源》,吕应中等译,商务印书馆1999年版,第51页。

③ 参见李道揆:《美国政府和美国政治》,中国社会科学出版社1990年版,第271页。

④ 在我国,国有独资企业和国有控股企业与公用企业和自然垄断企业往往是重合的。

政收入的高低,而本地区财政收支的状况,直接与本地管理者的经济收入相关。这种企业效益与财政收入高低的关联性,使企业的生产经营成为政府必须关注的一个重要问题。实践中,当企业在竞争中缺乏竞争力、经济效益受到威胁,有的政府部门不是帮助企业通过正确的市场决策增强竞争能力以尽快适应市场,而是直接用行政命令等简单直接的方式限制、排斥或阻碍外地同类企业或外部门企业参与竞争。为达到较好的地方财政状况而追求地方、部门利益的欲望,是行政性垄断产生的内在动力,是行政性垄断屡禁不止的重要原因。

(三)制度约束欠缺——行政性垄断的外生条件

行政性垄断是与产权不明、政企不分、市场体系不完备等现有体制相适应的,它不可能在体制内部自我消化,而只能依靠外界即法律的力量进行规制。由于行政性垄断是经济转型时期的畸形产物,它存在计划经济条件下的合理性与市场经济条件下的矛盾性的双重特征,因此人们对其看法也不尽统一,没有形成主流观点,在争论中延误了立法时机,即使到现在仍然有少数学者坚持己见,使行政性垄断泛滥。我国法制还不够完善,对行政机关和得到授权的具有管理公共事务职能的组织为寻租而滥用行政权力的制度约束机制存在诸多漏洞,这是行政性垄断长期泛滥的制度因素。

三、行政性垄断的特征

与反垄断法规制的其他垄断行为相比,行政性垄断行为具有以下特征:

第一,行政性垄断的行为主体是享有行政公权力的政府及其所属部门。具体而言,主体包括国家行政机关和其他经法律、法规授权、委托行使行政管理权的社会组织。基于行政性垄断和国家垄断的区别,国家垄断是中央政府依据国家有关法律和相关经济政策而实施的合法垄断,所以这里的行政主体不包括中央政府即国务院。但在我国政企还没有完全彻底分开的现实情况下,也存在有的国务院部委可能为了与其有利益关系的中央企业的利益实施限制竞争行为,所以国务院下属部委不应该完全被排除在行政性垄断主体之外。另外,将得到行政管理授权的社会组织列入行政性垄断主体范围,是为了增强规制的准确性和有效性。在实践中,一些社会组织包括公共组织和个别中央企业兼有管理职能和经营职能,更容易利用管理优势为其经营行为服务,谋取垄断地位或者实施限制竞争行为。2004 年以来,得到国家一定行政授权的三峡工程总公司与其他经营者合资设立的三峡旅游有限公司,在当时利用垄断三峡工程建设专用公路的使用权从而控制三峡大坝的旅游资源,就是一个典型的案例。①

第二,行政性垄断的实施方式是行政权力的滥用,具有违法性。与经济垄断的市场行为方式不同,行政性垄断是行为主体通过行政手段将行政管理权直接或间接地作用于市场经营活动从而扭曲市场竞争。这种行政管理权的行使不符合法律法规的授权要求,违背了“法无明文授权便无权行政”的法治原则,是滥权的表现,所以说行政性垄断

---

①　参见孙晋:《三峡旅游公司涉嫌垄断经营的法律思考》,载《法治研究》2007 年第 5 期。

行为具有违法性。从本质上看，行政性垄断行为兼具经济违法和行政违法双重属性，对其加以规制既需要竞争法律制度规范，又需要重视行政法律制度对该种行政违法行为的有效治理。①

四、行政性垄断的主要表现和危害

作为经济体制转轨和国家治理转型的产物和行政权力滥用的结果，行政性垄断在我国有多种多样的表现形式，大多数学者同意按照行政权力的辐射范围和辐射方向，将行政性垄断分为横向分割市场的地区行政性垄断和纵向分割市场的部门行政性垄断。②

地区行政性垄断简称地区垄断，也称地区封锁，是指某一地区的行政主体为了保护本地区经营者的利益，滥用地方行政权力设置市场障碍，排斥、限制外地经营者参与本地市场竞争的行为。这种地方保护主义是最普遍、最典型的行政性垄断。为了规范和打破地区垄断，国务院在2001年4月21日专门发布了《关于禁止在市场经济活动中实行地区封锁的规定》（于2011年被修订），该规定第4条列举了8种典型的地区垄断行为：（1）限定、变相限定单位或者个人只能经营、购买、使用本地生产的产品，或者只能接受本地企业、指定企业、其他经济组织或者个人提供的服务；（2）在道路、车站、港口、航空港或者本行政区域边界设置关卡，阻碍外地产品进入或者本地产品运出；（3）对外地产品或者服务设定歧视性收费项目，规定歧视性价格，或者实行歧视性收费标准；（4）对外地产品或者服务采取不同的技术要求、检验标准，或者对外地产品或者服务采取重复检验、重复认证等歧视性技术措施，限制外地产品或者服务进入本地市场；（5）采取专门针对外地产品或者服务的专营、专卖、审批、许可等手段，实行歧视性待遇，限制外地产品或者服务进入本地市场；（6）通过设定歧视性资质要求、评审标准或者不依法发布信息等方式，限制或者排斥外地经营者参加本地的招投标活动；（7）以采取同本地经营者不平等的待遇等方式，限制或者排斥外地经营者在本地投资或者设立分支机构，或者对外地经营者在本地的投资或者设立的分支机构实行歧视性待遇，侵害其合法权益；（8）实行地区封锁的其他行为。地区封锁和垄断最大的危害就是把全国统一市场加以分割，阻碍全国统一市场的形成，使社会资源不能在全国范围内得以优化配置。

部门行政性垄断简称部门垄断，是指经济行业部门的政府主管机关滥用其拥有的投资权、资源管理权、企业管理权、财政权等，限制或者阻止本行业内其他经营者或者其他行业经营者从事某种经营活动，限制竞争，使其支持的经营者实现垄断，谋取垄断利润。有关行政主管部门为了保护本部门或本行业的利益，借助经营者和自身存在的隶属关系和利益关系，滥用审批、许可等行政权力，以优惠、保护等措施来实施限制交易和

---

① 参见吕明瑜：《竞争法教程》，中国人民大学出版社2008年版，第191页。

② 参见徐士英等：《竞争法新论》，北京大学出版社2006年版，第195～196页。

排斥竞争的行为。部门垄断最大的危害就是将统一的市场进行纵向分割，在行业内资源无法得到优化配置。

单就行政性垄断的危害而言，无论地区封锁还是部门垄断，除了人为地分割市场、破坏市场的统一，使社会资源配置效率低下，其行为还侵害了经营者的公平竞争权，最终还损害了广大消费者的合法权益。此外，在危害上与经济垄断最大的不同就是，行政性垄断还扰乱了国家行政秩序，行政权力的滥用在经济上往往获取巨额垄断租金，成为滋生腐败的"温床"。① 所以，我国反垄断法当前面临最严峻、最重要、最艰难的任务是规制行政性垄断。

第二节　我国《反垄断法》对行政性垄断的规制

我国《反垄断法》在限制行政性垄断方面有总则中的第 8 条、整个第五章和第七章的第 51 条。尽管这些规定在当前的法律和政治体制中并不能够完全遏制行政性垄断，但这不仅体现了我国普通民众反对行政性垄断的利益诉求，也表明了我国《反垄断法》具有规制行政性垄断的功能。《反垄断法》在我国首次对行政性垄断作出明确系统的规定，是我国法治进步的表现，其主要的制度突破体现在以下几个方面：

一、在总则中对行政性垄断做了原则性的规定

我国《反垄断法》总则第 8 条规定："行政机关和法律、法规授权的具有管理公共事务职能的组织不得滥用行政权力，排除、限制竞争。"在总则中作出原则性规定，可以适应现实经济生活中行政性垄断表现形式的多样性与复杂性。现实中行政性垄断行为非常复杂，法律不能一一列举，原则性的规定赋予了反垄断执法机构自由裁量权。对第五章没有明确规定，但又确实属于滥用行政权力排除、限制竞争的行为，就可以依据总则的原则性规定处理，以免挂一漏万。同时，在总则中规定也体现了最高立法机关对规制行政性垄断的重视。

二、在分则中列举了行政性垄断的具体表现形式

我国《反垄断法》对行政性垄断的规定采用的是概括加列举的方法，除总则的原则性规定外，还在分则中列举几类行政性垄断的具体特征，对其进行全面界定。专章列举行政性垄断的具体表现形式有助于明确其具体外延和外在特征，便于反垄断执法机关运用法律准确判断和辨别行政性垄断行为，增强法律本身的可操作性。《反垄断法》第五章专章共 6 条对行政性垄断的几种典型表现形式作出规定，包括：

---

① 参见王显勇：《竞争法教程》，法律出版社 2008 年版，第 223 页。

(一)对行政机关指定交易的行为进行规定[①]

指定交易在理论上是一种独立的,与地区封锁和部门垄断并列的行政性垄断形式,但在实践层面上,指定交易往往又是地区封锁或部门垄断的方法或手段。行政主体为了地方经济利益或本单位、本部门的利益,通常会指定交易,基本形式有强制出售、强制购买和强制使用三种,被限制的对象既包括经营者也包括消费者。对指定交易行为进行规制,可以维护其他经营者和消费者的利益。我国《反垄断法》第 32 条对指定交易进行了规定。

(二)对限制商品自由流通的地区垄断进行列举和限制

地区垄断阻碍了商品的自由流通和市场竞争,使全国本应统一的市场被人为地分割成一个个狭小的地方市场,妨碍资源自由流动和优化配置,危害统一、开放、竞争的市场体系。我国《反垄断法》第 33 条对地区垄断作了较详细的规定,同时考虑到在实践中地区垄断的具体情形比较复杂,所以第 5 项作为兜底条款,以使各种地区垄断行为都能纳入《反垄断法》的规制范围。

(三)对排斥或限制招投标行为进行限制[②]

招投标是一种竞争采购方式,要求公正性、公平性、公开性,使投标人有均等的机会,使招标人有充分的选择机会。因此,招投标机制最具市场经济的特征,是一种规范的市场交易方式,可以实现资源的优化配置。当前,招投标中有的政府经常滥用行政权力,排斥或限制外地经营者参加本地的招投标活动。这就破坏了招投标中的竞争机制,割裂了全国统一的大市场,具有极大的危害性。我国《反垄断法》第 34 条对此作了较详细的规定。

(四)对排斥或限制投资或设立分支机构进行限制

在实践中,有的地方政府为了自己的利益,在某些如稀有资源开发等高收益项目上抱着"肥水不流外人田"的错误观念,利用歧视性的投资政策,实行地方保护,排斥外地经营者在本地投资或设立分支机构,这严重损害了其他经营者的利益,也阻碍了全国统一市场的建立。我国《反垄断法》第 35 条对此作了较详细的规定。

(五)对强制经营者从事垄断行为进行限制

有的地方政府常常以调整产业结构等为借口推动经营者集中或从事垄断。这违背了市场交易的自愿、公平和等价有偿原则,不但损害了企业的经营自主权,还严重扭曲了市场竞争机制,因此必须对此种行为进行规制。我国《反垄断法》第 36 条对此作了

---

① 指定交易又称强制交易,是指行政机关及其授权组织违背市场经济平等自愿原则,利用国家赋予的行政权力,限定或者变相限定有关单位或个人只能经营、购买、使用其指定的经营者提供的商品或服务,而排斥其他经营者的商品或服务的行为。

② 所谓招投标,是指采购人事先提出货物、工程或服务的采购条件和要求,邀请众多投标人参加投标并按照规定程序从中选择交易对象的一种市场交易行为。

较详细的规定。

(六)对行政性垄断行为的制止扩展至抽象行政行为

我国《反垄断法》第37条对此作了规定。由于行政行为是行政性垄断的外部表现,我们借鉴此类方法,将行政性垄断行为分为具体行政性垄断与抽象行政性垄断。

具体行政性垄断是指行政主体针对特定行政相对人,以具体行政行为方式实施的行政性垄断行为。其对象明确、具体;其行为的内容和结果将直接限制特定市场上的竞争,侵害相关主体的权利;其具有可诉性。

抽象行政性垄断行为是指行政机关制定针对不特定多数人的具有普遍约束力的规范性文件的行为。[①] 其对象广泛、不特定;抽象行政性垄断行为依据的规范性文件,可在不特定的长时期内反复适用,主要表现为行政立法行为和制定规范性文件两大类;其不具可诉性。[②] 我国的行政性垄断大多表现为抽象行政性垄断,从表面上看,很多限制竞争行为便有了合法性。造成这种现象的原因主要是我国一些法律、行政法规都把各种规章或规范性文件的制定权授予各个行政部门但没有有效的监督制约机制,结果是有的行政主体为了本地区、本部门甚至是个人的利益而滥发红头文件来扩大自己的权力,实施行政性垄断行为。由于这种行为适用的对象具有不特定性且可以反复使用,其危害性比具体的行政性垄断更大,所以应该对其严格制止。[③] 把抽象行政性垄断行为纳入规制范围,这对我国建立自由公平的市场竞争秩序有着重要的意义,体现了我国经济法具有既要矫正市场失灵又要匡正政府失败的特殊功能。[④]

三、规定了行政性垄断的法律责任

我国《反垄断法》第51条规定:"行政机关和法律、法规授权的具有管理公共事务职能的组织滥用行政权力,实施排除、限制竞争行为的,由上级机关责令改正;对直接负责的主管人员和其他直接责任人员依法给予处分。反垄断执法机构可以向有关上级机关提出依法处理的建议。法律、行政法规对行政机关和法律、法规授权的具有管理公共事务职能的组织滥用行政权力实施排除、限制竞争行为的处理另有规定的,依照其规定。"

明确规定行政性垄断责任主体应该承担法律责任,能够保障反行政性垄断起到实际效果。

---

① 参见朱维究、王成栋主编:《一般行政法原理》,高等教育出版社2005年版,第311页。

② 参见应松年主编:《行政法学新论》,中国方正出版社1999年版,第185页。

③ 参见段宏庆、胡倩:《"经济宪法"奠基》,载《财经》2007年第18期。

④ 参见孙晋:《论经济法基本性格的二重性》,载《法商研究》2001年第1期。

第三节 我国《反垄断法》规制行政性垄断的制度缺失

我国《反垄断法》的颁布意味着对行政性垄断的规制有了明确的法律依据。然而在该法制定过程中,行政性垄断是最具争议的问题,这决定了其最终是各个利益群体之间博弈和妥协的产物。因此,尽管《反垄断法》对禁止行政性垄断作了规定,但仍然存在制度缺失,具体表现在以下几个方面:

一、我国《反垄断法》对行政性垄断的规定有缺陷

(一)对行政性垄断的概念未作规定

我国《反垄断法》并未使用"行政性垄断"的概念,只是提出"行政机关滥用行政权力排除、限制竞争行为",这不利于对行政性垄断进行明确的认定。

同时,立法没有对"滥用行政权力"的概念和范围进行界定。对"滥用行政权力"的不同理解直接导致我国对行政性垄断行为的认定不一和认识混乱。

一个普遍观点是,"滥用行政权力"的本质是自由裁量权的滥用,主要表现形式是违背法定目的,明显违背常理,随意裁量,主要适用于对自由裁量行政行为的判断。即滥用行政权力只是众多行政违法状态的一种,指行政主体在权限范围内,不正当地行使行政权力,而违反法定目的的具体行为。① 但这样理解"滥用行政权力"就会仅仅针对自由裁量行政行为而未涵盖违法的羁束行政行为和抽象行政行为。体现在行政性垄断上,就会得出我国《反垄断法》只能规制行政机关滥用自由裁量权的行政性垄断行为,而对现实中普遍存在的由羁束行政行为和抽象行政行为引起的行政性垄断则无法规制,这就会缩小《反垄断法》所规制的行政性垄断的范围,直接导致大量存在的抽象行政性垄断游离于法律规制之外。

(二)对国家垄断的保护范围未予明确规定

我国《反垄断法》第 7 条规定,"国有经济占控制地位的关系国民经济命脉和国家安全的行业以及依法实行专营专卖的行业,国家对其经营者的合法经营活动予以保护"。这实际上是对国家垄断进行保护。

行政性垄断和国家垄断其实并不是一回事。国家垄断依据的是国家权力机关制定的法律和国家政策,符合国家利益和社会公共利益,是合法垄断;行政性垄断无合法依据,所代表的是地方利益、部门利益,以及本地区或本部门企业的利益,是非法垄断。②

出于规模经济效益和国家经济安全的考虑,在一定的行业中实行国家垄断是必要

---

① 参见胡建淼主编:《行政违法问题探究》,法律出版社 2000 年版,第 292~293 页。

② 参见孙晋:《反垄断法适用除外制度构建与政策性垄断的合理界定》,载《法学评论》2003 年第 3 期。

的,但我国《反垄断法》对国家垄断的保护范围规定不明,这种模糊的界定会使某些国有企业借着国家垄断的名义将行政性垄断的触角延伸至本不应进入的行业或领域,实施行政性垄断行为。①

(三)忽视了当前普遍存在的逆向歧视问题

我国《反垄断法》只规定了禁止对外地企业进行歧视。然而现实中出现了很多逆向歧视现象,即一些地方政府大力招商引资,认为"外来和尚好念经",对外国或外地资本青睐,对本地民营中小企业却未鼓励甚至横加打压。其原因无非是摆脱不了有个别官员扭曲的政绩观——外资进入能在短时间内给当地带来大量资金,从而促使当地GDP快速上升,而本地中小型民企则难以望其项背。其结果是由于对本国企业、本地企业的逆向歧视而限制甚至排挤了本地的竞争者。我国《反垄断法》对这一现象的忽略不能不说是一大遗憾。

二、我国《反垄断法》对执法机构的规定不完善

(一)我国反垄断执法体制的现状

我国的反垄断执法采取了"三层次多机构"的体制。② 执法层次为:(1)国务院反垄断委员会;(2)国务院规定的承担反垄断执法职能的机构;(3)经国务院反垄断执法机构授权的省、自治区、直辖市人民政府相应机构。即国务院反垄断委员会负责组织、协调、指导反垄断工作;具体执法由国务院规定的承担反垄断执法职责的机构来进行;省、自治区、直辖市政府依授权设立相应的反垄断执法机构。

在具体的执法机构上,根据我国当前与反垄断相关的法律法规,由商务部、国家发展和改革委员会、国家市场监督管理总局负责《反垄断法》的具体执法工作。此外,反垄断执法机构还可能涉及多个行业监管部门,比如国家能源局、银保监会等,反垄断执法机构很可能是这种"3+X"的局面。

(二)现行反垄断执法体制规制行政性垄断的弱点

1. 缺乏独立性。商务部、国家发展和改革委员会、国家市场监督管理总局和它们的下属机构都是政府的组成部门,根据行政原则,它们都受各级政府的直接领导,对行政机关有很强的依附性。在行政性垄断的背后一般都有个别政府保护地方企业或保护某些大企业的动机,关系盘根错节,调查难度很大,如果反垄断执法机构没有相当大的独立性,它就无法有效地限制行政性垄断行为。

2. 缺乏专业化的执法人员。上述反垄断执法机构的执法人员都是一般的行政管理人员,大多缺少经济学、法学等学科专业知识储备。而行政性垄断一般都很复杂,涉及多方面的知识。必然会出现难以胜任反垄断执法任务的情况。

3. 缺乏明确的权力规定。由于行政性垄断具有强大的行政力量做后盾,反行政性

---

① 参见朱家贤:《反垄断立法与政府管制》,知识产权出版社2007年版,第135页。

② 郭宗杰:《行政性垄断之问题与规制》,法律出版社2007年版,第128页。

垄断执法机构在规制行政性垄断时必须具有明确的、强大的权力。只有这样,才能使其在规制行政性垄断中有明确的法律依据,同时可以排除行政机关对执法的干扰,真正发挥其作用。但我国《反垄断法》对反垄断执法机构的权限只规定了检查权、询问权、查阅权、复制权,对其他权力并无明确规定。

4. 缺乏统一协调机制。由于各种利益的制约和立法技术的限制,我国《反垄断法》对执法机构的现行规定是对现存体制的迁就。多部门分散执法体制必然会造成执法部门之间相互争夺管辖权或相互推诿的情况,出现监管越位、缺位、错位,这就不可避免地会出现责权脱节、执法成本高而效率低的弊端。更严重的是,多头执法会导致衡量标准和执法尺度不统一,违背了市场经济统一规则的要求,影响执法处理结果的公正性。①

同时,我国《反垄断法》对反垄断执法机构与行业监管机构的关系未予明确。我国在电信、电力、铁路、石油、银行等关乎国计民生的行业都设立了主管部门或者监管机构。当这些行业的企业实施行政性垄断时,应该运用行业监管的法律还是《反垄断法》,以及是由监管部门还是由反垄断执法部门执法,这在我国反行政性垄断中是个不得不面对的问题。②

三、我国《反垄断法》对行政性垄断的法律责任规定不完善

(一)其他法律法规适用优先原则不合理

根据我国《反垄断法》第51条第2款的规定,一些行政法规的效力将优于全国人大常委会制定的《反垄断法》,这无疑会削弱该法的权威,影响其实施效果。电信、电力、银行、邮政、铁路等行业都有自己的监管机构或主管部门,如果这些机构都"另有规定",且效力还高于《反垄断法》,那么《反垄断法》岂不成了一纸空文?而且我国《反垄断法》中包括众多社会公共利益条款的产业政策的规定,这些内容尽管有其合理性,但也使企业和政府可以以"社会公共利益"为名而主张产业政策优先,甚至行行政性垄断之实。③

(二)对行政性垄断的法律责任规定不完善

我国《反垄断法》第51条规定,行政机关等部门实施排除、限制竞争行为的,由上级机关责令改正,对直接负责的主管人员和其他直接责任人员依法给予处分。该规定存在的问题是,法律对行政性垄断行为只规定了行政责任,与经济垄断行为的法律责任规定不同。

一方面,对于经济垄断行为,我国《反垄断法》规定了行政责任和民事责任,而对行政性垄断只规定了行政责任;另一方面,即使同为行政责任,其具体内容也有不同,对于

---

① 参见游劝荣主编:《反垄断法比较研究》,人民法院出版社2006年版,第53页。

② 参见李国海:《反垄断法实施机制研究》,中国方正出版社2006年版,第64页。

③ 参见李海涛:《美国行政垄断管制及其启示——兼评我国〈反垄断法〉关于行政垄断的规定》,载《东方法学》2008年第3期。

经济垄断行为的行政制裁以行政处罚为主，而对于行政性垄断行为则以行政处分为主。[①] 行政性垄断在保护部分企业的同时必然会损害另一些相关企业的民事权益，并且还会侵犯消费者的民事权益，当然要承担相应的民事责任。另外，行政性垄断在产生严重的社会危害时就会具有刑事违法性，应受到刑法追究。因此，行政性垄断具有行政、民事和刑事三重违法性，这就决定了行政性垄断责任必须是兼有行政责任、民事责任和刑事责任的综合责任。[②]

同时，"责令改正"责任形式在法律实践中难以应用。因为究竟由谁请求上级机关责令改正，应在多长时间内责令改正，不予改正的法律责任是什么等都缺乏明确的规定。另外，"责令改正"本身并不是制裁，它只是要求违法行为人履行法定义务，纠正违法行为，消除不良后果，恢复原状，因而本质上是教育性而非惩罚性的，一般适用于行政不当和行政程序违法的救济。而行政性垄断明显违反国家法律，属于严重的行政违法行为，不属于行政不当行为，也不是行政程序违法行为，故对行政性垄断适用"责令改正"不恰当。[③]《反垄断法》应规定有权机关应当宣告行政主体行政性垄断行为无效，而不是"责令改正"。

我国《反垄断法》对三种经济性垄断行为规定了行政责任和民事责任，但对行政性垄断仅仅规定了并不是行政制裁措施的"责令改正违法行为"和"行政处分"这两种行政责任，"同罪不同罚"使《反垄断法》对行政性垄断行为法律责任的规定极不合理。

（三）在对行政性垄断行为制裁主体上，排除了反垄断执法机构的管辖权

我国《反垄断法》第 51 条的规定表明，对于行政性垄断行为，直接的制裁主体是"上级机关"，反垄断执法机构只有建议权，没有直接处罚或处分权，不能直接作出制裁决定。这将会削弱反垄断执法机构规制行政性垄断行为的能力，不利于该法发挥其应有作用。其原因如下：

首先，政府机关的上下级之间容易具有保护情结。另外，行政性垄断多存在地方或部门经济利益，有的垄断行为就是在上级的命令或默许下进行的。

其次，由于该条的规定，即使反垄断执法机构提出了建议，上级机关可以按建议行事也可以不按建议行事，因为建议本身并没有强制性。

最后，一方面，"上级机关"不是一个确定的机关，更不是一个确定的司法机关，如果要授权上级机关纠正下级机关的违法行为，法律上应当就立案、调查、裁决等一系列程序作出规定。另一方面，行政性垄断本身的复杂性决定了其执法具有很强的专业性，需要执法人员有较高的法学及经济学素养，而这些"上级机关"的工作人员不一定具备

---

① 参见王晓晔主编：《中华人民共和国反垄断法详解》，知识产权出版社 2008 年版，第 264 页。

② 参见王文杰：《反垄断法的立法与实践经验》，清华大学出版社 2004 年版，第 76 页。

③ 参见孙晋：《我国〈反垄断法〉法律责任制度的缺失及其完善》，载《法律适用》2009 年第 11 期。

这种素质。[①]

(四)没有对行政性垄断受益企业和受益企业的高管规定责任

我国《反垄断法》没有对行政性垄断受益企业规定单位责任。不对行政性垄断行为的受益企业进行制裁,就使其可以只分享行政性垄断行为的收益而不必承担责任,使其可以无拘无束地实施行政性垄断。《反垄断法》也未将任何一种法律责任延伸至企业高管人员,即行政性垄断的责任主体未包括经营者的董事、经理等高级管理人员和其他直接责任人,他们就会为了高额垄断利益而积极推动本企业实施行政性垄断行为。

对受益企业不规定单位责任,对受益企业高管不追究个人责任,实际上是法律对企业和企业高管实施行政性垄断行为的鼓励和纵容。

四、我国《反垄断法》对行政性垄断的司法救济制度规定不完善

在抽象行政性垄断上,根据《行政诉讼法》第 13 条的规定,[②]将抽象行政行为排除在法院的受案范围之外。并且根据《反垄断法》第 51 条"反垄断执法机构可以向有关上级机关提出依法处理的建议"的规定,没有赋予反垄断执法机构直接依法处理抽象行政性垄断行为的权力,反垄断执法机构只能建议实行抽象行政性垄断行为的行政机关或上一级行政机关改变或撤销该行为,而无权直接责令其改变或撤销。所以,我国《反垄断法》对抽象行政性垄断的规定实际上不具可操作性,抽象行政性垄断行为无法得到司法救济。

在具体行政性垄断上,我国没有司法审查制度,即使具体行政性垄断的案件被法院受理,法院也只能宣告该具体行政行为无效或撤销该具体行政行为,而无权对其所依据的命令、指示、批复进行审理。结果是具体行政行为被宣告无效或被撤销后,其所依据的命令、指示、批复仍然有效,行政性垄断有死灰复燃的可能。

同时,《反垄断法》仅规定行政性垄断救济的行政途径,既没有赋予受行政性垄断侵害的企业和消费者提起民事诉讼的权利,也没有赋予他们提起行政诉讼的权利。受害企业和消费者只能通过向上级行政机关检举控告或者信访,提起监督程序,或者借助新闻媒体披露曝光。然而这些救济方式间接且微弱,远不足以保护他们的合法权益。[③]

---

① 参见杨兰品:《中国行政垄断问题研究》,经济科学出版社 2006 年版,第 83 页。

② 该条规定:"人民法院不受理公民、法人或者其他组织对下列事项提起的诉讼……(二)行政法规、规章或行政机关制定、发布的具有普遍约束力的决定、命令……"

③ 参见尚明主编:《反垄断法理论与中外案例评析》,北京大学出版社 2008 年版,第 273 页。

第四节　完善我国《反垄断法》规制行政性垄断的规定

一、制定完善我国《反垄断法》的实施细则

我国《反垄断法》仅8章57条，立法粗线条、原则性强、弹性规定多，在具体案件的适用中难免会出现理解歧义、界定困难等问题。《反垄断法》执行中的专业性很强，要求法律具有明确性。因此，为了增强法律的实际可操作性，需要尽快制定相应的实施细则来对相关法律条文进行细化。只有这样，才能从根本上缓解由于《反垄断法》规定的过于原则，从而使很多规定不具有实际可操作性而导致的执法困境。原国家工商行政管理总局发布的于2009年7月1日生效的《工商行政管理机关制止滥用行政权力排除、限制竞争行为程序规定》(已失效)在这一方面迈出了积极的一步，但还远远不够。

同时，在制定实施细则时注意与《价格法》《反不正当竞争法》和各种行业监管法之间进行协调，使不同的法律在规制行政性垄断时不致产生冲突。

二、完善我国《反垄断法》对行政性垄断内容规定的缺陷

在我国《反垄断法》对行政性垄断内容的规定上，我们应该从以下几个方面加以完善：

(一)明确行政性垄断的概念

我国《反垄断法》将“行政性垄断”限定为“滥用行政权力，排除、限制竞争”。这样的规定不能涵盖所有的行政性垄断。应将“行政性垄断”定义为“通过违法行政行为，排除、限制竞争”。因为“违法行政行为”的内涵要远大于“滥用行政行为”的内涵，可以更全面地规制现实中各种行政性垄断行为。同时，应明确规定这里的“法”应仅限于宪法、法律和行政法规，倘若将其扩大至规章和地方性法规，就可能出现行政主体自设权力以实施垄断的问题。

(二)明确界定“关系国民经济命脉和国家安全的行业”的范围

根据我国的具体国情，应尽量明确只有军工等少数行业才属于“关系国民经济命脉和国家安全”的行业，这些行业实施的行政性垄断受法律保护。并且还要对这些行业受保护的具体范围和程度进行界定，对非法扩展自己垄断范围和程度的行为进行制裁。①

(三)明确规定禁止进行逆向歧视

针对现在普遍存在的逆向歧视问题，为了使本地和外地的企业处于平等的竞争地

---

① 参见孙晋、范舟、秦丽：《我国食盐业专营垄断之变异、危害及其纠补》，载《中南大学学报》(社会科学版)2010年第2期。

位,维护公平的经济秩序,在《反垄断法》中明确规定地方政府不得对地方企业尤其是地方民营中小企业进行逆向歧视,对逆向歧视行为加以禁止。

三、完善反垄断委员会的规定

职能决定了反垄断委员会委员绝不是一般人员所能胜任,要求其具备深厚的法学、经济学、管理学等综合专业知识。我们可以设立一套严格的人事选拔与资格审查程序,该委员会至少应由法学家和经济学家参与。同时,为使反垄断委员会协调机制真正能发挥作用,需要给予其参与经济政策决策权、发布对具体的行政性垄断禁令权、对违反《反垄断法》的地方性法规的停止执行建议权和提请撤销权等实质性权力。

四、完善反垄断执法机构的规定

针对我国反垄断执法机构的现状及其弊端,我们在完善反垄断执法机构方面应当坚持:

(一)高度独立性原则

反垄断执法机构执法活动的高度独立性是确保其执法公正性和有效性的前提。

由于垄断特别是行政性垄断背后的行政力量都很大,如果反垄断执法机构不具独立性,反垄断法就不可能得到实行,反行政性垄断的任务也就不可能实现。[①] 因此,在制度设计上应保证执法人员在处理行政性垄断中有独立办案的权力。为保证反垄断执法机构的独立公正,应对执法人员作出任职义务规定,执法人员在任职期间,不得兼任其他国家机关或企事业单位的任何职务或以其他任何方式参与市场交易,以保证执法人员处于超然的独立地位;同时,用制度保障执法人员的权利,非经法定程序和法定事由不得被解职或罢免,以确保人员和机构的独立性;如果发生反垄断执法人员渎职行为,除应当罢免其职务并依法追究其相应责任外,还要终身禁止其再进入反垄断执法队伍。

(二)执法人员专业化原则

《反垄断法》与其他法律的重要区别是其高度原则性和技术性,这决定了反行政性垄断执法本身异常复杂、案件处理结果影响大,这些因素都要求执法人员要具备深厚的专业知识和精湛的业务技术。国外反垄断实践说明反垄断工作绝不是一般行政管理人员所能胜任。我们应加快建设一支高素质的专业反垄断执法队伍来应对我国的行政性垄断。

(三)职权明确原则

只有给反垄断执法机构赋予明确的职权,才能使反行政性垄断执法工作落到实处。我国《反垄断法》只规定了检查权、询问权、查阅权、复制权,这些权力在规制经济垄断时就可能不够,对行政性垄断这种有深厚行政背景的垄断就更难进行规制。

---

① 参见李国海:《反垄断法实施机制研究》,中国方正出版社2006年版,第103页。

鉴于行政性垄断行为的特殊性，可以借鉴国外的经验，反垄断执法机构应享有以下权力：规章制定权、行政审批权、行政强制措施权（如采取强制停止、强制解散、查封、扣押等）、行政处罚权、行政裁决权、行政处分建议权和移送司法机关处置权。[①] 此外，针对抽象行政性垄断行为，还要赋予其规章异议权，即规章规定可能导致行政性垄断时应向相应的上级机关或人大常委会提出异议，使违反《反垄断法》的规章得以撤销。

（四）多机构协调原则

鉴于现阶段我国反垄断多头执法的现状，要尽快协调好三个主要的反垄断执法机构即国家市场监督管理总局、国家发展和改革委员会、商务部之间的关系。在法律实施中做到执法沟通与信息共享，甚至可以像央行、证监会、银保监会那样设立联席会议制度，保证对同一案件或同类案件的认定和处理结果具有统一性，确保反垄断执法的公平性和权威性。

同时，还要协调好反垄断执法机构和各行业监管机构之间的关系。我国许多行政性垄断行业都有自己的监管机构，若各监管机构在其各自监管的行业内对行政性垄断行为享有排他性管辖权，反垄断执法机构就会成为一个摆设，因为行业监管机构执行反垄断任务时容易站在被监管者的立场上，成为被监管者的“保护伞”。而我国现实中的行政性垄断行为，大多是来自这些被监管的行业。在这个问题上，我们可以吸收国外的经验——行业监管机构无权处理反垄断案件。[②]

最后，在条件成熟时，建立起统一独立的反垄断执法机构，直属国务院，其人事制度和财政制度独立，对地方上的反垄断分支执法机构实行垂直领导。

五、完善行政性垄断的法律责任体系

（一）统一行政性垄断的法律责任

由于在我国《反垄断法》颁布之前，有些行业监管部门对本行业的竞争秩序负有监管职责，这些监管部门都制定了自己的部门法，如《电信法》《航空法》《电力法》，另外还有已实施的《反不正当竞争法》《价格法》，这些法律法规对行政性垄断的法律责任与《反垄断法》的规定存在矛盾。[③] 应该对这些法律法规不符合《反垄断法》的内容进行修改和删除，建立起有效的协调、衔接机制，使行政性垄断的法律责任得到统一。

（二）完善行政性垄断的行政责任制度

首先，要完善行政性垄断主体的行政责任内容。我国《反垄断法》对行政性垄断主体的行政责任仅仅局限于“由上级机关责令改正”，起不到惩戒作用。还应包括撤销违法行政行为、宣布无效、行政赔偿、行政处分和行政处罚等。其中，撤销违法行为和宣布无效主要是针对抽象行政性垄断行为设置的。

---

① 参见游劝荣主编：《反垄断法比较研究》，人民法院出版社2006年版，第98页。

② 参见郭宗杰：《行政性垄断之问题与规制》，法律出版社2007年版，第32页。

③ 参见尚明主编：《〈中华人民共和国反垄断法〉理解与适用》，法律出版社2007年版，第247页。

其次,要完善行政性垄断主体的个人责任。行政性垄断行为尽管是以行政机关名义作出的,但其决策者和实施者却是直接负责的主管人员和其他责任人,所以行政性垄断主体的主管人员和其他直接责任人应该承担个人责任。《反垄断法》还应加强行政性垄断主体的个人责任,加大行政处罚力度并增加民事、刑事责任,做到罚当其罪。同时,还应该对个人责任的承担方式、适用条件、责任的实现方式等内容都作出明确规定。①

(三)完善行政性垄断的民事责任制度

行政性垄断的主体比较特殊,一般是行政机关及其所属部门。按照我国《民法通则》第 121 条规定,行政机关同样可以成为民事责任的主体。

从民法角度来看,行政性垄断这种行为属于侵犯被限制竞争的经营者的财产权的行为,属于民事侵权范畴。因此,如果行政性垄断行为给公民、法人或其他组织造成了经济损失,就应该承担民事责任。② 其责任方式,可以按照《民法通则》的规定,包括停止侵害、排斥妨碍、赔偿损失等,其中最重要的是赔偿损失。我们可以借鉴 1993 年《反不正当竞争法》第 20 条的规定,③对行政性垄断损害赔偿的计算方法、赔偿范围及诉权等问题作出明确的规定。

(四)确立行政性垄断的刑事责任制度

行政性垄断作为一种违法行为,其所造成的社会危害要远大于《刑法》中的一些经济犯罪,因而有必要采取刑罚手段予以制止。并且我国《刑法》第 397 条规定,"国家机关工作人员滥用职权或者玩忽职守,致使公共财产、国家和人民利益遭受重大损失的,处三年以下有期徒刑或者拘役;情节特别严重的,处三年以上七年以下有期徒刑"。可见,我国《刑法》确认行政性垄断行为在一定条件下的刑事违法属性。

从国际上看,在反垄断法中设置或者强化刑事责任是各国反垄断的通行做法,刑事责任是有效威慑和制止行政性垄断必不可少的法律手段。例如,俄罗斯《关于竞争和在商品市场中限制垄断活动的法律》第六章第 21 条规定,"联邦行政权力机构、俄联邦各部门的行政权力机构和市政当局的官员、商业性组织、非营利性组织以及他们的经营者、公民(包括个人企业家)在被判处犯有违反反垄断法罪时,将被追究民事、行政或刑事责任"。美国在 2004 年也出台了《反托拉斯刑事制裁强化和改革法》,加重对垄断的刑事处罚力度。

我国《反垄断法》中应增加刑事责任,可以规定严重的行政性垄断可判处直接责任

① 参见王艳林主编:《竞争法评论》(第 1 卷),中国政法大学出版社 2005 年版,第 73 页。

② 参见孙晋:《我国〈反垄断法〉法律责任制度的缺失及其完善》,载《法律适用》2009 年第 11 期。

③ 该规定为:"经营者违反本法规定,给被侵害的经营者造成损害的,应当承担损害赔偿责任,被侵害的经营者的损失难以计算的,赔偿额为侵权人在侵权期间因侵权所获得的利润;并应当承担被侵害的经营者因调查该经营者侵害其合法权益的不正当竞争行为所支付的合理费用。被侵害的经营者的合法权益受到不正当竞争行为损害的,可以向人民法院提起诉讼。"

人有期徒刑并处罚金。可以在制度安排上进行一些灵活设计，不必追究行政性垄断主体的刑事责任，而只追究其责任人员的刑事责任。①

（五）对行政性垄断行使制裁权的主体应该是反垄断执法机构

根据我国《反垄断法》的规定，对行政性垄断行使制裁权的主体是"上级机关"，反垄断执法机关只有建议权，没有制裁权。按照一般的理解，反垄断执法机构是制裁行政性垄断行为的当然主体，因为在制裁行政性垄断和经济垄断上有很多共同之处，反垄断执法机构能进行比较专业的处理。而行政性垄断的"上级机关"则由于其不专业且容易保护自己的下属机构，不能有效地对行政性垄断行为进行制裁，因此应规定由反垄断执法机构对行政性垄断进行制裁，至少应该给予反垄断执法机构以强制性的制裁建议权。

（六）对行政性垄断受益企业的单位责任设置法律制裁条款

行政性垄断就像贿赂行为，故凡行政性垄断都有受益人即受保护的企业。如果只制裁行政性垄断主体及其公务人员，而不制裁受益企业，就会使企业只享受行政性垄断的收益而不承担行政性垄断的风险，这显然不公平。因此，应当对行政性垄断受益企业的单位责任设置法律制裁条款，可以据其主观恶性和造成的客观后果追究其民事责任或行政责任（如赔偿、吊销营业执照等）；情节严重的，按照《刑法》追究单位刑事责任，对单位判处罚金。

（七）对行政性垄断受益企业高管的个人责任设置法律制裁条款

与我国形成鲜明对比的是，国际上所有制定了反垄断法的国家都明确规定董事、经理等高级管理人员在其所任职的公司违法实施垄断行为时，都须承担相应的法律责任。因为经营者实施的垄断行为要经历决策阶段和实施阶段，经营者的董事、经理等高级管理人员就是决策者和实施者。② 这种情况在行政性垄断上表现得更加明显。如果受益企业高管无须对企业的行政性垄断行为承担法律责任，这种纵容就使《反垄断法》的立法目的难以实现。

因此，我国《反垄断法》应当规定，除非行政性垄断受益企业的董事、经理等高级管理人员能够证明其已经尽适当的努力阻止企业实施行政性垄断行为，否则企业高级管理人员对垄断行为要承担相应的法律责任。

六、建立完善我国反行政性垄断的司法救济制度

"法律的生命在于它在具体事实中的应用，否则法律不过是一堆毫无生气的词语。"③如果只有政府及其官员才能启动法律的运作，法律制度就永远是自上而下的单向性运作，停留于"法制"阶段而无法达到"法治"的境界。我国《反垄断法》的出台是

---

① 参见杨巍、王为农：《关于行政垄断及其法律规制》，载《浙江社会科学》2007年第2期。

② 参见游劝荣主编：《反垄断法比较研究》，人民法院出版社2006年版，第182页。

③ ［日］棚濑孝雄：《纠纷的解决与审判制度》，王亚新译，中国政法大学出版社2004年版，第30页。

国家反对垄断的宣言书,但该法主要遵循的是传统的以国家政府为中心的法律单向运行模式,具体表现在规制行政性垄断只采取行政执法模式,法律的运作由国家机关自上而下地单方推动和主导,普通民众尚未主动参与法律运行和推动法制进步。行政性垄断行为难以受到司法追究,即法律的可诉性不能得到外化实现,长此以往,势必造成法律对国家公权力控制机制的疲软,造成普通民众法律生活的消极心态和对权力的实际依附。因此,在反垄断法规制行政性垄断的问题上应采用法律的双向运行模式,即在行政公共执行之外还应确立通过诉讼实现私人执行,通过构建完善行政性垄断诉讼制度让行政性垄断接受司法审查,使公民和经营者真正成为法治主体,能够自主决定、自由选择如何行使主体资格所赋予的权利。

(一)建立行政性垄断本身违法原则

反垄断的核心问题是违法判定原则的正确确立。在判定某一行为是否为行政性垄断行为时,如果采用本身违法原则,原告只需要证明垄断企业的规模占有市场的比例超过一定数额,或行为属法律禁止的范围之内时,即使被告认为此行为会促进竞争,法律也将认定其为行政性垄断行为而进行处罚和禁止。根据我国国情,反行政性垄断的违法判定中应当适用本身违法原则,主要是因为:(1)本身违法原则的判定标准具有“明确性”。采用本身违法原则时,在法律条文上有明确的合法与违法界线,容易判断出行为是否违法构成行政性垄断。在法律经验缺乏的现阶段,适合我国国情。① (2)本身违法原则节省反垄断制裁的诉讼成本。本身违法原则使审理案件的法院或反垄断执法机构无须对案件做过多调查就可认定其违法,而且原告胜诉的概率很大。

(二)建立抽象行政性垄断行为的事前审查制度

针对我国行政机关容易滥发具有普遍约束力的规范性文件的问题,有必要授予反垄断委员会对行政机关发布的涉及竞争问题的行政法规、规章及其他规范性文件的事前审查权。反垄断委员会如果认为相关规定的出台可能会导致行政性垄断时,可以阻止其出台实施。反垄断委员会认为已经出台实施的行政法规、规章及其他规范性文件违反《反垄断法》的,对于发布主体是省、部级以下行政机关的,可以直接撤销;对于发布主体是省、部级行政机关的,可以请求国务院在一定期限内审查撤销。

(三)依法对具体行政行为引发的行政性垄断提起诉讼

司法权的这一重大意义体现在它具有司法审查权上。② 美国著名法官卡多佐曾指出,法律作为社会控制的一种工具,最重要的是司法的作用。③

司法审查通过司法机关对其他国家机关行使国家权力的活动进行审查,是现代民

---

① 参见郑鹏程:《论“本身违法”与“合理法则”》,载王艳林主编:《竞争法评论》(第1卷),中国政法大学出版社2005年版,第61页。

② 参见汪习根:《司法权论》,武汉大学出版社2006年版,第103页。

③ 参见季晓南主编:《中国反垄断法研究》,人民法院出版社2001年版,第47页。

主法治国家普遍设立的一项重要法律制度。司法审查包括两个方面的内容：一是法院对立法机关的立法行为进行审查，这通常被称为违宪审查；二是法院对行政机关的行政行为进行司法审查。

在由具体行政行为引发的行政性垄断诉讼中，当事人的法定诉权散见于多个法律法规中。我国《反垄断法》第50条规定："经营者实施垄断行为，给他人造成损失的，依法承担民事责任。"第51条第1款规定："行政机关和法律、法规授权的具有管理公共事务职能的组织滥用行政权力，实施排除、限制竞争行为的，由上级机关责令改正；对直接负责的主管人员和其他直接责任人员依法给予处分。反垄断执法机构可以向有关上级机关提出依法处理的建议。"通过比较上述规定可以看出，《反垄断法》直接赋予了因经营者实施垄断行为而受损的主体以直接的诉权。然而在行政性垄断的情况下，该法规定的救济模式并非赋予受损主体法定诉权，只是规定了行政救济措施。同时，为了避免法律、法规之间的冲突，在第52条第2款中又规定了如法律、行政法规对该行为的处理另有规定的依照其规定处理。这样的规定实质上是给予了权益受损方一个选择诉讼的路径——《行政诉讼法》第2条第1款规定："公民、法人或者其他组织认为行政机关和行政机关工作人员的具体行政行为侵犯其合法权益，有权依照本法向人民法院提起诉讼。"同时，《最高人民法院关于适用〈中华人民共和国行政诉讼法〉的解释》第12条第1项规定"被诉的行政行为涉及其相邻权或者公平竞争权的"，当事人有权提起诉讼。这是中国对经营者提起反行政垄断诉讼最直接的规定。所以，至少就行政性垄断而言，它正处于这样的交叉融合地带。客观上，法律交织领域的此类案件并不妨害司法救济的发生。可见，在由具体行政行为引发的行政性垄断诉讼中，相关市场中权益受损的经营者针对实施违法或非法行政行为而限制竞争的行政主体和凭借行政权力的庇护获得市场优势地位而实施限制竞争行为的市场主体的法定诉权是存在的。

（四）建立抽象行政性垄断行为的司法审查制度

在我国的反行政性垄断工作中，对抽象行政性垄断的规制是难点与重点。在由行政性垄断引发的民事诉讼中，凭借行政权力庇护的市场主体所实施的垄断行为给相关市场内其他竞争者所造成的损害，以及损害事实与垄断行为之间的因果联系的认定问题就依赖于对行政主体所为的行政行为合法性的认定。认定结果直接决定了实施垄断行为的市场主体其优势地位的决定是否合乎法律的规定。在由抽象行政行为引发的行政性垄断诉讼中，由于我国《行政诉讼法》将抽象行政行为排除在受案范围之外，如果没有相关审查制度，将导致大量抽象行政性垄断无法进入司法审查程序，受损主体无法通过诉讼途径解决抽象行政行为是否合法，只能向有关机关申请进行审查。相关审查权的确立可以使行政性垄断的受害者和反垄断执法机构有权对抽象行政性垄断向法院提起诉讼，要求撤销或纠正该行政法规、行政批文等，并可要求赔偿其损失。

我国相关法律赋予了权力机关对抽象行政行为审查的权利。《宪法》第67条规定，全国人大常委会有权撤销国务院制定的同宪法、法律相抵触的行政法规、决定和命令;《地方各级人民代表大会和地方各级人民政府组织法》第 44 条规定,县级以上的地方各级人民代表大会常务委员会有权撤销本级人民政府的不适当的决定和命令;同时,《立法法》第 97 条第 7 项规定:“授权机关有权撤销被授权机关的超越授权范围或者违背授权目的的法规,必要时可以撤销授权。”

我国相关法律赋予了行政机关对抽象行政行为审查的权利,如《宪法》规定:国务院有权“改变或者撤销各部、各委员会发布的不适当的命令、指示和规章”,有权“改变或者撤销地方各级国家行政机关的不适当的决定和命令”;地方各级人民政府有权改变或者撤销所属各工作部门和下级人民政府的不适当的决定。根据《行政复议法》的规定,公民、法人或者其他组织认为行政机关的具体行政行为所依据的规定不合法,在对具体行政行为申请行政复议时,可以一并向行政复议机关提出对该规定的审查申请。可以提出审查申请的规定包括:国务院部门的规定,县级以上地方各级人民政府及其工作部门的规定,乡镇人民政府的规定。但是,国务院各部委的规章和地方人民政府的规章不包括在内。

人民法院对抽象行政行为存在间接审查的权利。根据《行政诉讼法》第 13 条第 2 项规定,我国对抽象行政行为实行司法豁免,但是这并不表明法院对所有抽象行政行为没有任何形式的制约。在具体行政行为已经入诉的背景下,抽象行政行为作为行政机关实施行政管理的重要手段之一,特别是作为具体行政行为的经常性依据,与司法审查有无法割舍的关系。抽象行政行为因其自身层次的不同,仍然受到司法审查不同程度的制约:(1)作为具体行政行为的依据而受到司法审查的制约。根据《行政诉讼法》第 53 条的规定,法院在审查被诉具体行为是否合法时,有权对所依据的部分规范性文件的合法性进行审查,其中包括对部分抽象行为的合法性的审查。(2)根据《行政诉讼法》第 63 条、第 64 条的规定,行政法规作为法院裁判的“依据”或“参照”而受到司法审查的制约。根据《宪法》的规定,我国不同位阶的法律规范实行“抵触无效原则”,低位阶的法律规范不得与高位阶法律规范相抵触,抵触者无效。这事实上使法院在审查具体行政行为是否合法的过程中,具有审查具体行政行为之依据的行政法规是否同宪法和法律相抵触的权力和责任。而法院一旦发现有抵触,按照现有的制度,法院至少有权暂时不予适用,同时法院有责任向全国人大或其常委会报告,通过报告启动对抽象行政行为的审查程序。

通过上述的审查模式来确定以抽象行政行为为形式的行政性垄断行为是否合法是可行的。以抽象行政行为为形式的行政性垄断行为性质的违法或非法一经确定,就否定了市场主体优势地位的合法性,故市场主体凭借优势地位而实施的限制竞争行为自然是违法的,相关市场中的其他经营者就可以依据《反垄断法》第 50 条之规定而向人民法院提起损害赔偿之诉。在由抽象行政行为引发的行政性垄断诉讼中,虽然受损害的市场经营者缺乏对行政主体的法定诉权,但是通过对抽象行政行为的审查,认定其违法的结果可以达到对受损害的市场经营者消除妨害的法律后果。同时,该审查结果作为实施垄断行为的市场主体优势地位违法或非法的依据,使受损害的其他经营者损害赔偿之诉的诉权行使成为可能。

(五)建立反行政性垄断公益诉讼制度

反行政性垄断公益诉讼是指当行政主体的违法行为导致或可能导致某一领域内出现行政性垄断而对社会公共利益造成侵害时,任何公民、机关或团体均可以为了公共利益以自己的名义对行政机关向人民法院提起诉讼的制度。由于反行政性垄断公益诉讼具有公益性特征,因此,它应当与传统的民事诉讼有所不同。我国应该在反垄断法上突破《民法通则》中原告必须是"直接利害关系人"的规定,任何公民、法人和其他组织只要发现有行政性垄断行为时,就可以向法院提起反行政性垄断诉讼。

设置反行政性垄断公益诉讼制度对我国有很重要的意义:一方面,我国大多数行政性垄断都是以抽象行政行为的方式作出,没有具体的受害人或受害人涉及面广,大家尽管受到了实际侵害,但由于维权意识淡薄,或维权能力低下,或无力承担较高的诉讼成本,不能有效地行使诉讼权利。设置反行政性垄断公益诉讼可以增强对行政性垄断受害人的保护和救助。另一方面,反行政性垄断公益诉讼能增强人们反行政性垄断的理念,还能调动公民参与监督反垄断执法的积极性,能对行政性垄断行为及反行政性垄断执法行为进行监督和制约。

当然,我们应该清醒地认识到,在当前的我国,行政性垄断问题不仅仅是一个法律问题,其与政治体制、经济体制存在千丝万缕的联系。目前虽然打破了很多行政性垄断,但因为行政性垄断的背后往往隐藏着个别部门、地区甚至是个人的经济利益和政治利益,行政性垄断还将长期存在并对我国的经济和社会继续产生巨大的危害。要想从根本上解决行政性垄断问题,单靠一部《反垄断法》远远不够,还需要我国积极深化政治体制改革,有效制衡行政权力,改革政府管理经济方式,合理配置市场资源,确立行政权的非经济化规则,强调行政权的服务性与有限性,努力实现"有限政府""服务政府""法治政府"的目标,从源头上消除行政性垄断滋生的土壤,也为《反垄断法》更好地实施创造必要的经济社会环境。

第八章　反垄断法适用除外制度

第一节　反垄断法适用除外制度概述

一、反垄断法适用除外的概念

反垄断法适用除外又称适用例外，它是各国反垄断法所共有的一项制度或内容。对于反垄断法适用除外的含义，学术界基本不存在根本分歧，仅在表述上有所不同。如有学者认为，反垄断法的适用除外是指反垄断主管机构或法院对反垄断法和其他专门性法律明确规定的、特定行业的企业的合法垄断行为不适用反垄断法加以禁止的例外情况。[①] 还有学者将其表述为，所谓反垄断法的适用除外制度，是指国家为了保障国民经济的健康发展，在反垄断法及相关法规中规定的某些垄断行为不适用反垄断法的法律制度。[②] 本书的观点是，所谓反垄断法适用除外，系指在某些领域对某事项不适用反垄断法；具体而言，系指在某些特定行业或领域中法律允许一定的垄断状态及垄断行为存在，也即对某些虽属限制竞争的特定协调或联合或单独行为，反垄断法不予追究的一项法律制度。[③]

对于反垄断法适用除外与反垄断法豁免，我国大多数学者并不予以严格区分。如有学者在定义反垄断法豁免制度时表述为："豁免是指排除适用反垄断法的情形。从一般意义上，反垄断法的豁免制度是指对于在形式上符合反垄断法禁止规定的行为，因其符合免除责任的规定而从反垄断法规定的使用中排除出去。豁免又可译为除外(exemption)，这只是翻译方法的不同。"[④]但也有学者持不同看法，认为适用除外属于不适用反垄断法，而豁免是适用反垄断法而不追究反垄断责任。[⑤] 许光耀教授认为，反垄断法的适用除外(exception)是指对特定经济领域不适用反垄断法，将其除外于反垄断法的适用范围，该领域即使表面上符合垄断行为的构成要件也不受反垄断法的调整；

---

① 参见周昀：《反垄断法新论》，中国政法大学出版社2006年版，第226页。

② 参见张穹：《反垄断理论研究》，中国法制出版社2007年版，第96页。

③ 参见孙晋：《反垄断法适用除外制度研究》，载漆多俊主编：《经济法论丛》(第6卷)，中国方正出版社2002年版，第45页。

④ 孔祥俊：《反垄断法原理》，中国法制出版社2001年版，第658页。

⑤ 参见张瑞萍：《反垄断法豁免制度变化与趋势分析》，载王晓晔主编：《反垄断立法热点问题》，社会科学文献出版社2007年版，第300页。

而豁免(exemption)则有“网开一面”的意思,即对于违反反垄断法的行为,由于其符合反垄断法本身规定的免责条件,因而反垄断法对其不予禁止。适用除外与豁免的区别在于,对于适用除外情形,根本不适用反垄断法;而豁免则是适用反垄断法的结果,即对于违反反垄断法的行为,按照一定标准考察相关案情,判断其是否含有合理的因素,如果其产生的积极效果大于其对竞争的限制所产生的消极效果,即利大于弊,则认为这种限制是合理的,不予禁止;反之则予以禁止。豁免是反垄断法的基本内容和有机组成部分,而适用除外则不是。[①] 对此,笔者的观点是,从字面意义来看,二者确实存在这种差别,但从两个概念的起源、产生目的、法律后果等实质内容方面来看,二者在本质上是一致的,只不过是对同一问题的不同法律处理。而作为基础性法律,反垄断法实际上对所有行业都适用,如任何企业都不得滥用市场支配地位就是一种体现。并且目前也并没有哪个国家在立法上对该二者进行区分,只是一些学者在对制度的理解分析时有不同表述而已。因此,本书也将立足于本质,对二者不予区分,同时采用国内学术界的通行做法,使用“反垄断法适用除外制度”这一概念。

总体而言,反垄断法适用除外制度是随着各国社会经济发展的实际情况,应实践要求而不断调整和变动的,并且从总体上看,随着人们对竞争的认识加深,在自然垄断和合法垄断的领域也尽量引入竞争机制,反垄断法适用除外制度从世界范围看有不断缩小的趋势。

二、反垄断法适用除外制度的理论基础

(一)反垄断法适用除外制度的经济学基础

从市场经济体制及价值规律的角度考虑,人们曾普遍认为垄断是有害的而竞争是有益的,并一味地追求完全竞争模式而排斥垄断。但随着经济实践的发展和人们认识水平的提高,竞争和垄断的两面性逐渐凸显出来,即竞争不仅有显而易见的积极作用,在某些领域也存在消极作用,而垄断同样不仅有消极作用,也有积极的一面。例如,竞争的充分开展是以一定的社会成本为代价的,“竞争普遍遵循优胜劣汰的法则,它靠牺牲部分竞争者的经济利益来实现其激励作用。优胜劣汰所引发的一些不安定或不稳定因素,会增加社会的成本支出”。“竞争状态下的企业为了降低成本,获取最大利润,很可能减低产品的安全性,牺牲社会利益。同时造成诸如环境污染等外部不效益。”[②]而垄断的积极作用则体现在,垄断可以减少交易成本,有利于规模经济的发展和社会整体效率的提高,同时也有促进技术创新的作用。例如,在自然垄断领域,存在持续的规模收益递增,随着产量的提高,企业可以不断降低价格且保持一定的利润,因为这时它的平均成本是下降的。[③] 德国联邦卡特尔局也曾充分肯定卡特尔存在的价值,认为“竞争

---

① 参见许光耀:《欧共体竞争法通论》,武汉大学出版社 2006 年版,第 163 ~ 164 页。

② 张道庆:《论反垄断法适用除外制度的理论基础》,载《河北法学》2004 年第 10 期。

③ 参见史际春、杨子蛟:《反垄断法适用除外制度的理论和实践依据》,载《学海》2006 年第 1 期。

虽然是配置资源的最佳方式,反而有些市场因其特殊的条件,优化资源配置的机制只有在限制竞争的条件下才能实现。在这种情况下,通过合作实现合理化就比自由竞争更可取”。[①]

反垄断法适用除外制度正是法律对垄断的双面性作出的回应,是维护有效竞争、追求反垄断与促进社会经济发展有机统一的必然选择,即反垄断法及其他专门性法律在对有害的非法垄断予以打击禁止的同时,利用适用除外制度对有益的合法垄断予以保护和促进。

(二)反垄断法适用除外制度的法学基础

在法律调整或安排的背后,“总有对各种互相冲突和互相重叠的利益进行评价的某种准则”,“在法律史的各个经典时期,无论在古代和近代世界里,对价值准则的论证、批判或合乎逻辑的适用,都曾是法学家们的主要活动”。[②] 法的价值是多元的,不同层次、不同地位的法律价值虽相互联系和渗透,但也经常发生矛盾和冲突,从而构成一个复杂的价值体系。而对多元法律价值的评价、协调和选择,是立法和司法的核心内容,作为反垄断法有机组成部分的适用除外制度正体现为反垄断法对多元价值的追求与协调,反垄断法适用除外制度与反垄断法终极价值目标的一致性是其存在的法学基础。[③]

首先,社会本位是反垄断法及其适用除外制度的根本价值取向。所谓社会本位,是指“在对经济关系的调整中立足于社会整体,在任何情况下都以大多数人的意志和利益为重”,以社会利益和社会责任为最高准则。反垄断法的终极价值目标是通过对竞争秩序的维护,优化配置资源,实现社会的整体效益,这也是经济法的根本价值。而适用除外制度的根本目标也同样是社会整体利益,它以其灵活性,可以补充反垄断法在维护国家整体经济利益和社会公共利益方面的不足。

其次,效率与公平的协调是反垄断法适用除外制度的任务。对公平和效率的协调是法律的重要使命之一。反垄断法适用除外制度允许有利于国民经济的垄断,可以提高社会整体效率、促进经济发展;同时遏止妨碍社会整体效益的垄断行为,保障市场主体的公平竞争,以激发并维持持久的效率,因而反垄断法适用除外制度注重的公平是实质公平和社会公平,注重的效率是社会整体效率。

最后,反垄断法适用除外制度是立法技术的选择。由于竞争和反竞争的形式复杂多样,其利弊难以一概而论,因而在各国的反垄断法中,没有一个立法者能够用非常明确的概念和规定将需要禁止的垄断囊括其中,同时又能将应准予存在的垄断排除在外,只能通过适用除外制度将不必反对的垄断予以明确,这是立法技术选择的必然结果。

---

① 王晓晔:《德国竞争法中的卡特尔制度》,载《法学家》1995 年第 4 期。

② [美]庞德:《通过法律的社会控制》,沈宗灵、董世忠等译,商务印书馆 1984 年版,第 55 页。

③ 参见史际春、杨子蛟:《反垄断法适用除外制度的理论和实践依据》,载《学海》2006 年第 1 期。

（三）反垄断法适用除外制度的政策基础

竞争法的制定、修改和执行与竞争政策密切相关，而竞争政策又必须与产业政策、社会政策和其他政策目标相协调。反垄断法适用除外制度是对一国当前诸种利害关系进行协调和选择、优化政策目标的结果，以维护国家整体经济利益和社会公共利益。

由于垄断有利于国际竞争力的提高，而经济全球化的发展促使各国政府放松对企业联合与合并的控制，甚至通过各种手段促进企业做大做强，一致对外。这种经济全球化的压力是各国放松管制，在反垄断法体系内开辟适用除外“区域”及其范围选择的重要现实因素。另外，反垄断法适用除外制度也是国家政治经济政策的选择。政治方面，为了确保国家的安全和稳定，需要对特定领域实行不同程度的垄断，如对军工、能源、公用事业等领域的某些组织和行为予以适用除外。经济方面，反垄断法受到各个时期经济形势、竞争政策、产业政策、贸易政策甚至经济学说的影响很大，从而便表现出较强的不确定性。反垄断法的适用除外制度集中体现了这一点。

三、反垄断法适用除外制度的价值目标与审查原则

（一）反垄断法适用除外制度的价值目标

对于反垄断法适用除外制度的价值目标，学者们有不同的归纳。有人将其总结为社会公益价值、效率与公平价值、伦理道德价值三种。也有学者总结为竞争公平价值和社会公平价值，即在市场竞争中有均等的发展机会和待遇。[①] 还有学者认为，反垄断法适用除外制度的直接目标是落实国家产业政策，因为适用除外制度是产业政策与竞争政策的和谐点，借助适用除外可以将产业政策和竞争政策有效地结合起来，找到市场经济高效、有序发展的和谐点；适用除外制度的根本目标是维护社会整体利益，即维护社会整体利益是国家通过在反垄断法中设置适用除外制度进而协调、落实国家竞争、产业等经济政策的制度目标，也是最终的宗旨。[②] 本书认为，将社会公共利益作为反垄断法适用除外制度的终极价值目标是毫无疑义的，但反垄断法适用除外制度的直接目标定位为落实国家产业政策，损害了反垄断法适用除外制度作为反垄断法的重要组成部分的独立性，并不恰当。

（二）反垄断法适用除外制度的审查原则

反垄断法适用除外制度的审查原则是指在适用反垄断法适用除外制度之前对竞争行为进行审查时应当遵循的原则和规则。反垄断法适用除外制度的审查原则是其价值取向的集中体现和反应，主要包括有效市场原则、社会公共利益原则、合理原则及对消费者特殊保护原则等。

1. 有效市场原则。有效市场原则是反垄断法适用除外制度审查的一项基本原则。反垄断法维护的市场竞争应当是最有效的竞争而不是无序的竞争或无竞争。克拉克于

---

① 参见谢国旺：《国际反垄断法适用除外制度研究》，中国政法大学2009年博士学位论文。

② 参见吴宏伟、金善明：《论反垄断法适用除外制度的价值目标》，载《政治与法律》2008年第3期。

1940 年发表了《关于有效竞争的概念》,提出了有效竞争的竞争模式理论。克拉克认为,有效竞争模式是一种能够充分发挥市场效力的竞争模式。其判断是否有效的标准是这种竞争不仅能够带来经济上的效益还能根据市场现实予以实现。其主要观点是经济进步必然有垄断,法院在考量后决定竞争自由和经济进步哪个属于更优先的目标。[①] 有效竞争的竞争模式给反垄断法提供了一个选择和考量的新模式,而且经济进步成了重要的考量目标。它从现实的角度分析了一些对竞争有效性认识的误区,批判了限制竞争只有负面影响的观点和占有垄断地位就会丧失科技创新的动力和潜力等观点。有效竞争理论提出了一种比较和选择分析模式,而不是把竞争自由作为唯一的目标,改变了传统上只按照"完全竞争模式"被动寻求改造现实市场结构的方案,也使研究者走出了思维的困境。

有效市场原则作为适用除外的审查原则体现了一种选择和衡量,是对竞争和垄断哪一个更合理和哪一个更有效率的衡量。这种审查不仅不排斥竞争而且以有效的竞争为目标。有效的市场竞争不仅能够产生经济上的效率还能产生社会效率,不仅能够反映竞争公平更能够反映社会公平。只有这种竞争才是最有效的竞争。因此,有效的竞争也有垄断的产生,有效的市场也有垄断的存在。对于市场中存在的垄断适用反垄断法适用除外制度是基于该垄断没有损害市场效率才可。

2. 社会公共利益原则。社会公共利益原则是反垄断法适用除外制度审查的一项重要原则,社会公共利益是社会中各种合法利益的综合和统一。

反垄断法适用除外制度是建立在垄断存在合理性的基础上的。这种合理性不仅指垄断在经济上能够取得效益,更重要的是垄断能够取得社会效益。所谓社会效益,是指垄断的结果所具有的社会有效性和有益性,即能够满足社会公共利益。在某些领域,过度的竞争无益于公共利益,而适当的限制竞争是有意的。反垄断法适用除外制度的审查原则就是要以社会公共利益作为价值目标进行权衡。例如,对某些同国计民生密切相关的行业如公共事业、银行业、保险业、农业等,允许某些垄断的存在,就是出于社会公共利益的考虑。

3. 合理原则。合理原则的内涵前文已经解释。合理原则直接把社会公平的价值取向融入审查中,甚至直接用社会公平价值进行评判。[②] 合理原则在美国确立后被世界各国反垄断法所采用,对各国反垄断法的发展具有十分重要的作用。

合理原则的主要特点包括:第一,合理原则是反垄断法适用除外的一项基本原则,也是反垄断法的核心原则。第二,它是一项衡平原则。所谓衡平原则,是指当法律太原则而不能解决实际问题时对法律所进行的一种补正。合理原则是对诸多价值进行衡平和整合,在竞争公平和社会公共利益之间进行平衡。第三,合理原则是以行为的目的和

---

① 参见王晓晔:《企业合并中的反垄断问题》,法律出版社 1996 年版,第 22 页。

② 参见李钟斌:《反垄断法的合理原则研究》,厦门大学出版社 2005 年版,第 5 页。

后果为违法的判断标准,也是一项实质性的评价原则。要从结果来判断,如果垄断的负面效益小于正面效益就被认为是合理的。第四,合理原则是一项比较性的原则,在诉讼中作出排挤竞争和产生潜在效益的比较是合理原则最中心的内容。第五,合理原则是一种个案分析的原则,它需要对每个个案中的垄断行为进行合理和不合理的判断。

4. 对消费者的特殊保护原则。在市场经济中,垄断行为直接损害的是市场竞争秩序,但最终受损的是消费者。垄断行为限制或排除竞争,扭曲了竞争规则,控制价格,使消费者失去了选择其他竞争性的经营者的自由和选择产品的自由,同时使消费者的利益因为价格的上涨而受损。然而,由于消费者处于弱势地位,难以抗衡经营者的垄断行为,各国都通过立法对消费者进行特殊的保护。

在适用反垄断法适用除外制度时,必须审查该垄断行为是否因影响竞争而损害了消费者权益,如果这种损害是存在的,则违反了对消费者的特殊保护原则,必须慎重对待。

第二节 反垄断法适用除外制度的立法概况

一、反垄断法适用除外制度主要的立法形式

综合考察各国(地区)立法,反垄断法适用除外制度的立法形式主要有三种:

第一种是在反垄断法律法规中规定适用除外条款,也称为混合立法。德国、韩国等国家及我国台湾地区都采用了此种。德国在《反对限制竞争法》第一章和第六章中以片段立法的方式,用部分条款分别对卡特尔适用除外和行业适用除外做了规定;韩国《垄断规制与公平交易法》在第十二章专章规定了适用除外;我国台湾地区 1999 年“公平交易法”在第二章“独占、结合、联合行为”第 14 条规定了 6 种卡特尔适用除外情形。第二种是制定单行的反垄断法的适用除外法,也称为专门立法。典型的例子是美国。1890 年《谢尔曼法》颁布时,美国并无相应的适用除外规定,连原则性规定也没有,现行有关反垄断法的适用除外规定,都是在《谢尔曼法》《克莱顿法》颁布后,在不同年代制定的。美国的适用除外制度的专门法律有 1918 年制定的豁免出口贸易中限制竞争行为的《韦布—波默林法》(也称《出口贸易法》)、1922 年制定的使农业方面的合作得到豁免的《凯普—伏尔斯蒂特法》、1945 年制定的有关保险业豁免的《麦克卡兰—费古林法》,以及 1980 年制定的关于为研究和合作开发提供合作便利的《全国合作研究法》。这些单行的适用除外的法律都是随着反垄断的实践发展逐步制定的。[①] 第三种是在其他单行的法规和条例中规定适用除外条款的立法形式,以日本最为典型。日本在《中小企业团体组织法》《农业协调组织法》《蚕种业法》《航空法》等 40 多部法律中涉及卡

---

① 参见张道庆:《反垄断法适用除外制度的特征》,载《广西社会科学》2004 年第 1 期。

特尔豁免。美国于1918年颁布的《出口贸易法》第一节对出口中的限制竞争的行为作出了适用除外规定。

当然,从具体国家的具体情况来看,适用除外制度的立法形式往往不是单一的,而是将几种形式结合起来使用,如日本同时采用了三种立法形式。

在这种纯粹形式上的分类之外,还有另一种分类,即将对适用除外制度的规定大体分为两种:一种是针对不同的反竞争行为适用不同的豁免规定,或者针对不同的情形规定不同的豁免情况。例如,欧盟竞争法、德国《反对限制竞争法》、日本反垄断法等对反竞争协议的豁免的规定就属于这种情况。这些反垄断法没有规定适用于所有反竞争行为的统一豁免制度。另一种是集中规定适用于所有反竞争行为的豁免制度。澳大利亚就属于这种情况。澳大利亚《贸易惯例法》第四编先是对反竞争协议、滥用行为及反竞争的并购作出了禁止规定,然后规定了法定豁免(statutory exemptions)。例如,《贸易惯例法》明文规定允许联邦法律、州法律、地区法律及其他规定作出豁免的规定,但豁免的期限限于2年,而且竞争与消费者委员会每年须向议会报告豁免情况。下列协议可以申请豁免:有关雇工等的产业协议;仅仅为保护购买者的利益而在有关出售营业或者公司股份中的合同约定;遵守澳大利亚标准协会规定的标准;出口协议;消费者联合抵制;有关专利、版权、商标和设计的安排。显然,这种规定只不过在形式上将各类反竞争行为的豁免放在一起,实际内容仍然是因不同行为而作出不同规定。①

二、部门豁免与行为豁免②

部门豁免是指将某个或者某些行业或者部门直接从反垄断法中豁免出去而不适用反垄断法的规定。例如,1998年修改德国《反对限制竞争法》前,该法将能源经济、银行业和保险业、交通业和农业从禁止卡特尔中予以一般性的豁免,因为人们认为这些领域中竞争的坏处将会大于好处。出于对竞争的这种不信任感,产生了诸如自然垄断的理论或者资金市场监护人的所谓特别的“敏感性”,从而使这些领域如同国家掌握了垄断权的部门,如电信业或铁路业,从竞争中排除出去。现在,人们已经知道这种想法是错误的。因此,德国逐步废除国家垄断和取消《反对限制竞争法》中的豁免领域,电信业垄断自1998年1月1日起被全面取消。

行为豁免是指根据一定的事由将一些具有反竞争效果的行为从反垄断法的禁止规定中排除出去。例如,一些行为虽然具有限制竞争的效果,但其促进竞争的后果大于其反竞争的后果,因而不适用反垄断法的禁止规定。

从当前国际流行的趋势来看,部门豁免逐渐被反垄断立法所淘汰,各国基本上倾向于采取行为豁免的方式。不管行业或者部门具有何种特殊性,都不应该一概不受反垄断法的拘束。只要其实施限制竞争的行为,危害竞争秩序,就应该纳入反垄断法的管制

---

① 参见孔祥俊:《反垄断法原理》,中国法制出版社2001年版,第659页。

② 同上书,第660~661页。

之中。

第三节　反垄断法适用除外制度的情形与对象

垄断和限制竞争扭曲价值规律，妨害市场机制对资源配置的作用，所以法律加以反对和禁止。但有些垄断和限制竞争同资源合理配置并不抵触，或者为了国家和社会利益还需要某种垄断和对竞争进行某种限制。法律正是基于这种情形，规定对这些垄断和限制竞争予以允许，甚至提倡和扶助，甚至实行直接的国家垄断，它们都属于反垄断法适用除外制度的适用。适用除外的情形主要可分为两类：一是自然垄断；二是政策性垄断。适用除外的对象则包括特定行业、特定主体和特定行为。[①]

反垄断法适用除外制度的对象必须满足以下要件：第一，根据反垄断法的一般性规定属于限制或禁止的行为；第二，该种行为的宏观经济利益大于其限制竞争所造成的损害；第三，法律规定其不适用反垄断法限制和禁止性规定，或者依照法律规定的程序认可其适用反垄断法除外的规定；第四，行为因适用除外而取得合法性。这是我们判断一个行为是否为反垄断法适用除外的一般标准。该标准的核心是第二条，它表明更大的价值（宏观经济利益）取代了原来的价值（竞争的益处）时，就不能不对该种行为的适法性另行加以评价。[②] 结合各国（地区）立法，做简要总结。

一、自然垄断行业

（一）自然垄断的概念

自然垄断在法学领域中只是一个学术概念，并未见诸任何具体的法律规范中，它更多的是作为经济学概念。

在经济学中，自然垄断是一个传统概念。早期的自然垄断概念与资源条件的集中有关，主要是指由于资源条件的分布集中而无法竞争或不适宜竞争所形成的垄断。在现代这种情况引起的垄断已不多见。而传统意义上的自然垄断则与规模经济紧密相连，指一个企业能以低于两个或者更多的企业的成本为整个市场供给一种物品或者服务，如果相关产量范围存在规模经济则自然垄断就产生了。但到20世纪80年代，西方经济学对自然垄断的认识发生了重大的变化。1982年，鲍莫尔、潘泽和威利格用部分可加性重新定义了自然垄断。假设在某个行业中有X种不同产品，Y个生产厂商，其中任何一个企业可以生产任何一种或者多种产品。如果单一企业生产所有各种产品的

---

① 参见漆多俊：《经济法基础理论》（第4版），法律出版社2008年版，第202页。

② 参见孙晋：《反垄断法适用除外制度研究》，载漆多俊主编：《经济法论丛》（2002年第6卷），中国方正出版社2002年版，第68～70页。

成本小于多个企业分别生产这些产品的成本之和,该行业的成本就是部分可加的。如果在所有有关的产量上企业的成本都是部分可加的,该行业就是自然垄断的。换言之,即使平均成本上升,只要单一企业生产所有产品的成本小于多个企业分别生产这些产品的成本之和,由单一企业垄断市场的社会成本依然最小,该行业就是自然垄断行业。平均成本下降是自然垄断的充分条件,但不是必要条件。新定义扩大了自然垄断的范围,它不仅包括传统的自然垄断即强自然垄断,还包括了所谓的弱自然垄断。

法学理论中的自然垄断主要是借用经济学的定义,通常作这样一种表述:由于特定行业的某种自然特性,在某一市场上出现一个经营者之后,排除了其他经营者以同样的方式进入该市场,从而使已进入该市场的经营者自然取得该市场的独占地位。一般认为自然垄断行业主要包括交通运输、电信、电力、石油、天然气、供热、供水、邮政等以提供公共服务为职能的企业或部门。在这样的垄断市场里,市场定价功能失去了作用,从全社会的利益出发,政府必须对自然垄断进行管制。这里有两个问题值得我们注意:(1)自然垄断是一种特殊的经济垄断,它不等于行政垄断。我国是一个由计划经济向市场经济转轨的社会主义国家,由于历史的及各方面的诸多因素而造成了"行政垄断"这一特殊的现象存在。随着经济政治体制改革的进一步深入和法制的完善,行政垄断终将消灭。而自然垄断不同,它的存在是有一定的客观基础的,也就是说,在一定范围内,自然垄断是不可避免的。因此,不能以保护自然垄断之名,行"行政垄断"之实。适用除外制度的安排并非意味着对适用除外领域或行业的完全放纵,而是在一定限度和范围内承认和保护这种垄断权利的同时,防止和控制其被滥用。正是基于这样的考虑,市场经济国家传统上都不约而同地将自然垄断行业作为反垄断法的除外对象。例如,日本《禁止垄断法》第21条规定:本法规定,不适用于铁路事业、电力事业、煤气或者供应的行为。德国《反对限制竞争法》在1998年修订前,其能源经济、铁路、电信业等自然垄断行业也是作为部门豁免为反垄断法所规定。在美国,无论是按照经济学理论的解释,还是依据法学界观点,都承认在交通运输、邮电电信、电力、能源等自然垄断部门和领域无法形成有效竞争,因而在不同程度上构成了传统的竞争例外范围。(2)自然垄断的存在是由于技术的原因,同样由于技术的进步,某些传统的自然垄断行业正在逐步开放。例如,电信业,由于技术革命,它已不再是完全的自然垄断行业,已经具有了某种程度的竞争性质,更进一步,竞争可进入公用事业领域,如"市容""公共卫生""清理和维护河道"等。一般而言,这些物品或服务是不能排他地消费的。然而,这些公共物品又有某种"小范围公共物品"的特点,只要制度安排得当,竞争依然可以在其中发挥作用。事实上,自然垄断领域随着科学技术的进步正在发生积极的变化,越来越多的自然垄断领域出现了可竞争环节。反垄断法适用除外制度面对科学技术日新月异的发展变化,应及时调整自然垄断领域的范围,以适应时代的发展和需要。

(二)自然垄断的特征

作为反垄断法适用除外的传统领域,对于自然垄断的特殊性,法学界与经济学界的认识存在一定差异。法学界一般认为自然垄断具有三个特点，即运营目标的公益性、服务渠道的管网性和运行的高投入与规模化。有学者对自然垄断的特征做了如下总结：①

1. 经营者取得独占地位的必然性。与其他垄断一样，自然垄断通常是一种独占性的垄断，但不同的是，这种独占地位的取得并非在竞争的过程中因经济力量的不断集中而形成的，而是特定行业的经营特性所决定的。在自然垄断领域，一旦某一经营者进入这一行业，则按照市场自身的规律对于规模经济和资源有效配置的要求，其他经营者便不会选择再度进入这一领域。这就形成了个别资本（含国家的资本）长期发展，终于在该行业内形成最为典型的独家经营的垄断局面。经营者取得独占地位的必然性决定了自然垄断行业最初进入者的选择具有极为重要的意义。

2. 地域性。地域性是法律上判定垄断与否的一个基本标准，如果离开了地域性，垄断与非垄断的区分都将失去其本来的意义。自然垄断首先必须是一种垄断，因而它同样具有地域性的特征。具体而言，自然垄断必然发生于确定的一定地域之内，即要么是在一国范围内独家经营，要么是在一国的某一个经济区域（如一省或一县等）内独家经营。地域性的特征告诉我们，当两个地域内的垄断产品一旦超越地界，彼此可以进入对方领域时，竞争就将代替垄断，原来意义上的垄断也就不再存在了。

3. 公益性。自然垄断行业一般带有公益性，它往往是为社会公众提供基本生活或生产条件的行业，服务对象广，且所提供的产品和服务往往涉及一般大众的生存条件和生活质量。自然垄断行业的这一特性，决定经营者提供产品和服务的状况往往会对社会的稳定和安全造成直接的影响。正因如此，各国（地区）对自然垄断行业一般都给予高度的重视，在基本政策方面更多地考虑社会效益，即使追求经济效益，也会使对经济效益的追求服从于社会效益。

4. 消费者或用户的不可选择性。由于在自然垄断行业中，一定市场范围内不存在具有竞争地位的其他经营者，因而对于消费者和用户来说，其往往不能像对待一般的经营者那样，可以根据自己的偏好和意愿对经营者进行选择，只能被动地接受独占经营者提供的产品和服务。由于选择其他经营者的服务不可能或成本过高，因此，即使经营者提出极为苛刻的条件，消费者往往也必须接受，否则，其需求就可能得不到满足。因此，在自然垄断行业中，消费者保护问题便显得尤为突出。

5. 缺乏完全市场化内在动力。自然垄断行业大都属于基础设施和公用事业，如铁路、公路、港口、航空、通信等都是现代工业发展不可或缺的重要基础，而水、电、煤、气等公用事业是维持居民和机构生活和运营所必不可少的基本条件。这些行业往往投资巨大、投资回收周期长、市场发育水平低、私人企业力量有限或者因为私营企业的唯利性

---

① 参见孙晋、涂汉文：《自然垄断的规制改革与反垄断法适用除外的科学构建》，载《武汉大学学报》（社会科学版）2003 年第 5 期。

的价值取向难以符合国家要求的社会目标,因此私人投资一般不愿涉及该领域;同时,由于受社会公共利益的制约,经营行业往往很难获得很高的利润回报和在短期内收回投资成本,这使自然垄断行业缺乏完全市场化的内在动力。

(三)对自然垄断行业的规制

由于自然垄断行业具有规模经济或组合经济效益,以及它们与社会公共利益的密切联系,长期以来,以公用企业为典型代表的自然垄断行业一直被各国(地区)反垄断法列为适用除外领域。然而,20 世纪 80 年代以来,美国、英国、德国、日本诸国纷纷探讨和质疑将公用企业为主体的自然垄断行业实行垄断的合理性,并开始改变对自然垄断行业的独家垄断制度,逐渐引入了竞争机制,并取得了良好的经济效益和社会效益。

英国于 1988 年颁布了《煤气法》,打破了英国煤气公司垄断的格局。美国于 1978 年颁布了《天然气政策法》,开放了天然气竞争市场,并在 1996 年允许将美国电话电报公司(AT&T)分出来的 7 家地区公司在美国电信市场与长途电话企业竞争。① 德国第六次修订《反对限制竞争法》就废除了电力、天然气和交通业享受豁免待遇的条款,对传统自然垄断行业如电信、邮政及其他经济领域取消管制并引入竞争机制,还规定了“拒绝进入网络和其他基础设施”的处理。日本 1999 年修改了《海上运输法》和《航空法》,对适用除外进行了修改,并且针对本国自然垄断行业已实行民营化的事实,于 2000 年废止了《禁止私人垄断法》第六章第 21 条关于自然垄断行业的适用除外。我国也已在相关领域引入了竞争机制,在《反垄断法》中没有规定自然垄断行业的适用除外。

针对这种变化,有学者提出用新的观念界定自然垄断适用除外运用的范围,②值得参考。首先,必须摒弃对自然垄断行业进行绝对保护的观念,明确反垄断法除了适用除外只限于这种垄断的成本低于竞争的成本并能有效满足社会公众利益的情况。科学区分垄断性与非垄断性环节,对自然垄断企业进行垂直分割,细化自然垄断业务,如电力产业分为发电、输电和供电,邮政业务分为三级邮件和快递业务,电信分长途与短途,运输业分路运、货运及客运等,在此基础上,依业务不同予以剥离。其次,在细化环节的基础上,区分自然垄断业务与非自然垄断业务而分别成立不存在隶属关系的法人实体,如将电力行业中的输电、邮政中的一级邮件业务、交通运输中的路运,以及通信中的市话与对固定网络依赖的长话业务等视为自然垄断业务,而这些行业中的其他环节或部门均视为非自然垄断业务,分别设立不同的实体。尤其要注意,自然垄断行业的垄断状态可以予以豁免适用反垄断法,而对滥用市场支配地位或独占地位的行为不予豁免。

二、银行业和保险业

对银行业和保险业的反垄断法适用除外的重要法律依据是社会整体利益。银行业

---

① 参见谢国旺:《国际反垄断法适用除外制度研究》,中国政法大学 2009 年博士学位论文。

② 参见孙晋、涂汉文:《自然垄断的规制改革与反垄断法适用除外的科学构建》,载《武汉大学学报》(社会科学版)2003 年第 5 期。

和保险业不仅是国家的经济支柱,也是公众生存和发展的必要保障。特别是保险业通过对经济损失的平均分配来满足人们转嫁风险的要求,从而实现重要的经济补偿功能。① 然而,金融市场存在市场失灵和信息不完全等缺陷,过度的竞争势必造成金融市场的低效率,金融机构的频繁倒闭会造成整个社会的恐慌。同时,银行业和保险业都是高负债性和高风险行业,在世界经济发展史上,银行的倒闭都带来了巨大影响。而且由于信任的缺失而引起的银行挤兑波在全世界的银行业和金融业产生"多米诺骨牌"连锁反应。相反,银行业和保险业的正常发展会给整个社会带来福利。因此,维持二者的有限的竞争,对其二者的垄断进行容忍是必要的。当然,这种适用除外仍然以形式上有限制竞争的后果但实质上是有利于竞争,或者有利于整体经济和社会利益为前提。

在竞争法领域,许多国家或地区基于保险业的特殊性将保险业经营者所实施的卡特尔等限制竞争行为排除在竞争法的适用范围之外,保险业经营者可以在保险险种、保险费率、保险条件、保险责任等方面进行协调。美国 1945 年《麦克卡兰—费古森法》授权州政府对保险业进行规制,规定只有在州政府没有规制保险业时,反垄断法除外制度才适用于保险行业,但保险业中的联合抵制、强迫、威胁行为或协议,不能豁免适用联邦反垄断法。然而,20 世纪 80 年代,保险业出现了以产品责任险和其他侵权责任险的保险费用急剧增长为表征的"危机"。有人认为保险人的价格合谋行为是受到了《麦克卡兰—费古森法》的保护,也就是危机产生主要原因。尽管要求废除的呼声很高,国会还是坚持没有废除该法,只是对该法的适用趋于严格,表现为对"保险业"进行狭义解释,对"联合抵制"进行较宽泛的界定,从而使保险业适用范围缩小。② 日本《保险业法》将保险卡特尔列入反垄断法适用除外范围。根据该法第 101 条的规定,在得到主管机关(大藏大臣)认可后,损害保险公司与其他损害保险公司所从事有关保险经营方面的共同行为不适用《禁止私人垄断法》的规定。但是,如果该共同行为运用了不公正的交易方法或者因共同行为限制竞争而损害保险合同当事人或者被保险人的利益时,《禁止私人垄断法》可以适用。在欧盟,欧盟委员会于 1992 年制定了对保险业实施集体豁免的 3932/92 号条例,根据该条例的规定,保险业者之间关于共同风险费用、标准保单条款等 4 类协议可以豁免适用欧盟竞争法,该条例同时还对豁免的协议的范围、先决条件等作出了规定。根据 1998 年修订前的德国《反对限制竞争法》的有关规定,保险企业及保险企业协会的有关合同、决议、建议在向保险业监督主管部门申请登记并符合相应条件后,可以豁免适用《反对限制竞争法》中的卡特尔禁令。③ 但在后来的《反对限制竞争法》的修订中废除了信用和保险行业的适用除外。

三、农业

这里的农业是广义上的农业,包括狭义上的农业、林业、畜牧业、渔业。农业在一国

---

① 参见[英]亚当·斯密:《国民财富的性质和原因的研究》(下卷),商务印书馆 1997 年版,第 318 页。

② 参见郑鹏程:《美国反垄断法适用除外制度发展趋势探析》,载《现代法学》2004 年第 1 期。

③ 参见游钰:《卡特尔规制制度研究》,法律出版社 2006 年版,第 189 ~ 190 页。

国民经济中处于基础地位,关系着人们最基本的生活需要和国家的经济安全,农业的健康平稳发展是保证一国整体经济持续健康发展的前提和基础。农业是一个特殊的行业,它除了要投入劳力、资本等生产要素,还在很大程度上依赖于自然条件,农业生产受到自然条件的强烈影响,因此农业往往是个非常脆弱的行业。此外,农业生产的生产者很难转产,很容易因为信息的不对称而使产品滞销,供需失衡难以克服。而农产品又缺乏替代性,供需失衡很容易造成价格的严重波动和社会经济的波动。当供给严重短缺时产品价格上涨,给社会经济造成压力,影响居民的生活质量。反过来,当供给严重大于需求时产品价格下跌,又会使农业生产者遭受严重损害,造成所谓的"谷贱伤农"。由于农业所具有的这种重要性和特殊性,各国(地区)政府对农业都采取鼓励和保护的政策。在竞争法实施中,各国(地区)都对农业网开一面,允许农业生产者之间开展多种形式的合作,从而避免激烈竞争给农业生产者的利益及农业发展带来负面影响。因此,农业是反垄断法适用除外制度适用的重要领域。

在美国,1914年《克莱顿法》首先确认了农业组织及其活动的合法性。根据该法第6条的规定,反托拉斯法不限制那些为了互助、没有资本、不盈利的农业组织的存在和活动,也不限制或禁止其成员合法地实现该组织的合法目的。但是,这一规定比较原则,其适用范围也较窄。1922年《凯普—伏尔斯蒂特法》对农业领域的合作作出了较为详细的规定,该法规定股本形式的农业合作可以豁免适用反托拉斯法,从而扩展了农业领域合作的适用除外范围。1934年《渔农合作销售法》甚至规定了不得对渔业的捕捞、加工、运输和销售提起反垄断诉讼,实行完全的适用除外。① 但是,这些反垄断法适用除外也是有限度的,如果农业产品组织进行不合理的涨价合谋,也不会被适用除外,并且农业部长和内务部长也会对农产品和渔产品进行监督,如果两位部长发现有垄断行为导致价格不合理上涨则有权终止反垄断法适用除外。不过依据美国判例,两位部长的权力仅仅是在导致了不合理的涨价时才可以行使。另外,农业合作组织不得滥用优势要求其他独立生产者加盟,或者压制其竞争,或者强迫其他组织执行要求,或者与上下游企业联合抵制,这都是要受到反垄断法规制的。

欧盟范围内绝大多数农产品是由欧盟统一管辖,并由欧盟内的成员国共同商定它们的最高限价和最低限价,实行出口补贴。根据《欧盟条约》第24条的规定,欧盟的农业政策优先于竞争政策,同时,根据欧盟委员会《关于处理农业领域协议的26号法规》的规定,农业属于"类别豁免"的行为。而欧盟各成员国也往往对农业采取巨额财政补贴等扶持政策,并将农业列为竞争法的适用除外范围。例如,根据德国《反对限制竞争法》第28条的规定,该法第1条的卡特尔禁令不适用于农业生产者企业有关农业产品的生产、销售或使用储藏、加工或处理农业生产者的共同设施的协议,也不适用于农业生产者企业联合会,以及此类联合会联合订立的相关协议和作出的决议。

---

① 参见吴玉岭、赵耀:《论美国反垄断法的豁免制度及其适用限制》,载《南京社会科学》2005年第1期。

在日本，根据《禁止私人垄断法》第24条的规定，以及《农业合作社法》《水产业合作社法》等相关法律的规定，其中包括豁免适用《禁止私人垄断法》第3条关于禁止不正当交易限制的规定。①

四、知识产权领域

知识产权是人们就其智力成果所依法享有的专有权利，具有独占性和排他性。因此，知识产权本质上是法律赋予的一种合法垄断；各国的反垄断立法均把知识产权列为"适用除外条款"。② 知识产权的范围有广义和狭义之分。广义的知识产权包括人类一切智力劳动成果。《建立世界知识产权组织公约》第二章第8条所划定的范围就是广义上的知识产权，既包括发明、创造、专利、外观设计、商标，还包括厂商名称和标记的权利、反不正当竞争的权利。《与贸易有关的知识产权协定》的第一部分第1条按照相对狭义的范围划分。传统的知识产权理论主要包括专利权、商标权与著作权，这是世界范围公认的应当普遍保护的知识产权。

知识产权的适用除外主要有两种情形：

第一种情形是知识产权的本身适用除外，也就是合法垄断。知识产权具有独占性不仅是其本身特点决定的而且是法律赋予的一种权利。英国1623年《专利法》是世界上最早的专利法，该法又被称为《垄断法》，因为是赋予技术垄断的法律。美国有判例对专利权垄断的合理性进行了解释，"单个的生产者可能是一组活跃的竞争者中的幸存者，他仅是借助了其过人的技艺、预见能力和勤奋。在这样的情形中可以很有力地争辩：尽管结果可能是公众不得不面对垄断所带来的恶，但是法律却不能谴责作为结果的这些非常的力量，因为形成这样结果的竞争过程正是法律所要实现的主要目标。……成功的竞争者，由于在此之前一直被鼓励竞争，因此一定不能因赢得竞争而被攻击"。"一项专利，依照法律，属于财产。没有任何法律将专利描述为一种垄断。……以专利表示的财产权，像其他财产权一样，可以以违反反托拉斯法的方式被使用，但这种情况并不会在确立这种财产权的法律和反托拉斯法之间造成冲突。……将专利说成是一种专利垄断权或将专利描述为反垄断一般规则的例外是一种故意制造混乱的做法。"③当然，这种说法属于为了说明问题而带有夸张性的说法，实际上人们还是经常提到专利垄断权，而专利权属于反垄断法适用除外的重要领域也是通说。

可见，允许知识产权合法垄断是基于以下几种因素的考虑：(1)知识产权的独占性是其本质的特点而无法改变。同一项知识产品，不允许有两个或者两个以上的同一属性的知识产品的并存。(2)知识产权是一种创新机制。知识产权旨在促进产品的制造者不断创新，不断满足市场和消费者的需要。专利需要保持新颖性、创造性和实用性。

① 参见游钰：《卡特尔规制制度研究》，法律出版社2006年版，第191页。

② 参见郑瑞琨、赵新：《知识产权反垄断立法规制研究》，载《知识产权》2006年第6期。

③ 郭德忠：《专利许可的反垄断规制》，知识产权出版社2007年版，第22页。

(3)知识产权也是一种激励制度。知识产权通过授予私人权利,所有权人得到了很多的益处,而这种益处为其独有,对于个人也是很大的激励,而这种激励的集合就发生了整体的社会效应。因此,在知识产权正当使用的情况下,其权利行使不受反垄断法规制,只有在权利滥用的情况下,才受反垄断法规制。① 世界上很多国家有类似规定,如日本《禁止私人垄断法》第 23 条规定:本法不适用于正当行使专利法所规定的权利的行为。

第二种情形是基于知识产权对公共利益等因素的考虑而给予的适用除外。这主要是基于以下几种因素的考虑:(1)知识产权权利的行使是否超出了合理使用的界限;(2)知识产权的行使所造成的对竞争的限制是否超出了必要的限度,也就是知识产权权利的行使带来的经济和社会效益是否大于限制竞争所造成的损害;(3)知识产权的行使是否有利于公共利益;(4)知识产权的行使是否有利于综合国力的提高。

针对知识产权的行使是否超出了合理的范围,美国司法部在专利领域中划定了 9 种不合理的限制,规定详细。如果在专利许可协议中含有这 9 种不合理的限制,司法部就可能启动反垄断程序。日本 1968 年的公平贸易委员会颁布的《技术引进合同的审查标准》中也针对不公平的限制条款列举了 9 种情形,许可合同中含有一种或几种情形的就可以启动反垄断程序。在德国《反对限制竞争法》第 17 条第 2 款中也规定了 5 种适用除外的情形。欧盟在知识产权适用除外审查方面有着独特的规定,对知识产权的适用除外规定较为详细。1996 年欧盟委员会颁布了适用《欧共体条约》第 81 条第 3 款的第 240 号规章,即《技术转让规章》(240/96 号规章)。根据《技术转让规章》的规定,许可协议中限制竞争条款分为三种类型。第一种类型为白色条款。这类条款共 18 种,这类条款虽然有时也会限制竞争,但是一般都会被适用除外,因为这些限制是合理的。第二种是黑色条款,共 7 种情况。这类条款严重限制竞争不能得到适用除外。第三种是灰色条款。这类条款不属于前述两类条款。针对这类条款,《技术转让规章》规定了异议程序。合同当事人可将合同内容通知欧盟委员会,4 个月内如果委员会没有提出异议,即获适用除外。如果没有获得通过,一般也不会予以惩罚。从以上的分析和对比可以看到,在国际反垄断法中对知识产权适用除外的审查中,一般都会承认其独占地位而允许其在合理和合法的范围内进行垄断,这是常态。但是,同时也禁止知识产权滥用,防止严重限制竞争的行为。对于限制竞争的情况一般是划出范围或者列举违反竞争的情形予以规制,当限制的情形合理或者会给整个社会带来利益的时候,才予以适用除外。

如前所述,虽然知识产权一般基于其合法的独占性和其他因素的考虑而会给予适用除外,但是如果知识产权的权利人滥用这种权利和市场支配地位则会被反垄断法惩治。“权利滥用”是英美法系衡平法中的一个重要概念。所谓权利滥用,是指权利人在

---

① 参见华慧、陈登峰:《知识产权保护与反垄断法之关系探讨》,载《商场现代化》2006 年第 24 期。

权利行使的过程中故意超越权利界限损害他人的行为。权利被滥用是权利的本质特征所决定的。所谓知识产权滥用，是指知识产权的权利人在使用权利的时候超出了合法和正当的界限损害公共利益和他人合法权益的情形。滥用知识产权的构成要件：从主观要件上讲是权利人有滥用权利的主观愿望，不管这种愿望是为了谋取更大利润还是为了限制竞争。从方式上讲，滥用知识产权的手段是不正当的。所谓“不正当”主要有故意损害、缺乏正当利益、选择有害的方式行使权利、损害大于所取得的利益、不顾权利存在的目的、违反侵权法的一般原则等6项标准。[①] 从结果上讲，滥用知识产权给个人和社会利益造成损害和妨碍，不管这种损害是短期内可显现的还是经过长期才能显现的。

从反垄断法的角度来看，滥用知识产权有以下几种类型：

第一种类型是滥用市场支配地位。这种类型又可以具体分为以下几种：一是拒绝许可。拒绝许可造成对直接市场和相邻市场竞争的限制和排除。二是搭售。搭售是将两种或者两种以上的产品或技术捆绑在一种产品或技术上，而购买者如果需要一种产品或技术就必须购买捆绑在其上的产品或技术的一种商业行为。[②] 搭售行为不仅限制了消费者的购买自由权，还限制了竞争者的竞争自由。在一般情况下，搭售的技术或产品与购买者意欲购买的产品无关，而如果购买者拒绝购买搭售产品或技术，就会被拒绝出售，具有强制性。三是价格歧视。价格歧视是指对于相同的标的产品针对不同的购买者实行差别价格或者针对相同的许可条件收取不同的许可费用。四是掠夺性定价。市场支配者利用竞争优势先以低于成本价格销售含有知识产权的产品，当竞争对手被排挤后又大幅度上涨产品价格。五是超高定价。市场支配者利用市场支配优势和知识产权的独占性，给产品制定超高的价格，以达到超额市场利润，损害了消费者的权益。

第二种类型是限制竞争行为。这种类型又可以具体分为以下几种：一是回授。回授是指专利权利人在许可合同中要求被许可人对被许可使用的技术进行改进而形成的知识产权转让给许可方。[③] 二是价格限制。被许可人在利用许可人的技术进行产品生产时被要求以一种固定的或者不超过一定界限的价格向外转售。虽然有人认为价格限制有一定的合理性，美国的判例也曾支持价格限制，因为价格限制可以保护许可者在设备上的投资免受竞争的损害，但是知识产权中价格限制的这种合理性不足以弥补带来的益处，世界各国（地区）对这种价格限制基本持否定态度。欧盟也认为不必要进行合理性分析而直接判为非法。[④] 日本也认为这种行为是一种违反公平交易的行为。三是联合经营。经营者将在一个领域的知识产权集中起来许可第三人使用。联合经营的好

---

① 参见徐国栋：《民法基本原则解释》，中国政法大学出版社2001年版，第136页。

② 参见王先林：《知识产权与反垄断法》，法律出版社2001年版，第224页。

③ 参见韩赤凤：《许可协议的知识产权滥用及其规制》，载《世界科技研究与发展》2006年第1期。

④ 参见沈木珠、解薇薇：《中国知识产权领域的反垄断立法思考——从中国企业面临的知识产权危机谈起》，载《法律科学》2005年第3期。

处是便于技术联合、促进技术创新、减少侵权诉讼等,但是其限制竞争的一面是瓜分市场、集中定价、限制产量等。日本《专利和技术秘密许可协议中的反垄断法指导方针》认为如果协议各方排除他人参加,则会造成竞争的严重限制。①

五、对外贸易领域

为了保护本国利益,增强本国出口实力,各国都对对外贸易中以出口卡特尔为主的限制竞争行为持豁免态度,将其纳入反垄断法适用除外的范围。例如,许多国家允许本国的出口经营者就出口商品的品种、数量、价格、出口地区等事项进行协调并达成卡特尔。从一般意义上讲,出口卡特尔限制了出口经营者之间的竞争,破坏了竞争的自由和公平,也损害了进口国的利益和国际贸易秩序。但是,这种出口卡特尔却可能给出口国带来好处,出口卡特尔协调了出口国各企业的立场,可以有效增强该国企业的国际竞争力,有利于增进出口国在国际贸易中的利益。②

反垄断法适用除外制度在进出口领域中的适用,其立法方式主要有两种:一种是直接规定行业性豁免。例如美国、日本、俄罗斯和我国台湾地区,通过制定特别法律法规或在反垄断法律法规中规定专门条款等形式,直接豁免进出口领域,豁免的对象具体主要包括三类:出口联合协议、进口联合协议、兼并国内或境内出口企业。例如,我国台湾地区规定,企业可以为加强贸易效能,而就台湾地区外商品之输入采取共同行为,或者为确保或促进输出,而专就台湾地区外市场之竞争予以约定。美国规定,只要不限制贸易或实质性地减少国内竞争,企业"占有、拥有出口企业股票及其他资本将免受《克莱顿法》第7条约束"。但无论是美国还是我国台湾地区,企业都必须先提出申请,经审查符合一定标准才能够得到豁免。另一种是目的性豁免,即不直接豁免出口领域,而规定某些综合性的豁免标准。不少国家采用这种做法,但其出口协议豁免程度并不因此低于采用行业性豁免的国家。例如,英国《1948年独占及限制行为调查管制法》规定,出口联合也适用反垄断法,但是符合公益的除外,而商务部在考察"公益"时,要特别考虑:对最适合国内外需要的商品,依照最合适的数量和价格,进行高效的生产、处理和分配;增进效能有利于新兴企业产业组织化;有利于英国劳动力、原料及生产力的充分利用和分配;有利于技术改善发展、扩张现有市场、开拓新兴市场。目的性豁免的具体审查标准由主管机关内部掌握,可操控性更强,调整更灵活;但是也带来了审查工作量加大的问题,同时对于企业来说,能否得到豁免的不确定性确实增加了。③

对对外贸易的反垄断法适用除外虽然可以增强一个国家的经济实力,但是也会造成多种利益冲突而不是一概带来利益。这种冲突不仅是对本国以外国家利益的冲突,

---

① 参见谢国旺:《国际反垄断法适用除外制度研究》,中国政法大学2009年博士学位论文。

② 参见游钰:《卡特尔规制制度研究》,法律出版社2006年版,第191页。

③ 参见张一鹏、童剑锋:《国际经贸领域反垄断法适用除外制度研究》,载《江淮论坛》2005年第5期。

对本国国内的利益也是有冲突的。其主要表现在以下几个方面：[①](1)本国国内同行业利益冲突。出口企业进行出口联合提高出口价格，虽然对于参与者来讲是短期内获得了高额的利润，但是从长远利益来看，这势必造成国外进口数量的减少，外国的进口商也会因此而转向第三国进行采购，从而也伤害了出口国长期占领出口市场的利益。如果进口商联合压低进口价格，同样也会造成国际供给的转移和供给数量的减少，而这就会使本国内部同种商品或材料价格上扬，最终会给国内的同行业造成损害。(2)国内、外同行业之间的利益冲突。本国国内的出口垄断协议得到适用除外，势必直接影响外国进口商的利益，本国国内进口垄断协议得到适用除外也会直接影响外国出口商的利益，而这些相互竞争者依据本国的垄断协议的适用除外势必造成国际上贸易的冲突和贸易战，最终受损的还是各个国家的进口商和出口商。(3)经营者和最终消费者的利益冲突。本国出口贸易垄断协议或者进口贸易垄断协议得到适用除外，最终势必造成国内出口减少、生产下滑，或者供给减少、价格上扬，而这些成本最终会转给消费者，消费者也会从中受损。(4)本国与外国利益的冲突。这也是对外贸易垄断适用除外所造成的必然的利益冲突。对外贸易豁免所保护的出口垄断高价和进口垄断低价，一种可能是造成交易的失败，另一种可能是相对方在无法选择而只能交易时，就会想方设法与其讨价还价，或者直接或间接地利用其本国政府进行干预，在矛盾无法调和时，各国就会采取互相报复措施，恶化国家间的关系。因此，很多国家都在反垄断法中规定了域外效力，利用域外效力遏制对本国利益造成损害的垄断行为。由于世界经济不断走向全球化，各国经济的来往更加紧密和频繁，一国强硬的对外贸易政策势必会造成其他国家的抵制。

对外贸易的适用除外是世界各国反垄断法的习惯做法，但由于种种利益冲突，也发生了变化。随着世界经济和贸易的发展，对外贸易反垄断法适用除外出现弱化趋势。1998 年德国修改了《反对限制竞争法》，取消了出口卡特尔和进口卡特尔的适用除外。[②] 这种调整一方面是为了迎合欧盟的要求，另一方面是为了适应全球化经济的发展趋势。

六、特殊卡特尔即特殊的垄断协议

(一)不景气卡特尔

不景气卡特尔也叫结构危机卡特尔。宏观经济形势是影响企业发展的重要因素。如果宏观经济不景气或者发生经济危机，企业将面临需求萎缩、价格竞争激烈等恶劣的市场环境，使其利润减少、发生亏损甚至倒闭。而通过卡特尔来克服经济危机或者经济不景气一直是卡特尔赞成派所持的一个重要理由。

---

① 参见王炳：《论反垄断对外贸易豁免规则的内在冲突及其克服》，载《南京航空航天大学学报》(社会科学版)2005 年第 2 期。

② 参见邵建东：《德国新修订的〈反限制竞争法〉介评》，载《南京大学法律评论》2000 年第 1 期。

第二次世界大战前,德国、美国等国家都有通过扶持或者强制实施卡特尔来摆脱经济危机的时间。例如,为了摆脱1929~1933年的大危机并使国家全面控制社会经济,德国于1933年制定了《强制性卡特尔法》,由国家强制实施卡特尔。而为了摆脱此次大危机,美国通过《全国工业复兴法》等法案在工业和其他经济领域推行卡特尔化政策。与德国不同的是,美国推行卡特尔化政策是在保持资产阶级民主政治的前提下进行的。后来,这种在经济领域的卡特尔化实践因《全国工业复兴法》被美国最高法院判定违宪而终止。

第二次世界大战以后,通过卡特尔来克服经济危机的论调遭到了广泛的批评,成为各国建立和完善竞争法制度的重要理论基础。战胜的同盟国对德国、日本等战败国家的垄断经济基础进行自由化和民主化改造,卡特尔这种垄断经济形势被普遍禁止。此后,西方资本主义国家再也没有采取大规模的卡特尔化的方法来缓解经济危机或者经济不景气。

尽管卡特尔化并不是解决经济危机或者经济不景气的根本方法,但在经济不景气期间,由同业经营者实施特定形式的卡特尔以代替毁灭性的竞争可能有助于相关产业平稳地度过经济不景气。因而,一些国家允许或曾经允许在经济危机或不景气时期实施特定卡特尔,将为摆脱经济危机或不景气而实施的卡特尔作为反垄断法适用除外的重要情形。例如,日本1947年《禁止私人垄断法》对不正当交易限制采取了概括禁止的严厉态度,但在1953年就对其严厉的卡特尔规制政策进行了修改,其重要内容之一就是增加了规定允许不景气卡特尔的存在。但随着其国内经济形势的变化和竞争政策的转变,日本在1999年修改法律时废除了有关不景气卡特尔适用除外的规定。而在德国,《反对限制竞争法》将结构危机卡特尔纳入适用除外范围,根据该法的规定,因销售减少而致需求发生持续变化,从事生产、制造、加工或处理的企业达成的协议或作出的决议,即结构危机卡特尔可以豁免适用该法第1条的卡特尔禁令。但是,由于结构危机卡特尔必须满足特定条件,还必须经过卡特尔当局的严格审查和核准,结构危机卡特尔的实际发生数量很少。在美国,由于反托拉斯制定法的规定较原则,特定卡特尔是否豁免适用反托拉斯法由法院在具体案件审理中灵活掌握,而为了摆脱经济危机或不景气可以作为卡特尔抗辩的一个重要理由。一个典型的案例是1933年的阿巴拉契亚山煤炭案。在该案中,法院没有适用本身违法原则,因为法院认为某项安排消除参与者之间竞争的事实本身并不足以使其受到谴责。法院考察并强调了这个行业所面临的萧条的经济条件,认为生产者的利益和消费者的利益是相互联系的,在这种萧条的经济环境下,一些特殊的销售安排是合理的。①

(二)合理化垄断协议

合理化垄断协议是指为实现经济过程合理化而达成的垄断协议,可以豁免适用反

---

① 参见游钰:《卡特尔规制制度研究》,法律出版社2006年版,第194~196页。

垄断法的禁止规定。经济过程的合理化包括改进技术、研发新产品、提高质量、降低成本、提高效率等。这类垄断协议，比如同业经营者之间的共同研究开发协议，虽然可能在一定程度上限制了竞争，但它对于避免重复研究、节约开发成本、促进技术进步及提高生产效率却具有积极意义，因此原则上不应为反垄断法所禁止。例如，韩国《垄断规制与公平交易法》第19条第2款规定，有关研究和技术开发的共同行为基于产业合理化等原因在获得公平交易委员会的认可后，可以豁免适用该条第1款关于不正当共同行为的禁令。[①] 又如，德国《对反限制竞争法》第5条规定，合理化卡特尔包括下列情形：(1)旨在使经济过程合理化的协议和决议，可以豁免适用第1条的禁止规定，但以该协议和决议适合于从根本上提高参与企业在技术方面、企业经济方面或组织方面的工作效率或经济效益，并因此能改善对需求的满足为限。合理化的效果应当同与之相关联的限制竞争之间保持适当的关系。限制竞争不得产生或加强支配市场的地位。(2)协议或决议必须以价格协议或以组建共同采购机构或共同销售机构的方式达成合理化效果的，在具备第5条第1款所称条件的情况下，可以豁免适用第1条的禁止规定，但以该合理化宗旨无法以其他方式达成为限。[②]

（三）标准化垄断协议

标准化垄断协议又称条件卡特尔，是指以统一适用产品标准或者产品规格为内容的卡特尔，以及统一适用一般交易条件、一般供应条件，以及以包括现金支付折扣在内的支付条件为内容的协议和决议。[③] 当然，标准化垄断协议建立的标准应该是符合市场要求的标准，它虽然在一定程度上会削弱竞争，将不符合标准的服务或产品排除出市场，但是为商品或服务确定行业标准有助于经营者改善产品品质、降低生产成本和提高效率，也利于消费者，并可能促进本行业的技术进步。例如，我国台湾地区“公平交易法”第14条第1款规定，为降低成本、改良品种或增进效率，而统一商品规格或形式者，经主管机关许可，可以豁免适用联合行为禁令。[④] 又如，德国《反对限制竞争法》第2条第1款规定，仅以统一适用标准或型号为内容的协议和决议，可以豁免适用第1条禁令。

（四）专业化垄断协议

专业化是指企业在产品制造、经营管理、生产效率及提供服务等方面进行分工管理，使生产、加工、经营、服务等过程合理化的过程。专业化垄断协议就是指规定产品生产的专业化分工的垄断协议。具体而言就是在实际或潜在竞争者的当事人之间，对各自生产的产品种类进行分配，从而使每一生产商之专门生产一部分或一定范围的产品，

---

① 参见尚明主编：《主要国家（地区）反垄断法律汇编》，法律出版社2004年版，第189页。

② 参见孔祥俊：《反垄断法原理》，中国法制出版社2001年版，第680～681页。

③ 参见史际春等：《反垄断法理解与适用》，中国法制出版社2007年版，第128页。

④ 参见尚明主编：《主要国家（地区）反垄断法律汇编》，法律出版社2004年版，第189页。

即指约定生产、经营的专业化分工的垄断协议。在专业化垄断协议存在的情况下,特定企业通过专业化方式生产、经营特定类型的产品,有利于改进技术、节约成本和提高效率。① 如果这类垄断协议确实可以提高企业的效率且不严重影响竞争,就可获得批准。例如,德国《反对限制竞争法》第3条规定:"以通过专门化达到经济过程合理化为内容的协议和决议,可以豁免适用第1条的禁止规定。但以限制竞争不会产生或加强支配市场的地位为限。"②

(五)中小企业卡特尔

中小企业之间进行的卡特尔很多,但是能够有益于改善竞争条件、有益于社会整体利益的卡特尔才能被适用除外。③ 中小企业是相对于大企业而言的,各国对中小企业的界定标准和方法不同。中小企业因其数量庞大而在各国经济发展中发挥着举足轻重的作用。以美国为例,从1980年到1990年10年间的统计数字显示,美国全部的就业人数总共增加的有1864万人,然而,仅仅在中小企业就业的增加人数就达到87.3%。另一个数字表明第二次世界大战后中小企业创造的产品和服务价值一直占据美国全部产品和价值的50%,20世纪80年代后虽有降低,但仍然占到40%左右。④ 然而,与大企业相比,中小企业规模小,生产技术和管理水平相对落后,因此中小企业在相关市场中的竞争力较弱,形式上的竞争机会均等可能造成实质上的不平等。为了充分发挥中小企业的作用,各国都通过立法或者其他手段对中小企业进行扶持和保护。

在竞争法领域,将中小企业卡特尔纳入反垄断法适用除外的范围,也是通过对中小企业之间的合作网开一面,使中小企业获得与大企业垄断相制衡的力量从而保护和促进中小企业的发展。允许中小企业达成卡特尔的主要目的在于促进中小企业通过合作改进技术、改善经营管理、节约成本和提高效率,从而增强中小企业的竞争力。中小企业卡特尔的合法存在不仅能够促进相关行业提高经济效率,而且能够促进相关市场竞争的公平,使中小企业能够更有效地与大企业开展竞争。德国《反对限制竞争法》第4条对中小企业卡特尔的适用除外作出了规定。日本《禁止私人垄断法》《中小企业团体组织法》《中小企业等合作社法》等对中小企业卡特尔,以及中小企业通过企业团体、合作社实施的共同行为作出了豁免规定。⑤

(六)进出口垄断协议

进出口垄断协议包括进口垄断协议和出口垄断协议。进口垄断协议是指为了加强贸易效能而就国外商品进入采取的联合行为;出口垄断协议是指为确保或促进出口而

---

① 参见游珏:《卡特尔规制制度研究》,法律出版社2006年版,第198页。

② 孔祥俊:《反垄断法原理》,中国法制出版社2001年版,第680页。

③ 参见徐伟敏:《企业合并的反垄断控制若干问题的思考》,载《山东大学学报》(哲学社会科学版)2002年第4期。

④ 参见锁箭:《中小企业发展的国际比较》,中国社会科学出版社2001年版,第1页。

⑤ 参见游钰:《卡特尔规制制度研究》,法律出版社2006年版,第200页。

专门就国外市场的竞争予以约定的联合行为。它的优点主要有两点:首先,采取联合行为可以避免出口商之间恶性竞争,加强对出口产品品质的检查,提高出口商和出口国的声誉;其次,采取进口联合行为可以强化对外采购的议价能力,降低进口成本,获得有利的交易条件。它的缺点主要有:第一,出口联合容易引起贸易摩擦,可能构成对未参加联合的其他企业的进入壁垒;第二,进口联合会导致国内进口商品的价格单一,剥夺消费者的选择权。基于本国的利益,很多国家竞争法对进出口垄断协议进行豁免。

(七)农业领域中的垄断协议

农业是国民经济中的一个重要、特殊的行业:首先,农业的发展与社会公众的基本生活,以及一个国家的经济安全密切相关;其次,农业是一个特殊的行业,除受劳动力、资本等因素的影响外,在很大程度上依赖于自然条件,因此它非常脆弱。由于农业所具有的重要性与特殊性,各国政府对农业都采取鼓励和保护的政策,农业领域中的垄断协议成为竞争法豁免的类型。在欧共体中,不仅不限制农业生产者之间的垄断协议,还对其采取特殊的扶持政策。例如,根据德国《反对限制竞争法》第 28 条的规定,该法第 1 条的卡特尔禁令不适用于农业生产者企业有关农业产品的生产、销售或使用储藏、加工或处理农业产品的共同设施的协议,也不适用于农业生产者企业联合会以及此类联合会的联合订立的相关协议和作出的决议。

(八)公共利益垄断协议

公共利益垄断协议是指为实现节约能源、保护环境、救灾救助等社会公共利益而订立的垄断协议。它是出于整体经济发展和其他社会公共利益方面的重大需要,必须采取合作协议的措施不得已而限制竞争的,只要实质上没有危害竞争,并且协议所带来的利益超过对竞争的限制所造成的损害的,这个协议就可以得到豁免。社会公共利益的范围非常广泛,除了法律所列举的节约能源、保护环境、救灾救助,还可以包括如产业安全、技术进步、公共健康、保障就业、增强本国经济国际竞争力等内容。

第四节　我国反垄断法适用除外制度的立法现状及其完善

一、我国反垄断法适用除外制度的立法现状

(一)立法概况

2007 年 8 月 30 日颁布的《反垄断法》是我国第一部反垄断法。在此之前,我国的反垄断法律规范零散而不成体系,分布在不同的法律之中。例如,我国 1993 年制定的《反不正当竞争法》中规定了公用企业等限制竞争行为(第 6 条)、行政垄断行为(第 7 条),低于成本价销售行为(第 11 条)、搭售行为(第 12 条)和传统招标投标行为(第 15 条)5 种垄断行为。1998 年 5 月 1 日开始生效的《价格法》第 14 条规定了 3 种垄断行

为,即“相互串通,操纵市场价格,损害其他经营者或者消费者的合法权益”的价格卡特尔行为,“在依法降价处理鲜活商品、季节性商品、积压商品等商品外,为了排挤竞争对手或者独占市场,以低于成本的价格倾销,扰乱正常的生产经营秩序,损害国家利益或者其他经营者的合法利益”的低价倾销行为,以及“提供相同商品或者服务,对具有同等交易条件的其他经营者实行价格歧视”的价格歧视行为。2001 年 1 月 1 日开始施行的《招标投标法》在相关条款中详细规定了串通招标投标行为,并在第 51 条规定了禁止招标人对潜在的投标人的歧视待遇和其他限制投标人竞争的行为。

在这种缺乏完整体系的反垄断法之下,当时我国并没有明确的反垄断法适用除外制度。一些零散地规定在个别相关行业法律中的条文被认为属于对适用除外的规定。① 例如,我国《商业银行法》第 9 条规定:“商业银行开展业务,应当遵守公平竞争的原则,不得从事不正当竞争。”《保险法》2002 年修订前第 7 条,2002 年修订后第 8 条(2009 年修订后为第 115 条)规定:“保险公司开展业务,应当遵循公平竞争的原则,不得从事不正当竞争。”笔者认为,这些规定还并不属于反垄断法适用除外的规定。

2007 年 8 月 30 日通过的《反垄断法》对适用除外做了较为系统的规定,包括第 7 条对国有垄断行业及专卖行业的规定,第 15 条对垄断协议的豁免规定,第 55 条对知识产权的豁免规定,以及第 56 条对农业经济活动的豁免规定。也有学者认为第 28 条规定的后半部分属于对经营者集中的适用除外,②笔者对此并不认同。《反垄断法》第 28 条规定:“经营者集中具有或者可能具有排除、限制竞争效果的,国务院反垄断执法机构应当作出禁止经营者集中地决定。但是,经营者能够证明该集中对竞争产生的有利影响明显大于不利影响,或者符合社会公共利益的,国务院反垄断执法机构可以作出对经营者集中不予禁止的决定。”笔者认为,此规定仍然属于反垄断执法机构在审查经营者集中时作出判断的实质性标准的规定,明确赋予了经营者一定的抗辩理由,但仍然属于经营者集中申报、审查程序的一部分,而不是对反垄断法的适用除外。正如有学者所指出的,“所谓的豁免制度,主要是指竞争协议和滥用支配地位行为的豁免。合并控制制度中专门有申报和核准的规定,此外再无其他的豁免情况”。③

(二)适用除外的范围

1. 国有经济占控制地位的关系国民经济命脉和国家安全的行业,以及依法实行专营专卖的行业。《反垄断法》第 7 条第 1 款规定:“国有经济占控制地位的关系国民经济命脉和国家安全的行业以及依法实行专营专卖的行业,国家对其经营者的合法经营活动予以保护,并对经营者的经营行为及其商品和服务的价格依法实施监管和调控,维

---

① 参见杜仲霞:《我国反垄断法适用除外制度评析》,载《安徽农业大学学报》(社会科学版)2008 年第 5 期。

② 参见谢国旺:《国际反垄断法适用除外制度研究》,中国政法大学 2009 年博士学位论文。

③ 孔祥俊:《反垄断法原理》,中国法制出版社 2001 年版,第 658 页。

护消费者利益,促进技术进步。”从字面上看,该条似乎没有提到反垄断法对这些行业适用除外,但实质上,“国家对其经营者的合法经营活动予以保护”就是对这些行业的垄断状态的豁免。当然,这也是和我国反垄断法对“独占”的控制采取行为主义相一致的。行为主义是对独占可能的或者确定的社会和经济后果的一种观点,是和结构主义相对的。结构主义认为,独占具有持久的和固有的损害,即没有抵消这些害处的好处,以及其通过低产量和高价格而必然导致资源的无效配置。采用这种观点的独占政策将防止的对象定位在市场结构上,强调结构—行为—绩效模式,采取防止出现独占地位或者对业已产生的独占地位予以拆除的竞争政策。相对地,行为主义认为,从整体上说,独占结构并不总是对消费者和经济具有损害作用。只有在企业达到非常大的市场规模时,才能实现规模经济,而且独占可以通过效率、发明和对需求的反映而获得。也就是说,独占可能是竞争机制的最终结果,在此过程中最成功的参与者吃掉了效率较低的竞争对手。但是,独占力量也可能不是通过自由竞争,而是通过不公平的竞争方法获得的,这些方法是使有效率的企业丧失竞争市场份额的能力的方法。无论以何种方式取得,在取得独占力量后,该独占力量可能以一种不公平的或者剥削性的方式行使,从而使整个社会丧失最有效率的选择。在这种情况下,被规制的是对独占力量的取得或者行使,而不是实际的市场结构。

作为社会主义国家,国有经济和国有(控股)企业在我国经济结构中占据着十分重要的作用,如铁路、航空、能源和电信,以及烟草和食盐等特许行业都是关系国计民生和经济命脉的行业,因此这些行业的经营者受国家的重点保护。虽然这些行业均处在垄断地位,但国家保护其正常发展,以保持这些行业的经营者在我国的经济控制地位。《反垄断法》第 7 条的规定是为我国的主要产业政策服务的。有学者指出,电力、邮政、铁路运输、自来水、煤气等行业,其垄断地位的形成和维持,都脱离不了政府干预。因为在这些行业,就社会公共利益角度而言,就宜设计成由一家厂商来经营,阻止其他企业进入市场。如若经由调整,市场最后也必留一家企业,与其要经历市场的痛苦调整,形成社会资源的浪费,还不如一开始时,在政策上即由政府公权力介入,只允许一家企业进入,对社会反而更有利。所以,政府出于产业发展需要所实施的行业准入管制是该行业形成垄断的重要原因。如果没有政府的准入管制,即使某一行业具有规模经济或成本次可加性,单一企业也很难形成或维持垄断地位。从这个意义上来说,作为反垄断法适用除外的自然垄断行业范围的选择,既与行业自身经济特性有关,也与政府根据产业政策需要进行管制关系很大。[①] 当然,我国《反垄断法》第 7 条的规定并不限于自然垄断行业,也包含了政策性垄断行业。

党的十五届四中全会通过的《中共中央关于国有企业改革和发展若干重大问题的

---

① 参见刘桂清:《反垄断法如何兼容产业政策——适用除外与适用豁免制度的政策协调机制分析》,载《学术论坛》2010 年第 3 期。

决定》就指出了我国的产业方向,即积极探索公有制多种实现形式,增强国有经济在国民经济中的控制力,促进各种所有制经济公平竞争和共同发展。这是我国国民经济发展从“国营经济”到“国有经济”,再到“国有经济在国民经济的主导作用体现在控制力上”的一个重大转折点,这不仅体现在经济的发展变化中,还体现了我党对我国公有制经济发展的产业理念。“国有经济在国民经济中的主导作用体现在控制力上”是对国有经济作用的最高度和最准确的概括。①

当然,这些行业的适用除外并不是完全绝对的适用除外,而是有限度的和附条件的。我国《反垄断法》第 7 条第 2 款规定:“前款规定行业的经营者应当依法经营,诚实守信,严格自律,接受社会公众的监督,不得利用其控制地位或者专营专卖地位损害消费者利益。”如前所述,第 7 条的规定仅是对这些行业的垄断状态的豁免,如果它们利用其垄断地位实施了《反垄断法》所禁止的滥用市场支配地位的行为,仍然要受到《反垄断法》的规制。

2. 垄断协议。我国《反垄断法》第 15 条第 1 款规定:“经营者能够证明所达成的协议属于下列情形之一的,不适用本法第十三条、第十四条的规定:(一)为改进技术、研究开发新产品的;(二)为提高产品质量、降低成本、增进效率,统一产品规格、标准或者实行专业化分工的;(三)为提高中小经营者经营效率,增强中小经营者竞争力的;(四)为实现节约能源、保护环境、救灾救助等社会公共利益的;(五)因经济不景气,为缓解销售量严重下降或者生产明显过剩的;(六)为保障对外贸易和对外经济合作中的正当利益的;(七)法律和国务院规定的其他情形。”第 2 款规定:“属于前款第一项至第五项情形,不适用本法第十三条、第十四条规定的,经营者还应当证明所达成的协议不会严重限制相关市场的竞争,并且能够使消费者分享由此产生的利益。”

可见,我国反垄断法对垄断协议适用除外的立法方式采取了标准加类型的立法体例,不仅列举了可以适用除外的类型,还规定了适用除外必须达到的标准。其中,列举的垄断协议类型包含了前文提到的不景气卡特尔、标准化卡特尔、专业化卡特尔、中小企业卡特尔。此外,还有为改进技术、研究开发新产品而进行的垄断协议,为实现节约能源、保护环境、救灾救助等社会公共利益的垄断协议,以及不限于出口卡特尔的为保障对外贸易和对外经济合作中的正当利益的垄断协议。同时,还设置了一项兜底条款,将其他有可能得到豁免的垄断协议概括在内。关于标准,前 5 种类型的垄断协议不仅要满足形式上的要求,即这些垄断协议必须是第 1 ~ 5 种类型的垄断协议,还必须满足实质条件,即该垄断协议不会严重限制相关市场的竞争,并且能够使消费者分享由于限制竞争而带来的利益。但基于对在对外贸易和对外经济合作中的垄断协议对于增强我国的国际竞争力的作用的考虑,第 6 项所列举的垄断协议并没有被要求对不会严重限制相关市场的竞争,以及消费者能够从中受益进行举证。

---

① 参见吴振国:《〈中华人民共和国反垄断法〉解读》,人民法院出版社 2007 年版,第 119 页。

3. 知识产权。我国《反垄断法》第 55 条规定："经营者依照有关知识产权的法律、行政法规规定行使知识产权的行为，不适用本法；但是，经营者滥用知识产权，排除、限制竞争的行为，适用本法。"

该条是基于知识产权本身的特殊性将知识产权合法垄断纳入反垄断法适用除外的范围，即如果知识产权的权利人依照法律和行政法规的规定，正当行使知识产权，则不适用《反垄断法》。但这种适用除外并不是绝对的，对于权利人滥用知识产权，排除、限制竞争的行为，仍然要适用《反垄断法》进行规制。这也是与国际立法惯例相一致的。除《反垄断法》以外，我国《对外贸易法》在"与对外贸易有关的知识产权保护"一章特别规定了控制知识产权滥用的内容；《合同法》第 329 条规定："非法垄断技术、妨碍技术进步或者侵害他人技术成果的技术合同无效。"这些法律规范和反垄断法一起构成对知识产权滥用进行规制的法律体系。

4. 农业经济活动。《反垄断法》第 56 条规定："农业生产者及农村经济组织在农产品生产、加工、销售、运输、储存等经营活动中实施的联合或者协同行为，不适用本法。"

该条对农业生产者及农村经济组织的农业经济活动规定了适用除外。农业的基础地位及农业的自然属性决定了各国对农业实行反垄断法适用除外。我国实行反垄断法适用除外主要考虑以下几个因素：第一，我国是一个农业大国，农业在我国经济中处于重要的基础产业地位。农业不仅关系着国计民生，而且我国的农业始终薄弱，扶持"三农"一直是我国的产业政策。第二，我国农业现代化程度不高，市场化程度和生产效率都很低，以小农家庭联产承包经营为基础，在世界经济竞争中处于落后的位置，农业经济的竞争力需要加强。对农业产品及其合作组织的适用除外就是为了提高农业生产力，促进市场的有效运行，增加市场供应，并且达到降低成本、满足社会整体需要的目的。第三，在我国的农业经济中如果实行自由竞争对整个农业经济的发展有害，相反，允许其某些限制竞争的行为会对整个农业经济有利。农业经济本身市场化程度很低，整体利润较少，如果允许其过度竞争势必损害农业生产者的利益，造成市场萎缩。当然，我国实行农业反垄断法适用除外也考虑农业本身的自然依赖性和农业产品的极低的替代性。

该条所称的农业，是大农业的概念，既包括农产品种植业，也包括林业、畜牧业和渔业。该条所称的农业生产者，既包括农民，也包括农村企业及其他直接从事农业生产经营活动的组织。该条所称的农村经济组织，既包括农民专业合作经济组织，也包括农村集体经济组织。①

二、我国反垄断法适用除外制度的不足及其完善

（一）我国反垄断法适用除外制度的不足

我国反垄断法适用除外制度的现行立法的主要问题是表达过于笼统模糊，难以准

---

① 参见安建主编：《中华人民共和国反垄断法释义》，法律出版社 2007 年版，第 120 页。

确地确定其含义和范围,因而缺乏可操作性。

《反垄断法》第7条规定了国有经济占控制地位的关系国民经济命脉和国家安全的行业,以及依法实行专营专卖的行业的合法经营反垄断法适用除外,这是一条行业适用除外的规定,但由于概念过于模糊而缺乏确定性。例如,关系国民经济命脉的行业有哪些?什么是国家安全,是广义的国家安全还是狭义的国家经济安全?国有经济占控制地位应该如何理解?等等,都缺乏确切的界定,这可能使该条成为某些应当引入竞争并受到反垄断法规制的行业维持其个体垄断地位从而保护其小团体利益的借口。

《反垄断法》第15条关于垄断协议的适用除外的规定是我国反垄断法适用除外制度最重要的组成部分,但也同样存在严重的立法技术上的问题。

首先,该条的豁免标准不够全面。该条试图把欧共体与德国模式相结合,既规定一般的豁免标准,也重点强调一些特殊的协议类型。其一般豁免标准有三:(1)该协议是"为……"的;(2)该协议不会严重限制竞争;(3)消费者能够分享这些效率所产生的利益。这一标准可能存在以下问题:(1)没有"不得使协议当事人有能力消除竞争"这一消极条件。而要对短期与长期的积极效果进行平衡,这一要件是必要的,即使目前的积极效果很明显,但如果会消除竞争,则从长远来看,消极效果更大,因而不应豁免。[①](2)没有设定"必不可少"的具体要件。第1~5项主要借鉴德国《反对限制竞争法》,但德国《反对限制竞争法》第7条已含有"必不可少"的具体要件,即"以参与企业无法以其他方式达成这种改善效果、此种改善效果同与之相关联的限制竞争之间保持适当关系,并且限制竞争不会产生或加强支配市场的地位为限",而本法第15条则没有;此外,德国《反对限制竞争法》第2~6条中,均有"但书"来设定具体的消极条件,本法第15条的各项也没有。例如,依据第15条第1款第2项,"……统一产品规格、标准的"协议可以豁免,但是若没有一个具体的标准,反而会不必要地统一了过高的标准规格,压制他人的竞争,则是不应当豁免的。虽然从字面上说,"协议不会严重限制竞争"可以包含两层意义:如果限制性超过了积极效果,可以说是"严重限制",既然不得严重限制,则更不得消除竞争。但这样的表达会使人感到还需另外确立一套标准,来认定何谓"严重限制"。而事实上并没有这样的独立标准,严重与否是一个相对的概念,只要积极效果大于消极效果,该限制又是实现积极效果所必需的,限制就不算严重,否则就是严重。

其次,"为……"与"之一"的逻辑关系牵强。在《反垄断法(草案)》中,曾规定豁免的第一个条件是:"经营者能够证明达成的协议是为实现下列目的之一的……"法典中改成了"……协议属于下列情形之一",将"目的"删除,但正式出台的《反垄断法》又将这些"下列情形"表述为"为……的",在语义上仍然是"目的"的意思。[②] 这会引起两方

① 参见许光耀:《〈反垄断法〉中垄断协议诸条款之评析》,载《法学杂志》2008年第1期。

② 同上。

面的问题:(1)按照"为……"的表达,豁免的根据是协议的"目的",而不是其效果,这肯定是不妥的。豁免的标准是协议的积极效果大于消极效果。因此,必须证明协议的确可以产生积极效果而不仅仅是有此目的,还得证明积极效果将大于消极效果。当事人须证明产生积极效果的方法、步骤甚至是时间表;协议的限制性越强,这种证明就越要具体。这并不是说当事人必须保证将来实现这些效率,但至少要表明协议是真的可能产生效率,而不是只有良好的愿望。只要求当事人证明"目的",能否实现在所不问,豁免的范围就会太广,经营者很容易包装出这种目的来规避法律。此外,如果仅仅证明"目的",无法确知积极效果将有多大,也就无法进行正负效果的比较。(2)"之一"的表达欠妥。第15条列举的几种效率,其内容都不单一,"(一)为改进技术、研究开发新产品的;(二)为提高产品质量、降低成本、增进效率,统一产品规格、标准……"如果只是改进技术,并不研发新产品,算不算对应了第1项?或只降低成本,但不改进产品的质量,能否满足第2项?这需要进一步明确。

最后,从第15条的设计看,除非"法律或国务院"规定了其他情形,否则本条所列举的情形就是穷尽性列举了,但这些列举并不能做到全面无疏漏,比如第1项所列的是"为改进技术、研究开发新产品"的协议,那么研发"全新的技术",既非"改进技术",也不是"研究开发新产品",能否豁免也需要将来的立法或司法实践予以补充。

由于这些不完备和含混不清,第15条的规定存在漏洞,很容易被滥用,使垄断协议的适用除外制度可能成为某种利益博弈和寻租的突破点。

(二)我国反垄断法适用除外制度的完善

我国《反垄断法》关于适用除外制度的规定存在的主要问题是语焉不详,弹性过大。针对这一问题,我国反垄断法适用除外制度的完善主要应从立法技术方面着手。

例如,对"国有经济占控制地位的关系国民经济命脉和国家安全的行业以及依法实行专营专卖的行业"进行明确的界定,这种界定不一定要在《反垄断法》中进行,也可以在各专门的行业法律中进行规定,如通过对《电力法》《铁路法》等法律的修改使其与《反垄断法》的规定相衔接,明确哪些行业属于该条所规定的行业垄断状态豁免的范围。此外,还有人提出要加强对自然垄断行业的监管,国家建立必要的反垄断法适用除外审批制度,就申请反垄断法适用除外的企业进入市场的条件、产品或服务的价格及其他交易条件,实行政府监督。① 当然,由于只是对这些行业的垄断状态进行豁免,并不存在一个申请反垄断法适用除外的问题,而对这些行业的行为的监督,则可以直接适用《反垄断法》。

对于问题较多的第15条,应针对其存在的立法技术上的问题和漏洞进行完善。首先,要完善其豁免标准,可参考2005年第七次修订后的德国《反对限制竞争法》第2条第1款的规定,即"企业间的协议、企业联合组织的决议以及协同行为不适用第一条,如

① 参见柴丽丽:《论我国反垄断法适用除外制度》,载《法制与社会》2008年第23期。

果协议、决议和协同行为有利于改善商品的生产或销售,或者有利于促进技术或经济进步,同时,消费者能够适当地分享由此获得的利益,而且 1. 参与企业没有受到为实现上述目的所不必要的限制,2. 上述行为也没有排除参与企业就相关产品的重大部分开展竞争的可能”。① 其次,对于列举的内容,则应避免使用“为……”这种“目的”式的表达,而从结果考虑。同样可以参考 2005 年修订后的德国《反对限制竞争法》,该法第 3 条第 1 款规定:“以通过企业间合作实现经济过程合理化为内容的、由处于竞争关系中的企业订立的协议、企业联合组织的决议,视为符合第 2 条第 1 款的豁免规定,如果 1. 没有因此实质性地损害市场竞争,并且 2. 该协议或者决议有利于改善中小企业的竞争能力。”②

此外,为完善反垄断法适用除外体系,在立法形式上,可以借鉴他国经验,采取在《反垄断法》中对适用除外作专门性的原则性的规定,与在其他专门性法律中对反垄断法的适用除外作具体的规定相结合的方式,在知识产权法、商业银行法、保险法、农业法、合作社法、对外贸易法等专门的法律中作出针对本行业的与《反垄断法》相衔接的具体规定。

---

① 《德国〈反限制竞争法〉》,方小敏、李淳等译,载《中德法学论坛》2006 年刊。

② 同上。

第九章　反垄断法域外适用制度

第一节　反垄断法域外适用概述

一、反垄断法域外适用的定义

在经济全球化条件下，各国经济之间的联系日益密切，相互依赖程度日益加深，发生在一国境外的垄断与限制竞争行为也可能会对境内的市场竞争产生影响。从实际情况看，各国反垄断法一般允许甚至支持、鼓励本国企业对外国市场垄断，而对外国企业在本国市场的垄断则持反对的态度，一些国家主张对发生在境外却影响到境内的企业垄断行为行使管辖权，这就涉及反垄断法的域外适用问题。

所谓反垄断法的域外适用（extraterritorial application），是指一国将其反垄断法适用于那些在本国以外发生的而对本国市场有影响的垄断或限制竞争行为的情形。其主要目的是防止在本国领域以外发生的垄断或限制竞争行为对本国经济和市场竞争造成危害。根据该项制度，只要特定主体实施的垄断或限制竞争行为实质上破坏了一国的市场竞争秩序，该国的反垄断法都可以适用于这一行为，而不管该行为是否发生在该国的主权管辖范围内。主要有三种情况会导致反垄断法的域外适用：一是外国企业在国外进行，但在国内完成，或利用分支机构在国内进行的垄断；二是分别位于境内外的具有控制关系的两个独立实体在国内进行的垄断；三是外国企业在境外进行的垄断对国内构成影响，但该企业在国内无任何活动。① 对于前两种情况，可以依据履行地管辖原则成立东道国的管辖或者依据单一经济体原则成立受害国的管辖，二者皆有国际法上的管辖基础。然而第三种情况是彻底的域外适用，需要在实践中慎重考虑运用何种理论来支撑其域外管辖。

二、反垄断法域外适用的成因

反垄断法之所以具有域外适用的效力，并非在反垄断法的颁布之时就已存在。随着经济全球化和国际经济一体化的蓬勃发展，特别是跨国公司在全球的活动，各国间贸易壁垒的日益减少，市场经济体制的不断兴起与传播，各种生产资料能够在全球范围内流通，反垄断法的域外适用才得以实现。正如美国人肯尼切·奥迈所言："虽然从政治版图看，国家间一如既往地存在疆界，但从企业的资金和生产活动的流向看，竞争版图

---

① 参见沈敏荣：《法律的不确定性：反垄断法规则分析》，法律出版社2001年版，第218页。

的疆界已经消失了。”“人们不能想象的是,将来大多数公司的国籍将会被视为怪事,因为它们的国籍已经不符合现实。”①从全球经济现实发展的情况来说,的确证实了肯尼切·奥迈的预言。

反垄断法的域外适用,有着深刻的经济原因,正如德国反垄断法权威 E.-J. 梅斯特梅克先生在谈到《反对限制竞争法》的域外适用时所说的:“只有那些坚持市场开放、防止跨国限制竞争的反限制竞争法才会产生域外适用的效力。这种效力不取决于立法者对之期望或不期望,规定或不规定。因此也谈不上放弃卡特尔的域外适用。放弃域外适用,国家就不能有效地管制企业的市场行为。”②

三、反垄断法域外适用的确立

反垄断法的域外适用起源于美国。1945 年,美国诉美铝公司(Alcoa)案时,抛弃了此前一直严格遵守的反垄断法“属地管辖原则”,而改用了“效果原则”,开创了反垄断法域外适用的先河。该案中,加拿大一家铝公司因参加了一个主要由欧洲企业组成的限制向美国出口铝锭数量的卡特尔协议,被美国第二巡回法院指控违反了《谢尔曼法》。审理该案的汉德(Hand)法官认为,外国铝制造商在美国境外缔结卡特尔同盟,向美国出口且数量逐年增加,该行为是有意识地利用生产分割的方式,对美国的对外贸易产生了实质性的效果。汉德法官不再将焦点放在行为的发生地,而是将考虑的重心放在外国企业就价格与生产所做的决定对美国市场所产生的效果上。汉德法官认为,《谢尔曼法》也适用于外国企业在美国境外订立协议的情况,只要“它们的意图是影响对美国的出口,且事实上也影响了对美国的出口”。法院判决,“任何国家都有权规定,即便不属于本国的公民,他们也不得在该国领土之外从事一种受该国谴责且对该国内产生不良后果的行为”。这就是说,只要限制竞争的行为在美国国内市场产生影响效果,不管这种行为是在什么地方发生的,不管当事人的国籍如何,都可以适用美国《谢尔曼法》。③ 美国以判例法的形式率先确认了反垄断法域外适用效力。为了使域外适用制度明确具体,美国在 1982 年《对外贸易反托拉斯促进法》中又明确规定,反托拉斯法可以适用于美国域外的行为,只要该行为对美国的商业产生了“直接、实质的和可预见的效果”。1995 年 4 月,美国司法部和联邦贸易委员会对《国际贸易反托拉斯执行指南》修订后做了如下规定:如果第三国企业间的合并对美国国内、对美国的出口贸易或者对美国企业的出口机会有着直接的、实质性的且可以合理预见的后果,得依据《克莱顿法》第 7 条决定是否批准合并。效果原则的适用与国际法上传统的属地管辖原则存在极大的冲突,这充分体现了美国利益至上的经济霸权色彩,引起许多国家不满。

---

① Keniche Ohmae, *The Borderless World*, 1990, p. 10. 转引自王晓晔:《美国反垄断法域外适用析评》,载王先林主编:《安徽大学法律评论》(第 2 卷第 1 期),安徽大学出版社 2002 年版。

② 王晓晔:《效果原则——美国反垄断法的域外适用》,载《国际贸易》2002 年第 1 期。

③ 参见王晓晔:《欧共体竞争法》,中国法制出版社 2001 年版,第 469 ~ 470 页。

若是各个国家都在自己的反垄断法中规定了域外适用条款,然而又阻止其他国家反垄断法域外适用在本国的效力,这种国内国外不一致的态度必将引发各个国家管辖权的冲突,甚至法律上的冲突。但是,各个国家为了维护各自国家的利益,在建立国际统一的反垄断法规则尚没有实现的基础上,次优选择只能规定各自的反垄断法具有域外效力以抵消他国法律所主张的域外适用效力。

美国依据效果原则将其反托拉斯法域外适用的做法,一开始遭到了不少国家的反对和谴责。一些国家通过外交途径进行抗议,有些国家进行有针对性的法律抵制。与此同时,一些国家和地区又纷纷效仿美国,也主张自己反垄断法的域外效力。经合组织在对其成员国竞争法的推荐意见《竞争法基本框架》中也指出,竞争法应适用于所有在国内产生实质性影响的事件,包括境外发生而在境内产生了后果的事件。主张反垄断法的域外适用已经成为各国反垄断法立法的基本趋势。

第二节　反垄断法域外适用的法理分析

一、反垄断法域外适用的法律基础

反垄断法是否具有域外效力,是一个国家司法能力的范围问题,是国际公法问题。一国的司法能力至少包括两个方面:一是法律的规定权,即一国制定规则的权力;二是法律的执行权,又称国家执行权。规定权和执行权的范围并不必然一致,可以不具有共同的外延。规定权是由一国主权决定的,在行使过程中不会对他国利益产生影响;而执行权在行使过程中超出一国的管辖范围,就会产生法律冲突问题,反垄断法域外适用产生冲突的根源在于执行权而非规定权。因而规定权构成了反垄断法域外适用制度的国际法依据,而执行权成为域外适用产生冲突的罪魁祸首。

在一国范围内支持他国法律执行的效力,如调查取证、传送文书和判决的承认与执行等,往往需要相关国家签订相关的互助条约,或是有国际统一适用的实体规范和程序规范。然而在反垄断法这个领域内,全球范围内统一的反垄断法实施规则的颁布还遥遥无期,各个国家为了维护自己国家的利益,必然会规定本国反垄断法的域外效力而对他国反垄断法的域外效力进行最大限度的阻却。这种由执行权带来的冲突必然会产生国家冲突,因而需要各个国家采取合作的态度来解决这个问题,如欧盟与美国 1991 年签订的《美利坚合众国政府与欧洲共同体委员会关于竞争法的适用的协定》就是一个很好的典范。

反垄断法具有保障市场竞争秩序和消费者利益的目的。随着经济全球化和跨国公司的迅猛发展,各种各样的跨国垄断行为使全球市场的自我调节也失灵了,这就需要“国际调节”对此予以补救,那么国际竞争法自然而然成为解救的良药。可是,由于各国政治、经济、文化背景和法律的差异,国际统一竞争规则的落实还是遥遥无期,但是又不能放任这种国际市场垄断与限制竞争于不管,退而求其次的办法就是赋予本国的反垄断法具有域外效力,这是一个很无奈但切实可行的办法。所以,反垄断法的域外效力之产生有其必然性。

二、反垄断法域外适用的适用范围

法律作为约束人们行为的规范,必然或者必须具有其指向的适用范围。[①] 法律的适用范围,也即法律的效力范围,包括时间、空间和对象范围。与其他法律一样,反垄断法有其适用范围,涉及时间效力、空间效力和对象效力。在时间效力上,反垄断法没有特殊性,而在空间效力和对象效力上,有其特定背景下的特殊含义。

任何法律都是在一定的空间范围内有效的。法律规范在哪些地方和区域具有约束力,就是法律的空间效力。任何国家都是依据主权、领土完整和法制统一的原则,确定各种法律、法规的空间效力范围的。在一般情况下,一个主权国家的法律适用于其主权管辖的一切范围,包括领土、领空和领海,以及具有延伸意义的领土,如驻外使领馆、在国外的船舶和航空器。我国的反垄断法当然要依据这些原则来确定其空间适用效力。所以,作为预防和制止垄断行为,保护市场公平竞争,提高经济运行效率,维护消费者利益和社会公共利益的我国反垄断法,其效力范围当然在全国范围内有效。

法律对人的效力即我们所说的对象效力,是指法律对什么人具有法律约束力或者法律适用于什么样的人。由于现存国籍的差别,法律规范对待不同国籍的人的效力是不同的。一般来说,这种效力包括:法律对于本国内本国人的效力、法律对于本国内外国人的效力、法律对于本国外本国人的效力和法律对于本国外外国人的效力。对于前两种情形,依据属地主义当然可以行使其管辖权;对于第三种情形,依据属人主义即可规定其效力范围;对于最后一种情况,是纯粹的域外问题。一般来说,国内的法律规范没有域外效力,只有在特定领域中才得以适用,如刑法中的保护原则,即无论在国外的当事人的国籍如何,只要侵害了本国的利益,本国的法律具有适用效力。所以,对于外国人的效力问题要谨慎对待,以免引发不必要的冲突。同样,我国反垄断法的对象效力要依据上述原则来规定。

反垄断法国内法的域内适用效力来源于法律规范空间效力的普遍原则,但它并不排除在某些情况下国内法的域外适用。反垄断法的域外适用是世界经济一体化进程中的必然产物,主要是法律空间效力范围的扩展,同时也涉及对象效力的扩展。

为了解决反垄断法的域外适用问题,国际法协会自1964年以来就对这个问题做了反复的审议,在1972年的纽约大会上,对一国在国外实施反限制竞争行为取得管辖权的问题,确认了国际法上的几项原理。尽管这些原理未被条约化、法律化,但是对各国反垄断法的域外适用具有指导意义。这些原理是:(1)部分行为理论,是指符合违法行为构成要件的行为发生在外国,并且该行为至少有一部分在国内实施时,在该种情况

---

① 参见孔祥俊:《反垄断法原理》,中国法制出版社2001年版,第690页。

下,受害国可以行使域外管辖权。这种理论源于属地主义,是基于国内垄断行为的客观要件而把属地主义加以扩展的原理。对此理论,国际法学界在域外适用上是要求在国内实施一部分垄断行为还是要求足够的行为效果问题上,还存在很大分歧。(2)行为归属理论,是指国内子公司的限制竞争行为是由于国外母公司的指示而进行的,或者说前者的行为归属于后者的情况下,可以承认受害国有域外管辖权。当然,这种行为归属是基于二者在资本关系、人事关系、支配服从关系等总体上是一个有机整体的情况下予以承认的。(3)"效果原则"理论,这种理论认为构成违反反垄断法的要件有:国外的行为及在国内的效果,这是适用反垄断法域外效力的主要要件;国内效果的存在是最根本的条件;国内效果与国外行为之间存在直接的因果关系,且国外的行为以产生国内效果为主观意图。在上述条件具备的情况下,可以承认域外管辖权。①

上述三个理论中,部分行为理论和行为归属理论都是基于主体在国内实施了反垄断法禁止的行为而进行域外管辖的。二者的差异仅在于实施的主体不同,二者只不过是行为理论的两种不同表现形式。而"效果原则"理论则相反,把在国内产生一定的"效果"作为反垄断法域外适用的决定因素,只要主体实施的反垄断法禁止之行为的结果影响国内市场,反垄断法就可以域外适用。可见,效果理论与行为理论之间存在本质的差异。行为理论强调行为的落脚点,即各国规定的各种垄断与限制竞争行为要么有一部分在国内实施,要么由国外在国内的分支机构在国内实施;而效果原则主要强调的是国外的垄断与限制竞争行为"影响"到国内,并且二者具有直接的因果关系。然而,效果理论的"效果"难以界定,因而必然会引起各国域外管辖的冲突。

三、反垄断法域外效力的适用除外

反垄断法域外效力的适用除外有三种情形:②

(一)外国主权豁免原则

外国主权豁免原则是他国在反垄断案件中具有管辖权抗辩的主要依据。没有一个国家能够凌驾于其他国家之上,平等者之间无管辖权,一国主权被视为超越他国管辖范围之外。

(二)国家行为原则

国家行为原则是由法官造法得来的联邦普通法,是在考虑国际礼让和分权原则下的法院的自我约束。该原则指出,法院不能决定政治敏感性争议,法院不能判断外国主权行为的合法性。该理论认为,每一主权国家要尊重其他主权国家的对立,并且一国法院不能审查判断他国政府在其领土上的行为。

(三)外国主权强制

外国主权强制是指如果厂商的行为是由于外国主权强制而为的,则该行为在法律

---

① 参见王先林:《论我国反垄断立法中的域外适用制度》,载《法学杂志》2006 年第 1 期。

② 参见刘宁元主编:《中外反垄断法实施体制研究》,北京大学出版社 2005 年版,第 116~119 页。

上应该不追究责任。这一理论说明司法机关承认当两个国家的法律要求或政府要求有冲突时,不能要求私人一定要遵守其中一个国家的法律要求,事实上,在此时遵守两个国家的法律也是不可能的。外国主权强制理论考虑到国际法上的礼让原则,同时维护了对被告的公平。

此外,向外国政府共同游说行为可以获得反垄断法上的豁免,即使游说的目的在于阻止竞争。

第三节　主要国家(地区)反垄断法域外适用的理论与实践

一、美国反垄断法域外适用的理论与实践

(一)效果原则

在美国诉美铝公司案(Alcoa 案,1945 年)中,美国确立了影响广泛且饱受争议的"效果原则"。在本案中,法国、瑞士、英国和加拿大的铝生产商在美国国外订立了一个国际卡特尔协议,分配铝的生产限额,限制美国铝的生产和出口,明显地影响了美国的对外贸易。不过美铝公司并没有直接参与订立该国际卡特尔协议,而是由其加拿大的子公司涉及该协议。美国法院认为,在美国以外订立的合同或从事的行为,如果"它们的意图是影响对美国的出口,且事实上也影响到了对美国的出口",那么美国法院就可以对该合同或行为享有管辖权,追究有关公司的反托拉斯法责任。此案法官认为《谢尔曼法》同样适用于外国企业在美国境外签订的协议,并且强调指出,任何国家均可就发生在境外但又对其境内产生影响的行为,甚至就不对其负有忠诚义务的人行使管辖权。该案确立了作为现代反垄断法域外效力主要依据的"效果原则"。

虽然效果原则很好地解决了外国企业在境外实施的对内国产生某种程度影响的违反内国反垄断法的垄断行为这一难题,但是这一适用原则同样存在以下几个困境:

1. 效果原则缺乏公认的国际法管辖理论。传统的属地原则无法解决这个难题,因为效果原则适用于在境外的外国企业;属人原则也无法克服自身的缺陷,因为效果原则不论当事人的国籍;效果原则的适用并不以"影响国家重大安全和利益"为必要条件。因此,用传统的国际法管辖理论难以令人信服地解释反垄断法域外适用中的"效果原则",人们只能将该原则视为立法中的新现象。①

2. 效果原则会带来严重的管辖权冲突。② 这特别表现在跨国企业合并中,如巨型

---

① 参见曹士兵:《反垄断法研究》,法律出版社 1996 年版,第 75 页。

② 参见王晓晔:《美国反垄断法域外适用析评》,载王先林主编:《安徽大学法律评论》(第 2 卷第 1 期),安徽大学出版社 2002 年版。

石油企业埃克森和莫比尔的合并,因为这两个企业几乎在全球每个角落都有生产和经营活动,它们的合并不得不向美国、欧盟、加拿大、挪威、瑞士、墨西哥、巴西、匈牙利、捷克、斯洛伐克、俄罗斯、日本等12个国家或者地区的反垄断主管机关进行强制性的申报,还向澳大利亚和新西兰反垄断主管机关进行了非强制性的申报。如果上述这些国家或者地区的反垄断主管机构对合并有不同看法,有些国家批准了合并,有些禁止合并,那么,到底哪个国家最终有权审查或者批准这些对全球竞争有着重大影响的合并?哪个国家的法律对合并有最终的管辖权?这样的后果必将导致管辖权的严重冲突。

3. 效果原则中的效果程度没有一个确切的统一标准。效果的程度是指国外企业在国外的违法行为对国内市场的影响程度。究竟国外的行为对国内的影响"效果"达到何种程度才适用国内反垄断法予以规制,一直是一个存疑的问题:是发生任何影响时都适用?还是影响效果必须严重到一定程度才适用?是所有的反竞争行为都适用?还是只有特定性质严重的几类或几种垄断与限制竞争行为才适用?对于诸如此类问题,人们尚未达成共识,从而使效果原则的适用在很大程度上具有随意性。①

4. 效果原则会导致对他国内政的干涉。一般来说,反垄断法属于公法范畴,只能在本国主权范围内适用其效力。法律的适用是一国司法权的体现,但是司法权涉及国家主权问题。基于效果原则将本国的法律适用于他国境内,难免会有侵犯他国主权的嫌疑,肯定会遭到他国的强烈反对,以至于有可能引发国家间的矛盾与冲突。

(二)合理管辖原则

在实施"效果原则"初期,美国法律界认为美国法院只负有贯彻美国法律的责任,只需要证明依照美国法律具有管辖权即可,美国反垄断域外管辖表现出很强的攻击性,遭到了其他国家的强烈抵制。基于此,主审廷布莱因木材公司诉美洲银行案(Timberlane Lumber Co v. Bank of America,1976年)的美国第九巡回法院才将这类案件的涉外性质和国家间利益冲突纳入衡量范畴。审理此案的乔伊(Choy)法官认为几个国家同时具有管辖权时,关键是如何协调美国利益和外国利益,单是论证一项行为在美国境内的效果是直接的、重大的和可预见的还不够,还应在个案中考虑相关因素,即合理管辖原则(principle of reasonable jurisdiction),又称利益平衡方法(interest balancing approach)。通过衡量相关因素,法院须确定案件与美国的联系,以及利益影响是否足以支持其行使管辖权。通过这些平衡分析方法得出的"合理管辖原则"比较好地缓解了美国过去在反垄断法域外适用上的国际阻碍。②

在这些实践经验的基础上,美国司法部于1977年发布了《反托拉斯国际执行指南》,指出:美国反托拉斯法"只应当适用于那些对美国商业有着实质性的和可预见性

---

① 参见吕明瑜:《竞争法教程》,中国人民大学出版社2008年版,第231页。

② 资料来源:我国商务部反垄断局网:http://fldj.mofcom.gov.cn/aarticle/d/200812/20081205960935.html。

的影响的国际交易"。《1982 年对外贸易反托拉斯促进法》也反映了美国司法部的观点,规定:"《谢尔曼法》实际上只是适用于这样的外国行为,即它们对美国国内的或出口的贸易,或对美国出口企业的出口机会,有着直接的、实质性的且可以合理预期的影响。"①《1987 年美国对外关系法诠释(第三次)》(以下简称《诠释》)对美国反垄断域外管辖权也作出了专门规定。与《1982 年对外贸易反托拉斯促进法》不同,《诠释》虽然也支持了"直接、重大和可合理预期的影响"的效果适用标准,但更反映了"合理管辖原则",强调利益平衡和关联性考察,指出一国不应禁止他国之人在本国依据本国法律要求必须作出的行为,并确立了当两国之间法律存在直接冲突时,属地管辖优先的原则。

(三)国际礼让原则

1995 年修订后的《国际贸易反托拉斯执行指南》将"合理管辖原则"称为"国际礼让原则",指出:"反托拉斯法主管机关在执行反托拉斯法的时候应当考虑国际礼让。礼让反映了平等主权国家之间相互尊重的广泛含义,并决定一个国家应当在其领域内允许另一个国家的立法、行政和司法活动。"②

国际礼让是对美国反托拉斯法域外适用的另一个重要限制。据此,美国反托拉斯法的域外适用,应当考虑相关外国主权国家的利益。特别是当一个限制竞争是一个主权国家的行为或者是主权国家采取的措施,美国反托拉斯法不能予以适用。1979 年美国第九巡回法院法官乔伊(Choy)在关于国际石油卡特尔(Organization of the Petroleum Exporting Countries, OPEC)的判决中指出,"虽然国内法将限制贸易的共谋行为视为非法行为,国际上还没有就谴责卡特尔、利润分配协议以及生产数量协议达成一致意见。美国和其他国家一样,承认对自然资源享有的国家最高主权原则。因为 OPEC 国家不同意将它们的行为视为违法行为,我们也不想在一个没有国际协议的领域进行司法干预"。美国在其他案件中也考虑到国际礼让,如 1997 年关于新西兰奶制品一案的判决。在这个案件中,法院考虑到新西兰奶制品公司向美国出口产品的价格受到了国家干预,考虑到新西兰有权制定强制性的法律,考虑到国际礼让原则,认定新西兰奶制品公司固定价格的行为不受美国反托拉斯法的管辖。③

然而,美国最高法院 1993 年关于哈特福德火灾保险公司(Hartfort Fire)一案的判决对"礼让原则"作出了重大限制。根据国际礼让原则,美国法院对这个案件没有管辖权。伦敦的再保险公司辩称它们的行为适用《谢尔曼法》会和英国法律发生冲突,英国政府也支持再保险公司的说法。最高法院认为,某行为在某发生国合法,单凭这一点并不能排斥美国反垄断法对该行为的适用,即使其所在国允许、鼓励该行为,当一个人受

---

① 王晓晔:《美国反垄断法域外适用析评》,载王先林主编:《安徽大学法律评论》(第 2 卷第 1 期),安徽大学出版社 2002 年版。

② 同上。

③ 参见王晓晔:《我国反垄断法的域外适用》,载《上海财经大学学报》2008 年第 1 期。

两国法律约束且他可以以两国法律许可的方式行事时，不存在冲突。由于保险公司没有辩称要同时遵循两国法律的不可能，所以法院看不出对被告行使管辖权会和英国法律有何冲突。法院没有必要考虑以国际礼让理论为由放弃管辖权的主张。① 这个没有"真正的法律冲突"的理由，使美国法院的域外管辖得到极大的扩展，它排除了美国反托拉斯法域外适用的所有障碍。

二、欧盟反垄断法域外适用的理论与实践

（一）履行地原则（implementation doctrine）

履行地原则是指虽然限制竞争协议等垄断行为的决策地点或签署地在共同体外，但只要其在共同体内履行，无论该企业直接履行还是通过其他企业来履行，欧盟都可以行使管辖权。这一原则是欧洲法院在审理格林公司（A. Ahlstrom Oy）案（1971 年）时确立的。欧洲法院在判决中指出："一个协议必须具有影响各成员国之间贸易的后果，并且以阻碍共同体市场内的竞争为目的或者效果，才与共同市场不相容，并为条约第 81 条所禁止。根据本案的事实，虽然协议的一方当事人是居住在第三国的一家企业，但这并不能阻止条约第 81 条的适用，因为这个协议是在共同体市场领域内履行的。"②

其后，欧洲法院在其审理的纸浆案中进一步明确了履行地原则。在纸浆案中，涉案的加拿大、美国、瑞典、芬兰、德国等多个国家的纸浆制造商之间达成了一个关于在欧共体境内限定产品销售价格并交换有关这方面信息情报的协议，并且每家公司都按照这个协议与欧共体境内的公司进行了交易。欧共体委员会查处了此案，并对上述几家外国公司进行了处罚。当事人不服，起诉到欧洲法院。欧洲法院指出："本案中的制造商们在共同市场内履行了它们的价格协议……据此，欧共体竞争法对于这种行为具有适用效力是完全符合国际公法被普遍接受的属地原则的。"最终以履行地原则认定欧共体反垄断法对纸浆案件有适用效力。③

与履行地原则联系密切的是后果地原则。所谓后果地原则，是指只要垄断行为在本国相关市场产生了限制竞争的后果或影响，即使行为人不在本国境内，也可以对其适用反垄断法。我国《反垄断法》第 2 条有关"境外的垄断行为，对境内市场竞争产生排除、限制影响的，适用本法"的规定，即体现了后果地原则。

（二）单一经济体原则（single economic entity doctrine）

单一经济体原则也称企业一体化原则、经济实体原则，这是专门针对跨国公司垄断行为的规制原则，指将跨国公司中位于不同国家的母公司和子公司视为一个经济实体，当欧盟领域内的某一个公司实施了垄断行为时，只要该公司不是独立决策，欧盟反垄断法不仅可以适用于该公司，还可以适用于共同体外的其他关联公司，如子公司在共同体

---

① 参见郑鹏程：《反垄断法专题研究》，法律出版社 2008 年版，第 263 页。

② 尚明主编：《反垄断法理论与中外案例评析》，北京大学出版社 2008 年版，第 434 页。

③ 参见吕明瑜：《竞争法教程》，中国人民大学出版社 2008 年版，第 234 页。

内实施了反垄断行为,可依该原则追究共同体外母公司责任。在司法实践中,欧盟法院主要依据母公司控制权的实际行使情况来确定其是否承担"连带责任"。如果母公司能证明虽然拥有超过50%的股权,但并未干预子公司的经营与决策,则免于承担责任。该原则在1972年燃料案(Dyestuffs Case案)中得以确立,在该案中,英国帝国化学工业集团(Imperial Chemical Industries,ICI)等三家在共同体外的燃料制剂公司,通过它们所控制的位于共同体领域内的分支机构或子公司,就三家公司在欧共体领域内的产品销售价格达成了一致的协议。欧共体委员会在查处这一限制协议时,对三家母公司及其在欧共体境内的子公司分别作出了罚款处罚。被处罚的三家公司及其子公司均不服欧共体委员会的处理决定,即向欧洲法院起诉。欧洲法院认为,三家外国公司在欧共体境内的子公司,是实施前述价格卡特尔行为的主体,但三家外国公司作为母公司,与其下属的设在欧共体领域内的子公司实际上是一个经济实体,同样应受欧共体反垄断法约束。因此,法院判决维持了欧共体委员会的处罚决定。①

(三)效果原则(effects doctrine)

欧洲法院一直并未明确地支持欧盟委员会主张的效果原则,欧盟第4064/89号规则较明确地采纳了效果原则,只要欧盟市场外的行为对欧盟间的贸易产生影响,就可以适用欧盟竞争法。此外,欧盟委员会在一系列案件的判决及发表的报告中也确认了效果原则。虽然该原则没有被欧洲法院所明确采纳,但在司法实践中已经接受了这一理论。

单一经济体原则虽然也可对竞争法的域外适用作出较为合理的解释,但是对于那些处于欧盟境外且在欧盟境内没有任何子公司或分支机构的外国公司在欧共体境外所实施的限制竞争行为,单一经济体原则显然就无法解决,这种情况下似乎效果原则更能作为主张域外管辖权的理由。与履行地原则相比较,效果原则可以使欧盟反垄断法的域外效力具有更大的适用范围,因而对欧盟市场竞争具有更好的保护效果。同样,效果原则的适用也会产生如同美国那样的阻碍后果。所以,欧洲法院对于此原则的运用一直持慎重态度,只有依前两个原则无法解决欧盟竞争法的域外适用时,才考虑效果原则。

三、其他国家反垄断法域外适用的立法规定

前面已经交代,美国反垄断法的域外适用理论和制度虽然受到许多国家的批评,但是,又有许多国家纷纷效仿美国的做法。

德国《反对限制竞争法》第130条第2款规定,该法"适用于所有的在本法适用范围内产生影响的限制竞争行为,即使限制竞争的影响由本法适用范围以外的原因所致,亦同"。德国《反对限制竞争法》第93条第2款规定,"这部法律适用于,虽是本法适用地域发生的,但是在本法适用地域内具有影响的一切限制竞争的案件"。

① 参见种明钊主编:《竞争法》,法律出版社2008年版,第235页。

日本尽管对美国反垄断法的域外适用表示非常不满，日本公平交易委员会却一直在考虑以与美国相同的方式来解释《禁止私人垄断法》的适用范围。1990 年一份名为“倾销规制与竞争政策：反垄断法域外适用”的报告，表明了日本公平交易委员会在《禁止私人垄断法》域外适用方面的基本立场。①

英国像加拿大和澳大利亚等国一样针对美国的效果原则通过“阻却性立法”，禁止本国人向外国法院或当局提供有关反垄断案件的资料或提供其他帮助，不承认和不执行外国法院对本国公司所作的此类判决。其中，英国 1980 年颁布的《保护贸易利益法》明确规定，外国法院或者代表外国法院所做的在英国取得证据的请求，如果侵犯了英国的管辖权或者有损于英国的主权，英国法院不得根据《1975 年证据（在外国诉讼）法》的规定发布执行该项请求的命令。该法还禁止英国法院执行外国法院关于惩罚性金钱损害赔偿的判决，并允许英国被告通过在英国法庭提出诉讼从最初原告那里索回超过应补偿性部分的赔偿金。另外，英国 1998 年颁布的《竞争法》第 2 条第 3 款规定，该条的禁止性规定仅适用在英国实施或意图在英国得到实施的卡特尔，不管这个卡特尔是在哪个国家订立的，也不管订立人的国籍，英国对这个卡特尔都有管辖权。

韩国 1980 年颁布了《垄断规制与公平交易法》。虽然此法没有明确规定其是否适用于外国企业，但韩国理论界与实务界大多认为，《垄断规制与公平交易法》中的“企业”是指从事制造业、服务业或任何其他事业的人，外国企业也包括在该定义之中。2001 年 10 月 14 日，公平贸易委员会发布了《关于调查与处理外国企业实施的违反反垄断与公平交易法行为的指南》。根据该指南，如果外国企业所从事的交易已经或可能对韩国市场产生反竞争影响，不管该交易是否发生在韩国境内，该项交易都受该法管辖。②

俄罗斯 1995 年修订后的《关于竞争和在商品市场中限制垄断活动的法律》第 2 条也规定，当商务关系主体在俄联邦领域之外所从事的活动或者所订立的协议，可能对俄联邦市场上的竞争产生限制性的或其他不利影响时，“本法也将予以适用”。

第四节　反垄断法域外适用的冲突与协调

一、反垄断法域外适用的冲突

（一）反垄断法域外适用的冲突的成因

在反垄断法的域外适用上，国家间存在激烈冲突，究其原因，有以下几个方面：③

---

① 参见 Jiro Tamura，“U. S. Extraterritorial Application of Antitrust Law to Japanese Keiretsu”，25 *N. Y. U. J. Int’l L. &Pol.* 385（Winter，1993）。转引自郑鹏程：《反垄断法专题研究》，法律出版社 2008 年版，第 283 页。

② 参见郑鹏程：《反垄断法专题研究》，法律出版社 2008 年版，第 286～287 页。

③ 参见吕明瑜：《竞争法教程》，中国人民大学出版社 2008 年版，第 236 页。

1. 国际法豁免理论的运用。某些领域的垄断往往是行政行为或执行政府政策的结果,常被视为一种国家行为,根据主权豁免理论,这些国家性质的垄断是被排除在他国反垄断法之外的。

2. 国内法中有关域外适用阻却条款的规定。许多国家通过立法,以阻却条款阻止其他国家反垄断法在本国的适用或过度适用,使有关的决定或判决难以执行。

3. 国内法与国际法的价值取向与标准不同。反垄断法的域外适用,从本质上讲是以国内法来规范国际经济行为。由于国内法与国际法有着不同的价值取向和标准,那么,用国内法对国际经济行为进行调整,就可能出现背离国际经济价值标准的情况。正是在这个意义上,有人认为,通过反垄断法域外适用来解决国际垄断问题只能是“权宜之计”,更为理想的办法是进行国际层面的反垄断法合作。

4. 各国反垄断法立法规定的差异。企业经营活动虽然日益国际化、全球化,但反垄断法短期内却难以统一。由于各国反垄断法的内容各不相同,对同一垄断行为适用不同国家的反垄断法会产生不同的结果,特别是在跨国企业合并中,这必然会产生反垄断法域外适用方面的障碍。

上述几点仅仅从表面层面上阐述了反垄断法域外适用冲突的成因,究其根源,反垄断法域外适用产生冲突是国家利益使然。不同国家为了维护自己本国的国家利益,或是牺牲他国的利益,或是牺牲国际社会的福利,往往会扩大其反垄断法的域外效力,而阻止他国反垄断法域外适用在本国的效力。

(二)反垄断法域外适用冲突的表现

1. 管辖权的冲突。各国对反垄断案件的管辖原则或规则存在差异,它们又都根据自己的管辖原则或规则主张对同一案件的管辖权,这是造成管辖权冲突的主要原因。国际法认为,一个国家对本国内主体及发生在本国内的行为行使管辖权,是国家主权的象征。其他国家主张域外管辖,可能被视为侵犯他国主权,这种管辖权上的冲突会导致对国籍法基本原则的违背。具体到反垄断法领域,域外效力是一个内国法的规定,当多个国家都主张对同一限制竞争行为进行管辖时,就会发生管辖权的冲突。因此,一国依据本国的反垄断法对他国境内的限制竞争行为行使管辖权时,经常会遇到他国法律的抵制。有的国家为了拒绝他国反垄断法在本国的适用,会在立法中设立“阻却条款”。例如,英国1980年颁布的《保护贸易利益法》明确规定,外国法院或者代表外国法院所作出的在英国取得证据的请求,如果侵犯了英国的管辖权或者有损于英国的主权,英国法院不得根据《1975年证据(在外国诉讼)法》的规定发布执行该项请求的命令。

2. 法律的冲突。出于国家产业政策和法律的考虑,特别是对于广大的发展中国家而言,保护本国的产业政策和企业的国际竞争力是头等大事,对于同样的垄断或限制竞争行为,各个国家就会有不同的规定,这必将会导致各个国家的法律冲突。其实这是正常现象,在这个纷繁复杂的世界民族之林中,各个国家的法律差异当然是不可避免的,在反垄断法上也不例外。例如,在一国被视为损害竞争而遭禁止的行为,而在其他国家是被允许的,甚至是被鼓励的。这样,受害国和行为地国因政策、法律规定的不同,从而使判决不可能得到行为地国的协助,而使之效力落空。又如,一个限制竞争行为影响多个国家的利益,根据效果原则,多个国家对该行为都有管辖权,如果每个国家的国内法的规定不一致,那么法律上的冲突就不可避免。

3. 国家利益的冲突。为何要将本国的反垄断法之手伸到他国领域内?从其本质上来说,这是为了维护本国的利益。反垄断法域外适用的大多数情况下,为维护本国经济利益往往无视他国利益,在经济全球化和国际垄断的影响日趋增强的背景下,越来越多的国家凭借本国反垄断法的域外效力来规范国际经济行为,必然导致国家间利益冲突的范围不断扩大。① 在全球化浪潮不断袭来和跨国兼并风行的情况下,某些行为对于一些国家来说具有积极效果,而对其他一些国家具有负面影响,这种国家利益的差异使得对同一行为的规制态度也产生了分歧。

这种国家利益的冲突包括两个方面:②一是公共利益的冲突,垄断行为和后果必然会影响和破坏一国的竞争秩序,损害公共利益;二是国家保护下的具体私人利益之间的冲突。但是,由于各个国家的经济发展水平及法制传统不一致,因此被一国视为公共利益的内容未必被他国也视为本国的公共利益。而从具体的利益保护对象处罚,各国法律保护的差异就更为显著。而反垄断法的域外适用,相当于把本国视为应受保护的内容强加于对方,或者把外国视为重要的利益加以削弱或抵消。因此,在经济全球化的背景趋势下,各国纷纷通过域外适用本国法律以保护国内利益的同时,又采用国际法允许的规则和方法来抵制外国的反垄断法的适用。这样,各国在反垄断法的管辖和适用问题上的冲突在所难免。

4. 域外调查取证冲突。③ 域外调查取证是反垄断法经常遇到的问题。各国的取证规则均允许域外取证,但在一定程度上拒绝外国的取证要求,或为外国的取证要求设置重重障碍。

根据美国《民事诉讼程序规则》第 34 条,只要有关文件为当事人所拥有或控制时,文件在何处并不是决定性的。然而英国的《保护贸易利益法》却指出,外国法院和当局指定提供的文件和信息,如果对联合王国贸易利益造成损害或者有损害之意,包括国务大臣如果认为是不可接受的,可以发出指令禁止服从该项指定,否则是一种犯罪行为。又根据欧洲委员会 1963 年第 17 号规则第 20 条,委员会不应披露在使用规则的过程中获得的,以及属于职业保密义务范围的情报。该条规定意味着委员会通过调查从企业获得的情报不能提供给任何外国。又如,澳大利亚 1976 年通过的《外国诉讼法》也同样阻止外国司法机构在澳大利亚境内取得相关证据。

---

① 参见蔡永杰:《反垄断法的域外适用法律问题研究》,载《甘肃行政学院学报》2004 年第 4 期。

② 参见王克玉:《反垄断法域外适用的冲突与协调》,载《中国乡镇企业》2009 年第 1 期。

③ 参见刘宁元主编:《中外反垄断法实施体制研究》,北京大学出版社 2005 年版,第 282 页。

5. 域外承认与执行判决方面的冲突。其实,反垄断法域外适用中的真正困难不在于确定管辖权,因为任何国家即使凭着自己的一厢情愿也完全可以主张其管辖权,其真正的困难在于判决的域外承认与执行。若是本国法院作出的判决得不到行为地国的承认与执行,前面的一切相关活动与程序都是枉然。

此外,在传唤当事人出庭,送达法律文书等方面各国竞争法的规定也存在相当多的冲突。这些反垄断法域外适用产生的冲突来源于:反垄断法域外适用的一方努力将本国的反垄断法效力扩展到域外而采取的措施与阻却方为了维护自己的利益所采取的针对另一方的一系列措施的冲突。

二、反垄断法域外适用的解决方式

尽管反垄断法的域外适用会导致多种冲突,但一概否认反垄断法的域外效力,既不符合世界经济一体化的基本趋势,也不利于国家间经济交往与合作。理性的态度应该是寻求冲突的解决方法,而不是为了避免冲突而一概否认其他国家反垄断法在本国的适用,也不是单纯地强调本国利益保护而任由冲突的发生。为了有效遏制国际限制竞争行为的危害,促进各国经济的共同发展,必须对反垄断法域外效力带来的冲突进行协调,既要调整本国的反垄断法的相关规定,又要加强各国反垄断当局之间的合作。

(一)一国反垄断法自身的调整

一国能在立法和司法层面上对本国反垄断法的域外适用作出合理的限制,可以减少管辖权冲突,也有利于之后的审判和执行。德国在这方面作出了较为合理的限制。德国依据效果原则进行反垄断法域外适用时所受的抵制,比美国反托拉斯法少得多。这固然有历史的原因,毕竟德国《反对限制竞争法》的历史短得多,但更重要的原因是,德国在其反垄断法域外适用的过程中,更多地考虑到对自己的管辖权进行限制,而且限制的标准也较为明确,这自然有利于减少纠纷。

(二)反垄断法域外适用的国际协调

1. 双边协调模式

以双边协定的方式来协调国家间冲突是国际社会常用的方法。在反垄断法领域,跨国限制竞争问题主要是通过两个国家反垄断机构的合作得以解决的。德国与法国之间,澳大利亚与新西兰之间,加拿大和欧共体之间,美国与欧共体、德国、澳大利亚、加拿大、日本、巴西、以色列、墨西哥之间都签订有双边条约,进行反托拉斯法适用的国际合作。在各种双边合作中,最重要和最具代表性的是美国与欧共体之间的合作协定。

美国司法部与欧共体委员会 1991 年 9 月签订的《美利坚合众国政府与欧洲共同体委员会关于竞争法的适用的协定》,协定的目的是通过建立双方反垄断机构的合作制度,减少双方在管辖权方面的冲突。这一协定创设了两条最具特色的解决冲突的原则,即"消极礼让"原则和"积极礼让"原则。

"消极礼让"原则,即要求每一方的竞争执法机构,在决定是否进行调查或诉讼、确定调查或诉讼的范围、寻求救济或制裁的方式等时,都应考虑另一方的重要利益,具体表现为执法机构之间进行案件的通报、信息的交换与保密、执法中的合作与协调、对冲突的回避等。这一原则的主要目的是避免双方在实施竞争法方面的利益冲突。

"积极礼让"原则要求不同国家的竞争法实施机关之间进行积极的合作和相互协助,而不是将案件交由其他国家处理,自己不进行调查。根据该原则,当一国实施机关认为一项对几个国家都有消极影响的触犯反垄断法的跨国行为由另一个国家处理会更好时,该国实施机关应要求该另一国实施机关进行调查,并给予可能的积极协助。"积极礼让"原则并非简单地避免国家之间或政府之间的冲突,而是两国实施机关合作方案的基石。

为了深化和发展"积极礼让"原则,欧盟和美国还于1998年专门签订了《美国政府和欧洲委员会关于在实施它们竞争法中适用积极礼让原则的协定》(以下简称补充协定),该补充协定规定,受到发生在另一方领土上的限制竞争行为影响的一方,可以要求该另一方的实施机关根据其自己的法律对这种行为进行调查和处罚。这种要求的提出可以不必考虑限制竞争行为是否同时触犯了受影响一方的反垄断法,以及受影响一方的实施机关是否已经开始根据其自己的反垄断法采取了有关措施。甚至在这种行为并不触犯该另一方的反垄断法,或者该另一方实施机关对这种行为采取反垄断法的实施措施并无任何利益的场合,受影响的一方也可以请求该另一方采取措施。

协定生效后,双方从1995年开始在竞争执法机关之间就涉及不同部门的300多个案件进行合作,双方在以往分歧很大的许多方面都避免了直接的冲突和对抗,有利于打击国际垄断行为,从而为其他国家之间的竞争合作提供了极为丰富的实践经验。但是,该双边合作机制也存在一些缺陷,[①]表现在:(1)"积极礼让"原则要受到被请求国的反垄断法的限制,具体而言,"积极礼让"请求所涉及的行为必须根据被请求国的法律来认定其是否违法。如果被请求国反垄断法不认为请求国据以提出的请求的行为违法,或给予这种行为以豁免,则请求国的利益实际上无法通过双边合作来实现。(2)两个协定均未就何时或怎样来考虑对方利益的问题规定任何法律上的强制性义务,也无合作和协调方面的强制性规定。(3)"积极礼让"原则的贯彻需要缔约双方的相互信任,这就要求双方的反垄断法有共同的文化和经济发展背景。反之,请求国如果认为被请求国并未真正地进行调查和提供救济,则可能采取单边主义的传统做法。(4)"积极礼让"原则并不禁止请求国在提出"积极礼让"请求后采取单边措施,尽管请求国在采取单边措施之前应当通知利益将受影响的被请求国。(5)"积极礼让"原则的实行也受到请求国和被请求国各自利益的制约。尽管积极礼让原则要求考虑缔约另一方的利益,但美国与欧盟的实施机关包括法院均在有关的裁判中违背了这一要求。(6)美国与欧盟1998年的补充协定不适用于合并事项。这种不适用的原因,据协定的措辞,是双方法律对于通知或申请的最后期限不一致,因而使中止或延期调查的程序不尽适当。实

① 参见刘宁元主编:《中外反垄断法实施体制研究》,北京大学出版社2005年版,第288~289页。

际上,合并的问题恰恰最能反映美国与欧盟反垄断法所保护的利益的冲突。

2. 区域协调模式

反垄断法区域合作的主要形式是自由贸易、关税同盟或共同体市场协定。这类协定往往是区域性质的,可依各缔约方设想的一体化程度和所设机构的超国家权力的范围而规定强度及详细程度不同的权利和义务。区域性合作协定和上述双边合作协定的根本差别之一是前者订有实质性的竞争规则,规定了某种程度的协调,而不仅仅是关于合作的程序规则。①

欧共体市场的统一及欧共体竞争法的强烈实施是这方面的典型代表。其在解决其余成员国竞争法的冲突方面主要采取两种重要方法:②一是欧共体竞争法对成员国具有直接适用性。欧共体竞争法不需要转化为成员国法律,甚至不需要成员国表示即可直接在成员国内适用。二是欧共体竞争法的优先使用。欧共体法院通过一系列判例确立并不断重申欧共体竞争法较成员国竞争法优先适用的原则。

此外,美国、加拿大、墨西哥缔结的《北美自由贸易协定》规定了各方应当采取或维持禁止限制性商业惯例或抵制性商业惯例的措施、就此类措施的效能相互磋商并就执法问题进行合作等。1964 年《建立中部非洲关税和经济联盟的不拉柴维尔条约》规定,应当逐步消除成员国相互贸易中的限制性商业惯例。《东部和南部非洲共同市场条约》规定,禁止在共同市场有阻止、限制或者扭曲竞争的意向或者作用的限制性商业惯例。我国参加的亚太经合组织也在促进协调该区域的竞争政策和竞争立法问题。③

欧共体竞争法的成功增强了人们在更大范围内实现反垄断法域外适用合作的信心,启发人们在更高层次上、以更为广阔的思维方式来思考解决域外适用冲突的方法,并为国际反垄断统一立法提供了可供借鉴的经验。但是,欧共体竞争法得以成功有其特定领域的特殊条件,由历史、地理和经济背景等方面因素所决定的共同利益使欧洲各国间统一反垄断立法并协调其适用具有客观的必要性与可行性。而世界范围内统一反垄断立法的难度则与建立统一的欧共体竞争法制度不可等同,世界各国政治、经济背景的不同,法律制度的差异,国家利益之间的冲突等,都使这种统一立法困难重重、步履维艰,欧共体竞争立法的经验能否成功运用于国际反垄断立法,还是一个需要进一步深入探讨的问题。

3. 多边国际协调模式

反垄断法双边合作是以国家自愿为前提的,合作的形式与范围非常有限。随着贸易自由化和经济全球化的不断深化,将会有更多的企业或国家参与到这个全球化的浪

---

① 参见时建中主编:《反垄断法:法典释评与学理探源》,中国人民大学出版社 2008 年版,第 19 页。

② 参见吕明瑜:《竞争法教程》,中国人民大学出版社 2008 年版,第 240 页。

③ 参见尚明主编:《反垄断:主要国家与国际组织反垄断法律与实践》,中国商务出版社 2005 年版,第 317 页。

潮中来,若是所有的国家相互间都签订双边合作条约,这不仅是耗时耗力而且是一个不可能实现的恶魔。区域性的合作需要有几乎相同历史、地理和经济背景,因而不可能适用于更广范围的冲突协调。所以寻求全球范围的多边合作机制成为发展的方向,虽然路途遥而艰辛,但是在多边合作层次上,联合国贸易和发展会议、OECD 及 WTO 都在不断探讨并寻找合作的机制。

联合国贸易和发展会议主持下达成的《一套多边协议的控制限制性商业惯例的原则和规则》从 1980 年至今已有多年历史,但仍是这领域唯一普遍适用的多边文书、唯一完全多变的竞争框架。2000 年,联合国贸易和发展会议还制定了《反垄断示范法》。①

OECD 一直是促进反垄断法国际合作和统一的场所,其主要成果是 1967 年《关于成员国在竞争和贸易政策之间可能发生冲突方面进行合作的建议》,②该建议又在 1973 年、1979 年和 1986 年作了修正,以不断适应国际反垄断政策的发展。1995 年的这次修改增加了"积极礼让"的观念,这份文本主要提出了三点建议:一是通知、交换情报和协调行为;二是协商和调解;三是在该建议附件中,提出了具体的通知、交换情报、协调行动、协商和调解的程序指南。然而由于 OECD 的组织机构纷繁复杂,没有一个统一的中央机构来讨论竞争问题,因此其作用还是很有限。

WTO 框架内建立一个反垄断法国际执行机构是当前正在摸索的路径。1996 年 WTO 新加坡部长会议宣言第 20 条规定:"我们还同意:建立一个工作小组,研究成员提出的有关贸易与竞争政策相互作用的问题,包括反竞争行为,以便确认值得在 WTO 框架内进一步考虑的领域。"欧盟热切希望工作小组能导致形成一个 WTO 反垄断协议,并且通过 WTO 的争端解决机制来促进欧盟模式反垄断法的实施;美国则明显地持反对态度,并对 WTO 是否能将竞争问题作为将来的一个单独问题进行谈判表示怀疑,因为美国忧虑的是反倾销被包括在谈判项目中可能对美国不利。所以,是否在 WTO 框架内建立反垄断法的实施机制,从国家利益考虑,不同的国家有着不同的态度。因而在 WTO 框架内探索反垄断法的多边合作机制是个漫长的过程。

第五节　我国反垄断法域外适用的规定及其完善

一、我国反垄断法域外适用的现行规定

我国关于反垄断法域外适用的法律规定主要集中在《对外贸易法》《反垄断法》《商务部关于外国投资者并购境内企业的规定》《国务院关于经营者集中申报标准的规定》等法律法规中。

① 参见时建中主编:《反垄断法:法典释评与学理探源》,中国人民大学出版社 2008 年版,第 20 页。
② 参见刘宁元主编:《中外反垄断法实施体制研究》,北京大学出版社 2005 年版,第 305 ~ 308 页。

1994年5月12日,第八届全国人大常委会第七次会议通过的《对外贸易法》,曾对维护对外贸易秩序、促进对外贸易发挥了重要的作用。而在我国加入WTO后,为了履行我国入世有关承诺,充分运用WTO规则,全国人大对该法进行了修订,并于2004年4月6日第十届全国人大常委会第八次会议通过了修订后的《对外贸易法》。修订后的《对外贸易法》第7条规定:“任何国家或者地区在贸易方面对中华人民共和国采取歧视性的禁止、限制或者其他类似措施的,中华人民共和国可以根据实际情况对该国家或者该地区采取相应的措施。”

2006年8月,商务部、国务院国有资产监督管理委员会、国家税务总局、国家工商行政管理总局、中国证券监督管理委员会、国家外汇管理局共同颁布了《关于外国投资者并购境内企业的规定》取代了以前的《外国投资者并购境内企业暂行规定》,为保证与《反垄断法》和《国务院关于经营者集中申报标准的规定》相一致,2009年6月22日对《商务部关于外国投资者并购境内企业的规定》作了修改,在“附则”中新增一条作为第51条,表述为:“依据《反垄断法》的规定,外国投资者并购境内企业达到《国务院关于经营者集中申报标准的规定》规定的申报标准的,应当事先向商务部申报,未申报不得实施交易。”

我国《反垄断法》第2条规定:“……中华人民共和国境外的垄断行为,对境内市场竞争产生排除、限制影响的,适用本法。”这表明我国将依据“效果理论”和“后果地原则”来处理反垄断法的域外适用问题。2008年8月3日,《国务院关于经营者集中申报标准的规定》颁布(于2018年被修正)。这是《反垄断法》的第一个配套实施规定。根据该规定,经营者集中是指下列情形:经营者合并;经营者通过取得股权或者资产的方式取得对其他经营者的控制权;经营者通过合同等方式取得对其他经营者的控制权或者能够对其他经营者施加决定性影响。其分两项规定了需要申报的经营者集中的标准:第一,参与集中的所有经营者上一会计年度在全球范围内的营业额合计超过100亿元人民币,并且其中至少两个经营者上一会计年度在我国境内的营业额均超过4亿元人民币;第二,参与集中的所有经营者上一会计年度在我国境内的营业额合计超过20亿元人民币,并且其中至少两个经营者上一会计年度在我国境内的营业额均超过4亿元人民币。经营者集中达到上述两项标准中一项的,即应当事先向国务院反垄断执法机构之商务部申报,应申报而未申报的,不得实施集中。

综上所述,《对外贸易法》《反垄断法》《商务部关于外国投资者并购境内企业的规定》《国务院关于经营者集中申报标准的规定》等法律法规构成了我国反垄断法域外适用制度的基本框架。

二、我国反垄断法域外适用制度存在的问题

对于我国而言,反垄断法域外适用制度才刚刚起步,实践经验较少,西方国家的经验又不能完全照搬过来,所以必须明确我国反垄断法的域外适用存在哪些问题,进而不断探索来寻求符合我国国情的域外适用制度。这些问题首先表现在立法的模糊性上。

我国《反垄断法》第2条后半部分规定了我国反垄断法的域外适用制度,即"中华人民共和国境外的垄断行为,对境内市场竞争产生排除、限制影响的,适用本法"。这种原则性的规定的模糊性使得反垄断执法机构在司法实践中很难操作。按照《反垄断法》第2条后半部分的规定,即使有关垄断或限制竞争行为在境外发生,只要其影响我国国内市场,就要受到我国反垄断法的规制。这样很可能会遭到他国的外交抗议或立法抵制。这样不仅没有解决问题,反而会加深国家间的矛盾与摩擦,甚至可能会演变成国家间的报复与敌对。同样,模糊的立法用语使反垄断执法机构没有一个相对确定的标准,"限制""影响"到底达到何种程度才应受到反垄断法的规制。如若不确定一个统一确定的标准,而像美国那样将那些只要对国内有影响的境外垄断或限制竞争行为进行规制,必然引发其他国家的抵制与对抗。

我国立法上反垄断法域外适用的这些模糊用语,给反垄断执法也带来极度不稳定性和不确定性,不利于保护国家利益,也不利于同其他国家开展反垄断执法的合作。对于这种情形,需要在行政规章或司法解释中来进一步地完善,比如将"直接的、实质性的和合理可预见的影响"作为反垄断法域外适用的限制。

另外,在反垄断执法机构设置上的不合理,即我国反垄断执法工作主要由商务部、国家发展和改革委员会及国家市场监督管理总局来负责,即所谓的"三驾马车"模式,在反垄断执法域外适用冲突问题上,多头分别执法将使这种情况更加复杂和难以解决。

《反垄断法》没有规定惩罚性赔偿条款,我国《反垄断法》第50条规定:"经营者实施垄断行为,给他人造成损失的,依法承担民事责任。"我国的民事责任制度是补偿性质,力求恢复到损失产生之前的状态,但是这样的规定力度不够。这种补偿性的赔偿不仅不能保护本国相关利益人的权益,也不能有效地打击国际卡特尔等跨国垄断行为,而使实施垄断或限制竞争的国外主体逃避我国反垄断法的规制,从而更加肆无忌惮地横行其跨国兼并或垄断行为。解决这一难题的最好办法就是设置多倍惩罚性赔偿的立法条款,来威慑国际垄断或限制竞争行为对我国的影响。

最后,我国反垄断法的域外适用同其他国家一样,也会遇到管辖权的冲突和域外执行的冲突。解决问题才是关键,而不是一味地同其他国家针锋相对,否则,不仅无法解决域外冲突,而且会带来更大程度上的国家间的摩擦。对于我国来说,反垄断的执法刚刚开始,需要在执法实践中不断摸索新的道路,要做到既能保护我国的切身利益,又最大限度降低对他国利益的损害,在反垄断的国际合作中展现我国的和谐理念。这是一个漫长的摸索过程,我国的反垄断执法应向这个方向不断努力。

三、我国反垄断法域外适用制度的完善

(一)我国反垄断法域外适用应遵循的管辖原则

对域外适用原则的规定,理论界和实务界都有不同的观念。有的学者认为应紧随美国的立法趋势采取效果原则。有的学者认为不应该采纳效果原则。美国的反垄断法的历史表明,采取效果原则会不可避免地引起国家间的管辖权和法律冲突。我国反垄

断法的域外适用可以借鉴欧美国家的一些经验教训,在反垄断领域,我们应该针对不同情况适用不同的原则。[①] (1)针对外国企业在国外签订的协议,但在国内履行或利用其分支机构在国内履行,并对我国的市场造成了实质性的限制竞争的影响,应该适用履行地原则。(2)对于分别处于境内外的跨国公司的母子公司,如果受母公司控制的子公司在国内进行了限制竞争的违法行为,可对该母公司考虑适用单一经济实体原则。(3)对于不属于以上两种情况的外国公司在境外进行的行为,对国内的竞争构成了实质性的影响时,可综合各种因素采纳平衡分析方法,适用对等原则。为了与规定域外效力的外国反垄断法实现对等,对于外国法院限制我国企业境外活动的司法行为,我国法院可限制该国企业的同等行为,以保护我国的国家主权和经济利益。

对于第三种情形的效果原则,在司法实践中应该慎之又慎。基于此,我国在反垄断法的相关配套法律法规中也可考虑将外国企业在我国境外从事的垄断行为对境内市场竞争产生"直接的、实质性的且可以合理预见的"限制或者不利影响作为域外适用的基本要件。[②] 其中:"直接的"要求在我国市场上所发生的影响与行为之间有着直接的因果关系;"实质性的"要求对我国市场或我国的竞争或竞争者所产生的影响达到了相当的即"非不重要的"程度;"可以合理预见的"则要求以客观的一般人的标准来决定是否可以合理预见,而不是以具体的行为人在主观上是否有意图在我国发生效果或以主观上有无预见是否在我国发生效果为准。同时,在具体执行中要求反垄断执法机构和法院权衡、分析多种相关因素。这样既有利于维护本国的国家利益,又能最大限度地降低对其他国家利益的损害。

(二)我国反垄断法域外适用的法定要件[③]

除了应遵循上述的我国反垄断法域外适用的具体管辖原则,同时还必须符合以下反垄断法域外适用的法定要件,才能保证我国反垄断法域外适用具有合理的理论基础,从而降低其他国家对我国反垄断法域外适用的抵制。

1. 违法行为。违法行为即外国主体的行为违反了我国反垄断法。违法行为不仅是反垄断法适用于国内限制竞争行为的基本要件,同样应当成为外国主体行为受到我国反垄断法管辖的前提,因此也给我国反垄断法的立法工作提出了较高要求,即如果外国主体实施的某些损害我国利益的限制竞争行为并未被我国反垄断法所禁止,则我国反垄断法的域外适用也无从谈起。

2. 损害事实。损害事实指特定事实对我国全国或局部地区的正常市场秩序造成的足以限制自由竞争的客观损害后果。反垄断法域外适用不同于国内适用,考虑到域外适用可能产生的经济、政治等各方面影响,规定损害事实为域外适用的要件之一是合理

① 参见钟娜:《反垄断法的域外适用问题研究》,载《全国商情》(经济理论研究)2009 年第 6 期。
② 参见王先林:《论我国反垄断立法中的域外适用制度》,载《法学杂志》2006 年第 1 期。
③ 参见尹晓婷:《反垄断法域外适用制度分析及我国立法考量》,载《南方经济》2005 年第 4 期。

的，也就是说即使外国主体实施了我国反垄断法禁止之行为，但并未造成此处的损害事实，则我国反垄断法仍不能取得域外适用效力。

3. 违法行为和损害事实之间的直接因果关系。反垄断法域外适用的前提要件除违法行为和损害事实外，还要求二者之间具有直接因果关系，即损害事实的发生是由该违法行为直接引起的，即没有作为第一要件的违法行为，作为第二要件的损害事实便不会发生。同时，此处存在的涉外因素可能使因果关系的认定较一般情况更加复杂，本书认为在反垄断法域外适用的提出审查申请阶段可以借鉴美国法院审理类似案件所使用的"盖然因果关系说"，即"受害人证明违法行为与损害事实之间存在相当程度因果关系的可能性即达到了其证明责任的要求，然后再由被告对此进行反证。如果被告不能证明不存在因果关系，就认定存在因果关系；反之，如果被告能够证明不存在因果关系，就认定不存在因果关系"。这样有利于常常处于不利地位的受害者，包括国内行业、企业、消费者等。

4. 过错。反垄断法域外适用同样需要过错这一要件，对此应适用过错推定原则。[①] 按照过错推定原则，原告不须证明被告有过错，被告得证明自己无过错而免责；如果被告不能证明自己无过错，法律上即推定其有过错进而承担责任，而原告不必就被告之过错负举证责任。反垄断法的配套法律法规应规定：经营者应对其实施的垄断或限制竞争行为对我国的市场竞争秩序造成的损害承担赔偿责任，但能够证明自己没有过错的除外。

以上 4 个反垄断法域外适用的法定构成要件并非简单地照搬民法中侵权责任构成要件，因为涉及涉外因素，具体的运用更加复杂，如何对其衡量需要更加详细的司法解释或行政法规的进一步规定。

（三）我国反垄断法的"阻却性条款"

对于他国反垄断法在我国境内的效力，我国也应采取抵制性的立法条款。这不仅仅是被动应付外国反垄断法域外适用，也是适应反垄断法域外适用这个潮流的大趋势。在司法实践中，我国也应设置"阻却性条款"来禁止或限制外国机关在我国境内调查取证及其裁决的承认与执行，抵制外国反垄断法域外效力，达到保护本国利益的目的。具体而言，一方面规定禁止外国机关未经我国主管机关的允许在我国境内调查取证，禁止任何单位或个人向未经我国主管机关允许而在我国调查取证的外国机关提供证据、资料或给予帮助；另一方面规定禁止本国主管机关和法院承认或执行外国机关作出的有损国家主权、安全和利益的反垄断裁决，从而有效地维护我国的合法权益。当然，这一措施带有明显的抵制性，难免会遭到其他国家的反抵制和对抗，所以对于反垄断法的域外效力应以对等原则作为适用前提，谨慎而用之，以避免或减少这方面的矛盾和冲突。

---

① 参见肖彦山：《反垄断法域外适用制度的比较研究》，载《石家庄经济学院学报》2003 年第 1 期。

（四）我国反垄断法域外适用的国际合作机制

"反垄断法从来就不仅仅是国内的，它时常被各国用来作为外贸领域斗争的工具，因而反垄断法自始至终就具有国际性的一面。"[①]要使反垄断法域外适用得以顺利实施，仅仅靠国内法律法规的条文的规定是不够的，依靠单边主义的解决方式也是不可行的，因为域外适用的大量工作都涉及各国间的国际合作。本书认为，双边协调模式、区域协调模式和多边协调模式都有其存在的合理价值，在不发生互相排斥与冲突的情况下，应同时探索、尝试，推进前述多种协调模式的并行发展。其中，双边协调模式、区域协调模式的成功运行，对于多边协商的进展不无益处。而在多边协调内部，应将不相融合的模式予以分层处理，促进多种模式协调发展。这样齐头并进的探索模式能够有效地寻求符合我国国情的域外适用制度。所以，在国际合作上，我国应积极参与双边、区域和多边协调机制，以有效地缓解与消除反垄断法域外适用的冲突及其不利影响。

国际统一竞争规则的探索与建立是反垄断法发展的必然趋势，然而从目前情况来看，多边协调的合作机制进展不大，最切实可行的就是不断开展反垄断域外适用的双边合作和区域合作。我国政府已于1996年和1999年分别与俄罗斯和哈萨克斯坦签订了《在反不正当竞争和反垄断领域开展合作的协定》。2004年5月，我国与欧盟也正式建立了中欧竞争政策对话机制。此外，我国还参与了亚太经合组织论坛下竞争问题讨论机制，并参加了WTO贸易与竞争政策关系工作组的工作，就WTO框架下贸易与竞争政策国际合作发表了意见。[②] 这些方面的努力还需要不断地扩大和深化，进而来加强我国反垄断法域外适用效力的强度和效率，切实保护我国的经济主权和经济利益。

---

① 聂孝红:《经济全球化与反垄断法的域外适用原则》，载《法学杂志》2007年第1期。

② 参见陈灿祁:《论我国反垄断法的域外适用》，载《湘潭师范学院学报》(社会科学版)2009年第1期。

第十章 反垄断法的实施

第一节 反垄断法实施概述

一、反垄断法实施的含义

法的实施,即法律规范在社会生活中的贯彻和实现。但是,作为法学中的一个重要概念,它有更深层次的含义,法的实施是调整一定社会关系并产生一定社会效果的过程。它不是一个国家放任自流的过程,而是在国家严格控制之下整个国家法制运动中的一个重要环节。为了保障法的实施,国家在制定法律时不仅规定了人们的行为模式而且规定了奖励或制裁的行为后果。此外,国家还制定了保障法律实施的专门法律(如各种程序法和诉讼法),而且采取各种得力措施,建立和健全各种组织机构,建立各种制度,完善法律的实施。①

中国先哲孟子有言:徒法不能以自行。美国法学家庞德曾经指出,法的生命在于实施。反垄断法具有高度的原则性和抽象性,反垄断法的实施对于反垄断立法的相对独立地位,以及反垄断法实施的复杂性告诉我们,只有通过有效实施才能克服反垄断实体规则的模糊性和不确定性,最终实现反垄断法的立法目的。反垄断法的有效实施又依赖于完善灵活的反垄断法执行体制的构建,完善灵活的执行体制有助于在反垄断法实施领域实现程序正义。② 反垄断法实施体制被设计为提供"社会最优水平的威慑"。如果反垄断法的实施抑制了增加社会财富的行为,那么这种实施就是"过度威慑"的;如果未能抑制减少社会财富的行为,那么法律就是"威慑不足"的。③

在本书中,反垄断法的有效实施有两层含义:第一,反垄断法的实施不仅局限于以国家为主的公共主体构建各种保障制度,更在于各执行主体共同作用、相互配合,形成制度合力,体现执行的整体性和动态性,以使法律规范在社会生活中得到贯彻和实现;第二,反垄断法的良好实施不仅局限于国家执法行政机构的自上而下的强力执法和各行政执法主体的良好配合,还需注重发挥司法机关在反垄断法民事诉讼当中的功能,积

---

① 参见漆多俊:《经济法基础理论》(第3版),武汉大学出版社2000年版,第399页。

② 参见李国海:《反垄断法实施机制研究》,中国方正出版社2006年版,第21页。

③ 参见[美]基斯·N.希尔顿:《反垄断法:经济学原理和普通法演进》,赵玲译,北京大学出版社2009年版,第44页。

极实现反垄断法自下而上的反推作用,在更高的层次实现反垄断法公共实施和私人实施的合力。

二、反垄断法实施体制

与传统的公法和传统的私法相比,反垄断法的社会本位法律属性决定了其实施的特殊性。传统的公法如刑法、行政法,在现代社会其立法本位虽然在一定程度上也体现为社会本位,但其实质为国家本位,以及主要维护国家统治阶级利益这一根本点没有变。所以在公法法律实施中国家的主动性和职能性最强,非常强调公权机构如警察部门、检察机关、法院自上而下的推动;传统的私法如民法、商法,其立法本位主要是个体本位,国家公权机构在法律的实施中就没有那么主动和强势,反而采取"不告不理""谁主张,谁举证"这样消极的态度,法律的有效实施主要依靠个体(包括自然人和企业)的起诉等行为来启动司法程序,是一种自下而上的反推。依循社会本位立法的反垄断法既有公法属性又有私法属性,既不是纯粹的公法也不是完全的私法,这就决定了反垄断法的实施既不能单纯依靠公共机构的主动执法,也不能完全寄希望于经营者和个人的起诉,而是二者的结合,既需要自上而下的强势推动,也需要自下而上的积极反推。至于在反垄断法的实施中更多动用公共执法资源还是更多依赖私人诉讼资源,应该"因国而异",在发展中国家、转轨国家可能需要更多依赖公共执行。

由公共官员对反竞争行为采取的任何行动可被称为公共执行(public enforcement),即公共执行是指竞争主管机关以公共利益代表者的身份通过行使公权力来执行反垄断法,公共执行的特点是动用公共财政和权力资源,其主要目的是维护公共利益。除反垄断公共官员以外,私人市场参与者在反垄断法的实施中也扮演着重要的角色,这种由私人发动的反垄断法执行简称为私人执行(private enforcement),即那些自身利益受到反竞争行为影响的法人和自然人通过向法院提起民事诉讼或通过仲裁等方式来实施反垄断法,私人执行主要表现为私人提起的民事诉讼和仲裁,也可以表现为向竞争主管机关控告反竞争行为以发动公共执行程序。私人执行的主要目的是保护个体利益,但有时也可以起到维护公共利益的作用。①

根据公共执行和私人实施在反垄断法实施中的作用和配置,当今世界各国的反垄断法实施体制大致可以分为两类:一元实施体制和二元实施体制。② 美国反垄断法的实施通过政府机构和私人主体的法律诉讼得以实现,私人行动是反垄断诉讼中最强大的部分,③很显然,美国实行的是二元实施体制,其强调公共执行和私人实施同等重要和相互配合。一元实施体制认为反垄断法的实施主要应该依赖公共执行,对于私人实

---

① 参见王健:《反垄断法的私人执行》,法律出版社 2008 年版,第 5 ~6 页。

② 同上书,第 8 页、第 13 页。

③ 20 世纪 90 年代,美国私人与政府反垄断诉讼的比例是 10∶1。参见[美]基斯 · N. 希尔顿:《反垄断法:经济学原理和普通法演进》,赵玲译,北京大学出版社 2009 年版,第 46 页。

施没有相关法律规定或虽有规定但实践中并没有有效发展,大多数国家实行的是一元实施体制。但是,自21世纪以来情况发生了积极的变化,原来实行一元体制的国家(地区)如欧盟、德国、英国、加拿大等都纷纷通过立法、修法或司法判决等多种途径从多个方面促进反垄断法的私人执行,逐渐向二元实施体制过渡,注重反垄断法的私人实施已经成为大多数国家(地区)的必然选择。从各国(地区)的实践情况来看,私人执行在反垄断法的执行体系中显示出了相当的优越性,在诸如三倍损害赔偿(treble damages)①等合理制度设计的刺激下,很多私人当事人和消费者也乐于提起私人诉讼或发动私人执行程序来保护自己的合法权益,从而使得反垄断法得到很好的实施。

反垄断法的有效实施有赖于公共执行与私人实施两种资源的共同利用和有机配置。

第二节　反垄断法公共执行制度

一、反垄断法公共执行机构概述

法律的实施,既依赖社会大众的积极参与,也依赖有关国家公共机关的正确执法。反垄断法的实施也是如此,既有自然人、法人及非法人的社会组织等私主体的参与,也有行政机关和司法机关等公共主体的参与。② 反垄断法的公共执行机构也称反垄断公共执法机构,有广义和狭义之分。广义上的反垄断公共执法机构是指一切参与执行反垄断法的国家机关和司法机关;狭义上的反垄断公共执法机构是指依照法定的职权和程序,贯彻实施反垄断法律法规的行政主管及执行机构,而将承担反垄断法实施职能的司法机构排除在外,所以也称反垄断法行政执法机构。目前大多数国家的反垄断行政执行机关设立于政府内部,接受行政领导,但同时又相对独立,享有对案件的调查、起诉、判决及制定相关竞争政策的权力。根据反垄断行政执法机构是否单独设立,还可以将其进一步划分为专门机构模式和混合机构模式:③德国的联邦卡特尔局、日本的公正交易委员会、我国台湾地区的“公平交易委员会”是专门机构模式的典型代表,权力大且相对独立,享有准司法权;混合机构模式则是不设专门机构,而是由多个肩负多种行政职能的行政机关分享反垄断执法权,如我国原来的反垄断执法就由原国家工商行政管理总局、国家发展和改革委员会、商务部,以及一些行业主管机构如电监会等共同承担,混合模式因执法效率低下已被世界各国和地区逐渐抛弃。本节讲解的反垄断法公

---

① 三倍损害赔偿规则是美国《克莱顿法》确立的,该法第4条授权任何商业或者财产受到垄断损害的人提起诉讼,请求获得三倍损害赔偿加上成本及合理的律师费,这在美国被认为是最有利于原告的制定法。

② 参见周或主编:《反垄断法律问题研究》,中国社会科学出版社2007年版,第188页。

③ 参见种明钊主编:《竞争法》,法律出版社2008年版,第351页。

共执行机构即狭义的反垄断行政执法机构。

二、反垄断法公共执行机构的特征

由于反垄断法自身的特点和反垄断法有效实施的内在需要,综合主要国家的情况并结合反垄断法公共执行机构的发展趋势,反垄断公共执法机构一般具有也应当具有以下几个特点:

第一,专业性。反垄断执法机构的专业性是由反垄断法以下特点决定的:首先,反垄断法是一部专业性、技术性和综合性很强的法律,涉及法学、经济学、企业管理学、社会政策学等众多领域知识。其次,反垄断法的原则性很强,其适用的条件与标准不像其他法律那样比较明确具体。国家经济政策的适时性、竞争行为性质认定的模糊性和竞争后果评价的不确定性,决定了对竞争行为性质的认定标准与竞争后果的评价标准并非一成不变,需要反垄断执法人员在对垄断案件进行调查处理时依其深厚的专业知识、精湛的业务技能和较高的经济政策水平予以具体、灵活和适度的把握,这都对反垄断执法机构提出了高度的专业性要求。

第二,高度独立性。独立性,就是要求执法机构自身与被规制对象没有隶属或者关联关系,同时享有充分的自主权限。独立性是确保反垄断执法机构执法公正性和有效性的关键。反垄断执法机构独立性要求:确保其执法活动不受行政权力的干预;确保反垄断执法机构在执法过程中不被利益集团所利用而丧失高度中立地位。

第三,权威性。权威性要求执法机构具有相当高的位阶,其独立和专业化的裁决及命令受到执法体系的普遍遵从和司法审查的尊重与协调配合。虽然从立法上看,反垄断法规制的是一切经营者和行政机构的垄断行为,但在司法实践中,真正能够有能力实施垄断行为的,常常都是在市场上具有超强优势地位的大企业或企业集团,以及掌握强大行政权力的政府机构,尤其是前者,常凭借其雄厚的经济实力染指国家权力,影响甚至左右国家的经济政策。因此,这要求反垄断执法机构必须具备足够的权威性,才能确保其对此类垄断行为具有足够的威慑力与有效的遏制力。

第四,准司法性。准司法性是指反垄断执法机构可以通过一定的程序像法院那样中立而公正地处理涉及垄断的案件。准司法性主要表现在程序权力、处罚权和权威性上。在程序权力方面大多数国家反垄断法都赋予反垄断执法机关强有力的调查权:一是允许执法机关直接实施调查行为;二是如果当事人拒绝或者妨碍执法机关调查,执法机关或者由执法机关借助法院给予制裁。在实体方面越来越多的反垄断法赋予行政执法机关对垄断案件的裁决权,很多国家的反垄断执法机构都在内部设置了裁判庭,配置专门的裁判官,通过合议而非一人意志决定案件处理结果;同时也十分重视证据规则,强调抗辩方式等。①

---

① 参见李国海:《反垄断实施机制研究》,中国方正出版社2006年版,第28页。

三、主要国家和地区反垄断执法机构的设置和权限

(一)美国反托拉斯执法机构

美国反托拉斯法主要将执法权赋予美国司法部反托拉斯局和联邦贸易委员会,但也赋予州政府,同时私人也可以提起三倍损害赔偿和禁令的诉讼。反托拉斯法还赋予联邦法官广泛的权力,联邦法院可以通过解释关键的法律术语,而对诉讼结果享有相当大的自由裁量权。具体来说,反托拉斯法有四种实施途径:其一,司法部反托拉斯局既可以提起禁止违法的民事诉讼,又可以提起对单位处以罚金、对个人处以监禁和罚金的刑事诉讼;其二,联邦贸易委员会可以对某种违反反托拉斯法的行为提起非刑事诉讼的民事诉讼;其三,州总检察长除可以实施州反托拉斯法外,还可以在某些情形下,根据联邦反托拉斯法提起对继续违反发布禁令和损害赔偿的民事诉讼;其四,当个人认为其被违反反托拉斯法的行为侵犯时,可向联邦法院起诉,请求发布禁止再实施该违法行为的禁令,以及尤其重要的是,请求三倍赔偿金,即相当于该违法行为给原告所造成损失的三倍的赔偿金。

司法部和联邦贸易委员会及州政府的执法被称为公共执法,在很大程度上,相当于我国的行政执法,但又不尽相同。例如,司法部可以提起刑事诉讼和民事诉讼,但没有作出处罚的权力;联邦贸易委员会享有提起民事诉讼的权力,同时又有裁决反托拉斯案件的权力。

(二)德国反垄断执法机构

德国《反对限制竞争法》将垄断执法机关统称为“卡特尔当局”,包括联邦卡特尔局、联邦经济部和根据州法享有管辖权的州最高机关。

德国联邦卡特尔局是最重要的执法机构。凡《反对限制竞争法》未规定将某项管辖权赋予特定的卡特尔局的,如果市场的效果、限制竞争行为或者歧视性行为或竞争规则的效果超越一个州的范围,则由联邦卡特尔局承担和享有该法赋予卡特尔当局的任务和权限。在其他一切情形下,由州最高机关承担这些任务,并享有这些权限。

联邦卡特尔局开始启动程序或进行调查的,应当同时通知相关企业所在地的州最高机关;反之亦然。

(三)日本公正交易委员会

日本反垄断法引进了美国反托拉斯法的原理,其执法机关——公正交易委员会就是仿照美国联邦贸易委员会而设置的。公正交易委员会是负责实施反垄断法的竞争政策机关。公正交易委员会在行政上隶属于首相,是内阁之外的政府行政机关,独立行使职权,不受任何其他人的指挥和监督。公正交易委员会还具有准立法和准司法机关的性质。例如,公正交易委员会可以制定处理案件和听证的程序规则,此即行使准立法权;可以在听证之后作出判决,此即行使司法权。

日本公正交易委员会认为,之所以将其设立成为独立的机关,主要原因是:(1)使得委员会有权排除政治上的干预而实施反垄断法及其特别法。由于反垄断法及其特别

法规定了自由制度下的经营活动基本规则,而构成了日本经济制度的基础,因而其处理着多种利益冲突。(2)使公正交易委员会能够像法院一样,在处理违反反垄断法案件时能够保持中立地位和公平。而且,反垄断法适用于变动不居的情况,其使用富有法学和经济学知识的经验丰富的人士进行专家性的判决。

尽管反垄断法规定公正交易委员会为独立机关,但必须接受日本国会的监督。

(四)欧盟竞争执法机构

欧盟竞争法主要是由欧盟委员会实施的。它主要负有下列竞争执法职责:(1)制定豁免行为的法规;(2)对于某些类型的反竞争行为给予"类型豁免"或者"个案豁免";(3)广泛的调查权,特别是,如果怀疑成员国的任何个人或者企业实施违反欧盟竞争法的反竞争行为,可以对其进行搜查;(4)可以对实施反竞争行为的人处以罚款,或者分割具有不适当的垄断地位的企业;(5)在成员国违反欧盟竞争法的情况下,向欧洲法院起诉成员国政府;(6)制定促进竞争或解除垄断的指令。

欧盟委员会的竞争执法只能由委员会中专司竞争政策的专员、第四总局及其下属机构负责履行。其中,第四总局是基本的具体实施机构,下设6个局,各个局分别承担一般竞争政策的制定和协调工作,各个领域的反竞争协议、滥用支配地位等垄断行为的制止工作。

欧洲法院(包括初审法院)通过对不服欧盟委员会竞争总司对反竞争案件的处理而起诉的案件,解释和使用欧盟竞争法,并通过判例弥补法律规定的不足,因而对欧盟竞争法的实施和发展有重要作用。

四、我国反垄断行政执法机构的设置及权限

(一)2018年国家机构改革前反垄断执法机构职责划分情况

我国现行《反垄断法》是2007年颁布、2008年开始实施的。在《反垄断法》颁布实施之前,国家发展和改革委员会、原国家工商行政管理总局及商务部就有和竞争执法相关的职权。根据《反垄断法》的规定,既有的"权力格局"以立法的形式加以确定,我国反垄断法的执法机构,是由国务院设立反垄断委员会,并由国务院规定的承担反垄断执法职责的机构即国务院反垄断执法机构,负责反垄断执法工作,并确立了"二元三部门"的模式。所谓二元,是指国务院反垄断委员会加行政执法机构这两个层次。所谓三部门,是指在反垄断行政执法职权分配上,由国家发展和改革委员会、原国家工商行政管理总局及商务部三家共享,形成了以该三机构各司其职、相互配合的"分立式"反垄断执法机构设置模式。

反垄断委员会和反垄断执法机构都是隶属于国务院的行政机关,但二者在具体职责上分工不同。《反垄断法》第一章"总则"第9条规定,国务院设立反垄断委员会,负责组织、协调、指导反垄断工作,履行下列职责:研究拟订有关竞争政策;组织调查、评估市场总体竞争状况,发布评估报告;制定、发布反垄断指南;协调反垄断行政执法工作等。由此看来,反垄断委员会不负责具体执法工作。此外,"总则"第10条规定,国务

院规定的承担反垄断执法职责的机构依照反垄断法，负责反垄断执法工作。

其中，根据《反垄断法》第二章和第三章的相关规定及《反价格垄断规定》，①价格垄断的执法监督权在国家发展和改革委员会内设的价格监督检查司；而对于滥用市场支配地位的另外一些行为，如搭售商品、限定交易的审查和执法，包括各界普遍关注的行政性垄断，则仍然主要由原国家工商行政管理总局内设的公平交易局负责；经营者集中的审批通过商务部内设的反垄断局负责，《反垄断法》这一工作一直由商务部条法司下属反垄断调查办公室完成。但是不同的是，此前商务部进行的反垄断审批集中在外资并购，《反垄断法》实施之后，内资并购达到标准的，也必须提交商务部反垄断执法机构审查。

原国家工商行政管理总局在该执法机构设置模式中居于中心地位。客观地说，该设置模式及时弥补了我国反垄断执法机构的设置缺失，三部门凭借其多年积累的反垄断执法经验也暂时满足了我国反垄断执法的迫切需要，既维持了分散执法的现有格局又具有一定的前瞻性，为今后的机构改革和职能调整留有余地，是一种务实和稳健的立法思路。同时，《反垄断法》设置反垄断委员会可以弥补对于执法权限划分模糊和重叠的不足，为法律实施阶段可能出现的执法权冲突提供协调解决机制，保证法律的实施。而且这种模式对我国的行政体制没有造成太大的冲击和负担，符合国务院提出的“机构精简”的行政改革要求，故而便于落实，有较强的应急性与现实性。

（二）我国反垄断执法“二元模式”的弊端

我国反垄断法设立的“二元三部门”多头执法模式，否定了我国大多数学者在反垄断法立法论证阶段推崇和设计的统一执法模式，这种“二元模式”的弊端和缺陷非常突出，主要表现为：

1. 多元执法导致执法力量分散

“分立式”的反垄断执法模式因其执法机构是多元的，难免导致反垄断执法力量分散，不利于反垄断执法权力的集中统一行使。反垄断法规制的对象常常是掌握着强大公权力资源的行政机构和拥有雄厚财力且与政府有紧密联系的大企业集团实施的垄断行为，这要求反垄断执法机构必须享有集中而广泛的执法权力，才能确保其在与垄断行为博弈时具有足够的惩治力与威慑力。而我国当时的反垄断执法机构模式显然会因反垄断执法力量的分散行使而大大削弱其对垄断行为的惩治力与威慑力，不利于反垄断执法职能的充分发挥。

2. 多元执法造成执法冲突和执法矛盾

改革前我国的反垄断执法模式因执法主体不统一，容易造成严重的执法矛盾。虽

---

① 因价格监督检查与反垄断执法职责已根据《深化党和国家机构改革方案》从国家发展和改革委员会划入市场监管总局，市场监管总局于 2019 年 6 月 26 日公布《禁止垄断协议暂行规定》《禁止滥用市场支配地位行为暂行规定》《制止滥用行政权力排除、限制竞争行为暂行规定》，《反价格垄断规定》自 2019 年 9 月 1 日废止。

然国务院对原国家工商行政管理总局、国家发展和改革委员会及商务部各自的反垄断权限做了明确的划分,但从实践来看,垄断问题是一个复杂的、综合性的问题,绝非像三家执法机构的权限划分那样简单、明了,而其涉及的问题也常常是多方面的,往往一个垄断行为会同时涉及垄断价格协议、滥用市场支配地位等诸多问题,这就会造成三个反垄断执法机构的职权交叉,而一旦这种职权交叉因协调不利而演变成职权冲突和执法冲突,容易导致“执法套利”,陷入执法困境,降低执法效率,提高执法的成本和难度,这显然不利于其反垄断执法职能的有效发挥。为避免出现这一问题,国务院成立了反垄断委员会试图协调三部门的执法工作以消除执法冲突,但因该委员会的规格和权威所限,效果不一定理想,而且这种协调本身就加大了执法成本、降低了执法效率。

3. 反垄断执法机构与其他相关行业主管机关职责的协调问题

我国反垄断法并未排除该法律对一些公用事业如电力、电信等经营过程中可能出现的垄断行为的适用,因此可以认为,反垄断法同样适用于这些行业。然而这些行业也有着相应的专门法律,并且有自己的主管机关,这样就很容易和反垄断法的实施机构产生职权上的冲突。

4. 行政性垄断规制难的问题

行政性垄断规制难的问题表现在:一是抽象行政行为规制难度大。抽象性的行政垄断是行政机关通过政府规章、部门规章或规范性文件等来实施的,抽象行政行为目前不属于我国行政复议和行政诉讼的受案范围,《反垄断法》的规制作用也十分有限,执法部门对此无权处理,只是提出意见建议。二是法律责任单一,制裁措施软弱。《反垄断法》对于实施行政垄断行为的,仅规定由上级机关责令改正,对直接责任人员依法给予处分的行政责任,没有相应的民事、刑事及国家赔偿责任和损害补偿措施,难以有效遏制现实生活中具有较大危害的行政性垄断。

(三)改革后反垄断执法机构的合并与变迁

1. “三机构”合并成立国家市场监督管理总局

基于“二元三部门”模式的上述诸多弊端和缺陷,2018 年 3 月,依据《国务院机构改革方案》,国家改革市场监管体系,实行统一的市场监管,组建了国家市场监督管理总局,这是建立统一开放竞争有序的现代市场体系的关键环节。国家市场监督管理总局整合了三家反垄断执法机构的职责,形成了统一执法模式。

为完善市场监管体制,推动实施质量强国战略,营造诚实守信、公平竞争的市场环境,进一步推进市场监管综合执法、加强产品质量安全监管,让人民群众买得放心、用得放心、吃得放心,《国务院机构改革方案》提出,将国家工商行政管理总局的职责、国家质量监督检验检疫总局的职责、国家食品药品监督管理总局的职责、国家发展和改革委员会的价格监督检查与反垄断执法职责、商务部的经营者集中反垄断执法及国务院反垄断委员会办公室等职责整合,组建国家市场监督管理总局,作为国务院直属机构。其主要职责是,负责市场综合监督管理,统一登记市场主体并建立信息公示和共享机制,组织市场监管综合执法工作,承担反垄断统一执法,规范和维护市场秩序,组织实施质量强国战略,负责工业产品质量安全、食品安全、特种设备安全监管,统一管理计量标准、检验检测、认证认可工作等。

2. 机构改革后执法得到的改善

其一,有利于提高反垄断执法的效率,从而进一步降低行政执法成本及企业的合规成本。三家反垄断执法机构合并为一家,执法主体的融合,更有利于执法标准的统一和执法行为的协调,从而提高反垄断执法的效率。反垄断执法机构改革有利于优化执法资源、提升监管效率,完善了反垄断监管体制机制的顶层设计,增强了反垄断执法的可预见性和统一性,有利于营造法治化、便利化、国际化的营商环境,推动我国高水平的双向开放。

其二,反垄断执法更具一致性。三家反垄断执法机构合并使中国的反垄断执法更为流畅,并加强执法行为的一致性。举例而言,改革前国家发展和改革委员会及原国家工商行政管理总局之间的管辖权划分并非完全明确——一项面临调查的垄断行为可能既包含价格相关也包含非价格相关的因素。此外,两机关的执法细则和实践也存在差异(比如宽恕制度申请人的待遇不同)。尽管我国的竞争政策不会一夜之间发生根本性变化,但改革将会提升执法的一致性,从而使我国的反垄断执法更为流畅。

其三,执法力度或会加强,公共利益介入反垄断执法的可能性或增大。将三家反垄断执法机构合而为一,赋予其上位机构保护市场及进行更广泛市场改革的职权,或会推动更有力的执法举措。三家反垄断执法机构整合入一家规模更大、具有更广泛政策职能的部级机构后,公众及国家利益在未来反垄断执法中或会发挥更大的作用。

3. 改革后机构存在的问题

首先,机构整合实际上可能会削弱反垄断执法力量。国务院政府机构改革导致反垄断执法人员的编制实际上大量减少,反垄断执法周期相对比较长,且对反垄断执法人员专业性要求非常高,因此机构整合实际上可能会削弱反垄断执法力量。如何扭转反垄断机构整合导致变相削弱反垄断执法力量的局面,是社会各界都需要考虑的问题。

其次,是否能深度融合仍有待商榷。机构调整、部门改组,通常是自上而下试图解决现有制度运行、摩擦、扯皮等缺乏效率等问题的手段,古今中外概莫能外。“三合一”仅是低层次的改进,更重要且根本的是,其执法能力和水平能否提高。如果统一能够将一个部门的优秀经验扩展到其他部门,才是根本的改进。改革是否合理还要看实际效果和治理能力是否可以提高来判断。

五、反垄断法执行的程序与权力

法律的生命力在于实施。只有通过有效的实施,反垄断法维护自由公平的市场竞争秩序、保护消费者利益和社会公共利益的功能才能得以实现。与其他部门法相比,反垄断法表现出了更强的程序依赖性。反垄断执法机关执法权的内容非常复杂,既涉及程序上的权力,又涉及实体上的权力,既有反垄断法规定的权力,又有相关法律规定的权力。

在程序权力方面,大多数国家反垄断法都赋予反垄断执法机关强有力的调查权:一方面,允许执法机关直接实施调查行为,如传唤当事人和证人、责令提供资料、搜查经营场所等;另一方面,如果当事人拒绝或者妨碍执法机关调查,执法机关或由执法机关通过法院给予制裁。

在实体方面,越来越多的反垄断法赋予行政执法机关对垄断案件的裁决权,其裁决相当于法院的初审判决,不服裁决需向具有一定审级层次的上诉法院(如美国)或专属管辖法院(如日本)提起上诉。此外,一些国家的反垄断法赋予行政执法机关对垄断案件提起民事诉讼或刑事诉讼的权力,如美国司法部、澳大利亚竞争与消费者委员会。当然一些反垄断法同时赋予反垄断执法机关裁决权和起诉权,如美国联邦贸易委员会、日本公正交易委员会。

实践证明,构筑完善的反垄断执法机关执法权力的制度是非常必要的。为确保反垄断法的实施,必须赋予反垄断执法机关强有力的强制措施和调查权力。

我国反垄断法也赋予了反垄断执法机关广泛的调查权和强制措施的权力。《反垄断法》第39条规定:"反垄断执法机构调查涉嫌垄断行为,可以采取下列措施:(一)进入被调查的经营者的营业场所或者其他有关场所进行检查;(二)询问被调查的经营者、利害关系人或者其他有关单位或者个人,要求其说明有关情况;(三)查阅、复制被调查的经营者、利害关系人或者其他有关单位或者个人的有关单证、协议、会计账簿、业务函电、电子数据等文件、资料;(四)查封、扣押相关证据;(五)查询经营者的银行账户。采取前款规定的措施,应当向反垄断执法机构主要负责人书面报告,并经批准。"另外,《反垄断法》第42条规定:"被调查的经营者、利害关系人或者其他有关单位或者个人应当配合反垄断执法机构依法履行职责,不得拒绝、阻碍反垄断执法机构的调查。"概括而言,根据《反垄断法》的规定,反垄断执法机构的职权包括调查检查权、审核批准权、处理决定权、行政处罚权。

尽管《反垄断法》赋予了反垄断执法机关强有力的调查权和采取强制措施的权力,但是对于反垄断执法机关的处理权限规定过于简单。《反垄断法》第44条规定:"反垄断执法机构对涉嫌垄断行为调查核实后,认为构成垄断行为的,应当依法作出处理决定,并可以向社会公布。"对此,我们可以借鉴美国反托拉斯法对美国联邦贸易委员会处理权的规定,无论履行其消费者保护职责还是实施反托拉斯法,联邦贸易委员会在执法中同时运用其行政的和司法的救济方法。

(一)行政执法

1. 行政裁决

联邦贸易委员会可以根据《联邦贸易委员会法》第5条第2项,对"不公平的竞争方法"启动行政裁决程序。对于违反《克莱顿法》的行为,联邦贸易委员会可以根据《联邦贸易委员会法》第5条第2项或《克莱顿法》第11条启动行政裁决程序。不服裁决的当事人可以提起司法审查。违反联邦贸易委员会命令的,联邦贸易委员会可以根据

《联邦贸易委员会法》第 5 条第 2 项或《克莱顿法》第 11 条提起诉讼，请求适当的民事处罚。

根据《联邦贸易委员会法》和《克莱顿法》，联邦贸易委员会是一个能宣布自己裁决的准司法机关，在这一点上不同于司法部。对于反托拉斯案件的指控，行政法官予以处理，在听取必要的陈述和审阅有关文件后，作出初步的裁决。

2. 制定规则

《联邦贸易委员会法》第 18 条只授权联邦贸易委员会对“不公平或欺诈性的”行为制定规则。

（二）司法执法

对于违反《联邦贸易委员会法》的任何法律行为，该委员会可以得到初步的和永久性的禁令。就竞争问题而言，该委员会主要是根据《联邦贸易委员会法》第 13 条第 3 项在完成该委员会的行政程序时获取初步禁令。该委员会在禁止案件中一般不寻求永久性禁令，而宁愿让自己作为有关事项的裁决者。

（三）起诉权

联邦贸易委员会可以以自己的名义并使用自己的律师，行使独立的起诉权。就联邦贸易委员会而言，它既可以像联邦法院诉讼程序那样向行政法官起诉，又在某些情况下直接向联邦法院起诉。该两种情况所涉及的案件都可能最终上诉到联邦上诉法院。

六、反垄断法执行的特殊调查程序

经济生活的复杂多变、行政性干预与政策性因素的相互作用，导致垄断问题合法与非法的界限呈现出不确定性的倾向，实体性规则很难运用精确、明晰的语言将经济生活的变动及时反馈到立法层面。因此，反垄断立法在很多时候不得不作出某种弹性、灵活甚至模糊化的处理，而将是否构成垄断的判断留给执法及司法层面进行个案解决。这使得一种相对比较固定，可供包括规制主体、规制对象、利害关系人在内的多个主体共同参与、让不确定的结论具有确定的判断过程的程序性规则的确立成为必要。这种特殊的调查程序就包括承诺制度和宽免制度。

（一）承诺制度

承诺制度是一项为提高执法效率而实施的反垄断执法制度，即如果相对人作出承诺将采取措施消除不法垄断的不利后果，反垄断执法机关可以接受其承诺，并不再展开后续执法程序。它属于一种执法和解制度。目前，许多国家和地区的反垄断法律法规都建立了类似的制度，如美国的同意令（consent order）和同意判决（consent decree），日本的劝告审决，欧盟的承诺制度（commitment），以及我国台湾地区的行政和解制度。我国《反垄断法》第 45 条借鉴欧盟竞争法规定了承诺制度。

我国《反垄断法》第 45 条规定：“对反垄断执法机构调查的涉嫌垄断行为，被调查的经营者承诺在反垄断执法机构认可的期限内采取具体措施消除该行为后果的，反垄断执法机构可以决定中止调查。中止调查的决定应当载明被调查的经营者承诺的具体内容。反垄断执法机构决定中止调查的,应当对经营者履行承诺的情况进行监督。经营者履行承诺的,反垄断执法机构可以决定终止调查。有下列情形之一的,反垄断执法机构应当恢复调查:(一)经营者未履行承诺的;(二)作出中止调查的决定所依据的事实发生重大变化的;(三)中止调查的决定是基于经营者提供的不完整或者不真实的信息作出的。"该规定为反垄断法承诺制度在我国的适用提供了法律依据,但由于该条规定比较笼统和原则,可操作性不强,如没有对承诺制度的适用范围作出规定,难以为反垄断执法机构和经营者提供明确的操作指导。2009 年 6 月,原国家工商行政管理总局出台《工商行政管理机关查处垄断协议、滥用市场支配地位案件程序规定》,[①]其第 15～19 条对《反垄断法》关于承诺制度的规定进行了细化,使其更具有可操作性,但仍有许多不足。该程序规定只是规定垄断协议和滥用市场支配地位的行为可以适用反垄断法承诺制度,却没有明确是不是所有的垄断协议与滥用市场支配地位的行为都能够适用该制度,也没有明确其他垄断行为能否适用反垄断法承诺制度。这是我国反垄断法承诺制度设计中的重大缺陷之一。另外,我国法律规定也缺乏公共利益的保护机制。反垄断执法作为一种典型的公共执法行为,所维护的是公共利益,而反垄断法所保护的公共利益突出地体现在竞争机制的维护上,对于反垄断执法机关来说,确定、接受并履行承诺必须有利于有效竞争目标的实现。[②] 只有在承诺包含"有效停止垄断行为并消除对竞争的不利影响"的措施,并且这些措施是具体可操作的情形下,反垄断执法机构才能接受承诺。[③] 在接受承诺后,执行承诺的过程中,如果发现执行承诺不足以遏制违法者,无法形成有效的威慑体系,不能实现维护竞争的目的,为了避免执法目标落空,反垄断执法机构应当重新恢复执法,对涉案行为展开调查,以明确涉案经营者的责任,消除涉案行为对竞争的不利影响。[④] 最后,我国法律在完善承诺制度时还应该关照利害关系人的利益。反垄断法承诺制度是在案件相关事实和法律关系尚不明确的情形下,涉案经营者主动配合作出承诺,并不要求涉案经营者承认其行为违法。这会给那些因该垄断行为而受到损害的利害关系人提起民事诉讼造成不利影响。因为在私人诉讼中,利害关系人需要借助反垄断执法机构在行政执法阶段所作出的调查和处理决定来

① 国家市场监督管理总局 2019 年 6 月 26 日发布《禁止垄断协议暂行规定》,原国家工商行政管理总局《工商行政管理机关查处垄断协议、滥用市场支配地位案件程序规定》废止。

② 参见盛杰民、焦海涛:《反垄断法承诺制度的执行难题与激励》,载《清华法学》2009 年第 2 期。

③ 对此,《工商行政管理机关查处垄断协议、滥用市场支配地位案件程序规定》第 16 条规定:"中止调查申请应当以书面形式提出,并由法定代表人、其他组织负责人或者个人签字并盖章。申请书应当载明以下事项:(一)涉嫌违法的事实及可能造成的影响;(二)消除行为影响拟采取的具体措施;(三)实现承诺的日程安排和保证声明。"

④ 《工商行政管理机关查处垄断协议、滥用市场支配地位案件程序规定》第 19 条第 2 款规定:"有下列情形之一的,应当恢复调查:(一)经营者未履行承诺的;(二)作出中止调查所依据的事实发生重大变化的;(三)中止调查的决定是基于经营者提供的不完整、不正确或者误导性的信息作出的。"其中,"事实发生重大变化"即"情势重大变更"是比较弹性的规定,需要执法机构根据实际情况在个案中进行自由裁量。

指控经营者的垄断违法行为。例如，美国《克莱顿法》第5(a)款规定，政府执行反托拉斯法所导致的民事和刑事判决是继后之私人诉讼中指控被告的初步证据。而在承诺制度中，反垄断执法机构并不对经营者行为的违法性作出认定，并且经营者的承诺不能作为私人诉讼的证据。例如，《克莱顿法》第5(a)款但书规定，证据调查前发出的"同意判决"不能作为表面证据。可见，在反垄断法承诺制度中，执法机构的让步有可能对利害关系人造成损害，必须建立合理的程序使受损害的利害关系人得到保护和救济。

总之，承诺制度有利于发挥当事人的主观能动性，节约执法成本，提高执法效率，体现了对被执法者的人文关怀，符合现代法的发展趋势，有利于构建和谐的执法环境。但同时，承诺制度也存在一系列现实隐忧，包括社会公共利益能否得到维系，是否会损害第三人的利益、对相对人来说能否保障公平等。这些问题都需要通过恰当的制度和程序设计加以解决。具体而言，我国反垄断法承诺制度运行机制的有效实施，将取决于在多大的范围内和满足哪些条件才能启动该机制、该机制能否对公共利益及利害关系人给予有效保护、在执法机构中止调查后经营者承诺的履行能否受到有效监督这三大因素的制约。否则，承诺制度的不规范适用将会造成更大的社会成本，不仅损害我国刚刚起步的竞争文化，而且使本就缺乏威慑力的反垄断执法更加软弱无力。

(二)宽免制度

宽免制度也称宽恕制度或减免制度，是反垄断执法机构对参与实施卡特尔行为进行调查前或调查过程中，对检举揭发的经营者的合作态度和悔过之意等进行综合考量，根据起诉或制裁的裁量权，对是否起诉及是否减轻其处罚(如罚金)作出判断。欧美国家在检举包括垄断在内的经济犯罪时，采用以承诺减轻对其刑事处罚而促使其认罪的所谓司法交易，以及对报告犯罪事实者或者协助调查者承诺降低制裁(罚款)金额而使其主动交代犯罪事实或协助调查的罪责减免制度(leniency)。[①] 引入宽免制度具有有力打击秘密垄断协议、节约执法资源的积极价值。对于一些不适用于反垄断法责任规定的情形，以及自首或危害不大，或事后积极补救行为可以减轻或免除法律责任。从法律经济学的角度来看，合理运用宽免制度，可以降低执法成本，提高违法者的违法成本。由于许多垄断协议是秘密达成的，被发现的概率很低，反垄断主管机关发现并查处秘密垄断协议的难度很大，大量卡特尔成功逃避了法律制裁，卡特尔的隐蔽性使反垄断执法机构陷入了执法困境。

美国早在1978年开始实施宽免制度，1993年美国司法部反托拉斯局修改公布了公司宽免政策(Corporate Leniency Policy)，该法律文件明确了公司向主管机关报告违法行为而获得宽大处理的具体条件和程序，还规定了公司董事、高级管理人员、雇员获得宽免的条件，经修改的宽免政策在美国反垄断实践中取得明显成效，适用宽免政策的

---

① 参见[日]村上政博:《日本禁止垄断法》，姜姗译，法律出版社2008年版，第155页。

案件每年超过20起。[①] 1996年,欧共体委员会公布《关于在卡特尔案件中免征或者减征罚款的通告》,开始实施宽免制度,也取得了明显的成效。[②] 欧美自从在反垄断法执行和调查阶段引入宽免制度以来,其在检举、举证垄断协议的有效性和提高调查效率上发挥了很大的作用。

在欧美制度影响下,日本在2005年修改《禁止垄断法》时,也引入了对课征金(罚金)的减免制度。具体的做法是:在公正交易委员会对案件实施“进入检查”之前即主动报告违法事实并在以后的调查中给予全面合作的第一个申请人,对其给予100%的课征金免除、同样条件的第二申请人以50%的减免,以及第三个申请人以30%的减免;另外,限定接受减免的事业者(经营者)合计不得超过三个;公正交易委员会在进行刑事检举时,在得到检察院的认可后可以将最初提供情报的事业者从检举对象中删除。[③]

在看到宽免制度优点的同时,我们还应该认识到,宽免制度的运用可能导致反垄断私人实施过度频繁,这同样会影响宽免制度的实施效率。为了适当利用宽免政策和私人实施,美国国会完善了反托拉斯刑事处罚的相关法律规定,加大了对垄断行为的惩处力度。法律还规定,适用宽免政策的主体只对受违法行为影响的贸易额中其所占的比例负责,并且其承担的民事赔偿责任仅限于单倍赔偿责任。为了实现单倍损害赔偿的利益,公司等主体必须与发动反垄断民事诉讼的原告合作。

在我国,《反垄断法》第46条第2款规定,经营者主动向反垄断执法机构报告达成垄断协议的有关情况并提供重要证据的,反垄断执法机构可以酌情减轻或者免除对该经营者的处罚。宽免制度的有效实施必须以强大的反垄断执法压力为前提,否则违法者就不会主动报告和坦白,既要在我国《反垄断法》条文中规定严厉的法律制裁,尤其是刑事责任和制裁的规定不可或缺,又要进一步细化可以得到宽恕的条件,规定透明、便捷的程序和明确规定不得宽恕的情形,详细规定自首的先后顺序不同和减免幅度差别,由此看来,我国反垄断法的宽免政策也应当像我国贯彻刑事政策一样遵循宽严相济的原则。

第三节　我国反垄断法行政执法与司法的协调

一、我国反垄断民事诉讼的规定

反垄断民事诉讼的法律规定是反垄断法私人实施的制度前提。对市场垄断行为通

---

① 参见游钰:《卡特尔规制制度研究》,法律出版社2006年版,第288页。

② 2011年5月,欧盟宣布对参与宝洁、联合利华等公司价格卡特尔行为的德国本土企业汉高免予罚款,因为汉高主动检举了这一卡特尔,而宝洁等其他参与公司则被处以高达数亿欧元的罚款。

③ 参见[日]村上政博:《日本禁止垄断法》,姜姗译,法律出版社2008年版,第156页。

过民事诉讼方式追究其法律责任的司法实践在《反垄断法》颁布之前就有了。[①] 我国《反垄断法》第50条规定："经营者实施垄断行为，给他人造成损失的，依法承担民事责任。"其从法律上明确了受到垄断行为侵害的主体不受反垄断行政执法的影响，有权提起民事诉讼，启动反垄断法的私人执行。但是，这个规定毕竟原则抽象，不能给提起民事诉讼的主体和受理机关人民法院以明确的法律实践指引。

为了正确审理垄断民事纠纷案件，制止垄断行为，保护市场公平竞争，维护消费者利益和社会公共利益，2011年4月底，最高人民法院根据《反垄断法》《民法通则》《侵权责任法》《合同法》《民事诉讼法》等法律的相关规定，制定《关于审理垄断民事纠纷案件适用法律若干问题的规定(征求意见稿)》，向社会发布征求意见。该征求意见稿共20条，内容总体上比较全面，基本适合我国审理垄断民事纠纷所需，但缺陷也是非常明显的，比如没有明确该规定适用范围，也没有对垄断民事纠纷进行明确的界定，在举证责任分配上不利于主张权利人，还有待进一步完善。

二、我国反垄断司法与执法的冲突

从我国现有的这些法律规定来看，由于反垄断行政执法和司法的并存，并且受害人对垄断行为提起诉讼时，行政执法机构的事先处理并不是其前置程序，因此在实践中反垄断执行就会存在一些矛盾。受害人可能就造成损害的垄断行为向人民法院提起民事诉讼，而人民法院必须受理并开庭审判。但同时反垄断执法机构可能已经就同一垄断行为启动调查程序，只是还未作出调查结论。甚至有些在法院审理同一垄断行为时，反垄断执法机构已经作出了调查和处理结论。此时，民事诉讼程序应如何继续进行呢？这就涉及法院在审理反垄断民事诉讼案件时与行政执法机构如何协调的问题。然而我国现行反垄断行政执法与司法的协调还有诸多问题。

从我国《反垄断法》的具体规定来看，反垄断法过于强调行政机关的反垄断执法，对于反垄断的司法诉讼程序及机构设置规定过于简单，从我国《反垄断法》的条文可知，涉及公共执行的条款共有17条，而涉及私人实施的规定仅有1条即内容本身就具有模糊性的第50条，说明对于私人实施制度与公共执行制度的设计方面更多地偏重于公共执行。2017年修订的《民事诉讼法》中对于私人如何提起反垄断民事诉讼、诉讼程序和证据及诉讼管辖等都未明确规定，《最高人民法院关于审理因垄断行为引发的民事纠纷案件应用法律若干问题的规定》于2012年5月3日发布，但原告举证责任过重严重影响了原告的私人实施积极性。明确的法律指引缺失和适当的法律实施激励不足是一大掣肘。

---

① 最典型的就是德先公司诉索尼公司案。德先公司认为索尼公司在其生产的数码相机和数码摄像机电池"InfolLITUM"上设置了智能识别码，以识别索尼电池和非索尼电池，由此使索尼品牌的数码相机、数码摄像机与其离子电池之间建成了一种捆绑交易关系，损害市场竞争。由此，四川德先科技有限公司在上海第一中级人民法院对上海索广电池有限公司和索尼公司提起民事诉讼。

另外,我国缺乏合理的公私协调机制。反垄断法私人实施机制反映的是以司法为主导的反垄断法实施模式,而反垄断法公共执行机制反映的是以行政为主导的反垄断法实施模式。在美国,司法部或联邦贸易委员会不能直接对垄断违法行为者进行罚款处罚,主要是以公诉人的身份向联邦法院提起刑事诉讼或民事损害赔偿诉讼,法院成为实施美国反垄断法的主要力量。然而我国反垄断法私人实施制度并不发达,反垄断法的实施主要依赖行政主导的模式,在此种情况下,公共执行与私人实施之间并不是相互辅助、相互补充的关系,而是比较明显地表现为相互排斥、相互竞争、相互替代的关系。世界上许多国家的反垄断法不仅规定了公共执行与私人实施的二元实施体制,更为重要的是通过一定的方式和合理的手段对公共执行与私人实施进行适当的分工、协调或合作,来优化反垄断法的实施程序,促进反垄断法的实施效果。然而我国反垄断法私人实施与公共执行之间并没有任何在实施程序方面的分工与合作,缺乏二者之间的合理衔接与协调,可能导致反垄断法实施过程中存在矛盾和冲突,最终从根本上影响反垄断法实施的效果及竞争政策目标的实现。

在行政主导的实施模式下,反垄断法私人实施的发展空间被压制,与公共执行不能协调,私人实施的主要方式表现为对垄断违法行为者提起损害赔偿诉讼,私人实施程序机制和手段方式比较单一、简单,缺乏灵活性,也无法弥补反垄断规则的不确定性或反垄断法的原则性。在行政主导的国家和地区,反垄断法公共执行与私人实施之间缺乏应有的协调性。反垄断法公共执行强调的是行政权的提前介入,私人实施则强调的是司法权的重要性,对于既可以由反垄断执法机构主管的案件又可以由私人主体向人民法院直接提起损害赔偿诉讼的同一案件,在客观上就形成了行政机关和司法机关同时行使认定垄断行为违法性的权力,难免在公共执行与私人实施的适用上产生直接的冲突。同时,公共执行与私人实施的目的、标准和理念不同,必然会导致反垄断法公共执行与私人实施在运行过程、实施程序方面的矛盾和冲突。

三、我国反垄断法公共执行与私人实施的协调

协调好我国法院与反垄断执法机构的关系,可以从以下几个方面入手:

(一)建立法院与反垄断行政执法机构之间信息披露制度

为了协调人民法院和反垄断行政执法机构在处理具体的垄断案件时的冲突和矛盾,我国很有必要建立法院与反垄断行政执法机构之间的信息披露制度和信息共享机制,规定人民法院主动向行政执法机构查询案件是否已经被其受理。

但同时,这项制度的实施仍具有一些现实的困难。法院审理具体的反垄断案件时是主动询查还是被动披露?我国《民事诉讼法》及《反垄断法》都并未就反垄断案件民事诉讼的管辖权作出具体的规定。因此,本书认为,我国应该协调具体的反垄断案件的民事诉讼管辖法院与行政执法机构的管辖权相对应,加强人民法院与反垄断行政执法机构的直接沟通,既能解决单方信息闭塞又能提高案件办理的效率。

(二)完善人民法院与行政执法机构监督、分责和配合制度

虽然我国反垄断法确定了民事诉讼与行政执法并存的制度,但是由于各方面原因,在实践中处理反垄断案件更多的是适用行政执法制度。为了协调人民法院与行政执法机构的管辖权,我国应当明确人民法院与行政执法机构的监督、分责、配合制度。监督是指人民法院对行政执法机构在处理反垄断案件时的行政行为进行监督,确保处理结果公平、公正;分责是指有倾斜性地规定人民法院与行政执法机构的工作业务重心;配合是指民事诉讼与行政执法两种反垄断执行制度相互融合又相互独立。具体而言,在审理具体的反垄断案件时,如果反垄断行政执法程序与民事诉讼程序同时出现时,应根据两个程序的进展情况决定是否需要终止其中的一个程序。

另外,民事诉讼与行政机构执法是两个相互独立的救济程序,人民法院和反垄断执行机构可能作出不同甚至相反的决定。由于我国《反垄断法》只是规定了人民法院与行政执法机构并存,当二者出现矛盾时并没有一个最终决定机构。此时人民法院应当尊重行政机构作出的决定,同时独立行使司法权,行政执法机构如果认为人民法院的判决有不合理之处,可以主动申请人民法院作为诉讼第三人参与到民事诉讼中来。当然我国《民事诉讼法》第 56 条的第三人制度规定,也为行政执法机构作为第三人参与到反垄断案件审理中来提供了法律依据。

(三)人民法院与行政执法机构证据调取的依据与限制

欧盟大多数国家的法院可以调取本国反垄断执法机构所掌握的证据,并对一些涉及商业秘密和"宽恕政策"的证据的调取实行了一些程序上的限制。我国《民事诉讼法》第 67 条第 1 款规定,人民法院有权向有关单位和个人调查取证,有关单位和个人不得拒绝。这里的"有关单位"应当包括反垄断执法机构。因此,该条款规定也为人民法院向行政执法机构调查取证提供了依据。当然,人民法院既可以通过职权直接向行政执法机构调查取证也可以由律师向行政执法机构调查取证然后提交人民法院。同时对人民法院和律师向反垄断行政执法机构调查取证也应同欧盟一些国家一样作出限制,如规定对于一些涉及商业秘密的证据不能由律师直接调取;行政执法机构根据我国《反垄断法》第 46 条第 2 款所采取的"宽免"处理,人民法院在调查取证时也应尊重行政执法机构所采取的这些措施,不能片面地选择有利或不利的证据。

我国可以借鉴欧盟及其成员国的制度,建立法院受理反垄断民事诉讼案件后向反垄断执法机构征询是否受理相关案件及调查处理的进程的制度。为此需要在建立人民法院就反垄断民事诉讼案件的管辖权制度时与行政执法机构的管辖权制度进行协调。

第十一章　反垄断法法律责任制度

第一节　垄断的法律责任及其国际发展趋势

一、垄断协议行为的法律责任

在垄断协议的违法性被确认后,垄断协议的参与者需要承担相应的法律责任。一般而言,垄断协议的法律责任主要有民事责任、行政责任及刑事责任,也有一些国家只规定了民事责任、行政责任而没有规定刑事责任。随着各国(地区)竞争法与司法实践的发展,垄断协议的经济处罚日益严厉化,主要有罚金和罚款。

(一)垄断协议的民事责任

垄断协议的民事责任,是指垄断协议参与者对于他们所实施的违法行为给同业竞争者及交易相对方(包括消费者)带来损害并应承担的不利民事法律后果。垄断协议的民事责任从性质上来讲是一种侵权责任,它是因垄断协议参与者从事了损害他人合法权益的侵权行为而引起的民事责任。从责任承担的方式来看,垄断协议参与者承担民事责任最主要的方式是停止侵害和损害赔偿。

损害赔偿责任是垄断协议参与者承担民事责任的主要形式。民事损害赔偿责任的主体包括损害赔偿的请求人(受害人)与损害赔偿责任的承担者(赔偿义务人)。赔偿请求人是指受到垄断协议损害的当事人,主要包括非垄断协议参与者的同业经营者、与垄断协议参与者交易的相对人及消费者。赔偿责任承担者,是指参与垄断协议的当事人,包括经营者及企业间的联合组织(如行业协会等)。垄断协议是同业经营者之间限制竞争的行为,受害人有权要求实施垄断协议的主体给予损害赔偿,给予受害人以相应的赔偿是垄断协议参与者依法必须承担的责任。美国《谢尔曼法》第 7 条和《克莱顿法》第 4 条都规定了垄断协议的民事责任。民事责任在美国反托拉斯法的实施中发挥着重要作用,因为美国在反托拉斯法领域实行惩罚性损害赔偿责任制度,违反反托拉斯法的当事人必须对因其行为受到损害的当事人承担三倍于损害的赔偿责任。对于违法责任人而言,三倍赔偿责任是个巨大的经济负担,具有经济威慑力;而对于受害者而言三倍损害赔偿可以使其获得超过实际的赔偿数额,可以鼓励受害人提起诉讼。

(二)垄断协议的行政责任

各个国家与地区的竞争法都对垄断协议设置了行政责任。行政责任主要包括以下处罚措施:

1. 科处罚款，除对参与垄断协议的经营者获取的非法收入进行没收外，还要对其进行罚款，以此严厉措施来对这种行为进行告诫。罚款是最常见的一种行政责任，几乎所有国家的竞争法都规定反垄断主管机关可以对参与违法垄断协议的行为人处以罚款。

2. 没收违法所得，将竞争者通过实施垄断协议行为获得的收入及高额利润没收。

3. 责令停止违法行为，包括宣布垄断协议无效、禁止行为人继续实施垄断协议、解散实施违法垄断协议的相关组织。

（三）垄断协议的刑事责任

在一些国家，限制竞争行为的垄断协议被认为是严重的犯罪行为，其参与者需要承担相应的刑事责任，也有一些国家没有对垄断协议规定刑事责任，如德国、中国等。刑事责任是法律对垄断协议采取的最严厉的制裁方式，也是最后的制裁方式，有关国家的竞争法对其有不同的规定。

1. 相关国家的立法规定

美国《谢尔曼法》第 1 条规定："任何契约，以托拉斯形式或其他形式组成的联合、共谋，用来限制州际间或与外国间的贸易与商业，是非法的，任何人签订上述契约或从事上述联合或共谋，是严重犯罪。如果参与人是公司，将处以不超过 1000 万美元的罚金。如果参与人是个人，将处以 35 万美元以下的罚金，或 3 年以下监禁，或由法院酌情并用两种处罚。"

日本《禁止私人垄断法》第十章"罚则"规定了违反该法规定所应承担的刑事责任。根据该法第 89 条的规定，从事该法所禁止的私人垄断、不正当交易限制或者事业团体实施实质性地限制一定交易领域的竞争的行为，将被处以 3 年以下徒刑或 500 万日元以下的罚款。

2. 刑事责任的形式

由于垄断协议的参与者一般都是企业等法人组织、非法人组织及经营者自然人，刑事责任的制裁既可以适用于参与的组织，又可以适用于个人。垄断协议的刑事责任主要包括罚金与徒刑（监禁）两种形式，罚金可以适用于参与垄断协议的企业与相关个人，而徒刑只能适用于个人。一般而言，对组织主要适用罚金，而对个人既可适用罚金又可适用徒刑，其中以徒刑为主。例如，美国《克莱顿法》第 13 条规定，当公司参与垄断协议构成犯罪时，授权、命令或者参与该行为的公司董事、经理或者代理人负轻罪的刑事责任。

二、滥用市场支配地位行为的法律责任

滥用市场支配地位实施违法行为的经营者，各国（地区）都规定应当承担由此产生的法律责任，受到相应的民事、行政和刑事的处罚，表现为责令停止违法行为，有违法所得的还应没收其违法所得，甚至处以罚款，因滥用行为而受到损害的当事人有权要求损害赔偿，一些国家还规定了严厉的刑事制裁条款。

目前，各国（地区）反垄断法一般允许被指控实施了滥用市场支配地位行为的企业可以对有关指控进行抗辩,为自己的行为进行法律辩护。如果企业能够对自己滥用行为作出客观合理的解释,证明该行为是为了维护自己合法利益的恰当手段,并且主观上出于善意,执法机构就可能不将其认定为滥用行为。我国《反垄断法》在第 17 条对相关滥用行为的禁止性规定中有 5 项规定均有"没有正当理由"才认定构成"滥用",这就说明我国法律是不排斥抗辩的,为受到滥用指控的经营者预留了抗辩余地。各国(地区)法律均认为,一个企业一旦被认定拥有市场支配地位并滥用了市场支配地位,就应当承担相应的法律责任。

对于反垄断法规范的滥用市场支配地位的行为,一般认为,反垄断法既保护作为公共利益的竞争秩序,又保护竞争者和消费者的个人利益。反垄断法要维护公共利益,其法律责任就要具有惩罚性;要维护个人利益,其法律责任就要具有补偿性。所以,滥用市场支配地位的法律责任也应该既包括惩罚性责任,也包括赔偿性责任。可以将各国的法律责任规定划分为美国法律责任模式和大陆法系国家(地区)法律责任模式。

(一)美国反托拉斯法的法律责任模式

美国反托拉斯法关于法律责任的规定自成体系,很少有国家能够仿效。按照美国《谢尔曼法》第 2 条的规定,违反该规定实施垄断或者意图垄断包括滥用市场力量限制竞争的行为是严重犯罪;如果参与人是公司,将处以不超过 1000 万美元的罚款,如果参与人是个人,将处以不超过 35 万美元的罚款,或 3 年以下监禁,也可并处罚款和监禁。一般来说,美国反托拉斯法的法律责任模式主要具有以下一些特点:首先,反托拉斯法规定的法律责任实际上以三倍损害赔偿为核心。其次,美国反托拉斯法主要是以私人通过集团诉讼的方式实施,与此相对应,美国反托拉斯法对于法律责任的规定绝大部分通过法院判决得以适用。最后,美国联邦贸易委员会和司法部反托拉斯局在美国反托拉斯法的实施中一般起到两个方面的作用:一是起"检察官"的作用;二是对私人诉讼的支持作用。从美国法律责任的形式来看,罚金和监禁、结构性惩罚措施等属于具有惩罚性的法律责任形式;以实际损失为准的损害赔偿制度只有赔偿性;三倍损害赔偿制度则是既有惩罚性也有赔偿性。赔偿性和惩罚性法律责任制度在具体案件中常常是同时适用的,通过惩罚性责任保护公共利益,通过赔偿性责任保护个人利益。法律责任的设定,是法律通过使从事违法行为变得成本高昂来阻止违法行为,一个关键的问题是,责任的设定要兼顾到违法的社会成本补偿问题。否则,法律的威慑作用就会降低。

(二)大陆法系国家(地区)的法律责任模式

大陆法系国家(地区)的反垄断法之法律责任共同具有的一个明显特点是按照部门法理论,将反垄断法律责任分为行政责任、民事责任和刑事责任。通过不同的责任种类分别实现反垄断法律责任的惩罚目的和赔偿目的。由于各国(地区)的反垄断法背后的经济、社会和法律制度背景不同,法律责任模式之间也存在差别。欧盟竞争法关于法律责任的形式主要有停止违法行为、罚款、损害赔偿、临时措施,其中以罚款为主要责任形式。在科处罚款方面,欧盟委员会为打击滥用市场支配地位行为维护公平竞争,其反垄断执法力度相当重。例如,2008 年 11 月,法国圣戈班公司等 4 家汽车玻璃生产商因操控市场被欧盟委员会处以 13.9 亿欧元罚款;接着于 2009 年 5 月 13 日向世界最大的芯片制造商——英特尔公司开出 10.6 亿欧元的反垄断罚单。① 日本关于滥用市场支配地位的规定,主要见于有关“私人垄断”和“不公正交易方法”的规定中,日本《禁止私人垄断法》对滥用市场支配地位行为规定的相关法律责任形式,主要包括损害赔偿责任、排除措施命令和相关刑事责任等形式。我国台湾地区“公平交易法”规定独占事业的法律责任包括损害赔偿、停止侵害和相关的行政责任、刑事责任。

三、典型国家和地区经营者违法集中法律责任的规定

(一)美国

根据美国反垄断法的规定,对于应当申报而没有申报的企业合并,可处以最多每天 11,000 美元的罚款,并且反垄断执法机构可要求参与合并的企业撤销投资。此外,根据美国反垄断法的规定,企业合并得到批准前不得实施交易,如果交易在批准前完成,适用的罚款额相同。②

(二)欧盟

根据欧盟反垄断法的规定,对于应当申报而没有申报的企业合并,可处以 1000 ~ 50,000 欧元的罚款。此外,根据欧盟反垄断法的规定,企业合并得到批准前不得执行合并,如果批准前执行合并,罚款最高可达有关各方全球总营业额的 10% 。③

(三)德国

根据德国反垄断法的规定,应当申报的不申报,不完全、不准确申报或者迟延申报的,罚款最高可达 25,000 欧元。在批准前完成合并的,罚款可高达 50 万欧元,或者增加收入的三倍,且此前完成的交易无效。对于完成合并后不申报的,罚款最高可达 25,000 欧元。

(四)我国台湾地区

根据我国台湾地区“公平交易法”第 13 条的规定,事业结合,应当申请许可而未申请,或经申请未获许可而未结合者,主管机关得禁止其结合、限期命其分设事业、处分全部或部分股份、转让部分营业、免除担任职务或为其他必要之处分。依据该规定,除依第 13 条规定处分外,处新台币 10 万元以上、5000 万元以下罚款。我国台湾地区“公平交易委员会”对于违反“公平交易法”规定之事业,得限期命其停止、改正其行为或采取必要更正措施,并得处新台币 5 万元以上、2500 万元以下罚款;逾期仍不停止、改正其行为或者未采取必要更正措施者,得继续限期命其停止、改正其行为或采取必要更正措

---

① 详见欧盟委员会网:http://ec.europa.com。

② 参见尚明主编:《反垄断:主要国家与国际组织反垄断法律与实践》,中国商务出版社 2005 年版,第 101 页。

③ 同上书,第 100 页。

施,并按次连续处新台币 10 万元以上、5000 万元以下罚款,直到停止、改正其行为或采取必要更正措施为止。

四、国际反垄断法法律责任制度的发展及对我国的启示

(一)反垄断法法律责任制度的国际发展趋势

综观国际反垄断法律制度,我们知道其他主要国家和地区在反垄断立法中都注意到了垄断行为社会危害的多维性,且对于不同的危害对象而言形成的危害轻重程度不尽相同,出于保护不同合法利益的目的,设置了各自完善程度不同但基本都由民事责任、行政责任和刑事责任共同构成的反垄断法法律责任制度体系,具体责任形式涵盖民事赔偿、行政禁令或命令恢复竞争状态、行政罚款或刑事责任之罚金、剥夺特定资格或监禁。

欧盟近年来对微软、英特尔等跨国巨头动辄开出数亿甚至近 10 亿欧元的天价罚款,"罚款中心主义"日渐彰显。① 就趋势而言,"行政中心主义"早已成为反垄断法立法与实践中不争的共识,而行政罚款是行政处罚的主要手段。在国际反垄断行政执法中,谨慎使用刑罚手段、温和执法一直是一种原则性选择。早期各国(地区)时有要求垄断行为人拆分企业、监禁等方式近来已经十分少见,各国(地区)都很注意和解等温和方式的适用。鉴于拆分企业等严厉的惩罚方式的适用日渐其少,"罚款中心主义"开始日渐彰显,成为当前世界各国(地区)反垄断法法律责任制度发展最明显最流行的发展趋势。一方面,越来越多的国家和地区的反垄断立法规定了罚款手段并提高罚款数额;另一方面,各国(地区)反垄断执法实践也在不断提高罚款数额。行政罚款是各国(地区)反垄断法中最为通用也最具威慑力的手段,甚至可以说,在各国(地区)反垄断法上都存在较为明显的"罚款中心主义"。②

但是值得注意的是,近来"罚款中心主义"日渐彰显并没有必然导致反垄断法法律责任非刑事化的发展,国际上主要国家和地区并没有因提高罚款额度而删除刑事制裁的条款。相反,如美国通过 2004 年《反托拉斯刑事制裁强化和改革法》更是对垄断行为加大了刑事责任追究力度,除加大罚金力度外,对个人最高监禁期也从 3 年增加到 10 年;一些原来没有规定刑事制裁的国家,也在近年新引入了反垄断法刑事化,如德国

---

① 2007 年 1 月,欧盟委员会对数家发电设备生产商处以 7.5 亿欧元罚款;仅一个月之后,欧盟委员会又对几家大型电梯公司开出了总额为 9.92 亿欧元的罚单。微软案最引人注目,2004 年欧盟裁定微软垄断罪名成立开出 4.97 亿欧元的罚单,2006 年欧盟以微软未遵守裁决为由再次罚微软 2.805 亿欧元,2008 年以微软未能执行 2004 年的反垄断裁决为依据欧盟对其再次处以 8.99 亿欧元的天价单笔罚款,也是对单一企业最高罚款。三次罚款累计约 16.77 亿欧元约合 25 亿美元。欧盟委员会强调指出,实施反垄断法的经验是高额罚款,使违法的企业无利可图甚至破产。就固定额度的罚款规定来说,美国 2004 年《反托拉斯刑事制裁强化和改革法》规定,对公司违法者的罚金增加到 1 亿美元,个人的刑事罚金提高到 100 万美元;日本在 2002 年修订的《禁止私人垄断法》第 95 条中将对法人的罚款上限由 1 亿日元提高到了 5 亿日元。

② 参见王晓晔主编:《中华人民共和国反垄断法详解》,知识产权出版社 2008 年版,第 234 页、第 240 页。

1997年8月13日颁布的《反腐败法》规定了"反竞争的犯罪行为"，被认为开创了对限制竞争行为予以刑罚惩戒的先河；[①]英国于2002年11月7日颁布的《企业法》规定，任何人只要他不诚实地从事核心卡特尔行为，可能被判处最高5年的监禁和/或不受限制的罚金；[②]日本通过2005年对《禁止私人垄断法》进行修改，赋予公正交易委员会调查第89～91条所设罪名的违法调查权限——依据法官许可实施临时检查、搜查及扣押。[③]

（二）反垄断法法律责任制度的国际发展趋势给我国的启示

从反垄断法法律责任制度的国际发展趋势可以看出，如果从责任轻重的角度把反垄断行政责任看作介于民事责任和刑事责任之间，则刑事责任的设置是越来越重，而法律责任的适用越来越多地向位于中间的行政责任偏移，且"罚款中心主义"凸显。这就给我们以要让我们的反垄断法法律责任保持足够张力的启示，规定刑事责任作为达摩克斯剑最锋利的部分，保持足够的威慑力。国际反垄断实践中不断提高罚款额度的发展趋势给我们的启示是，随着国际经济的持续发展和经济交往的日益增多，垄断组织的势力越来越大，其胃口也越来越大，实施垄断行为对他人和社会造成的危害也越来越大，并且其承受法律制裁这种"抗击打"的能力也越来越强，所以为了《反垄断法》"预防和制止垄断行为，保护市场公平竞争，提高经济运行效率，维护消费者利益和社会公共利益，促进社会主义市场经济健康发展"的立法目的，我们也必须加大反垄断法法律责任的力度，提高罚款额度，以保证"责罚相当原则"得以贯彻。

第二节　我国反垄断法法律责任制度的规定及不足

一、我国反垄断法法律责任制度的现行规定

一部法律的最终实施效果如何，除依赖执法制度外，另外一个决定性因素就是法律责任的规定是否合理。我国《反垄断法》第50条规定："经营者实施垄断行为，给他人造成损失的，依法承担民事责任。"我国《反垄断法》第52条和第54条规定了反垄断执法中的法律责任，主要包括两个方面：一是拒绝、阻碍反垄断调查的责任，包括责令改正、对个人和单位可以分别处以2万元以下和20万元以下的罚款、情节严重的对个人和单位可以分别处以2万元以上10万元以下和20万元以上100万元以下的罚款、构成犯罪的依法追究刑事责任；二是工作人员不依法履行职责的责任，包括构成犯罪的依

---

① 参见邵建东：《我国反垄断法应当设置刑事制裁制度》，载《南京大学学报》（哲学·人文科学·社会科学）2004年第4期。

② 参见王健：《2002年〈企业法〉与英国竞争法的新发展》，载《环球法律评论》2005年第2期。

③ 参见[日]根岸哲、舟田正之：《日本禁止垄断法概论》（第3版），王为农、陈杰译，中国法制出版社2007年版，第338～339页。

法追究刑事责任、尚不构成犯罪的依法给予行政处分。

此外,针对限制竞争行为,我国《反垄断法》第46条规定:“经营者违反本法规定,达成并实施垄断协议的,由反垄断执法机构责令停止违法行为,没收违法所得,并处上一年度销售额百分之一以上百分之十以下的罚款;尚未实施所达成的垄断协议的,可以处五十万元以下的罚款。经营者主动向反垄断执法机构报告达成垄断协议的有关情况并提供重要证据的,反垄断执法机构可以酌情减轻或者免除对该经营者的处罚。行业协会违反本法规定,组织本行业的经营者达成垄断协议的,反垄断执法机构可以处五十万元以下的罚款;情节严重的,社会团体登记管理机关可以依法撤销登记。”

针对滥用市场支配地位行为的法律责任,除《反垄断法》第50条规定的民事责任外,还要依据《反垄断法》第47条规定承担行政责任。《反垄断法》第47条规定,经营者滥用市场支配地位的,由反垄断执法机构责令停止违法行为,没收违法所得,并处上一年度销售额1%以上10%以下的罚款。

针对经营者违法集中,我国《反垄断法》第48条规定了行政责任:“经营者违反本法规定实施集中的,由国务院反垄断执法机构责令停止实施集中、限期处分股份或者资产、限期转让营业以及采取其他必要措施恢复到集中前的状态,可以处五十万元以下的罚款。”

二、我国反垄断法法律责任制度的缺失

我国《反垄断法》还有一些有待完善之处。法律颁布之前学界对反垄断法各项实体制度研究远远多于对法律责任的研究,导致法律责任制度构建的理论准备严重不足,所以较之于实体制度,我国反垄断法法律责任制度留下了更多的缺失和遗憾。这些制度缺失将直接影响我国《反垄断法》的实施效果和该法目的的实现。制度缺失表现在以下几个方面:

(一)责任主体制度的缺失及危害

1. 反垄断法上法律责任主体缺失经营者之决策者、主要实施者和行业协会主要负责人及直接责任人

我国《反垄断法》条文中涉及的反垄断法上法律责任主体可分为六类:一是实施非法垄断行为的经营者;二是组织实施非法垄断行为的行业协会或其他组织;三是实施行政垄断行为的行政机关和法律、法规授权的具有管理公共事务职能的组织;四是实施行政垄断行为的行政机关和法律、法规授权的具有管理公共事务职能的组织直接负责的主管人员和其他直接责任人员(简称行政主体公务人员);五是有依法协助反垄断执法机构调查义务却拒绝、阻碍调查行为的单位或个人;六是有滥用职权、玩忽职守、徇私舞弊或者泄露执法过程中知悉的商业秘密等渎职行为的反垄断执法机构工作人员。

我国对一般经济垄断行为的法律制裁是单罚制,即只有法人违法,个人不违法,只

制裁经营者而不制裁经营者之决策者或决策之主要实施者。[①] 换句话说,我国《反垄断法》并未将实施垄断行为的企业等经营者的董事、监事、高级管理人员或主要负责人及直接责任人纳入其责任主体之范围。实施了违反《反垄断法》规定的行业协会主要负责人及直接责任人也未被纳入法律责任主体范围。这不是反垄断法法律责任设置轻重的问题,而是我国反垄断法法律责任制度体系构建的制度性缺失。

此两类主体的缺失使得罚款、没收非法所得、剥夺特定资格、罚金、监禁等所有责任形式对其都不具有惩罚功能和威慑力,其借手中的经营管理权或决定权控制企业或行业协会及类似组织促成或直接实施垄断行为所带来的收益却可能十分巨大,其中其个人可分得的份额通常也十分可观,对比之下,其可能被反垄断法制裁的风险成本几乎为零。

2. 反垄断法民事赔偿责任主体中少了实施垄断行为的行政主体

"现代社会行政主体与经营者之间的界限并不明显,行政机关和公共组织也可能从事经济活动,取得经济利益;即使不从事经济活动,也可能因限制竞争而给他人造成财产或利益的损失。"[②]也有人指出:"将行政垄断实施者排除在反垄断损害赔偿规制之外,这不仅仅是一种'抓小放大'的政治偏好,也有违'法律面前人人平等'的基本原则,更会引起我们对于该制度设计目的以及实施实效的怀疑,对于我们这个正在进行法治建设的国家来说,其产生的消极影响将不容小觑。"[③]任何人包括行政主体因不法行为造成他人经济损失而不赔偿的,都有悖于公平。行政机关不仅要对自己的违法行为承担责任,还要在一定范围内对行政公务人员和受其委托的组织或者个人实施的违法行政行为的后果承担责任,这种责任当然包括最主要的民事赔偿。

3. 我国反垄断法法律责任承担主体中缺少因行政垄断行为获利者

行政垄断行为常常会造成一些人无正当理由获利,这是一种因公权力的滥用而产生的不当得利,虽然获利者本身可能不违法,不是垄断行为责任主体,但是其所获利益应当返还,所以这部分人应当成为我国反垄断法法律责任承担主体的一类。

4. 我国反垄断法法律责任制度中垄断行为受害人规定不明确且缺少受害人请求民事赔偿的诉权规定

《反垄断法》第50条规定:"经营者实施垄断行为,给他人造成损失的,依法承担民事责任。"这里的"他人"所指模糊不清,针对行政性垄断的规定中也没有直接明确的规定。尽管可以经推论知道这里的受害人是相关市场的消费者和其他被限制公平竞争的经营者,但这毕竟不利于反垄断法实施。

---

① 鉴于实践中属于经营者之一类的自然人经营者实施垄断行为的情形极其罕见,这里只讨论法人和其他组织形式的经营者。

② 史际春等:《反垄断法理解与适用》,中国法制出版社2007年版,第342页。

③ 韩玎、黎小飞:《论我国反垄断损害赔偿制度的重构与完善——兼评〈反垄断法〉第50条》,载《中共四川省委党校学报》2008年第2期。

在我国反垄断法法律责任制度中没有明确规定受害人请求民事赔偿的诉权,在针对行政性垄断的规定中完全没有受害人的民事赔偿请求权的内容。

5. 我国反垄断法法律责任制度中制裁主体的统一性和权威性不够

我国现阶段反垄断法法律责任的制裁主体可以分为以下几类:

第一类是反垄断行政执法机构。在我国《反垄断法》由商务部、原国家工商行政管理总局(国家市场监督管理总局)、国家发展和改革委员会三家中央机构分头执行。同时,《反垄断法》第10条第2款规定,在省、自治区、直辖市行政区域内,与三家中央机构有垂直关系的相关机构经授权后也可以成为反垄断执法机构。如此分散且权威性不够的执法机构让人疑虑和担忧。[①]

第二类是人民法院。当进入司法程序后,毫无疑问,对反垄断法法律责任的追究由人民法院来实施。

第三类是制裁行政主体垄断的"上级机关"。由于行政机关的层级性和有些机关所受领导的多重性,"上级机关"可谓纷繁复杂,其分散性可想而知。反垄断执法机构对行政垄断行为人没有直接的执法权,只有向有关上级机关提出依法处理的建议权。并且对于涉嫌行政垄断行为的调查权和认定权是由"上级机关"还是反垄断执法机构享有,我国《反垄断法》没有明确规定。[②] 这也反映了反垄断行政执法机构的权威性不够。

(二)责任体系的缺陷及弊端

1. 我国《反垄断法》中规定的财产性责任的缺陷

首先,我国《反垄断法》没有规定惩罚性赔偿。有学者认为,弥补受害人的损失,实现实质正义,遏制那些未能进入行政和刑事法律调整领域的不法行为的发生,激励私人协助执法机构执法,完善社会管理机制等方面都有着其独特的功能。[③] 本书认为,惩罚性赔偿的直接目的主要在于鼓励受害人积极提起及参与诉讼,惩罚和威慑不法行为人,而补偿受害人的实际损失和难以证明的损失还在其次。在现代社会,由于受害人在某些情况下相对于行为人处于弱势地位,举证、诉讼成本高昂,受害人又相当分散,很多人将无意提起诉讼,容易放纵违法行为。从功能的角度来看,惩罚性赔偿能够补偿受害人的损失,平衡当事人之间地位和利益的差距,鼓励受害人积极提起及参与诉讼,调动社会公众的力量共同实施反垄断法,节约执法成本,惩罚和威慑不法行为人,同时还可能对难以证明的损失进行补偿。现实中我国也有惩罚性赔偿,《消费者权益保护法》第55条三倍价款赔偿的规定就属于惩罚性赔偿;美国反托拉斯法中的三倍损害赔偿机制运

---

① 参见史际春等:《反垄断法理解与适用》,中国法制出版社2007年版,第338~340页。

② 参见吴振国:《〈中华人民共和国反垄断法〉解读》,人民法院出版社2007年版,第654页。

③ 参见王利明:《美国惩罚性赔偿制度研究》,载《比较法研究》2003年第5期。

行效果良好。[①] 因此，在反垄断法法律责任制度中放弃惩罚性赔偿，无异于将一柄利器弃之不用，令人遗憾。

其次，我国《反垄断法》规定的民事责任过于原则。《反垄断法》第50条只规定了经营者实施垄断行为给他人造成损失的，依法承担民事责任，而没有具体明确应当承担哪些民事责任，也没有规定民事责任承担的方式等。显然这有待实施细则来补充。

最后，我国《反垄断法》没有规定对经营者、行业协会和责任人个人的罚金。《反垄断法》对经营者实施的垄断行为和行业协会等组织实施的违反《反垄断法》规定的行为并没有规定为犯罪，当然也就无以为据对其罚金，更不用说对个人处以罚金了。

2. 我国《反垄断法》中的行为责任之恢复正常竞争状态手段过于原则

《反垄断法》明确规定的恢复正常竞争状态的责任形式只有"限期处分股份或者资产、限期转让营业"两种，其他的方式只是以得采取"其他必要措施"和"由上级机关责令改正"一笔带过，如此模糊的规定显然不利于反垄断法的实施。

3. 我国《反垄断法》没有经营者和行业协会之责任人的个人资格责任

如前所述，我国反垄断法法律责任主体中缺少了经营者和行业协会之责任人这一类个人责任主体，我们就无法依法免除企业等经营者的董事、监事、高级管理人员或主要负责人及直接责任人和行业协会主要负责人及直接责任人的任职资格，反垄断法对其不具有威慑力，即使他们所控制的单位因垄断行为而受到惩罚，事后他们还可能再次操作单位实施同样甚至危害更大的限制竞争行为。

4. 我国《反垄断法》关于人身责任的缺陷

首先，我国《反垄断法》缺少对赔礼道歉和名誉责任的明确和细化。赔礼道歉和公告等名誉责任既属于民事责任又属于人身责任，其直接目的是对受害人的人格尊严等人格利益进行救济，而其在实现的同时，责任承担主体的人格尊严、声誉等人格利益就要相应减损，对于一些视尊严和声誉为生命的人来说，这比丧失财产性利益更难接受。所以，如果法律条文中欠缺明确规定，实施起来可能会比财产性责任还难以得到履行。

其次，我国《反垄断法》缺少对垄断行为人之责任人个人的短期监禁。限制人身自由的短期监禁只能对自然人实施，在对垄断行为的规制中只有对单位和个人采取双罚制时才可能涉及监禁的适用，而这里所说的监禁是刑事责任之一种，适用的前提是行为入罪，行为具有"应刑罚性"。既然是双罚，首先要确定单位的行为是犯罪，也就是要设置垄断行为罪。《反垄断法》没有规定必要的刑事责任，就像斯摩达克这柄宝剑失去最锋利的部分，对违法垄断行为缺乏必要的威慑。

（三）责任力度的不足及影响

1. 我国现行《反垄断法》规定的罚款责任太轻。现行《反垄断法》规定的罚款责任体现在第46条、第48条。部分财产性责任畸轻，如经营者尚未实施所达成的垄断协议

---

① 参见郑鹏程：《美国反垄断法三倍损害赔偿制度研究》，载《环球法律评论》2006年第2期。

的,行政罚款的上限仅为50万元,如此低的惩罚力度还有可能因经营者主动报告的策略而享受宽恕条款的优惠;行业协会组织同一行业的经营者达成协议的,行政罚款的上限也仅为50万元;经营者非法实施集中的,罚款的上限同样为50万元。我国《反垄断法》对垄断行为的规制太过温和,即使实施垄断的经营者依法受罚,也难保事后依然故我。

另外,以具体数额确定行政罚款幅度时,上限不宜太低。因为数额规定得越具体,制度刚性有余而弹性不足,导致法律的适用性下降。①

2.《反垄断法》没有规定垄断罪名和相应刑事责任,也没有规定惩罚性赔偿制度,对实施垄断行为的企业等经营者的董事、监事、高级管理人员或主要负责人及直接责任人,违反《反垄断法》之行业协会的主要负责人及直接责任人也没有规定相应的责任。

① 参见史际春等:《反垄断法理解与适用》,中国法制出版社2007年版,第329页。

第十二章　公平竞争审查制度

第一节　公平竞争审查概述

一、公平竞争审查的内涵

随着2013年党的十八届三中全会提出"让市场在资源配置中起决定性作用""确立竞争政策基础性地位"等重要论断,加强市场机制和竞争政策作用是我国当下深化经济改革的主题。公平竞争是市场经济的基本原则,是市场机制高效运行的重要基础,公平竞争审查制度的产生始于政府对市场竞争秩序维护的基本职能。国务院于2016年发布了《关于在市场体系建设中建立公平竞争审查制度的意见》,初步建立了我国公平竞争审查制度;2017年制定的《公平竞争审查制度实施细则(暂行)》第2条言明了公平竞争审查制度的内涵。① 总体来说,公平竞争审查是一种竞争政策工具,是指政策制定机构或者第三方评估机构通过分析、评价拟订中(或现行)的法律法规和政策可能(或已经)产生的竞争影响,提出不妨碍法律法规和政策目标实现而对竞争损害最小替代方案的制度,其目的在于规范政府有关行为,防止出台排除、限制竞争的政策措施,逐步清理废除妨碍全国统一市场和公平竞争的规定和做法。② 公平竞争审查制度是我国确立竞争政策基础性地位的一项重要举措,是从源头上厘清政府与市场边界、规范政府行为、防止滥用行政权力排除限制竞争的顶层设计。③ 公平竞争审查制度与我国《反垄断法》协同禁止滥用行政权力,成为规制政府反竞争行为的两翼。④

二、公平竞争审查制度在经济法中的价值和定位

公平竞争是市场经济的基本原则,是市场机制高效运行的重要基础,公平竞争的重

---

① 《公平竞争审查制度实施细则(暂行)》第2条规定:行政机关以及法律法规授权的具有管理公共事务职能的组织,在制定市场准入、产业发展、招商引资、招标投标、政府采购、经营行为规范、资质标准等涉及市场主体经济活动的规章、规范性文件和其他政策措施时,应当进行公平竞争审查,评估对市场竞争的影响,防止排除、限制市场竞争。经审查认为不具有排除、限制竞争效果的,可以实施;具有排除、限制竞争效果的,应当不予出台或者调整至符合相关要求后出台;未经公平竞争审查的,不得出台。

② 参见孙晋、袁野:《共享经济的政府监管路径选择——以公平竞争审查为分析视角》,载《法律适用》2018年第7期。

③ 参见时建中:《强化公平竞争审查制度的若干问题》,载《行政管理改革》2017年第1期。

④ 参见孙晋、钟原:《竞争政策视角下我国公平竞争审查豁免制度的应然建构》,载《吉首大学学报》(社会科学版)2017年第4期。

要性在市场经济中是不言而喻的。然而,政府在规制和监管经济发展过程中常常陷入不能放任不管又不能管得过死的“两难境地”。公平竞争审查制度在此时能够有效解决市场经济发展过程中的“监管困境”,约束政府干预市场经济权力,为政府干预经济权力设置“底线”,使政府回归“中立”角色,从而维护公平、自由的市场竞争秩序,以确保市场经济的健康发展和合规运行。同时,针对政府干预形成的行政性垄断问题,反垄断法可以针对具体行政行为导致的垄断进行约束,①但是对规范性文件“庇护”下的“源头性”行政性垄断却无能为力。公平竞争审查制度将对行政性垄断和具有排除、限制竞争效果的产业政策等政府反竞争行为起到事前规制作用。已经实施的或者即将出台的公共政策若不利于市场竞争机制的发挥,将面临调整甚至不予出台,这是落实“确立竞争政策的基础性地位”的关键之举。② 通过公平竞争审查,可以确保产业政策在制定和实施过程中都能贯穿公平竞争的理念和要求。③

经济法是推动现代市场体系建成的重要法律制度,而在具体的制度实践中,经济法中的公平竞争审查制度乃至整体的竞争法制度,对于现代市场体系的形成具有直接推动作用。公平竞争审查是“建设统一开放、竞争有序的市场体系”的关键一环。④

从制度目标上来看,公平竞争审查制度意在实现政府竞争中立。国外最初关于竞争中立的实践及研究,主要基于“国家在市场竞争这一问题上对国有企业和私营企业一视同仁”这个角度来解释及构建竞争中立制度,⑤但是其核心价值取向在于建立公平的市场竞争环境,且其作为衡量一个国家是否具有公平竞争与良好营商环境的主要标准在世界各市场经济国家达成共识。在竞争中立的核心价值取向上,人们不仅把竞争中立作为衡量国有企业改革是否促进公平竞争的评判标准,并且将竞争中立这一理念推广到全面评判政府权力干预市场竞争合理与否的维度上。作为转型经济国家,我国政府对经济不当干预导致的竞争限制尤为普遍,甚至某种程度上形成了制约市场经济发展的体制性障碍。此时就需要在政府运用权力合理干预市场和防止政府滥用行政权力限制和排除竞争之间取得平衡。要实现这一平衡,可行的路径就是在坚持竞争政策

---

① 从我国的垄断现状看,最为肆虐的是行政性垄断。行政性垄断主要表现为地区封锁、行业壁垒和损害市场竞争的产业政策等。参见漆多俊:《反垄断立法问题研究》,载《法学评论》1997 年第 4 期。

② 参见孙晋:《新时代确立竞争政策基础性地位的现实意义及其法律实现——兼议〈反垄断法〉的修改》,载《政法论坛》2019 年第 2 期。

③ 参见王晓晔:《我国反垄断执法 10 年:成就与挑战》,载《政法论丛》2018 年第 5 期。

④ 参见张守文:《现代化经济体系建设的经济法补缺》,载《现代法学》2018 年第 6 期。

⑤ 竞争中性原则,最初是 20 世纪 90 年代澳大利亚在其《竞争原则协定》和《联邦竞争中立政策声明》中明确的概念,即公共部门的商业行为不得因其国家所有权的特殊性而享受私人部门不能享受的竞争优势,目的在于确保公共企业与私人企业的平等竞争。2005 年经济合作与发展组织(OECD)对竞争中性原则的含义进一步扩展,指在国企与非国企并存的情况下,确保国有企业与政府之间的联系不给国有企业带来额外的竞争优势。其内涵包括企业经营形式、成本确认、商业回报率、公共服务义务、税收中性、监管中性、债务中性与补贴约束、政府采购等八方面的标准。

基础性地位的前提下，通过事前对政府运用权力的行为进行竞争评估、事后通过反垄断执法和司法规制政府不当运用权力的行为。而不论事前的评估或者事后的规制，都需要一个标准作为评价政府干预市场行为正当、合理与否的尺度，这个标准就是竞争中立。竞争中立既是政府干预市场的立场和原则，也是公平竞争审查制度的目标。它涵括了三大标准——评估政府行为竞争影响的标准，衡量竞争执法、司法适当性的标准，评价我国国有企业改革中的标准。2018 年年底以来，我国中央政府高级官员连续表态要采取竞争中立政策，①应当说，这是我国全面深化改革的正确路向，因为它完全符合公平竞争审查的制度目标。

三、国内外公平竞争审查的制度现状

在我国，公平竞争审查是近几年的“新生事物”。为建立统一开放、竞争有序的现代市场体系，协调好政府与市场的关系，破除地方保护、区域封锁、行业壁垒、企业垄断、违法优惠倾斜等不符合建设全国统一市场和公平竞争的现象，党中央、国务院开创性地提出了“公平竞争审查制度”的概念，并确立了竞争政策的基础性地位。与此相应，围绕公平竞争审查制度发布的法律、法规、政策文件和逐步建立的配套机制就构成了公平竞争审查制度。

2015 年 3 月，《中共中央、国务院关于深化体制机制改革加快实施创新驱动发展战略的若干意见》（中发〔2015〕8 号）首次提出，要“打破地方保护，清理和废除妨碍全国统一市场的规定和做法，纠正地方政府不当补贴或利用行政权力限制、排除竞争的行为，探索实施公平竞争审查制度”。这是“公平竞争审查”第一次在我国正式政策文件中出现，标志着党中央、国务院已经关注到了竞争评估制度，并计划引入中国，结合我国国情探索实施公平竞争审查制度。同年 5 月，《国务院批转发展改革委关于 2015 年深化经济体制改革重点工作意见的通知》（国发〔2015〕26 号）要求我国建立检测产业政策的公平性和竞争性审查机制，这表明国务院已经意识到公平竞争审查制度对产业政策的重要作用。同年 6 月，《国务院关于大力推进大众创业万众创新若干政策措施的意见》（国发〔2015〕32 号）再次强调加快出台公平竞争审查制度，建立统一透明、有序规范的市场环境。同年 10 月，《中共中央、国务院关于推进价格机制改革的若干意见》指出要逐步确立竞争政策在我国经济政策中的基础性地位，并要在我国探索实施公平竞争审查制度。2016 年 3 月，第十二届全国人大第四次会议通过的《国民经济和社会发展第十三个五年规划纲要》内容涉及健全竞争政策，完善市场竞争规则，实施公平竞争审查制度。同年 4 月，习近平总书记主持召开中央全面深化改革领导小组会议，强调我

① 2018 年 10 月 14 日，中国人民银行行长易纲在国际银行业研讨会上发言，提出“考虑以竞争中性原则对待国有企业”，这是中国部级以上官员首次对“竞争中性”正面表态。2018 年 11 月 6 日，中国国家市场监督管理总局局长张茅在上海举行的首届中国国际进口博览会“质量基础设施促进贸易便利化并推动高质量发展”论坛上称，“今后将采取竞争中立政策，对内资外资、国有企业和民营企业、大企业和中小企业一视同仁，营造公平竞争的市场环境”。

国建立公平竞争审查制度,明确审查对象和方式,按照审查的标准对有关政策措施进行审查,同时还要建立公平竞争审查制度的保障机制,把自我审查和外部监督结合起来,加强社会监督;会议审议通过了《关于建立公平竞争审查制度的意见》。

2016年6月,国务院颁布了《关于在市场体系建设中建立公平竞争审查制度的意见》(国发〔2016〕34号)(以下简称《意见》),各级政府及所属部门均应在有关政策措施制定过程中进行公平竞争审查。这一文件标志着公平竞争审查制度在我国初步建成,标志着全面深化改革的进程前进了一大步,同时也标志着我国经济体制逐步走向成熟。2017年10月,国家发展改革委、财政部、商务部、工商总局和国务院法制办联合研究制定了《公平竞争审查制度实施细则(暂行)》(以下简称《实施细则》),保障公平竞争审查工作顺利开展,推动公平竞争审查制度有效实施,并列明了公平竞争审查的基本流程和公平竞争审查表。2019年2月,国家市场监督管理总局研究制定了《公平竞争审查第三方评估实施指南》(以下简称《实施指南》),建立健全公平竞争审查第三方评估机制,提高审查质量和效果,推动公平竞争审查制度深入实施。

而在公平竞争审查制度正式出现之前,国内学界早已借鉴国际先进做法,提出了竞争评估的概念,建议在我国引入竞争评估,以作为一种制度构想,来判断政府公共政策限制竞争的合理性。① 所谓竞争评估,是指竞争主管机构或其他机构通过分析、评价拟订中(或现行)的法律可能(或已经)产生的竞争影响,提出不妨碍法律目标实现而对竞争损害最小替代方案的制度。

从世界范围来看,在竞争评估制度方面,OECD竞争委员会不仅进行了深入的理论研究,还积累了丰富的实践经验。② 为方便政府对相关法律法规、规章制度及政策措施进行竞争影响评估,2005年竞争委员会开始总结行业竞争影响评估经验,并于2007年颁布了"竞争评估工具箱"。实现某种公共政策目标,可供政府选择的政策措施可能有多种,有的对竞争限制更大,有的对竞争限制较小。从保护消费者权益、促进经济健康发展角度来看,市场竞争无疑是越充分越好,反过来讲,市场竞争受到的限制越小越好。市场竞争影响评估有助于加深对市场功能的理解和认识,使市场决策更加透明,为政策制定者提供了重要的工具以帮助他们正确评估监管政策的利与弊。OECD竞争评估制度需要同时实现如下三个目标:对竞争"限制"进行识别;对竞争"限制"的必要性或适度性作出判断;对竞争"限制"设计出合理的替代方案。

早在《欧共体条约》签订的初期,欧共体各成员国就将"公平竞争"作为欧共体运行

---

① 参见张占江:《中国法律竞争评估制度的建构》,载《法学》2015年第4期;徐士英:《竞争政策视野下行政性垄断行为规制路径新探》,载《华东政法大学学报》2015年第4期;王健:《政府管制的竞争评估》,载《华东政法大学学报》2015年第4期;孙晋、王贵:《论政府反竞争行为综合规制的路径建构》,载《中南大学学报》(社会科学版)2017年第1期。

② See OECD, *Competition Impact Assessment Toolkit: Vol. 2 Guidance*, OECD Publishing, 2007, available at https://www.oecd.org/daf/competition/45544507.pdf.

的基本原则之一，并提出共同体应当建立有效机制确保共同体上的竞争不被扭曲和阻碍。① 欧共体及后来的欧盟将建立内部统一市场作为欧盟竞争政策和竞争法的重要价值目标和立法原则。为了有效地保护和促进竞争，欧盟竞争法不仅包括规范企业竞争关系的条款，而且包括禁止欧盟成员国不正当地干预市场经济活动的条款，如禁止任何扭曲竞争、影响成员国贸易的国家补贴等。② 欧盟竞争法，关注成员国国内经济职能的实现，更关注该行为对欧盟内部统一市场中的自由贸易和公平竞争带来的负面影响。欧盟委员会在对成员国国家援助进行审批的过程中遵循"绝对必要"原则，即如果不采取国家援助的方式，没有其他不影响成员国竞争的方法能够实现援助目的。只有在这个前提下，成员国的国家援助才有可能被批准，同时被批准的政策必须有确定的实施期限。

在美国，就政府限制竞争行为而言，美国相关执法机构倾向于采用一种"劝告式的模式"，竞争执法机构仅仅依据反托拉斯法提出意见。③ 与此同时，在司法体系内确立的"州行为论"，造成美国对政府限制竞争行为的关注较少，法律规制程度较低。虽然随着"州行为论"的发展，该理论的应用附加了一些限制和条件，为反托拉斯法的适用打开了一道口子，但是总体来说，由于"州行为论"的存在，美国州政府甚至包括不享有主权的地方政府的行政限制竞争行为有可能从反托拉斯法得到豁免。但是，这并不意味着行政性垄断可以在美国肆意生长，仍有许多对"州行为论"的制约途径。以主体为标准，"州行为"可以被分为三种类型。以行为的性质为标准，"州行为"则可以被分为两种类型：一是州及地方政府所做的抽象性行政行为，即州立法和各类行政规章；二是州及地方政府所做的具体性行政行为，即州及地方政府针对特定对象或事件作出的具体行政指示。对抽象性"州行为"，存在独特的制约途径。

在新加坡，公平竞争审查制度被称为竞争影响评估（Competition Impact Assessment，CIA）。④ 新加坡竞争法不适用于政府、法定主体，以及代表政府或法定主体从事与此等行为、协议或行动有关的行为的人实施的行为、达成的协议或者作为当事方参与的行动。因此，新加坡竞争委员会（Competition Commission of Singapore，CCS）鼓励政府部门及任何代表其行事的法定机构或个人评估他们的行为对相关市场竞争的影响，选择对竞争的不利影响最小并且能够实现既定政策目标的其他政策方案，同时政府机构也应当探索在实现政策目标前提下更为有效的市场竞争方式。它是促进提高经营者效率和创新、满足消费者需求和保持市场经济可持续增长的关

---

① 参见许光耀：《欧共体竞争法通论》，武汉大学出版社2006年版，第7～9页。

② 参见翟巍：《欧盟竞争法视野下的国家补助规则机制》，载《竞争政策研究》2015年第3期；孔文、屈晓鹏：《欧盟竞争法中的国家援助：一个经济分析框架》，载《财经问题研究》2007年第3期。

③ 参见王晓晔主编：《反垄断法实施中的重大问题》，社会科学文献出版社2010年版，第311页。

④ 参见新加坡竞争与消费者委员会网：https://www.cccs.gov.sg/tools-and-resources/competition-impact-of-government-initiative/competition-impact-self-assessment。

键举措。

在韩国,明确要求各级政府部门拟定的管制政策必须接受韩国公平贸易委员会(Korea Fair Trade Commission, KFTC)的竞争评估。与 OECD 工具书所描述的内容类似,竞争评估及修正的过程详细分析公共政策对竞争的影响,以及识别其可能造成的反竞争效果,并且寻求一个能够达到同等效果但对竞争影响最小的解决办法。① 竞争评估手册能够提供完整的程序找到监管政策对竞争的影响,提高竞争评估影响的可预测性。KFTC 有权对监管政策是否限制竞争发表意见,并提出整改建议或竞争损害更小的替代方案,故称为"外部评估制"。评估机制上,韩国采取"初步评估 + 深度评估"两步走的方式,将行业监管的特殊性和反垄断监管的专业性结合起来:由制定机关对照"竞争核对清单"进行初步评估。初步评估的结果是可能产生排除、限制竞争影响的,则由 KFTC 进行深度评估。如果制定机关认为政策不会带来反竞争效果的,则由制定机关将评估报告提交给 KFTC 审核。KFTC 认为没有进行深度评估必要的,则评估过程结束;如果 KFTC 认为"初步评估"结果不客观,政策存在"核对清单"列举的排除、限制竞争可能性的,KFTC 将主动开启"深度评估"程序,与政策制定机构共同分析政策对竞争的影响及合理性。

为了振兴经济,日本通过加强竞争执法、改善竞争环境及完善竞争政策来促进公平和自由竞争,提升消费者利益,建立规则的事前评价制度。② 规制的事前评价是指预测规制产生的效果和负担并对之进行评价。在评价时,不仅需要尽可能地列举并说明规制在新设、修改、废止时预计将要产生或增减的具体的费用和便利因素,而且需要从提高规制质量的观点出发,在此基础上以协助提高规制质量、履行向国民的说明责任等作为目的。对竞争状况的把握、分析应作为检查活动的对象。日本评估制度具体目标包括:(1)防止在立、改、废的过程中排除、限制竞争的政策出台;(2)为行政机关提出对竞争影响更小的政策建议;(3)通过备案制度,使行政评价局及反垄断执法机构更了解行业竞争具体情况,增强法律、法规、政策制定的科学性和全面性。

第二节　公平竞争审查制度的基本要素

为了明确公平竞争审查制度的实施方向,《意见》确立了公平竞争审查制度的总体要求和基本原则,即"尊重市场、竞争优先""立足全局、统筹兼顾""科学谋划、分步实施""依法审查、强化监管"四项,从而加快建设统一开放、竞争有序市场体系,确保政府

---

① 参见韩国公平贸易委员会网:http://www. ftc. go. kr/eng/utility/quicksearch. jsp? pageId = 0601。

② 参见日本公正交易委员会网:https://www. jftc. go. jp/en/pressreleases/yearly - 2017/July/170720. html。

相关行为符合公平竞争要求和相关法律法规，维护公平竞争秩序，保障各类市场主体平等使用生产要素、公平参与市场竞争、同等受到法律保护，激发市场活力，提高资源配置效率，推动大众创业、万众创新，促进实现创新驱动发展和经济持续健康发展。

科学建立公平竞争审查制度，要通过审查对象、审查方式、审查标准、例外规定和保障措施5个基本要素来阐述。

一、公平竞争审查制度的审查对象

《意见》明确规定："行政机关和法律、法规授权的具有管理公共事务职能的组织（以下统称政策制定机关）制定市场准入、产业发展、招商引资、招标投标、政府采购、经营行为规范、资质标准等涉及市场主体经济活动的规章、规范性文件和其他政策措施，应当进行公平竞争审查。"因此，审查对象分为两类：一是行政机关和法律、法规授权的具有管理公共事务职能的组织制定的市场准入、产业发展、招商引资、招标投标、政府采购、经营行为规范、资质标准等涉及市场主体经济活动的规章、规范性文件。二是涉及市场主体经济活动的其他政策措施，主要包括：(1)不属于规章、规范性文件但涉及市场主体经济活动的其他政策性文件。(2)"一事一议"形式的具体政策措施等（防止以"一事一议"方式给予特定经营者特殊待遇）。(3)政策制定机关负责起草的涉及市场主体经济活动的行政法规、国务院文件、地方性法规，由政策制定机关在起草过程中进行公平竞争审查。在我国，各类文件和政策措施数量多且制定主体专业素养参差不齐，公平竞争审查有其现实意义。

以下四类文件一般情况下不需要审查：一是内部管理性文件，如涉及人事、机构、编制、财务、外事、保卫、保密、内部工作制度、程序性规则等；二是一般事务性文件，如工作报告、工作总结、职责分工、会议通知、领导讲话、情况通报等；三是过程性文件，如不涉及出台具体政策措施的请示、征求意见函、回复意见函等；四是常规性的具体行政行为，如依法作出的行政处罚、行政许可，常规性的项目核准、批复、备案等。需要注意的是，重新制定或者修订具体行政为所依据的行政法规、规章、规范性文件时，需要对这些上位法或文件进行公平竞争审查。

目前，部分政策文件对我国的市场准入、产业发展、招商引资等发展产生阻碍作用。其通过人为性地制造行业壁垒，妨碍行业的公平竞争，进一步影响行业的创新。有些地方政府实行地区性封锁政策，阻碍外地产品进入本地市场，妨碍商品的自由流通。从短期来看，这些政策的制定有利于个别行业或者个别地区的发展；但是从长远来看，其损害了经济市场秩序，对经济的全局性和持续性发展造成严重的影响。

二、公平竞争审查制度的审查方式

按照《意见》第三部分第二项，我国的公平竞争审查以自我审查为主，即由政策制定机构在制定公共政策的过程中进行自我审查，审查要严格依照第三项规定的审查标准来进行，审查结果有二：一是该公共政策具有排除、限制竞争的效果，则需调整修改至符合标准才能准予出台，否则不得出台实施；二是该公共政策不具有排除、限制竞争的效果,那么准予出台实施。公平竞争审查是公共政策出台前的必经程序,任何未经审查的公共政策都不得出台,否则政策制定机构要承担相应责任。《意见》还规定,国家发展和改革委员会、原国务院法制办公室、商务部、原工商总局要会同有关部门,指导公平竞争审查制度实施工作,在条件成熟时组织开展第三方评估。可以看出,在公平竞争审查制度制定之时:我国现行的公平竞争审查主体主要是政策制定机关自身;国家发展和改革委员会、原国务院法制办公室等有权机关负责指导公平竞争审查工作;鼓励具备条件时开展第三方评估;简言之,采取了"自我审查为主、有关机关备案指导、鼓励社会监督"的多元复合模式。① 此后,随着公平竞争审查制度推进得越来越深入和《实施指南》的颁布,公平竞争审查的第三方评估机制正式登上舞台,得以合法化和制度化,逐步在公平竞争审查制度中扮演重要角色。

公平竞争审查制度的第三方评估是指政府部门通过引入第三方机构对其行政行为进行合规审查,审查对象包含当前各级政府部门法律法规等文件的存量,也包含今后拟出台的法律文件。这种通过委托的方式并不包含政府部门中具有类似职能的机构,以此将政府的自我审查与第三方评估进行区分。相较于自我审查模式而言,第三方评估的特点主要表现为:第一,专业性。第三方机构凭借专业性在相关领域具有更好的审核意见,这种专业性主要表现在专业技能和监管两个方面。② 第二,独立性。独立性在于第三方机构是否愿意从客观事实出发和政府机构是否接受具有不利于自身的结果。在市场经济环境下,无法提供独立客观意见的机构必然会被淘汰,在此之间需要建立相应的准入机制和定期考核机制。以此达到政府、市场和第三方评估机构内部监督的三方监督效果。第三,权利义务一致性。权利义务一致性,是指无论作为市场主体的第三方机构还是政府部门,都需要为自己的行为结果承担责任,责任的相对性也成为政府与第三方评估机构之间的关键环节。③ 政府和第三方评估机构本质上是两个独立的个体,双方基于委托的关系而连接在一起。在这种结构中,第三方评估机构具有其自身的权利空间,在评估时对评估结果具有较大的影响。④

从《意见》可以看出,政策制定机关自我审查是公平竞争审查制度的基本审查方式,第三方评估是在制度不断完善、条件相对较为成熟基础上,由国家市场监督管理总局研究制定的细化实施机制。通过专业、独立的第三方评估机构加入审查,能补足政策制定机关自我审查的技术短板,避免权责混合的嫌疑。

综上所述,公平竞争审查制度以自我审查为主,同时贯彻第三方评估,在对政府行

---

① 参见孙晋、孙凯茜:《我国公平竞争审查主体制度探析》,载《湖北警官学院学报》2016 年第 4 期。

② 参见高秦伟:《论政府规制中的第三方审核》,载《法商研究》2016 年第 6 期。

③ 参见徐双敏:《政府绩效管理中的"第三方评估"模式及其完善》,载《中国行政管理》2011 年第 1 期。

④ 参见徐则林:《论第三方评估在公平竞争审查制度中的引入》,载《广西政法管理干部学院学报》2017 年第 6 期。

为进行合理规范的同时,为市场释放出更多的空间。①

三、公平竞争审查制度的审查标准

《意见》从维护统一市场和公平竞争两个维度,明确4个大类标准和“18不得”的详细标准,为制度的实施奠定了基础。违反这些标准的政策措施,原则上不能出台,主要包括:

1. 市场准入和退出标准,旨在保障所有市场主体在市场准入和退出方面得到公平对待。市场准入和退出直接决定了经营者数量,决定了相关市场的竞争程度。(1)不得设置不合理和歧视性的准入和退出条件;(2)不得未经公平竞争授予经营者特许经营权;(3)不得限定经营、购买、使用特定经营者提供的商品和服务;(4)不得设置没有法律法规依据的审批或者事前备案程序;(5)不得对市场准入负面清单以外的行业、领域、业务等设置审批程序。

2. 商品和要素自由流动标准,旨在保障商品要素在全国范围内自由流动,促进形成全国统一大市场。商品要素自由流动时实现资源配置效益最大化、效率最优化的基础,统一大市场是商品要素自由流动的前提。(1)不得对外地和进口商品、服务实行歧视性价格和歧视性补贴政策;(2)不得限制外地和进口商品、服务进入本地市场或者阻碍本地商品运出、服务输出;(3)不得排斥或者限制外地经营者参加本地招标投标活动;(4)不得排斥、限制或者强制外地经营者在本地投资或者设立分支机构;(5)不得对外地经营者在本地的投资或者设立分支机构实行歧视性待遇,侵害其合法权益。

3. 影响生产经营成本标准,旨在防止政策措施不当增加或者减少经营者的生产经营成本,破坏经营者之间的公平竞争。生产经营成本是影响经营者竞争能力的重要因素。(1)不得违法给予特定经营者优惠政策;(2)安排财政支出一般不得与企业缴纳的税收或非税收挂钩;(3)不得违法违规减免或者缓征特定经营者需要缴纳的社会保险费用;(4)不得在法律规定之外要求经营者提供或者扣留经营者各类保证金。

4. 影响生产经营行为标准,旨在保障经营者的自主经营权,防止不当干预经营者的生产经营活动。经营者具有经营自主权,可以完全自主决定生产经营行为。(1)不得以行政命令、行政授权、行政指导或者通过行业协会等方式,强制、组织或者引导经营者实施垄断行为;(2)不得违法披露或者要求经营者披露生产经营敏感信息;(3)不得超越定价权限进行政府定价;(4)不得违法干预实行市场调节价的商品和服务的价格水平。

此外,《意见》还明确了两项兜底条款,即没有法律法规依据,不得制定减损市场主体合法权益或增加其义务的政策措施;不得违反《反垄断法》制定含有排除、限制竞争的政策措施。四个方面18项标准和两项兜底条款,为公平竞争审查提供了基本遵循,

---

① 参见殷明:《第三方评估:走出价格市场化改革的困境——基于对石油和电力行业的观察》,载《学术界》2015年第2期。

也为行政行为列出了“负面清单”。

《实施细则》进一步细化了审查标准,将 18 项标准细化为 50 余项二级标准。一是进一步明确概念内涵。例如,明确“不得违法披露或者要求经营者披露生产经营敏感信息”中“敏感信息”的含义,即“生产经营者未主动公开,通过公开渠道无法采集的生产经营数据。主要包括:拟定价格、成本、生产数量、销售数量、生产销售计划、经销商信息、终端客户信息等”。二是进一步列举表现形式。例如,列举“限制外地和进口商品、服务进入本地市场”的 4 种具体表现形式,即“实施不同的技术要求检验标准;采取重复检验、重复认证等歧视性技术措施;设置专门针对外地和进口商品、服务的专营、专卖、审批、许可;设置关卡或者通过软件、互联网设置屏蔽等手段等”。

四、公平竞争审查的例外规定

考虑到我国社会性质、基本经济制度及产业政策等因素,《意见》对违反审查标准的政策措施采取原则禁止的态度,同时基于经济现实的复杂性,为实现更大的公共利益或者经济效率,也对某些特殊政策措施作出了例外规定。其主要包括四种情形:一是维护国家经济安全、文化安全或者涉及国防建设的;二是为实现扶贫开发、救灾救助等社会保障目的的;三是为实现节约能源资源、保护生态环境等社会公共利益的;四是法律、行政法规规定的其他情形。如果这些措施具有排除和限制竞争的效果,在符合规定的情况下可以实施。实施还应该同时符合三个条件:一是限制竞争对实现政策目标不可或缺。要实现相关政策目标,就必须在一定程度上限制竞争,而且所带来的效益效率足以抵消限制竞争造成的效率损失。二是不会严重排除、限制市场竞争。实现政策目标的诸多方案中,选择对市场竞争损害最小的替代方案。三是有明确的实施期限。对在一定程度上限制竞争的政策措施应当有明确的实施期限,给予市场主体明确预期,不能无限期执行下去。对适用例外规定出台的政策措施,政策制定机关还要进行逐年评估,对未达到预期效果的要停止执行或者进行调整。可见,例外规定既为特殊政策措施留出了空间,也为防止滥用明确了严格的适用条件和相应的评估监督机制。

各类政策的制定者在进行某些限制政策的过程中,往往认为其制定的限制竞争的政策是为了保障公共利益,如保护环境、扶持贫困等。但是,这些政策的制定者在制定政策过程中所包含的限制性条件,偏离了原有的出发点。对于旨在保护国家安全、扶贫济困的主体存在政策倾斜,世人对其是否会限制市场公平竞争关注程度不大;但对于那些假借公益之名实行限制竞争的行为主体,则存在很大的争议。假借公益之名进行限制竞争的行为不在少数,所以如何分辨哪些政策是真正意义上的为公共利益服务的、哪些是虚假的成为关键的问题。同时,公共利益的实现和公平竞争审查制度的目标之间发生冲突,如何有效地进行协调,也是解读审查对象、援用例外规定时应当注意的问题。

五、公平竞争审查的保障措施

为了保障公平竞争审查的顺利实施,《意见》制定了四项保障措施:一是健全竞争政策。不断完善市场竞争规则,加快形成统一开放、竞争有序的市场体系,为推进和逐步完善公平竞争审查制度奠定坚实基础。二是完善政府守信机制。严格履行政府向社会作出的承诺,把政务履约和守诺服务纳入政府绩效评价体系,建立健全政务和行政承诺考核制度。三是加强执法监督。对涉嫌违反公平竞争审查标准的政策措施,任何单位和个人有权举报,有关部门要及时予以处理。四是强化责任追究。对未进行公平竞争审查或者违反公平竞争审查标准出台政策措施,以及不及时纠正相关政策措施的地方政府和部门,有关部门依法查实后要作出严肃处理。对失职渎职等需要追究有关人员党纪政纪责任的,要及时将有关情况移送纪检监察机关。《实施细则》第五章进一步细化了保障措施中关于社会监督和责任追究两个层面的规定,保证公平竞争审查的监督和追责机制的完备。

可以说,我国公平竞争审查的工作开展离不开这些保障措施的保驾护航。完善社会监督与责任追究机制是保证公平竞争审查制度落实的必要条件。要完善社会监督必须做好公平竞争审查工作的信息公开,保证公众的知情权和参与权。在拟制定政策措施进行公平竞争审查时要广泛征求社会公众意见,应在政策制定机关的官方网站上公布公平竞争自我审查的报告和定期评估的报告,接受公众监督,利害关系人和社会公众有权进行举报,政策制定机关要及时处理。① 同时也要强化责任的追究,若发现政策制定机关未进行或者未按规定进行公平竞争审查,应该追究政策制定机关的责任,对于主要负责人给予一定的处分。要将公平竞争审查的实际效果纳入干部的政绩考核,促进政策制定机关更为主动地树立公平竞争的观念,减少公平竞争自我审查的实施阻力。

第三节　我国公平竞争审查制度的实施现状

一、我国公平竞争审查制度的实施成果概况

自 2016 年《意见》发布以来,公平竞争审查制度在我国已经取得了阶段性的成效,国务院各部门均已建立审查机制,各省(区、市)业已印发实施方案。截至 2017 年年底,审查制度建立范围进一步扩大,仅有 7% 的市级政府及 50% 的县级政府尚未建立起审查机制。② 根据国家市场监督管理总局发布的公平竞争审查制度 2018 年总体落实情况统计,截至 2018 年年底,实施范围进一步扩大,国务院各部门、所有省级政府、98% 市级政府、85% 县级政府均已落实。③ 到 2019 年,公平竞争审查制度的实施范围进一步扩大。2019 年 2 月底,全国共审查了新出台的文件 43 万份,对其中 2300 多份文件进

---

① 参见叶光亮:《论公平竞争审查》,载《竞争政策研究》2016 年第 6 期。

② 参见戴龙、黄琪、时武涛:《"庆祝〈反垄断法〉实施十周年学术研讨会"综述》,载《竞争政策研究》2018 年第 4 期。

③ 《市场监管总局公布公平竞争审查制度 2018 年总体落实情况》,载中央人民政府网:http://www.gov.cn/xinwen/2019-01/27/content_5361519.htm,最后访问日期:2020 年 3 月 20 日。

行了修改和完善;对82万份已经出台的文件进行了清理,废止或修订涉及地方保护、指定交易、市场壁垒的文件有两万多份。① 截至2019年12月,湖南、②甘肃、③辽宁、④湖北、⑤青海⑥等地已经全面开展公平竞争审查工作,并纷纷召开公平竞争审查联席会议,探索公平竞争审查第三方评估机制。

公平竞争审查制度在我国实施范围逐步实现主覆盖。从横向来看,公平竞争审查制度已基本遍布我国省级行政区,各省根据《意见》及《实施细则》出台了相应的文件。从纵向来看,通过自上而下的引导,国务院引导省(市)级政府,由省级政府引导下辖政府、部门等逐步推进。

二、公平竞争审查中的行政性自查

我国《反垄断法》实施以来,据官方介绍,截至2018年4月,滥用行政权力排除、限制竞争行为在工商系统被制止的案件有41起。⑦ 从原国家发展和改革委员会价监反垄断局网站、原国家工商行政管理总局竞争执法局网站、国家市场监督管理总局网站及各省反垄断执法机构网站等渠道公布的数据来看,2008年8月1日至2019年2月公布的行政性垄断执法案件共计82件,行政性垄断的现象通过行政建议书、责令改正和主动纠正的方式得以有效校正。⑧ 不过,相较于经济性垄断而言,行政性垄断案件的公布和披露还是缺少公开度和透明性的,大量的行政性垄断并未得到政府部门的及时和充分公示。

典型案例:内蒙古自治区公安厅文件指定金丰公司统一建设全区印章系统

1. 基本案情

2013年4月,内蒙古自治区公安厅印发《全区印章治安管理信息系统整合联网及推广使用新型防伪印章实施方案》,决定按照"统一领导、统一规划、统一标准、统一建设"原则,对全区印章系统进行升级改造和整合联网。具体做法:一是指定金丰公司统

---

① 参见张文礼:《公平竞争审查已清理82万份文件》,载《中国质量报》2019年4月10日,第A01版。

② 参见谢建荣、彭期刚:《湖南召开公平竞争审查工作联席会议》,载《中国市场监管报》2019年10月30日,第3版。

③ 参见曹立萍:《我省召开首次公平竞争审查工作部门联席会》,载《甘肃日报》2019年10月25日,第4版。

④ 参见赵铭:《我省召开公平竞争审查联席会议》,载《辽宁日报》2019年10月12日,第2版。

⑤ 参见郭姗姗:《湖北部署开展公平竞争审查第三方评估》,载《中国市场监管报》2019年8月10日,第1版。

⑥ 参见谭梅:《我省召开公平竞争审查制度联席会议》,载《青海日报》2019年8月12日,第2版。

⑦ 2018年4月4日,原国家工商行政管理总局反垄断与反不正当竞争执法局副局长陆万里在武汉大学竞争法与竞争政策研究中心承办的"反垄断法实施十周年研讨会"上发言总结说,自2008年我国实施反垄断法以来,全国工商机关共制止滥用行政权力排除、限制竞争行为41起。

⑧ 参见王健:《我国行政性垄断法律责任的再造》,载《法学》2019年第6期。

一建设全区印章系统;二是强制各盟市公安局和刻章企业更换已有印章系统;三是要求刻章企业统一向金丰公司购买章材和刻章设备。前述规定导致内蒙古自治区印章价格上涨,刻章企业统一向金丰公司采购章材,章材价格从10~35元/枚上涨为55~85元/枚。刻章企业必须向金丰公司购买中晶高清扫描仪、速拍证卡读写一体机、全铜印章雕刻设备等配套硬件设备,前述设备价格高出一般市场价1倍以上。印章成品价格从200元/枚上涨为280元/枚。

2. 调查处理

国家市场监督管理总局经调查认定,内蒙古自治区公安厅的上述做法排除和限制了印章治安管理信息系统软件市场,以及刻章设备、章材市场的竞争,侵犯了各盟市公安机关和刻章企业的自主选择权,人为地增加了企业刻章生产成本,不合理地推高了印章价格。相关行为违反了《反垄断法》第8条、第32条和第37条的有关规定。2018年6月,国家市场监督管理总局向内蒙古自治区政府发出执法建议函,提出整改建议。要求内蒙古自治区公安厅停止滥用行政权力行为,废止相关规定,撤销与金丰公司签署的合同,按照公安部部署要求,通过公开招标方式,确定自治区层面的印章系统承建商或运维商,恢复印章系统软件市场、章材市场、刻章设备市场的公平竞争秩序。内蒙古自治区政府收到总局下发的执法建议函后,对此高度重视,立即责成自治区公安厅认真制定整改方案,切实抓好整改落实。此后,自治区公安厅召开专题会议,决定按照总局提出的要求深入整改,废止相关文件,停止履行相关合同,通过招标、投标方式确定系统运维商,由刻章企业自行选择章材和刻章设备供应商。

自2017年下半年开始,在公平竞争审查制度的配套细则不断完善的情况下,随着多方力量特别是反垄断执法系统加大对行政性垄断打击力度的现状,公平竞争审查在各个地方各个系统逐步开始有所起色。根据《实施细则》第24条的规定,政策制定机关的上级机关或反垄断执法机构可以就制定的政策提出停止执行或者调整政策措施的建议。实践中,公平竞争审查的行政自查既有优秀的成功典范,也有尚存在不足并受到社会关注得以曝光的案件。

从地方来看,2018年,湖南省共审查增量文件9154份,经审查修改159份,及时防止了部分排除、限制竞争的政策措施出台。例如,省交通运输厅通过审查发现相关文件在没有法律法规依据的情况下设置保证金,违反了制度要求,最终没有出台该文件;省财政厅通过审查发现相关文件设置补贴奖励政策与缴纳税收挂钩,与审查标准不符,最终删除了相关规定;在存量清理方面,全省共清理存量文件13,600多份,其中修改220多份,废止540多份,废除了一批妨碍统一市场和公平竞争的政策措施。2018年,江苏省13个设区市和99个县(市、区)全部出台了实施意见并建立公平竞争审查联席会议制度,共审查增量文件36,545件,修改调整了57件;清理存量文件66,060份,修改废止657份,实现了制度全覆盖、审查有实效的目标。[①]

典型案例:广西政府文件仅对购买本区企业生产的首台设备进行补助

1. 基本案情

2018年5月,广西壮族自治区人民政府印发《关于促进全社会加大研发经费投入的实施意见》(桂政发〔2018〕25号),规定仅对购买使用区内企业生产的首台(套)重大技术装备的企业,按照单台(套)购买价格的60%给予补助。

2. 调查处理

2018年6月至10月,国家市场监督管理总局会同有关部门,以公平竞争审查工作部际联席会议名义,对广西壮族自治区的公平竞争审查工作开展重点督查,发现文件存在问题,现场反馈了督查意见。2018年12月,国家市场监督管理总局向广西壮族自治区人民政府发函,要求对有关问题进行整改并反馈整改情况。经督查,相关单位已停止首台(套)项目的评审工作拟删除该规定,按程序报批后重新印发。

典型案例:四川省江安县卫生和计划生育局文件变相指定某企业为全县乡镇医疗机构药品耗材提供配送服务

1. 基本案情

2017年8月,根据举报,四川省发展和改革委员会(以下简称发展改革委)对四川省江安县卫生和计划生育局(以下简称江安卫计局)涉嫌滥用行政权力排除、限制竞争的行为展开调查。调查发现,江安卫计局在组织该县公立医疗机构药品、耗材采购遴选和竞争性谈判过程中,一是以业主的身份遴选县级公立医院药品耗材配送企业,二是通过竞争性谈判为全县乡镇医疗机构药品耗材的配送选定唯一一家配送企业,且上述配送企业并不能完全满足全县公立医疗机构药品耗材的配送需求,并被相关单位收回了GSP证书。

2. 调查处理

四川省发展改革委经调查认定,江安卫计局上述做法虽未直接通过行政手段强制确定配送企业,但该局通过其行政机关的影响力,主导并实施了此次遴选和谈判,无论是分区轮换配送还是竞争性谈判的三选一,均人为划定了经营范围,剥夺了江安县公立医疗机构的自主选择权,排除、限制了当地药品经营社会配送市场的竞争。

江安卫计局认识到相关行为涉嫌违反《反垄断法》,迅速整改,主动发文改正前述行为,消除影响,表示今后的工作中要认真落实《国务院关于在市场体系建设中建立公平竞争审查制度的意见》(国发〔2016〕34号)的要求,加快推进公平竞争审查工作,清

---

① 参见国家市场监督管理总局价格监督检查与反不正当竞争局编著:《公平竞争审查制度学习读本》,中国工商出版社2019年版,第147页。

理存量文件，审查增量文件，避免类似问题再度发生。

三、公平竞争审查中的司法审查

我国关于行政性垄断的法律规制一直是以行政内部控制为主导的模式，《反垄断法》亦如此。不可否认，行政机关自己内部来控制行政性垄断具有一定的成效，但行政性垄断的产生就是行政机关滥用行政权力的结果。随着时间的推移，行政系统内部各部门之间已经形成了千丝万缕的联系，在利益的驱动之下，行政性垄断的行政内部控制早已显现出明显的弊端。虽然《反垄断法》规定了对反垄断行为的调查，但由一个行政机关对另一个行政机关的行政性垄断行为进行的调查和监督，都无法在本质上对行政性垄断实施者构成威胁，都无法发挥其本应发挥的作用，且对于构成行政性垄断的，只有建议权，建议其上级机关责令改正，而不能直接对行政机关作出制裁。

相较而言，司法救济具有其独特的优势。行政性垄断是一种对行政权力的滥用，那么要规制行政性垄断，就必须"以权力制约权力"。司法权具有最终救济性，其理应成为制约行政权力的最有效的方式，通过对行政权的司法审查最终保障公民权益是现代民主国家普遍设立的一项重要法律制度。换言之，通过司法机关对行政行为的审查监督来达到纠正违法或不当的行政行为的目的，从而保障行政相对人的合法权益。司法救济具有优势，具体表现在：第一，司法是以事实为依据、以法律为准绳，作为介于行政主体与行政相对人之间的中立者，能够客观地处理他们的利益之争，裁判结果亦具有相对的公正性；第二，司法遵循严格的程序，过程更加透明化；第三，司法规制在控制行政性垄断行为上比行政内部控制更具有成本优势；第四，司法对行政性垄断的审查可以有效遏制政府过度干预经济。总之，与行政权的自我规制与自我监督相比，司法权监督行政权的行使，可以有效提升行政垄断的规制力度并保障规制结果的客观性和公正性，严厉打击行政垄断行为。

典型案例：斯维尔诉广东省教育厅侵犯公平竞争权案

1. 基本案情

2014年4月22日，广东省深圳市斯维尔科技有限公司起诉称，广东省教育厅在《2014年全国职业院校技能大赛"工程造价基本技能"赛项规程》中滥用行政权力限定或变相限定参赛者购买、使用其指定的广联达公司独家软件和相应设备，涉嫌违反公开、公平和公正的法定程序，该指定行为不具有任何法律依据，严重扭曲工程造价相关产品行业的市场竞争秩序，侵害了其公平竞争权利。广东省教育厅辩称：第一，广东省选拔赛的各项规定是以教育部文件作为依据的，是内部文件通知，应驳回原告的起诉；第二，广东省选拔赛工程造价基本技能赛项选用广联达公司软件并未损害部分院校及软件行业其他公司的利益。

2. 主要裁判理由

广东省高级人民法院二审判决认为:第一,被告具有对职业技术院校举办赛事活动进行管理的职责。因此,在涉案的工程造价基本技能赛项中指定独家使用由广联达公司免费提供相关软件的行为系被告行使行政职权的行政行为,原告以被告上述指定使用行为侵犯其公平竞争权提起的诉讼属于行政诉讼受案范围。第二,原告具有为涉案的工程造价基本技能赛项提供相应软件支持的能力。被告的指定行为可能侵害到原告的公平竞争权,因此原告与被告的指定行为之间存在法律上的利害关系,具有提起本案诉讼的主体资格。第三,根据法律规定,行政机关滥用行政权力,排除、限制竞争应具备以下三个要件:一是主体为行政主体,即行政机关和法律、法规授权的具有管理公共事务职能的组织;二是客体是行政主体存在《反垄断法》规定的禁止行为;三是滥用了行政权力,并且产生了排除、限制竞争的效果,损害市场公平竞争秩序。本案中,被诉行政行为已符合上述的前两个要件,而被告在法律未有明确规定其指定使用行为应遵循何种法定程序的情况下,其应当经过公开、公平的竞争性选择程序来决定使用相关商家免费提供的软件,除非有正当理由,否则属于滥用行政权力。本案被告的指定行为会导致参赛院校师生在使用习惯方面产生依赖,并且提升广联达公司产品的知名度,从而导致广联达公司软件在市场占有份额的上升,同时导致了原告等同类竞争者的产品在市场占有份额方面的下降,进而损害市场公平竞争秩序,产生了排除、限制竞争的效果。因此,被告指定使用广联达公司相关软件属于滥用行政权力,排除、限制竞争的行为。

从立法层面来说,2000 年施行的《最高人民法院关于执行〈中华人民共和国行政诉讼法〉若干问题的解释》(已失效)第 13 条规定,被诉的具体行政行为涉及其相邻权或者公平竞争权的,公民、法人或其他组织可以依法提起行政诉讼。其明确提出了“公平竞争权”这一概念,赋予竞争者对抗行政主体不正当的干涉经济行为的诉权。2014 年 11 月,全国人大常委会通过对《行政诉讼法》的修改,其中第 12 条第 1 款新增了公民、法人或其他组织提起诉讼的案件类型,将“行政机关滥用行政权力排除或者限制竞争”纳入行政诉讼的受案范围,正式从立法上确立了反行政性垄断诉讼类型。最为关键的是,新修的《行政诉讼法》一律将“具体行政行为”变更为“行政行为”,意味着抽象行政行为正式进入了行政诉讼法的视野。如此一来,部分地方政府及其部门制定的“红头文件”终于被纳入了司法审查的范围。而这些红头文件是地方政府及其部门实施行政性垄断行为的主要载体,现实危害尤甚。

典型案例:洪发白蚁防治有限公司诉南昌市住房保障和房产管理局等滥用权力限制竞争案

1. 基本案情

南昌市住房保障和房产管理局(以下简称市房管局)、南昌市财政局(以下简称市财政局)、南昌市物价局(以下简称市物价局)于2010年6月18日联合发布了《关于规范我市城市房屋建筑白蚁预防费用收费管理有关问题的通知》,该通知第3条规定新建各类房屋建筑必须实施白蚁预防处理,房地产开发企业或建设单位应与市白蚁防治所签订《白蚁预防合同》,并按相关文件的规定缴纳白蚁预防费;第6条规定房地产开发企业办理商品房销(预)售手续时,必须出具该项目的《白蚁预防合同》和白蚁预防证明文件,市房管部门应当查验相关材料,未出具相关材料的,由市房管部门责令整改。洪发白蚁防治有限公司(以下简称洪发公司)认为上述规定内容排除或限制了其在2015年3月5日后南昌市白蚁防治市场上的竞争,故诉至法院。

2. 主要裁判理由

一审、二审法院均认为,江西省属于温润地区,属于白蚁的重灾区,白蚁预防属于与公共利益和公共需求直接相关的公共产品,运用市场机制无法真正有效地提供,也达不到社会公平的效果,鉴于白蚁防治的公益性质,其服务应由政府或下属机构提供。同时根据国务院、财政部、国家物价局等部门的文件规定白蚁防治费属于行政事业性收费,同时南昌市政府于2017年已将白蚁防治纳入公共服务清单,以后白蚁防治费进入了政府财政预算,这进一步说明了白蚁防治的公共属性。可见,在白蚁危害地区,白蚁防治属于房屋建设中的一项特殊行为,目前白蚁防治服务由政府或者其下属机构提供比较适宜,不宜完全推向市场。故驳回原告的诉讼请求。

公平竞争审查,与其他行政机关的其他法定义务一致,也是以政策制定机关或者政策制定机关委托的第三方评估机构为审查主体的行政审查制度。从制度规定来看,目前尚未有针对公平竞争审查是否可以由司法介入的进一步明确规定。故而,如政策制定机关未尽公平竞争审查之义务,利益相关人是否有权提起行政诉讼,尚无直接的法律依据。但是,正如上文所述,在新版《行政诉讼法》的指引下,抽象行政行为已然可以作为行政诉讼的对象,从这个角度,以抽象行政行为作为审查对象的公平竞争审查,如若未能履行和实现其法定义务,也有被提起司法诉讼的可能。新的诉讼类型、新的利益诉求又恰恰处于制度的发展期和完善期,这也对法院提出了新的挑战。

典型案例:斯维尔诉江西省住建厅公平竞争审查失职案

我国第一例公平竞争审查诉讼,于1月25日在江西省南昌市铁路运输法院正式立案受理。深圳市斯维尔科技股份有限公司(以下简称斯维尔)起诉江西省住房和城乡建设厅(以下简称住建厅)、江西省建设工程造价管理局(以下简称造价局),以测评计价工程软件为由,涉嫌滥用行政权力变相设定江西省工程计价软件市场的准入障碍,不履行公平竞争审查法定程序和职责,损害了斯维尔的公平竞争权利。

斯维尔在起诉书中指出,2017年11月2日,江西省物价局在其官网江西省工程造价信息网发布了《关于开展对2017版〈江西省建设工程定额〉配套使用的计价软件进行首次综合测评工作的通知》。通知要求:凡相关正规软件企业使用以2017版《江西省建设工程定额》为依据开发形成的计价配套软件,在正式进入市场销售使用前,必须按规定向物价局申请综合测评,经综合测评合格后方可在江西省建设工程计价活动中使用。凡在江西省行政区域内从事建设工程计价活动的单位和个人,须使用经综合测评合格的建设工程计价软件作为计价工具;对使用未经综合测评或综合测评不合格的建设工程计价软件所完成的工作成果,不得作为工程造价计价的依据。受江西省住建厅委托,物价局全面负责全省建设工程计价软件的综合测评工作,相关综合测评结果将在江西省工程造价信息网上公布。

对此,斯维尔认为,两被告利用软件测评的名义,违法设置江西省计价软件市场准入的障碍和增加生产经营成本,破坏公平竞争秩序,属于行政性垄断行为和违反公平竞争审查义务的行为,侵害了斯维尔的公平竞争权。

斯维尔在起诉书中列出了12项诉讼请求。这具体包括:依法确认住建厅授权物价局以软件测评名义限定江西省工程计价软件市场仅5名经营者进入;变相设置江西省计价软件市场进入障碍的行政行为违法;责令两被告立即停止违法行为;依法确认住建厅在江西省人民政府《关于在市场体系建设中建立公平竞争审查制度的实施意见》规定的期限内未履行对其颁布的违反公平竞争的存量规范性文件进行公平竞争审查的行为违法;依法确认两被告对以计价软件测评名义实施的限定江西省工程计价软件市场仅5名经营者进入,变相设置江西省计价软件市场进入障碍的政策措施未依法履行公平竞争审查职责的行为违法;依法撤销物价局以自己名义发布的关于《2017版〈江西省建设工程定额〉配套使用计价软件综合测评工作结果公示》,并要求物价局在其官网江西省工程造价信息网同样位置进行公告至少30日;依法撤销住建厅以江西省住房和城乡建设厅名义发布的通知《关于公布我省第一批2017版工程定额配套计价软件综合测评结果的通知》,并要求其在江西省工程造价信息网同样位置进行公告至少30日;依法判决住建厅在判决书生效后15日内履行对其规范性文件《关于加强建设工程计价软件管理的通知》《江西省建设工程计价管理办法》进行公平竞争审查的法定职责。

第四节　我国公平竞争审查制度的完善方向

我国公平竞争审查制度施行至今,成果斐然,但也仍然存在一些问题:自我审查的社会信任度不高;部分地区制度实施进度较慢,甚至部分市县政府部门迄今尚未启动落实;审查范围不够全面,一些政府部门遗漏部分应当审查的政策措施,一些政府部门直接将审查范围限定为规章、规范性文件,将其他政策措施排除在外;审查工作不够规范,未按照基本流程开展审查,没有形成明确的书面审查结论,审查未留痕;未征求利害关系人意见或者向社会公开征求意见;第三方评估尚未完全落实,自我审查的质量有待提高;存在滥用例外规定的情况;程序规则上的公众参与和公开透明还做得不好。造成这种局面既有主观原因也有客观原因:由于制度激励机制缺失和责任机制不严及各地GDP竞争而导致政府及其职能部门主观上不愿意审查;由于对制度的理解不到位和审查能力欠缺等原因而导致客观上不能够很好地落实制度。2020年5月11日,《中共中央国务院关于新时代加快完善社会主义市场经济体制的意见》发布,该意见明确要求"全面落实、公平竞争审查制度","强化公平竞争审查的刚性约束,修订完善公平竞争审查实施细则,建立公平竞争审查抽查、考核、公示制度,建立健全第三方审查和评估机制。……建立违反公平竞争问题反映和举报绿色通道。"这为我国公平竞争审查制度的发展完善指明了方向。

一、将公平竞争审查制度融入《反垄断法》中

在公平竞争审查制度出台之前,对行政性垄断的规制依托《反垄断法》得以实现。但是,这种规制的违法救济程度还是偏弱的,从《反垄断法》颁布10多年来,官方公布的经济性垄断案件多于行政性垄断案件、现实中行政性垄断却多于经济性垄断的现象中可见一斑。对与政府有利益关系的企业有时存在选择性适用规则的情况。这些行为被《反垄断法》禁止,但它赋予正式执法机构处理滥用行政性垄断权的权力和救济措施十分薄弱。对违反该法的行为,无论是具体行为还是一般规范,行政机关无权直接采取行动,而只能向违法的政府机构的上级部门报告并提出纪律处分建议。法院能够纠正违反该法的具体行为,但是少有推翻行为所依据的一般规范。[①] 因此,公平竞争审查制度很好地弥补了《反垄断法》规制行政性垄断时的短板,既是对《反垄断法》基本理念和部分规则的继承,又在抽象行政行为的部分予以创新。然而,由于公平竞争审查制度的法律渊源来自国务院发布的规范性文件,属于"软法",在面对各种产业政策时,往往"心有余而力不足"。该制度的有效落实,需要最终完善制度顶层设计,实现该制度从规范性文件向法律的升华,从"软法"转变为"硬法",从"软约束"上升为"刚性约束",以严厉的法律责任作为制度有效实施的坚强保障,就需要把该制度融入《反垄断法》之中。这种融入不仅具有理论上的应然性,也具有制度衔接和一体化操作需求的紧迫性。

将"竞争政策基础性地位"和"公平竞争审查制度"融入《反垄断法》,能实现公平竞争审查制度法治化和反垄断法的优化,从根本上化解公平竞争审查制度和反垄断法各自不能有效规制行政性垄断的尴尬;二者"珠联璧合"之后,既可以实现公平竞争审查制度对政府干预市场的刚性约束,又有利于进一步树立《反垄断法》的"经济宪法"地位,还有利于节约立法资源、减少执法成本和守法成本从而减少制度成本。[②]

二、扩展审查对象和审查方法

公平竞争审查的审查对象是行政机关和法律、法规授权的具有管理公共事务职能

---

① 参见陈林:《公平竞争审查、反垄断法与行政性垄断》,载《学术研究》2019年第1期。

② 参见孙晋:《新时代确立竞争政策基础性地位的现实意义及其法律实现——兼议〈反垄断法〉的修改》,载《政法论坛》2019年第2期。

的组织制定市场准入、产业发展、招商引资、招标投标、政府采购、经营行为规范、资质标准等涉及市场主体经济活动的规章、规范性文件和其他政策措施。从审查的对象范围来看,这个范围看似清晰,但由于实务中存在数量庞大的、属性不明的文件,极容易将某些直接与市场经济息息相关、影响深远的抽象性文件排除在公平竞争审查之外。

例如,在国有资本投资领域,一方面,党中央和政府在各类官方会议上明确表示:“必须积极稳妥从广度和深度上推进市场化改革,大幅度减少政府对资源的直接配置”;“国有资本投资运营要服务于国家战略目标,更多投向关系国家安全、国民经济命脉的重要行业和关键领域,重点提供公共服务、发展重要前瞻性战略性产业、保护生态环境、支持科技进步、保障国家安全”;“国有资本加大对公益性行业的投入,在提供公共服务方面作出更大贡献。国有资本继续控股经营的自然垄断行业,实行以政企分开、政资分开、特许经营、政府监管为主要内容的改革,根据不同行业特点实行网运分开、放开竞争性业务,推进公共资源配置市场化。进一步破除各种形式的行政垄断”。这表明国有资本投资领域不是竞争政策之外的领域,国有资本投资也应该遵循市场竞争的基本原则。另一方面,无论是从制度规则层面,还是从实务操作层面,都无法将国有资本投资管理的行政主体真正纳入现行公平竞争审查制度的范畴内。这势必会造成公平竞争审查制度的缺漏,从而影响公平竞争审查制度真正效能的发挥。因此,公平竞争审查也应在金融、财税、交通、国有资本投资、国有企业改革等宏观调控的层面中得到全面的推行,进一步将制度做实做细、做广做深,真正做到全覆盖,切实提高审查质量。①

公平竞争审查的质量和社会的信任是该制度的生命线,自我审查和第三方评估这两种审查方式是质量把控的关键。对于自我审查而言,其存在一定程度上的逻辑悖论:若行政机构认为其反竞争的不当行为使自身利益最大化,它可能不会将自我审查落到实处,自我审查成为空头支票;若行政机构认为维系竞争对自身有利,它将主动寻求合规,自我审查似乎就失去了存在的必要。② 但是,基于以下现实因素考虑:自我审查在现阶段确实有其可行性:我国公共政策文件数量庞大、内容繁多,还有多种通知、办法、规定等“红头文件”;行政机构事务冗杂,行政事务和执法工作皆需兼顾;执法人员专业素养参差不齐,数量也有所欠缺;竞争执法机构成本不足等客观现实。构建高效流动的信息处理机制,打破竞争合规信息壁垒,加强监管规范,防止行政性垄断,可以一定程度上完善自我审查机制。对于第三方评估而言,广泛开展第三方评估既有利于帮助政策制定机关提高审查质量,又有利于社会参与、公开和监督,提高社会信任度。以落实进度较慢的市县为重点,加快制度落实,尽快实现制度全覆盖。加大对政府及其职能部门的培训,广泛开展第三方评估,指导部门加大对文件审查情况的检查力度。《实施指

---

① 参见孙晋:《新时代确立竞争政策基础性地位的现实意义及其法律实现——兼议〈反垄断法〉的修改》,载《政法论坛》2019 年第 2 期。

② 参见李俊峰:《公平竞争自我审查的困局及其破解》,载《华东政法大学学报》2017 年第 1 期。

南》规定得相对较为宽泛，各地政府应该积极探索第三方评估的具体方式，以回应制度需求。

三、谨防例外适用和豁免滥用

根据《意见》三、（四）的规定，国家利益、社会保障及社会公共利益被确定为公平竞争审查的实体豁免标准。但社会保障相对于国家利益、社会公共利益显然不是同一位阶的概念。从更深层的理论分析来看，为何要将这三者作为豁免的实体标准？其是否能维护豁免制度的价值目标？这些问题也是该条款应引起我们思考的地方。此外，《意见》虽然确定了豁免制度的三项实体标准，以及政策制定机关的说明义务，但在程序构建方面却没有与之相对应的制度安排。换句话说，豁免制度应依何种模式适用？是采取《反垄断法》事先申请和事后控制相结合的模式，还是在竞争审查开始之前由有关机关启动？是对三项标准全部、直接予以排除适用，还是针对具体个案由豁免机关进行判定？《意见》都没有予以规定，而这涉及豁免制度在程序方面的宏观架构问题。同样，《意见》对豁免制度在微观层面的具体运行也缺乏明确规定。类似豁免制度应在什么样的条件下启动？由谁启动？这些程序方面的问题并没有得到解答，而程序设计的缺位将导致豁免制度无法实际运行。

价值定位和执行程序不清，就会导致制度实行错位，极易造成权力滥用，随意豁免和例外适用。因此，有必要从价值目标、制度构建和程序运行三个角度完善公平竞争审查的豁免制度，从而防止豁免程序的滥用。

法理上，尽管庞德曾经将“国家利益”划入其提出的“公共利益”范围之内，[①]但在随后的研究中，学术界逐渐将二者区别开来，并将国家利益和社会公共利益视为与个人利益并列的概念范畴。[②] 而无论是何种划分方式，社会保障作为一项具体的制度安排都不应与国家利益和社会公共利益并列。在我国立法和法律适用中，也同样是将国家利益与社会公共利益对应，并未有社会保障被单独列出的情形。尤其是在《意见》主要参考的《反垄断法》中，有关垄断协议的豁免规定也是将社会保障纳入了社会公共利益的范畴之内。[③] 因此，在日后的立法过程中，应将后二者进行整合，以避免法律条文的烦琐与重复。

公平竞争审查的对象是抽象行政垄断行为，抽象行政垄断行为的影响范围更广、时间更长，还从根本上确认了行政垄断的合法性。因此，公平竞争审查豁免制度在构建过程中宜以事先控制为主要豁免模式。对于一项经济政策或者措施是否破坏了竞争秩序、是否符合社会公共利益标准、是否应当予以豁免等问题的考量均应在该抽象行政行为正式实施之前予以作出。这样方可将该项政策法规及豁免制度本身的风险控制在最

---

① 参见[美]罗斯科·庞德：《通过法律的社会控制》，沈宗灵译，商务印书馆1984年版，第37页。

② 参见冯宪芬：《社会公共利益的经济法保障研究》，西安交通大学出版社2011年版，第29页。

③ 《反垄断法》第15条规定：“……（四）为实现节约能源、保护环境、救灾救助等社会公共利益的……”

低程度,也会有效防止滥用。

事实上,防止滥用应该是公平竞争审查豁免适用的最基本原则和总体要求。我国在近年来竞争政策越来越普及。对中国电信、中国联通的反垄断调查和对铁路、电力等多个垄断行业的竞争化改造等都反映了这一趋势,在这些领域实现公平竞争已经日益成为最具有经济效率的运作方式式。而竞争政策适用范围的扩大必然导致排除适用的行业逐步限缩,当然地、完全地排除适用竞争政策的领域也将进一步减少。因此,在竞争政策基础性地位日渐确立的今天,在放松规制已成为我国垄断行业改革大方向的情况下,法定豁免不应成为公平竞争审查豁免制度的类型选择,或者至少不应成为主要的豁免类型。

四、补全法律责任和激励机制

对于政策制定机关自我审查模式而言:一方面,政策制定机关自我审查积极性不够。我国政绩考核机制长期以来重点关注 GDP 增速、财政水平,[①]而进行地方保护主义、地区性行政性垄断短期会促进地方经济增长、提高财政收入。因此,地方政策制定机关没有动力进行自我审查,去避免那些限制竞争的政策措施出台,反而可能会出台表面上符合审查标准但实质上损害竞争的政策措施。另一方面,政策制定机关自我审查能力不足。公平竞争审查的过程中,政策制定机关需要根据审查标准来判断政策措施是否具有排除、限制竞争的效果。公平竞争审查是一项专业性审查,政策性、专业性很强,大多数行政机关尚不具备竞争方面的专业知识和相关经验,造成审查能力不足,影响了制度的实施效果。[②]

面对这些自我审查的固有壁垒,充分的法律责任和激励机制是促进政策制定机关贯彻落实审查职能的有效途径。在这个社会背景下,公平竞争审查的责任追究应当以法律责任为主。依法治国的基本特质之一就是针对特定的行为主体强加特定的行为规范并据此追究特定的法律责任。以法律责任作为主要的约束机制更符合法治思维之下的社会对此的认知与遵守。这还能更为有效地涵盖各类潜在的目标主体。相较于政治责任而言,法律责任适用范围更广。只要立法本身在前提上不对特定的行为主体作出非常规化的限制,那么作为公平竞争审查约束机制的法律责任就可以涵盖应当被涵盖的个人和组织。同时,这能够更为高效地使用执法与司法资源。法律责任的追究在正常情况下只要启动执法与司法机制即可,而不需要另外的一些组织机构介入,这样就可以用最小的资源投入来及时查处违背公平竞争审查的主体。

在此基础上,我们应当根据需要引入合理的政治责任。必须承认的是,即便是在法

---

① 参见郑和园:《公平竞争审查制度中自我审查的理论逻辑及实践路径》,载《价格理论与实践》2017 年第 12 期。

② 参见时建中:《推动实施公平竞争审查制度的又一顶层设计——解读〈公平竞争审查制度实施细则(暂行)〉》,载《中国价格监管与反垄断》2017 年第 11 期。

治环境下,任何一个社会的治理在规则依赖上并非完全是一元化的,它通常还依赖于道德、政治、文化、宗教、族规等,只是这些内容必须不得与法律相抵触。虽然公平竞争审查的有效开展在形式上确实只是一种公务行为,但是这并不意味着对此的违背只会触及某类性质的规则,如公务员的法律规定,它还可能同时违反了党纪政纪。在身份属性存在较为普遍性的重叠情况下,除强化法律责任及其追究之外,引入合理的政治责任,特别是追责比较到位,在客观上将会有助于促进公平竞争审查的有效实施。

此外,来自管理学的激励理论被很多领域所广泛运用,行政激励成为绝大多数国家关于公职人员立法的重要制度性内容之一。这一激励理论大多数是围绕着人的需求实现及其特点的识别,以及如何根据需要类型和特点的不同,来采取措施影响他们的行为而展开的,如马斯洛的需要层次论、波特等人的激励模式理论、亚当斯的公平论,以及斯金纳的强化理论。① 澳大利亚在 20 世纪 90 年代推行竞争中立政策的经济改革中通过向积极实施竞争中立政策的州和领地发放竞争报偿的方式比较有效地调动了各方的积极性。我们也可以参考澳大利亚的成果经验,由国务院设立公平竞争审查的专项奖励资金,通过财政转移支付的方式对积极实施公平竞争审查制度的各省、市、地区进行奖励。同时,可以发挥党组织的优势,在政治绩效和党内表彰等方面,积极探索公平竞争审查制度推进的合理激励方案。

---

① 参见倪正茂:《激励法学探析》,上海社会科学院出版社 2012 年版,第 506 页。

第十三章　我国《反垄断法》的修改

第一节　我国《反垄断法》修改的必要性

党的十八届三中全会通过的《中共中央关于全面深化改革若干重大问题的决定》指出,"经济体制改革是全面深化改革的重点,核心问题是处理好政府和市场的关系,使市场在资源配置中起决定性作用",这一新论断和新精神也在习近平总书记在党的十九大上所作的报告中得到重申。由于市场决定价格是市场在资源配置中起决定性作用的关键,为加快完善市场决定价格机制,《中共中央、国务院关于推进价格机制改革的若干意见》提出了"加强市场价格监管和反垄断执法,逐步确立竞争政策的基础性地位",《中共中央、国务院关于新时代加快完善社会主义市场经济体制的意见》再次强调,"加强和改进反垄断和反不正当竞争执法,加大执法力度,提高违法成本";"全面完善产权、市场准入、公平竞争等制度,筑牢社会主义市场经济有效运行的体制基础";"完善竞争政策框架,建立健全竞争政策实施机制,强化竞争政策基础地位"。因此,作为我国竞争政策的核心,《反垄断法》的立法质量和实施效果是"使市场在资源配置中起决定性作用"这一中央顶层设计和重要决策能否有效落实的关键。国务院在2015年、2016年及2018年将《反垄断法》修订列入立法工作计划,①2018年9月十三届全国人大常委会将《反垄断法》修订列入立法规划第二类项目。证明了《反垄断法》的修改与完善已列入议事日程,对于使该法更好地推动全面深化改革是重要的和必要的。

已颁布13年的《反垄断法》逐渐成为经济领域最重要的法律之一,"经济宪法"的地位日益得到巩固,中国和美国、欧盟共同成为世界三大反垄断辖区。然而,随着我国经济、社会发展和执法活动的深入,《反垄断法》规定过于原则、程序要求与实体标准不够清晰明确②导致的一系列实施和法律适用问题逐渐突出,③尤其是随着数字经济近几年在我国的迅猛发展,部分实力雄厚的互联网平台企业慢慢积累起远远强于其竞争对

---

① 分别参见《国务院2015年立法工作计划》《国务院2016年立法工作计划》《国务院2018年立法工作计划》。

② See Lei Kuang,"The Application of the Anti-Monopoly Law of China to Monopolistic Conduct: Analysis of Landmark Cases",(2018)6. *China Legal Science* 117.

③ See Lei Kuang,"Celebrating with a Damp Squib: China's Public Competition Enforcement",(2016)4. *Journal of Antitrust Enforcement* 411.

手的市场地位，而多次发生的“二选一”事件向我们证明了部分互联网企业正通过网络效应、传导效应成为市场竞争秩序的扰乱者。① 与传统经济形态不同，双边市场、平台模式和免费模式等是数字经济的特色，而数据采集、存储、加工、分析等行为已成为这个大数据时代的核心，由此产生的算法合谋、价格歧视和数据封锁等反竞争行为也得到反垄断执法者和学者们更多的关注，然而，如何在不抑制创新的基础上对这些行为进行有效规制却成为难题。因此，在《反垄断法》修订的过程中，必须解决如何在保证反垄断原有体制框架稳定的前提下对分析思路与工具、考量标准及救济方式等要素进行改变这一难题，以应对数字经济带来的挑战。因此，与时俱进对《反垄断法》进行必要的修改与完善，除了需要做到回应和解决过去 10 余年积累的现实问题，还需要对未来若干年金融、经济等相关领域作出展望，以确保《反垄断法》在未来能更高效地服务于社会主义市场经济的持续健康发展。此举不仅是扩大《反垄断法》影响力、强化《反垄断法》科学性及提升《反垄断法》实施效率的必由之路，更是确保国家顶层设计和重要决策得到全面落实的关键。

第二节　欧美近年来的反垄断法修改工作

欧盟和美国的反垄断框架非常稳定，在分别经过 60 多年及上百年后，其主体文本仍保持一致，在新的行政条文的帮助下，执法机关仍能对市场上的反竞争行为进行非常有效的规制。虽然反垄断执法受到数字经济的冲击，但是由于欧美执法机构大都对传统反垄断分析工具比较信任，②针对数字经济而对反垄断法进行修改在欧美比较罕见。现行比较常见的与修法相关的活动就是进行大面积调研，通过调研发现反垄断体系存在的问题并给出对应的解决方案，欧盟、美国及法国、德国、英国、荷兰、日本、加拿大、西班牙等辖区、国家的竞争执法部门，经合组织、国际竞争网络（International Competition Network，ICN）等组织和研究机构，近年纷纷就数字经济相关反垄断问题展开调研，并发布了系列研究报告。③

德国与奥地利在当前阶段属于罕见地为应对数字经济直接修法的国家。④ 根据新的德国《反对限制竞争法》第五修正案，网络效应、数据的可获得性等都被视为认定市场力量的新型因素。另外，德国和奥地利都在经营者集中审查中引入了以交易额为基

① 参见陈兵：《数字经济发展对市场监管的挑战与应对——以“与数据相关行为”为核心的讨论》，载《东北大学学报》（社会科学版）2019 年第 4 期。

② See Jacques Cremer, Yves-Alexandre de Montjoye and Heike Schweitzer, “Competition Policy for the Digital Era”, https://www.skadden.com/insights/publications/2019/04/competition-policy-for-the-digital-era.

③ 参见韩伟：《数字经济时代中国〈反垄断法〉的修订与完善》，载《竞争政策研究》2018 年第 4 期。

④ 同上。

础的申报门槛。

第三节 我国《反垄断法》文本存在的问题

根据竞争法学界研究和实务界反映来看,我国《反垄断法》文本存在的问题主要包括:

第一,由于数字经济具有传统经济不具备的行业特征,其带来的反垄断挑战有以下三个:一是相关市场的界定;二是市场支配地位的认定;三是经营者集中审查遇到的困境。另外,还有其他通过新兴技术的使用而带来的规制挑战,如人工智能、算法、大数据和区块链。① 有学者建议在未来《反垄断法》修法中加入对算法合谋的禁止。在中国政法大学竞争法研究中心主笔的《〈中华人民共和国反垄断法〉修改建议稿》中,第15条就作出了"经营者不得利用算法等技术手段达成本章禁止的垄断协议"的规定。也有学者建议把保护消费者数据隐私纳入反垄断法框架。② 然而这些新兴内容是否真的适合在此次修法中添加,还需要多方面深入探讨。

第二,我国立法从20世纪80年代就对泛滥的行政性垄断行为进行规制,但随着市场加速开放,滥用行政权力妨碍市场竞争的行为甚至出现了愈演愈烈的势头。虽然经过立法编纂中的激烈讨论,《反垄断法》写入专章规制行政性垄断,但实施效果差强人意。当前《反垄断法》对行政性垄断规制的最大问题就是第51条对行政性垄断行为的震慑、惩罚严重不足,这种由执法机关提出处理建议、上级机关责令改正的执法方式对行政性垄断的纠正效果非常有限。③ 在国务院颁布《意见》及《实施细则》实施以来,行政性垄断行为被纠正的案例出现得愈加频繁,这也证明了行政性垄断行为是可以得到有效规制的。然而,由于公平竞争审查制度的法律渊源来自国务院发布的规范性文件,属于"软法",在面对各种产业政策时,往往"心有余而力不足"。该制度的有效落实,需要最终完善制度顶层设计,实现该制度从规范性文件向法律的升华,从"软法"转变为"硬法",从"软约束"上升为"刚性约束",以严厉的法律责任作为制度有效实施的坚强保障,就需要把该制度融入《反垄断法》之中。④

第三,《反垄断法》的立法原则与目标过分关注非竞争性考量,竞争政策与产业政策的关系尚未明确。一是第1条、第4条和第5条以政治、社会等公共政策考量作为立

---

① 参见杨东:《论反垄断法的重构:应对数字经济的挑战》,载《中国法学》2020年第3期。

② 参见韩伟、李正:《反垄断法框架下的数据隐私保护》,载《中国物价》2017年第7期。

③ See Lei Kuang,"Celebrating with a Damp Squib: China's Public Competition Enforcement",(2016)4. *Journal of Antitrust Enforcement* 411.

④ 参见孙晋:《新时代确立竞争政策基础性地位的现实意义及其法律实现——兼以〈反垄断法〉的修改》,载《政法论坛》2019年第2期。本书第十二章第四节有详细论述。

法目标可能会使反垄断规制与管制经济学的内容相违背。同时，在第7条中着重强调国有企业的特殊性与竞争法倡导竞争中立的原则也是相违背的，在规制俘虏理论的视角下，这会大大提高反垄断执法机关被产业监管部门、国有企业俘虏的可能性。① 二是市场支配地位的认定与推定不合理。第17条第2款对市场支配地位进行了定义，但在数字经济时代，仅根据经营者的市场份额和定价能力来判断其是否拥有市场支配地位更是非常片面的。② 同样地，第19条关于市场支配地位和联合支配地位的推定在如今市场竞争的很多情况下都会造成错误，这种根据市场份额得出的简单推定应该被严谨的经济学分析所取代。③ 三是经营者集中审理中缺乏科学的经济分析。因为《反垄断法》对于商务部采取的分析方法没有具体规定，导致商务部在很多案件中的竞争分析都缺乏深度。例如，在马士基、地中海航运、达飞设立网络中心案中，只有单标效应得到了简单分析，协同效应则没有涉及。同时，商务部在有条件批准的决定中过多地采用结构性条件而非行为性条件也被认为会显著降低集中本应给消费者带来的福利。

第四，为了使实体法得到有效实施，程序法也需要得到修订与完善。一是经营者承诺制度实施存在不确定性。经营者承诺制度是一个降低执法成本、提升执法效率的有效手段，然而因为《反垄断法》及相关规定都缺少对这一制度适用条件、适用范围及外部监督机制的规定，加上反垄断法对于执法机关执法透明度的要求本来就低，导致在实施过程中执法机关的自由裁量权过大，产生了道德风险，影响了适用的一致性。在电信、联通反垄断调查中国家发展和改革委员会在电信、联通承诺整改后接受了中止调查的申请就受到很多学者的批评，这些学者普遍怀疑国家发展和改革委员会在案情比较重大的调查中适用承诺制度是否合适。④ 二是罚款计算方式不确定、宽大制度实施不一致。由于缺乏详细的罚款计算方式，以及处罚决定书中提供的有效信息不足，⑤执法机关对国内企业和国外企业处罚力度的不一致会引发大众对于执法机关选择性执法的猜测，并损害反垄断法的权威性。执法机关在确定罚款数额时应考虑违法行为的性质、程度和持续的时间等因素，然而对这些因素的分析都几乎没有体现在处罚决定书中。另外，国家发展和改革委员会和原国家工商行政管理总局出台的规定对于宽大制度适用标准的规定不完全一样，而且在婴儿配方奶粉垄断案中甚至出现了纵向垄断协议也适用宽大制度，以及共三个企业被免于处罚的情况。

---

① See Lei Kuang, "The Making of a Competition Law with Chinese Characteristics: Co-operation, Conflict and Compromise", (2016) 46. *Hong Kong Law Journal* 647.

② 参见杨建辉：《数字经济动态性特征对现行反垄断规则的挑战》，载《竞争政策研究》2018年第5期。

③ 参见侯利阳：《共同市场支配地位法律分析框架的建构》，载《法学》2018年第1期。

④ 参见叶兵兵：《我国反垄断法经营者承诺制度适用问题探析》，载《中国价格监督与反垄断》2014年第3期。

⑤ 参见丁茂中：《论我国反垄断调查信息公开制度的立法完善》，载《电子知识产权》2019年第2期。

第四节 我国《反垄断法》修改的原则和目标

我国《反垄断法》应该修改已经达成共识,但修改、添加、删除哪些内容?大修还是小修?这些相关的问题还在引起激烈的讨论,无论是学术界还是实务界都未能达成共识。关于修法的讨论也涵盖了我国反垄断体系的方方面面,但尚未有定论,如“相对优势地位”①“反垄断法刑事化”②等。尽管如此,任何修改建议的提出都需要遵循修法原则和目标。在2018年,国家市场监督管理总局组织了一个专家咨询组开展研究工作,也广泛征求了成员单位、有关部门、专家学者、企业、律师代表的意见,并已经形成了一个修订的研究报告及修订草案。该项修订工作的指导思想是:“以习近平新时代中国特色社会主义思想为指导,全面贯彻党的十八大和十九大精神,按照全面依法治国的要求推进依法行政,严格规范公正文明执法,切实保护市场公平竞争,提高经济运行效率,维护消费者利益,促进社会主义市场经济健康发展。”③

在修订研究过程中,为了全面客观地反映各方面对修法的意见,国务院反垄断委员会办公室也确定了4项原则:一是要从法治实践经验中提炼立法政策。我们已经实践了10年,要吸纳我国反垄断执法的经验和竞争政策最新的研究成果。二是既要符合中国国情,适应中国经济发展阶段和水平,同时可以合理地借鉴欧美发达国家成熟的做法和经验。我国《反垄断法》实施只有10年,可以借鉴学习已运行100余年的美国《谢尔曼法》。三是充分考虑反垄断法不确定性的特点,在规范执法机构自由裁量权的同时,保持法律的灵活性。四是重点要解决在执法实践中遇到的最迫切问题。④

中央已在推进竞争政策基础性地位的全面确立,但是作为全面落实这一重大决策的重要一环,公平竞争审查制度仍未被纳入《反垄断法》。而且必须认识到,除了数字经济带来的重大挑战,过去10年反垄断法在实践中出现了很多亟待解决的问题,包括与产业政策的冲突、不透明和不一致的决策分析过程、不清晰的执法权分配、反垄断执法有效协调的缺少、反行政性垄断执法震慑力弱等。这些问题的出现除了是由于执法机构本身的执法能力、执法资源限制,还是《反垄断法》条文的不完善引起的。因此,为了加强竞争政策实施效果并助力全面深化改革,必须修订和完善《反垄断法》。

确立竞争政策的基础性地位并组建国家市场监督管理总局,表明了我国对强化竞

---

① 参见袁嘉、刘维俊:《互联网行业滥用相对优势地位规制研究——以“二选一”行为为视角》,载《价格理论与实践》2016年第5期。

② 参见金善明:《论垄断行为入罪化的限度》,载《北京工业大学学报》(社会科学版)2017年第6期。

③ 参见《国新办举行〈反垄断法〉实施十周年新闻发布会》,2018年11月16日,载国新网:http://www.scio.gov.cn/xwfbh/xwbfbh/wqfbh/37601/39282/index.htm.

④ 同上。

争政策及通过市场配置资源有效提升社会主义市场经济发展质量和效率作用的充分肯定。《反垄断法》修订的前瞻性和科学性提高,将有助于反垄断体系的完善、竞争政策实施成本的降低及实施效率的提升。同时,通过深入完善《反垄断法》的实体与程序,为企业及时、有效规避审查风险,以及合理框定经营与投资预期提供可靠的制度保障。

第三部分　反不正当竞争法律制度

第十四章　不正当竞争与反不正当竞争法

第一节　不正当竞争的内涵

一、关于不正当竞争行为的定义

关于不正当竞争的定义有多种。市场竞争中不正当竞争行为的表现极为多样并多变，如同外国学者所说的外形千变万化的“海神”或“模糊而变幻不定之云彩”，故而对其的定义也就各有不同。

在国外及国际上，学者们与立法者就此所下的定义并不少见，如《布莱克法律词典》认为不正当竞争是指“在贸易和商业中不诚实或欺诈的竞争”；[①]而《保护工业产权巴黎公约》（以下简称《巴黎公约》）中的经典定义是：“凡在工商业活动中违反诚实经营的竞争行为即构成不正当竞争。”

在我国，《反不正当竞争法》出台前，有学者认为，“不正当竞争行为泛指商业活动中与诚实信用、公平交易的商业道德相背离的各种行为”；[②]而在1993年《反不正当竞争法》出台后，大多数学者都与该法第2条的规定保持一致，认为：不正当竞争行为是指经营者在市场竞争中，（违反有关法律规定）采取一切违反诚实信用原则或其他公认的商业道德的手段，损害其他经营者和消费者合法权益，扰乱社会经济秩序的行为。[③]

以上关于不正当竞争的定义可以说是形形色色，但它们有一个共同的特点，即所使用的核心词汇的语义均具有相当的模糊性或者说灵活性，无论是“不诚实”，还是“违背善良风俗”“违反诚实信用原则”，都是极为灵活的用语，从而可以最大限度地将所有的不正当竞争行为包容进来，并随着社会经济生活的不断变化而调整法律的适用范围。而且，“除去各自的具体表述和侧重点上的差异外，它们在实质内容和基本精神上却是基本一致的，即都包含了与以诚实信用为核心的商业道德相悖这样的基本要素”。[④] 即反不正当竞争法是以维系市场竞争中正常的商业道德为基础的。2017年修订后的《反不正当竞争法》并未对此作出根本性改变，而是通过对发生领域（从“市场交易中”改为

---

① 王源扩等：《经济效率与社会正义：经济法学专题研究》，安徽大学出版社2001年版，第243页。

② 国家工商行政管理局条法司：《现代竞争法的理论与实践》，法律出版社1993年版，第22页。

③ 参见赵新华、冯彦君、董进宇主编：《市场管理法学》，吉林大学出版社1998年版，第65页等。

④ 王源扩等：《经济效率与社会正义：经济法学专题研究》，安徽大学出版社2001年版，第243页。

“生产经营活动中”)和损害对象(从“其他经营者合法权益”改为“其他经营者或者消费者的合法权益”)的变动,作出了一定修正,可以视为有扩大理解的趋势。

根据法律的变动,本书认为,所谓不正当竞争行为,就是指经营者在生产经营活动中,无视自愿、平等、公平、诚实信用等原则,采取违反法律和商业道德的手段去争取交易机会,损害其他经营者和消费者的合法权益,扰乱市场竞争秩序的行为。

二、关于不正当竞争行为的特征和构成要件

根据《反不正当竞争法》和本书对于不正当竞争行为的认识,我们认为不正当竞争行为具有以下特征:

1. 不正当竞争行为是经营者的行为。根据1993年《反不正当竞争法》的规定,所谓经营者,是指从事商品经营或营利性服务的法人、其他经济组织和个人。但是,由于现实生活中存在诸如普通高校、行业协会等大量无法简单地确认其营利性的社会主体,长期以来其成为《反不正当竞争法》实施中的一个难题。理论界在如何界定经营者,以及侵害者和被侵害者之间是否需要存在竞争关系等方面也形成了多个不同观点。2017年《反不正当竞争法》第2条第3款修订为“本法所称的经营者,是指从事商品生产、经营或者提供服务(以下所称商品包括服务)的自然人、法人和非法人组织”,基本上解决了有关经营者营利性要求的争议,但是对于竞争关系的确认仍处于不确定状态。

2. 不正当竞争行为是违法行为。这种违法性主要表现在违反《反不正当竞争法》第二章关于禁止不正当竞争行为的各种具体规定。当然,就其本质来看,不正当竞争行为较为严重地违反了商业道德,以至于我们不能仅仅依靠舆论谴责等非法律方式来予以对待,而必须以法律手段来处理,从而维护良好的市场竞争秩序。值得注意的是,2017年修订后的《反不正当竞争法》第2条第1款提出“经营者在生产经营活动中,应当遵循自愿、平等、公平、诚信的原则,遵守法律和商业道德”,较之修订前增加了“遵守法律”的要求,是否会带来该法适用范围的扩张或限缩,有待观察。

3. 不正当竞争行为是侵权行为。不正当竞争行为直接侵害了其他经营者和消费者的合法权益,是一种典型的侵权行为,并最终破坏了正常的市场竞争秩序。

关于不正当竞争行为的构成要件,从中外司法实践来看,不正当竞争行为往往被视为一种典型的或者特殊的民事侵权行为,故其构成要件与侵权行为的一般构成要件类似,即第一,经营者有违法行为;第二,经营者存在主观过错;第三,该行为带来损害结果或有造成损害的可能;第四,行为与损害之间存在因果关系。

具体来说,法国的判例与学说都认为构成不正当竞争应具备四个要件:行为人必须有过失;第三人受有损害;行为与损害之间须有因果关系;须有竞争要素。因而,不正当竞争行为被视为民事侵权行为。不过,晚期的判例已不同于早期的判例,不再强调“恶意”。而且在事实上,对于不正当竞争行为责任与一般民事责任的要件,在解释上仍有宽严之分,如对竞争损害的解释较一般侵权行为责任要宽,以鼓励正常竞争,尊重道德义务。另外,现在也不再强调必须在同业者间才有不正当竞争的存在,而仅着重于“不正当”的性质。而在美国,由于其不正当竞争的观念是由判决经验推衍出来的,对于不正当竞争的构成要件,一般依每一案件的特殊事实与情况加以判断。一般地,凡欠缺公平交易要素的,就可以基于衡平原则对付加害人。美国对于不正当竞争的取缔,主要目的是保护诚实商人,处罚加害者,以及保护消费者免受欺骗,而且多数判决特别强调保护消费者。①

从上述法国和美国的司法经验来看,在主观要件的放宽、损害的宽泛解释,以及注重对消费者利益保护等方面,颇值得我们借鉴。

如前所述,《反不正当竞争法》的适用中,加害人与受损害人之间是否要求存在竞争关系,一直存在争议。②

不少学者赞同这样一种观点:竞争关系是指生产经营相同、类似抑或可替代商品的经营者之间在特定的市场经营活动中为争夺市场份额而形成的社会关系,即直接竞争关系;所生产经营的商品互不相同、不具替代关系的经营者之间不存在竞争关系,亦不发生不正当竞争行为,此类不能适用《反不正当竞争法》处理。③ 然而,亦有不少学者不同意这种狭义的理解。他们认为,反不正当竞争法上的竞争关系往往比反垄断法意义上的竞争关系的范围要广泛。在反垄断法中,竞争关系一般是指商品之间具有替代关系(相同或者近似的商品)的经营者之间的相互争夺交易机会的关系,这是狭义上的竞争关系。而在反不正当竞争法中,竞争关系往往是广义上的竞争关系。④ 因此,有学者呼吁,应该改变“以存在竞争关系作为认定构成不正当竞争行为的前提”的褊狭观念,对竞争关系作广泛认定。竞争关系存在与否,不仅取决于所提供的商品或服务是否相同,而且只要商品或服务存在可替代性,或者招揽的是相同的顾客群,抑或促进了他人的竞争,都应认定存在竞争关系。⑤ 2004 年 11 月,时任最高人民法院副院长曹建明在全国法院知识产权审判工作座谈会上的讲话中也曾提出:“竞争关系是取得经营资格的平等市场主体之间在竞争过程中形成的社会关系……所谓竞争关系一般是指经营者经营同类商品或服务,经营业务虽不相同,但其行为违背了反不正当竞争法第 2 条规定的竞争原则,也可以认定具有竞争关系。”⑥就其主旨而言,已经超越了竞争关系的狭义的理解,但仍坚持竞争关系的存在是认定构成不正当竞争行为的要件之一。

至于司法实践中,有关不正当竞争案件的判决书中,往往首先就原告、被告之间是

---

① 参见漆多俊主编:《经济法学》,高等教育出版社 2007 年版,第 147 页。

② 本节以下有关“竞争关系”的讨论部分主要引自李胜利:《论〈反不正当竞争法〉中的竞争关系和经营者》,载《法治研究》2013 年第 8 期。

③ 参见李国光主编:《知识产权诉讼》,人民法院出版社 1999 年版,第 678 页。

④ 参见漆多俊主编:《经济法学》,高等教育出版社 2007 年版,第 150 页。

⑤ 参见郑友德、杨国云:《现代反不正当竞争法中“竞争关系”之界定》,载《法商研究》2002 年第 6 期。

⑥ 曹建明:《加大知识产权司法保护力度,依法规范市场竞争秩序》,载全球法规网:http://policy.mofcom.gov.cn/section/claw!fetch.html?id=G000082217,最后访问日期:2018 年 1 月 26 日。

否存在竞争关系作出论证,如北京百度网讯科技有限公司诉青岛奥商网络技术有限公司等不正当竞争纠纷案中,山东省高级人民法院的终审判决经过论证确认了原告、被告之间竞争关系的存在。[①] 然而,亦有一些判决采取了另一种做法。在兰州金蝶软件科技有限公司与金蝶软件(中国)有限公司虚假宣传纠纷一案中,针对被告的"原告与答辩人之间系软件开发商和经销商的关系,系合资经营关系,不存在竞争关系",故双方之间发生的纠纷不适用《反不正当竞争法》的抗辩理由,甘肃省高级人民法院直接以"《反不正当竞争法》是规范经营者行为的法律,同时保护其他经营者和消费者的合法权益,不以经营者之间是否存在竞争关系为前提"为由,否定了被告方的上诉理由。[②]

由此可见,在《反不正当竞争法》的适用过程中,无论是理论界还是司法界,就这一问题的认识上均存在显著差异。对此,本书认为:

第一,从"竞争"或者"市场竞争"的本意来说,一般均是发生于同行业竞争者之间对于顾客或者交易机会的争夺。因此,竞争关系,究其本源意义来看,也是发生于同行业竞争者之间的关系。但是,现代市场经济的发展导致市场竞争态势复杂化,出现了非同行业的市场参与人严重违反诚实信用原则、违背善良风俗、损害他人竞争能力、严重影响正常的市场竞争秩序的行为和现象。由于是在市场竞争中发生,对市场格局和竞争关系产生重大影响,也对正当守法的经营者造成了严重损害,因此适当拓展《反不正当竞争法》的适用范围,将其纳入,有助于更好地维护公平竞争的市场环境,符合社会现实和社会需要,因而是恰当的、可行的。

在这方面,有国际经验可循:《巴黎公约》中没有规定不正当竞争的认定需要以竞争关系为前提;英国的仿冒法以及美国《兰哈姆法》中亦未明文要求竞争关系的存在(尽管如果存在会更容易认定不正当竞争行为的成立);[③]在一件判例中美国法院指出:"在现代不公平竞争原则的适用范围已经拓宽,其外延已扩及对不公平侵占或者侵害他人商誉的保护和救济,即使(被侵害的对象)不是一个竞争者,也不影响行为的构成"。[④] 欧盟各国反不正当竞争法中对竞争关系的要求趋于淡化,在诸如荷兰等国家的有关立法中,没有对竞争关系的要求;[⑤]而德国《反不正当竞争法》(2010 年 3 月联邦法

---

① 该案详情及判决理由参见《北京百度网讯科技有限公司诉青岛奥商网络技术有限公司、中国联合网络通信有限公司青岛市分公司、中国联合网络通信有限公司山东省分公司、青岛鹏飞国际航空旅游服务有限公司不正当竞争纠纷案》,载《最高人民法院公报》2010 年第 8 期。

② 该案详情及判决理由参见"金蝶软件(中国)有限公司与兰州金蝶软件科技有限公司虚假宣传纠纷案",甘肃省高级人民法院(2007)甘民三终字第 00007 号民事判决书。

③ See Lisa Logan, *The Emperor's New Clothes? The Way Forward: TV Format Protection under Unfair Competition Law in the United States, United Kingdom and France*, Thomson Reuters (Legal) Limited and Contributors, [2009] Ent. L. R., ISSUE 3.

④ Galt House, Inc. v. Home Supply Co. (1972).

⑤ See Frauke Henning-Bodewig, *Unfair Competition Law: European Union and Member States*, Kluwer Law International, 2006, 8, 201.

律公报)[①]第1条"适用范围"及第3条一般条款中,其语言表述也从所谓的"竞争行为"扩大为"商业行为",以对竞争者、消费者及其他市场参与者提供平等保护,从而避免公共利益受到扭曲的市场竞争的损害。至于瑞士,其1943年反不正当竞争法曾要求不正当竞争行为人与受害人之间必须具有直接的竞争关系,而1986年反不正当竞争法则抛弃了原来对竞争关系的要求,将其适用范围扩展到影响经营者与消费者之间关系的行为,并规定所有市场参与者的行为,不管是竞争者还是消费者,都可以认定构成不正当竞争。[②] 境外制度的演化值得我们深入思考、借鉴。

第二,从我国《反不正当竞争法》对不正当竞争行为的定义来说,仅仅是禁止经营者在生产经营活动中,无视自愿、平等、公平、诚实信用等原则,采取违反法律和商业道德的手段去争取交易机会,损害其他经营者和消费者的合法权益,扰乱市场竞争秩序的行为。并未提及一定是竞争对手所为、是否必须存在竞争关系。该法第17条(损害赔偿条款)也并未提出不法行为人的损害赔偿责任需要以其与受损害人之间存在竞争关系为前提;[③]而在该法第二章所规范的7种不正当竞争行为中,仅有第11条规定"经营者不得编造、传播虚假信息或者误导性信息,损害竞争对手的商业信誉、商品声誉",明文限定于"竞争对手"。至于该法第6条混淆行为及第12条网络不正当竞争行为,更是不能局限于竞争对手之间,甚至连广义上的竞争关系是否存在都难以认定。

因此,尽管在《反不正当竞争法》修订过程中,有不少学者仍坚持认为只有发生在竞争对手之间,并直接或间接损害了竞争对手利益,进而损害了正当竞争秩序的行为,才适合被认定为不正当竞争行为,[④]但从国内外实践经验及理论发展来看,本书认为,除法律有明文规定外,一般的不正当竞争案件、至少是某些类型的案件中(如混淆行为及网络不正当竞争行为),原告、被告之间是否为竞争对手及是否存在竞争关系,完全可以甚至不应做要求。

三、关于不正当竞争行为的分类

由于不正当竞争行为的多样及多变,对其进行分类也变得较为困难。有学者以损害对象(其他经营者的合法权益)的不同为标准,将不正当竞争行为大致分为两类:一类是侵害绝对权利即法律上有明文规定的权利的行为,也可以称为侵害其他经营者的"特殊正当竞争权"的行为;另一类是侵害其他合法权益的行为,即侵害其他经营者的

---

① See Germany, *Act Against Unfair Competition*(version published on 3 March 2010), http://www.wipo.int/wipolex/en/text.jsp? file_id = 229700, 2018 - 02 - 10.

② See Dennis Campbell, Susan Cotter, *Unfair Trading Practice Issue* 1996(Comparative Law Yearbooks), Kluwer Law International, 1997, pp. 279 - 280.

③ 2017年修订前的《反不正当竞争法》损害赔偿条款为第20条,亦未要求存在竞争关系。

④ 代表性论述可参见焦海涛:《不正当竞争行为认定中的实用主义批判》,载《中国法学》2017年第1期。

“一般正当竞争权”的行为。① 更多学者鉴于不正当竞争行为的特殊性,而采取了根据不同行为的市场表现进行分类的实用主义做法,如根据不正当竞争手段的性质,将其分为欺骗性交易行为、利诱性交易行为、强迫性交易行为和其他不正当竞争行为。② 这种做法被广为采用。例如,《巴黎公约》第 10 条中,在对不正当竞争行为作出定义后,又列举了“特别应予以禁止”的三种行为——混同行为、诋毁竞争者行为和误导行为;世界知识产权组织(World Intellectual Property Organization,WIPO)国际局则在一份研究报告中将不正当竞争行为划分为两大组,一组是《巴黎公约》第 10 条之二明确的行为即前述之混同、诋毁和误导行为,另一组是第 10 条之二未明确描述的行为,包括侵犯商业秘密、不当利用他人成果、比较广告和其他不正当竞争行为。③ 我国亦有学者认为可以将不正当竞争行为分为以下几种:虚假、欺诈类,诋毁、妨害类,贿赂、利诱类,侵犯商业秘密及其他泄密等。④ 另有实务部门的研究者将其分为以下三种类型:(1)贬损行为,即在经营活动中采用虚假的宣传或说法,损害竞争者的商业信誉或商品信誉的行为,此行为的目的在于“损人利己”。(2)混淆行为,即在经营活动中采取一些旨在使消费者对该经营者与其竞争对手的营业所、商品或工商业活动产生混淆的行为,此行为的目的在于“搭便车”。(3)侵犯商业秘密的行为,即在经营过程中,非法窃取、使用或者披露他人商业秘密的行为。商业秘密是其持有人的重要无形资产,侵犯商业秘密重要的目的在于“不劳而获”。⑤

在上述分类中,将不正当竞争视为侵犯其他经营者的正当竞争权的行为,从而分为侵犯一般正当竞争权的违法行为与侵犯特殊正当竞争权的违法行为,该分类方法理论性较强、概括全面,但其适用还存在许多实际困难。就侵犯一般正当竞争权的行为而言,此类不正当竞争行为的受害人往往不是特定的、损害后果具有间接性和多方面体现、侵害行为与损害之间的因果联系也较难证明和认定,导致其法律适用存在困难,尚待从理论上予以解决。⑥ 更重要的是所谓的“竞争权”或“正当竞争权”理论目前尚未得到学界普遍认同,还存在若干颇有争议之处。至于其他几种分类方法,基本思路是完全一样的,都着眼于现实市场竞争中出现的各种不正当竞争行为,并予以归纳,故结论也具有较大的一致性。但是,有些分类则存在较为明显的不能完全涵盖所有不正当竞争行为的弱点,如前面列举的最后一种分类,就较为明显地缺失了采用商业贿赂等手段

---

① 参见邵建东:《论正当竞争权》,载范健、邵建东、戴奎生主编:《中德商法研究》,法律出版社 1999 年版,第 270 ~275 页。

② 参见种明钊主编:《竞争法》,法律出版社 1997 年版,第 170 ~171 页。

③ 参见郑友德、冯涛:《世界反不公平竞争法的新进展》,载漆多俊主编:《经济法论丛》(第 1 卷),中国方正出版社 1999 年版,第 285 页。

④ 参见漆多俊:《经济法基础理论》(第 4 版),法律出版社 2008 年版,第 211 页。

⑤ 参见宿迟:《诚信为本　有序竞争》,载《中国发明与专利》2004 年第 5 期。

⑥ 参见邵建东:《论正当竞争权》,载范健、邵建东、戴奎生主编:《中德商法研究》,法律出版社 1999 年版,第 270 ~275 页。

进行“不正当利诱”及虚假广告等“误导行为”这两种不正当竞争形态。

因此，本书认为，如果从理论上对不正当竞争行为进行归纳，可以将其归纳为以下六类：误导行为、不正当利诱行为、诋毁行为、混淆行为、侵犯商业秘密行为以及其他不当妨碍他人经营行为。如此基本上可以涵盖现实中所有的不正当竞争行为。

第二节　反不正当竞争立法

一、反不正当竞争法概述

反不正当竞争法有广义、狭义之分。狭义的反不正当竞争法就是1993年9月2日第八届全国人大常委会第三次会议通过、2017年11月4日第十二届全国人大常委会第三十次会议修订的《反不正当竞争法》。广义的反不正当竞争法则是指调整在制止不正当竞争行为过程中发生的经济关系的法律规范的总称，是以《反不正当竞争法》为核心，辅之以其他有关法律、法规、规章等法律文件的法律体系的总和。

关于反不正当竞争法的调整对象，一般认为包括两类：一是在市场竞争过程中出现的经营者之间的不正当竞争关系；二是有关国家机关在制止该不正当竞争行为过程中发生的社会关系即竞争管理关系。

关于反不正当竞争法的原则，根据现行立法，在生产经营活动中经营者应当遵循下列原则：(1)自愿、平等、公平、诚信原则；(2)遵守法律及商业道德的原则。前一项原则体现出该法具有很浓厚的民事立法或者说私法色彩，后一项原则体现出该法与一般民事立法的差异。

如前所述，作为竞争法的有机组成部分，反不正当竞争法与反垄断法有相当多的共性，因而不少国家和地区采取了合并立法的做法；而另外一些国家和地区则基于两法存在的差异，采取了分别立法的模式。从性质上来看，反不正当竞争法相较于反垄断法来说更多地体现了私法性质，以致不少人将其归为民事侵权法的范畴。在这个意义上可以说反不正当竞争法是侵权行为法在竞争领域的延伸和专门化。但是，现代反不正当竞争法并非单纯的私法，而是越来越多地渗入了公法的因素，因此兼具公法和私法的性质，与反垄断法一样都属于经济法的范畴。①

二、境外反不正当竞争立法历史

应当说由于在人类早期的商业活动中就存在竞争因素，也就必然出现了不正当竞争行为，古代各国的立法中也就有了若干关于不正当竞争行为的法律条款，无论是中国还是西方皆然。

在现代反不正当竞争立法方面，处于欧洲大陆的德国成为先行者。自1871年德意

---

① 参见漆多俊主编：《经济法学》，高等教育出版社2007年版，第156页。

志第二帝国建立后,“营业自由”政策使市场竞争加剧,活跃了经济。但营业自由权利的滥用导致各种不正当竞争手段层出不穷,不正当竞争行为愈演愈烈,构成了对竞争机制的扭曲。而这个问题以传统的民法等法律手段无法有效地加以解决。在迫切的现实需要面前,立法者于1896年匆忙出台了世界上第一部反不正当竞争法,以列举的形式将商业欺诈、滥用他人商标、诽谤等不正当竞争行为予以禁止。但由于不正当竞争行为在现实生活中的多样性而致使法律上简单的列举无法达到维持正当竞争秩序的要求。因此,德国的立法者在此基础上制定了1909年《反不正当竞争法》,增加了“行为人在商业交易中以竞争为目的而违背善良风俗的,可向其请求停止行为和损害赔偿”作为第1条,明确禁止在商业竞争中一切违背良俗的行为。这一概括条款从颁布之日起,其功能随着市场竞争手段的变化而不断扩充,在司法上发挥得淋漓尽致,被奉为主宰整部法律的“帝王规则”(Konigliche Norm),成为德国法系中法官依法造法活动的最成功典范。① 2004年,为了转换欧洲议会和理事会1997年10月6日《关于修订欧共体第84/450号关于为规范比较广告之目的而规制引人误解的广告的指令》第97/55号指令,以及转换欧洲议会和理事会2002年7月12日《关于在电子交易中与个人相关的数据的处理以及私人领域保护的2002/58号指令》的有关规定,德国对其反不正当竞争法进行了较大修正。新法第1条开宗明义地首次规定了保护目的,即本法旨在保护竞争者、消费者及其他市场参与者免受不正当竞争,同时保护公众在未扭曲的竞争中的利益。该条规定改变了旧法纯粹的保护竞争者利益的目的。新法最核心的实体规定是第3~7条。第3条设置了一项新的一般条款,取代了旧法第1条的一般条款规定。新的一般条款通过第4~7条列举的一系列不正当竞争示例而予以具体化,且新列举之示例呈开放状态。新法在法律救济措施和法律程序等方面有所创新。②

跟德国法制颇有渊源的日本,在竞争法方面也是两法并行的分立模式。早在1934年,为了加入《巴黎公约》,日本就制定了专门针对不正当竞争行为的《不正当竞争防止法》,主要内容包括对各种不正当混淆行为和不当赠品等的规制。此后历经多次修改,比较重要的修改分别发生于1938年、1950年、1965年、1975年、1993年,最近一次修改发生在2015年。另外,尚有《不当赠品及不当表示防止法》(亦称《景表法》),③以及其他法律中的相关条款,如1968年《消费者保护基本法》第10条规定:“在消费者购买或使用商品时……国家采取必要的措施,以限制虚伪的或夸大的表示。”

在英美法国家,早在16世纪就出现了反对假冒的案件——制衣匠案。当时某个制衣匠衣服做工粗糙,但是他把另一个信誉良好的制衣匠的衣服标志缝在自己所做的衣

---

① 参见郑友德:《论德国反不正当竞争法对模仿行为的规制》,载《知识产权》1997年第4期。

② 参见郑友德、万志前:《德国反不正当竞争法的发展与创新》,载《法商研究》2007年第1期。

③ 值得注意的是,该法在日本通常被视为《禁止私人垄断法》的补充法,不当赠品及不当表示防止行为是“不公正的交易方法”的一种具体表现。

服上。购买者发觉上当后,以“欺骗”为由诉诸法庭。结果,从侵权法“欺骗”行为中独立出一类新的行为——假冒,即商人以自己的低质或者劣质商品冒充他人的优质商品出售。美国从19世纪末开始,其学者和一些法院的法官陆续以“不正当竞争”代替普通法中的“假冒”概念。然而,严格拘泥于普通法传统的美国最高法院拒绝将“不正当竞争”概念从“假冒”引申到市场中的一切不正当竞争行为。为了既对众多的不正当竞争行为进行控制,又避免对普通法传统的背叛,美国于1914年制定《联邦贸易委员会法》,以“不正当的竞争方法”(unfair method of competition)代替“不正当竞争”(unfair competition)一词。鉴于“不正当的竞争方法”仅包括那些对竞争对手造成直接侵害的行为,而商业活动中大量的促销手段,如虚假或者令人误解的广告、有奖销售等,主要是针对消费者进行,并不一定给竞争对手造成直接侵害,1938年通过《威勒—李修正案》,在《联邦贸易委员会法》中增加“不正当的或者欺骗性的做法和行为”这一概念。根据联邦贸易委员会制定的规则,“不正当的竞争方法”和“不正当的或者欺骗性的做法和行为”几乎涵盖了市场主体的所有不正当经营行为。①

三、我国反不正当竞争立法及修订历程

当我国刚步入改革开放的轨道时,党和国家领导人便意识到竞争及竞争立法的重要性,1980年国务院发布了《关于开展和保护社会主义竞争的暂行规定》,此后在20世纪80年代制定的相当多的法律、法规、规章中都出现了保护合法竞争、反对限制竞争及不正当竞争的条款,如1982年颁布的《广告管理暂行条例》、1983年颁布的《国营工业企业暂行条例》(已失效)、1987年颁布的《价格管理条例》等法规。就专门的竞争立法而言,各个地方基于本地经济发展的实际需要而进行的立法活动相当活跃,如1985年11月公布实施的《武汉市制止不正当竞争行为试行办法》、1987年10月发布的《上海市制止不正当竞争暂行规定》(已失效)等。

1987年,国务院首次提出要制定全国性的制止不正当竞争法,并草拟出《禁止垄断和不正当竞争暂行条例》,经过多次修改,至1989年去掉反垄断的内容变成了《禁止不正当竞争暂行条例》,但由于意见分歧较大,未能完稿上报。1991年年底,根据全国人大常委会的立法计划,由原国家工商行政管理局成立专门的起草小组,经过努力在原有工作的基础上起草出《反不正当竞争法(征求意见稿)》,1993年6月,国务院常务会议通过了《反不正当竞争法(草案)》,经过第八届全国人大常委会的审议,1993年9月2日正式通过《反不正当竞争法》,并于1993年12月1日起实施。

在《反不正当竞争法》出台的同时期及此后的几年间,全国人大常委会分别通过的《产品质量法》《消费者权益保护法》《广告法》《价格法》《招标投标法》等单行法中,亦包含若干维持竞争秩序、反对不正当竞争行为的条款。

尽管国务院未就《反不正当竞争法》制定行政法规,但是作为最高行政主管机关的

---

① 参见刘燕、蔡敏:《不正当竞争法的历史发展及其一般规律探讨》,载《中外法学》1992年第6期。

原国家工商行政管理总局陆续制定了不少配套的行政规章,目前已出台的有《关于禁止有奖销售活动中不正当竞争行为的若干规定》(1993 年 12 月)、《关于禁止公用企业限制竞争行为的若干规定》(1993 年 12 月)、《关于禁止仿冒知名商品特有的名称、包装、装潢的不正当竞争行为的若干规定》(1995 年 7 月)、《关于禁止侵犯商业秘密行为的若干规定》(1995 年 11 月,于 1998 年 12 月被修订)、《关于禁止商业贿赂行为的暂行规定》(1996 年 11 月)和《关于禁止串通招标投标行为的暂行规定》(1998 年 1 月)等。这些规章对《反不正当竞争法》做了细化、补充和发展。针对全国各地工商机关在执法中遇到的疑难问题,原国家工商行政管理总局还发布了大量的批复文件。另外,许多省、市、自治区、经济特区、省辖市以及享有立法权的较大的市先后颁布了地方性的反不正当竞争法规。《最高人民法院关于审理不正当竞争民事案件应用法律若干问题的解释》是专门针对这方面的司法解释,自 2007 年 2 月 1 日起施行。

自 1993 年《反不正当竞争法》出台后的 20 多年间,经过努力,以《反不正当竞争法》为核心,辅之以其他大量有关法律、法规、司法解释、部门规章和地方性法规等,我国反不正当竞争法律体系已经基本形成,并在实践中取得了显著的效果。现行《反不正当竞争法》对鼓励和保护公平竞争、保障社会主义市场经济健康发展发挥了重要作用。截至 2017 年,全国各级工商和市场监管部门依法行政、履职尽责,积极贯彻执行《反不正当竞争法》,共查处各类不正当竞争案件 70 万件,案值 437 亿元,罚没金额 100 亿元。在比较典型、多发的不正当竞争案件中,仿冒类案件 20.7 万件,虚假宣传案件 26 万件,商业贿赂案件 7.2 万件,限制竞争案件 1.5 万件。① 通过上述执法活动,有力地保障了市场公平竞争秩序。

《反不正当竞争法》在中国经济法治发展过程中有着特殊意义。其立法动议源于经济体制改革取得重大进展的 20 世纪 80 年代,出台并实施于我国确立社会主义市场经济体制的改革目标后不久的 1993 年。该法的制定既源于我国市场经济发展到相当程度但仍存诸多障碍、市场竞争逐渐激烈因而需要更加明确的竞争规范以确保竞争机制良性运作的内在因素,也与以美国为首的西方国家要求中国加强保护其知识产权的外来因素有关。如此种种,共同造就了 1993 年《反不正当竞争法》文本。此后 20 多年的实施过程中,针对该法暴露出的问题,原国家工商行政管理总局、最高人民法院发布的各项法律性文件,有关行政执法机关和人民法院对于该法的具体应用与实施,以及有关学者的理论研究,不断地推动我国反不正当竞争法治的发展。② 在经过多个文本的讨论后,2016 年 2 月国务院法制办公布《反不正当竞争法(修订草案送审稿)》,之后一

---

① 参见吴楠:《总局反垄断与反不正当竞争执法局局长就新〈反不正当竞争法〉接受记者专访》,载原国家工商行政管理总局网:http://www.saic.gov.cn/zw/zcfg/jd/201711/t20171109_270236.html,最后访问日期:2018 年 1 月 28 日。

② 参见李胜利:《反不正当竞争法的现代化及本土化——〈反不正当竞争法〉修订的若干意见》,载《安徽大学学报》(哲学社会科学版)2017 年第 6 期。

年社会各界提出了大量修改建议,2017 年 2 月全国人大常委会首次审议《反不正当竞争法(修订草案)》,并最终于 2017 年 11 月 4 日通过,自 2018 年 1 月 1 日起施行。通过本次修订基本上解决了与《反垄断法》的关系,也在不正当竞争行为与经营者的定义、若干不正当竞争行为的认定、法律责任等方面做了修改与补充,可以说改进不小。但是由于种种原因,仍未能解决执法权分散、明确消费者地位等问题,同时对于与《反垄断法》关系的处理似乎也过于绝对。上述问题有待进一步的理论讨论。

2019 年 4 月 23 日第十三届全国人大常委会第十次会议修正《反不正当竞争法》,旨在加强对商业秘密的保护。

四、我国反不正当竞争立法目的

我国《反不正当竞争法》第 1 条规定:"为了促进社会主义市场经济健康发展,鼓励和保护公平竞争,制止不正当竞争行为,保护经营者和消费者的合法权益,制定本法。"这是我国立法的惯例,是对本法的立法宗旨或目的的表述。若细加分析,可以看出其立法目的有 4 个:促进社会主义市场经济健康发展、鼓励和保护公平竞争、保护经营者的合法权益、保护消费者的合法权益。其中,"促进社会主义市场经济健康发展"几乎可以说是所有经济立法的根本目的,不独为《反不正当竞争法》所特有,这里不作讨论。而后三项则是《反不正当竞争法》要达到的直接目的。由此可见,我国《反不正当竞争法》的保护对象是竞争或竞争秩序、经营者和消费者。

"鼓励和保护公平竞争"或者说保护竞争秩序的目的,在我国《反不正当竞争法》中得到了较为充分的体现。无论是该法"第一章总则"中的诸条款,还是"第二章不正当竞争行为"对各项不正当竞争行为的列举,都很好地体现出该法所追求的鼓励和保护公平竞争、反对不正当竞争的法律精神和目的。

我国《反不正当竞争法》的第二个目标是保护经营者的合法权益,即该法要保护经营者,即那些"从事商品生产、经营或者提供服务的自然人、法人和非法人组织"。但是,这里的"经营者"的范围究竟有多大?是仅限于不正当竞争行为人的竞争对手,还是同时也包括其交易对方及其他经营者?本书前面已有探讨,此处不再赘述。

至于"保护消费者的合法权益"这一立法目的,修订后的《反不正当竞争法》第 2 条有了一定体现,在第 2 款有关"不正当竞争行为"定义中提出"损害其他经营者或者消费者的合法权益",可以说较之以往有所进步。但是第二章除第 8 条规定"经营者不得对其商品的性能、功能、质量、销售状况、用户评价、曾获荣誉等作虚假或者引人误解的商业宣传,欺骗、误导消费者"外,其他条款并未出现"消费者"字眼。第 17 条民事责任条款则较为模糊,实践中消费者是否据此拥有诉权还有待确定。[①] 由此看来,《反不正当竞争法》仍想通过对市场竞争秩序的维持来达到保护消费者的目的,因为"竞争可以

---

① 从立法背景来看,我国《反不正当竞争法》与《消费者权益保护法》几乎同时期出台,似乎立法者有意在二者间作出区分:《反不正当竞争法》赋予经营者以诉权,而《消费者权益保护法》则赋予消费者以诉权。

最大限度地实现对消费者合法权益的保护”。① 从这个意义上来说,《反不正当竞争法》保护的消费者利益仅是一种“反射利益”,而不是其直接的保护对象;所谓“消费者的合法权益”应与经济学中的“消费者福利”一词同义,指的是作为整体、与厂商相对的消费者集团的利益。由此我们可以划清反不正当竞争法与消费者权益保护法之间的界限:前者所保护的是作为整体的、抽象意义上的消费者,借由对竞争者和竞争秩序的保护实现对消费者的(间接的)保护(事实上良好的竞争秩序直接有利于竞争者);而后者则对那些单个的、处于具体交易关系之中的消费者提供直接的保护,同时在宏观上也规定了一系列有利于消费者的法律制度。

由此可见,修订后的《反不正当竞争法》仍是一部较为传统的反不正当竞争法,仅仅通过对正当竞争秩序的维持来保护消费者利益。但是,从境外历史发展及我国《反不正当竞争法》执法经验来看,对于消费者利益的直接保护有其必要性。事实上过去20多年我国司法及行政执法实践中,对消费者是否构成侵害已经是不少案件中判断是否构成不正当竞争行为的必要考虑因素。为了更好地控制此类不法行为、体现保护消费者合法权益的立法目的,除继续赋予行政机关对于上述侵害消费者利益的不正当竞争行为以执法权外,赋予消费者组织以诉权是一个可行的办法。同时,为了减轻企业界的疑虑,可以对消费者组织提起的诉讼请求作出一定限制。②

第三节 反不正当竞争法的一般条款问题

关于我国《反不正当竞争法》中是否具有一般条款的问题,学界和实务界一直存在激烈的争论。本书认为,其在理论和实践中存在一定反差。③

一、何为一般条款

一般条款(general clause)与概括条款、一般性条款、概括性条款等系同义语。该概念在民商法领域中被广为使用。谢怀栻先生在其《外国民商法精要》一书中不止一处提到《德国民法典》的一大特点是规定了“一般条款”即几个总的原则,如诚实信用、善良风俗、权利不得滥用等;这几项一般条款的确立,使得德国的司法工作者有了一种近乎立法者的权力。④ 梁慧星在其《民法解释学》一书中提出,“与开放的不确定概念类似的,是一般条款,如诚实信用原则、公共秩序与善良风俗、权利滥用之禁止、情势变更原则等”,并指出“……立法者并没有为一般条款确定明确的特征,以使法官可据以进行

① 种明钊主编:《竞争法》,法律出版社1997年版,第29页。

② 参见李胜利:《从两个关系看〈反不正当竞争法〉的修订》,载《法治现代化研究》2017年第5期。

③ 本部分以下主要引自李胜利:《论〈反不正当竞争法〉中的“一般条款”》,载《安徽大学法律评论》2004年第2期。本处有删改。

④ 参见谢怀栻:《外国民商法精要》,法律出版社2002年版,第96~198页。

逻辑操作”。[①] 显然在民商法领域中，二位学者均将一般条款与我们平时所说的民法基本原则等同起来。

但是，张新宝教授在其文章中则说：“《法国民法典》第 1382 条和第 1383 条首创了侵权行为法的‘一般条款’立法模式，即对过错（故意和过失）侵权责任的共同要件进行抽象，将其分别规定在两个条文中，不再对各种具体的过错侵权行为进行列举性规定。”并指出：“采用一般条款对三种侵权（故意侵权、过失侵权和准侵权）责任做出概括性规定，避免列举各种具体侵权行为产生的遗漏，因此具有高度的包容性和扩张性。其缺点是给予法官的指示太少，使得后者在司法审判中享有过多的自由裁量权。”[②]而杨立新教授则称：“侵权行为法的一般条款，是指概括一般侵权行为的特点和构成要件的侵权行为法条款，它将一般侵权行为的基本构成要件和基本特征进行概括，作为一般侵权行为请求权的基础的条款。”[③]二位学者虽然在侵权行为一般条款涵盖面的认识上存在不同，但是对于侵权行为法中的“一般条款”概念自身的理解是一致的，即可以直接适用于有关案件的法条。

由此，我们可以发现，学者们对于“一般条款”的使用在不同的场合有着不同的含义。第一种是将其直接等同于民法基本原则，其文义是空泛、抽象的，表达了立法者的价值倾向；而第二种则将一般条款与民法基本原则区别开来，认为它是具有一定弹性的法律规则，是对某一类行为的较为具体的描述，即有明确的构成要件。这一区别相当重要。

民法基本原则（basic principles of civil law），即指导民事立法、民事司法与民事活动的基本准则，尽管法理上认为其对民法规范的制定与理解具有指导意义，大多数学者还同意在特殊情况下其甚至可以直接作为断案的依据，但是司法实践中对有关民商法基本原则的直接适用往往招致学界的批评。[④] 原因在于：第一，从法学理论角度看，诸如“诚实信用”等民法基本原则具有较强的道德色彩，直接适用基本原则往往被认为是直接求助于道德观念，这种“空白委任状”极易导致法律道德化的倾向，乃至最终可能用道德价值判断取代法律判断，这正是大多数法学学者所反对的；第二，从法律层面上

---

① 梁慧星：《民法解释学》，中国政法大学出版社 2000 年版，第 287 页。

② 张新宝：《侵权法立法模式：全面的一般条款 + 全面列举》，载《法学家》2003 年第 4 期。

③ 杨立新：《论侵权行为一般化和类型化及其我国侵权行为法立法模式选择》，载《河南省政法管理干部学院学报》2003 年第 1 期。

④ 典型者如 2001 年四川省泸州市人民法院审结的张某诉蒋某的第三者受遗赠纠纷案件，受案法院直接依据法律原则进行判决，作为“第三者”的张某两审均告败诉。对此结果，在法院内部以及法学界都有不同意见。参见王甘霖：《“第三者”为何不能继承遗产》，载《南方周末》2001 年 11 月 1 日，第 10 版。

讲,我国《民法通则》并未确立类似于著名的《瑞士民法典》第 1 条①那样对法官的授权性条款,其法律依据不足;第三,从我国司法现状出发,人们对现行司法体制及法官素质怀有疑虑,有理由担心裁判权的滥用。另外,处于巨变时期的中国社会,商业伦理及市场道德资源尚未成形,致使"诚实信用"等法律原则的运用缺乏深厚的社会道德资源的支撑。②

而上述关于"一般条款"的第二种用法,本书称为严格意义上的"一般条款",如我国《民法通则》第 106 条第 2 款、第 3 款分别确立的过错责任、无过错责任条款。与基本原则不同的是,它们在一定程度上脱离了道德规范的意义,为法律关系的参加者提供了具体的行为模式。这些条款是公认的法律规则,虽然高度概括,但并不空洞,有其实际内容,其中包含较为明确、完整的民事行为的构成要件,具有较强的可操作性,故依法可由法院直接适用。尽管一些个案中就判决结果存在疑问,但直接适用这些条款的行为本身是没有问题的。由于法官在享有不小的自由裁量权的同时,要受到条款本身(构成要件)一定的约束,故能够较好地满足人们对法律的确定性及一定弹性的预期。

反不正当竞争法中的"一般条款"这一概念究竟是在哪个意义上使用?我们可以再溯根探源。学界公认为最具代表性的一般条款是 1909 年确立、一直延续到 2004 年修订前的德国《反不正当竞争法》第 1 条:"在商业交易中以竞争为目的而违背善良风俗者,可向其请求停止侵害和损害赔偿。"根据德国学说和判例,该一般条款的构成要件是:第一,不正当竞争的行为人包括自然人或法人;第二,行为主体从事的交易必须发生在商业交易即经济交易或市场交易之中;第三,行为人在商业交易中从事行为必须以竞争为目的,即行为人从事某项行为旨在与其他特定的或不特定的竞争对手争夺市场相对人的交易机会;第四,该竞争行为违反善良风俗。③ 我国台湾地区学者还提出了第 5 项主观要件,即行为人是否认识到或者可能认识到其行为违背善良风俗。④ 以本书之见,德国《反不正当竞争法》原第 1 条之所以被视为最典型的一般条款,是因为该条款不仅仅规定了不正当竞争行为的构成要件,还同时明确了违法者的法律责任,赋予受害人以停止侵害请求权和损害赔偿请求权,从而毫无疑义地宣告了国家在这个方面的态度,并在实践中取得了良好的效果。

2004 年修订后的德国《反不正当竞争法》在许多方面作出了重大调整,在一般条款

---

① 《瑞士民法典》第 1 条规定:"(1)凡本法在文字上或解释上有相应规定的任何法律问题,一律适用本法。(2)如本法没有可以适用的规定,法官应依据习惯法,无习惯法时,应依据他作为立法者所制定的规则裁判之。(3)于此情形,法官应遵循公认的学理与惯例。"对此,谢怀栻先生指出该条特别是其第 2 款是一个"空前绝后"的规定,但与其民选的法官体制等国情相适应,而其他国家因不具备瑞士所具有的条件,很少有采用这一条的。参见谢怀栻:《外国民商法精要》,法律出版社 2002 年版,第 116 ~ 117 页。

② 参见谢晓尧、吴思罕:《论一般条款的确定性》,载《法学评论》2004 年第 3 期。

③ 参见邵建东:《德国反不正当竞争法研究》,中国人民大学出版社 2001 年版,第 38 ~ 56 页。

④ 参见赖源河编审:《公平交易法新论》,中国政法大学出版社 2002 年版,第 412 页。

方面也不例外。该法第 1 条变成了对立法目的的阐述:"本法旨在保护竞争者、消费者以及其他市场参与人免遭不正当竞争之害。本法同时保护公众对不受扭曲的竞争(所享有)的利益。"第 2 条为若干定义,第 3 条成为新的一般条款:"不正当竞争行为,如足以损害竞争者、消费者或其他市场参与人而对竞争造成并非轻微的破坏的,则是非法的。"在第 4 条中列举了 11 种行为与之印证。在第 8 条中规定了排除妨碍和停止侵害的法律责任。就以上规定来说,修订前后的德国《反不正当竞争法》在一般条款方面的态度并无本质不同。

而 WIPO《反不正当竞争示范条款》第 1 条"总则"之(1)"概括条款"(general provision)也经常为学者们所提及:"(a)除第 2 条至第 6 条指涉的行为和做法外,在工商业活动中违反诚实惯例的任何行为或做法,应构成不正当竞争行为;(b)受到不正当竞争行为损害或者可能受到损害的任何自然人或法人,应有权(从待续订条款的规定中)获得救济。"

从以上列举可知,反不正当竞争法中的一般条款是具有明确的违法行为构成要件的法律规范,往往还同时规定了不法行为人应当承担的法律责任,因而与通常只是表明立法者的立场、极其抽象的法律基本原则有着质的区别。可以说,反不正当竞争法中的一般条款是立法者对实施法律者的明确而有约束的授权,是司法机关可以在个案中直接予以适用而不会引起过多争议的具有一定弹性的法律规则。另外,不正当竞争行为的实质即民事侵权行为,本书前引张新宝、杨立新两位学者文中的一般条款亦是针对侵权行为的,故将反不正当竞争法中的一般条款理解为严格意义上的"一般条款"也正好与之契合。综上所述,我们可以对反不正当竞争法的一般条款下这样一个定义:规定有关法律适用机关在法律具体列举的不正当竞争行为以外认定其他不正当竞争行为的要件及处罚规则的概括性规范,是认定和处罚法律没有列举的不正当竞争行为的法律依据。①

二、我国《反不正当竞争法》中的一般条款

关于 1993 年《反不正当竞争法》中是否存在一般条款,学者们见仁见智。但都将目光集中于该法第 2 条第 1 款与第 2 款:"经营者在市场交易中,应当遵循自愿、平等、公平、诚实信用的原则,遵守公认的商业道德。本法所称的不正当竞争,是指经营者违反本法规定,损害其他经营者的合法权益,扰乱社会经济秩序的行为。"

对于该条款,不同学者的理解大相径庭,主要有以下两种:第一,该法第 2 条第 1 款对基本原则的规定,以及第 2 款对不正当竞争的定义,具有有限的一般条款性质,"从行政执法实际来看,由于第 2 条没有对应的行政处罚条款,监督检查部门无从据此认定新的不正当竞争行为;从司法实践来看,不正当竞争行为主要是一种侵权行为,即使第二

---

① 该定义主要引自漆多俊教授主编的《经济法学》第 171 页,但稍有调整。参见漆多俊主编:《经济法学》,高等教育出版社 2003 年版。

章没有规定的不正当竞争行为,法院也可以予以认定,并追究民事责任”,因此,该条“充其量只能算是有限的一般条款”。[①] 第二,该法第2条第2款不仅仅是对“不正当竞争”这一核心概念所下的法定定义,从立法宗旨及法律规定的文意出发,该条款应当具备一般条款的意义和功能。这是制止和预防经济生活中各类不正当竞争行为的需要,从我国《反不正当竞争法》的立法宗旨、国外立法经验及法律的解释方法上(将该法第2条第2款及第20条中的“违反本法规定”理解为经营者违反整个《反不正当竞争法》,而不仅是违反第二章禁令),可以得出这一结论。[②] 而且在我国反不正当竞争的司法实践中,实际上已经普遍接受了一般条款说。[③]

以上两种观点都没有完全否定一般条款的存在,本书认为值得商榷。上述第一种观点将反不正当竞争法领域的一般条款与基本原则相混淆,如本书前面所述,反不正当竞争法领域的一般条款与法律的基本原则并不相同;第二种观点不承认《反不正当竞争法》存在封闭性,并对有关条款中的“本法”二字颇为技巧地进行了解释,只是这种解释违背了人们对《反不正当竞争法》的通常理解,与我国的立法习惯不符,亦有违公认的立法原意。[④] 将定义性条款放在哪里仅仅是一个立法技术问题,不能仅仅因为其在总则中出现就认为应当具有一般条款的意义和功能。至于司法实践中有关地方人民法院的判决是否就认同了一般条款说,也不无疑问。

以本书见解,我国《反不正当竞争法》不存在一般条款,理由是:该法第2条第1款等同于民法中诚实信用等基本原则,后面没有明确的授权性条款,故一般不可直接适用于个案,不能被视为可以直接适用的一般条款;第2款仅仅是立法者对不正当竞争所下的一个定义,与人们公认的具有明确构成要件的一般条款差距明显,让其勉为其难地承担起一般条款的重任是不合适的。更为重要的是,我国奉行“议行合一”的体制,对于应否授予行政机关、司法机关以如此之大的自由裁量权,是一个立法政策问题,应当由立法机关来决定,而不宜由行政机关、司法机关自行解释法律。

另外,根据我国的立法习惯,如果立法机关有意授权行政执法机关或者司法机关在法律明文规定的11种不正当竞争行为之外,认定其他不正当竞争行为,就会在《反不正当竞争法》中写上一个兜底性的条款,比如“其他不正当竞争行为”。既然《反不正当竞

---

① 孔祥俊:《反不正当竞争法新论》,人民法院出版社2001年版,第183~211页。

② 参见邵建东:《〈反不正当竞争法〉中的一般条款》,载《法学》1995年第2期。

③ 邵建东编著:《竞争法教程》,知识产权出版社2003年版,第38~44页。

④ 根据参与《反不正当竞争法》立法的有关人士介绍,在国务院提交给全国人大常委会审议的《反不正当竞争法(草案)》中有一般条款的规定,即其第3条:“本法所称不正当竞争,是指经营者在经营活动中,违背诚实信用的原则和公认的商业道德,损害或者可能损害其他经营者合法权益的行为。”但是,因为担心执法部门权力太大、对同一种行为的处理不一,全国人大常委会对其进行了修改,修改的核心是增加了“违反本法规定”这几个字。因此,从这一立法者的举动中,可以得出“市场竞争中的不正当竞争行为就是《反不正当竞争法》第二章规定的11种行为”的结论,也可以说明我国《反不正当竞争法》中没有一般条款的位置。以上立法经历可以参见孙琬钟主编:《反不正当竞争法实用全书》,中国法律年鉴社1993年版,第26页。

争法》没有这样的条款，说明立法机关不具有授权的意图。①

因此，我国《反不正当竞争法》第2条不是一般条款，不但行政执法机关没有权力适用该条款，甚至连人民法院也无权直接引用该条款进行裁判。至于立法滞后与现实需要的冲突，完全有另外的途径加以解决，即对于《反不正当竞争法》中没有明文规定的不正当竞争行为，确有必要予以规范的，应直接适用《民法通则》中的过错责任条款；若该条款无法涵盖，在特殊情况下可以以《反不正当竞争法》乃至《民法通则》中所确立的基本原则来解决问题。② 当然，对于法律基本原则的直接引用，只能局限于现行有关法律条款的适用将导致重大不公或者存在重大漏洞等特殊情况，而与作为法律规则的一般条款的普遍适用是两码事。

当然，多年来理论界和实务界近乎一致地认定适用《反不正当竞争法》第2条认定新型不正当竞争行为是对一般条款的应用。例如，吴峻通过对最高人民法院裁判或公告的38件适用《反不正当竞争法》第2条的案例进行总结分析后提出，一般条款为司法机关发展和充实反不正当竞争法体系提供了重要的法律依据；③兰磊认为，司法实践中将《反不正当竞争法》第2条视为兜底性的一般条款，用以处理不属于第二章所列举11种不正当竞争行为的案件。④

至于2017年修订后的《反不正当竞争法》第2条，与修订前的第2条相比没有发生质的变化，就其理解与适用将会具有很大的延续性。看来今后仍将会被作为一般条款对待并适用。

三、《反不正当竞争法》修订中关于一般条款设计的变化

（一）关于一般条款必要性的讨论

我国《反不正当竞争法》修订中应否设立一般条款，学者们的意见基本上是一致的，即鉴于现实经济生活中不正当竞争行为的多样性及多变性，定型化的法律模式无法有效地涵盖所有的不法行为，应当有一般条款来解决这一问题。并常常举出德国反不正当竞争法从1896年到1909年转变的历史经过，以及世界知识产权组织前总干事鲍格胥先生在反不正当竞争国际研讨会开幕式上的开幕词（1989年1月3日，北京）⑤作为例证。本书赞同该意见，因为尽管在特殊情况下可以适用《反不正当竞争法》和《民

---

① 参见孙琬钟主编：《反不正当竞争法实用全书》，中国法律年鉴社1993年版，第26页。

② 在持有一般条款说的邵建东教授的著述中所引用的一些根据一般条款认定不正当竞争行为的案例（可参见邵建东：《竞争法教程》，知识产权出版社2003年版，第38～44页），以及笔者所见的另外一些相关案例中，其判决依据往往不仅仅是《反不正当竞争法》第2条（亦多指明为该条第1款，即“经营者在生产经营活动中，应当遵循自愿、平等、公平、诚信的原则，遵守法律和商业道德”），还有《民法通则》第4条：“民事活动应当遵循自愿、公平、等价有偿、诚实信用的原则。”窃以为这正与本书的观点不谋而合。

③ 参见吴峻：《反不正当竞争法一般条款的司法适用模式》，载《法学研究》2016年第2期。

④ 参见兰磊：《比例原则视角下的〈反不正当竞争法〉一般条款解释——以视频网站上广告拦截和快进是否构成不正当竞争为例》，载《东方法学》2015年第3期。

⑤ 参见孔祥俊：《反不正当竞争法新论》，人民法院出版社2001年版，第182～183页。

法通则》中的基本原则条款解决个案,但这毕竟是“特殊情况下”不得已而为之,对于制止各种不正当竞争行为、维护良好的市场秩序来说,是远远不够的。

也有学者对此有不同意见,提出:就在中国的一些研究者和法院热衷于一般条款的时候,德国2004年的反不正当竞争法却大大降低了一般条款的地位。事实上,德国1909年反不正当竞争法的一般条款,之所以在司法实践中被广为引用,是因为1909年反不正当竞争法没有像2004年反不正当竞争法那样,明确而详细地列举不正当竞争的行为,从而为司法的创新留下了巨大的空间。正是为了避免司法的过度创新,制定2004年反不正当竞争法的目的之一就是“法典化”,将判例所确立的规则,或者纳入法典之中,或者予以废除。与此相应,一般条款在反不正当竞争法中的地位显著下降,不再是可以任由司法解释的条款。一般条款中所说的“平等、公平、诚实信用原则”,以及“公认的商业道德”,都是抽象的道德辞藻,在不同法官的视野中具有不同的含义。过于强调一般条款,甚至直接适用一般条款断案,必然会造成法律适用上的不确定性。①

然而,亦有学者不同意上述判断,他们认为:新法仍然是维持单个不正当竞争行为禁止性条款加上专设一般条款的基本构架,一般条款仍是新法的帝王条款或空白条款,但与旧法相比新法通过列举的方式使不正当竞争行为更加具体化,加上新法关于法律后果和法律程序详尽而具体的规定,使新法的可操作性增强,却又未丧失因应复杂多变的竞争行为的灵活性。②

本书认为,无论英美法系国家还是大陆法系国家,反不正当竞争法差不多都可以说是“判例法”——英美基于传统的仿冒之诉(passing off)发展出内容丰富的制止不正当竞争判例,法国、德国、奥地利、瑞士等典型的成文法国家则是通过一般条款的司法运用,发展出了自己的不正当竞争判例法。长期以来,一般条款在反不正当竞争法中处于核心地位,这与市场中不正当竞争行为不断“推陈出新”有关,也与不正当竞争行为的分散化有关。③ 因此,尽管各国学者尽力对已有判例进行总结归纳,力图从中归类出若干新的不正当竞争行为并使之成文法化,也还是难以完全取代一般条款。最为典型的就是欧盟《不正当商业行为指令》,在以附录列出多达31种不正当竞争行为外,仍然保留了三个一般条款。由此可见反不正当竞争法一般条款的重要性。④

(二)关于一般条款的执行

许多人认为,由行政机关来执行一般条款是合理的、必要的。⑤ 在修法过程中对于

---

① 参见李明德:《制止不正当竞争的若干问题》,载李明德主编:《知识产权文丛》(第14卷),知识产权出版社2008年版,“代序”部分。

② 参见郑友德、万志前:《德国反不正当竞争法的发展与创新》,载《法商研究》2007年第1期。

③ 孔祥俊教授将其称为不正当竞争“行为类型松散聚合性”。参见孔祥俊:《论反不正当竞争法的新定位》,载《中外法学》2017年第3期。

④ 参见李胜利:《反不正当竞争法的现代化及本土化——〈反不正当竞争法〉修订的若干意见》,载《安徽大学学报》(哲学社会科学版)2017年第6期。

⑤ 参见孔祥俊:《反不正当竞争法新论》,人民法院出版社2001年版,第213~215页。

行政机关应否及如何执行一般条款，不少学者予以肯定并提出自己的对策建议。①2016年国务院法制办公室公布的《反不正当竞争法（修订草案送审稿）》第14条②和2017年第一次提交全国人大常委会审议的《反不正当竞争法（修订草案）》第15条③以兜底条款的形式出现，意图解决行政机关依据该条款认定新型不正当竞争行为的问题，只是认定权力进一步上提，显示出社会各界对于行政权力干预市场竞争领域的警惕。但该提级却带来了新的问题：依据2017年《反不正当竞争法（修订草案）》第15条，新型不正当竞争行为的认定需要"报国务院决定"，则该行政决定中当事人利益如何保护就很成问题。尽管我国《行政复议法》和《行政诉讼法》均未明文排除对国务院行政决定的这两类救济途径，④但实践中尚没有先例，根据我国国情，近期也难以看到其落实前景。如果这样，就在事实上剥夺了当事人获得法律救济的基本权利，显然不合情理与法理。如果该条规定的目的是原国家工商行政管理总局自行或者会同国务院其他有关部门研究提出方案，征询国务院意见后以自己名义作出决定，则形式上保留了当事人获得行政救济的权利，但实质上也是于事无补。当然，最为合理的做法是仍然不授权行政机关执行一般条款，让其专心执行各项明确具体的不正当竞争条款。原因在于行政权具有主动性、扩张性。2017年《反不正当竞争法（修订草案）》将依据一般条款来决定是否构成不正当竞争的权力交给国务院，也是这一担心的体现。鉴于政府在与市场的关系中处于强势地位，对于极具弹性和扩张性的一般条款的行政执行，理应慎重。而司法权的被动性特质，在很大程度上可以减轻或避免市场的担心。⑤

最终我国立法者还是采取了慎重态度，2017年修法中不授予行政机关以执行一般条款的权力。这意味着今后仍然只有法院才有权依据《反不正当竞争法》第2条认定新型不正当竞争行为。

至于该一般条款的适用，在2009年的海带配额案中，最高人民法院指出应满足三

---

① 参见王先林：《论反不正当竞争法调整范围的扩展——我国〈反不正当竞争法〉第2条的完善》，载《中国社会科学院研究生院学报》2010年第6期；周樨平：《反不正当竞争法一般条款行政实施研究——以裁量权的建构为中心》，载《现代法学》2015年第1期。

② 2016年《反不正当竞争法（修订草案送审稿）》第14条：经营者不得实施其他损害他人合法权益，扰乱市场秩序的不正当竞争行为。前款规定的其他不正当竞争行为，由国务院工商行政管理部门认定。

③ 2017年《反不正当竞争法（修订草案）》第15条：对经营者违反本法第2条规定，且本法第二章第6条至第14条和有关法律、行政法规未作明确规定，严重破坏竞争秩序、确需查处的市场交易行为，由国务院工商行政管理部门或者国务院工商行政管理部门会同国务院有关部门研究提出应当认定为不正当竞争行为的意见，报国务院决定。

④ 亦有学者认为"《行政复议法》和《行政诉讼法》将国务院的具体行政行为排除在行政复议或者行政诉讼范围之外"。参见邹爱华：《被征收人土地征收救济难困境及其对策——以国务院土地征收决定权为视角》，载《国家行政学院学报》2012年第1期。

⑤ 李胜利：《反不正当竞争法的现代化及本土化——〈反不正当竞争法〉修订的若干意见》，载《安徽大学学报》（哲学社会科学版）2017年第6期。

个条件:[①]一是法律对该种竞争行为未作出特别规定。二是其他经营者的合法权益确因该竞争行为而受到了实际损害。三是该种竞争行为因确属违反诚实信用原则和公认的商业道德而具有不正当性或者说可责性;对于竞争行为尤其是不属于《反不正当竞争法》第二章列举规定的行为的正当性,应当以该行为是否违反了诚实信用原则和公认的商业道德作为基本判断标准;在反不正当竞争法中,诚实信用原则主要体现为公认的商业道德;商业道德所体现的是一种商业伦理,是交易参与者共同和普遍认可的行为标准,应按照特定商业领域中市场交易参与者即经济人的伦理标准来加以评判。

---

① 参见"山东省食品进出口公司、山东山孚集团有限公司、山东山孚日水有限公司与马某某、青岛圣克达诚贸易有限公司不正当竞争纠纷案",最高人民法院(2009)民申字第1065号民事裁定书。

第十五章　市场混淆行为规制制度

第一节　市场混淆行为概述

在市场竞争中，常常有企业或者其他经营者为了招徕更多顾客，不是通过改善自己商品或者服务的质量、降低成本以降低价格等合法、正当的手段，而是采取盗用他人的良好商业声誉和形象，以将自己的商品或者服务与他人的有市场声望的商品或者服务相混淆的手段，使消费者对商品生产者、经营者或者与商品生产者、经营者存在特定联系产生误认，这就是市场混淆行为。

在改革开放后，随着市场竞争的开展，各种利用商业标识进行市场混淆的行为不断出现，给正当合法的经营者和用户、消费者带来了巨大的经济损失，也严重地冲击了正常的市场秩序。

2017 年修订的《反不正当竞争法》第 6 条规定："经营者不得实施下列混淆行为，引人误认为是他人商品或者与他人存在特定联系：（一）擅自使用与他人有一定影响的商品名称、包装、装潢等相同或者近似的标识；（二）擅自使用他人有一定影响的企业名称（包括简称、字号等）、社会组织名称（包括简称等）、姓名（包括笔名、艺名、译名等）；（三）擅自使用他人有一定影响的域名主体部分、网站名称、网页等；（四）其他足以引人误认为是他人商品或者与他人存在特定联系的混淆行为。"与 1993 年立法相比，删去了"假冒他人的注册商标"和"在商品上伪造或者冒用认证标志、名优标志等质量标志，伪造产地，对商品质量作引人误解的虚假表示"两项规定，删去前者使《反不正当竞争法》与《商标法》界限明确，删去后者使第 6 条成为更加鲜明的反混淆条款，与后面的虚假宣传行为划清界限；同时根据过往经验和现实需要完善了相关规定，并特别增加了兜底条款。

市场混淆行为或者商业混淆行为，也称仿冒行为、商业假冒行为、商业混同行为、欺骗性市场交易行为、假冒仿冒行为等，学者给其下的定义各不相同。本书认为，市场混淆行为是指在市场交易活动中，经营者擅自使用与他人商业标识相同或者近似的标识，致使与他人的商品或者营业活动产生混淆的不正当竞争行为。该行为对于竞争对手来说，直接不正当地挤占了竞争对手的市场，使其市场地位受损；对于那些与之并不构成直接竞争关系的经营者来说，也是不正当地利用了后者的商业声望，可能会对其良好声誉造成不良影响，并对后者今后进入这一市场造成困难。

关于市场混淆行为的构成要件,一般来说有以下几点:

1. 行为主体是经营者;

2. 行为人主观心态上具有与他人的商品或服务或者商业活动产生混淆的意图;

3. 侵犯对象包括但不限于他人商品或服务的商标、商号、名称、包装、装潢等商业标识;

4. 客观上采取了对他人商品或服务的模仿或仿冒行为,具有误导性,已经或可能造成市场混淆的后果。

关于市场混淆行为的种类,一般有如下分类:

根据导致混淆的对象的不同,可以分为营业主体的混淆,商品或者服务质量的混淆,其他形式的混淆;从行为性质划分,可以分为:搭便车行为,淡化商标行为,依样模仿行为;而根据我国《反不正当竞争法》的规定,大致可以分为:仿冒有一定影响的商品的名称、包装、装潢的行为,擅自使用他人的企业名称或者姓名的行为,擅自使用他人有一定影响的域名主体部分、网站名称、网页等行为,以及其他类型的混淆行为。

第二节　对有一定影响的商品标识的侵权行为

在市场交易中,商标作为能够区分商品或者服务不同来源的手段得到了最大限度的重视。然而,除商标外,在长期的市场竞争中还发展出许多其他能够有效区分商品或者服务来源的手段,这些商业标识有时由于经营者的推广和广告活动,获得了不亚于商标的区别性功能,有时甚至变得极为有名,其市场作用比起商标有过之而无不及。基于保护消费者和用户利益,以及良好的市场秩序的维持目的,现代反不正当竞争法也对这些商业标识提供保护。

我国《反不正当竞争法》第 6 条规定:“经营者不得实施下列混淆行为,引人误认为是他人商品或者与他人存在特定联系:(一)擅自使用与他人有一定影响的商品名称、包装、装潢等相同或者近似的标识……”

就第 6 条第 1 项来看,涉及三大问题:有一定影响、混淆(相同或近似)、特定联系。

一、有一定影响的商品的判定

2017 年修订的《反不正当竞争法》提出了“有一定影响”,并将之作为判断是否构成几乎所有市场混淆行为的基本要件,而不仅仅局限于商品标识。但法律本身没有对“有一定影响的商品”进行定义。

1993 年《反不正当竞争法》中规定的是“知名商品”。1995 年 7 月 6 日国家工商行政管理局令第 33 号公布的《关于禁止仿冒知名商品特有的名称、包装、装潢的不正当竞争行为的若干规定》第 3 条第 1 款规定:“本规定所称知名商品,是指在市场上具有一定知名度,为相关公众所知悉的商品。”而 2007 年《最高人民法院关于审理不正当竞争民事案件应用法律若干问题的解释》第1条规定,“在中国境内具有一定的市场知名度,为相关公众所知悉的商品”,应当认定为反不正当竞争法中所规定的“知名商品”。比较起来,最高人民法院仅仅是增加了“在中国境内”的限定字样,事实上原国家工商行政管理局的定义中也隐含了这一点,可以说二者没有任何区别。

如何才能构成“知名”?原国家工商行政管理局采取了逆推的方法,《关于禁止仿冒知名商品特有的名称、包装、装潢的不正当竞争行为的若干规定》第4条第1款规定:“商品名称、包装、装潢被他人擅自作相同或者近似使用,足以造成购买者误认的,该商品即可认定为知名商品。”这一点大大降低了执法难度,因而在我国工商系统的执法活动中,乃至法院的审判中得到了较为广泛的采用。但是2007年《最高人民法院关于审理不正当竞争民事案件应用法律若干问题的解释》第1条改变了这一规则:人民法院认定知名商品,应当考虑该商品的销售时间、销售区域、销售额和销售对象,进行任何宣传的持续时间、程度和地域范围,作为知名商品受保护的情况等因素,进行综合判断。原告应当对其商品的市场知名度负举证责任。应该说最高人民法院的做法更为合理。尽管新《反不正当竞争法》不再使用“知名商品”,但事实上“有一定影响的商品”与“知名商品”具有相似之处,没有本质区别,以上的判定方法仍然可以借鉴,大量行政执法及司法案例中聚集的经验仍然可以沿用。

二、混淆(相同或近似)的判定

关于争议商品的名称、包装、装潢等标识之间是否相同或者相似、是否构成市场混淆的具体判断标准,《反不正当竞争法》亦未涉及。

《关于禁止仿冒知名商品特有的名称、包装、装潢的不正当竞争行为的若干规定》第5条提出,对使用与知名商品近似的名称、包装、装潢,可以根据主要部分和整体印象相近,一般购买者施以普通注意力会发生误认等综合分析认定。一般购买者已经发生误认或者混淆的,可以认定为近似。

而《最高人民法院关于审理不正当竞争民事案件应用法律若干问题的解释》第4条的规定更详细一些:第一,足以使相关公众对商品的来源产生误认,包括误认为与知名商品的经营者具有许可使用、关联企业关系等特定联系的,应当认定为构成混淆;第二,在相同商品上使用相同或者视觉上基本无差别的商品名称、包装、装潢,应当视为足以造成和他人知名商品相混淆;第三,认定与知名商品特有名称、包装、装潢相同或者近似,可以参照商标相同或者近似的判断原则和方法。根据2002年《最高人民法院关于审理商标民事纠纷案件适用法律若干问题的解释》的有关规定,商标相同和近似的判定原则为:第一,以相关公众的一般注意力为标准。第二,既要进行对商标的整体比对,又要进行对商标主要部分的比对,比对应当在比对对象隔离的状态下分别进行;判断商标侵权中的近似不限于商标整体的近似,还包括主要部分的近似。第三,判断商标是否近似,应当考虑请求保护注册商标的显著性和知名度。

当然,仅仅是近似,还不足以证明不正当竞争行为的存在,还需要有市场混淆的后果或者表现。需要指出的是,足以造成相关公众混淆,并不意味着原告必须提供实际混淆的证据,原告只需证明存在混淆的可能性即可。在判断混淆的可能性时,我们可以借鉴美国《反不正当竞争法重述(三)》中的表述。其在总结各法院实践经验的基础上将需要考量的基本要素进行了统一,将基本要素清单分为三个单独的部分,包括六个市场要素及故意和实际混淆,具体为:冲突标志的相似程度、营销方法和销售渠道的相似性、预期购买者的购买习惯和注意力程度、在先使用者其标志的显著性程度、当商品或服务不存在竞争关系时预期购买者期望在先使用者扩展到在后使用者领域的可能性、当商品或服务在不同地域销售时在先使用者的标志在在后使用者地域内的知名度,以及在后使用者的故意、实际混淆的证据。①

三、存在特定联系的判定

具有特定联系,在很大程度上是指存在误认的情形。具体而言,特定联系具有两方面的内容:一是容易造成商品来源混淆,如 A 生产的商品却声称是 B 生产的商品;二是造成关联关系混淆,如 A 并未声称自己生产的商品为 B 生产,但声称采用与 B 同样的技术、工艺流程或受到 B 的直接管理等,明示或者暗示 A 与 B 之间存在紧密联系,使用户、消费者受到误导,本质上仍可以视为“傍名牌”“搭便车”的不法行为。

第三节　侵犯他人企业名称、社会组织名称或姓名的行为

一、概述

在商业活动中为了将自己提供的商品或者服务与那些市场反应热烈的经营者的商品或者服务相混淆,往往就发生了擅自使用他人企业、社会组织或自然人名称或者姓名的不正当竞争行为。

我国《反不正当竞争法》第 6 条第 2 项禁止“擅自使用他人有一定影响的企业名称(包括简称、字号等)、社会组织名称(包括简称等)、姓名(包括笔名、艺名、译名等)”。

根据 2007 年《最高人民法院关于审理不正当竞争民事案件应用法律若干问题的解释》第 6 条的规定,企业登记主管机关依法登记注册的企业名称,以及在中国境内进行商业使用的外国(地区)企业名称,应当认定为《反不正当竞争法》第 6 条第 2 项规定的“企业名称”。具有一定的市场知名度、为相关公众所知悉的企业名称中的字号,可以认定为《反不正当竞争法》第 6 条第 2 项规定的“企业名称”。在商品经营中使用的自然人的姓名,应当认定为《反不正当竞争法》第 6 条第 2 项规定的“姓名”。具有一定的市场知名度、为相关公众所知悉的自然人的笔名、艺名等,可以认定为《反不正当竞争

---

① See Restatement(Third) of Unfair Competition § § 21 – 23(1995).

法》第6条第2项规定的“姓名”。

对于市场竞争中不当使用他人姓名以造成市场混淆的行为，除《反不正当竞争法》的本条款规定外，尚有以下条款可能适用，《民法通则》第99条第1款规定：“公民享有姓名权，有权决定、使用和依照规定改变自己的姓名，禁止他人干涉、盗用、假冒。”《最高人民法院关于贯彻执行〈中华人民共和国民法通则〉若干问题的意见（试行）》第141条规定：“盗用、假冒他人姓名、名称造成损害的，应当认定为侵犯姓名权、名称权的行为。”以上规定往往是从保护公民姓名权角度出发，而对在市场交易中发生的有关侵权行为的适用就显得不足、不太合拍。另外，根据2010年修订的《著作权法》第48条的规定，“制作、出售假冒他人署名的作品”的行为，属于侵权行为。应当根据情况，承担停止侵害、消除影响、赔礼道歉、赔偿损失等民事责任；同时损害公共利益的，可以由著作权行政管理部门责令停止侵权行为，没收违法所得，没收、销毁侵权复制品，并可处以罚款；情节严重的，著作权行政管理部门还可以没收主要用于制作侵权复制品的材料、工具、设备等；构成犯罪的，依法追究刑事责任。

另外，1994年国务院发布、2005年修订的《公司登记管理条例》第11条，1988年6月国务院发布的《企业法人登记管理条例》第10条，以及1991年原国家工商行政管理局公布的《企业名称登记管理规定》和1999年12月原国家工商行政管理局公布、2004年6月修订的《企业名称登记管理实施办法》等，与上述法条共同构成了我国的企业名称登记管理和企业名称权保护的法律体系。

除企业外，其他社会组织的名称与简称同样受法律保护。《民法通则》第99条第2款规定：“法人、个体工商户、个人合伙享有名称权。企业法人、个体工商户、个人合伙有权使用、依法转让自己的名称。”《民法通则》第120条规定：“公民的姓名权、肖像权、名誉权、荣誉权受到侵害的，有权要求停止侵害，恢复名誉，消除影响，赔礼道歉，并可以要求赔偿损失。法人的名称权、名誉权、荣誉权受到侵害的，适用前款规定。”目前，我国现行涉及社会组织名称的法规和政策主要有《社会团体登记管理条例》《基金会名称管理规定》《民办非企业单位名称管理暂行规定》《民政部关于成立以人名命名的社会团体问题的通知》等，对社会组织的名称及简称予以规范和管理。

二、侵犯他人企业名称权的市场混淆行为

根据我国现行法律规定，企业名称一般来说由“地域＋字号＋行业＋组织形式”4个部分组成。其中字号是最为重要、应用最为广泛，也是最能够对商品或者服务来源进行区分的商业标记之一。目前，只要两个企业名称的某一部分不同，特别是前3个部分的某一部分不同，工商登记主管部门一般就不认为两个企业名称相同或相似。

企业以自己的名称开展经营活动，而字号是企业信誉的载体。字号的信誉同样主要来源于企业的智力劳动，因此字号也是知识产权。《巴黎公约》明确地将商标与商号（含字号）纳入知识产权范围。

关于企业名称权及企业名称登记的问题，一直有学者提出质疑。他们认为，企业名

称的登记原本就是登记,而非授权。登记后的企业名称出了问题,应当按照企业名称登记条例和反不正当竞争法加以解决。但是,工商行政管理部门的法规却将企业名称的登记当作了“授权”,并由此引发了所谓的企业名称权与商标权冲突的争论。有的企业出于不正当竞争的目的,利用企业名称登记的程序,将他人的驰名商标纳入自己的企业名称。而当商标权人主张自己的权利时,他们又诉诸“权利冲突理论”,甚至说商标所有人有商标权,自己有企业名称权,要求解决所谓的权利冲突。原本是不正当竞争的行为,却因为工商行政管理部门的“登记”而合法化,不能不说是一种讽刺。时下的一些论著在涉及反不正当竞争法时,罗列了许多权利,诸如企业名称权、商业秘密权、地理标志权,甚至域名权。但仔细观察相关的国际文件,却又似乎看不到这样的术语。至少,依据《建立世界知识产权组织公约》,只有一个有关制止不正当竞争的权利。①

对此,本书认为,根据我国法律是存在企业名称权这一权利的,《民法通则》第99条的规定很清晰地表达了该权利的存在。至于工商机关对企业名称的登记行为,被看作授权当然不妥,但是被看作对企业一种权利的确认,是可以的。有关国际组织文件中没有这一权利形态并不能否定我国法律已经明确该权利的事实。

近年来,我国工商机关查处了大量侵犯他人企业名称权的不正当竞争行为,全国的法院系统也受理了不少此类争议,并在审判实践中有所发展。在“山起”企业名称案中,最高人民法院认为,企业名称的简称源于语言交流的方便。企业简称的形成与两个过程有关:一是企业自身使用简称代替其正式名称;二是社会公众对于企业简称的认同,即认可企业简称与其正式名称所指代对象为同一企业。由于简称省略了正式名称中某些具有限定作用的要素,可能会不适当地扩大正式名称所指代的对象范围。因此,企业简称能否特指该企业,取决于该企业简称是否为相关社会公众所认可,并在相关社会公众中建立起与该企业的稳定的关联关系。对于具有一定的市场知名度、为相关社会公众所熟知并已经实际具有商号作用的企业或者企业名称的简称,可以视为企业名称。如果经过使用和社会公众认同,企业的特定简称已经在特定地域内为相关社会公众所认可,具有相应的市场知名度,与该企业建立了稳定的关联关系,具有识别经营主体的商业标识意义,他人在后擅自使用该知名企业简称,足以使特定地域内的相关社会公众对在后使用者和在先企业之间发生市场主体的混淆、误认,在后使用者就会不恰当地利用在先企业的商誉,侵害在先企业的合法权益。具有此种情形的,应当将在先企业的特定简称视为企业名称,并根据1993年《反不正当竞争法》第5条第3项的规定加以保护。②

---

① 参见李明德:《制止不正当竞争的若干问题》,载李明德主编:《知识产权文丛》(第14卷),知识产权出版社2008年版,“代序”。

② 参见“山东起重机有限公司与山东山起重工有限公司侵犯企业名称权纠纷案”,最高人民法院(2008)民申字第758号民事裁定书。2017年修订的《反不正当竞争法》改为第6条第2项。

而在广东星群公司与广州星群公司不正当竞争案[(2008)民申字第982号]中,最高人民法院认为,恶意使用他人具有一定市场知名度、为相关公众所知悉的企业名称中的字号,因处于同一地域而极易导致相关公众误认,不停止使用则不足以防止市场混淆后果的,人民法院可以直接判决该经营者承担停止使用其企业名称的民事责任。①

另外,在《最高人民法院关于对杭州张小泉剪刀厂与上海张小泉刀剪总店、上海张小泉刀剪制造有限公司商标侵权及不正当竞争纠纷一案有关适用法律问题的函》([2003]民三他字第1号)中,最高人民法院也表达了如下观点:在先取得企业名称权的权利人有权正当使用自己的企业名称,不构成侵犯在后注册商标专用权行为。企业名称权和商标专用权各自有其权利范围,均受法律保护。企业名称经核准登记以后,权利人享有在不侵犯他人合法权益的基础上使用企业名称进行民事活动、在相同行政区划范围内阻止他人登记同一名称、禁止他人假冒企业名称等民事权利。使用与他人在先注册并驰名的商标文字相同的文字作为企业名称或者名称中部分文字,该企业所属行业(或者经营特点)又与注册商标核定使用的商品或者服务相同或者有紧密联系,客观上可能产生淡化他人驰名商标,损害商标注册人的合法权益的,人民法院应当根据当事人的请求对这类行为予以制止。但是对于那些因长期的历史原因形成的企业名称字号与注册商标乃至驰名商标的冲突纠纷案件,需要根据全案事实及被告是否存在其他不正当竞争行为等情况,来判断是否构成侵权或者不正当竞争及赔偿等问题。该复函体现了最高人民法院尊重历史、对历史遗留情况谨慎判断的态度。类似做法在狗不理案中也有体现。②

最后有必要指出的是,有时有的企业之所以冒用他人的名称,并非借助对方的市场信誉来牟利,而是为了栽赃陷害,损害竞争对手的商业信誉。在山东长城食品厂擅自使用他人企业名称进行不正当竞争案中,长城食品厂1993年10月开业后,主要生产和销售"长城牌"瓜子,但销路不畅。经过调查发现燕山厂生产的"燕山牌"瓜子质量好销量大,为了把竞争对手搞垮,长城食品厂印制了一批标有燕山厂厂名、厂址的包装袋,将本厂生产的次品装入其中销售,致使燕山瓜子销售量大跌。济南市工商局认为该行为违反了1993年《反不正当竞争法》第5条第3项,擅自使用他人企业名称,构成不正当竞争,对其进行了处罚。③ 对于将该行为认定为不正当竞争行为没有任何问题,从表面上看也完全符合1993年《反不正当竞争法》第5条第3项的规定,但是究其实质,完全是一种毁坏他人商业信誉的行为,将其定位为商业诽谤行为更为恰当。

---

① 参见《最高人民法院知识产权案件年度报告(2009)》,载《人民法院报》2010年4月23日,第3版。

② 参见"狗不理集团有限公司与济南市大观园商场天丰园饭店侵犯商标权纠纷再审案",最高人民法院(2008)民三监字第10-1号民事裁定书。

③ 参见原国家工商行政管理局公平交易局编著:《不正当竞争案例精选》,工商出版社1996年版,第19~20页。

三、侵犯他人姓名权的市场混淆行为

如前所述,对于市场竞争中不当使用他人姓名以造成市场混淆的行为,除《反不正当竞争法》第6条第2项规定外,《民法通则》第99条及《最高人民法院关于贯彻执行〈中华人民共和国民法通则〉若干问题的意见(试行)》第141条也可能涉及。但是前者与后二者之间存在较大差异:前者发生于市场竞争或者市场交易中,侵权者往往以营利为目的,往往是为了取得不正当的市场地位;而后二者的规定则是从保护公民姓名权角度出发,并不考虑是否存在竞争、是否存在营利目的,因而对在市场交易中发生的有关姓名侵权行为的适用就显得不足、不太合拍。这一点在冒名作品及名人姓名的商品化权等不正当竞争案件的审理中均有体现。

所谓冒名作品,是指为推销作品,在出版的作品上标记他人姓名的行为。在自己创作的作品上署以他人姓名,究竟侵犯了他人的什么权利?一种观点认为是侵犯了被署姓名之人的著作权;另一种观点则认为该行为只是侵犯了他人的姓名权。按照著作权的定义,著作权是基于作品产生的权利。作品一定是具体的,没有抽象的作品。著作权也是具体的,是指就特定作品而生之权利。离开了作品,并不存在抽象的著作权。被冒用姓名者,对一件不是他创作的作品并不享有著作权,当然也就不存在可供被侵犯的权利。故将此类行为定性为侵犯著作权,在逻辑上不能成立,在实践中也令人费解。[①]

尽管存在上述争论,1990年《著作权法》第47条还是规定,"制作、出售假冒他人署名的作品"的行为,属于侵权行为。而2010年修订的《著作权法》并未改变这一规定,仅仅是法条的序号做了调整。

1993年发生的吴冠中诉上海朵云轩、香港永成古玩有限公司出售假冒其署名的美术作品纠纷案引起了学术界的争议。1993年两被告联合在香港拍卖出售了一幅《毛泽东肖像》,落款为"吴冠中画于工艺美院一九六二年"。拍卖前,原告曾通过有关单位转告被告这幅画系假冒原告署名的伪作。两被告在接到通知和书面函件后,仍联合拍卖,甚至出具专家鉴定意见称此画系原告作品,该伪作后被他人以52.8万港元购得。原告认为两被告的行为侵犯了原告的著作权,使其声誉和真作的出售均受到了不应有的损害。为此,请求法院判令被告停止侵害、消除影响、公开赔礼道歉,赔偿经济损失52.8万元港币。上海两级法院均认为公民在其作品上的署名权受法律保护,同时,法律禁止制作、出售假冒他人署名的作品的行为。该幅假冒的肖像画并非被告所作,因此可以认定被告属于出售假冒他人署名美术作品的侵犯著作权行为。[②]

对于该案的判决,包括德国知识产权专家迪兹教授在内的部分学者认为认定侵犯

---

① 参见刘春田:《司法对〈反不正当竞争法〉的补充和整合》,载《法律适用》2005年第4期。

② 参见"吴冠中诉上海朵云轩、香港永成古玩有限公司出售假冒其署名的美术作品纠纷案",上海市第二中级人民法院(1994)沪中民(知)初字第109号民事判决书,上海市高级人民法院(1995)沪高民终(知)字第48号民事判决书。

著作权是不妥当的。刘春田教授进一步提出,认为认定此类行为为侵犯姓名权,也只是逻辑上的结论。联系此类行为的各种因素,无论是作者还是出版公司,之所以冒他人之名,显然无意借用他人之姓名而亵渎其人格,其动机不外乎为提高竞争力,增加出版物的市场销量,以获得比真实署名更多的财产收益。这种手段违反诚实信用的商业准则,因而更符合不正当竞争行为的构成要件。因此,如果法院通过司法活动,将此类行为认定为不正当竞争行为更为妥当。①

此后于2004年发生的湖南王跃文诉河北王跃文等侵犯著作权、不正当竞争纠纷案则有所转变。法院认为被告是正当行使著作权中的署名权,不是2001年《著作权法》第47条第8项所指的假冒他人署名,不侵犯湖南王跃文的著作权。同时认为各被告的行为均违反了诚实信用原则,构成对湖南王跃文的不正当竞争。② 此后2007年《最高人民法院关于审理不正当竞争民事案件应用法律若干问题的解释》第6条对此予以肯定:在商品经营中使用的自然人的姓名,应当认定为1993年《反不正当竞争法》第5条第3项规定的"姓名"。具有一定的市场知名度、为相关公众所知悉的自然人的笔名、艺名等,可以认定为1993年《反不正当竞争法》第5条第3项规定的"姓名"。

四、侵犯社会组织名称权的市场混淆行为

如前所述,社会组织的名称权依法受到法律保护。社会组织名称是各种不同社会组织的区分标志,能够用于辨别不同的商品或服务来源。相关公众基于社会组织的商品或服务质量而对其名称、简称产生认同。因此,社会组织的名称、简称代表着社会组织的良好声誉,甚至给社会组织的商品或服务带来广告效应,蕴含着很大的商业利益,使之成为名称权人的一种无形财产与宝贵财富。在实践中,擅自利用社会组织名称或简称的市场混淆行为并不少见。

2010年发生的浙江大学诉浙江大学科慧软件有限公司侵犯名称权纠纷中,就涉及了擅自使用社会组织名称的问题。由于1999年5月20日,浙江大学快威科技产业总公司将其持有的浙江大学科慧软件有限公司的股权全部转让给自然人叶某某,至此,浙江大学与浙江大学科慧软件有限公司不再存在任何投资关系。浙江大学多次要求浙江大学科慧软件有限公司在企业名称中停止使用"浙江大学"名称未果。经审理,一审法院认为"浙江大学"校名系原告宝贵的无形资产,没有合法理由,任何单位和个人不得擅自冠名使用。现被告在企业名称中继续使用"浙江大学"名称,必然会误导公众,给原告信誉带来严重损害。被告是在无原告许可授权亦已无其他合法依据的情况下,使用的企业名称中包含"浙江大学"名称。该事实极易在社会上引起关于被告与原告存在某种隶属关系的联想,使消费者产生误认,客观上会造成市场的混淆,影响原告的声

---

① 参见刘春田:《司法对〈反不正当竞争法〉的补充和整合》,载《法律适用》2005年第4期。

② 参见"王跃文诉叶国军、王跃文、北京中元瑞太国际文化传播有限公司、华龄出版社著作权侵权、不正当竞争纠纷案",湖南省长沙市中级人民法院(2004)长中民三初字第221号民事判决书。

誉,造成原告无法控制自己这一项无形财产并从中受益的损害。

在该案的上诉中,杭州市中级人民法院更是指出:名称权是法人及特殊的自然人组合依法决定、使用和改变自己名称的权利,是重要的人格权。法人名称是区别不同企事业单位的标志,进而可以区别不同的商品或服务来源,法人名称与该法人的商业信誉、商品或服务质量紧密相连,可以在相关公众中产生一定的影响力,甚至给法人的商品或服务带来广告效应。法人名称权系一种财产权,可以构成在先权,对法人名称进行攀附性使用的行为,可能导致淡化以致抹煞他人法人名称的区别性特征,损害或者可能损害他人法人名称的社会评价。在商品经济社会中,由于名称的这种属性能够带来商业上的利益而使名称成为名称权人的一项无形财产。任何人想通过使用他人名称获取商业利益,必须经过名称权人的同意,否则即构成对名称权的侵权。在发生权利冲突时,要遵循保护在先权利的原则和知名度原则解决权利冲突。一方面,法人名称的知名度越高,相关公众对于相近似的法人名称产生混淆、误认的可能性就越大;另一方面,当法人名称发生冲突时,法律也会保护知名度更高的法人名称。这不仅有利于制止他人攀附或利用其知名度谋取更多的商业机会和获得不当的商业利益,而且可以避免其法人名称的显著性和公众识别度受到淡化,以保护其在消费者心目中独特的商业价值和良好的社会评价。①

在更早发生的“中国药科大学诉福瑞科技公司不正当竞争纠纷案”中,南京市中级人民法院认为,根据1993年《反不正当竞争法》第2条的规定,经营者违反法律规定,损害虽不直接从事商品经营,但通过附属企业经营活动间接从市场获利的事业法人的合法权益,扰乱市场经济秩序的行为,构成不正当竞争。②

由上述可见,尽管1993年《反不正当竞争法》仅规定禁止“擅自使用他人的企业名称或者姓名,引人误认为是他人的商品”,但司法实践中基于现实需要,还是将保护范围扩大到了高等学校等事业单位和社会团体的名称保护。2017年《反不正当竞争法》则直接将其纳入法律保护范围,很好地体现了对过往司法经验的总结。

第四节　对域名、网站名称、网页等的混淆行为

一、概述

从技术角度而言,域名被广泛运用于互联网中以解决IP地址对应问题。简言之,

---

① 参见“原告浙江大学与被告浙江大学科慧软件有限公司名称权纠纷案”,杭州市西湖区人民法院(2010)杭西知初字第174号民事判决书,浙江省杭州市中级人民法院(2010)浙杭知终字第111号民事判决中。

② 参见“中国药科大学诉福瑞科技公司不正当竞争纠纷案”,载《最高人民法院公报》2005年第6期。

域名是 Internet 网络上的一个服务器或一个网络系统的名字。因此,在世界范围内域名具有唯一性。在信息时代的互联网商业模式中,域名正在发挥着类似于商标的重要作用。由于大部分互联网企业的营利模式较为单一,因此网站的点击量对其而言非常重要。因为只有点击量积累到了一定的程度,变现才具有可能。而域名是互联网企业走向成功的前提。现在,域名已被称为"企业的网上商标"。

网站名称(website name)一般出现在网站首页上,以便于用户识别。在国外,网站名称与域名有时重合;在我国,由于网站名称一般是中文,而域名不能使用汉字,二者虽然可能存在对应关系,但并不完全相同。

《最高人民法院关于审理涉及计算机网络域名民事纠纷案件适用法律若干问题的解释》第 5 条规定:"被告的行为被证明具有下列情形之一的,人民法院应当认定其具有恶意……(二)为商业目的注册、使用与原告的注册商标、域名等相同或近似的域名,故意造成与原告提供的产品、服务或者原告网站的混淆,误导网络用户访问其网站或其他在线站点的……"该规定明确了擅自使用与他人域名相同或近似的域名导致市场混淆构成侵权。该司法解释第 8 条规定:"人民法院认定域名注册、使用等行为构成侵权或者不正当竞争的,可以判令被告停止侵权、注销域名,或者依原告的请求判令由原告注册使用该域名;给权利人造成实际损害的,可以判令被告赔偿损失。"在 2017 年《反不正当竞争法》修改以前,这为规制擅自使用他人域名或域名主体部分进行不正当竞争的行为提供了法律依据,弥补了法律的不足与空缺。

针对网站名称的规范与保护,《网站名称注册管理暂行办法》相关规定如下:本办法所称注册网站名称是指网站所有者通过网站名称注册程序,领取网站名称注册证书后所获得的网站名称。该办法第 7 条规定:"网站所有者对其所注册网站名称享有专有权,任何单位和个人不得擅自在其所拥有的网站上使用与他人注册网站名称相同的名称。"

2017 年《反不正当竞争法》第 6 条规定:"经营者不得实施下列混淆行为,引人误认为是他人商品或者与他人存在特定联系……(三)擅自使用他人有一定影响的域名主体部分、网站名称、网页等……"该规定明确了对于域名及网站名称的反不正当竞争法保护。

二、侵犯他人域名、网站名称、网页的市场混淆行为

在网络时代,具有一定知名度的域名蕴含着无限商机,因此擅自使用他人域名主体部分、仿冒他人域名进行不正当竞争的行为层出不穷。单纯的域名抢注纠纷一般可以通过向亚洲域名争议解决中心或中国互联网络信息中心投诉,通过争议解决程序进行裁决。而现实中,围绕域名产生的纠纷却非常复杂。因为有些域名在该企业成立或者知名之前,就已经被别人注册了,而后又被其他企业合法受让。这些企业获得该域名之后,通过模仿该知名企业的经营模式、网页设计等元素,使部分公众产生混淆,从而截获这部分客户流量,通过分食市场获得生存空间。在这种情况下围绕域名产生的纠纷,已

经不是上述域名争议解决机制能够完全解决的了,因为它的诸多问题涉及了不正当竞争的范畴,需要诉诸民事诉讼程序。在互联网商业领域,已经出现过多起与域名有关的不正当竞争案件。

2009年4月,北京开心人信息技术有限公司(以下简称开心人公司)(原告)以侵犯商标权及不正当竞争为由将北京千橡互联科技发展有限公司(以下简称千橡公司)(被告)告上法庭,该案件与域名有直接关联。2008年3月,开心人公司成立并开发了社交网站“开心网”。开心人公司在注册域名时发现,kaixin. com域名已被他人注册,于是开心网的域名成了kaixin001. com。与此同时,开心人公司还于2008年12月通过受让取得了“开心”的文字注册商标。2008年10月,千橡公司从他人处受让取得了“kaixin. com”域名,并于当月开通了同样名为“开心网”(kaixin. com)的社交网站。该案的一审判决认定,“kaixin. com”域名与“kaixin001. com”域名、“开心网”名称之间虽具有一定关联,但仍有一定差异。在通常情况下,单纯基于上述关联,不足以导致网络用户对经营者提供的不同网络服务产生误认,不构成不正当竞争。该案件上诉后,北京市高级人民法院最终维持原判,并对此增加了这一阐释:从注册时间上看,开心人公司“kaixin001. com”域名要晚于千橡公司“kaixin. com”域名注册时间,因而千橡公司受让并使用“kaixin. com”域名的行为不属于侵权或不正当竞争。①

2011年的真假去哪儿网之争同样涉及域名的不正当竞争。北京趣拿信息技术有限公司(以下简称北京趣拿公司)创业团队于2005年年初研究开发针对机票、酒店等旅游服务信息的搜索引擎,并以“去哪儿”作为服务名称,并于2005年5月注册使用相应的拼音域名www. qunar. com,2006年10月申请注册了20余个包含“去哪儿”、“qunar. com”及骆驼图形的图文商标。争议域名(quna. com)由某案外人于2003年6月注册。广州市去哪信息技术有限公司(以下简称广州去哪公司)成立于2003年10月,成立之初名称为“广州市龙游仙踪旅行社有限公司”。2009年年初,该企业通过受让取得该争议域名,2009年6月,该企业正式更名为“广州市去哪信息技术有限公司”,并于当月正式推出代理机票和旅游信息的“去哪儿网”(quna. com)。北京趣拿公司曾于2010年8月向“亚洲域名争议解决中心”投诉,请求专家组裁决将广州去哪公司的争议域名(quna. com)转移给其所有。但该请求并未得到专家组的支持。2011年5月,原告北京趣拿公司向广州市中级人民法院起诉被告广州去哪公司不正当竞争。2013年6月,广州市中级人民法院一审判决认定,原告北京趣拿公司提供的去哪儿旅游搜索引擎服务系知名服务,被告广州去哪公司有攀附原告知名度的故意,被告已造成消费者的混淆,构成对原告的不正当竞争。2014年广东省高级人民法院二审判决认定,广州去哪

① 参见“北京开心人信息技术有限公司诉被告北京千橡互联科技发展有限公司、被告北京千橡网景科技发展有限公司侵犯商标权及不正当竞争纠纷案”,北京市第二中级人民法院(2009)二中民初字第10988号民事判决书。

公司使用域名"quna. com""123quna. com""mquna. com"的行为有合法依据,不构成侵权。本案双方当事人均享有来源合法的域名权益,双方需要彼此容忍、互相尊重、长期共存。一方不能因为在经营过程中知名度提升,就剥夺另一方的生存空间;另一方也不能恶意攀附知名度较高一方的商誉,以谋取不正当的商业利益。据此,广州去哪公司虽然有权继续使用"quna. com""123quna. com""mquna. com"域名,但是也有义务在与域名相关的搜索链接及网站上加注区别性标识,以使消费者将上述域名与北京趣拿公司"去哪儿""去哪儿网""qunar. com"等知名服务特有名称相区分。[①]

这两起案件的审理结果表明,在先注册的域名及合法受让取得的域名有合法依据,不能认定该争议域名与原告域名具有混淆性相似。并且在《反不正当竞争法》修订前,针对有关域名的不正当竞争纠纷,通常将域名视为商品或服务的特有名称,根据1993年《反不正当竞争法》第5条第2项进行市场混淆行为的认定。

网站名称是区分各类不同网站商品与服务的重要标志。网站名称凝聚着互联网企业的商业声誉,具有知名度的网站名称更是在市场竞争中占据较大优势。因此,实践中不乏为了追逐利益而擅自使用他人网站名称的行为。

涉及擅自使用他人网站名称的案件,较早的是原告福州福房传媒有限公司与被告福州福房网房产代理有限公司等不正当竞争纠纷案。原告成立于2002年1月18日,其经营范围为房产经纪服务、房产居间服务、房产中介服务、房产营销策划、房产代理、房产投资咨询、室内外装饰装修设计。2007年6月27日,原告设立名为"福房网"的网站。被告成立于2009年6月24日,易某某为其法定代表人,2009年7月设立名为"福房网"的网站。该网站设有"资讯、新房、房源、家居生活、房产社区"等栏目。二审法院认为,原告的"福房网"网站2007年建立并备案,易某某于2009年7月建立"福房网",其作为房地产行业从业人员,知道或应该知道原告设立的以提供房地产信息为主的网站名称为"福房网"、域名为www. ffw. com. cn,但其仍注册相近似的域名,且无注册、使用该近似域名的正当理由。易某某为商业目的使用域名,还将网站名称起名为"福房网",提供房地产方面的信息,故意造成与原告的网站混淆,引导网络用户访问其网站。上述行为违反了公平竞争的经济秩序,侵犯其他经营者的合法权益,构成对原告的不正当竞争。[②] 但是该案判决的实体法律依据是1993年《反不正当竞争法》第2条第2款、第20条,《最高人民法院关于审理涉及计算机网络域名民事纠纷案件适用法律若干问题的解释》第4条、第5条第2项、第8条,事实上是根据反不正当竞争法一般条款来认定其为一种新型不正当竞争行为。

---

① 参见"北京趣拿信息技术有限公司与广州市去哪信息技术有限公司不正当竞争纠纷上诉案",广东省高级人民法院(2013)粤高法民三终字第565号知识产权裁判文书。

② 参见"福州福房传媒有限公司与福州福房网房产代理有限公司、易红波不正当竞争纠纷案",福建省高级人民法院(2010)闽民终字第193号民事判决书。

从上述案件中可以看出,在2017年修法之前,有关网站名称的不正当竞争纠纷中,往往将网站名称作为知名商品或服务的特有名称进行保护,或者在知名商品难以认定的情况下,直接以一般条款进行判断,具有较大的不确定性。2017年《反不正当竞争法》的修订完善了对市场竞争中网站名称的保护。

第五节 其他类型的市场混淆行为

实践中能够形成具有一定影响的商业标识,除了商品名称、包装、装潢、企业名称、社会组织名称、姓名、域名主体部分、网站名称、网页等商业标识,随着经济社会的发展还有不少其他类型并且会越来越多,单纯的列举难以穷尽。目前就常常有利用电视频道、节目、栏目的名称及标识进行市场混淆、不正当竞争的案件。例如,2008年湖南电视台娱乐频道、上海天娱传媒有限公司诉广东美洁卫生用品有限公司等在卫生巾上使用"超级女声"节目名称不正当竞争纠纷案件,[①]就是利用"超级女声"节目名称、标识的市场混淆行为。

2004年湖南三辰影库卡通节目发展有限责任公司诉南安市蓝猫体育用品有限公司等商标侵权及不正当竞争纠纷案中,就涉及利用科普卡通片《蓝猫淘气三千问》的名称、标识进行市场混淆。被告南安市蓝猫体育用品有限公司在产品及其包装上突出使用卡通猫图形,该卡通猫的主要颜色为蓝色;将其产品称为"蓝猫系列童鞋",并突出使用"蓝猫"二字。被告擅自在其童鞋产品、包装及广告宣传中使用和原告注册商标相近似的图形作为其产品与服务的标识,并恶意利用原告品牌的知名度,将侵权产品在全国范围内销售,获取非法利益。从整体而言,当被告南安市蓝猫体育用品有限公司把一只蓝色卡通猫称为"蓝猫"时,足以引起相关公众的合理联想,认为使用该图形的商品与原告存在特定的联系。该卡通猫与原告来自卡通形象"蓝猫"的图形商标相比对,足以引起消费者的混淆和联想,因此构成近似。原告在第25类商品上持有"蓝猫淘气"文字注册商标,被告南安市蓝猫体育用品有限公司在童鞋产品上使用的"蓝猫"文字与"蓝猫淘气"中的主要文字相同;从整体而言,使用"蓝猫"文字的产品与"蓝猫淘气"注册商标同样使人产生联想,造成混淆,使消费者误认为该产品与"蓝猫淘气"商标一样,与原告存在特定的联系,二者亦构成近似。被告南安市蓝猫体育用品有限公司刻意使用"蓝猫"命名其童鞋产品,足见其侵权的主观恶意,构成对原告"蓝猫淘气"注册商标

---

① 参见湖南省长沙市中级人民法院(2007)长中民三初字第0246号民事判决书、湖南省高级人民法院(2008)湘高法民三终字第47号民事判决书。

的侵害。① 虽然当时因1993年《反不正当竞争法》未对擅自利用电视节目名称、标识进行市场混淆的行为进行规范，但是法院以一般条款作为判决依据，认定该类行为违反诚实信用的市场竞争原则。

尽管通过知识产权法对诸如电视频道、节目等名称及标识提供保护也是一种可供选择的路径，如2015年湖南省版权局对"超级女声"这一图形颁发了作品版权证，又如，2006年江西电视台的《传奇故事》节目在江西省版权保护中心进行了版权登记，成为江西省首个依法进行版权保护登记的电视栏目，也有通过商标注册寻求保护的，但综观世界主要发达国家和地区，对包括电视节目名称在内的作品名称的非形象商品化权的法律保护一般是通过以反不正当竞争法为主要保护，以著作权法与商标法为辅助保护予以实现。这些国家和地区认为，商业性使用他人作品名称的行为，虽在利用目的上不是歪曲和破坏原作品的内容及完整性，但确是在利用他人作品的市场声誉"搭便车"，这是一种典型的不正当竞争行为，应适用反不正当竞争法。世界知识产权组织制定的《反不正当竞争示范法》亦指出要保护商标或商标以外的商业标识，其中就包括对作品名称的保护。② 除目的性考虑外，版权法或商标法往往因其"权利法"或"赋权法"的特点，保护门槛较高，也与当事人制止不正当竞争的要求有一定差距，因而反不正当竞争法的保护是一个必要而有益的补充。

---

① 参见"湖南三辰影库卡通节目发展有限责任公司诉南安市蓝猫体育用品有限公司等商标侵权及不正当竞争纠纷案"，湖南省长沙市中级人民法院(2004)长中民三初字第231号民事判决书。

② 参见郑友德、焦洪涛：《反不正当竞争的国际通则——WIPO〈反不正当竞争示范条款〉述要》，载《知识产权》1999年第2期。

第十六章 商业贿赂行为规制制度

第一节 商业贿赂行为概述

一、商业贿赂行为的概念、特征及分类

关于商业贿赂行为的概念，我国《反不正当竞争法》中没有给出，甚至没有使用这一概念，仅仅是描述了该不正当竞争行为的若干表现。根据1996年原国家工商行政管理局颁布的《关于禁止商业贿赂行为的暂行规定》第2条，"本规定所称商业贿赂，是指经营者为销售或者购买商品而采用财物或者其他手段贿赂对方单位或者个人的行为。前款所称财物，是指现金和实物，包括经营者为销售或者购买商品，假借促销费、宣传费、赞助费、科研费、劳务费、咨询费、佣金等名义，或者以报销各种费用等方式，给付对方单位或者个人的财物。第二款所称其他手段，是指提供国内外各种名义的旅游、考察等给付财物以外的其他利益的手段。"

2017年《反不正当竞争法》第7条规定："经营者不得采用财物或者其他手段贿赂下列单位或者个人，以谋取交易机会或者竞争优势：(一)交易相对方的工作人员；(二)受交易相对方委托办理相关事务的单位或者个人；(三)利用职权或者影响力影响交易的单位或者个人。经营者在交易活动中，可以以明示方式向交易相对方支付折扣，或者向中间人支付佣金。经营者向交易相对方支付折扣、向中间人支付佣金的，应当如实入账。接受折扣、佣金的经营者也应当如实入账。经营者的工作人员进行贿赂的，应当认定为经营者的行为；但是，经营者有证据证明该工作人员的行为与为经营者谋取交易机会或者竞争优势无关的除外。"与1993年《反不正当竞争法》第8条相比，2017年《反不正当竞争法》发生了较大变化，首先明确了商业贿赂行为的目的是"谋取交易机会或者竞争优势"，其次明确了贿赂的三类对象，交易相对方不在其内，最后删去了有关"回扣"的规定。因此《关于禁止商业贿赂行为的暂行规定》第2条有关商业贿赂的界定也应作相应的修订。本书认为，所谓商业贿赂行为，是指经营者在市场活动中为了谋取交易机会或者竞争优势，采用财务或者其他手段贿赂交易相对方的工作人员、受交易相对方委托办理相关事务的单位或者个人或者利用职权或者影响力影响交易的单位或者个人的行为。

根据以上法律文件，以及现实生活中发生的各种商业贿赂行为，本书认为该不正当竞争行为的特征包括：

1. 行为的隐蔽性。由于商业贿赂已经被我国《反不正当竞争法》《刑法》等规定为违法犯罪行为，因此现实生活中发生的此类行为往往具有很强的隐蔽性，披着合法的外衣以求达到不合法的目的。为了达到这一目的，有的企业往往搞多个账本以逃避检查，或者披上赠与等合法形式。

2. 结果的危害性。商业贿赂行为具有巨大的社会危害性，它不但直接扰乱了市场竞争秩序，损害了竞争者、对方单位的利益，客观上也抬高了所交易的商品或者服务的成本，并最终转嫁到消费者头上。当然该行为的最大危害在于败坏了商业风气，并波及社会的方方面面，使良好的社会风气无法建立，整个社会陷入信任危机。正因如此，许多国家才特别重视对这个问题的解决，不惜用最严厉的刑罚手段作为主要的调整方式。在我国，行政权力和其他国家权力也成为商业贿赂的重要对象，许多商业贿赂与有的国家机关及其工作人员滥用职权、以权谋私有很大关系，结果使国家机关信誉受损。

3. 贿赂主体的广泛性和贿赂对象的特定性。商业贿赂的主体既包括各类公司、企业及其从业人员，个体工商户，以及其他经营者和社会团体、行业自律组织、社会中介组织及其从业人员，也包括国家机关、事业单位、人民团体及其工作人员等。商业贿赂的对象则是那些能够影响到某一笔市场交易的人员或者单位，至于是否交易对手的经办人抑或领导者，在所不论。简言之，商业贿赂的对象也可能是影响交易的第三方。

4. 数额上不同于一般性商业惯例。在正常的商业交往中也存在不少馈赠活动，但是一般数额很小，不会对市场交易产生不当影响。但是，商业贿赂行为中经营者的支付一般会大到令能够影响交易的有关单位或者个人愿意不正当地施加其影响力来促成该笔交易，因此其数额一般远远超过正常的商业惯例所能允许的限度。

5. 贿赂形式之多样性。所谓贿赂形式的多样性，是指酒色财气，五花八门，无所不包。《反不正当竞争法》和《关于禁止商业贿赂行为的暂行规定》中均指出是“财物或者其他手段”，后者更是进一步做了列举：所称财物，是指现金和实物，包括经营者为销售或者购买商品，假借促销费、宣传费、赞助费、科研费、劳务费、咨询费、佣金等名义，或者以报销各种费用等方式，给付对方单位或者个人的财物。所称其他手段，是指提供国内外各种名义的旅游、考察等给付财物以外的其他利益的手段。就此而言，社会上所谓的“性贿赂”、资助关键人士子女海外留学、安排旅游度假等，均可归入其他手段之列。

关于商业贿赂行为的分类，可以有多种。例如，(1)根据方向的不同，可以分为商业行贿行为和商业受贿行为。(2)根据行贿手段的不同，可以分为用财物实施的商业贿赂和用财物以外的其他手段实施的商业贿赂。(3)根据情节的轻重，可以分为不正当交易行为、一般违法行为和犯罪行为。不正当交易行为是商业贿赂中情节轻微、数额较小，违反商业道德和市场规则，依照党政机关、行业主管(监管)部门，以及行业自律组织的有关规定，应当予以处理的行为；一般违法行为是商业贿赂中情节较轻、数额不大，违反反不正当竞争法和其他法律法规，尚未构成犯罪，应当给予行政处罚的行为；犯罪行为是商业贿赂中数额较大，或者具有其他严重情节，依照刑法应当受到刑罚处罚的行为。[①] (4)根据发生领域的不同,可以分为商品流通业、建筑业、银行业、服务业等领域发生的商业贿赂。(5)根据是否有涉外因素,可以分为无涉外因素的商业贿赂行为和有涉外因素的商业贿赂行为,其中后者往往牵涉其他国家和地区的执法,以及反商业贿赂的国际合作。

二、境外对商业贿赂行为的法律调整

在西方资本主义发展之初,各种商业贿赂行为相当常见,政府对此不加干预,故演化成当时的商业习惯。在商业活动中,回扣被称为"保证营业交易得以顺利进行的润滑剂"。但后来其妨碍公平竞争、破坏市场机能的正常发挥的社会危害性愈加突出,使诚实商人叫苦不迭,而且蔓延到政治捐款与境外贿赂。由于该行为的社会危害性,以及对竞争者和消费者利益的冲击,有关西方国家将其视为不正当竞争行为,先是立法禁止在国内采用贿赂手段,后又立法禁止本国企业在境外使用该手段。

在美国,最初的立法和执法针对国内的不正当竞争,如1914年《克莱顿法》第2条之三规定:"商人在其商业过程中,支付、允许、收取、接受佣金、回扣或其他补偿是非法的。"《联邦贸易委员会法》第5条也以不正当竞争指控或者欺诈指控来对付这种违法行为;《鲁宾逊-帕特曼法》规定,不管是回扣还是折扣,如果对竞争有损害,都是非法的。20世纪70年代,美国又先后出台禁止政治捐赠与境外贿赂的法案,1972年《竞选运动捐赠法》规定公司的政治性捐赠属非法;1977年《禁止对外贿赂法》规定任何美国企业为了获得或保持业务,而向任何外国官员、政党或政党官员支付金额或送礼,或允许这样做,均属违法。该法适用的行为主体极为广泛,包括任何代表公司行为的公司、自然人、董事、雇员、代理人等;禁止的贿赂方式和内容也很广泛,被禁止的行为包括直接犯罪和间接犯罪,即个人、企业许可或支持任何人从事法律禁止的贿赂行为,还包括共同犯罪,即个人、企业与他人合谋从事法律禁止的贿赂行为;对贿赂的认定,该法不要求引诱的腐败行为已经实现,提出或许诺进行腐败支付,就视为违法;对违法行为惩罚严厉,对违法犯罪的公司、企业处200万美元以下罚款,对管理人员、董事、雇员等处10万美元以下罚款并可判5年监禁;而且明确因行贿行为受到损失的经营者,对行贿行为可以提出民事诉讼,要求3倍赔偿;等等。[②] 2012年11月,美国司法部和美国证券交易委员会公布了《禁止对外贿赂法》的指引细则,对法案的关键内容作出正式界定,为初次涉足境外经营的小企业到大型跨国企业集团如何遵守这一法案给出了更加详细的指导,内容具体到哪些行为被认定为商业贿赂,以及对企业送礼、商务旅行和娱乐接待方

---

① 参见中央治理商业贿赂领导小组发布的〔2007〕4号文件《关于在治理商业贿赂专项工作中正确把握政策界限的意见》。

② 参见《关于国外防治商业贿赂的研究报告》,载国家发展和改革委员会网:http://www.sdpc.gov.cn/jggl/zhdt/t20061129_96404.htm,最后访问日期:2010年7月25日。

面的开支规定。①

在日本,反不正当竞争法不对此类行为进行调整,而是由刑法来完成这一任务。该法典将商业贿赂统一为行贿罪和受贿罪,无论在商业方面还是其他方面,具有行贿或者受贿行为必须承担相同的法律责任。日本界定的贿赂范围相当广,凡是能够满足人的需要或者欲望的一切利益都可以算作贿赂,包括提供性服务,以及高规格的宴请和接待等。利用手中掌握的权限,在经济活动中要求他人给予金钱、物品或者提供其他好处的,以及接受或者约定接受利益和好处的属于受贿行为,必须承担刑事责任。

德国治理商业贿赂的法律主要有德国《反不正当竞争法》和《德国刑法典》等,这些法律对各种形式的贿赂做了界定,并规定了相应的惩治措施。在德国,制止贿赂行为主要是通过司法手段而不是行政手段,以排除行政机关的不适当干预。原德国《反不正当竞争法》第12条关于禁止贿赂职员行为的规定为:(1)在营业中为竞争目的对某企业的职员或其委托人提出,允诺或给予好处,而要求自己或第三者以不公开的方式在货物或劳务方面中选,应处以一年以下徒刑或罚金。(2)企业的职员、受托人在经营中保证以不公开的方式在竞争中挑选某人的货物或劳务而要求、接受允诺或接受好处的,处同样处罚。后来2004年修法时该条被移除。修订后的《德国刑法典》第299条则规定了"商业活动中的受贿和行贿罪":在商业交易中,商业经营的雇员或受托人为自己或第三人向他人索要利益、让其允诺给予利益或者收受利益,作为回报,在有关商品或商业服务的竞争中,以不法方式使他人获得优待的,处3年以下自由刑或罚金。

就以上国家的法律来说,对商业贿赂方式的界定十分宽泛,不局限于财物,而是把作为交换的利益好处都算作贿赂。例如,加拿大相关法律中规定商业贿赂涵盖"金钱、兑价物品、职务、住所或雇佣、货款、奖赏或任何利益"。也就是说,包括所有物质利益和非物质利益。又如,芬兰明确规定,国家公职人员不准接受商界的任何吃请和游山玩水,否则,均被视为受贿行为。另外,西方国家大多以是否实质损害竞争、影响公平性原则为标准对回扣、折扣、佣金进行规定,如美国《鲁宾逊－帕特曼法反价格歧视法案》规定,不管是回扣还是折扣,如果对竞争有损害,都是非法的。②

自20世纪90年代以来,国际社会通过了一系列法律文件,加强对反商业贿赂领域的国际合作,如《联合国反腐败公约》《联合国反对国际商业交易中的贪污贿赂行为的宣言》,经合组织的《禁止在国际商业交易中贿赂外国公职人员公约》,国际商会的《打击国际商业交易中的勒索和贿赂的行为准则》,美洲国家组织的《反腐败公约》,欧洲理事会的《反腐败国家集团规约》等。1999年生效的经合组织《禁止在国际商业交易中贿

① 参见《国外如何遏制商业贿赂》,载人民网法治网:http://legal.people.com.cn/n/2013/0903/c188502-22781492.html,最后访问日期:2018年1月29日。

② 参见《关于国外防治商业贿赂的研究报告》,载国家发展和改革委员会网:http://www.sdpc.gov.cn/jggl/zhdt/t20061129_96404.htm,最后访问日期:2010年7月25日。

赂外国公职人员公约》,责成签署国在国家法律下将给予或许诺及接受一笔贿金视为犯罪,并方便法律互助和引渡。2003 年 10 月,第 58 届联合国大会审议通过的《联合国反腐败公约》,是国际社会在反腐败领域进行国际合作的最重要的国际法律文件,我国全国人大常委会于 2005 年 10 月批准了该公约。

三、我国市场活动中的商业贿赂行为及规制概况

在我国,商业贿赂是随着市场经济的出现而产生的。在计划经济时代,国家对生产、资源分配及产品消费事先进行计划,产、供、销各环节均有严格的计划,实质上不存在竞争。由于几乎所有的经济行为都依赖于指令性计划,其中大部分的资源由政府所拥有,并且由政府所指令而分配资源,不受市场影响。在这种经济体制中,企业严格遵守国家的指令、计划,没有经营自主权,再加上国家的行政管理较严,因此企业不可能也没有必要去做商业贿赂。改革开放以后,企业逐渐取得市场主体资格,多种经济成分并存,大量个体工商户、乡镇企业、私营企业、外企迅速成长。但市场体系不健全,条块分割严重,原料短缺、大量"瓶颈"环节的存在,使它们无法获得必要的原材料,无现成的商业网络可利用,无稳定的客户可往来,无高效能的代理商为之提供服务。加之财务管理较为宽松,于是让利、折扣、回扣等财物手段便成为当时开拓市场的利器,后来成为一种较普遍现象,更被有的人认为是发展经济、搞活流通的重要手段,形成了一种似是而非的"有益经济发展论"。

但是实际上,商业贿赂行为的泛滥从根本上扭曲了公平竞争的本质,使价值规律失效,国家税收严重流失,假冒伪劣商品横行,贪污受贿等经济案件大案要案层出不穷,严重地败坏了社会风气。有美国学者指出:"个别贿赂有时不但能给行贿者和受贿者都带来好处,而且能提高国家的整体的效率和公平程度。但是,这种情况的存在并不能成为容忍低度腐败的根据。"①原因主要有以下四个方面:第一,首要的也是最明显的原因就是,上述现象并不是所有的贿赂都能产生的。第二,如果某些贿赂的确具有配置资源的正当功效,那么就应当把这些贿赂合法化,并将有关的费用标准公之于众。以非法交易为基础的市场注定是低效的。第三,这种观点是建立在一种静态的分析之上,虽然个人能够为自己的行贿行为辩解并视其为防止受到更大伤害的保护性行为,但是单个腐败行为所造成的系统性代价却是相当严重的。更为可怕的是,对某些公共生活领域内的腐败现象的容忍将会导致一种恶性循环,即随着时间的推移,某些人的不法行为将促使更多的人染指腐败交易。第四,如果腐败现象和腐败行为普遍存在,不可避免地会降低政府的合法性,或者使政府为提高政府合法性而付出的种种努力付诸东流。因此,"虽然贿赂或许确实有些好处,但是它终究不能成为法制改革的稳定和长期的替代物"。② 经合组织制定的《禁止在国际商业交易中贿赂外国公职人员公约》序言也指出:

---

① [美]苏珊·罗斯·艾克曼:《腐败与政府》,王江、程文浩译,新华出版社 1999 年版,第 25 页。

② 同上书,第 25~26 页。

“行贿行为已是国际商业交易活动中,包括贸易与投资活动中,普遍存在的现象,引起了道德和政治方面的严重忧虑,破坏了良好的管理与经济的发展,扭曲了国际竞争条件。”世界银行学院根据2001年至2002年的经济数据测算,全球以行贿为目的的花费每年超过1万亿美元,而同期世界经济总量估计值刚刚超过30万亿美元。[①] 商业贿赂全球范围的严重性由此可见一斑。

对此,早在1980年,《国务院关于开展和保护社会主义竞争的暂行规定》中就指出:竞争要严格遵守国家的政策法令,采取合法手段进行,不准弄虚作假、行贿受贿;一切社会主义的企事业单位、经济单位之间的购销活动,一律禁止提取“回扣”;过去实际上存在的提取“回扣”的做法要立即废除。此后的其他有关文件中也屡次明文禁止商业贿赂,但实际上屡禁不止。1993年《反不正当竞争法》的出台将商业贿赂行为作为一种不正当竞争行为予以规范,该法第8条规定:“经营者不得采用财物或者其他手段进行贿赂以销售或者购买商品。在账外暗中给予对方单位或者个人回扣的,以行贿论处;对方单位或者个人在账外暗中收受回扣的,以受贿论处。经营者销售或者购买商品,可以以明示方式给对方折扣,可以给中间人佣金。经营者给对方折扣、给中间人佣金的,必须如实入账。接受折扣、佣金的经营者必须如实入账。”我国《刑法》中亦有相关条款对其进行刑罚制裁,特别是修正案六、七、八较好地完善了有关商业贿赂行为的认定及刑事责任。现阶段我国刑法中直接与商业贿赂相关的罪名达10个,《刑法》成为国内治理跨国商业贿赂犯罪最基本的法律根据之一。为了落实刑法有关规定,依法惩治商业贿赂犯罪,结合办案工作实际,2008年最高人民法院、最高人民检察院印发《关于办理商业贿赂刑事案件适用法律若干问题的意见》。1996年原国家工商行政管理局发布的《关于禁止商业贿赂行为的暂行规定》则对1993年《反不正当竞争法》第8条进行了细化,增强其可操作性。其他有关国家机关也在不少法律文件中予以强调,如2007年原交通部《经营性公路建设项目投资人招标投标管理规定》、2007年原劳动和社会保障部《就业服务与就业管理规定》、2007年原卫生部《关于建立医药购销领域商业贿赂不良记录的规定》(已失效)、2013年商务部《规范对外投资合作领域竞争行为的规定》、2015年国家发展和改革委员会《企业债券中介机构信用评价办法》等。为了加强这方面工作,2006年我国还成立了中央治理商业贿赂领导小组,加强对治理商业贿赂的领导工作,并发布了若干文件,开展了一些运动。2005年7月至2011年12月,全国共查处商业贿赂案件102214件,涉案金额260.6亿元。[②] 2012年到2016年上半年,全国共

① 程宝库、辛宇罡:《发展中国家受商业贿赂危害最大》,载上海市纪律检查委员会网:http://www.shjcw.gov.cn/2015jjw/nn2232/u1ai42924.html,最后访问日期:2020年3月20日。

② 参见《全国六年查处商业贿赂案逾十万件》,载财新网:http://china.caixin.com/2012-04-20/100382716.html,最后访问日期:2018年1月29日。

查处各类商业贿赂案件约1.4万件,涉案金额约44亿元。[①] 近年来,有关部门还在医药医疗市场、汽车市场等开展不正当竞争专项治理行动,商业贿赂均为重点治理内容。总体来说,尽管取得了一些明显的成效,但是很难说已经达到了预期目标。

尽管改革开放以来,我国有关部门曾发起了一次又一次的反腐败运动,国家有关法令的态度也是越来越严厉,但是商业贿赂屡禁不止。必须进行改革,否则单纯的严刑峻法根本无法遏制系统性腐败,我国历史上尤其是明代反腐失败的教训可谓殷鉴不远。

第二节　商业贿赂行为的认定

一、关于商业贿赂行为的主体

在2017年《反不正当竞争法》修改前,1996年原国家工商行政管理局《关于禁止商业贿赂行为的暂行规定》中就沿用1993年开始实施的《反不正当竞争法》中的"经营者"这一表达,但同时作了扩大解释。《关于禁止商业贿赂行为的暂行规定》第3条规定,经营者的职工采用商业贿赂手段为经营者销售购买商品的行为,应当认定为经营者的行为;第4条规定,任何单位或者个人在销售或者购买商品时不得收受或者索取贿赂。事实上将规制对象扩大到了经营者的员工和与经营者进行交易的任何单位和个人。中央治理商业贿赂领导小组在《关于在治理商业贿赂专项工作中正确把握政策界限的意见》中指出,商业贿赂涉及经济社会生活的许多方面,往往与国家机关及其工作人员滥用职权、以权谋私有很大关系。商业贿赂的主体既包括各类公司、企业及其从业人员,个体工商户,以及其他经营者和社会团体、行业自律组织、社会中介组织及其从业人员,也包括国家机关、事业单位、人民团体及其工作人员等。

此后原国家工商行政管理局的有关批复也进一步表明了这一点。在《关于国家工商局〈关于禁止商业贿赂行为的暂行规定〉的有关条款是否超出〈反不正当竞争法〉规定的请示》的答复(工商公字〔2000〕第246号)中指出:《反不正当竞争法》第8条规定"经营者不得采用财物或者其他手段进行贿赂以销售或者购买商品",其中所指的贿赂既包括行贿也包括受贿。对于有关当事人在商品购销中收受贿赂的行为,工商行政管理机关应当依照《反不正当竞争法》的有关规定和国家工商行政管理局《关于禁止商业贿赂行为的暂行规定》进行查处。在1999年《关于旅行社或导游人员接受商场支付的"人头费"、"停车费"等费用定性处理问题的答复》(工商公字〔1999〕第170号)中,肯定了接受贿赂方并不仅限于交易相对人:"经营者无论将这种利诱给予交易对方单位

---

① 黄树贤:《在国际反腐败峰会上的书面发言》,载中共中央纪律检查委员会、国家监察委员会网:http://www.ccdi.gov.cn/toutiao/201605/t20160513_124791.html,最后访问日期:2018年1月28日。

或个人,还是给予与交易行为密切相关的其他人,也无论给予或收受这种利益是否入账,只要这种利诱行为以争取交易为目的,且影响了其他竞争者开展质量、价格、服务等方面的公平竞争,就构成《反不正当竞争法》第八条禁止的商业贿赂。”在《关于非营利性医疗机构是否属于〈反不正当竞争法〉规范主体问题的答复》(工商法字〔2001〕第248号)中指出,无论是营利性医疗机构,还是非营利性医疗机构,只要在购买药品或者其他医疗用品中收受回扣的,都应当按照《反不正当竞争法》的规定依法查处。在实践中,一些利诱影响交易第三方的行为已由原国家工商行政管理总局和最高人民法院先后以答复等形式,明确定性为商业贿赂,2017年以立法形式予以确定。

2017年《反不正当竞争法》的修改,使商业贿赂行为的主体得以进一步明确,交易相对方被排除在主体之外。与旧法相比,新法在商业贿赂的行为主体上有重要突破。

在执法实践中,很多被处罚对象往往会以相关行为系员工个人行为为由进行抗辩,试图据此规避公司的商业贿赂责任。2017年修订后的《反不正当竞争法》第7条第3款明确规定:“经营者的工作人员进行贿赂的,应当认定为经营者的行为;但是,经营者有证据证明该工作人员行为与为经营者谋取交易机会或者竞争优势无关的除外。”即将员工的贿赂行为推定为经营者行为,除非经营者有证据证明其获得的交易机会或竞争优势与员工行贿行为无关。实践中很难把握相关证明的难度,这为广大经营者敲响了警钟,经营者应当建立完善的内控合规体系以应对法律的挑战。

二、关于商业贿赂行为的若干表现

(一)折扣

折扣,即通常所说的商店打折、让利销售行为。在现实经济生活中,折扣也是经营者常用的商业竞争手段,一般来说是合法的,但是有的不法经营者为了逃避法律制裁,经常打着折扣的旗号掩盖其所进行的商业贿赂行为。

2017年修订后的《反不正当竞争法》第7条第2款规定:“经营者在交易活动中,可以以明示方式向交易相对方支付折扣,或者向中间人支付佣金。经营者向交易相对方支付折扣、向中间人支付佣金的,应当如实入账。接受折扣、佣金的经营者也应当如实入账。”《关于禁止商业贿赂行为的暂行规定》第6条第2款做了明确规定:“本规定所称折扣,即商品购销中的让利,是指经营者在销售商品时,以明示并如实入账的方式给予对方的价格优惠,包括支付价款时对价款总额按一定比例即时予以扣除和支付价款总额后再按一定比例予以退还两种形式。”由于折扣具有公开、明示、双方如实入账等特征,故折扣属于一种符合商业习惯的正当竞争行为。

折扣具有以下特征:首先,折扣发生在买卖双方之间,即出卖方提供给买受方的一种优惠,即经营者相互之间给予的优惠;其次,折扣必须采取公开明示的方式,且应当如实入账;再次,折扣表现为对明码标价商品实行按比例打折,也可以表现为赠送同类或者异类商品;最后,折扣一般是有条件的。

折扣与回扣等商业贿赂行为存在许多相似之处。但是,折扣是一种合法的竞争行为,[①]其与回扣有着本质的区别:首先,折扣是合法行为,为法律所保护,回扣是商业贿赂行为,为法律所禁止。其次,折扣必须以明示的方式公开支付,且如实入账。这与回扣的秘密性截然相反,回扣是采用账外暗中退给对方财物的方式。再次,折扣是单向的,一般是卖方对买方的价格优惠,而且只能给交易的对方当事人,其受益人是直接从事交易的用户或者消费者;而商业贿赂存在双向的可能性,既可能是卖方对买方的,也可能是买方对卖方的,既可能将利益给予其经办人员如交易相对人的职员、代理人,也可能将利益给予其他可能影响到该笔交易的人员。最后,折扣作为一种合法的商业惯例,其折扣的比例、方式等都必须符合一般的商业习惯;而回扣作为一种违法行为,其行为方式和涉及金额均不符合正常的商业惯例。

(二)佣金

我国《反不正当竞争法》第 7 条第 2 款规定:"经营者在交易活动中,可以以明示方式向交易相对方支付折扣,或者向中间人支付佣金。经营者向交易相对方支付折扣、向中间人支付佣金的,应当如实入账。接受折扣、佣金的经营者也应当如实入账。"《关于禁止商业贿赂行为的暂行规定》第 7 条第 2 款对其含义做了明确规定:"本规定所称佣金,是指经营者在市场交易中给予为其提供服务的具有合法经营资格的中间人的劳务报酬。"佣金与居间业务、中介业务的发展是分不开的。

佣金具有以下特征:首先,佣金是一种劳务报酬,是双方经营者之外、介绍促成双方交易的独立的"第三人",因促成交易而从经营者那里获得的报酬;其次,佣金的收受者必须是具有独立经营资格的中间人,不具有合法经营资格的中间人为他人提供服务而收受佣金属于无照经营;再次,佣金的支付和收受都必须明示入账;最后,佣金是合法的,受法律保护。

佣金与商业贿赂之间存在许多相似之处,但是佣金与商业贿赂之间也存在本质的区别:首先,佣金的给付对象是独立的中间人,而商业贿赂中收受利益的人就是主交易的对方或对方的有关人员。其次,佣金的支付与接受都是公开和明示的。这是佣金与商业贿赂之间的重要区别。最后,佣金具有劳动报酬的性质,是对中间人劳动付出的价值补偿。与此不同,商业贿赂本质上是对对方单位和个人的收买,根本不具有报酬的性质。

(三)附赠和捐赠

附赠的一般含义是经营者在市场交易中,为吸引消费者,附带地向其提供现金和物

---

① 在反垄断法的语境下,折扣也有可能成为非法行为。如原国家工商行政管理总局认定 2009 ~ 2013 年,利乐实施了没有正当理由搭售包材,没有正当理由限定交易和排除、限制竞争的忠诚折扣(利乐实施的忠诚折扣在特定的市场条件下具有明显的排除、限制竞争效果)等滥用市场支配地位行为,予以责令停止违法行为、处以 2011 年度在中国大陆相关商品市场销售额 7% 的罚款,合计 667,724,176.88 元人民币。参见原国家工商行政管理总局行政处罚决定书(工商竞争案字〔2016〕1 号)。

品的一种促销手段。本来附赠在原则上是合法的，但是不加控制的附赠或附赠过度同样会产生对竞争的不利影响。在近年来的商业活动中，附赠花样不断翻新，不少附赠行为已经构成了对正当竞争的违反。违法的附赠会不适当地影响购买者的购买决策，模糊价格关系，损害相关行业产品的声誉，助长攀比之风和恶化竞争风气。因此，《关于禁止商业贿赂行为的暂行规定》第8条规定："经营者在商品交易中不得向对方单位或个人附赠现金或礼品。但按照商业惯例赠送小额广告礼品的除外。违反前款规定的，视为商业贿赂行为。"

附赠具有以下特征：首先，附赠提供者为经营者，接受赠品的为经营者或消费者，且是向不特定的交易相对人提供的，即只要与其进行交易就可以获得赠品。其次，附赠的对象可以是现金或者物品。物品包括与所购物品完全相同的物品，还包括同类物品和不相关的物品。再次，合法的附赠金额与主要商品价值相比是微不足道的，否则法律会视其为商业贿赂行为；同时，附赠是公开进行的。最后，附赠是商品交易行为的副行为。即存在附赠的交易中，存在两种民事法律关系：一个是商品交易关系，另一个是赠与关系，交易关系是主关系，赠与关系是从关系。

关于捐赠与商业贿赂的界限。捐赠一般指没有索求地把有价值的东西给予别人。目前，我国除《民法通则》《合同法》等立法外，尚有《公益事业捐赠法》专门就自然人、法人或者其他组织自愿无偿向依法成立的公益性社会团体和公益性非营利的事业单位捐赠财产，用于公益事业的行为作出规范。捐赠一般很难跟商业贿赂挂上钩，但是实践中也出现了某些新情况，如某药品经销商为促销药品，以捐助医疗卫生事业的名义，赠与某医院药品采购部门财物；在某大学新校区建设中，一家建筑公司在合同中公然答应给予高校"好处"：5部手提电脑、1辆桑塔纳轿车。①

因此，捐赠应当符合《公益事业捐赠法》及其他有关规定，明示并如实入账，不直接或间接与商品交易挂钩，不损害其他经营者合法权益，并且用于公益事业。以捐赠为名，通过给予财物获取交易、服务机会、优惠条件或者其他经济利益的，属于商业贿赂。

（四）回扣及其他商业贿赂形式

在1993年《反不正当竞争法》中，回扣是商业贿赂的主要表现形式之一。回扣的法定定义出现于《关于禁止商业贿赂行为的暂行规定》第5条，其对回扣的解释是："经营者销售商品时在账外暗中以现金、实物或者其他方式退给对方单位或者个人的一定比例的商品价款"。这是目前法律性文件中对回扣所做的最为明确的界定。这里说的"账外暗中"指的是未在依法设立的反映其生产经营活动或者行政事业单位经费收支的财务账上，按照财务会计制度规定明确如实记载，包括不计入财务账、转入其他财务账或者作假账等行为。

---

①　参见孙娟、祝国徽：《捐赠还是商业贿赂　建筑公司告工商局案开庭》，载中原网：https://www.zynews.cn/2006-09/09/content-418865.htm，最后访问日期：2020年3月20日。

根据之前的立法及实践,回扣具有以下特征:首先,回扣发生在市场交易的双方之间,给予回扣的是经营者,收受贿赂的是有关单位或个人,即回扣是卖方给予买方的。其次,回扣是秘密进行的,即回扣是在账外暗中给予或接受的。这是认定额外支付或接受财物的行为是合法行为还是违法行为的重要依据。最后,回扣是卖方退给对方单位或个人的一定比例的价款,即回扣不是卖方额外从别处拿出物品或金钱给予买方,而是返还一定比例的商品价款。我国经济领域存在较严重的回扣现象。例如,我国药品生产、流通企业数量众多,医药流通领域中"回扣"等不正当竞争行为盛行,一些推销人员为销售药品、医疗器械,以"宣传费""新药推广费""处方费"等名目,向医院院长、药剂科及临床医生等大肆行贿。推销人员一般按药价 5% ~15%,甚至更高的比例给医生以处方回扣,让医生多开药。[①] 医药推销人员给院方或个人回扣,必须把行贿的这笔成本从交易当中"赚"回来,往往采取抬高价格、账外经营、逃避财务制度监督等方式,在加重患者经济负担的同时,侵吞国家医疗保险资金,偷逃国家税收。

2017 年《反不正当竞争法》取消了"回扣"这一概念,并不代表人们日常所指的"回扣"就此洗白。首先,交易一方支付给"交易相对方的工作人员"财物或其他好处被明定为商业贿赂行为;其次,交易一方支付给对方单位财物或者其他好处,该单位也有可能因"实质上的交易关系"而被认定为"受交易相对方委托办理相关事务的单位或者个人",从而构成商业贿赂行为。"例如学校受全体学生委托与校服供应商签订校服购买合同,此时交易的双方应当是供应商和学生,交易的法律后果实际由学生承担。如果供应商给予学校财物或者其他经济利益,则涉嫌构成商业贿赂。"[②]总之,对于商业活动中回扣和其他具有商业贿赂特征的行为,应当按照治理商业贿赂的要求,根据是否违反公平竞争原则,给予、收受财物或者其他利益,不正当地谋取交易机会或者竞争优势,以及涉案数额大小、情节轻重、社会危害程度等进行定性处理。

三、认定机关及法律适用

根据国家有关文件,我国近年来重点查处发生在工程建设、土地出让、产权交易、医药购销、政府采购及资源开发和经销 6 个领域,以及银行信贷、证券期货、商业保险、出版发行、体育、电信、电力、质检、环保 9 个行业的重大商业贿赂违法案件。但是,由于以上领域有不同立法,也确定了不同的主管机关,因此在行政执法中可能存在若干冲突或疏漏。对此,2007 年原国家工商行政管理总局治理商业贿赂领导小组办公室《关于工商行政管理机关在治理商业贿赂专项工作中进一步加大查办案件力度的指导性意见》(工商治贿办〔2007〕1 号)提出如下意见:

1. 有关法律或者行政法规没有规定禁止商业贿赂的条款,对这些法律或者行政法

---

① 参见蒋悦音:《基本药物制度有利遏制医疗腐败》,载《光明日报》2009 年 8 月 21 日,第 6 版。

② 吴楠:《总局反垄断与反不正当竞争执法局局长就新〈反不正当竞争法〉接受记者专访》,载新华网:http://www.xinhuanet.com/fortune/2017-11/09/c_129736723.htm,最后访问日期:2018 年 1 月 30 日。

规调整领域内发生的商业贿赂案件，工商行政管理机关应当依照《反不正当竞争法》的规定进行监管。

2. 有关法律或者行政法规规定禁止商业贿赂的条款，但没有规定相应的处罚条款或者执法部门，对这些法律或者行政法规调整领域内发生的商业贿赂案件，工商行政管理机关应当依照《反不正当竞争法》的规定进行监管。

3. 有关法律或者行政法规规定了禁止商业贿赂的条款，并规定由“有关部门”在各自职责范围内对商业贿赂行为进行监管，对这些法律或者行政法规调整领域内发生的商业贿赂案件，工商行政管理机关应当依照《反不正当竞争法》或有关法律法规的规定进行监管。

4. 有关法律或者行政法规规定了禁止商业贿赂的条款，同时明确规定由行业主管部门或其他部门进行监管，对这些法律或者行政法规调整领域内发生的商业贿赂案件，工商行政管理机关应移送有关部门管辖。

关于商业贿赂违法案件的法律适用，原国家工商行政管理总局认为：

1. 土地出让、产权交易、资源开发和经销、出版发行、电信、电力、体育、质检、环保 9 个领域和行业，有关法律和行政法规没有规定禁止商业贿赂条款。因此，对这 9 个领域和行业发生的商业贿赂案件，工商行政管理机关可以适用《反不正当竞争法》的规定予以查处。

2. 工程建设、医药购销、政府采购三个领域，有关法律规定了商业贿赂的禁止条款和处罚条款，并规定有关部门在各自的职责范围内对商业贿赂行为进行查处。因此，对这三个领域发生的商业贿赂案件，工商行政管理机关可以适用《反不正当竞争法》或者有关法律的规定予以查处。

3. 商业保险行业，《保险法》对保险公司及其工作人员的商业贿赂行为作出了规定，并规定由保险监管部门进行管辖，但对保险业务活动中非保险公司及其他人员的商业贿赂行为没有规定。因此，工商行政管理机关可适用《反不正当竞争法》对保险业务活动中非保险公司及其他人员的商业贿赂行为予以查处。

4. 银行信贷和证券期货行业，《商业银行法》规定商业银行的工作人员不得索取、收受贿赂，《证券法》没有禁止商业贿赂条款。从实践中看，工商行政管理机关目前没有介入对这两个行业的市场监管和经济监督检查。在治理商业贿赂专项行动中，对银行信贷和证券期货行业发生的商业贿赂违法案件，当地治理商业贿赂领导小组认为有必要的，工商行政管理机关可以适用《反不正当竞争法》的规定予以查处。

5. 对发生在其他领域或行业的商业贿赂案件，工商行政管理机关按照监管原则，依法予以处理。

第十七章　虚假宣传行为规制制度

第一节　虚假宣传行为概述

虚假宣传行为,是指经营者利用广告或其他方法,对商品的质量、制作成分、性能、用途、生产者、有效期限、产地作与事实不相符合或可能使人产生错误判断的介绍、表示,足以造成相关公众误解的行为。由于虚假宣传的手段以广告为主,所以也有人将其称为虚假广告行为,以广告来概括、代指其他所有的类似不正当竞争行为。

该行为实质上属于欺骗性交易行为。但因为其表现形式具有特殊性,所以《反不正当竞争法》将其单独作为一种不正当竞争行为。1993 年《反不正当竞争法》第 9 条规定:"经营者不得利用广告或者其他方法,对商品的质量、制作成分、性能、用途、生产者、有效期限、产地等作引人误解的虚假宣传。广告的经营者不得在明知或者应知的情况下,代理、设计、制作、发布虚假广告。"2017 年修订通过的《反不正当竞争法》将上述规定修改为第 8 条:"经营者不得对其商品的性能、功能、质量、销售状况、用户评价、曾获荣誉等作虚假或者引人误解的商业宣传,欺骗、误导消费者。经营者不得通过组织虚假交易等方式,帮助其他经营者进行虚假或者引人误解的商业宣传。"

由于在其他法律法规中也有关于禁止经营者虚假宣传的内容,反不正当竞争法中的虚假宣传行为与之有重合之处,但也有自身特点。一般来说可以归纳出以下特征:

一是虚假宣传行为发生于经济领域,与市场竞争密切相关。在各种经济领域,出于市场竞争的压力,经营者无不奋力使自己从万千看起来差不多的同类经营者中脱颖而出,或者至少让用户、消费者看起来其比别的经营者更有优势,更加符合购买者的要求,于是就有一些经营者在正常的市场宣传之外,夸大自己产品或者服务的某些特征或者隐瞒某些不足,甚至无中生有,以达到吸引眼球进而提升销售额和市场地位的目的。

二是虚假宣传行为的主体是进行产品或服务宣传的经营者。这里的经营者既可以是推销自己商品或者服务的经营者即广告主,也可以是其他经营者。商品或者服务的经营者固然不能对自己的商品或者服务进行虚假宣传,其他经营者也不能通过组织虚假交易等方式,对不法商人的此类行为推波助澜。

三是虚假宣传行为主要是围绕商品、服务的基本要素或企业本身进行不实宣传。主要涉及商品的质量、制作成分、性能、用途、生产者、有效期限、产地,乃至商品的规格、等级、生产日期、销售者、价格、售后服务、获奖获优情况、质量认证等,或者对企业的性质、历史、业绩、经营能力进行与事实不符的宣传。另外，随着绿色消费理念的传播，对产品或服务是否环保，以及是否获得相应的环保标志作虚假或引人误解的陈述的，即进行所谓的漂绿营销，也应当属于反不正当竞争法规制的范畴。

四是虚假宣传行为直接损害了用户和消费者的利益，也损害了同业竞争者的利益，更恶化了市场竞争环境，损害了市场竞争秩序。虚假宣传行为会诱使消费者作出错误选择，从而遭受各种利益损失；其他经营者也会因为不法行为人的虚假宣传行为而丧失一定的商业机会，危害到自己的市场地位。

关于虚假宣传行为的分类：以宣传手段的不同来看，可以分为虚假广告行为和用广告以外的其他手段进行的虚假宣传行为，前者同时违反了《广告法》和《反不正当竞争法》，而后者则往往难以适用《广告法》；以宣传内容虚假的程度，可以分为虚假的宣传行为和引人误解的宣传行为，前者的违法特征明显，比较易于判定，而后者由于经营者有意用语言文字或者其他多义、多种理解的方式来误导用户和消费者，因而往往拒绝承认自己存在违法行为；以虚假宣传的中心来看，可以分为对自己提供的商品或者服务进行的虚假宣传和对经营者自身进行的虚假宣传，前者如商品的质量、制作成分、性能、用途、生产者、有效期限、产地、价格等，后者如企业的性质、历史、荣誉等。

第二节　虚假宣传行为规制立法概况

一、境外立法概况

鉴于虚假宣传行为对于市场竞争和市场秩序的危害，国际上很早就有了相关立法。

1883 年订立的《巴黎公约》有禁止虚假广告的规定，该公约第 10 条之 2 第 3 款规定：禁止“在经营商业中，使用易于导致公众对商品的性质、制作方法、特征、用途或者数量产生误导作用的表示或者陈述”。世界知识产权组织国际局颁布的《反不正当竞争示范法》第 4 条第 1 款规定：“在工商业活动中，对某个企业或者其活动，尤其是其所提供的商品或服务的误导或者可能误导公众的任何行为或做法，都构成不正当竞争行为。”同时，该示范法第 4 条第 2 款还指出误导可能产生于广告或者促销活动，尤其是有关商品的制造过程，商品或服务对特定目的的适合性，商品或者服务的质量、数量或其他特性，商品或服务的地理来源，对商品或者服务所承诺或提供的条件，商品或者服务的价格或者价格的计算方法等事项。

欧共体为了协调各成员国在此方面的法律制度，于 1984 年颁布了《协调成员国关于引人误解广告的法律规定和行政规定的第 84/450 号令》。该指令的宗旨是，禁止引人误解的广告，以此保护消费者、经营者及社会公共利益。根据该指令第 2 条第 2 项，误导性广告“是指以某种方法（包括装饰）对相关顾客进行欺骗或者可能导致欺骗的广告，它的欺骗性内容能够影响这些人的经济行为，损害或者能够损害其他的竞争者”。

该指令要求成员国在禁止虚假广告方面必须达到最低的法律标准,并且要求它们在1986年年底之前,建立制止虚假广告的行政程序和司法程序。1997年6月,欧共体颁布了修订第84/450号令的第97/55号指令,并将比较广告纳入该指令的调整范围。在此基础上2006年又颁布了《误导和比较广告指令》(2006/114/EC)(the Misleading and Comparative Advertising Directive,MCAD),禁止经营者之间发生的各种误导广告并规范比较广告行为。与此同时,2005年通过、作为欧盟反不正当竞争法核心的《不正当商业行为指令》(2005/29/CE)(Unfair Commercial Practices Directive,UCPD)[①]——其适用范围限定于针对消费者(B2C)的各种不正当的商业行为——也广泛禁止各种误导性商业行为。至于二者之间的关系,欧盟2016年的一份报告中指出,"《误导和比较广告指令》为比较广告的规制提供了一个一般意义的测试,其准则与该比较广告在经营者与消费者(B2C)交易中的合法性考察完全协调"。例如,根据《不正当商业行为指令》第6(2)(a)条予以禁止的误导性广告,同样会被《误导和比较广告指令》认定为非法。"(在适用时)这两个指令是相互参照的。"[②]

在美国,禁止虚假广告最重要的成文法是1946年《兰哈姆法》(Lanham Act)。根据该法第43条a款,任何关于商品或者服务来源地虚假陈述,以及任何关于商品或者服务基本性能的虚假陈述都是违法的。此外,美国1914年颁布的《联邦贸易委员会法》第5条规定:"在商业中或影响商业的不公平的或者欺骗性的行为以及做法是非法的。"根据这条原则性的规定及联邦贸易委员会的解释,只要广告中的某一个条款或者用语是含糊不清的,那么整个意思就可能被判定为欺骗性的,都可能构成虚假广告。对于从事虚假广告宣传行为的企业,联邦贸易委员会有权下达"停止违法令",并可科处罚款。此外,美国还制定《食品、药品和化妆品法》《正确包装与表示法》《消费者信用保护法》《玩具安全法》等多部法律,分别对相关的虚假广告宣传加以禁止和制裁。

在德国,2004年修订后的德国《反不正当竞争法》第5条以"误导性广告"为题,对禁止虚假广告做了系统和明确的规定。该条共有5款。第1款规定,误导性广告仅指以显著程度损害了竞争者、消费者及其他市场参与者利益的误导行为,从而将一些对市场竞争影响不大的误导行为排除出第5条的适用范围。第2款规定,判断一个广告是否具有误导性,应考虑广告的所有内容,特别是以下内容:(1)关于商品或服务的说明,包括库存情况、种类、规格、成分、生产或供应的程序或时间、用途、适用范围、数量、特性、产地或生产企业、使用后果,以及商品或服务测试结果等;(2)关于销售说明,包括销售原因、销售价格和计算价格的类型和方式,以及提供商品或服务的条件;(3)关于

---

① 参见[德]博德维希主编:《全球反不正当竞争法指引》,黄武双、刘维、陈雅秋译,法律出版社2015年版,第57页。

② *Guidance on the application of the Unfair Commercial Practices Directive*, Brussels, 25. 5. 2016 SWD (2016)163 final.

经营者的说明，包括经营状况，特别是广告发布者的经营范围、资格和权利，如其身份、财产、知识产权、能力及所得的奖励或荣誉。根据第4款，如果经营者做降价广告，然后降价期短得不合情理，这个降价广告可被视为误导。如果当事人之间就降价期发生了争议，做降价广告的经营者负举证责任。第5款还规定，考虑到商品种类及广告的形式和范围，如果通过广告销售的商品不能以适当数量满足市场需求，这种广告可被视为误导。除德国《反不正当竞争法》外，德国还制定了一些特别法，对特定领域的虚假广告加以规定，如《药品广告法》《生活用品法》《药品法》《葡萄酒法》《明码标价条例》《商店关门法》等。

在法国，对于引人误解的商品广告主要是根据《法国民法典》第1382条和第1383条追究民事责任。同时，依据法国1973年《商业及手工业指导法》的规定，还可以对虚假宣传追究刑事责任。该法第44条规定："禁止在包括陈述、说明书、提示方法等广告物上就下列情形之一为虚假或引人误解的表示：广告商品或服务的实体、性质、配合、品质、折扣、型号、原产地、数量、制造方法及年月日、特性、价格及买卖条件、适合使用条件、期待的成果、买卖或服务履行的前提或方法、制造者、批发商及举办人等提供服务人的资格、技术。"

在日本，2015年修订的《不正当竞争防止法》第2条第14项规定：在商品或者服务，或者其广告、贸易文书或电子信函上，对商品的产地、品质、内容、制造方法、用途或数量，或者对服务的质量、内容、用途、数量等，作引人误认的虚假表示，或者将该种表示的商品予以转让、交付，或者为转让、交付目的而展览、进出口，作虚假表示提供服务的行为构成不正当竞争。受损害的一方可以要求停止侵权和损害赔偿。该法第16条和第17条还禁止经营者对外国国旗或者国家徽章等、外国政府或外国地方公共团体用于监督或证明的印章或标记，以及国际机构的徽章做违法的商业使用。

二、我国立法概况

在我国，1993年《反不正当竞争法》中除第9条外，第5条第4项"在商品上伪造或者冒用认证标志、名优标志等质量标志，伪造产地，对商品质量作引人误解的虚假表示"，以及第14条"经营者不得捏造、散布虚伪事实，损害竞争对手的商业信誉、商品声誉"也与之相关，有时在法律适用时发生争议。2017年修订的《反不正当竞争法》第8条规定："经营者不得对其商品的性能、功能、质量、销售状况、用户评价、曾获荣誉等作虚假或者引人误解的商业宣传，欺骗、误导消费者。经营者不得通过组织虚假交易等方式，帮助其他经营者进行虚假或者引人误解的商业宣传。"同时，2017年《反不正当竞争法》也删除了1993年《反不正当竞争法》第5条第4项虚假表示的规定。

究其变化主要体现在如下两点：第一，在法律条款中明确了"虚假的"或者"引人误解的"宣传均构成违法，从而弥补了1993年立法的不足；第二，针对网购时代出现的"刷单"等严重干扰市场竞争秩序的行为，增加规定通过组织虚假交易等方式，帮助其他经营者进行宣传也属于虚假宣传。

2017年《反不正当竞争法》有以下几点变化值得注意:第一,将《反不正当竞争法》对虚假宣传行为的规制集中在经营者身上,不再涉及广告公司等广告的经营者,从而与《广告法》划清界限。第二,在法律条款中明确了“虚假的”或者“引人误解的”宣传均构成违法,从而弥补了1993年立法的不足。正如在加多宝(中国)饮料有限公司等与广州医药集团有限公司等虚假宣传纠纷再审申请案中,法院认为加多宝凉茶的宣传即便不是虚假和不真实的,也是片面的和有歧义的,而这种片面和有歧义的宣传,会使加多宝中国公司和广东加多宝公司在凉茶市场中获得不正当竞争优势,扰乱正常的市场竞争秩序,损害其他同行业经营者的合法权益,也损害了广药集团的合法权益。① 第三,2017年《反不正当竞争法》删除了1993年《反不正当竞争法》第5条第4项有关虚假表示的内容,但也没有将其内容合并到第8条。从立法精神来解释,反不正当竞争法规制的应当是以一切方法进行的虚假宣传行为,而虚假表示通常是指在商品或商品包装上对商品的质量、制作成分、认证标志等作虚假表示以误导相关公众,很显然虚假表示当然属于虚假宣传行为,1993年《反不正当竞争法》将其作为市场混淆行为进行规制,相应的法律责任也不相同。一方面是法律体系的混乱,另一方面是同罪不同罚,有违法的正义,2017年《反不正当竞争法》的这种调整也是大势所趋。第四,在虚假内容的列举上,特意列举了“销售状况、用户评价”,这也是顺应当下我国电子商务发展的结果。在网络购物过程中,我们无法通过自己的视觉、触觉等去感知衣服的质量等因素,我们通常根据商家的销售状况及用户的评价去作出消费决策。因此,随着电子商务的发展,销售状况和用户评价成为影响消费者决策的重要因素。虚假交易与虚假的销售状况、用户评价之间的关系为前者是后者的手段,后者是前者的结果。因此,相比于《反不正当竞争法》一审稿的直接规定“不得进行虚假交易”,最终通过的修订案直接规定对后果的禁止更具周延性,实现虚假的销售状况和用户评价的手段是多样的,但结果都是一样的,以便更好地适应现实的发展。第五,明确禁止了帮助他人进行虚假交易。由于经营者存在虚构销售状况、用户评价的需求,出现了专门组织虚假交易的组织。对于这些虚假交易的组织者施加处罚,有利于更好地维护经营者的正当竞争秩序。

通过对1993年《反不正当竞争法》实施过程中的经验总结,《最高人民法院关于审理不正当竞争民事案件应用法律若干问题的解释》第8条就虚假宣传行为做了进一步的明确:“经营者具有下列行为之一,足以造成相关公众误解的,可以认定为反不正当竞争法第九条第一款规定的引人误解的虚假宣传行为:(一)对商品作片面的宣传或者对比的;(二)将科学上未定论的观点、现象等当作定论的事实用于商品宣传的;(三)以歧义性语言或者其他引人误解的方式进行商品宣传的。以明显的夸张方式宣传商品,不足以造成相关公众误解的,不属于引人误解的虚假宣传行为。人民法院应当根据日

---

① 参见“加多宝(中国)饮料有限公司等与广州医药集团有限公司等虚假宣传纠纷再审申请案”,最高人民法院(2015)民申字第2802号民事裁定书。

常生活经验、相关公众一般注意力、发生误解的事实和被宣传对象的实际情况等因素，对引人误解的虚假宣传行为进行认定。”

除《反不正当竞争法》及司法解释外，尚有不少其他立法也涉及虚假宣传行为。

2015年修订的《广告法》第3条规定：“广告应当真实、合法，以健康的表现形式表达广告内容，符合社会主义精神文明建设和弘扬中华民族优秀传统文化的要求。”第4条则要求广告不得含有虚假或者引人误解的内容，不得欺骗和误导消费者。第31条规定，广告主、广告经营者、广告发布者不得在广告活动中进行任何形式的不正当竞争。

1997年制定的《价格法》第14条第4项禁止利用虚假的或者使人误解的价格手段，诱骗消费者或者其他经营者与其进行交易。

2013年修正并于2014年实施的《消费者权益保护法》第20条规定：“经营者向消费者提供有关商品或者服务的质量、性能、用途、有效期限等信息，应当真实、全面，不得作虚假或者引人误解的宣传。经营者对消费者就其提供的商品或者服务的质量和使用方法等问题提出的询问，应当作出真实、明确的答复。经营者提供商品或者服务应当明码标价。”第23条第1款和第2款规定：“经营者应当保证在正常使用商品或者接受服务的情况下其提供的商品或者服务应当具有的质量、性能、用途和有效期限；但消费者在购买该商品或者接受该服务前已经知道其存在瑕疵，且存在该瑕疵不违反法律强制性规定的除外。经营者以广告、产品说明、实物样品或者其他方式表明商品或者服务的质量状况的，应当保证其提供的商品或者服务的实际质量与表明的质量状况相符。”

《产品质量法》多个条款要求生产者、销售者产品或者其包装上的标识必须真实，不得伪造产地，不得伪造或者冒用他人的厂名、厂址，不得伪造或者冒用认证标志等质量标志。该法第59条规定：“在广告中对产品质量作虚假宣传，欺骗和误导消费者的，依照《中华人民共和国广告法》的规定追究法律责任。”

2015年修订的《药品管理法》第60条规定：“药品广告的内容必须真实、合法，以国务院药品监督管理部门批准的说明书为准，不得含有虚假的内容。药品广告不得含有不科学的表示功效的断言或者保证；不得利用国家机关、医药科研单位、学术机构或者专家、学者、医师、患者的名义和形象作证明。非药品广告不得有涉及药品的宣传。”第91条规定：“违反本法有关药品广告的管理规定的，依照《中华人民共和国广告法》的规定处罚，并由发给广告批准文号的药品监督管理部门撤销广告批准文号，一年内不受理该品种的广告审批申请；构成犯罪的，依法追究刑事责任。药品监督管理部门对药品广告不依法履行审查职责，批准发布的广告有虚假或者其他违反法律、行政法规的内容的，对直接负责的主管人员和其他直接责任人员依法给予行政处分；构成犯罪的，依法追究刑事责任。”

2015年修订的《食品安全法》第71条规定：“食品和食品添加剂的标签、说明书，不得含有虚假内容，不得涉及疾病预防、治疗功能。生产经营者对其提供的标签、说明书的内容负责。食品和食品添加剂的标签、说明书应当清楚、明显，生产日期、保质期等事项应当显著标注,容易辨识。食品和食品添加剂与其标签、说明书的内容不符的,不得上市销售。”第73条第1款规定:“食品广告的内容应当真实合法,不得含有虚假内容,不得涉及疾病预防、治疗功能。食品生产经营者对食品广告内容的真实性、合法性负责。”第140条规定:违反本法规定,在广告中对食品作虚假宣传,欺骗消费者,或者发布未取得批准文件、广告内容与批准文件不一致的保健食品广告的,依照《广告法》的规定给予处罚。广告经营者、发布者设计、制作、发布虚假食品广告,使消费者的合法权益受到损害的,应当与食品生产经营者承担连带责任。社会团体或者其他组织、个人在虚假广告或者其他虚假宣传中向消费者推荐食品,使消费者的合法权益受到损害的,应当与食品生产经营者承担连带责任。

以上有关条款构成了我国反对以虚假广告为中心的虚假宣传行为的主要法律体系。

第三节 虚假宣传之认定

“虚假宣传”这一概念及有关法令中的规定都相当概括,难以掌握,因此实践中如何认定某经营者的行为构成虚假宣传的不正当竞争行为颇有难度,特别是对于那些内容并非完全虚假的广告或者其他宣传手段来说,更是如此。目前,无论是学术界还是实务界,在判断标准上基本达成共识,在借鉴境外经验基础上,提出以下判定原则:

一、一般消费者施以普通注意力原则

此原则即以一般消费者在平常注意力的条件下是否会误解为标准。此原则中的“一般消费者”指具有社会平均知识水准,广告宣传的商品或服务所指向的普通购买者或者消费者。因此,适用此原则时,对于广告对象的知识水平、识别能力不能要求过高。

曾有德国法学理论认为,如果广告使对象中的相当部分的人们产生误解,该广告就被视为已经使人产生了误解。但是,这种过分的保护倾向又带来了其他问题,即市场调查表明,任何广告信息,无论真假,广告对象中一部分人总是容易误解,这些人平均占5%。[①] 所以,在境外的司法实践中有时会以10%~20%的混淆比例作为判断的标准。

我国台湾地区学者认为,商品或服务的消费者有男女老幼,知识水平不一,故其注意能力迥异,均应予以合理的考虑,务期合乎一般购买人注意力和认定标准。购买者在购买时,商品的价格、种类或性质对其注意程度的影响,常常是进行合理考虑的依据。具体地说,商品的价格越高,越会对商品进行仔细分析比较,其注意程度就高,而价格低

---

① 参见孔祥俊:《引人误解的虚假表示研究——兼论〈反不正当竞争法〉有关规定的完善》,载《中国法学》1998年第3期。

廉且被广泛使用的日常必需品,购买者在选购时往往处于不在意的状态,其注意程度较低。判断是否引人误解,有以下标准可资借鉴:第一,应以一般消费者之认知为判定基准,而非以厂商之立场为依据。广告、标示内容之解释,并非逐字作文字之剖析,应以该广告、标示整体给予消费者之印象是否会造成误解为准;广告、标示内容之意义含义含混不明,产生两种以上不同意义时,只要其中之一足以引人误解,即应受法律之规范。除应考量广告标示之说明,文字、设计、道具、音响或其他相关事物所作成提示之表示外,事关重大却未披露之事实,亦应并予考虑。第二,应以一般公众的眼光为准,而非以专家或广告制作者为准。区分的标准是要看是否具有误导效果。[①] 当然,对于那些专门器械、专门技术的购销来说,一般公众可能一窍不通,这时就不可能以普通消费者的眼光来审视,而应以这个行业的普通从业人员的专业知识予以判断。例如,在江苏省高级人民法院二审审结的江苏建华管桩有限公司诉上海中技桩业股份有限公司虚假宣传纠纷案中,针对涉案建筑施工桩基商品市场,因桩基不属于普通的日常消费品,作为专业性很强的特殊商品,消费该商品的相关公众应当是指购买或决定购买桩基的建筑工程相关业主和从事桩基工程有关的专业技术员……由于桩基工程有关的专业技术人员不会也不可能仅凭《招股说明书(申报稿)》中的相关陈述即作出选择桩型的决定,作为建筑工程的业主自然也不会根据《招股说明书(申报稿)》中对两种桩基的比对陈述轻易作出选择决定。因此,《招股说明书(申报稿)》中被控侵权的内容不会引起桩基商品相关公众的误解。[②]

至于如何保证判断的正确性,我国有关部门在执法时已经采用了诸如市场调查等方法,通过对普通消费者的调查,可以对普通消费者是否已经构成混淆得出较为令人信服的结论。[③] 当然,如何保证市场调查方法本身的合理性、可信度,是一个值得研究的问题。

二、整体观察原则及比较主要部分原则

所谓整体观察原则,是指判断广告等宣传是否引人误解,应从广告整体所给予消费者的印象是否会造成误导进行判断。因为经营者利用广告等表示方法宣传自己的商品或者服务时,一般消费者对其只会留下一个大概、模糊的印象,而很少就广告的每个细节进行分析,所以不能拘泥于宣传手法的若干细节,而应关注该宣传在整体上给消费者以何种印象。所谓比较主要部分原则,是指看广告或宣传的主要部分是否会造成误解,

---

① 参见赖源河编审:《公平交易法新论》(第3版),台北,元照出版有限公司2005年版,第376页。

② 参见"江苏建华管桩有限公司、上海中技桩业股份有限公司虚假宣传纠纷案",江苏省高级人民法院(2012)苏知民终字第0219号民事判决书。

③ 例如,新疆伊犁地区工商局于1994年查处"新安酒厂仿冒伊犁酿酒总厂知名商品特有的包装、装潢"一案中,即采用了深入相关公众调查取证的方法,以有80%的人会发生误认为由,认定被投诉方新安酒厂的行为导致了市场混淆。参见原国家工商行政管理局公平交易局编著:《不正当竞争案例精选》,工商出版社1996年版,第15~18页。

若主要部分引人误解,即使次要部分属实,仍应认为属于引人误解的表示。

例如,美国最高法院曾表示:“广告的文字若分开读,也许不失真实,但就整体来说,却让人误解……这种广告是非法的。”按照《联邦贸易委员会法》和联邦贸易委员会的解释,只要一个条款或措辞是含糊不清的,那么整个意思就可能被判定为欺骗性的;在某种情况下,整个表达可能是欺骗性的,虽然其中的具体陈述并非如此。[①] 在北京中德医疗美容医院有限公司(以下简称中德公司)诉重庆市第四人民医院(以下简称重庆四院)虚假宣传案中,被告重庆四院在其官方网站上转载央视采访原告团队成员徐某的视频文件,以及对徐某的介绍确系真实的宣传。但是从网页的整体设计而言,却会让人产生误解,即搭便车式网页设计,使浏览其网页的一般消费者从日常生活经验出发,认为徐某是重庆四院的专家成员,造成消费者主观认识的错误,从而干扰消费者的选择,并损害公平的市场竞争秩序。因此,重庆四院的宣传行为构成引人误解的虚假宣传自不待言。[②] 另外,如果商业宣传中遗漏了某些重要事项,而导致相关公众的误解,亦可构成引人误解的虚假宣传行为。

三、异时异地隔离观察原则

判断广告或者某种宣传是否不实或引人误解,是以消费者观看后留下的模糊印象记忆为依据,该原则称为消费者记忆测验原则。由该原则判断广告是否引人误解,必然引申出在不同时间、不同地点分别观察的原则,此即异时异地隔离观察原则。美国执法机关判断电视广告是否引人误解采取两种方式:一是“隔日记忆”原则(day after recall),执法机关电视播出次日询问观众的看法,以判断是否有引人误解的情形;二是“人工印象”原则(artificial setting survey),即由执法者择日于视听室中放映给取样的消费者观看,再由观看后受误导的消费者的人数来决定是否引人误解。[③]

根据以上原则即可作出是否存在混淆的判断。另外,实践中可能存在两种情况:一是某一虚假宣传行为过于虚假、过于夸张,以至于基本上无人相信;二是某一虚假宣传行为尚未有用户或者消费者实际上当受骗的情况发生,而仅仅是可能会导致市场混淆。对于第一种情形来说,如果某个广告过于夸张,以至于无人相信,很多国家将其视为单纯的“吹牛”行为——既然毫无危害后果,不可能导致市场混淆,也就没有必要动用宝贵的公共执法资源去管。《最高人民法院关于审理不正当竞争民事案件应用法律若干问题的解释》中也提出“以明显的夸张方式宣传商品,不足以造成相关公众误解的,不属于引人误解的虚假宣传行为”。至于第二种情形,普遍的看法是应当视为不正当竞

---

① 孔祥俊:《引人误解的虚假表示研究——兼论〈反不正当竞争法〉有关规定的完善》,载《中国法学》1998年第3期。

② 参见“北京中德医疗美容医院有限公司与重庆市第四人民医院不正当竞争纠纷案”,重庆市渝中区人民法院(2011)渝中知民初字第3号民事判决书。

③ 参见孔祥俊:《引人误解的虚假表示研究——兼论〈反不正当竞争法〉有关规定的完善》,载《中国法学》1998年第3期。

争行为已经发生,执法机构、竞争者、消费者有权要求停止。例如在美国,按照联邦贸易委员会的习惯做法,在确认违反《联邦贸易委员会法》第5条关于欺骗性行为或做法的规定时,只需要确定责任能力或欺骗的倾向。卖主进行欺骗的意图是不必去证明的,也不必证明消费者是否确实受到欺骗。日本、韩国、澳大利亚等国家的竞争法也都有类似做法。①

第四节 帮助他人进行虚假宣传

2017年《反不正当竞争法》第8条第2款特别规定:经营者不得通过组织虚假交易等方式,帮助其他经营者进行虚假或者引人误解的商业宣传。这是对我国当前电子商务较为突出的"刷单"等虚假交易作出的立法回应。

在电子商务领域,经营者与消费者的信息不对称性更加明显。在电子商务领域,消费者往往不能直观感知商品的性能、材质、品质等因素,影响消费者选择的因素主要有销售量、用户评价。消费者更倾向于选择销售量高、好评率高的产品。因此,对于电子商务的经营者而言,电子商务信用评价是其竞争力的一个体现,经营者通过不断提高销售量、获取良好评价,赢得更广阔的市场。这直接导致了电子商务领域虚假交易行为横生与兴起。虚假交易是一种新型虚假宣传手段。经营者通过利用平台的信用评价机制及数据筛选,利用虚假交易以获得人为制造的高销售量和"好评率"为直接目标,而终极目标是提高真实的销量,以获得更高的销售利润。

虚假交易行为并不是传统意义上的虚假宣传行为,因为它没有利用广告手段进行宣传,从其行为外观上也不易被认定。但是,在本质上虚假交易行为是一种完全、彻底的虚假宣传行为。首先,虚假交易行为是经营者为了获取市场竞争优势和不正当利润而进行的;其次,虚假交易行为是经营者通过广告以外的方式进行的,即通过人为虚假地提高销售量和好评率的方式进行的;最后,虚假交易行为是经营者通过虚假的质量表示这一方式来误导真实消费者,引起消费者的误解,影响了消费者的购买倾向或购买决策,从而严重影响了其他没有进行虚假交易经营者公平竞争权益,以及电子商务的秩序。2017年《反不正当竞争法》对虚假交易、组织虚假交易进行规制是对现实需求的回应,为行政机关介入虚假交易的治理提供了明确的法律依据,有助于保障网上商业活动的正常进行。

① 参见孔祥俊:《引人误解的虚假表示研究——兼论〈反不正当竞争法〉有关规定的完善》,载《中国法学》1998年第3期。

第十八章　商业秘密保护法律制度

第一节　商业秘密概述

一、商业秘密的概念

根据2019年修正通过的《反不正当竞争法》第9条第4款，所谓商业秘密，是指不为公众所知悉、具有商业价值并经权利人采取相应保密措施的技术信息、经营信息等商业信息。这一法定解释对“技术信息、经营信息等商业信息”进行了三个方面的限制：(1)该信息不为公众所知；(2)该信息具有商业价值；(3)该信息已被采取相应保密措施。结合1995年11月23日原国家工商行政管理局发布的《关于禁止侵犯商业秘密行为的若干规定》第2条的规定：“不为公众所知悉”的信息是指不能从公开渠道直接获取的信息；“具有商业价值”的信息是指该信息具有确定的可应用性，能为权利人带来现实的或者潜在的经济利益或者竞争优势；“已经采取保密措施”的含义是指权利人事实上已经订立了保密协议、建立了保密制度，以及采取了其他合理的保密措施，一旦权利人解除了保密措施，该信息就进入公有领域，不再受该项制度保护。

我国台湾地区有“营业秘密”的概念，根据我国台湾地区“营业秘密法”第2条的规定，系指方法、技术、制程、配方、程序、设计或其他可用于生产、销售或经营之信息，而符合以下要件者：(1)非一般涉及该类信息之人所知者；(2)因其秘密性而具有实际或潜在之经济价值者；(3)所有人已采取合理之保密措施者。

就其概念界定来看，其他国家或者地区有关法律中的定义也基本上与上面两个定义一致。

在我国，与商业秘密有关的还有另外几个概念。《中外合资经营企业法实施条例》第22条指出，合营者可以用专有技术等作价出资；《中外合作经营企业法》第8条规定，中外合作者的投资或者提供合作条件可以是非专利技术和其他财产权利；2019年通过的《外商投资法》则与《反不正当竞争法》保持一致，使用了“商业秘密”的概念；2007年修订的《科学技术进步法》第28条规定，国家实行科学技术保密制度，保护涉及国家安全和利益的科学技术秘密。而2015年修订的《促进科技成果转化法》第41条规定，科技成果完成单位与其他单位合作进行科技成果转化的，合作各方应当就保守技术秘密达成协议，当事人不得违反协议或者违反权利人有关保守技术秘密的要求，披露、允许他人使用该技术；第42条规定，企业、事业单位应当建立健全技术秘密保护制度，保护本单位的技术秘密。而较早使用“商业秘密”这一概念的是1991年《民事诉讼法》第66条:证据应当在法庭上出示,并由当事人互相质证。对涉及国家秘密、商业秘密和个人隐私的证据应当保密,需要在法庭出示的,不得在公开开庭时出示。此外,《技术合同法》(已失效)、《技术合同法实施条例》(已失效)、《最高人民法院关于正确处理科技纠纷案件若干问题的意见》(已失效),以及2004年《最高人民法院关于审理技术合同纠纷案件适用法律若干问题的解释》中均有“技术秘密”的概念。

以上概念有无区别?由于我国现代经济立法借鉴了境外,因此有些源头还要从境外开始。“商业秘密”就是trade-secret的直译,而“专有技术”“技术秘密”则是从know-how意译而来。尽管在历史上二者存在一些区别,如know-how往往指工业生产中的某些技术秘密,trade-secret则范围更广,包括工商业活动中存在的有价值的、被保密的信息,均可称为商业秘密。有学者提出,“商业秘密”作为法律术语比know-how早出现100多年,商业秘密自成体系并具有经济价值,专有技术一般不是独立的技术,它必须依附于某项商业秘密才能发挥作用。[①] 但是,目前二者已经基本上不作区分了。因此,就我国立法中出现的各个概念而言,无论是商业秘密、专有技术还是非专利技术,其含义均基本一致,可以作同样的理解。至于2007年修订的《科学技术进步法》中的“科学技术秘密”这一概念较为特殊,里面包括若干可能并无商业用途的国家秘密在内,而不仅仅是我们这里所说的商业秘密。而在一项判决中,最高人民法院指出,《最高人民法院关于正确处理科技纠纷案件关于问题的意见》(已失效)所规定受法律保护的非专利技术成果构成要件,与《反不正当竞争法》中商业秘密的构成要件相同,[②]亦可视为同一概念。2004年《最高人民法院关于审理技术合同纠纷案件适用法律若干问题的解释》第1条第2款重新对“技术秘密”的概念作了解释,即“技术秘密,是指不为公众所知悉、具有商业价值并经权利人采取保密措施的技术信息”,事实上是将其作为商业秘密的一种来看待的。

另外,《与贸易有关的知识产权协定》(TRIPs)使用了“未公开的信息”(unclosed information)的概念,TRIPs第39条第2款对“未公开的信息”做了如下解释:“自然人和法人应有可能防止其合法控制的信息在未经其同意的情况下以违反诚实商业行为的方式向他人披露,或被他人取得或使用,只要此类信息属秘密,即作为一个整体或就其各部分的精确排列和组合而言,该信息尚不为通常处理所涉信息范围内的人所普遍知道,或不易被他们获得;而且因属秘密而具有商业价值;并且由该信息的合法控制人,在此种情况下采取合理的步骤以保持其秘密性质。”由此可见,TRIPs定义的“未公开信

---

① 参见赵天红:《商业秘密刑事保护研究》,中国检察出版社2007年版,第3页。

② 参见“四川省广汉市三丰科技实业有限公司与四川省环保建设开发总公司、高进明、四川省绿色环保产业发展有限公司、四川省内江机械厂侵害技术秘密纠纷案”,最高人民法院(2000)知终字第2号民事判决书。

息”与我国所使用的“商业秘密”一语也是一致的。世界知识产权组织《关于反不正当竞争保护的示范规定》使用的“秘密信息”(secret information)一词的情形与之相同。

我国《反不正当竞争法》将商业秘密界定为一种商业信息,主要表现为技术信息和经营信息,前者指的是包括设计、程序、产品配方、制作工艺、制作方法等信息,而后者则包括管理诀窍、客户名单、货源情报、产销策略、招投标中的标底及标书内容等信息。此外,2010 年 3 月 25 日国务院国有资产监督管理委员会出台的《中央企业商业秘密保护暂行规定》第 10 条对商业秘密的保护范围予以列举,主要包括“战略规划、管理方法、商业模式、改制上市、并购重组、产权交易、财务信息、投融资决策、产购销策略、资源储备、客户信息、招投标事项等经营信息;设计、程序、产品配方、制作工艺、制作方法、技术诀窍等技术信息”。而在 2015 年 1 月 30 日发布的《最高人民法院关于适用〈中华人民共和国民事诉讼法〉的解释》第 220 条中,民事诉讼法中的商业秘密内涵被明确为“生产工艺、配方、贸易联系、购销渠道等当事人不愿公开的技术秘密、商业情报及信息”。

二、商业秘密的构成要件

关于商业秘密的构成要件,根据《反不正当竞争法》和原国家工商行政管理总局的有关文件,一般可以归纳为三性:秘密性、价值性、保密性。

(一)秘密性

能够作为商业秘密得到保护的商业信息应当不为公众所知悉,即该信息不能从公开渠道直接获取。这是商业秘密最本质的构成要件,也是商业秘密得以受到法律保护的前提。有部分学者认为“不为公众所知悉”包含了新颖性和秘密性两重含义。新颖性要求商业秘密的内容必须具备一定的创造性,一项信息如果不具有创新进步内容,则无法与一般公知知识和技术信息相区别,自然没必要采取保密措施,也就不会产生秘密性。本书认为,这一提法似无必要。因为无论是新颖性还是创造性均为专利法中的习惯用语,有其特定含义,贸然导入他法容易导致混淆;更重要的是商业秘密的秘密性事实上就意味着其具有最低限度的新颖性,如果缺少这个,就根本无法与公共领域的技术相区别。所以没有必要再做更细的划分。TRIPs 第 39 条第 2 款将商业秘密的秘密性解释为:“其在某种意义上属秘密,即作为一个整体或就其各部分的精确排列和组合而言,该信息尚不为通常处理所涉信息范围内的人所普遍知道,或不易被他们获得。”

就秘密性的法定解释来看,根据 1995 年 11 月 23 日原国家工商行政管理总局发布的《关于禁止侵犯商业秘密行为的若干规定》第 2 条的规定,“不为公众所知悉”的信息是指不能从公开渠道直接获取的信息;根据《最高人民法院关于审理不正当竞争民事案件应用法律若干问题的解释》第 9 条,最高人民法院将“不为公众所知悉”解释为“有关信息不为其所属领域的相关人员普遍知悉和容易获得”,并采取列举的方式指出,具有下列情形之一的,可以认定有关信息不构成不为公众所知悉,不符合秘密性的要求:(1)该信息为其所属技术或者经济领域的人的一般常识或者行业惯例;(2)该信息仅涉及产品的尺寸、结构、材料、部件的简单组合等内容，进入市场后相关公众通过观察产品即可直接获得；(3)该信息已经在公开出版物或者其他媒体上公开披露；(4)该信息已通过公开的报告会、展览等方式公开；(5)该信息从其他公开渠道可以获得；(6)该信息无须付出一定的代价而容易获得。

（二）价值性

从2017年修订后的《反不正当竞争法》第9条第3款来看，新法将1993年《反不正当竞争法》第10条第3款规定的"能为权利人带来经济利益、具有实用性"修改为"具有商业价值"。

首先，商业秘密是一种具有商业价值的信息，商业秘密的价值性是构建商业秘密法律制度的根本性经济动因，也是商业秘密区别于国家秘密、个人隐私等信息的主要标志。所谓价值性表现为经济效益和竞争优势两个方面，应当是指商业秘密必须具有相当的经济价值，使商业秘密持有人得以获取较不知或不使用之竞争者更具优势的竞争地位，并为其带来一定商业利益。同时，这种经济利益或者竞争优势还应具有客观性，即商业秘密所有人在主观上认为该信息有价值，同时该信息还必须在客观上确实具有价值，进而能够为权利人带来经济利益或竞争优势，否则仅仅是所有人主观认为有价值而客观上该信息并没有价值，则不能构成商业秘密。其次，商业秘密的价值性只是一种定性，非定量的要求，无论商业秘密给持有人带来的经济利益和竞争优势是否巨大，都不影响该信息成为商业秘密所应具备的价值要求。

1993年《反不正当竞争法》将"实用性"作为商业秘密的构成加以规定，对此郑成思先生则指出："在商业秘密领域，合格的受保护信息并无'实用性'要求，是TRIPs明文规定的。"①因而，实用性是否应作为商业秘密的一个独立构成要件多年来一直备受争议。关于实用性和价值性的关系，有观点认为实用性是价值性的基础，价值性是实用性的结果，二者是不同法律要件的根据。也有观点认为，无实用性必无价值性，无价值性不无实用性，实用性是不必要条件，完全可以取消。后一种观点得到了我国现行法律、司法解释的支持。2004年颁布的《最高人民法院关于审理技术合同纠纷案件适用法律若干问题的解释》第1条第2款规定："技术秘密，是指不为公众所知悉、具有商业价值并经权利人采取保密措施的技术信息"，可见该司法解释取消了"实用性"而代之以商业价值即"价值性"；2007年公布的《最高人民法院关于审理不正当竞争民事案件应用法律若干问题的解释》第10条将"能为权利人带来经济利益、具有实用性"解释为"有关信息具有现实的或者潜在的商业价值，能为权利人带来竞争优势"，也未出现"实用性"的表达。因此，在商业秘密的构成要件中，没有必要将实用性作为一个独立的构成要件，而应以价值性作为判断标准。所以，2017年修订的《反不正当竞争法》正式将"实用性"替换成"具有商业价值"可谓大势所趋。

---

① 郑成思：《WTO与知识产权法研究》，载《中国法学》2000年第3期。

(三)保密性

从2017年修订后的《反不正当竞争法》第9条第3款来看,其将1993年《反不正当竞争法》第10条第3款规定的权利人采取"保密措施"前增加了定语"相应",此处"相应"可以理解为"合理保护措施"。从国内外的立法和实务案例来看,均不要求保密措施的"万无一失",只要权利人采取了合理的保密措施就足够了。权利人不仅必须有将该信息作为秘密进行保护的主观意识,而且应当实施了客观的保密措施。若权利人对此不能证明,则其所主张的商业秘密信息内容就不能得到法律的保护。这是因为:一方面,权利的行使与放弃取决于权利人的主观愿望,拥有着只有采取了保密措施才能合乎情理地推定其"占有"的意思表示,否则为权利人所放弃的权益,法律没有保护的必要;另一方面,商业秘密所有者请求法律保护的前提是自己有合理的保密行为,否则,该信息就会进入公有领域,成为公共信息,也就不存在什么商业秘密了。例如,在张家港市恒立电工有限公司清算组诉江苏国泰国际集团国贸股份有限公司、张家港市宇阳橡塑电器有限公司侵害商业经营秘密一案中,最高人民法院认为,"恒立公司清算组既没有证据证明其对请求保护的信息采取了客观的保密措施,更没有证据证明该保密措施的合理性。且不论恒立公司清算组在申诉中对秘密点的改变能否接受,仅就恒立公司没有采取防止信息泄露的任何合理保护措施,该信息也不具备商业秘密构成要件。其主张的客户名单构成商业秘密的申诉理由,本院不予支持"。①

根据我国司法实践经验的总结,《最高人民法院关于审理不正当竞争民事案件应用法律若干问题的解释》第11条第2款规定:"人民法院应当根据所涉信息载体的特性、权利人保密的意愿、保密措施的可识别程度、他人通过正当方式获得的难易程度等因素,认定权利人是否采取了保密措施。"该司法解释还规定具有下列情形之一,在正常情况下足以防止涉密信息泄露的,应当认定权利人采取了保密措施:(1)限定涉密信息的知悉范围,只对必须知悉的相关人员告知其内容;(2)对于涉密信息载体采取加锁等防范措施;(3)在涉密信息的载体上标有保密标志;(4)对于涉密信息采用密码或者代码;(5)签订保密协议;(6)对于涉密的机器、厂房、车间等场所限制来访者或者提出保密要求;(7)确保信息秘密的其他合理措施。而原国家工商行政管理局在《关于商业秘密构成要件问题的答复》(工商公字〔1998〕第109号)中对"保密性"的解释是:"权利人采取保密措施,包括口头或书面的保密协议、对商业秘密权利人的职工或与商业秘密权利人有业务关系的他人提出保密要求等合理措施。只要权利人提出了保密要求,商业秘密权利人的职工或与商业秘密权利人有业务关系的他人知道或应该知道存在商业秘密,即为权利人采取了合理的保密措施,职工或他人就对权利人承担保密义务。"相比之下,原国家工商行政管理局的理解显然过于宽松了。但由此也可看出,我国法律

---

① "申诉人张家港市恒立电工有限公司清算组与被申诉人江苏国泰国际集团国贸股份有限公司、张家港市宇阳橡塑电器有限公司侵害商业经营秘密纠纷案",最高人民法院(2012)民监字第253号民事裁定书。

并未要求权利人的保密措施是万无一失的，只要采取“合理”的保密措施就足够了。

但是，单纯的竞业限制约定能否构成作为商业秘密保护条件的保密措施？对此，最高人民法院认为，①符合《反不正当竞争法》规定的保密措施应当表明权利人保密的主观愿望，明确作为商业秘密保护的信息的范围，使义务人能够知悉权利人的保密愿望及保密客体，并在正常情况下足以防止涉密信息泄露。我国立法允许约定竞业限制，目的在于保护用人单位的商业秘密和其他可受保护的利益。但是，竞业限制协议与保密协议在性质上是不同的。前者是限制特定的人从事竞争业务，后者则是要求保守商业秘密。用人单位依法可以与负有保密义务的劳动者约定竞业限制，竞业限制约定因此成为保护商业秘密的一种手段，即通过限制负有保密义务的劳动者从事竞争业务而在一定程度上防止劳动者泄露、使用其商业秘密。但是，相关信息作为商业秘密受到保护，必须具备《反不正当竞争法》规定的要件，包括采取了保密措施，而并不是单纯约定竞业限制就可以实现的。因此，单纯的竞业限制约定，如果没有明确用人单位保密的主观愿望和作为商业秘密保护的信息的范围，即便其主要目的就是保护商业秘密也不能构成《反不正当竞争法》规定的保密措施。

第二节　关于商业秘密的立法

商业秘密是市场竞争下的必然产物，它是由产业伦理或商业道德所衍生出来的知识产权。其历史悠久、起源甚早，营业秘密之保护，至少可以追溯到古罗马时期的贿赂雇员之诉，罗马法禁止行为人诱使他人的受雇人（奴隶）泄露雇用人（主人）有关的营业秘密，而有所谓之“诱惑奴役诉讼”（actio servi corrupti），损害赔偿为实际损失的两倍，这应是最早有关营业秘密的法律规定。② 此外，还有中世纪不得公开披露制作工艺的手工业行业协会规则，以及工业革命时期的经济间谍罪。我国自古以来在民间也早就有各种“祖传秘方”，并有“传子不传女”等保密措施。但商业秘密保护成为一项专门的法律制度，则历经了工业革命与市场经济的冲击，对营业秘密的侵害，正是对产业伦理的违反，它可能来自契约关系特别是保密义务或信赖关系之违背，也可能是产业间谍的侵权行为，并产生不公平竞争的诸多课题。③

---

① 参见“上海富日实业有限公司与黄子瑜、上海萨菲亚纺织品有限公司侵害商业秘密纠纷申请再审案”，最高人民法院（2011）民申字第122号民事裁定书。

② 参见叶茂林、苏宏文、李旦：《营业秘密保护战术——实务及契约范例应用》，台北，永然文化公司1995年版，第11页；唐昭红：《商业秘密研究》，载梁慧星主编：《民商法论丛》（第6卷），法律出版社1997年版，第722～723页。

③ 参见张静等：《营业秘密法整体法制之研究》，中国台湾地区经济事务主管部门“智慧财产局”2005年度研究报告。

一、境外关于商业秘密的立法

美国对商业秘密提供了相当完整的立法保护体系与最为完善的理论体系,对其他国家和地区的相关立法产生了很大影响。美国法律对商业秘密的保护始于19世纪中叶的习惯法,以判例法为传统的美国从1837年就开始出现了对侵犯商业秘密行为的一系列判决。在相当长的时期内,美国商业秘密的保护主要仰仗各州的习惯法,至今这些判例法仍然是美国商业秘密保护法律规范的主要组成部分。为了更好地规范商业秘密的保护,协调各州之间的立法,美国法学会在1939年制定了《侵权行为法第一次重述》,它总结了以往判例,在第三十六章中对商业秘密法律保护制度作了全面而明确的规定,包括商业秘密的含义、构成要素及侵犯商业秘密的行为等内容。同时也对随后许多国家的商业秘密保护立法产生了很大的影响。随着经济技术的发展需要,美国统一州法委员会在1979年制定了《统一商业秘密法》,并在1985年作了一次修订。《统一商业秘密法》是美国联邦意义上最主要的保护商业秘密的法律。较之于1939年《侵权行为法第一次重述》,《统一商业秘密法》在商业秘密保护范围、侵犯商业秘密行为认定等方面都有了新的发展。据统计,到1999年美国已有40个州先后采用了该法令。[①] 随后,1995年《反不正当竞争法重述(三)》对于在市场运行中的侵犯他人商业秘密的行为,从竞争法的角度做出界定并提供相应的法律救济措施。在有关商业秘密的定义等问题上,它与《统一商业秘密法》的规定保持了一致,还规定了商业秘密诉讼中的禁令和侵权赔偿。但是,无论是《统一商业秘密法》还是《反不正当竞争法重述》,都对其适用范围作出限定。例如,《统一商业秘密法》仅适用于法律所规定的、具有竞争意义的秘密信息的责任,而不能满足保护当事人约定的保密合同义务的需要,也无法追究其他非基于法律所规定的“盗用”商业秘密的行为而产生的民事法律责任,如代理人基于忠诚义务对其委托人所担负的保密职责等。此外,对于刑事救济责任,《统一商业秘密法》也同样无法适用。美国《反不正当竞争法重述(三)》亦无力解决下列问题:干涉保密合同关系的责任、违反忠诚义务的责任及侵犯其他秘密关系的责任。1996年美国制定的《经济间谍法》成为美国历史上第一个成文的联邦商业秘密法,较前几部法律规范,它关注的是国家利益,是对严重侵犯商业秘密的行为进行公力救济的制度安排,规定了两类侵犯商业秘密犯罪:一类是经济间谍罪,即行为人有意窃取和传递他人的商业秘密,从而有益于外国政府、机构或代理人;另一类是盗窃商业秘密罪,禁止其他人以各种方式窃取权利人的商业秘密。该法设置了严厉的责任形态,违反者最高可判罚金500万美元及10年有期徒刑。“从根本上讲,美国商业秘密间谍法案关注的是国家的利益,其目的是惩治严重侵犯商业秘密的行为,对侵犯商业秘密的行为起到威慑作用。在诉讼过程中,政府充当主要角色,依据联邦检控标准提起诉讼,担负艰巨的调查取证工作,并承担调查及诉讼中发生的各种费用。而受害人则不能依据该法令起诉有关当

---

① 参见单海玲:《中美商业秘密保护制度比较研究》,载《政治与法律》2004年第5期。

事人,只有通过民事诉讼途径获得损害赔偿。"①

德国对于商业秘密之保护起源也很早,在1871年德意志帝国统一之前,各邦刑法即有处罚职工(受雇人)泄露或擅自使用工厂(雇用人)工业(技术)秘密的规定,据学者研究,最早可回溯至1845年。不过这些邦刑法之规定并未为统一后于1871年施行的帝国刑法典所继受。这是因为作为帝国刑法典制定基础的普鲁士刑法,对于商业秘密保护采取较为消极态度,以至于保护商业秘密的刑事立法体系,要到1896年德国《反不正当竞争法》制定时才出现,②而以民事角度来保护商业秘密,也始于此。在19世纪末,因窃取工业秘密行为猖獗,帝国刑法却无任何保护规定,社会各界要求立法予以保护的呼声很高,事实上当时各界人士要求对商业秘密予以立法保护,正是德国制定《反不正当竞争法》的主要原因之一。③ 1896年德国《反不正当竞争法》第9条规定:企业之职员、工人或学徒于雇佣关系存续中,将其因雇佣关系受托或知悉之营业或经营秘密,为竞争或损害企业主之目的,泄露他人者,处3000马克以下罚金或1年以下有期徒刑。因前项泄露或以违反法律或善良风俗之方法知悉他人之营业或经营秘密,为竞争之目的,未经许可使用,或泄露他人者,亦同。因前两项行为受损害之秘密所有人,得请求损害赔偿,前两项行为人应负连带责任。第10条规定:为竞争之目的,使他人为第9条第1项之泄露行为者,处2000马克以下罚金或9个月以下有期徒刑。该法将不正当竞争行为视为特别民事侵权行为,不但规范了侵害商业秘密行为的刑事责任,也有民事责任的规定。之后,该法历经多次修订,2004年的修正主要是为配合TRIPs第39条第2项,即在特别考虑受雇人地位的情况下,对商业秘密的有关规定进行完善。根据2016年德国《反不正当竞争法》第17条,任何人包括雇员,为了竞争、谋取个人利益、第三方的利益,或者损害所有者而泄露他人商业或者产业秘密,均构成刑事犯罪,将被处以三年以下监禁或罚金;特别严重的,将被处以五年以下监禁或罚金。该法第18条规定,为了竞争或谋取个人利益,未经授权擅自使用或泄露给他人模型或技术指示,尤其是图纸、原型、模型、片段或配方,应处以不超过两年的监禁或罚款;第19条则规定,唆使或者共谋从事第17条、第18条所列行为的,应判处不超过两年的监禁或罚款。这方面案件一般为告诉才处理的犯罪,在公诉机关认为存在特定公共利益、有必要采取职权行为的情况下,也可以依职权起诉。根据该法第3条"如果一个行为违反了某项意图保护市场参与者利益、规范市场行为的法令,并且该行为明显地损害了消费者、其他市场参与者及竞争者利益,构成不正当竞争",不法泄露他人商业秘密属于违法行为,因此竞争者有权请求禁令救济(第8条)及损害赔偿(第9条)。

---

① 单海玲:《中美商业秘密保护制度比较研究》,载《政治与法律》2004年第5期。

② 参见郑颖:《营业秘密侵害在刑事法上之研究》,中国台湾地区中兴大学法律学研究所1998年硕士学位论文。

③ 参见邵建东:《德国反不正当竞争法研究》,中国人民大学出版社2001年版,第6页。

我国台湾地区的营业秘密保护制度,可分为以下三个阶段:第一阶段是(普通)民刑法保护时期,自1929年和1930年民法正式施行及1935年刑法正式施行起算,营业秘密仅受民法及刑法保护,此一时期逾60年;第二阶段是我国台湾地区“公平交易法”保护时期,自1992年台湾地区“公平交易法”正式施行起算;第三阶段是我国台湾地区“营业秘密法”保护时期,自1996年台湾地区“营业秘密法”正式施行起算迄今。[①] 我国台湾地区“营业秘密法”于1996年1月17日正式公布,3日后施行,是继瑞典1990年5月31日公布施行《营业秘密法》之后,全世界第二个就营业秘密单独“立法”的地区。在该规定颁布之前,其他法规如“民法”“刑法”“公平交易法”等,均仅有零星且分散之规定,毫无整体性的规划,其中或因规范侵害之态样周延,或因适用对象有限,或因法律效果不直接之故,使营业秘密的保护在过去司法实务中处于极不确定的状态,而法院判决结果也一再引起社会上的广泛讨论与争议,不但对营业秘密所有人殊为不公,也对司法有负面影响,更有碍经济发展。另外,国际间对营业秘密要求保护的声浪亦反映在GATT乌拉圭回合谈判达成的TRIPs上,TRIPs明确要求各成员方对营业秘密应予以法律保护。加上我国台湾地区和美国咨商谈判,我国台湾地区对美国承诺制定营业秘密保护相关规定,以上几个因素相加,促成了我国台湾地区“营业秘密法”的出台。[②] 该规定在营业秘密的定义、权属、转让、侵害商业秘密的行为以及法律责任等方面做了较全面的规定。

二、我国关于商业秘密的立法

我国现行的商业秘密保护法律体系是以国际条约为依据,以《反不正当竞争法》为中心,由《民法通则》《民法总则》《合同法》《劳动法》《劳动合同法》《刑法》《科学技术进步法》等法律,以及最高人民法院的有关司法解释、原国家工商行政管理局的部门规章等共同构成的。

如前所述,我国有关法律法规中曾采用了专有技术、技术秘密、非专利技术、商业秘密等多个术语。1979年通过的《中外合资经营企业法》第5条第1款规定:合营企业各方可以现金、实物、工业产权等进行投资。其中的工业产权,有人认为可以包括商业秘密,但1983年《中外合资经营企业法实施条例》第25条是将工业产权与专有技术并列。这是我国首次以“专有技术”一词规范有关商业秘密的法律。1986年通过的《民法通则》第97条第2款规定,公民对自己的发明或者其他科技成果,有权申请领取荣誉证书、奖金或者其他奖励;第118条也规定,公民、法人的著作权(版权)、专利权、商标专用权、发现权、发明权和其他科技成果权受到剽窃、篡改、假冒等侵害的,有权要求停止

① 参见张静等:《营业秘密法整体法制之研究》,中国台湾地区经济事务主管部门“智慧财产局”2005年度研究报告。

② 关于我国台湾地区“营业秘密法”的制定过程,可参见张静等:《营业秘密法整体法制之研究》,中国台湾地区经济事务主管部门“智慧财产局”2005年度研究报告。

侵害,消除影响,赔偿损失。这里所说的“科技成果权”,一般认为其包括了商业秘密的内容,从而为其保护奠定了法律基础,当技术秘密受到侵害时,权利人可依《民法通则》的有关规定,追究侵权者的民事侵权责任。1987 年《技术合同法》则是我国有关商业秘密保护的第一部直接法律,使用的法律用语为“非专利技术”。后来,随着合同法之统一,《技术合同法》中有关内容并入 1999 年的《合同法》。1991 年通过的《民事诉讼法》第一次正式使用“商业秘密”这一术语,第 66 条规定:“证据应当在法庭上出示,并由当事人互相质证。对涉及国家秘密、商业秘密和个人隐私的证据应当保密,需要在法庭出示的,不得在公开开庭时出示。”

2017 年《反不正当竞争法》第 9 条第 1 款列举了三种侵犯商业秘密的行为方式,第 2 款规定了一种视为侵犯商业秘密的行为方式,比起 1993 年立法仅做了微调。为了加强对经营者商业秘密保护,2019 年的修法则根据国内外的要求或者建议增加了对于侵犯商业秘密行为方式的列举。2017 年修改后的《反不正当竞争法》第 15 条规定“监督检查部门及其工作人员对调查过程中知悉的商业秘密负有保密义务”,2019 年《反不正当竞争法》在第 21 条显著提升了行政处罚的严厉程度,还增加一条作为第 32 条:“在侵犯商业秘密的民事审判程序中,商业秘密权利人提供初步证据,证明其已经对所主张的商业秘密采取保密措施,且合理表明商业秘密被侵犯,涉嫌侵权人应当证明权利人所主张的商业秘密不属于本法规定的商业秘密。商业秘密权利人提供初步证据合理表明商业秘密被侵犯,且提供以下证据之一的,涉嫌侵权人应当证明其不存在侵犯商业秘密的行为:(一)有证据表明涉嫌侵权人有渠道或者机会获取商业秘密,且其使用的信息与该商业秘密实质上相同;(二)有证据表明商业秘密已经被涉嫌侵权人披露、使用或者有被披露、使用的风险;(三)有其他证据表明商业秘密被涉嫌侵权人侵犯。”

除此之外,国务院国有资产监督管理委员会 2010 年《中央企业商业秘密保护暂行规定》及 2015 年发布的《最高人民法院关于适用〈中华人民共和国民事诉讼法〉的解释》,也均对商业秘密的外延等予以了相应规定。

2017 年 3 月 15 日通过的《民法总则》第 123 条规定,“民事主体依法享有知识产权。知识产权是权利人依法就下列客体享有的专有的权利……(五)商业秘密”,由此可以看出,在我国商业秘密的民法保护实际上是一种概括的规定。《合同法》第 43 条、第 60 条,以及涉及“技术转让合同”的第 324 条、第 348 条、第 350 条、第 351 条、第 352 条等皆对合同关系中的保密义务有明确规定。侵犯商业秘密的方式之一是劳动者违反竞业禁止协议,《劳动法》《劳动合同法》及 2013 年 1 月 18 日最高人民法院发布的《关于审理劳动争议案件适用法律若干问题的解释(四)》则对竞业限制义务、经济补偿、合同效力等问题进行了较为系统的规定。作为最严厉的制裁手段,《刑法》第 219 条对侵犯商业秘密罪予以了规定,该罪以给商业秘密的权利人造成重大损失为构成要件,行为人构成该罪将被判处 3 年以下有期徒刑或者拘役,并处或者单处罚金;造成特别严重后果的,处 3 年以上 7 年以下有期徒刑,并处罚金。

在我国(含我国台湾地区)对商业秘密提供保护的背景中,美国因素均占据重要位置。1991年4月12日签订的中、美两国政府《关于延长和修改两国政府科学技术合作协定的协议》,附件一第三章规定了合作双方应当根据各方的法律、法规和行政惯例对商业秘密进行保护,并且界定了商业秘密的条件:在本协议下提供或者产生的信息被及时确认为商业秘密的情况下,各方及其参加合作者应当根据所适用的法律、法规和行政惯例对其进行保护。符合以下条件的信息应当确认为商业秘密:拥有该信息的人可以从中获得经济利益或者据此取得对非拥有者的竞争优势;该信息是非公知的或者不能从其他公开渠道获得;该信息的拥有者未曾在没有保密义务安排的情况下将其提供给他人。1992年中、美两国政府签署了《关于保护知识产权的谅解备忘录》,其第4条规定:(1)为确保根据《巴黎公约》第10条之二的规定有效地防止不正当竞争,中国政府将制止他人未经商业秘密所有人同意以违反诚实商业惯例的方式披露、获得或使用其商业秘密,包括三方在知道或理应知道其获得这种信息的过程中有此种行为的情况下获得、使用或披露商业秘密;(2)只要符合保护条件,商业秘密的保护应持续下去;(3)中国政府的主管部门将于1993年7月1日前向立法机关提交提供本规定保护水平的议案,并将尽最大努力于1994年1月1日前使该议案通过并实施。

除以上法律文件外,最高人民法院也有若干司法解释。最高人民法院于1995年4月2日发布《关于审理科技纠纷案件的若干问题的规定》,非专利技术成果的法律保护、成立条件及侵害类型均有所规定,但随着《合同法》的施行而于2000年7月25日被废止。取而代之的,是2001年6月15日发布的《全国法院知识产权审判工作会议关于审理技术合同纠纷案件若干问题的纪要》,2004年12月16日公布的《关于审理技术合同纠纷案件适用法律若干问题的解释》,以及最高人民法院与最高人民检察院于2004年公布的《关于办理侵犯知识产权刑事案件具体应用法律若干问题的解释》。

以上法律法规规章和司法解释共同构成了目前我国对商业秘密保护的法律体系。另外,我国有关部门也一直在做商业秘密保护单独立法的探索工作。

第三节　商业秘密侵权行为的表现及认定

一、侵权行为的表现

关于法律所禁止的商业秘密侵权行为,由于有关国际公约的缔结,以及国际经济政治交往的增多,现在已经相当接近。总体来说,其是禁止各种企图以不正当手段来获取他人商业秘密的行为,包括第三人的再泄密行为。

根据德国《反不正当竞争法》第17~19条的规定,侵犯他人商业秘密的行为主要有下列5种:

1.第17条包含3种犯罪行为:(1)企业雇员的泄密行为,即作为企业中的受雇人员，以竞争为目的，或出于私利，或为第三人谋利，或出于损害本企业所有人之意图，在雇佣关系存续期间，擅自将因雇佣关系掌握或获取的商业秘密或经营秘密泄露给他人的行为；(2)商业间谍行为，即以竞争为目的，或出于私利，或为第三人谋利，或出于损害本企业所有人之意图，用复制或者盗窃等方式擅自获取或保全商业秘密或经营秘密的行为；(3)营业秘密未经许可之使用及再泄露，即将通过自己的或他人的行为获取的或以其他方式擅自取得或保全的商业秘密或经营秘密，擅自加以利用或告知他人的行为。

2. 第18条针对样本不当利用行为，是指那些以竞争为目的，或出于私利，擅自将在商业交易中掌握的样品或技术规程，即如图样、模型、模版、截面图、配方，加以利用或泄露给他人的行为。

3. 第19条针对诱使泄密和自愿泄密行为，一些为了违反第17条、第18条的特定的预备行为，也都包括在内。

日本《不正当竞争防止法》第2条列举了如下侵犯他人商业秘密的不正当竞争行为：

1. 以盗窃、欺诈、胁迫和其他不正当手段获取商业秘密的行为，以及对获取的商业秘密的使用行为、披露行为；

2. 知道或者因重大过失未能知道有关商业秘密已经存在不正当的获取行为，但是仍然获取该商业秘密的行为，以及对该商业秘密的使用或者披露行为。

3. 在取得有关商业秘密之后，知道或者因重大过失未能知道该商业秘密已经存在不正当获取行为，而使用或者披露该商业秘密的行为；

4. 对保有商业秘密的经营者所示的商业秘密，出于谋求不正当竞业或谋求其他不正当利益目的，或者出于对保有者加以损害目的，予以使用行为或者披露的行为；

5. 知道或者因重大过失未能知道对方是不正当的披露商业秘密或者其商业秘密已经存在不正当的披露，而获取该商业秘密的行为，以及对该商业秘密的使用或者披露行为；

6. 在取得商业秘密之后，知道或者因重大过失未能知道对方是不正当披露商业秘密，或者其商业秘密已经存在不正当的披露，而使用该商业秘密的行为或者披露该商业秘密的行为；

7. 转让、交付、以转让或交付为目的的展示、出口、进口，或者通过远程通信方式提供以本条所列举的第一种方式获取的技术秘密（排除那些不知情的受让人）。

我国台湾地区“营业秘密法”第10条第1项则规定了5种侵害营业秘密的类型：

1. 以不正当方法取得营业秘密者；

2. 知悉或因重大过失而不知其为前款之营业秘密，而取得、使用或泄露者；

3. 取得营业秘密后，知悉或因重大过失而不知其为第1款之营业秘密，而使用或泄露者；

4. 因法律行为取得营业秘密，而以不正当方法使用或泄露者；

5. 依“法令”有守营业秘密之义务,而使用或无故泄露者。

以上条款中所称的不正当方法,系指窃盗、诈欺、胁迫、贿赂、擅自重制、违反保密义务、引诱他人违反其保密义务或其他类似方法。

我国2019年修正的《反不正当竞争法》第9条第1款列举了4种侵权行为表现:

1. 以盗窃、贿赂、欺诈、胁迫、电子侵入或者其他不正当手段获取权利人的商业秘密;

2. 披露、使用或者允许他人使用以前项手段获取的权利人的商业秘密;

3. 违反保密义务或者违反权利人有关保守商业秘密的要求,披露、使用或者允许他人使用其所掌握的商业秘密;

4. 教唆、引诱、帮助他人违反保密义务或者违反权利人有关保守商业秘密的要求,获取、披露、使用或者允许他人使用权利人的商业秘密。

关于第三种侵权行为,原国家工商行政管理局公布的《关于禁止侵犯商业秘密行为的若干规定》将其细化为:与权利人有业务关系的单位和个人及权利人的职工两个方面的主体,禁止他们违反合同约定或者违反权利人保守商业秘密的要求,披露、使用或者允许他人使用其所掌握的权利人的商业秘密。①

除此之外,2019年《反不正当竞争法》第9条第2款和第3款还规定了两种视为侵犯商业秘密的行为:经营者以外的其他自然人、法人和非法人组织实施前款所列违法行为的,视为侵犯商业秘密;第三人明知或者应知商业秘密权利人的员工、前员工或者其他单位、个人实施本条第1款所列违法行为,仍获取、披露、使用或者允许他人使用该商业秘密的,视为侵犯商业秘密。

另外,我国《反不正当竞争法》在对侵权行为进行列举后,没有作出有关的适用除外规定。由于商业秘密并非如同所有权和专利权那样是排他性权利,因此其他人完全可以通过自己的努力自行开发,也可以通过技术手段对从公开渠道取得的产品进行拆卸、测绘、分析等而获得该产品的有关技术信息来进行合法的破解,即用反向工程的方式来掌握某项商业秘密。《最高人民法院关于审理不正当竞争民事案件应用法律若干问题的解释》第12条弥补了这一缺陷:通过自行开发研制或者反向工程等方式获得的商业秘密,不认定为《反不正当竞争法》所规定的侵犯商业秘密行为。当然,该条第2款也规定,当事人以不正当手段知悉了他人的商业秘密之后,又以反向工程为由主张获取行为合法的,不予支持。

二、侵权行为的认定

关于商业秘密侵权行为的认定,有司法界人士提出了具体的侵权认定流程:第一

---

① 有不少学者认为,原国家工商行政管理局公布的《关于禁止侵犯商业秘密行为的若干规定》中关于“权利人的职工违反合同约定或者违反权利人保守商业秘密的要求,披露、使用或者允许他人使用其所掌握的权利人的商业秘密”的规定是新增加的违法行为。但是从法理上看,原国家工商行政管理局无权在法定的侵权行为之外确立一种新的违法行为;而将权利人的职工视同“经营者”是一个符合法律和法理的更好解释。

步,原告权利及保护范围的确定;第二步,分析其保护范围的构成要素;第三步,针对被告的被控侵权物提出并确定其权利实现范围;第四步,分析被告被控侵权物权利实现范围构成要素;第五步,将二者被确定的范围和具体构成要素进行对比,准确适用各项判断原则和方法;第六步,相同或相似性的判断;第七步,作出认定侵权或不认定侵权的结果。①

从司法实务中看,原告方是否存在商业秘密及被告方使用的技术是不是以不正当手段从原告处获得常常引起巨大争议。关于原告所称的信息是否能够构成商业秘密,可以依据前文提到的有关商业秘密的定义和"三性"予以判断,《最高人民法院关于审理不正当竞争民事案件应用法律若干问题的解释》中也有较为明确的列举。

但是,被告是否以不正当手段侵犯了原告的商业秘密这一问题,其举证问题一直有不同意见。一直有实务界和学界人士主张,在侵犯商业秘密的纠纷案件中,要适用类似专利领域的方法——专利的举证责任,即举证责任倒置。其理由是被告使用商业秘密的事实很难被他人举证,而被告则很容易对自己使用的商业秘密的合法来源举证。

对此,有学者指出上述主张忽略了专利与商业秘密的重大区别,忽略了举证责任倒置只能来源于法律的特殊规定:首先,专利的主体只能是一个,必须由有关国家机关授权。而一项商业秘密可以有不同的多个主体,并不需要授权取得。其次,对商业秘密的侵犯不在于是否对商业秘密使用、披露等行为,而主要是是否以不正当的手段获取了商业秘密,反向工程取得的商业秘密被认为是合法取得。而从专利来说,制造、使用、销售、许诺销售某项专利等行为都会被认为属于涉嫌侵犯该项专利权的行为。最后,新产品方法专利的举证责任倒置为《专利法》等法律所明文规定,而《反不正当竞争法》等对商业秘密的举证责任并没有相应规定。所以,商业秘密侵权诉讼的举证责任倒置,并没有法律依据,并且今后将此种举证责任进行立法的理由也仍嫌不充足。②

后者观点得到了最高人民法院的支持,在《最高人民法院关于审理不正当竞争民事案件应用法律若干问题的解释》中,第14条规定:"当事人指称他人侵犯其商业秘密的,应当对其拥有的商业秘密符合法定条件、对方当事人的信息与其商业秘密相同或者实质相同以及对方当事人采取不正当手段的事实负举证责任。其中,商业秘密符合法定条件的证据,包括商业秘密的载体、具体内容、商业价值和对该项商业秘密所采取的具体保密措施等。"根据这一条款,该解释未采纳有关设定商业秘密举证责任倒置制度的建议,因为这应当由立法解决。对于侵犯商业秘密案件的举证责任,应当按照《民事诉讼法》规定的"谁主张,谁举证"的原则和《最高人民法院关于民事诉讼证据的若干规

---

① 参见蒋志培:《知识产权诉讼证据问题研究》,载《苏州大学学报》2006年第1期。

② 同上。

定》的有关举证责任的一般规定等办理。[①]

2019年修正的《反不正当竞争法》增加的第32条对于举证责任作了明确规定:"在侵犯商业秘密的民事审判程序中,商业秘密权利人提供初步证据,证明其已经对所主张的商业秘密采取保密措施,且合理表明商业秘密被侵犯,涉嫌侵权人应当证明权利人所主张的商业秘密不属于本法规定的商业秘密。商业秘密权利人提供初步证据合理表明商业秘密被侵犯,且提供以下证据之一的,涉嫌侵权人应当证明其不存在侵犯商业秘密的行为:(一)有证据表明涉嫌侵权人有渠道或者机会获取商业秘密,且其使用的信息与该商业秘密实质上相同;(二)有证据表明商业秘密已经被涉嫌侵权人披露、使用或者有被披露、使用的风险;(三)有其他证据表明商业秘密被涉嫌侵权人侵犯。"

第四节 商业秘密保护中的竞业禁止问题

一、竞业禁止的概念

竞业禁止又称禁止竞业、竞业限制、竞业回避、竞业避止等,是指根据法律规定或合同约定,权利人可以要求义务人在一定期限内不得从事与自己的营业相同、类似或相关的营业。竞业禁止一般发生在用人单位和雇员之间,企业往往限制或禁止其员工在本单位任职期间同时兼职于和自己有业务竞争的单位,或者限制或禁止其员工在离职后一定时期从事与本单位相竞争的业务。此外,企业之间也有可能发生,如在公司转让、兼并过程中出让方与受让方约定,禁止出让方再行进入该市场的竞业禁止。

依据竞业禁止义务产生的来源不同,可将竞业禁止分为法定竞业禁止和约定竞业禁止。这也是竞业禁止最基本的分类。(1)法定竞业禁止。它是根据法律的强制性规定直接产生,当事人无权自行选择。一般适用于在职期间的职员,职员基于其与企业的雇佣关系对企业负有忠实义务,在职期间不得同时为其他企业从事与本单位相同或类似业务,也不得自己创建与本单位业务相同的企业,如我国《公司法》第149条规定的董事、经理竞业禁止义务、《合伙企业法》第32条规定的合伙人竞业禁止义务等。(2)约定竞业禁止。它是依照当事人之间的约定产生,当事人通过订立的契约约定特定义务主体的不竞业义务,并且这种约定不得违反禁止性规定和公序良俗。

反不正当竞争法或者商业秘密保护法中的竞业禁止是指雇主与劳动者在劳动合同中写入条款,或者在专门的竞业禁止合同中约定,禁止本单位的雇员在其任职期间和离职以后利用雇主所拥有的商业秘密从事本业务,从而保护雇主在市场竞争中不因其商业秘密被泄露而受到损失。

---

① 参见蒋志培、孔祥俊、王永昌:《〈关于审理不正当竞争民事案件应用法律若干问题的解释〉的理解与适用》,载《人民司法》2007年第5期。

二、境外有关立法及实践

竞业禁止协议是对企业商业秘密的保护，有效地维护了企业的财产利益，也维护了市场竞争的正常开展，如此有利于经济发展；但同时也是对劳动者劳动权的一种限制，而劳动权、择业权在各国（地区）均属宪法性权利。从经济学的角度来看，劳动者的劳动技能是在使用雇主的商业秘密的过程中获得的，但同时也是劳动者付出体力和脑力劳动的结果。竞业禁止协议迫使劳动者在一定时期内无法从事自己最擅长的工作，实际上是一种资源的浪费，不利于对价值最大化的追求。[①] 因此，世界各国（地区）在这方面均极为慎重，通过制定法律法规或者长期的司法判例来平衡二者之间的关系。

在美国，有关竞业禁止的事项属州法规定的范围，并无统一的联邦法令，而各州间规范有很大差异。大部分州均有限度地承认竞业禁止合同之有效性。审查竞业禁止合同是否有效，基于其是否具有“合理”之基础，美国通过判例法确立起对竞业限制合同条款的合理性认定的原则。“美国最高法院在 1969 年的 GTT 案中对雇佣关系终止后于雇员身上的保密义务作了三项限制：其一，不得超过雇主所主张保护其利益的必要；其二，该条款不得对员工作不当的压迫；其三，不得损害公共利益。”在 1982 年的乔斯坦案中，法院即以普通法来检视该项不竞争协议之合理性，并提出了 4 项考虑因素：其一，此项协议是否为成就企业主正当目的或协议之辅助工具；其二，是否存在需要被保护之正当利益；其三，此项限制对于标的主题、时间与地区是否具有合理性；其四，是否已作适当考虑。[②]

与之不同，《瑞士债法典》第 340 条则详细地对该问题作出规范：有合法资格的雇员可以与雇主订立书面契约，约定在劳务关系终止以后不得从事与雇主竞争的行为，尤其不得从事为本人谋利益与雇主的营业竞争的营业，或者参与该种营业，或者从该种营业中取得利益。竞业禁止仅适用于劳务关系中雇员能够知悉客户网络、雇主的制造或者商业上的秘密，该种知识的运用将会给雇主造成重大损害的情形。（1）竞业禁止应当于地点、时间和理由上给予合理的限制，此种限制不得违背公平原则，不合理地限制雇员经济前途；只有在特殊情形下，该种禁止可以超过三年。法官可以考虑相关情况后自由决定缩短过长的禁止期限；在可能的情况下，法官还有权要求雇主为雇员所遭受的此种限制提供某种合理补偿。（2）雇员违反竞业禁止规定的，应当赔偿雇主因此所遭受的损害。如无相反的规定，在支付了合同约定的违约金之后，雇员不再受竞业禁止的约束；但其应当对将来的、超过前述违约金的损害承担责任；依书面的特别约定，如雇员的竞业禁止行为可能损害或者威胁到雇主的重大利益，雇主在请求违约金与未来损害赔偿外，还有权要求雇员停止从事此种行为。（3）如经证明维持竞业禁止不再对雇主有任何现实意义，则此竞业禁止不再具有约束力。雇主无正当理由而解除劳务关系的，

---

① 参见付慧姝：《商业秘密保护中的价值冲突与权利冲突研究》，载《河北法学》2005 年第 12 期。

② 参见徐朝贤：《商业秘密竞业限制合同探论》，载《法律科学》1999 年第 3 期。

或其解除合同但是未给出合理解释的,或者雇员因可归责于雇主的正当理由而解除合同的,竞业禁止也不具有约束力。

我国台湾地区"营业秘密法"中并未明文规定竞业禁止的内容,实务中主要依赖"民法"第72条之公序良俗条款、第92条之被诈欺或胁迫而为意思表示的条款、第148条之权利不得滥用及诚信原则等,对企业与员工之间签订的竞业禁止条款作出合法与否的判断。例如,在一件关于离职后竞业禁止争端中,我国台湾地区"最高法院"表明:台湾地区宪制性规定第15条规定,台湾居民之生存权、工作权及财产权应予保障,主要乃宣示台湾当局对于台湾居民应有之保障。且台湾居民之工作权亦非不得限制之绝对权利,此观台湾地区宪制性规定第23条之规定自明。被上诉人为防止其离职员工泄露其智慧财产权、营业秘密等,并防止恶性之同业竞争,乃于其员工进入公司就职之初,与之签订聘用合约书,约定于离职后二年内不得从事与被上诉人营业项目相同或类似之行业,否则须给付一定之违约金。该项竞业禁止之约定,仅有二年之适用期限,且出于任职员工之同意而签订,即与台湾地区宪制性规定保障台湾居民工作权精神不相违背,亦不违反其他强制规定,且与公共秩序、善良风俗无关,因而有效。① 该判决中较为典型地体现了在这一领域台湾地区宪制性规定、"民法"和"营业秘密法"之间的复杂关系,对我们处理类似案件有借鉴意义。同时,也有台湾地区学者认为,"营业秘密法"可能不是用以明文规范竞业禁止条款最妥适的,劳动"法律"或许更恰当。②

三、我国立法及实践

虽然《反不正当竞争法》第9条第3款规定,"第三人明知或者应知商业秘密权利人的员工、前员工或者其他单位、个人实施本条第一款所列违法行为,仍获取、披露、使用或者允许他人使用该商业秘密的,视为侵犯商业秘密",但仍未提及关于商业秘密保护的竞业禁止问题。1994年《劳动法》第22条规定,"劳动合同当事人可以在劳动合同中约定保守用人单位商业秘密的有关事项",这可以看作对竞业限制的原则性法律规定,它赋予用人单位和劳动者以平等协商的方式在劳动合同中约定保密条款或竞业限制条款。1996年《劳动部关于企业职工流动中若干问题的通知》首次对竞业限制作了规定:用人单位可以规定掌握经营信息、秘密的职工在解除劳动契约后的一定期限内(不超过3年),不得到生产同类产品或者经营同类业务且有竞争关系的其他用人单位直接或者间接任职,并不得泄露原单位的商业秘密。用人单位应当向受到此种就业限制的雇员支付一定的合理的补偿。但是这一问题一直未能引起足够的重视。

2007年出台的《劳动合同法》则开始有了较为明确的规定。第23条规定:"用人单位与劳动者可以在劳动合同中约定保守用人单位的商业秘密和与知识产权相关的保密

---

① 参见我国台湾地区"最高法院"1992年台上字第989号民事判决。

② 参见张静等:《营业秘密法整体法制之研究》,中国台湾地区经济事务主管部门"智慧财产局"2005年度研究报告。

事项。对负有保密义务的劳动者,用人单位可以在劳动合同或者保密协议中与劳动者约定竞业限制条款,并约定在解除或者终止劳动合同后,在竞业限制期限内按月给予劳动者经济补偿。劳动者违反竞业限制约定的,应当按照约定向用人单位支付违约金。”第24条规定:“竞业限制的人员限于用人单位的高级管理人员、高级技术人员和其他负有保密义务的人员。竞业限制的范围、地域、期限由用人单位与劳动者约定,竞业限制的约定不得违反法律、法规的规定。在解除或者终止劳动合同后,前款规定的人员到与本单位生产或者经营同类产品、从事同类业务的有竞争关系的其他用人单位,或者自己开业生产或者经营同类产品、从事同类业务的竞业限制期限,不得超过二年。”另外,该法第90条规定,劳动者违反劳动合同中约定的保密义务或者竞业限制,给用人单位造成损失的,应当承担赔偿责任。

以上规定在法律层面上解决了我国竞业禁止制度的有无的问题,但是仍较简单。其中一个重要问题在于竞业限制的经济补偿,我国《劳动合同法》正式出台时,草案中原有的“用人单位未按照约定在劳动合同终止或者解除时向劳动者支付竞业限制经济补偿的,竞业限制条款失效”这一条文被删去,那么,在未向劳动者支付竞业限制经济补偿的情况下,竞业限制条款的效力如何?该法中仅规定了劳动者违反保密义务应承担赔偿责任,但是根本没有反向的规定,这又如何平衡劳动者与雇佣者之间的利益?在未约定补偿金额的情况下,具体支付标准如何确定?用人单位违法解除或终止劳动合同后,竞业限制条款是否还继续有效?对此,2013年1月18日公布的《最高人民法院关于审理劳动争议案件适用法律若干问题的解释(四)》第6条规定:“当事人在劳动合同或者保密协议中约定了竞业限制,但未约定解除或者终止劳动合同后给予劳动者经济补偿,劳动者履行了竞业限制义务,要求用人单位按照劳动者在劳动合同解除或者终止前十二个月平均工资的30%按月支付经济补偿的,人民法院应予支持。前款规定的月平均工资的30%低于劳动合同履行地最低工资标准的,按照劳动合同履行地最低工资标准支付。”第7条规定:“当事人在劳动合同或者保密协议中约定了竞业限制和经济补偿,当事人解除劳动合同时,除另有约定外,用人单位要求劳动者履行竞业限制义务,或者劳动者履行了竞业限制义务后要求用人单位支付经济补偿的,人民法院应予支持。”第8条规定:“当事人在劳动合同或者保密协议中约定了竞业限制和经济补偿,劳动合同解除或者终止后,因用人单位的原因导致三个月未支付经济补偿,劳动者请求解除竞业限制约定的,人民法院应予支持。”第9条规定:“在竞业限制期限内,用人单位请求解除竞业限制协议时,人民法院应予支持。在解除竞业限制协议时,劳动者请求用人单位额外支付劳动者三个月的竞业限制经济补偿的,人民法院应予支持。”第10条规定:“劳动者违反竞业限制约定,向用人单位支付违约金后,用人单位要求劳动者按照约定继续履行竞业限制义务的,人民法院应予支持。”

关于竞业禁止条款的效力判断,我国目前尚无较为明确的标准。本书认为,可以参考我国台湾地区司法实务中总结出的经验。关于公司与员工间离职后竞业禁止约款5

项审查标准,是台北地方法院1996年年度劳诉字第78号民事判决及台湾地区高等法院1997年度劳上字第39号民事判决以来所建立的标准:(1)企业或雇主须有依竞业禁止特约保护之利益存在,即雇主的固有知识和营业秘密有保护之必要。(2)劳工或员工在原雇主或公司之职务及地位。关于没有特别技能、技术且职位较低,并非公司之主要营业干部,处于弱势之劳工,纵使离职后再至相同或类似之公司任职,亦无妨害原雇主营业之可能,此时之竞业禁止约定应认拘束劳工转业自由,乃违反公序良俗而无效。(3)限制劳工就业之对象、期间、区域、职业活动之范围,须不逾合理之范畴。(4)须有填补劳工因竞业禁止之损害之代偿措施,代偿措施之有无,有时亦为重要之判断基准,于劳工竞业禁止是有代偿或津贴之情形,如无特别之情事,此种竞业特约很难认为系违反公序良俗。(5)离职后员工之竞业行为是否具有显著背信性或显著的违反诚信原则,即当离职员工对原雇主之客户、情报大量篡夺等情事或其竞业之内容及态样较具恶质性或竞业行为出现有显著之背信性或显著之违反诚信原则时,此时该离职违反竞业禁止之员工自属不值得保护。①

当然,竞业禁止仅仅是商业秘密保护的一种手段,反过来说,商业秘密保护也并非用人单位要求竞业禁止的全部目的。因此,用人单位与劳动者约定竞业限制后,劳动者违反约定进入竞争单位就职后,又将原用人单位的商业秘密泄露给新用人单位使用的,二者系两种不同的违法行为,劳动者违反竞业限制约定并不以泄露商业秘密为条件,原用人单位可以基于不同的法律事实起诉劳动者。劳动者承担商业秘密侵权责任后,还应当继续就其违反竞业限制约定的行为承担违约责任。②

---

① 参见张静等:《营业秘密法整体法制之研究》,中国台湾地区经济事务主管部门“智慧财产局”2005年度研究报告。

② 参见“王云敏诉杭州恒生网络技术服务有限公司竞业限制纠纷上诉案”,浙江省杭州市中级人民法院(2014)浙杭民终字第62号民事判决书。

第十九章　不正当有奖销售行为规制制度

第一节　不正当有奖销售行为概述

一、不正当有奖销售行为的概念

"有奖销售"这一概念在我国《反不正当竞争法》中没有给出，原国家工商行政管理局在《关于禁止有奖销售活动中不正当竞争行为的若干规定》第2条第1款将有奖销售行为定义为：经营者销售商品或者提供服务，附带性地向购买者提供物品、金钱或者其他经济上的利益的行为。

有奖销售活动中，经营者与消费者之间关系颇为复杂，包括买卖关系、赠与关系、射幸合同关系、债权债务关系等。① 但是从反不正当竞争的角度则并不关注以上关系，反不正当竞争法对有奖销售行为的规范着眼点在于对正常的市场竞争秩序的保障。

有奖销售的目的是销售商品，"有奖"即提供奖品，只不过是经营者为了实现销售商品的目的而采取的一种手段，也就是说，经营者只要以提供奖品的方式来促销其商品，无论其是向购买者提供奖品，还是向其他人提供奖品，均应构成有奖销售。原国家工商行政管理局于1998年在《关于有线电视台在提供电视节目服务中进行有奖竞猜是否构成不正当竞争行为的答复》（工商公字〔1998〕第55号）中，对有奖销售作了进一步解释："《反不正当竞争法》第十三条所称的有奖销售，是指经营者以附带性地提供金钱、物品或者其他利益（统称奖品）的引诱方式，促销其商品（包括服务）的行为。不论向商品的购买者提供奖品，还是向其他有关当事人提供奖品，只要经营者以促销商品为目的，均可构成有奖销售，受《反不正当竞争法》第十三条调整。"而目前广泛存在的一种现象是使用有奖竞猜或附赠方式来推广手机客户端应用软件，从而扩大其应用客户端的用户群，增加运营软件的使用率，利用网络效应吸引广告主、游戏运营商等直接增加经营者收益的客户。例如，某公司利用福利彩票设置巨额大奖推销其手机淘宝客户端，工商部门根据《关于有线电视台在提供电视节目服务中进行有奖竞猜是否构成不正当竞争行为的答复》（工商公字〔1998〕第55号）、《关于网站在提供网上购物服务中从事有奖销售活动是否构成不正当竞争行为问题的答复》（工商公字〔2004〕第46号）

① 参见王利明：《从本案看有奖销售的法律性质》，载《人民法院报》2002年4月4日，第3版。

将此种行为认定为不正当有奖销售行为。① 对于该行为是否构成不正当有奖销售应当需要进一步的考虑。根据《反不正当竞争法》的规定,有奖销售行为首先可以分为附赠式有奖销售和抽奖式有奖销售,这是以中奖是否确定进行的分类。附赠式有奖销售是指经营者奖励所有购买者的有奖销售,其本质特征是参与者对其能否获奖,以及能获什么奖具有可预见性和可控制性,即参与者在参与有奖销售活动之前即知道自己参与后的获奖情况。抽奖式有奖销售是指经营者以抽签、摇号等带有偶然性的方法决定购买者是否中奖的有奖销售行为。

在我国,有奖销售行为的产生与经济体制改革和市场经济的发展直接相关。在统购统销的计划经济时代,企业没有任何的动力和压力去从事包括有奖销售在内的促销行为。20 世纪 80 年代中期以后,部分商品市场开始出现激烈的竞争,并逐渐由卖方市场转为买方市场,产生了巨大的市场压力,加之包括国有企业在内的市场主体具有了自主决策权,在香港地区和东部沿海等地的示范下,有奖销售行为开始风行全国,并直接给开展企业带来了经济效益,某些时候消费者也得到了一定的好处。但是,由于不正当的有奖销售往往会影响消费者正常选择商品,在消费心理普遍不够成熟的情况下,各种有奖销售行为极易传递错误的市场信息,诱发错误的购买导向;加之这种营销行为具有强制性和扩张性,在设奖不断升级以盖过他人、吸引更多眼球的压力下,奖项越来越大,中小企业就会败下阵来。而这些更大更多的奖项还是要摊入成本,最终使消费者付出更多的钱。所有这些都会使正常的市场竞争受到扭曲。

正是由于有奖销售与很多其他市场营销手段一样,既有某些优点,又有一些缺点,所以我国《反不正当竞争法》才没有将其一禁了之,而是区分不同情况禁止那些不正当的有奖销售行为。

二、不正当有奖销售行为的有关立法

在西方国家,作为一种市场营销手段,有奖销售很早出现并得到法律的规范。在德国,根据 1909 年德国《反不正当竞争法》,法院基于“过渡引诱”或“购买的心理压力”因素推定了不少高昂奖金、奖品的不正当性;在法国,与营销相关的有奖销售和免费礼品受到严格规制。②

在我国,针对当时全国范围内各种有奖销售大量出现、花样翻新,并时有丑闻传出的情形,1993 年《反不正当竞争法》第 13 条规定,经营者不得从事下列有奖销售:(1)采用谎称有奖或者故意让内定人员中奖的欺骗方式进行有奖销售;(2)利用有奖销售的手段推销质次价高的商品;(3)抽奖式的有奖销售,最高奖的金额超过 5000 元。随后

---

① 参见《利用彩票设置巨额大奖合法吗?》,载原国家工商行政管理总局网:http://www.saic.gov.cn/gsld/jgjl/xxb/201312/t20131212_140433.html,最后访问日期:2018 年 1 月 12 日。

② 参见[德]博德维希主编:《全球反不正当竞争法指引》,黄武双、刘维、陈雅秋译,法律出版社 2015 年版,第 270 页、第 305 页。

原国家工商行政管理局于1993年发布了《关于禁止有奖销售活动中不正当竞争行为的若干规定》，对《反不正当竞争法》中的有关概念和行为进一步予以明确，并对地方工商机关在执法活动中遇到的某些疑难问题通过批复的方式予以指导。2017年修订的《反不正当竞争法》第10条规定：经营者进行有奖销售不得存在下列情形：(1)所设奖的种类、兑奖条件、奖金金额或者奖品等有奖销售信息不明确，影响兑奖；(2)采用谎称有奖或者故意让内定人员中奖的欺骗方式进行有奖销售；(3)抽奖式的有奖销售，最高奖的金额超过5万元。

对1993年《反不正当竞争法》中列举的第一种欺骗性有奖销售，《关于禁止有奖销售活动中不正当竞争行为的若干规定》第3条进行了细化，规定下列欺骗性的有奖销售应被禁止：(1)谎称有奖销售或者对所设奖的种类，中奖概率，最高奖金额，总金额，奖品种类、数量、质量、提供方法等作虚假不实的表示。(2)采取不正当的手段故意让内定人员中奖。(3)故意将设有中奖标志的商品、奖券不投放市场或者不与商品、奖券同时投放市场；故意将带有不同奖金金额或者奖品标志的商品、奖券按不同时间投放市场。(4)其他欺骗性有奖销售行为。其中最后一项概括性的规定由省级以上工商行政管理机关认定。省级工商行政管理机关作出的认定，应当报原国家工商行政管理局备案。

对利用有奖销售的手段推销质次价高的商品的行为，如何认定"质次价高"，《关于禁止有奖销售活动中不正当竞争行为的若干规定》第5条规定：由工商行政管理机关根据同期市场同类商品的价格、质量和购买者的投诉进行认定，必要时会同有关部门认定。具体来说，根据1999年《国家工商行政管理局关于〈反不正当竞争法〉第二十三条和第三十条"质次价高"、"滥收费用"及"违法所得"认定问题的答复》(工商公字〔1999〕第313号)，"质次价高商品"是指经营者所销售商品属于不合格商品，或者质量与价格明显不符合格商品，即商品虽然合格但其价格明显高于同类商品通常市场价格，而同类商品通常市场价格是指政府定价、政府指导价或者同期市场同类商品中等市场价格。该批复尽管没有提到《反不正当竞争法》可以适用于第13条，但是同样的概念出现在同一部法律之中，其理解必然也应该是一样的。2017年修订的《反不正方竞争法》删除了该条款。此前学界也一直呼吁该条款应当予以删除。有学者指出1993年《反不正当竞争法》第13条第2款关于禁止"质次价高"的有奖销售的规定，标准十分模糊，不能给有奖销售的经营者以明确的行为指引。在有奖销售的"质次"商品是不合格商品时，该规定与其他法律的规定相重合，无存在的价值；在有奖销售的"质次"商品是合格商品时，该规定并不是达到立法者所期望的目的的最佳手段且侵犯了商家的自主定价权。鉴于此，1993年《反不正当竞争法》第13条第2款应该予以删除。[①] 本书也

---

① 参见孙参政、刘小华：《论对有奖销售的法律规制——兼对既有规范进行检讨》，载《法治论丛》2007年第1期。

赞成《反不正当竞争法(修订草案)》对该条款的删除。首先,规制有奖销售的目的是提高奖项的透明度,避免经营者进行欺骗式的有奖销售,而"质次价高"并不是规制不正当有奖销售行为的目的。其次,根据1999年《国家工商行政管理局关于〈反不正当竞争法〉第二十三条和第三十条"质次价高"、"滥收费用"及"违法所得"认定问题的答复》对质次价高的解释来看,销售不合格商品由《消费者权益保护法》《产品质量法》进行规制。另外,针对质量与价格不相符合的商品,如果经营者具有市场支配地位,应当由反垄断法的滥用市场支配地位来规制或者是政府指导价应当由价格法来进行规制。所以,本书认为,此次《反不正当竞争法(修订草案)》将该款删除,正是考虑到这种行为并不符合不正当有奖销售行为的构成要件,不符合反不正当竞争法的保护目的,且已经由其他的法律进行了有效的规制,因此应当予以删除。另外,对于2017年《反不正当竞争法》将有关有奖销售信息不明确影响兑奖单独列为一项,反映我国反不正当竞争法不断努力提高有效销售中信息的透明度,减少经营者和消费者之间的信息不对称性,让消费者在充分了解奖品的相关消息后,作出理性的决策。

第二节　抽奖式有奖销售之规制

一、抽奖式有奖销售方式的确定

如前所述,抽奖式有奖销售是指经营者以抽签、摇号等带有偶然性的方法决定购买者是否中奖的有奖销售行为。该行为的本质特征在于有奖销售活动的参与者能否中奖、中什么奖具有偶然性和不确定性。

对此,1998年原国家工商行政管理局在《关于抽奖式有奖销售认定及国家工商行政管理局对〈反不正当竞争法〉具体应用解释权问题的答复》(工商公字〔1998〕第143号)中,对什么是抽奖式有奖销售做了进一步说明:"抽签、摇号是典型的抽奖式有奖销售方式,但抽奖式有奖销售方式并不限于这些方式。在有奖销售中,凡以偶然性的方式决定参与人是否中奖的,均属于抽奖式有奖销售,而偶然性的方式是指具有不确定的方式,即是否中奖只是一种可能性,既可能中奖,也可能不中奖,是否中奖不能由参与人完全控制。"

据此,实践中出现的证券商以投资收益率或者利润率等高低确定部分投资者是否中奖的各种奖赛、比赛等活动中,各投资者获取的投资收益率或者利润率等,以及由此决定的能否中奖,取决于多种主客观因素,均不能完全以投资者的主观愿望、努力和能力为转移,投资者能否中奖具有偶然性和不确定性。因此,此类奖赛活动属于抽奖式有奖销售。

二、抽奖式有奖销售方式的规范

鉴于市场上经营者通过设置各种巨额奖励来吸引顾客的行为严重地干扰到消费者

的选择,给正常的市场秩序造成了巨大冲击,1993 年《反不正当竞争法》规定:抽奖式的有奖销售最高奖的金额不得超过 5000 元。原国家工商行政管理局在《关于禁止有奖销售活动中不正当竞争行为的若干规定》中进一步提出,以非现金的物品或者其他经济利益作奖励的,按照同期市场同类商品或者服务的正常价格折算其金额。1999 年《国家工商行政管理局关于有奖促销中不正当竞争行为认定问题的答复》(工商公字〔1999〕第 79 号)指出:《反不正当竞争法》规定经营者不得从事奖励金额超过 5000 元的抽奖式有奖销售,其根本目的是禁止经营者利用消费者的投机心理来诱导消费者的市场选择,以鼓励和促进经营者开展质量、价格、服务方面的公平竞争,维护市场竞争秩序。实践中一些经营者在促销活动中,以轿车的使用权、聘为消费顾问并给予高薪等方式作为奖励推销商品,或者利用社会福利彩票、体育彩票设置的高额奖励来销售商品,这些行为都极易诱发消费者的投机心理,影响和干扰消费者正常选择商品,妨碍质量、价格和服务等方面的公平竞争,不利于市场竞争机制的建立,不正当竞争的恶性明显。尽管这些行为的名目和表现形式复杂多样,但都属于典型的企图规避法律的做法,其本质上仍属于《反不正当竞争法》规范的不正当有奖销售行为。因此,在抽奖式有奖销售中,根据过往的执法经验,下列行为均有可能构成违法:

1. 经营者以价格超过 5000 元的物品的使用权作为奖励的,无论使用该物品的时间长短;

2. 经营者以提供就业机会、聘为各种顾问等名义,并以解决待遇、给付工薪等方式设置奖励,不论奖励现金、物品(包括物品的使用权)或者其他经济利益,也无论是否要求中奖者承担一定义务,最高奖的金额(包括物品的价格、经济利益的折算)超过 5000 元的;

3. 经营者单独或与有关单位联合利用社会福利彩票、体育彩票设置奖励推销商品,最高奖的金额超过 5000 元的;

4. 有线电视台为招揽广告客户和消费者,在提供电视节目服务所进行的有奖竞猜活动中,以带有偶然性的方法决定购买者是否中奖,且其最高奖的金额超过 5000 元的。

本书认为,原国家工商行政管理局的以上解释是有道理的。但是对于第一种情形,细究起来不无疑问——某物品的使用权与物品本身在价值上是有区别的,如同一辆小汽车售价可能有 20 万元,但是每天的使用费(如租车费用)也许只有 300 元,则该小汽车一天的使用权价值应当认定为 300 元,而非 20 万元。如此远远没有达到 5000 元的上限,作为抽奖式有奖销售活动中的奖项,本书认为其并没有违反《反不正当竞争法》。

1993 年《反不正当竞争法》将最高奖金额限制为 5000 元,不少人认为过低,应予提高。2017 年《反不正当竞争法》修订将最高奖金额的限制提高到了 5 万元。毕竟在《反不正当竞争法》生效的 20 多年间,我国的经济总量及人均收入都有了极大的提升。1993 年我国城镇居民人均可支配收入仅为 2337 元,因此最高奖不得超过 5000 元的有奖销售限额是与当时社会经济发展水平相适应的,在这一限额下设奖,既能达到企业促销的目的,也可以防止构成不当引诱。但2016年全国居民人均可支配收入为23,821元。[①] 北京、上海等发达地区城镇居民人均可支配收入则更高。1993年定下的标准按照当前的收入水准予以调整是应该的。因此,调整到5万元也是符合当下的中国国情的。而更加合理的方案则是按照经营者拟从事的有奖销售活动的总金额的一定比例予以规范,可以考虑采用类似我国台湾地区的做法,针对不同销售总额确定不同的奖金比例。

第三节　附赠式有奖销售之规制

附赠式有奖销售,是指经营者奖励所有购买者的有奖销售,其本质特征是参与者对其能否获奖及能获什么奖具有可预见性和可控制性,即参与者在参与有奖销售活动之前即知道自己参与后的获奖情况。

我国《反不正当竞争法》未对附赠式有奖销售作出专门规定,但其中关于有奖销售信息不明确影响兑奖和欺骗性有奖销售行为的规定同样适用于该行为。除此之外,我国《反不正当竞争法》未来应考虑为附赠式有奖销售制定一个合理的规则,就所销售商品与赠品之间的比例关系作出规范。至于是否如抽奖式有奖销售那样规定单次最高奖的金额,本书以为没有必要,因为对于价值2元的一块面包来说,再附赠2元物品不能说低;而对于价值千万元的豪宅来说,赠送40万元的豪华装修也不能说很高。因此还是按照正品和赠品之间比例关系来确定为宜。例如,我国台湾地区2015年"事业提供赠品赠奖额度办法"第4条规定:事业销售商品或服务附送赠品,其赠品价值上限如下:(1)商品或服务价值在100元新台币以上者,为商品或服务价值之1/2;(2)商品或服务价值在100元新台币以下者,为50元新台币。

长期以来在讨论附赠式有奖销售时,其与商业贿赂的关系是一个有争议的话题。例如,某国有药品批发企业长期向某制药厂购买头孢菌素针剂,购买10支针剂,制药厂无偿赠送1支,即"买十赠一"。而该国有药品批发企业所在地工商行政管理局依据《关于禁止商业贿赂行为的暂行规定》,判定这种行为是商业贿赂,并认为市场上常见的"买十赠一"是公开的商业贿赂。对此,该企业依据《关于禁止有奖销售活动中不正当竞争行为的若干规定》第2条,认为自己的行为是附赠式的有奖销售,属正当竞争行为。[②] 有学者指出,依据当时规范无法划清合法的附赠式有奖销售与商业贿赂的界限。附赠式有奖销售的经营者是要附带性地向所有购买者提供物品、金钱或者其他经济利

---

① 参见李晓超:《开局之年实现了良好开局——〈2016年统计公报〉评读》,载国家统计局网:http://www.stats.gov.cn/tjsj/sjjd/201702/t20170228_1467357.html,最后访问日期:2017年12月26日。

② 参见王继军:《附赠式有奖销售的若干法律问题》,载《法学研究》1998年第5期。

益的。而根据《关于禁止商业贿赂行为的暂行规定》第8条的规定，经营者在商品交易中不得向对方单位或者其个人附赠现金或者物品，但按照商业惯例赠送小额广告礼品的除外。依此规定，附赠式有奖销售是属于合法的“按照商业惯例赠送小额广告礼品”呢，还是商业贿赂？这里的规定是相当模糊的，以至于实践中很难认定。①

应当说这两种行为本质上都属于以利诱方式进行销售的行为，发生以上混淆也就并不奇怪。所以，我国台湾地区“公平交易法”原第19条②被认为既是规范有奖销售行为的法源，也是反对商业贿赂行为的依据。

本书认为，从本质上看，二者尽管都是以利诱方式进行销售的行为，附赠式有奖销售这种奖励所有购买者的行为与商业贿赂这种通过引诱有关能够影响交易的人员的行为还是有所区别的。前者事实上可以视为一种价格优惠，其受益方是直接购买者，而且大家机会和待遇均等；后者未必针对所有购买者，直接的受益者往往是那些能够影响或者左右市场交易的人员，而不是直接的购买方，更不存在机会和待遇均等的情况。所以由此看来，本书倾向于将前者看作一种正常的市场竞争手段、一种合理的商业惯例，而后者则是一种不正当的、违法的行为。2017年《反不正当竞争法》将交易相对方排除在商业贿赂行为的主体之外，更好地对两种行为作了区分。

---

① 参见汪传才：《附赠式有奖销售的法律思考》，载《政法论坛》1999年第6期。

② 我国台湾地区“公平交易法”原第19条规定：有下列各款行为之一，而有限制竞争或妨碍公平竞争之虞者，事业不得为之：(1)以损害特定事业为目的，促使他事业对该特定事业断绝供给、购买或其他交易之行为；(2)无正当理由，对他事业给予差别待遇之行为；(3)以胁迫、利诱或其他不正当方法，使竞争者之交易相对人与自己交易之行为；(4)以胁迫、利诱或其他不正当方法，使他事业不为价格之竞争、参与结合或联合之行为；(5)以胁迫、利诱或其他不正当方法，获取他事业之产销机密、交易相对人数据或其他有关技术秘密之行为；(6)以不正当限制交易相对人之事业活动为条件，而与其交易之行为。2015年修改后，第23条规定：事业不得以不当提供赠品、赠奖之方法，争取交易之机会。

第二十章　商业诋毁行为规制制度

第一节　商业诋毁行为概述

有市场竞争的地方，就有可能发生不法商人针对竞争对手的诋毁行为。特别是在正常的市场竞争中无法依靠自己提供的商品或者服务的质量、价格等因素取胜乃至居于劣势之时，为了挽回败局、打击竞争对手，一些不法商人往往会采用捏造编造、散布传播不实消息等方式，以及抬高自己压低别人等方法，毁坏竞争对手的商誉，以取得不正当的竞争优势。

一、商业诋毁行为的概念

商业诋毁行为也可称为商业诽谤行为，是指经营者编造、传播虚假信息或者误导性信息，损害竞争对手的商业信誉、商品声誉。该行为具有如下特点：(1)有着明确的贬低竞争对手的主观意图，直接打击、削弱竞争对手与其进行竞争的能力，谋求自己的市场竞争优势。一般来说不存在因过失而导致诋毁他人的情形。(2)行为本身表现为编造、传播捏造、散布与真实情况不符的虚假、不实之情。这里的捏造编造，既可以是无中生有，也可以是对真实情况的歪曲。经营者无论是捏造编造还是散布传播虚假事实，都可以构成商业诋毁行为。(3)有特定的诋毁对象，即行为所诋毁的对象必须是与行为人存在竞争关系的同业经营者，即竞争对手，而非其他经营者。所谓有特定的诋毁对象，是指有关虚假言词必须明确指向一个或几个竞争对手，或者虽无明确所指，但他人可以从中推测其指向。诋毁的对象既可以是单个也可以是多个竞争对手，如某个行业中除该不法行为人之外的所有经营者。(4)行为后果损害的是竞争对手的商业信誉或商品声誉。由于这种不正当竞争行为往往会给守法经营的经营者带来巨大的打击，甚至是无可挽回的毁灭性损失，同时也是一种从根本上违反诚实信用原则的行为，严重破坏了正常的市场竞争秩序，因此各国或者地区在制定法律法规时都对此给予了高度关注，严厉禁止各种针对竞争对手的商业诋毁行为。

从国际上看，《巴黎公约》第 10 条中规定，成员国有义务禁止在工商业活动中诋毁竞争对手的营业所、商品或者工商业活动。1996 年世界知识产权组织《反不正当竞争示范法》第 5 条则提出，凡在工商活动中损害或可能损害他人企业或其活动，尤其是对该企业提供的产品或服务的信誉的虚伪或不正当的说法，构成不正当竞争行为。

在美国这个典型的判例法国家，商业诋毁行为属于侵权法的范围，并从保护名誉侵权的“诋毁之诉”发展为保护商誉侵权的“仿冒”之诉。1946 年《兰哈姆法》第 43 条对于商业诽谤行为提供成文法救济，该条规定：对他人商品、服务或者商业活动进行虚假宣传的人，应当承担责任。除《兰哈姆法》外，美国的《有线电视和卫星广播法》也通过限制行为主体，来间接调整商业诽谤行为。① 美国联邦宪法第一修正案有关言论自由的规定有时也被用来在这一领域进行攻防。

在德国，其《反不正当竞争法》第 4 条对竞争者保护条款中规定：诋毁或诽谤竞争对手的识别标志、商品、服务、活动或个人或经营情况；在不能证明是真实的情况下，以损害企业家的业务或信用的方式声明或散播有关竞争对手的商品、服务或业务的说法，或关于企业家或企业管理人员的说法；如果通信是保密的并且交流或接受通信的人有合法的利益，那么只有在陈述或传播的事实违背真相的情况下，这种行为才是不正当的。该法第 6 条比较广告条款也规定如果一个人以损害竞争对手显著性的商业标识的名誉，诋毁竞争对手的商品、服务、行为、商业环境等方式进行比较广告，则为不正当。此外，《德国民法典》第 824 条规定：违背真相主张或传播适于妨害他人的信用或对他人的生计或前途造成其他不利益的事实的人，即使其虽不明知但应知不真实，仍应向他人赔偿由此而发生的损害。该规定是对商誉或信用的保护，事实上也就禁止那些包括商业诽谤行为在内的各种对他人信用的诋毁。

在日本，其《不正当竞争防止法》第 2 条第 15 项就是关于商业诋毁行为的，即“告知或者散布损害有竞争关系的他人经营上信用的虚假事实的行为”，受损害者可以诉请停止不法行为和损害赔偿，并可以要求恢复信用的措施。

在我国台湾地区，“公平交易法”第 24 条（营业诽谤）规定：事业不得为竞争之目的，而陈述或散布足以损害他人营业信誉之不实情事。否则应当承担相应的民事和刑事责任。

在我国，鉴于实践中出现了大量的通过损坏竞争对手商业信誉和商品声誉的方法来进行不正当竞争的案件，1993 年《反不正当竞争法》第 14 条规定：“经营者不得捏造、散布虚伪事实，损害竞争对手的商业信誉、商品声誉。”2017 年修订后的《反不正当竞争法》第 11 条规定：“经营者不得编造、传播虚假信息或者误导性信息，损害竞争对手的商业信誉、商品声誉。”2017 年《反不正当竞争法》吸取了我国司法实践经验，明确了“虚伪事实”包括“虚假信息”及“误导性信息”，使法律规制更具周延性。同时，在用词上进行了完善，使用“编造”和“传播”代替了原来的“捏造”“散布”。

二、商誉

商誉（commercial goodwill or commercial reputation）是一个古老的概念，早在 1620

---

① 参见杨立新、蔡颖雯：《论商业诽谤行为及其民事法律制裁》，载《河南省政法管理干部学院学报》2004 年第 5 期。

年英国法院就在判例中把商誉定义为“顾客的友善看法和惠顾”。[①] 也可称为企业的良好名声、声誉,与经营相联系的利益和优势是吸引顾客的力量。[②]

商誉是人们对经营者本身及经营者提供的商品或服务的一种总的积极的社会评价。其外在表现形态主要有以下几种:(1)商业道德;(2)商业质量;(3)服务质量;(4)资信;(5)价格等。一般而言,商誉的表现形态总是具体的、多种多样的,它们相互配合、密切联系,处于一个完整的动态的统一体中,共同反映和影响商誉。[③]

根据我国《反不正当竞争法》的规定,商誉可以分为商品声誉和商业信誉两个组成部分,对于某企业产品质量优劣和价格高低的评价显然是关于他人商品声誉的评价;而对于某企业商业道德、资产状况、履约情况乃至履行社会责任等方面的评价,则可归属于商业信誉之列。

无论是商业信誉还是商品声誉均为经营者名誉权的一部分,二者之间关系极为紧密。例如,一家企业的产品质量存在严重问题,以至于造成了消费者人身财产的重大损害,在这种情况下,该企业的商品声誉固然不佳,其商业信誉也不会好到哪里去。

当然二者也有区别,如无端指责某一企业无力归还到期贷款,有破产之虞,或者经常无故违约的,显然可能构成对他人商业信誉的侵犯,而不能视为是对他人商品声誉的侵犯。

三、商誉权

根据有关学者的见解,经营者捏造编造、散布传播虚伪事实,损害竞争对手的商业信誉、商品声誉的行为,损害的是被诋毁人的商誉权。商誉权是民事主体对其在工商业活动中所创造的商誉享有利益而不受他人非法侵害的权利。[④] 关于其性质有人格权说和复合权说等不同学说。目前基本上均承认其为知识产权的一种,受知识产权法和反不正当竞争法的保护。

吴汉东教授赞成商誉权之说,认为其具有一般知识产权的无形财产的特点,也有自己的一些不同于其他知识产权的特殊之处:(1)非确定的地域性,即其效力并不具有严格的领土性。(2)非法定的时间性,是指商誉权具有一般人格权的某种属性,即与特定主体相联系而存在,因此该项权利无法律限定的保护期间。(3)非恒定的专有性。商誉权是一种没有恒定保护范围的无形财产权。由于商誉与特定企业相伴而生,在主体的生产经营活动中始终处于不断的优劣变化的循环之中,难以固定。[⑤]

但是也有学者认为,把商誉作为合法利益之一种已足可获得充分合理的保护,不宜再专设为绝对权,理由如下:(1)既然作为民法上的合法利益来保护商誉,经营者便已

---

① 程合红:《商事人格权论》,中国人民大学出版社 2002 年版,第 75 页。

② 参见王禹:《商业诋毁行为的法律思考》,载《科技与法律》2004 年第 1 期。

③ 参见梁上上:《论商誉和商誉权》,载《法学研究》1993 年第 5 期。

④ 参见吴汉东:《论商誉权》,载《中国法学》2001 年第 3 期。

⑤ 同上。

经对其享有权利并可对抗他人的非法侵害,并可对损害主张侵权责任。(2)从以上对商誉特点的分析可以看出,商誉随着企业经营活动的变化而变化,是一个动态的概念,具有极大的不确定性,如果权利所指的对象具有不确定性,那权利本身无法界定。而且商誉的载体是多元化的,并不同于商标、地理标识等知识产权保护的客体,这使独占性保护根本无从入手。(3)一种排他性很强的绝对权的设置就意味着对不特定的义务人课以较高的注意义务。一旦将商誉确立为一种专有权,即经营者专有并排斥他人干涉,他人(包括消费者、投资者、毫无关联的第三人及其竞争对手)即丧失了对商誉权所有人即经营者评价或更改评价的权力,这显然是不合适的,甚至可能侵犯宪法所赋予的言论自由权。更何况在知识产权权利体系之内再专设商誉权是对现有体系的重大挑战,这在世界各国也没有先例。①

本书认为以上观点均有一定道理,因为权利与利益的区分的确不太容易,特别是在知识产权这一不同于传统的大陆法民事权利体系中人身权、财产权类别。但是二者在受到法律保护的强度上的确有所不同,所以加以区分还是有必要的。最简单的判别就是看一国法律中是否承认其为权利,如果没有承认,就看是否有充足的理由来认定其为权利。本书认为,至少从《民法通则》《反不正当竞争法》《民法总则》等现行立法中,我们无法找到有关赋予经营者以商誉权的明文规定;从现实来看,商誉应当作为超越于经营者一般利益的法益得到保护。但是,在其内涵和外延难以界定的情况下,②将其作为一种“权利”——比起法益得到更大范围、更高程度保护,似有不妥。相对而言,在“企业名称权”这一被学界和实务界较为广泛地接受的概念尚且存在争议、受到学者批判的情况下,更加不确定的“商誉权”显然难以得到普遍认同。③

当然,不认同商誉权的概念不代表经营者没有请求保护其商誉的权利,作为一种法益,当然应当受到法律的保护。事实上,由反不正当竞争法通过禁止性规定予以保护的未注册商标、商号、商誉、商业秘密等,具有模糊性、边界不清晰、范围不确定等特性,通常构不成权利而只是一种不甚确定的法律利益。④ 从我国现行立法来看,无论是《民法通则》“保障公民、法人的合法的民事权益”、《反不正当竞争法》“保护经营者和消费者的合法权益”,还是《侵权责任法》“保护民事主体的合法权益”,乃至《民法总则》“民事主体的人身权利、财产权利以及其他合法权益受法律保护”,使用的都是“权益”一词,

---

① 参见王禹:《商业诋毁行为的法律思考》,载《科技与法律》2004 年第 1 期。

② 早在 1810 年,一位西方法官就曾经给商誉作过界定:“商誉就是企业给顾客们的商业信誉”。这个定义基本上什么也没有解释出来,但被后世认为是最恰当的解释。参见郑成思:《知识产权论》(第 3 版),法律出版社 2003 年版,第 392 页。

③ 这方面可参见李明德:《制止不正当竞争的若干问题》,载李明德主编:《知识产权文丛》(第 14 卷),知识产权出版社 2008 年版,“代序”部分;郑友德、胡承浩、万志前:《论反不正当竞争法的保护对象——兼评“公平竞争权”》,载《知识产权》2008 年第 5 期;等等。

④ 参见孔祥俊:《反不正当竞争法原理》,知识产权出版社 2005 年版,第 27 页。

即权利和利益之意。①《侵权责任法》第2条第2款还特别作了解释:"本法所称民事权益,包括生命权、健康权、姓名权、名誉权、荣誉权、肖像权、隐私权、婚姻自主权、监护权、所有权、用益物权、担保物权、著作权、专利权、商标专用权、发现权、股权、继承权等人身、财产权益。"从以上立法来看,所谓"商誉权"中的某些部分可以归纳为经营者的姓名权、名誉权、荣誉权的范畴,其余部分则可以作为以上权利所带来的财产利益予以保护。

第二节　商业诋毁行为的构成要件

一般来说,商业诋毁行为的构成要件如下:

一、行为主体一般为竞争者

商业诋毁行为一般发生于同行业竞争者之间,商业诋毁行为的主体一般是与经营者处于同一经营领域的竞争者,行为人与受害人之间存在竞争关系。故我国《反不正当竞争法》第11条中明确是对"竞争对手"商品声誉和商业信誉的损害。这是一种传统反不正当竞争法的规定,日本《不正当竞争防止法》对双方之间存在"竞争关系"的要求与之立场相同,我国台湾地区"公平交易法"中"为竞争之目的"的用语则存在扩大解释的空间。

二、行为人具有主观过错

行为人主观上必须是故意。行为人明知商誉对于经营者及市场竞争的重要性,故意地、有预谋地诋毁其竞争对手的商誉,目的是贬损其商誉从而排挤其竞争,占领市场。至于不法行为人诋毁他人商誉是出于何种目的,似不重要,如为了打击报复而公然诋毁他人,由此给市场秩序造成破坏,损害了公平竞争,适用反不正当竞争法亦无不可。有学者指出,在司法实践中,对于当事人主观过错的判断也是主要基于客观行为的表现进行分析,综合考虑其行为本身的正当性基础、行为主体身份特点,以及所附注意义务、行为过程的审慎和合理性等因素。②

三、行为人实施了诋毁行为

行为者实施了捏造编造、散布传播虚伪事实,损害竞争对手的商业信誉的行为。实践中诋毁商誉行为有多种表现形式。例如,利用散发公开信、召开新闻发布会、刊登比较广告、播发声明广告等形式,诋毁竞争对手;利用商品说明书,抬高自己,贬低别人;向业务客户和消费者诋毁竞争对手;唆使他人诋毁竞争对手;组织有关人员以顾客或消费

---

① 从某种角度来看,我国立法中的较为普遍出现的"合法权益"一词似有不妥,因为至少对于权利来说不存在不"合法"之说,即使是权利的滥用,也不是权利本身的不合法,而仅仅是其行使方式的不合法。

② 参见沈强:《对商业诋毁纠纷案件的审理》,载《人民司法》2011年第13期。

者的名义向相关经济管理监督部门作虚假投诉，促使相关部门查处竞争对手等。①

在这里，实践中存在的一个问题就是，经常有经营者以将未定论的事实作为定论的事实进行宣传，将科学上尚不能确证的理论观点作为权威消息予以发布。在润田天然饮料食品有限公司诉赣南华康食品厂在广告中引用个别专家意见否定其同类商品的不正当竞争案中即是如此，②后来在2000年前后饮用水市场上由农夫山泉发动的有关纯净水和天然水之争也涉及这一问题。本书认为，任何影响市场竞争秩序和其他经营者利益的行为均需要慎重，需要有足够的依据，特别是针对普通用户和消费者的情况下更是如此。如果仅仅是依靠某一未定论的观点或者科学争论中某一方的观点来影响市场竞争，以此打击竞争者，其宣扬的至少不能被称为“真正的”事实，在可能会对普通用户和消费者造成误导、影响到其市场选择的情况下，将其视为散布传播虚伪事实当无不可。

实践中，散布传播司法未决事项也可能构成商业诋毁。在宣达实业集团有限公司与孟莫克公司、孟山都（上海）有限公司商业诋毁纠纷案中，上海市第一中级人民法院认定未经司法程序认定的争议事实可以构成1993年《反不正当竞争法》第14条规定的虚伪事实，仅向行业内特定成员陈述上述虚伪事实，也可构成该条规定的虚伪事实的散布传播。③

发送知识产权侵权警告函也可能构成商业诋毁。学界对于知识产权侵权警告函的性质认定不一，但是肯定被侵权人有权利用这种方式以维护自身的权益。但现有理论基本主张区分警告函的发送对象、发送方式、函件内容等三个方面来认定发送行为的合法性。向侵权嫌疑人单向发送警告函，通常更容易被认为是正常维权行为；向侵权嫌疑人的交易相对方发警告函，通常更容易被认为具有不法性；未指明专利权范围、对专利权的存续或范围作虚假表示的警告函具有不法性；以广告、新闻报道等方式通过媒体向公众发出警告函，容易对市场造成“悬置”效应，发函者的实质在于阻碍竞争者争夺市场，而不是解决侵权纠纷，具有不法性。④ 在深圳市理邦精密仪器股份有限公司诉深圳迈瑞生物医疗电子股份有限公司商业诋毁纠纷案中，一审、二审、再审都判定被告向原告经销商发送专利权侵权警告函的情况不构成对原告的商业诋毁。最高人民法院在（2015）民申字第191号再审民事裁定书中驳回了再审请求，并指出：发函者在发送侵权警告时应当善尽谨慎注意义务，充分披露据以判断涉嫌构成专利侵权的必要信息，如此

---

① 参见［日］吉田庆子：《中日反不正当竞争法比较研究》，西南政法大学2006年博士学位论文，第111页。

② 参见最高人民法院中国应用法学研究所：《人民法院案例选》（1997年第3辑），人民法院出版社2007年版，第243～246页。

③ 参见郑军欢、范静波：《就司法未决事实向特定对象发函可构成商业诋毁》，载《人民司法》2012年第12期。

④ 参见刘维：《知识产权侵权警告函的正当性边界》，载《比较法研究》2016年第2期。

则一般不构成商业诋毁。为有效发挥专利侵权警告的纠纷解决功能和维护当事人之间的利益平衡,需要适当限制侵权警告的发送条件、发送内容、发送对象范围、发送方式等,并由权利人承担不正当侵权警告行为的法律责任。

2007年《最高人民法院关于审理不正当竞争民事案件应用法律若干问题的解释》第8条第1款在对虚假宣传行为进行解释时提出:"经营者具有下列行为之一,足以造成相关公众误解的,可以认定为反不正当竞争法第九条第一款规定的引人误解的虚假宣传行为:(一)对商品作片面的宣传或者对比的;(二)将科学上未定论的观点、现象等当作定论的事实用于商品宣传的;(三)以歧义性语言或者其他引人误解的方式进行商品宣传的。"本书认为,以上司法解释同样可以适用于是否构成商业诋毁的判断。

四、该诋毁行为侵害了他人商誉

这是诋毁商誉行为的结果要件。只要诋毁行为在社会公众中引起了任何不利于竞争对手的后果,就可以认定侵害了他人商誉。具体认定标准既不能以行为人的主观意图为准,也不能以受害人的主观理解为准,而应该根据中立的相关交易者对该行为的判断为准。只要该行为在相当一部分相关交易者中引起了他人商誉受到损害的印象,即可认为该行为侵害了他人商誉。① 至于是否发生实际的营业损失,对于是否构成违法来说并不重要,而仅仅影响到损害赔偿的确定。

第三节　比较广告的有关问题②

一、比较广告的概念和种类

所谓比较广告,也称为对比式广告、挑战性广告或竞争性广告,是指广告主通过将自己的产品或服务与同业竞争者的产品或服务进行全面或某一方面的比较,从而突出自己商品或服务的特性,进而影响目标消费者的消费决策或其他经济行为的一种广告形式。

比较广告按不同的标准,可划分为不同的种类:(1)以是否提及竞争对手的名称为标准,可分为直接比较广告和间接比较广告。指名道姓地与竞争对手的商品或服务进行比较的广告为直接比较广告;不指明对方仅针对不特定的同一行业的竞争对手的商品或服务予以比较的广告为间接比较广告。与前者相比,后者一般是一种类比,故前者的目标性更强,相对来讲风险较后者为小,但需要有明确的科学依据或事实。间接比较形式容易招致竞争对手的群体性的攻击,因此要求广告主要有强大的抗拒风险能力。

① 参见[日]吉田庆子:《中日反不正当竞争法比较研究》,西南政法大学2006年博士学位论文,第111~112页。

② 此处主要引自孙晋、柴瑞娟的《比较广告的合法性问题研究》[载漆多俊主编:《经济法论丛》(第14卷),中国方正出版社2008年版]一文,此处有所删改。

(2)以对竞争对手的态度不同,可分为批评性比较广告和依附性比较广告,也可称为区分性比较广告和寄生性比较广告。前者指广告主对竞争对手的产品或服务持一种负面的、批评性的态度,通过揭示对方在质量、价格等方面的缺陷来抬高自己。后者又称寄生性比较广告,是指广告主对竞争者的产品持积极的赞赏态度,并在广告中使之与自己的产品相关联,期望借助对方的良好品牌来提升自己的形象,如"A 牌子的产品与 B 牌子的产品一样好"即属此类。(3)按比较内容是否具有客观性,可分为客观性比较广告与主观性比较广告。前者以客观事实或科学依据为比较基础,如彩电的清晰度和耗电量、冰箱的体积和制冷性能等。后者则以主观态度评价与感受作为比较的基础。(4)根据广告内容所指称的对象不同,也可将比较广告分为指称竞争对手个人性质的比较广告和指称竞争对手经营的商品或服务的比较广告。前者指广告主在广告中指出其竞争对手的某些个人性质,而这些性质足以影响或损害竞争对手的商业信誉,如声称竞争对手有犯罪前科、信用欠佳等,[①]后者则无须赘述。另以比较广告的传播媒介为标准,还可将其分为电视比较广告、录音比较广告、文字比较广告、网络比较广告等。

二、关于是否允许比较广告的问题

由于比较广告是采用对比的方式运作的,因此不可避免地会或多或少带有攻击对手、抬高自身的成分,而这极易伤及被比较企业的声誉。现实中比较广告也常常被用来贬低竞争对手,沦为某些经营者不正当竞争的手段,比较广告也因此背上了"贬低他人产品的广告"的恶名,被认为违背了诚实商业惯例甚至诚信商业道德。这也正是 20 世纪 80 年代以前世界各国普遍在立法和司法上对比较广告持怀疑甚至否定态度的主要原因。[②] 也正因如此,对比较广告的合法性问题,一直争议不休。

肯定说认为比较广告能提供给消费者最想了解的消费信息,增强了同类产品的相互竞争,有利于促进产品质量的提高和加速产品的升级换代,对社会财富的积累具有积极作用,而且比较广告也是广义上的一种言论,若对其加以限制和约束,便是对言论自由的限制和干预,故任何限制比较广告的做法都有损于社会公共利益。而否定者则坚持,比较广告的固有性质(突出自己商品的优点强调竞争对手的缺点)决定了其不可能克服自身的主观性过强的缺陷。而且企业的商誉不容侵犯,被比较企业有拒绝被比较的权利。另外,比较广告也易使消费者面对大量冲突的信息无所适从,最终影响整个同类产品的销售。也有人主张限制说,即认为比较广告利弊共有,但总体而言是利大弊小,故应确认比较广告的合法性,对其可能存在的非客观公正的一面,给予必要的法律规制,以利于扬其长而避其短。[③]

本书认为,比较广告的生成和兴起有其必然性。市场经济的特征之一就是竞争,商

---

① 参见邵建东:《德国竞争法如何评价比较广告》,载《南京大学法律评论》2001 年第 1 期。

② 参见谢晓尧:《竞争秩序的道德解读》,法律出版社 2005 年版,第 356 ~ 357 页。

③ 参见谭玲、夏蔚:《论比较广告的法律规制》,载《法学评论》2001 年第 2 期。

品或服务之间的竞争必然反映到广告中来。当销售者对其商品优点的宣扬不足以压倒竞争者时,就会想方设法攻击竞争对手,这是商人的天性,也是商业的必然,比较广告也就应运而生,这是市场现实。从广告理论角度观察,比较广告也是广告理论发展的必然结果。①

就比较广告的现实功用来看,我们亦可为其合法性找寻到足够的支撑。不当的比较广告确有伤及他人的可能性,但我们不能仅仅考虑经营者的利益,更要将消费者的利益纳入考虑范围。在物质文明高度发达的社会,面对日新月异、品目繁多的各式商品,消费者根本无法拥有足够的知识以了解各种产品的确实内容。换言之,在商品讯息极度仰赖厂商的单方输出状态下,消费者被迫处于近乎无知的状态,其已由传统市场中的主导地位沦为从属被动地位。再兼厂商本身为了拓展市场谋求更大的利益,常对产品有选择地提供信息,对消费者的"知的权利"有意漠视。② 在此背景下允许具体明确、针对性强且能提供大量消费者所需信息增强市场透明度的比较广告的存在,不仅可以降低信息搜寻成本,还能提高市场透明度,而且无疑可对消费者权益予以有力保护,这些都体现了对消费者权利的尊重。

另从比较广告与言论自由的关系来看,言论自由是人民表达自己思想的权利,是思想自由流通,使人民得到充分资讯和自我实现机会的保障。言论自由作为一项基本人权,国家应给予最大限度的保护。但言论自由又区分为政治、学术、宗教及商业言论等,并依据性质的不同而有不同的保护范畴及限制标准。其中,因商业言论为逐利目的,其真实性受到怀疑,它是否属于宪法对言论自由的保护范畴,尚有很大争议。美国曾将商业言论排除在宪法第一修正案外,最高法院在 1979 年 Bigelow 案后认为商业广告属于言论自由所保障之客体。1993 年最高法院对商业言论保护的基本原则做了总结:"商业市场如我们社会文化生活的其他方面一样,提供了思想和信息繁荣的场所……这些信息的价值由言论者和听众而不是政府享有。因此即使一个言论仅建议了一项商业交易,也有权受到第一修正案的保护。"这种权利最初仅限于宣传自己商品或服务,而后逐渐转变,开始承认就竞争者之商品或服务有批评之权利。③ 美国法院也认为比较广告是"自由言论和自由企业在一个自由的社会中基本目标相互协调一致的产物",联邦贸易委员会也认可这一观点。④ 今天,这种观点已为众多国家所接受,尽管对其保护程度仍不及其他言论。当然,对言论自由的保护不是绝对的,任何权利的行使均不得损害公共利益及他人合法的自由和权利。若比较广告进行不客观的比较,传递虚假信息,与社会秩序、公共利益相冲突,则应受到限制。

---

① 参见杨青平:《论比较广告》,载《中国广告》1997 年第 3 期。

② 参见罗明宏:《不实广告案例解读》,中国政法大学出版社 2003 年版,第 3 页。

③ 参见程敏:《论比较广告的法律规范》,载《中国工商管理研究》2003 年第 10 期。

④ 参见[美]唐纳德·A. 吉尔摩等:《美国大众传播法:判例评析》,梁宁等译,清华大学出版社 2002 年版,第 497 页。

也有学者从市场经济内含着“竞争”出发，认为竞争本义就是多种主体或者多种产品之间的比较与选择问题，通过比较市场竞争才能真正落到实处，任何市场主体只要参与竞争，就不应该害怕和抵制来自其他企业或者产品的比较，而不能有主张不被比较的权利。①

综上所述，从消费者角度，比较广告可以最大限度地提高市场透明度、降低消费者的信息搜寻成本，从而保护消费者的知情权和选择权；从经营者角度讲，比较广告有利于打破垄断促进竞争，稀释某种品牌的市场占领度，完善市场竞争结构并最终促进市场经济的繁荣。权衡之下，确认比较广告的合法性当为我们所应持之态度。

与以上争议相应，各国传统上对比较广告的态度也不尽一致。从各国的立法和实务来看，比较广告的规范大体上可以分为三种类型：(1)禁止任何有比较性质的比较广告，主要是法国、意大利等传统的大陆法系国家，如法国在民法中禁止任何对他人“莫须有”的损害行为，禁止比较广告。(2)主张对比较广告给予严格规范，如德国、瑞士、日本等国。(3)对比较广告限制较少，如美国、英国、加拿大等国。加拿大《广告准则》规定：“比较的商品必须确定是相互竞争的且应由研究数据支持，使用最高级形容词应与任意比较广告遵循同样的准则，应尽可能具体，若无法证明，就不应使用。”比较而言，英美法系国家对比较广告持较宽松的态度。在英国，允许根据真实的、相关的充分资料进行价格对比，一些很重要的不公平竞争成文法也间接允许比较广告。从大陆法系国家的立法和实务来看，传统上坚持即使内容真实的比较广告也是违法的，此后逐渐转变态度，承认对竞争者的商品或服务可以进行比较，当然比较的范围仍然是有限制的。1997 年 6 月 10 日欧共体颁布的第 97/55 号指令规定比较广告原则上是合法的，并责成欧共体成员国在 2000 年 4 月完成各自立法的修改。1998 年 2 月 5 日，德国联邦最高法院在一则判例中首次确立了原则上允许比较广告的新立场。② 而《误导和比较广告指令》(2006/114/EC)则进一步统一了成员国在比较广告方面的立场，“将比较广告视为向对象提供相关信息进而使后者做出理性决策的手段”，并要求成员国不得制定更为严格的国内法。③

三、关于比较广告合法性之判定

比较广告作为广告形式中的一种，首先应当符合法律法规对一般广告的规定，具备一般广告的基本特征：(1)公平。即广告主不得利用其强势地位欺骗或误导消费者，亦不得进行不正当竞争。(2)真实。即广告主在广告中的任何表达都是客观真实的，其所依据的数据、资料都是客观存在、合法有效的。(3)诚实信用。一方面是指广告主在广告活动中保持善意、诚实和恪守信用，不得利用在市场信息资源方面的优势对消费者

① 参见刘孔中：《公平交易法》，台北，元照出版有限公司 2003 年版，第 361 页。

② 参见邵建东：《德国反不正当竞争法研究》，中国人民大学出版社 2001 年版，第 153 ~ 154 页。

③ 参见[德]博德维希主编：《全球反不正当竞争法指引》，黄武双、刘维、陈雅秋译，法律出版社 2015 年版，第 78 页。

进行误导欺骗;另一方面是指在同行业竞争者之间,不得相互贬低、诋毁而破坏正常的市场秩序。

借鉴国际立法经验,可将比较广告具体的合法性标准归纳如下:

1. 比较内容具有可比性。可比性是指被比较的商品或服务与广告所宣传的产品或服务属于同一种类或同一类型,用以比较的部分必须是该类产品所具有的共同特征,如基本成分、制作方法、使用功效等。被比较的产品必须是市场中现存的产品,对现实不存在的过往产品、换代产品、淘汰产品、禁止产品的比较,以及同一品牌新旧型产品的纵向比较,并非真正意义上的比较广告。

2. 比较内容具有可求证性。即关于比较商品或服务的产地、用途、质量、商标、标识、荣誉、价格、售后服务、优惠等比较因素,比较者能提供合法有效的证据、检测结果或调查报告。证据作出的主体应当是行业权威检验机构或鉴定组织,证据作出方法必须符合法律的规定,该证据应当是权威机构或组织运用现有科学技术和专业方法作出的正确结论,如果应用试验报告,必须全面反映和准确表述报告中的试验数据和结论,不得片面地、局部地、断章取义地引用,不得仅引用有利部分而忽视对缺陷的警示,不得采用不注明出处和不附说明的引用等。

3. 比较方式的适当性。首先,比较广告必须针对产品的具体部分进行比较,不是对泛指的、没有参照物的、缺乏明确比较内容的产品进行比较;其次,比较广告必须针对产品的共同特征、共同条件进行比较,并非只对个性进行比较或者在不同条件下进行比较;最后,比较广告必须是对消费具有实际的影响作用,即属于产品共同特征中能够决定消费者的消费行为的比较。

4. 比较具有客观性、真实性。比较不能通过想象、推论或艺术的夸张甚至弄虚作假来进行,比较内容要求客观、真实和公正。所以比较广告不得含有虚伪不实或误导消费者的成分,更不能损害竞争对手的商誉。对竞争对手的弱势应当列举客观真实的证据,但不能在抹煞对手长处的情况下进行比较。

5. 比较用语具有规范性、准确性。比较广告使用的语言、文字的描述,应当准确,并且能够使消费者理解,不得以联想方式误导消费者,不得造成消费者不使用该产品将会有严重损失或有不良后果的感觉。

四、相关的几个问题

(一)关于直接比较广告

前已述及直接比较是比较广告采取的一种比较形式,目前理论界对其取舍存在争议,各国立法态度亦不一。[①] 就本书来看,直接比较也只不过是一种具体的比较的形

---

① 我国原国家工商行政管理局在1993年发布的《广告审查标准(试行)》(已失效)中明确规定:“广告中的比较性内容,不得涉及具体的产品或服务,或采用其他直接的比较方式。”由此可见,我国是禁止直接比较广告的。

式,只要其比较的内容和目的符合真实合法、正当竞争的原则,就应允许之。这不但不构成对被比较者名誉和信誉的侵害,相反,还会在一定程度上刺激和鼓励被比较者改进商品。世界各国的立法对直接比较广告也多持宽容态度,就连传统上特别强调保护诚实的商人及其名誉,坚持“即使说的是真话,诚实商人也有不被指名的权利”原则的大陆法系国家的态度也渐趋缓和。

（二）关于依附性比较广告

依附性比较广告(或称寄生性比较广告)是更为精细微妙的一种比较广告,其将自身产品与已经具有良好信誉的产品联系在一起,借后者的知名度“搭便车”以吸引消费者眼球从而推销自己。韩国《不正当竞争行为防止法》明确禁止此类广告。德国联邦最高法院的判例和学术界占主导地位的观点亦认为此属寄生虫式的不劳而获行为,是对他人劳动成果的不当利用。本书赞同以上观点,依附性比较广告往往不进行实质性的比较,广告主将自己与竞争对手相联系的理由十分牵强,其实施此种对比的意图也显而易见,即不正当地利用竞争对手在长期的诚实经营中所建立的良好信誉。这种无偿占用原告商誉的行为是对公平和诚实信用原则的直接违反。

（三）关于最高级形容词的使用

比较广告必须真实、明白,不得误导消费者。不正确地使用最高级形容词是不实、含混广告的一个具体体现,因此一些国家和地区禁止在比较广告中使用最高级形容词。[①] 然而随着市场的扩大和竞争的深入,这种禁止性规定在实践中日益暴露出其弊端:它妨碍了市场主体进行竞争的积极性,特别是对那些利用专利技术、专有技术或技术秘密研制开发且当之无愧称得上“最高级”的产品无疑是当头棒喝,这对于促进技术进步,实现社会资源的合理配置也起着阻碍作用。因此,一些国家已进行了变通做法,开始有限制地允许最高级词汇的使用。例如,加拿大《广告准则》规定,在广告中使用最高级形容词时,应当注意与比较广告遵循同样的准则,使用最高级形容词应尽可能具体,以便拿出足够的证据,如果无法证明就不应该使用。英国《广告活动准则》在相关条款中亦规定使用优秀、最优秀等字眼时应真实反映该产品的质量并能提供证据。[②]

（四）比较广告中的商标侵权问题

由于比较广告是将自身的商品或服务与竞争对手进行直接比较或类比,故广告主在广告中很可能提及对方的商品或服务的商标,从而形成使用他人注册商标的事实。在比较广告中使用他人的注册商标是否构成侵权,国际上有两种观点:一种观点认为,只要使用注册商标即构成商标侵权,如马来西亚《商标法》明确规定,使用注册商标构

---

① 我国采取的亦是禁止性做法,《广告法》第9条对此作了明确规定。“奇强洗衣粉,洁力最强”“三江家具,品种最全,价格最低”“原来最好的就在身边,玉兰油”等广告均因使用了最高级用语而被强制改版或禁播。

② 参见安青虎编著:《国外广告法规选译》,中国工商出版社2003年版,第233~245页。

成对该商标的侵害。另一种观点认为,在比较广告中使用竞争对手的注册商标可能不构成商标侵权,但如果虚假地表示广告的产品优于商标所有人的产品或者有可能使消费者对进行比较的产品产生混淆,则这样的比较广告就构成了商标侵权,如韩国《商标法》即作了如此规定。① 本书赞同第二种观点:在正当真实的比较广告中,使用其他竞争者的商标也许会给被使用者带来损失,但这种损失的根本原因在于其产品或服务的缺陷,其商标价值小于公众评估价值,即商标价值存在泡沫,而正当比较广告会挤出这种泡沫,从而维护了价值的公平,保护了竞争者和消费者的利益。

五、我国关于比较广告的立法及完善

(一)我国立法现状

关于比较广告的立法,我国的起步较晚。最早的法规是 1987 年 10 月国务院发布的《广告管理条例》,其中第 8 条规定:“广告有下列内容之一的,不得刊播、设置、张贴……(六)贬低同类产品的。”原国家工商行政管理局、原卫生部于 1992 年 6 月联合发布的《药品广告管理办法》(已失效)规定,药品广告不得含有贬低同类产品、与其他药品进行功效和安全性对比评价的内容和表现形式。原国家工商行政管理局、原国家医药监督管理局于 1992 年 8 月联合发布的《医疗器械广告管理办法》中也规定,医疗器械广告不得出现与同类产品功效、性能进行比较的言论、画面、形象等内容。原国家工商行政管理局发布的《化妆品广告管理办法》(已失效)规定,化妆品广告禁止出现有贬低同类产品的内容。原国家工商行政管理局于 1993 年 7 月颁布的《广告审查标准(试行)》(已失效)第四章对比较广告做了专章规定,内容包括比较广告的原则、形式、范围和内容等,具体如禁止采用直接比较方法,必须符合公平、正当竞争原则,禁止药品、农药、医疗器械、化妆品等广告的对比等,这是我国唯一较详细涉及比较广告的法律规定。1994 年 10 月通过的《广告法》并没有直接使用“比较广告”这个概念,但其中有三个条款与比较广告有关:第 12 条规定,广告不得贬低其他生产经营者的商品或服务;第 14 条规定,药品、医疗器械广告不得与其他药品、医疗器械的功效和安全性进行比较;第 47 条规定,贬低其他生产经营者的商品或服务的,广告主、广告经营者、广告发布者依法承担民事责任。由此看来,1994 年《广告法》并没有完全吸收《广告审查标准(试行)》关于比较广告的立法规定。2015 年《广告法》的修订也没有对比较广告作出直接规定,仅在延续原有相关规定基础上作了细节修改。该法第 13 条规定,广告不得贬低其他生产经营者的商品或者服务。第 16 条规定:“医疗、药品、医疗器械广告不得含有下列内容……(三)与其他药品、医疗器械的功效和安全性或者其他医疗机构比较……”第 18 条规定:“保健食品广告不得含有下列内容……(四)与药品、其他保健食

---

① 我国法律对此未明确规定。但根据《商标法》商标注册人享有注册商标专用权,而该法实施细则(已失效)第 29 条规定将商标用于广告宣传为商标使用行为,由此可推断我国商标法禁止在广告中使用他人注册商标。

品进行比较……”第59条规定:违反该法第十三条规定,广告贬低其他生产经营者的商品或者服务的,由工商行政管理部门责令停止发布广告,对广告主处10万元以下的罚款。广告经营者、广告发布者明知或者应知有前款规定违法行为仍设计、制作、代理、发布的,由工商行政管理部门处10万元以下的罚款。将比较广告禁止范围由医疗、药品医疗器械扩展到了保健食品,其他领域的比较广告则需要判断是否构成对其他生产经营者的商品或者服务的贬低。

由上可知,我国对比较广告采取的是“原则允许,例外禁止”的立法方式——没有一概否定比较广告,但明确禁止直接比较广告和贬低竞争对手的批评性广告。

在我国法律体系中,除《广告法》针对比较广告的直接规定外,《反不正当竞争法》《消费者权益保护法》等也对其进行了更为宏观的规制。例如,2017年修订的《反不正当竞争法》第8条规定,经营者不得对其商品的性能、功能、质量、销售状况、用户评价、曾获荣誉等作虚假或者引人误解的商业宣传,欺骗、误导消费者。经营者不得通过组织虚假交易等方式,帮助其他经营者进行虚假或者引人误解的商业宣传。该法第11条规定,经营者不得编造、传播虚假信息或者误导性信息,损害竞争对手的商业信誉、商品声誉。通过以上对相关法律规范的考察,不难看出,我国关于比较广告的立法缺陷是十分明显的,尤其是随着现实中比较广告的发展和边缘性比较广告的大量出现,相关法律出现了严重的滞后:(1)法律条款简单,法律层次不高,法律效力低下。作为规范广告业的基本法律,《广告法》仅有三条对比较广告做了规定;虽然《广告审查标准(试行)》对比较广告做了专章规定,但条文太简单,作为部门规章,其法律效力更是相对有限。(2)规范不明确,可操作性差。例如,没有对比较广告作出明确、全面的界定;没有规定比较广告的合法性标准,致使司法实践中区分比较广告与不正当竞争行为困难;对比较广告常用的测试手法,没有进行规范;《广告法》对比较广告的责任承担没有作出具体规定,致使审判实践中《广告法》《反不正当竞争法》《民法通则》等在适用上产生模糊,而法律规范的模糊又增加了法官的自由裁量权,难以避免随意操作。

(二)关于比较广告的立法体例

如果说对比较广告规制的第一维是《广告法》的话,则对比较广告进行法律规制的第二维是《反不正当竞争法》——《广告法》对比较广告进行直接规定,《反不正当竞争法》则对比较广告予以更为宏观的规制;只有《广告法》没有特别规定时,才按照《反不正当竞争法》的相关规定进行规范。[①] 申言之,以《反不正当竞争法》作为一般法,《广告法》作为特别法,采取抽象原则与具体规定相结合的做法,系统全面地规范比较广告,即采取抽象原则与具体规定相结合的做法,在《反不正当竞争法》中对比较广告予以原则性规定,同时明文列举比较广告构成不正当竞争的具体情形,明确凡违反自愿、平等、公平、诚实信用原则的行为均为不正当竞争行为,从而将一切目的和手段不正当

---

① 参见孔祥俊:《反不正当竞争法的适用与完善》,法律出版社1998年版,第319~320页。

的比较广告纳入《反不正当竞争法》的调整范围。

作为调整广告关系的专门法律,《广告法》并未对比较广告作出系统完善的规定,这不能不说是我国广告立法的一大缺憾,故极有必要进一步修改完善《广告法》,以专章的形式,对比较广告的定义、原则、构成要件、适用范围等基本问题作出明确界定,从而既使相关纠纷的解决有了明确的法律依据,也维护了《广告法》的统一性和权威性。唯有《反不正当竞争法》与《广告法》并用,才能形成规范比较广告的完整的法律体系。

(三)承认直接比较广告存在的合理性

正如前述,比较广告的存在是市场经济发展的必然产物和内在需求,直接比较也只不过是一种比较的形式而已,其虽易伤及他人,但只要其比较的内容和目的符合真实合法、正当竞争的原则,立法就应对之采取较为宽容的态度,而且从开展正当竞争、维护社会经济秩序的广告立法宗旨出发,可以借鉴世界其他国家及地区立法经验,允许直接比较广告合法存在的合理性不言而喻。过于顾及其负面影响而将"婴儿与洗澡水一同倒掉"的做法,并非理性明智之举。通过相应立法,对直接比较广告予以谨慎承认兼适当规制,才能更好地扬其长避其短。

(四)对比较广告的概念作出明确的法律界定

针对这一问题,本书认为不妨如前文所言进行界定。具体而言:首先,比较产品或服务的生产者或提供者必须是处于同业竞争地位的企业、组织或其他个体(否则会使比较广告演变为同一主体相近产品的横向比较,或同一主体新旧产品的纵向比较,这种自身的比较并非比较广告所谓的"比较")。其次,被比较的产品或服务与所宣传的产品或服务属于同一种类或类型。再次,用以比较部分必须是该类产品在实质内容方面所具有的共同性特征,这些实质内容包括构成成分、产品性能、使用特点、功能用途、质量规格、货物价款等方面。最后,这种比较必须是产品共性中对指导消费有实际意义和实用价值的比较,即属产品共同特征中那些能够决定消费者的消费行为的比较。同时也应当允许直接比较广告,但禁止依附性比较广告,并有限制地允许最高级形容词的使用。

(五)明确比较广告的合法性判断标准

没有规矩,无以成方圆。除应遵守一般广告的合法性要求外,比较广告还应符合其特殊的合法性标准:首先,比较广告不得对竞争对手的产品或服务进行诋毁、贬损攻击;其次,比较内容需具有可求证性,其提出的主张应以已被证实的数据为基础,该数据在广告发布时仍然有效,且不得对该数据进行任何的延伸或装饰以支持广告所宣传的观点;再次,用以对比的方法必须公平、合理且真实;最后,比较用语必须规范、准确,不得滥用消费者的信任或利用消费者经验的欠缺和知识的贫乏,进行虚假的或者引人误解的比较。不符合以上标准者,应予以禁止。

第二十一章　互联网不正当竞争行为的规制制度

自20世纪90年代互联网兴起以来,人类社会的很多方面逐渐发生了深刻变化,许多始料未及的社会问题也纷至沓来,需要法律对此作出回应。随着互联网经济成为各国经济的重要组成部分,各种基于互联网开展的社会经济活动极为活跃,新的商业模式也不断出现,随之而来的是各种新型互联网不正当竞争行为不断涌现。制定于1993年的《反不正当竞争法》并无专款规制新型互联网不正当竞争行为,司法实践中法院往往选择将第2条"一般条款"作扩张适用。由于第2条中"诚实信用""公认的商业道德"等用语较为抽象,主观判断程度较大,本身难以形成一套系统、统一的审判规则,司法实践甚至出现了一般条款适用泛化的现象,可能导致类似案件不同判决的情形,从而带来更多的裁判争议。

创新的产业与稳定的法律形成强烈反差,释法与适法的困难愈加显现。基于此,2017年修订后的《反不正当竞争法》第12条着重针对互联网领域的不正当竞争行为进行规制,用以确定与厘清互联网生态竞争的规则与边界。该条款历经多轮修改,全国人大常委会法制工作委员会、原国务院法制办公室与原国家工商行政管理总局等各部门充分调研,多次征求专家、行业与司法机关的意见,最终采取了"概括+列举+兜底"的立法模式。此条款的设立对于指导行政执法和司法实践、构建健康互联网行业市场秩序意义重大。

第一节　互联网不正当竞争行为的概述

一、互联网不正当竞争行为的概念

根据我国《反不正当竞争法》第12条,互联网不正当竞争行为是指经营者利用网络从事生产经营活动过程中,利用技术手段,通过影响用户选择或其他方式,妨碍、破坏其他经营者合法提供的网络产品或服务正常运行的行为。

互联网上发生的不正当竞争行为可分为两类:一类属于传统不正当竞争行为在互联网领域的延伸;另一类则是新型互联网不正当竞争行为,是指利用互联网技术手段实施的、难以归类的新型不正当竞争行为。前一类行为主要表现为借助网络手段实施的商业诋毁行为、虚假宣传行为、混淆行为等,可定性为传统不正当竞争行为,1993年《反不正当竞争法》即可解决问题,此处不再赘述。本章所涉及的互联网不正当竞争行为,即上文的第二类行为,即排除传统不正当竞争行为在互联网领域延伸行为之外的、新出现的不法行为,后文均简称互联网不正当竞争行为。

对互联网不正当竞争行为的规制,各国往往依赖法院的自由裁量权,根据一般条款或者类似性质的法条,判定有违社会良善风俗、侵害市场竞争秩序的行为违法。无论德国还是美国均如此。也有一些国家或者地区在立法中对某些互联网不正当竞争行为予以明文规定。例如,日本1993年《不正当竞争防止法》在后来的修订中增加了有关条款,最为直接的就是有关域名的不正当竞争行为。该法第2条第1款第13项规定,如果意图获取不当利益或者损害他人,而获取、持有或者使用一个与他人商品或者业务特定标识相同或者类似的域名,构成不正当竞争;第5条则规定,商业利益因此遭受损害的人有权要求损害赔偿。

二、互联网不正当竞争行为的特征

互联网所具有的无边界性、高科技性、虚拟性等特点决定了互联网环境下的不正当竞争行为区别于传统的不正当竞争行为,其具有自己的新特征:

第一,多以争夺"注意力"为目的。互联网时代"注意力经济"盛行,由于当代社会信息量巨大甚至泛滥成灾,面对过剩的信息,获取更多的"用户注意力"已成为互联网企业竞争的首要目标。"免费模式"成为互联网经济的惯用模式的原因正与此相关。在互联网市场竞争中,最大限度地吸引用户的注意力,通过培养潜在的客户群体,以期在未来获得最大商业价值。因此,在互联网企业提供免费服务的基础上,发展出三种收入模式:一是广告,二是增值服务,三是技术服务或者佣金等。其中广告和增值服务是主要收入构成,①用户的"注意力"成为互联网企业竞争的核心。

第二,与技术创新密切相关。互联网是以计算机网络技术为支撑而形成的信息网络、以电子化的编程设计所表现出来的技术形态,互联网行业的技术进步引发了很多新的商业模式,以及针对这些商业模式的竞争行为。由于这一特性,侵权人实施互联网不正当竞争行为时往往通过一系列的技术手段,因此技术对抗在互联网不正当竞争中屡见不鲜,法律一直在技术创新和竞争秩序之间寻求衡平,这也增添了此类案件的审理难度。另外,互联网行业具有的虚拟性、高技术性也导致相关案件的取证困难,给证据保全和行为不正当性的认定更增添难度。

第三,往往存在跨界竞争。互联网不正当竞争的跨界性与互联网的高技术性和注意力经济紧密相连。高技术所具有的知识产品特性降低了互联网企业的模仿成本,注意力经济的特点使得争夺用户和流量成为互联网企业的竞争核心。例如,奇虎360诉腾讯QQ不正当竞争案中,360作为一款免费的杀毒软件,QQ作为一款即时通信软件,

---

① 参见张钦坤、廖怀学:《〈反不正当竞争法(送审稿)〉中互联网专条引发的几点思考》,载《中国知识产权》2016年第6期。

表面看似无交集的两家互联网企业产生矛盾的深层次的原因正是互联网经济跨界竞争的特性。互联网经济的高技术性为跨界竞争提供了技术支撑，技术的创新使跨界竞争成为可能。传统的竞争关系的界定模式已不适应互联网不正当竞争行为的界定，对竞争关系的理解不再限定为特定细分领域的同业竞争关系，也不再限定于直接竞争，而应着重从是否具有损害他人经营利益的可能性，是否会基于这一行为而获得现实或潜在的经营利益角度出发进行考察。因此，在界定互联网不正当竞争行为的竞争关系时，不再以是否具有直接竞争关系作为唯一的认定前提，而应将是否具有间接竞争关系也考虑其中。

三、互联网不正当竞争行为类型化的一般方法及意义

考虑上述互联网不正当竞争行为的特殊性，应当从《反不正当竞争法》立法目的出发，以已有的互联网不正当竞争案件为考察对象，抽象出互联网不正当竞争行为的构成要件，对互联网不正当竞争行为作类型化的概括。所谓行为类型化，就是按照一定的标准，根据行为的共同点和差异点，将行为划分为不同类别。互联网不正当竞争行为的类型化是对互联网竞争方式进行梳理，总结新型的竞争方式的类型，展现互联网行业中惯常的竞争方式和企业采用的竞争手段，划分互联网企业竞争行为正当性与否的界限。随着我国互联网行业的蓬勃发展，各种互联网不正当竞争行为也大量涌现，不少学者及实务工作者曾试图对此加以类型化，如就其表现形式分为：利用搜索引擎竞价排名机制从事不正当竞争行为，利用微信、微博等自媒体从事不正当竞争行为，利用第三方交易平台从事不正当竞争行为等；[①]有学者基于我国既有的“案例群”提出可以分类为：无正当理由的侵犯行为，欺诈、误导用户行为，不当模仿及搭便车行为等。[②] 2011 年工业和信息化部《规范互联网信息服务市场秩序若干规定》第 5 条则列举了恶意干扰、诋毁他人服务或者产品，恶意不兼容、欺骗、误导或者强迫用户使用或者不使用他人服务或者产品，恶意修改或者欺骗、误导、强迫用户修改他人服务或者产品参数等 5 种违法行为具体表现。[③]

类型化问题的关键是所归纳的行为要具有稳定性、有代表意义和具有明确性，能够

---

① 参见唐剑雄：《互联网新型不正当竞争行为的执法实践与思考》，载《工商行政管理》2016 年第 17 期。

② 参见田辰、吴白丁：《“案例群”归纳法与互联网不正当竞争行为规制》，载《竞争政策研究》2016 年第 4 期。

③ 《规范互联网信息服务市场秩序若干规定》第 5 条规定：“互联网信息服务提供者不得实施下列侵犯其他互联网信息服务提供者合法权益的行为：（一）恶意干扰用户终端上其他互联网信息服务提供者的服务，或者恶意干扰与互联网信息服务相关的软件等产品（‘与互联网信息服务相关的软件等产品’以下简称‘产品’）的下载、安装、运行和升级；（二）捏造、散布虚假事实损害其他互联网信息服务提供者的合法权益，或者诋毁其他互联网信息服务提供者的服务或者产品；（三）恶意对其他互联网信息服务提供者的服务或者产品实施不兼容；（四）欺骗、误导或者强迫用户使用或者不使用其他互联网信息服务提供者的服务或者产品；（五）恶意修改或者欺骗、误导、强迫用户修改其他互联网信息服务提供者的服务或者产品参数；（六）其他违反国家法律规定，侵犯其他互联网信息服务提供者合法权益的行为。”

归纳出准确的构成要素。尽管上述提法均各有其道理,但是仍然难以给人以清晰的、可以把握的标准,理论依据与实践可能性均有所不足。由此可见,在互联网领域发生的特有的不正当竞争行为类型化相当困难。其原因在于:第一,互联网领域中的竞争行为大多具有阶段性,不具有普适性;第二,缺少成熟、稳定的司法案例群,类型化的基础不足。[①] 因此,较为成熟的互联网不正当竞争行为的类型化还有待进一步观察与提炼。不过基于过往实践经验,我国 2017 年《反不正当竞争法》还是列举了若干具有典型意义的不正当竞争行为。

四、互联网不正当竞争行为的主要类型

我国《反不正当竞争法》第 12 条规定,经营者利用网络从事生产经营活动,应当遵守本法的各项规定。经营者不得利用技术手段,通过影响用户选择或者其他方式,实施各种妨碍、破坏其他经营者合法提供的网络产品或者服务正常运行的行为。具体列举如下:

(一)强制跳转行为

我国《反不正当竞争法》第 12 条第 2 款第 1 项规定,未经其他经营者同意,在其合法提供的网络产品或者服务中,插入链接、强制进行目标跳转的,属于不正当竞争行为。这类行为即强制跳转行为,是指互联网经营者通过利用恶意软件修改其他经营者合法提供的网络产品或者服务,强制用户访问某链接,从而造成其他经营者用户流量损失的情形。流量,即点击量或者浏览量,是衡量网站或网页的核心指标。互联网经济是注意力经济也是流量经济。在互联网免费模式下,用户访问量已经成为互联网企业之间角逐的对象。恶意修改浏览器、插入链接、强制进行目标跳转、锁定主页、不间断地弹出新窗口等都与劫持流量有关。对于互联网经营者来说,网站的点击率及互联网用户的浏览量至关重要,直接关乎其经济效益。而实施流量劫持行为会导致提升自身网站点击率,降低其他网站浏览量的结果,这无疑侵害了互联网市场中其他网站经营者的合法权益,损害了互联网市场的公平竞争秩序,因此需要对此类行为加以合理规制。典型案例比如劫持流量第一案——百度公司诉奇虎公司不正当竞争案。[②] 认定劫持流量行为,需要考量行为人设置相关技术手段的正当性和损害结果的关联性。如果是正常的网页跳转和正常的技术措施则不能被认定为劫持流量,只有恶意的修改导致网页的强制跳转才有可能涉及劫持流量。

(二)恶意干扰用户行为

我国《反不正当竞争法》第 12 条第 2 款第 2 项规定,禁止恶意干扰用户行为:误导、欺骗、强迫用户修改、关闭、卸载其他经营者合法提供的网络产品或者服务属于不正当

---

① 参见李扬:《互联网领域新型不正当竞争行为类型化之困境及其法律适用》,载《知识产权》2017 年第 9 期。

② 参见北京市高级人民法院(2013)高民终字第 2352 号民事判决书。

竞争行为。恶意干扰用户行为是影响互联网用户选择的不正当竞争行为，不过用户的行为是在网络服务提供者误导、诱骗、强迫等情况下作出的，而非基于网络服务提供者的技术手段，其目的是阻碍竞争，故意误导、欺骗、强迫用户修改、关闭、卸载其他竞争对手合法提供的网络产品和服务。典型案例如金山公司诉奇虎公司诱导用户卸载软件不正当竞争案，①奇虎公司通过弹窗方式，诱导用户卸载金山新毒霸软件，对此，金山公司认为，奇虎公司涉嫌不正当竞争。法院认为，奇虎公司的提示框，超出了因不兼容抑或其他必要原因向用户提供保留或卸载他人软件的客观、适当提示的范围，带有明显的诱导用户卸载金山新毒霸软件的主观倾向，会对用户产生误导。因此，法院判定，奇虎公司的行为对金山公司构成不正当竞争。

近年来，多起影响重大的互联网不正当竞争案件均与干扰用户行为有关。互联网经济是注意力经济，对用户的争夺事关互联网企业的经济命脉。很多的互联网企业采取提供免费的基础服务，以增加用户数量，再通过广告游戏等增值服务来营利。因此，用户的访问量就成为互联网企业之间的主要竞争目标，赢得用户即赢得市场。在实践中，通常表现为向用户过分夸大某种风险，或向用户赠送某种经济利益等，以达到用户修改、关闭、卸载其他竞争对手合法提供的网络产品和服务的目的。

（三）恶意不兼容的行为

我国《反不正当竞争法》第 12 条第 2 款第 3 项规定，恶意对其他经营者合法提供的网络产品或者服务实施不兼容的属于不正当竞争行为。软件冲突或者不兼容是指在计算机系统中，在后安装软件无法与在先安装软件共存，这是计算机运行过程中的正常现象。根据软件运行的正常原理，软件间正常的冲突应当表现为，在后安装的软件并不妨碍在先安装的软件的运行，用户对两个软件的安装与否拥有自主决定权。但是，如果在后安装的软件改变了计算机系统对在先安装的软件识别，从而导致两软件自此运行的冲突或不兼容，用户无法拥有自主选择在先安装的软件的权利，这种冲突即为恶意软件不兼容。这种恶意的软件冲突行为严重破坏了软件之间的兼容性，破坏了互联网市场正常的经济秩序。

事实上，恶意冲突已经得到了行业的重视。在行业自律方面，《互联网终端软件服务行业自律公约》第 17 条规定“禁止恶意排斥。恶意排斥是指某款终端软件在设计、安装、运行过程中，无正当理由，故意给其他合法终端软件设置障碍，妨碍用户安装或者使用其他合法终端软件”，第 18 条规定“终端软件在安装、运行、升级、卸载等过程中，不应恶意干扰或者破坏其他合法终端软件的正常使用”。上述行业自律规则被有关的司法裁判认定为符合商业道德的要求，应予遵守。

（四）其他妨碍或破坏行为

我国《反不正当竞争法》第 12 条第 2 款第 4 项规定，经营者不得从事其他妨碍、破

---

① 参见北京市西城区人民法院（2014）西民初字第 00146 号民事判决书。

坏其他经营者合法提供的网络产品或者服务正常运行的不正当竞争行为。

互联网领域日新月异,新型不正当竞争行为不断涌现,具体明确的列举式条款很难适应实践发展的需要,而兜底条款的存在可以赋予司法机关一定的自由裁量权,从而通过司法途径对其予以规制。并且,从《反不正当竞争法》的法律特性而言,其禁止性和列举式的规定,很难将未来可能出现的不正当竞争行为列举穷尽。因此,2017 年修订的《反不正当竞争法》增加了兜底条款,体现了其包容性、开放性和灵活性,能最大限度地确保互联网市场中的经营者更好地维护自身的权益,更加适应互联网领域的特点。

五、互联网不正当竞争行为的构成要件

总结上述互联网不正当竞争行为的类型化分析,可以发现各类互联网不正当竞争行为中,认定不正当行为的构成条件在一定程度上具有共性。因此,互联网不正当竞争行为的基本构成要件可以概括如下:

(一)主观要件

对于互联网不正当竞争行为的主观构成要件,我国《反不正当竞争法》没有明确说明。但以该法第 12 条的规定看,显然主观方面具有过错,“未经其他经营者同意”“误导、欺骗、强迫”“妨碍、破坏”“恶意”等表述说明该种行为具有可指责性,或者违反诚实信用原则和公认的商业道德而具有不正当性。进一步而言,主观过错可以分为过失和故意,在认定过错时倾向于故意。

依我国《反不正当竞争法》第 2 条,其所要保护的是未被法律明确保护的而依据诚实信用和商业道德保护的利益。法定权利具有明确的边界,而被诚实信用、商业道德等空白规范保护的利益却没有明确的内容。根据侵权构成的动态理论,在违法性要件是否具备、模糊难定的情况下,需要通过其他要件的满足程度综合考量得出是否构成。[①] 如果违法程度较低,要构成侵权,那么需要较高的过错要求,在构成要件上通常须有故意。例如,《德国民法典》对于违反善良风俗施加的损害,必须以主观故意作为构成要件。[②] 因此,在互联网不正当竞争行为的认定中,将主观要件界定为故意,是平衡利益保护和行为自由的恰当选择。

(二)客观要件

客观要件的认定包括了对客观行为及客观结果的认定。互联网不正当竞争行为客观要件的特点总结如下:一是互联网市场中的经营者实施了不正当竞争行为,扰乱了互联网市场的竞争秩序;二是该行为使其他经营者或者消费者的合法权益受到损害,损害不仅包括直接遭受的损失,还包括间接损失,前者是现有利益的损失,后者是可得利益

---

① 参见叶金强:《论过错程度对侵权构成及效果之影响》,载《法商研究》2009 年第 3 期。

② 《德国民法典》第 826 条规定,以违反善良风俗的方式故意对他人施加损害的人,对他人负有损害赔偿的义务。

的损失。如果仅有不当行为而无损害后果，则不能认定为不正当竞争行为。另外，传统理论认定互联网不正当竞争行为客观要件时，并未将消费者合法权益受到损害作为客观结果要件认定标准，但就现已发生的互联网不正当竞争案件而言，互联网不正当竞争行为往往也会对消费者的合法权益造成损害，如捆绑软件侵害了消费者的自由选择权和知情权等。因此，认定互联网不正当竞争行为客观要件时，除以侵害了互联网市场中具有直接或间接竞争关系的其他经营者利益为认定标准外，也可将消费者的合法权益作为一个衡量标准，这也是2017年《反不正当竞争法》所明确的。

第二节　互联网不正当竞争行为之规制

一、互联网不正当竞争行为法律规制的现状分析

随着互联网行业的迅猛发展，我国业已出台了许多涉及互联网的法律规范，但是专门针对互联网不正当竞争行为的法律、法规和规章则不多。

在法律层面，主要是《反不正当竞争法》《著作权法》《商标法》《专利法》等法律，特别是2017年修订的《反不正当竞争法》高度重视互联网不正当竞争行为，以第12条予以专门规范，是一个巨大的进步；在行政法规、规章层面，包括《计算机信息系统安全保护条例》（1994年制定、2011年修订）、《计算机信息网络国际联网管理暂行规定》（1996年制定、1997年修订）、《电信条例》（2000年制定，2014年、2016年修订）、《信息网络传播权保护条例》（2006年制定、2013年修订）、《计算机信息网络国际联网安全保护管理办法》（公安部1997年制定、2011年修订）、《网络交易管理办法》（原国家工商行政管理总局2014年）、《规范互联网信息服务市场秩序若干规定》（工业和信息化部2011年）、《中国互联网络域名管理办法》（原信息产业部2004年，已失效）等；最高人民法院也针对互联网不正当竞争行为出台了一些司法解释，如《最高人民法院关于审理涉及计算机网络域名民事纠纷案件适用法律若干问题的解释》等。

同时，我国有关行业协会在互联网规范治理与行业自律的过程中，形成了初具规模的行业规章与自律公约体系，如中国互联网协会《互联网搜索引擎服务自律公约》（2012年）、《互联网终端安全服务自律公约》（2013年）等，在历年发生的3Q大战、3B大战、3S大战等不正当竞争案件的解决中发挥了特殊的作用，亦作为立法参考，以吸收行业治理的成功经验。2017年中国互联网协会还发布了《移动智能终端应用软件分发服务自律公约》。参考德国等境外经验，行业自律规范在净化市场竞争秩序、打击不正当竞争行为方面有着特殊的、不可替代的作用。

二、互联网不正当竞争行为的规制原则

由于互联网不正当竞争行为一直随着互联网技术的迅速发展而快速演化，实践中如何认定某经营者的行为构成互联网不正当竞争行为，颇有难度。根据国内外司法实

践及学界总结,大致存在如下有代表性的规制原则:

1. 技术中立原则。著作权法上的技术中立原则是指如果产品具有实质性的合法用途,那么该产品的提供商不会因为用户将产品用作侵权的用途而承担侵权责任,除非提供者知情而又未采取任何措施。① 技术中立原则是衡平技术创新与竞争秩序二者之间的矛盾,为技术的发展在法律层面留出空间而设立的。即在审查某特定技术及其行为的法律适用性问题之际,关键衡量绝不应落位于技术本身,这种给技术本身施加道德和法律苛责的做法实际上也是不公允的,应该落位于运用该技术行为的主客观表现来考察。特别地,在互联网领域,这演化为"网络中立"。知识产权一整套制度的实施,保障技术发明人的适当利益,并融合考虑激励作用,但也会将技术细节分享于整个社会,为整体生产力的跃进提供助力。反不正当竞争法的立法旨趣亦在于,创新而产生的私有权利与公开共享并行不悖,仅法律上的效果衡量不正当竞争的行为。

合一公司诉猎豹相关公司不正当竞争案便折射出"技术中立"在实践处理中的细节问题。② 该案中,法院认为,对不正当竞争行为的识别,技术不应列为法律适用的甄别对象,对技术等"工具"施加道德和法律苛责的做法是不公允的。而应重点区分"技术本身"与对技术的"使用行为"。法院认为,技术中立原则的"中立"指的是"技术本身"的中立,而非对技术的"使用行为"中立。依据技术中立原则不能被认定构成违法的,仅仅是某个技术本身,但对于该技术的使用行为则不受此限。也就是衡量该使用软件的行为,倘若用户使用该软件可能明确地指向对其他经营者合法权益之减损或危害,则该行为具有违法性。计算机技术等,本身之存在,显无过失,然而,若行为主体将中立之技术或能力施加于不正当竞争的进程中,并减损其他个体或企业的正当权益,则即使有中立原则之普遍庇护,依然无法免除其应承担的侵权及扰乱市场之责。③

2. 非公益必要不干扰原则。在百度公司诉奇虎公司流量"插标"和"劫持流量"不正当竞争一案中,审理法院首次提出了"非公益必要不干扰原则"。④ 该原则强调互联网市场的竞争应当遵循公平竞争、公益优先和诚实信用原则。在此基础上,如果确实是保护网络用户安全及权益等社会公共利益的需要,网络服务提供者可以干扰他人相关的互联网产品和服务的运行,但是这种干扰应当确保、证明其所采取的干扰手段的必要性和合理性。如果超出必要限度,应当认定其违反了诚实信用原则和公认的商业道德,

---

① 参见张今:《版权法上技术中立的反思与评析》,载《知识产权》2008 年第 1 期。

② 参见"合一信息技术(北京)有限公司诉北京金山安全软件有限公司等不正当竞争纠纷案",北京市海淀区人民法院(2013)海民初字第 13155 号民事判决书,北京市第一中级人民法院(2014)一中民终字第 3283 号民事判决书。

③ 当然对于该案中"技术中立原则"的认识及应用结果,学界存在不同意见。参见董慧娟、周杰:《对浏览器过滤视频广告功能构成不正当竞争的质疑》,载《电子知识产权》2014 年第 12 期;等等。

④ 参见"百度在线网络技术(北京)有限公司等与北京奇虎科技有限公司等不正当竞争纠纷上诉案",北京市高级人民法院(2013)高民终字第 2352 号民事判决书。

损害了其他经营者的合法权益,构成不正当竞争。所谓必要性,是指干扰行为是保护公共利益所必需的,如果不采取阻止措施,将会导致用户合法权益受损或者自身产品和服务无法正常运行。此外,在干扰的过程中,要保证手段的合理性和合法性,在保护用户利益的同时尽可能地减少对其他互联网产品和服务的损害。该原则是将抽象的法律原则通过司法实践予以具体化的体现,该原则的法理基础就是《反不正当竞争法》第2条的一般条款,盖因该原则倡导的就是一般条款所涵盖的"自愿、平等、公平、诚信、遵守商业道德"原则。[①]

"非公益必要不干扰原则"的提出得到了最高人民法院的肯定,认为"本案二审判决确立的互联网产品或服务在竞争中应当遵守的非公益必要不干扰原则,对规范互联网经营者的竞争秩序进行了有创新的探索,对同类案件的处理具有一定的示范作用"。[②] 但是,"非公益必要不干扰原则"将"公益""干扰"等概念引入了互联网不正当竞争行为的规制中,那么如何对上述概念的内涵及其范围进行界定等是个难题,否则不仅无法发挥其应有效用,不当适用恐将对互联网竞争秩序构成损害。[③]

3. 最小特权原则。最小特权原则最早由美国学者在《Multic 中信息分享的保护和控制》一文中提出,其称"系统中每个程序和每个被授予特权的用户都应该用完成工作所必需的最小数量的特权来实现目标"。[④] 这一原则从诞生之日起就是信息安全系统设计领域的一个重要目标,现已经成为互联网行业通行的技术规范。

安全软件具备计算机操作系统底层运行权限,实时监控系统读写、删除、权限升降等进程,并在必要时分析、阻止、停止、清除其他软件的进程。安全软件应当审慎地运用此种特权,对用户及其他服务提供者的干预行为应以实现其功能所必需为前提,此即为"最小特权原则"。安全软件基于其特殊性用户普遍对其存在依赖性,但同时安全软件既是裁判者又是运动员,其衡量软件安全的标准不是固定的,很容易被利用为不正当竞争的工具,妨碍或破坏竞争对手的产品和服务,从而确立自己在市场中的有利的竞争地位。因此,为了创造公平的竞争环境,安全软件在行使"监督权"的过程中享有一定的特权,但是应该遵循"最小特权原则",将干预控制在最小的权利范围内,将其限定在维护网络安全的必要范围内。在北京奇虎科技有限公司与北京百度网讯科技有限公司、

---

① 参见王春晖:《论互联网竞争中的"非公益必要不干扰原则"》,载《电子知识产权》2014 年第 8 期。

② 参见魏小毛:《2013 年中国法院 10 大创新性知识产权案件》,载国家知识产权局网:http://www.sipo.gov.cn/ztzl/ndcs/qgzscqxcz/dxal/201501/t20150113_1061178.html,最后访问日期:2018 年 2 月 17 日。

③ 关于这方面的各种观点可参见石必胜:《互联网竞争的非公益必要不干扰原则　兼评百度诉 360 插标和修改搜索提示词不正当竞争纠纷》,载《电子知识产权》2014 年第 4 期;周樨平:《竞争法视野中互联网不当干扰行为的判断标准——兼评"非公益必要不干扰原则"》,载《法学》2015 年第 5 期;吴太轩、史欣媛:《互联网新型不正当竞争案件审理中商业道德的认定规则研究》,载《现代财经》2016 年第 1 期;杨华权:《消费者同意的计算——兼评"非公益必要不干扰原则"》,载《电子知识产权》2015 年第 4 期;薛军:《质疑"非公益必要不干扰原则"》,载《电子知识产权》2015 年第 1 期;等等。

④ 李翔等:《程序行为监控技术与"最小特权"原则》,载《信息安全与通信保密》2008 年第 12 期。

百度在线网络技术(北京)有限公司商标权权属纠纷申请再审民事裁定书中,最高人民法院指出,安全软件在计算机系统中拥有优先权限,其应当审慎运用这种“特权”,对用户及其他服务提供者的干预行为应以“实现其功能所必需”为前提,从而裁定驳回了北京奇虎科技有限公司的再审申请。①

① 参见最高人民法院(2014)民申字第 873 号民事裁定书。

第二十二章 反不正当竞争法的实施

法的实施是指法在社会生活中被人们实际施行。作为一种行为规范,法在被制定出来后,只是一种“书本上的法律”,处于应然状态。法的实施,就是使法律从书本上的法律变成“行动中的法律”,使其从抽象的行为模式变成人们的具体行为,从应然状态进入实然状态。法的实施包括法的遵守、法的适用和法的执行三个方面。反不正当竞争法的实施也就是该法在现实生活中被人们遵守、被司法机关适用于具体案件、被行政机关依照法定职权和程序予以执行的过程和结果。

第一节 对不正当竞争行为进行法律控制的模式

在世界各国或者地区,只要实行市场经济,不正当竞争行为总是大量发生。针对这些行为的立法仅仅是万里长征的第一步,如何实施法律、由谁来实施法律是接下来的一个关键性问题。

以德国为代表的国家或者地区对不正当竞争行为采取了司法控制的模式。例如,德国,其《反不正当竞争法》中没有规定针对不正当竞争行为的行政主管机关,也没有设定行政处罚措施,主要是依赖那些受到不法行为损害的竞争者、工商或职业团体(具有权利能力的、旨在促进工商利益或独立的职业利益的团体,条件是它们包括较大数量的在相同市场上销售同类或类似商品或服务的经营者,它们的人员装备、物质装备和财务装备有能力履行其章程规定的实现工商利益或独立的职业利益的任务,并且违法行为涉及它们成员的利益)、适格的机构(条件是它们证明已经在《停止侵害之诉法》第4条规定的名录或者欧洲共同体委员会依欧洲议会和欧洲理事会于1998年5月19日颁布的《关于保护消费者利益的停止侵害之诉的指令》规定设置的名单中登记注册)、工业和商业公会或手工业公会等主体依法行使停止侵害请求权和排除妨碍请求权;对故意或过失违反该法第10条规定者,竞争者可就因此产生的损害向其主张损害赔偿请求权。在2004年修订的德国《反不正当竞争法》中还出现了一项新的独特的责任形式:利润收缴(现为第10条),是针对那些故意的违法行为,以损及众多购买人为代价获取利润的,前述有权主张停止侵害请求权的主体(除竞争者外),有权要求行为人将该利润上缴给联邦财政。该上缴利润并非真的作为政府的财政收入,而是为了帮助弥补那些(竞争者之外的)停止侵害请求权主体在制止不正当竞争行为而提起的诉讼中的花费。所以从不正当竞争行为人角度来看,将其视为一种民事制裁更合理;而从诸如工商业团体等制止不正当竞争行为的团体来看,则是一种国家援助。该条款仅适用于故意侵权案件,旨在增强对集体消费者的保护。①

另外,有许多国家则规定了由行政机关实施行政制裁,如澳大利亚、保加利亚、匈牙利、印度、墨西哥、秘鲁、罗马尼亚和美国等,其法律中均有这方面的规定。② 我国台湾地区“公平交易法”中也规定,主管机关(台湾地区“公平交易委员会”)对于涉及违反本规定,危害公共利益之情事,得依检举或职权调查处理。

由以上可见,对于不正当竞争行为的控制,如果类似于德国那样将其视为一种特殊的民事侵权行为,则主要依赖市场竞争中的受损害者(包括工商业团体、消费者团体等关系人)提起民事诉讼来予以制止,对于其中特别恶劣的不法行为如盗窃他人商业秘密等,则运用刑法手段予以制裁。反不正当竞争法中没有指定法定的行政执法机关,也没有规定行政处罚措施。从这个意义上来说,其较多地体现了反不正当竞争法的私法属性。

但是如美国、澳大利亚、印度等则不同,特别是我国台湾地区,往往较为依赖行政机关的行政执法行为,希望借此能够更好地净化市场竞争环境,保护竞争者、消费者和社会公共利益。当然,这些国家或者地区并非不重视民事责任和刑事制裁,而是希望三管齐下,以更好地保护市场的公平竞争秩序。这种直接干预更多体现了反不正当竞争法的公法性质。

究竟哪一种模式更为优秀？本书认为,以上任何一种路径都有其合理性,难分优劣,只有适合与否。就我国而言,幅员广阔、人口众多,在转型时期矛盾又特别集中,各种不正当竞争行为数量巨大、种类繁多,如果单纯依靠效率远非理想的法院来解决争端,的确不太现实。加之目前行政机关在社会事务中的主导地位,行政控制模式具有很大的优越性。当然,有一利基本上也就有一弊。行政机关权力运用往往难以控制,形成滥权。过深过细地介入微观市场中去,难免会出现种种问题。因此,在承认我国有对不正当竞争行为做行政控制的必要性的同时,也要对由此可能产生的问题保持警惕,要通过合理的程序和规定来限制行政权力的不当扩张,以免未得保障公平竞争之利,先受压制、扭曲市场竞争之害。

具体来说,我国所采取的显然不同于德国的司法控制模式,在《反不正当竞争法》实施的早期可以说是以行政控制为主、司法控制为辅。即行政机关拥有较为全面的权力,司法机关在不正当竞争的控制上,只是起一种辅助的作用。随着我国法治进程的加快,目前已经有越来越多的企业通过诉讼来解决不正当竞争纠纷,人民法院在《反不正

---

① 参见[德]博德维希主编:《全球反不正当竞争法指引》,黄武双、刘维、陈雅秋译,法律出版社 2015 年版,第 317 页。

② 参见孔祥俊:《反不正当竞争法新论》,人民法院出版社 2001 年版,第 789 页。

当竞争法》实施中的角色越来越重要，特别是最高人民法院发布的有关司法解释、指导性案例及个案判决，具有越来越大的社会影响力。当然未来对不正当竞争行为的行政控制仍将处于十分重要的地位，从而形成“行政控制与司法控制并重”的格局。

第二节　我国行政执法主体及权限

一、行政执法主体

根据2017年《反不正当竞争法》第3条，“各级人民政府应当采取措施，制止不正当竞争行为，为公平竞争创造良好的环境和条件。国务院建立反不正当竞争工作协调机制，研究决定反不正当竞争重大政策，协调处理维护市场竞争秩序的重大问题。”该法第4条规定：“县级以上人民政府履行工商行政管理职责的部门对不正当竞争行为进行查处；法律、行政法规规定由其他部门查处的，依照其规定。”较之于1993年《反不正当竞争法》，2017年《反不正当竞争法》最大变化在于增加了一个中央层面的“反不正当竞争工作协调机制”，至于具体的行政执法机关，则从“县级以上人民政府工商行政管理部门”变成了“县级以上人民政府履行工商行政管理职责的部门”，这是为了顺应国家机构改革、建立大市场监管格局的需要。

就原工商机关而言，为了更好地执行《反不正当竞争法》，1994年原国家工商行政管理局成立了公平交易局，其主要职责之一是组织监督检查市场行为，查处垄断和不正当竞争案件。公平交易局下设反垄断处和反不正当竞争处，具体负责反垄断及反不正当竞争执法工作。全国各省、地、县三级工商机关都设立了专门的公平交易执法机构。从1998年开始，工商行政管理系统实现了省以下垂直管理；2001年国务院决定工商行政管理局升格为正部级，定位于国务院主管市场监督管理和有关行政执法工作的直属机构；此后根据《国务院关于机构设置的通知》(国发〔2008〕11号)，设立国家工商行政管理总局，为国务院直属机构，较为广泛地负责有关市场监管工作。根据工商系统的资料，自1993年以来，工商行政管理部门一直以维护公平竞争的市场秩序为己任，积极开展反不正当竞争执法，取得了突出的成就。截至2016年年底，全国各级工商和市场监管部门共查处各类不正当竞争案件68.2万件，案值426亿元，罚没金额95亿元。其中，仿冒等侵犯知识产权不正当竞争案件20.3万件，案值42.4亿元，罚没金额10.4亿元；商业贿赂案件7.2万件，案值235亿元，罚没金额51.9亿元；各类限制竞争行为案件1.5万件，案值52.5亿元，罚没金额9.5亿元；虚假宣传案件15.9万件，案值90.5亿元，罚没金额21.8亿元；侵犯商业秘密案件1137件。[①]

根据党的十九届三中全会通过的《深化党和国家机构改革方案》，2018年3月13

---

① 参见桑林：《23年来反不正当竞争执法成果综述》，载《中国人大》2017年第5期。

日,在第十三届全国人民代表大会第一次会议上,《关于国务院机构改革方案的说明》中提出,组建国家市场监督管理总局。改革市场监管体系,实行统一的市场监管,是建立统一开放竞争有序的现代市场体系的关键环节。为完善市场监管体制,推动实施质量强国战略,营造诚实守信、公平竞争的市场环境,进一步推进市场监管综合执法、加强产品质量安全监管,让人民群众买得放心、用得放心、吃得放心。方案提出,将国家工商行政管理总局的职责、国家质量监督检验检疫总局的职责、国家食品药品监督管理总局的职责、国家发展和改革委员会的价格监督检查与反垄断执法职责、商务部的经营者集中反垄断执法及国务院反垄断委员会办公室等职责整合,组建国家市场监督管理总局,作为国务院直属机构。其主要职责是,负责市场综合监督管理,统一登记市场主体并建立信息公示和共享机制,组织市场监管综合执法工作,承担反垄断统一执法,规范和维护市场秩序,组织实施质量强国战略,负责工业产品质量安全、食品安全、特种设备安全监管,统一管理计量标准、检验检测、认证认可工作等。

考虑到药品监管的特殊性,可以单独组建国家药品监督管理局,由国家市场监督管理总局管理。市场监管实行分级管理,药品监管机构只设到省一级,药品经营销售等行为的监管,由市县市场监管部门统一承担。

将国家质量监督检验检疫总局的出入境检验检疫管理职责和队伍划入海关总署,保留国务院食品安全委员会和国务院反垄断委员会,具体工作由国家市场监督管理总局承担。国家认证认可监督管理委员会、国家标准化管理委员会职责划入国家市场监督管理总局,对外保留牌子。不再保留国家工商行政管理总局、国家质量监督检验检疫总局、国家食品药品监督管理总局。

上述机构改革提议被通过。2018 年 3 月 21 日,新组建的国家市场监督管理总局正式成立。2018 年 4 月 10 日,国家市场监督管理总局正式挂牌。之后,各省、直辖市、自治区市场监督管理局也分别重组成立。该机构将成为《反不正当竞争法》最重要的行政执法机关。

值得注意的是,对于不正当竞争行为,除市场监督管理部门外,"法律、行政法规规定由其他部门查处的,依照其规定",这意味着反不正当竞争执法权仍是分散的。

二、行政执法权力及行使

2017 年《反不正当竞争法》第 13 条第 1 款规定:"监督检查部门调查涉嫌不正当竞争行为,可以采取下列措施:(一)进入涉嫌不正当竞争行为的经营场所进行检查;(二)询问被调查的经营者、利害关系人及其他有关单位、个人,要求其说明有关情况或者提供与被调查行为有关的其他资料;(三)查询、复制与涉嫌不正当竞争行为有关的协议、账簿、单据、文件、记录、业务函电和其他资料;(四)查封、扣押与涉嫌不正当竞争行为有关的财物;(五)查询涉嫌不正当竞争行为的经营者的银行账户。"

首先,修订后的法条增强了法律的严谨性,将"不正当竞争行为"改为"涉嫌不正当竞争行为"。旧法直接将涉嫌不正当竞争的行为定义为"不正当竞争行为",忽略经营者的救济权利,新法则弥补了这个缺陷。

其次,2017 年《反不正当竞争法》修订前,反不正当行政执法机关的职权大致可以归纳为询问权、取证权和检查财物权,而没有财产保全和强制权。对此理论界和实务界均有如下观点:[①]该法授予监督检查机关的监督检查权力是非常软弱的,如该法没有规定查封、扣押和冻结等实践证明行之有效的强制措施,致使行政机关在执法过程中常常出现监督检查机关对违法行为人转移违法物品、银行存款等束手无策,违法行为人可以轻而易举地转移财物、存款而逃避制裁。执法机关的取证手段软弱无力,对拒不作证的行为没有行之有效的制裁办法,证人往往没有法律制裁的威慑而拒不作证,致使行政机关查处案件的难度很大;行为人擅自转移、隐匿或销毁与不正当竞争行为有关的财物而致证据灭失时,对于如何确定案件事实,法律没有规定;行为人除承担转移财物的行政处罚外,其违法行为无法被追究责任(对此我国《行政处罚法》亦无规定)。而在反不正当竞争的执法实践中,由于缺乏扣留、查封、强制划拨等强制手段,工商部门在查处不正当竞争案件中,尤其是查处假冒、仿冒的不正当竞争行为时,曾经的做法是避开适用《反不正当竞争法》,而最大限度地适用具有行政强制措施的《投机倒把行政处罚暂行条例》。从严格意义上讲,违背了"法律优先于行政法规"这一适用原则。而且,《投机倒把行政处罚暂行条例》及其实施细则现已失效。[②] 另外,为解决执法手段不足,工商行政管理机关普遍采取与公、检、法部门联合执法,借用其他部门的执法手段,进行工商执法。例如,与检察院联合设立工商检查室,运用检察院的司法手段促进工商执法;与法院联合,在证据保全、案件执行上请法院给予支持;与公安部门联合,加大执法力度,提供安全保障。这些做法不仅增加了执法的难度,也增加了工商行政管理机关的负担。[③] 对此,2017 年《反不正当竞争法》修订后不仅赋予了监督检查部门查封扣押等权力,还赋予监督检查部门必要的强制手段,如第 28 条直接规定:"妨害监督检查部门依照本法履行职责,拒绝、阻碍调查的,由监督检查部门责令改正,对个人可以处五千元以下的罚款,对单位可以处五万元以下的罚款,并可以由公安机关依法给予治安管理处罚。"可以说 2017 年修订一改反不正当竞争执法在执行力、可操作性上的弊端。但是,由于我国工商机关体系庞大,人数众多,人员素质也参差不齐,赋予其如此之大的权力,很可能会出现一个"经济警察部门",很难说会带来更加良好的市场秩序,还是会有更多的"寻租"机会,后果难以预料。对此,2017 年《反不正当竞争法》修订也有考虑,在第 13 条第 2 款对调查程序予以了明确,规定"采取前款规定的措施,应当向监督检查部门主要负责人书面报告,并经批准。采取前款第四项、第五项规定的措施,应当向设区

---

① 参见李胜利:《我国〈反不正当竞争法〉修订与完善中的有关问题》,载《法学杂志》2005 年第 2 期。

② 参见江映虹:《风雨 15 载 工商部门反不正当竞争任重道远》,载《中国工商管理研究》2008 年第 10 期。

③ 参见凡启兵、汪发元:《反不正当竞争法强制措施的缺陷与完善》,载《湖北经济学院学报》(人文社会科学版)2007 年第 4 期。

的市级以上人民政府监督检查部门主要负责人书面报告,并经批准”。除此之外,为平衡监督检查部门和经营者权利义务,第13条第3款规定,“监督检查部门调查涉嫌不正当竞争行为,应当遵守《中华人民共和国行政强制法》和其他有关法律、行政法规的规定,并应当将查处结果及时向社会公开”,以及第30条规定“监督检查部门的工作人员滥用职权、玩忽职守、徇私舞弊或者泄露调查过程中知悉的商业秘密的,依法给予处分”。

第三节 不正当竞争的法律责任

不正当竞争行为人因其违法行为可能会同时承担民事责任、行政责任和刑事责任,这也是现代社会不少法律“公私交融”的一个表现。

一、民事责任

2017年《反不正当竞争法》第17条对不正当竞争行为人因其违法行为可能会承担的民事责任作了较大修订,2019年进一步将第17条修改为:“经营者违反本法规定,给他人造成损害的,应当依法承担民事责任。经营者的合法权益受到不正当竞争行为损害的,可以向人民法院提起诉讼。因不正当竞争行为受到损害的经营者的赔偿数额,按照其因被侵权所受到的实际损失确定;实际损失难以计算的,按照侵权人因侵权所获得的利益确定。经营者恶意实施侵犯商业秘密行为,情节严重的,可以在按照上述方法确定数额的一倍以上五倍以下确定赔偿数额。赔偿数额还应当包括经营者为制止侵权行为所支付的合理开支。经营者违反本法第六条、第九条规定,权利人因被侵权所受到的实际损失、侵权人因侵权所获得的利益难以确定的,由人民法院根据侵权行为的情节判决给予权利人五百万元以下的赔偿。”

首先,2019年《反不正当竞争法》明确指出了违法的经营者“应当依法承担民事责任”。受我国《反不正当竞争法》规制的不正当竞争行为包括混淆行为、虚假宣传行为、商业贿赂行为、侵犯商业秘密行为、不正当有奖销售行为、商业诋毁行为及互联网不正当竞争行为,这些行为发生在不法经营者和受损害经营者、消费者之间,具有确定的致害主体和受害主体,其特殊之处在于侵犯了他人的民事权利的同时也损害了市场秩序。

其次,仍将依据《反不正当竞争法》提起民事诉讼的原告资格限制为经营者,这意味着消费者及其他不具有经营者身份的市场主体无法依据该法起诉。

再次,第17条第3款延续旧法,规定了赔偿额的计算方法,并提供了两种供选择——因不正当竞争行为受到的实际损失和侵权人因侵权所获得的利益;还规定了赔偿数额还应当包括经营者为制止侵权行为所支付的合理开支,如原告的律师费、调查取证费等。这两点在1993年《反不正当竞争法》制定时具有开创性意义,为后来《商标法》《专利法》等损害赔偿规则的完善提供了范本。同时,为了加强商业秘密保护,对恶意实施侵犯商业秘密行为增加了惩罚性赔偿责任的规定。

最后,第17条第4款作为新增条款是一大亮点,即对于市场混淆行为、侵犯他人商业秘密行为而言可以给予定额赔偿或者法定赔偿:在权利人因被侵权所受到的实际损失、侵权人因侵权所获得的利益均难以确定的情况下,可由人民法院根据侵权行为的情节判决给予权利人500万元以下的赔偿。在此之前,关于反不正当竞争法中的民事责任,特别是在损害赔偿额的确定方面,在实践中已有不少进展:

根据《最高人民法院关于审理不正当竞争民事案件应用法律若干问题的解释》,不同侵权行为的损害赔偿额的确定如下:(1)对于侵犯商业秘密行为的损害赔偿额,可以参照确定侵犯专利权的损害赔偿额的方法进行,即"侵犯专利权的赔偿数额按照权利人因被侵权所受到的实际损失确定;实际损失难以确定的,可以按照侵权人因侵权所获得的利益确定。权利人的损失或者侵权人获得的利益难以确定的,参照该专利许可使用费的倍数合理确定。赔偿数额还应当包括权利人为制止侵权行为所支付的合理开支。权利人的损失、侵权人获得的利益和专利许可使用费均难以确定的,人民法院可以根据专利权的类型、侵权行为的性质和情节等因素,确定给予一万元以上一百万元以下的赔偿"(《专利法》第65条)。(2)对于商业混淆行为、虚假宣传行为、商业毁谤行为的损害赔偿额,可以参照确定侵犯注册商标专用权的损害赔偿额的方法进行,即"侵犯商标专用权的赔偿数额,为侵权人在侵权期间因侵权所获得的利益,或者被侵权人在被侵权期间因被侵权所受到的损失,包括被侵权人为制止侵权行为所支付的合理开支。前款所称侵权人因侵权所得利益,或者被侵权人因被侵权所受损失难以确定的,由人民法院根据侵权行为的情节判决给予五十万元以下的赔偿"(2001年《商标法》第56条)。就以上两法的规定而言,其与1993年《反不正当竞争法》的不同之处就在于多了一种赔偿额的计算方法——由法院根据案件情节予以酌定赔偿。[①] 其源于1998年《最高人民法院关于全国部分法院知识产权审判工作座谈会纪要》:"对于已查明被告构成侵权并造成原告损害,但原告损失额与被告获利额等均不能确认的案件,可以采用定额赔偿的办法来确定损害赔偿额。定额赔偿的幅度,可掌握在5000元至30万元之间,具体数额,由人民法院根据被侵害的知识产权类型、评估价值、侵权持续的时间、权利人因侵权所受到的商誉损害等因素在定额赔偿幅度内确定。"此后2001年修订的《商标法》(第56条)、《著作权法》(第48条)、2008年修订的《专利法》(第65条)分别将该定额赔偿数额的上限提升至50万元和100万元,2013年修订的《商标法》则提高到300万元,2019年修法进一步提高到500万元。

此外,各地法院还有其他一些颇为有趣的做法。例如,在商标侵权损失计算中,以

---

① 关于该种损害赔偿额的确定方式在司法实践中的演进,可参见李有根:《论竞争法中的法定赔偿:制度变迁个案的解剖——基于不正当竞争案例的整理与研究》,载《中国法学》2009年第1期。

侵权产品的数量乘以商标权人生产每件正牌产品的合理利润之积作为损失赔偿额;[①]或者以广告费用的倍数加上商业信誉损失费作为赔偿额(北京多灵多生物保健品有限公司诉北京市海淀区百慧新技术开发部、北京市百慧生化制药厂不正当竞争案);[②]以及因原告提出的40万元赔偿额低于侵权方的广告费用而获支持(贵阳南明老干妈风味食品有限公司诉湖南华越食品有限公司不正当竞争案);[③]等等。

当然,鉴于定额赔偿或者法定赔偿意味着法院享有巨大的自由裁量权,《反不正当竞争法》在赔偿数额上追踪知识产权法的最新进展、确立了一个较高的上限之外,还非常慎重地将其适用范围仅限于市场混淆行为、侵犯他人商业秘密行为这两类不正当竞争行为,从原有司法解释的立场上收缩回来,包括虚假宣传行为、商业毁谤行为、网络不正当竞争行为等此前曾经适用过定额赔偿的不正当竞争行为,今后将不能再采用定额赔偿的方式。

除损害赔偿责任外,受侵害的一方还可以依据我国法律关于民事责任的一般规定,要求侵权者承担停止侵权行为、赔礼道歉、消除影响等责任。

除此之外,《反不正当竞争法》第27条规定:"经营者违反本法规定,应当承担民事责任、行政责任和刑事责任,其财产不足以支付的,优先用于承担民事责任。"其明确指出民事赔偿责任优先。这标志着改变了以行政责任为主的法律责任体系,形成民事赔偿责任优先、与行政责任并行的法律责任体系。民事赔偿责任优先的规定将会刺激受侵害的经营者为维护自身的合法利益而采取诉讼手段,也使反不正当竞争法不再过多地依靠行政责任,而形成民事责任、行政责任和刑事责任三者相互配合适用的局面,更好地发挥反不正当竞争法规范市场秩序的作用。

在民事诉讼中,从程序上受不正当竞争行为侵害者能够获得的救济包括:

(1)证据保全。即在证据可能灭失或者以后难以取得的情况下,原告可以在法院受理案件后甚至在起诉前,申请法院对相关证据进行提取、查封或扣押。人民法院接受申请后,必须在48小时内作出裁定;裁定采取保全措施的,应当立即开始执行。

(2)财产保全。即对于因情况紧急,不立即申请财产保全将使其合法权益受到难以弥补的损害,或者可能因当事人一方的行为或者其他原因,使判决不能执行或者难以执行的,当事人可在起诉前或者案件受理后申请法院对相关财产进行查封、扣押或冻结。

---

① 参见蒋志培:《我国知识产权的司法保护与展望》,载刘春田主编:《中国知识产权二十年》,专利文献出版社1998年版,第240页。

② 参见李有根:《论竞争法中的法定赔偿:制度变迁个案的解剖——基于不正当竞争案例的整理与研究》,载《中国法学》2009年第1期。

③ 参见"贵州南明老干妈风味食品有限公司诉湖南华越食品有限公司不正当竞争案",北京市高级人民法院(2000)高知终字第85号民事判决书。对于该案的终身判决理由及结果,有学者曾提出过不同意见,可参见程啸:《穿梭于事实与法律之间——对"老干妈"一案的若干意见》,载《判解研究》2001年第3辑。

(3)临时禁令。即如果情况紧急,不立即停止某种行为将对权利人造成难以弥补的损害的,经权利人申请并提供担保,法院在权利人起诉前或者在案件受理后,可作出裁定,责令被申请人或被告立即停止某种行为。在权利人起诉前,法院作出的裁定为诉前禁令;在法院受理案件后作出判决前作出的裁定为诉中禁令。

二、行政责任

我国《反不正当竞争法》以较大篇幅规定了不正当竞争行为人应当受到的行政处罚,从第18条至第24条针对7种不正当竞争行为分别规定了行政处罚措施;加上第28条和第30条的行政处分条款,仅就行政责任条款就有9条之多;再加上第13~16条关于行政执法的具体规定,总共有13条。该法算上附则也就33条而已。由此可见对于行政执法的依赖性。

对于不正当竞争行为人的行政处罚,主要有以下措施:(1)责令停止违法行为、消除影响;(2)没收违法商品或违法所得;(3)罚款;(4)情节严重的,可以吊销营业执照。具体而言,法律责任部分进行类型化规定,对每一种不正当竞争行为分别设置相应的法律责任。在罚款额度方面有了明显的提高,这不仅顺应了我国社会经济发展状况,更是提高违法成本的体现,有利于经营者作出"理性"选择。具体而言:

经营者从事市场混淆行为的,由监督检查部门责令停止违法行为,没收违法商品。违法经营额5万元以上的,可以并处违法经营额5倍以下的罚款;没有违法经营额或者违法经营额不足5万元的,可以并处25万元以下的罚款。情节严重的,吊销营业执照。经营者登记的企业名称违反《反不正当竞争法》第6条规定的,应当及时办理名称变更登记;名称变更前,由原企业登记机关以统一社会信用代码代替其名称。

经营者从事商业贿赂行为的,由监督检查部门没收违法所得,处10万元以上300万元以下的罚款。情节严重的,吊销营业执照。

经营者从事虚假或者引人误解的商业宣传行为(包括帮助其他经营者虚假宣传)的,由监督检查部门责令停止违法行为,处20万元以上100万元以下的罚款;情节严重的,处100万元以上200万元以下的罚款,可以吊销营业执照。

经营者从事侵犯他人商业秘密行为的,由监督检查部门责令停止违法行为,没收违法所得,处10万元以上100万元以下的罚款;情节严重的,处50万元以上500万元以下的罚款。

经营者从事违法的有奖销售的,由监督检查部门责令停止违法行为,处5万元以上50万元以下的罚款。

经营者从事商业诋毁行为的,由监督检查部门责令停止违法行为、消除影响,处10万元以上50万元以下的罚款;情节严重的,处50万元以上300万元以下的罚款。

经营者从事网络不正当竞争行为的,由监督检查部门责令停止违法行为,处10万元以上50万元以下的罚款;情节严重的,处50万元以上300万元以下的罚款。

除此之外,《反不正当竞争法》第25条规定:"经营者违反本法规定从事不正当竞争,有主动消除或者减轻违法行为危害后果等法定情形的,依法从轻或者减轻行政处罚;违法行为轻微并及时纠正,没有造成危害后果的,不予行政处罚。”鼓励经营者主动消除违法后果,在同时面临被侵权人投诉和行政处罚的情形下,主动解决侵权问题有利于减免行政处罚。

鉴于信用在市场竞争中的特殊重要作用,2017 年修订后的《反不正当竞争法》第 26 条规定了对违法行为人的信用惩戒:“经营者违反本法规定从事不正当竞争,受到行政处罚的,由监督检查部门记入信用记录,并依照有关法律、行政法规的规定予以公示。”此外,修订后的《反不正当竞争法》第 16 条补充建立社会举报机制:“对涉嫌不正当竞争行为,任何单位和个人有权向监督检查部门举报,监督检查部门接到举报后应当依法及时处理。”加大行政处罚力度,增加规定有关违法行为的法律责任,有助于切实发挥法律的惩戒与教育作用。

三、刑事责任

对情节恶劣、危害后果严重的不正当竞争行为,给予刑事处罚,是各国竞争法的通行做法,我国反不正当竞争法也不例外。2017 年修订后的《反不正当竞争法》第 31 条规定:“违反本法规定,构成犯罪的,依法追究刑事责任。”当然,各项详细规定均在《刑法》之中。

1. 关于市场混淆行为。我国《刑法》分则第三章第一节规定了“生产、销售伪劣商品罪”。因此,擅自使用与他人有一定影响的商品名称、包装、装潢等相同或者近似的标识,如果涉及“销售伪劣商品,构成犯罪的”,可以依照有关“生产、销售伪劣商品罪”的相应规定,追究刑事责任。

2. 关于商业贿赂行为。对此,《刑法》共有 8 个罪名与之相关。详见前文。

3. 关于虚假宣传行为。《刑法》第 222 条规定,广告主、广告经营者、广告发布者违反国家规定,利用广告对商品或者服务作虚假宣传,情节严重的,处二年以下有期徒刑或者拘役,并处或者单处罚金。

4. 关于侵犯商业秘密行为。《刑法》第 219 条规定,给商业秘密的权利人造成重大损失的,处三年以下有期徒刑或者拘役,并处或者单处罚金;造成特别严重后果的,处三年以上七年以下有期徒刑,并处罚金;第 220 条则规定了对犯罪单位和个人的“两罚制”。

5. 关于商业诋毁行为。《刑法》第 221 条规定,捏造并散布虚伪事实,损害他人的商业信誉、商品声誉,给他人造成重大损失或者有其他严重情节的,处二年以下有期徒刑或者拘役,并处或者单处罚金;第 231 条则规定了对犯罪单位和个人的“两罚制”。

附:国家市场监督管理总局2020年1月2日发布《〈反垄断法〉修订草案(公开征求意见稿)》及现行法律与草案逐条对比表

市场监管总局就《〈反垄断法〉修订草案(公开征求意见稿)》公开征求意见的公告

为进一步完善反垄断法律制度体系,根据工作部署,市场监管总局起草了《〈反垄断法〉修订草案(公开征求意见稿)》,现向社会公开征求意见。欢迎有关单位和个人提出修改意见,并于2020年1月31日前反馈市场监管总局。公众可以通过以下途径和方式提出意见。

一、登录市场监管总局网站(http://www.samr.gov.cn),通过首页“互动”栏目中的“征集调查”提出意见。

二、通过电子邮件将意见发送xietiaochu@samr.gov.cn,邮件主题请注明“《〈反垄断法〉修订草案(公开征求意见稿)》公开征求意见”。

三、将意见邮寄至:北京市西城区三里河东路8号,市场监管总局反垄断局,邮编100820。请在信封注明“《〈反垄断法〉修订草案(公开征求意见稿)》公开征求意见”字样。

市场监管总局

2020年1月2日

《〈反垄断法〉修订草案(公开征求意见稿)》社会公众意见采纳情况的说明

发布时间:2020 年 4 月 14 日　09:21　　信息来源:市场监管总局反垄断局

为进一步完善反垄断法律制度体系,根据工作部署,《〈反垄断法〉修订草案(公开征求意见稿)》于 2020 年 1 月 2 日至 1 月 31 日通过总局官网向社会公众广泛征求意见。有关情况说明如下:

征集意见期间共收到 75 位社会公众提出的 265 条反馈意见。意见主要集中在立法目的、竞争政策实施、公平竞争审查、垄断协议、滥用市场支配地位、经营者集中申报制度、滥用行政权力排除限制竞争,对涉嫌违法行为的调查与强化反垄断法律责任等方面。我们对征集到的意见进行了认真梳理和研究论证,采纳了大部分合理建议。

下一步,市场监管总局将根据有关意见对修订草案进一步修改完善,继续推进《反垄断法》修订工作,不断提升立法工作质量。

《反垄断法》与《〈反垄断法〉修订草案》(公开征求意见稿)对比表

《反垄断法》 (2007 年 8 月 30 日第十届全国人民代表大会常务委员会第二十九次会议通过)	**《反垄断法》修订草案** **(公开征求意见稿)** (国家市场监督管理总局 2020 年 1 月 2 日发布)
第一章　总则	**第一章　总则**
第一条　为了预防和制止垄断行为,保护市场公平竞争,提高经济运行效率,维护消费者利益和社会公共利益,促进社会主义市场经济健康发展,制定本法。	第一条　为了预防和制止垄断行为,保护市场公平竞争,**鼓励创新**,提高经济运行效率,维护消费者利益和社会公共利益,促进社会主义市场经济健康发展,制定本法。
第二条　中华人民共和国境内经济活动中的垄断行为,适用本法;中华人民共和国境外的垄断行为,对境内市场竞争产生排除、限制影响的,适用本法。	第二条　中华人民共和国境内经济活动中的垄断行为,适用本法;中华人民共和国境外的垄断行为,对境内市场竞争产生排除、限制影响的,适用本法。
第三条　本法规定的垄断行为包括: (一)经营者达成垄断协议; (二)经营者滥用市场支配地位; (三)具有或者可能具有排除、限制竞争效果的经营者集中。	第三条　本法规定的垄断行为包括: (一)经营者达成垄断协议; (二)经营者滥用市场支配地位; (三)具有或者可能具有排除、限制竞争效果的经营者集中。

续表

第四条　国家制定和实施与社会主义市场经济相适应的竞争规则,完善宏观调控,健全统一、开放、竞争、有序的市场体系。	第四条　国家**强化竞争政策基础地位**,制定和实施与社会主义市场经济相适应的竞争规则,完善宏观调控,健全统一、开放、竞争、有序的市场体系。
第五条　经营者可以通过公平竞争、自愿联合,依法实施集中,扩大经营规模,提高市场竞争能力。	第五条　经营者可以通过公平竞争、自愿联合,依法实施集中,扩大经营规模,提高市场竞争能力。
第六条　具有市场支配地位的经营者,不得滥用市场支配地位,排除、限制竞争。	第六条　具有市场支配地位的经营者,不得滥用市场支配地位,排除、限制竞争。
第七条　国有经济占控制地位的关系国民经济命脉和国家安全的行业以及依法实行专营专卖的行业,国家对其经营者的合法经营活动予以保护,并对经营者的经营行为及其商品和服务的价格依法实施监管和调控,维护消费者利益,促进技术进步。 前款规定行业的经营者应当依法经营,诚实守信,严格自律,接受社会公众的监督,不得利用其控制地位或者专营专卖地位损害消费者利益。	第七条　国有经济占控制地位的关系国民经济命脉和国家安全的行业以及依法实行专营专卖的行业,国家对其经营者的合法经营活动予以保护,并对经营者的经营行为及其商品和服务的价格依法实施监管和调控,维护消费者利益,促进技术进步。 前款规定行业的经营者应当依法经营,诚实守信,严格自律,接受社会公众的监督,不得利用其控制地位或者专营专卖地位损害消费者利益。
第八条　行政机关和法律、法规授权的具有管理公共事务职能的组织不得滥用行政权力,排除、限制竞争。	第八条　行政机关和法律、法规授权的具有管理公共事务职能的组织不得滥用行政权力,排除、限制竞争。
	第九条　国家建立和实施公平竞争审查制度,规范政府行政行为,防止出台排除、限制竞争的政策措施。

续表

第九条　国务院设立反垄断委员会,负责组织、协调、指导反垄断工作,履行下列职责: (一)研究拟订有关竞争政策; (二)组织调查、评估市场总体竞争状况,发布评估报告; (三)制定、发布反垄断指南; (四)协调反垄断行政执法工作; (五)国务院规定的其他职责。 国务院反垄断委员会的组成和工作规则由国务院规定。	第十条　国务院设立反垄断委员会,负责组织、协调、指导反垄断工作,履行下列职责: (一)研究拟订有关竞争政策; (二)组织调查、评估市场总体竞争状况,发布评估报告; (三)制定、发布反垄断指南; (四)协调反垄断行政执法**和公平竞争审查**工作; (五)国务院规定的其他职责。 国务院反垄断委员会的组成和工作规则由国务院规定。
第十条　~~国务院规定的承担反垄断执法职责的机构(以下统称国务院反垄断执法机构)~~依照本法规定,负责反垄断执法工作。 国务院反垄断执法机构根据工作需要,可以授权省、自治区、直辖市人民政府相应的机构,依照本法规定负责有关反垄断执法工作。	第十一条　国务院**市场监督管理部门**依照本法规定,负责反垄断执法工作**(以下称国务院反垄断执法机构)**。 国务院反垄断执法机构根据工作需要,可以**设立派出机构或者**授权省、自治区、直辖市人民政府相应的机构,依照本法规定负责有关反垄断执法工作。
第十一条　行业协会应当加强行业自律,引导本行业的经营者依法竞争,维护市场竞争秩序。	第十二条　行业协会应当加强行业自律,引导本行业的经营者依法竞争,维护市场竞争秩序。
第十二条　本法所称经营者,是指从事商品生产、经营或者提供服务的自然人、法人和其他组织。 本法所称相关市场,是指经营者在一定时期内就特定商品或者服务(以下统称商品)进行竞争的商品范围和地域范围。	第十三条　本法所称经营者,是指从事商品生产、经营或者提供服务的自然人、法人和其他组织。 本法所称相关市场,是指经营者在一定时期内就特定商品或者服务(以下统称商品)进行竞争的商品范围和地域范围。
第二章　垄断协议	第二章　垄断协议
	第十四条　禁止经营者之间达成垄断协议。 **本法所称垄断协议,是指排除、限制竞争的协议、决定或者协同行为。**

续表

第十三条　禁止具有竞争关系的经营者达成下列垄断协议： （一）固定或者变更商品价格； （二）限制商品的生产数量或者销售数量； （三）分割销售市场或者~~原材料~~采购市场； （四）限制购买新技术、新设备或者限制开发新技术、新产品； （五）联合抵制交易； （六）国务院反垄断执法机构认定的其他垄断协议。 ~~本法所称垄断协议，是指排除、限制竞争的协议、决定或者其他协同行为。~~（注：此款上移）	第十五条　禁止具有竞争关系的经营者达成下列垄断协议： （一）固定或者变更商品价格； （二）限制商品的生产数量或者销售数量； （三）分割销售市场或者采购市场； （四）限制**获取**新技术、新设备或者限制开发新技术、新产品； （五）联合抵制交易； （六）国务院反垄断执法机构认定的其他垄断协议。
第十四条　禁止经营者与交易相对人达成下列垄断协议： （一）固定向第三人转售商品的价格； （二）限定向第三人转售商品的最低价格； （三）国务院反垄断执法机构认定的其他垄断协议。	第十六条　禁止经营者与交易相对人达成下列垄断协议： （一）固定向第三人转售商品的价格； （二）限定向第三人转售商品的最低价格； （三）国务院反垄断执法机构认定的其他垄断协议。
	第十七条　禁止经营者组织、帮助其他经营者达成垄断协议。
第十五条　经营者能够证明所达成的协议属于下列情形之一的，不适用本法第十三条、第十四条的规定： （一）为改进技术、研究开发新产品的； （二）为提高产品质量、降低成本、增进效率，统一产品规格、标准或者实行专业化分工的； （三）为提高中小经营者经营效率，增强中小经营者竞争力的；	第十八条　经营者能够证明所达成的**垄断**协议属于下列情形之一的，不适用本法第十**五**条、第十**六**条、**第十七条**的规定： （一）为改进技术、研究开发新产品的； （二）为提高产品质量、降低成本、增进效率，统一产品规格、标准或者实行专业化分工的； （三）为提高中小经营者经营效率，增强中小经营者竞争力的；

续表

(四)为实现节约能源、保护环境、救灾救助等社会公共利益的; (五)因经济不景气,为缓解销售量严重下降或者生产明显过剩的; (六)为保障对外贸易和对外经济合作中的正当利益的; (七)法律和国务院规定的其他情形。 属于前款第一项至第五项情形,不适用本法第十三条、第十四条规定的,经营者还应当证明所达成的协议不会严重限制相关市场的竞争,并且能够使消费者分享由此产生的利益。	(四)为实现节约能源、保护环境、救灾救助等社会公共利益的; (五)因经济不景气,为缓解销售量严重下降或者生产明显过剩的; (六)为保障对外贸易和对外经济合作中的正当利益的; (七)法律和国务院规定的其他情形。 属于前款第一项至第五项情形,不适用本法第十五条、第十六条、**第十七条**规定的,经营者还应当证明所达成的协议**是实现相关情形的必要条件,且**不会严重限制相关市场的竞争,并且能够使消费者分享由此产生的利益。
第十六条　行业协会不得组织~~本行业的~~经营者从事本章禁止的垄断行为。	第十九条　行业协会不得组织经营者从事本章禁止的垄断行为。
第三章　滥用市场支配地位	**第三章　滥用市场支配地位**
第十七条　禁止具有市场支配地位的经营者从事下列滥用市场支配地位的行为: (一)以不公平的高价销售商品或者以不公平的低价购买商品; (二)没有正当理由,以低于成本的价格销售商品; (三)没有正当理由,拒绝与交易相对人进行交易; (四)没有正当理由,限定交易相对人只能与其进行交易或者只能与其指定的经营者进行交易; (五)没有正当理由搭售商品,或者在交易时附加其他不合理的交易条件; (六)没有正当理由,对~~条件相同的~~交易相对人在交易价格等交易条件上实行差别待遇; (七)国务院反垄断执法机构认定的其他滥用市场支配地位的行为。 本法所称市场支配地位,是指经营者在相关市场内具有能够控制商品价格、数量或者其他交易条件,或者能够阻碍、影响其他经营者进入相关市场能力的市场地位。	第二十条　禁止具有市场支配地位的经营者从事下列滥用市场支配地位的行为: (一)以不公平的高价销售商品或者以不公平的低价购买商品; (二)没有正当理由,以低于成本的价格销售商品; (三)没有正当理由,拒绝与交易相对人进行交易; (四)没有正当理由,限定交易相对人只能与其进行交易或者只能与其指定的经营者进行交易; (五)没有正当理由搭售商品,或者在交易时附加其他不合理的交易条件; (六)没有正当理由,对交易相对人在交易价格等交易条件上实行差别待遇; (七)国务院反垄断执法机构认定的其他滥用市场支配地位的行为。 本法所称市场支配地位,是指经营者在相关市场内具有能够控制商品价格、数量或者其他交易条件,或者能够阻碍、影响其他经营者进入相关市场能力的市场地位。

续表

第十八条　认定经营者具有市场支配地位,应当依据下列因素: (一)该经营者在相关市场的市场份额,以及相关市场的竞争状况; (二)该经营者控制销售市场或者原材料采购市场的能力; (三)该经营者的财力和技术条件; (四)其他经营者对该经营者在交易上的依赖程度; (五)其他经营者进入相关市场的难易程度; (六)与认定该经营者市场支配地位有关的其他因素。	第二十一条　认定经营者具有市场支配地位,应当依据下列因素: (一)该经营者在相关市场的市场份额,以及相关市场的竞争状况; (二)该经营者控制销售市场或者原材料采购市场的能力; (三)该经营者的财力和技术条件; (四)其他经营者对该经营者在交易上的依赖程度; (五)其他经营者进入相关市场的难易程度; (六)与认定该经营者市场支配地位有关的其他因素。 **认定互联网领域经营者具有市场支配地位还应当考虑网络效应、规模经济、锁定效应、掌握和处理相关数据的能力等因素。**
第十九条　有下列情形之一的,可以推定经营者具有市场支配地位: (一)一个经营者在相关市场的市场份额达到二分之一的; (二)两个经营者在相关市场的市场份额合计达到三分之二的; (三)三个经营者在相关市场的市场份额合计达到四分之三的。 有前款第二项、第三项规定的情形,其中有的经营者市场份额不足十分之一的,不应当推定该经营者具有市场支配地位。 被推定具有市场支配地位的经营者,有证据证明不具有市场支配地位的,不应当认定其具有市场支配地位。	第二十二条　有下列情形之一的,可以推定经营者具有市场支配地位: (一)一个经营者在相关市场的市场份额达到二分之一的; (二)两个经营者在相关市场的市场份额合计达到三分之二的; (三)三个经营者在相关市场的市场份额合计达到四分之三的。 有前款第二项、第三项规定的情形,其中有的经营者市场份额不足十分之一的,不应当推定该经营者具有市场支配地位。 被推定具有市场支配地位的经营者,有证据证明不具有市场支配地位的,不应当认定其具有市场支配地位。

续表

第四章 经营者集中	第四章 经营者集中
第二十条 经营者集中是指下列情形: (一)经营者合并; (二)经营者通过取得股权或者资产的方式取得对其他经营者的控制权; (三)经营者通过合同等方式取得对其他经营者的控制权~~或者能够对其他经营者施加决定性影响~~。	第二十三条 经营者集中是指下列情形: (一)经营者合并; (二)经营者通过取得股权或者资产的方式取得对其他经营者的控制权; (三)经营者通过合同等方式取得对其他经营者的控制权。 **前款所称控制权,是指经营者直接或者间接,单独或者共同对其他经营者的生产经营活动或者其他重大决策具有或者可能具有决定性影响的权利或者实际状态。**
第二十一条 经营者集中达到国务院规定的申报标准的,经营者应当事先向国务院反垄断执法机构申报,未申报的不得实施集中。	第二十四条 经营者集中达到国务院**反垄断执法机构**规定的申报标准的,经营者应当事先向国务院反垄断执法机构申报,未申报的不得实施集中。 **国务院反垄断执法机构可以根据经济发展水平、行业规模等制定和修改申报标准,并及时向社会公布。** **经营者集中达到申报标准,经营者未依法申报实施集中的,或者经营者集中未达到申报标准,但具有或者可能具有排除、限制竞争效果的,国务院反垄断执法机构应当依法进行调查。**
第二十二条 经营者集中有下列情形之一的,可以不向国务院反垄断执法机构申报: (一)参与集中的一个经营者拥有其他每个经营者百分之五十以上有表决权的股份或者资产的; (二)参与集中的每个经营者百分之五十以上有表决权的股份或者资产被同一个未参与集中的经营者拥有的。	第二十五条 经营者集中有下列情形之一的,可以不向国务院反垄断执法机构申报: (一)参与集中的一个经营者拥有其他每个经营者百分之五十以上有表决权的股份或者资产的; (二)参与集中的每个经营者百分之五十以上有表决权的股份或者资产被同一个未参与集中的经营者拥有的。

续表

第二十三条　经营者向国务院反垄断执法机构申报集中,应当提交下列文件、资料: (一)申报书; (二)集中对相关市场竞争状况影响的说明; (三)集中协议; (四)参与集中的经营者经会计师事务所审计的上一会计年度财务会计报告; (五)国务院反垄断执法机构规定的其他文件、资料。 申报书应当载明参与集中的经营者的名称、住所、经营范围、预定实施集中的日期和国务院反垄断执法机构规定的其他事项。	第二十六条　经营者向国务院反垄断执法机构申报集中,应当提交下列文件、资料,**并对提交的材料的真实性负责**: (一)申报书; (二)集中对相关市场竞争状况影响的说明; (三)集中协议; (四)参与集中的经营者经会计师事务所审计的上一会计年度财务会计报告; (五)国务院反垄断执法机构规定的其他文件、资料。 申报书应当载明参与集中的经营者的名称、住所、经营范围、预定实施集中的日期和国务院反垄断执法机构规定的其他事项。
第二十四条　经营者提交的文件、资料不完备的,应当在国务院反垄断执法机构规定的期限内补交文件、资料。经营者逾期未补交文件、资料的,视为未申报。	第二十七条　经营者提交的文件、资料不完备的,应当在国务院反垄断执法机构规定的期限内补交文件、资料。经营者逾期未补交文件、资料的,视为未申报。
第二十五条　国务院反垄断执法机构应当自收到经营者提交的符合本法第二十三条规定的文件、资料之日起三十日内,对申报的经营者集中进行初步审查,作出是否实施进一步审查的决定,并书面通知经营者。国务院反垄断执法机构作出决定前,经营者不得实施集中。 国务院反垄断执法机构作出不实施进一步审查的决定或者逾期未作出决定的,经营者可以实施集中。	第二十八条　国务院反垄断执法机构应当自收到经营者提交的符合本法第二十六条规定的文件、资料之日起三十日内,对申报的经营者集中进行初步审查,作出是否实施进一步审查的决定,并书面通知经营者。国务院反垄断执法机构作出决定前,经营者不得实施集中。 国务院反垄断执法机构作出不实施进一步审查的决定或者逾期未作出决定的,经营者可以实施集中。

续表

第二十六条　国务院反垄断执法机构决定实施进一步审查的,应当自决定之日起九十日内审查完毕,作出是否禁止经营者集中的决定,并书面通知经营者。作出禁止经营者集中的决定,应当说明理由。审查期间,经营者不得实施集中。 有下列情形之一的,国务院反垄断执法机构经书面通知经营者,可以延长前款规定的审查期限,但最长不得超过六十日: (一)经营者同意延长审查期限的; (二)经营者提交的文件、资料不准确,需要进一步核实的; (三)经营者申报后有关情况发生重大变化的。 国务院反垄断执法机构逾期未作出决定的,经营者可以实施集中。	第二十九条　国务院反垄断执法机构决定实施进一步审查的,应当自决定之日起九十日内审查完毕,作出是否禁止经营者集中的决定,并书面通知经营者。作出禁止经营者集中的决定,应当说明理由。 审查期间,经营者不得实施集中。 有下列情形之一的,国务院反垄断执法机构经书面通知经营者,可以延长前款规定的审查期限,但最长不得超过六十日: (一)经营者同意延长审查期限的; (二)经营者提交的文件、资料不准确,需要进一步核实的; (三)经营者申报后有关情况发生重大变化的。 国务院反垄断执法机构逾期未作出决定的,经营者可以实施集中。
	第三十条　下列情形所需时间不计入本法第二十八、第二十九条规定的审查时限: (一)经申报人申请或者同意,暂停审查期间; (二)经营者按照国务院反垄断执法机构的要求补交文件、资料的; (三)国务院反垄断执法机构与经营者按照本法第三十三条规定对附加限制性条件建议进行磋商的。 停止计算审查期限的具体规定,由国务院反垄断执法机构另行制定。

续表

第二十七条　~~审查~~经营者集中,应当考虑下列因素: (一)参与集中的经营者在相关市场的市场份额及其对市场的控制力; (二)相关市场的市场集中度; (三)经营者集中对市场进入、技术进步的影响; (四)经营者集中对消费者和其他有关经营者的影响; (五)经营者集中对国民经济发展的影响; (六)国务院反垄断执法机构认为应当考虑的影响市场竞争的其他因素。	第三十一条　**对**经营者集中**进行审查和调查**,应当考虑下列因素: (一)参与集中的经营者在相关市场的市场份额及其对市场的控制力; (二)相关市场的市场集中度; (三)经营者集中对市场进入、技术进步的影响; (四)经营者集中对消费者和其他有关经营者的影响; (五)经营者集中对国民经济发展的影响; (六)国务院反垄断执法机构认为应当考虑的影响市场竞争的其他因素。
第二十八条　经营者集中具有或者可能具有排除、限制竞争效果的,国务院反垄断执法机构应当作出禁止经营者集中的决定。但是,经营者能够证明该集中对竞争产生的有利影响明显大于不利影响,或者符合社会公共利益的,国务院反垄断执法机构可以作出对经营者集中不予禁止的决定。	第三十二条　经营者集中具有或者可能具有排除、限制竞争效果的,国务院反垄断执法机构应当作出禁止经营者集中的决定。但是,经营者能够证明该集中对竞争产生的有利影响明显大于不利影响,或者符合社会公共利益的,国务院反垄断执法机构可以作出对经营者集中不予禁止的决定。
第二十九条　对不予禁止的经营者集中,国务院反垄断执法机构可以决定附加减少集中对竞争产生不利影响的限制性条件。	第三十三条　对不予禁止的经营者集中,国务院反垄断执法机构可以决定附加减少集中对竞争产生不利影响的限制性条件。
	第三十四条　未达申报标准的经营者集中,经调查具有或者可能具有排除、限制竞争效果的,国务院反垄断执法机构可以按照本法第三十二条、三十三条规定作出处理决定。经营者已经实施集中的,国务院反垄断执法机构还可以责令停止实施集中、限期处分股份或者资产、限期转让营业以及采取其他必要救济措施恢复到集中前的状态。
第三十条　国务院反垄断执法机构应当将禁止经营者集中的决定或者对经营者集中附加限制性条件的决定,及时向社会公布。	第三十五条　国务院反垄断执法机构应当将禁止经营者集中的决定或者对经营者集中附加限制性条件的决定,及时向社会公布。
第三十一条　~~对外资并购境内企业或者以其他方式参与~~经营者集中~~,~~涉及国家安全的,~~除依照本法规定进行经营者集中审查外,~~还应当按照国家有关规定进行国家安全审查。	第三十六条　经营者集中涉及国家安全的,应当按照国家有关规定进行国家安全审查。

续表

第五章　滥用行政权力排除、限制竞争	**第五章　滥用行政权力排除、限制竞争**
第三十二条　行政机关和法律、法规授权的具有管理公共事务职能的组织不得滥用行政权力,限定或者变相限定单位或者个人经营、购买、使用其指定的经营者提供的商品。	第三十七条　行政机关和法律、法规授权的具有管理公共事务职能的组织不得滥用行政权力,限定或者变相限定单位或者个人经营、购买、使用其指定的经营者提供的商品。
第三十三条　行政机关和法律、法规授权的具有管理公共事务职能的组织不得滥用行政权力,实施下列行为,妨碍商品在地区之间的自由流通: (一)对外地商品设定歧视性收费项目、实行歧视性收费标准,或者规定歧视性价格; (二)对外地商品规定与本地同类商品不同的技术要求、检验标准,或者对外地商品采取重复检验、重复认证等歧视性技术措施,限制外地商品进入本地市场; (三)采取专门针对外地商品的行政许可,限制外地商品进入本地市场; (四)设置关卡或者采取其他手段,阻碍外地商品进入或者本地商品运出; (五)妨碍商品在地区之间自由流通的其他行为。	第三十八条　行政机关和法律、法规授权的具有管理公共事务职能的组织不得滥用行政权力,实施下列行为,妨碍商品在地区之间的自由流通: (一)对外地商品设定歧视性收费项目、实行歧视性收费标准,或者规定歧视性价格; (二)对外地商品规定与本地同类商品不同的技术要求、检验标准,或者对外地商品采取重复检验、重复认证等歧视性技术措施,限制外地商品进入本地市场; (三)采取专门针对外地商品的行政许可,限制外地商品进入本地市场; (四)设置关卡或者采取其他手段,阻碍外地商品进入或者本地商品运出; (五)妨碍商品在地区之间自由流通的其他行为。
第三十四条　行政机关和法律、法规授权的具有管理公共事务职能的组织不得滥用行政权力,以设定歧视性资质要求、评审标准或者不依法发布信息等方式,排斥或者限制~~外地~~经营者参加~~本地的~~招标投标活动。	第三十九条　行政机关和法律、法规授权的具有管理公共事务职能的组织不得滥用行政权力,以设定歧视性资质要求、评审标准或者不依法发布信息等方式,排斥或者限制经营者参加招标投标活动。
第三十五条　行政机关和法律、法规授权的具有管理公共事务职能的组织不得滥用行政权力,采取与本地经营者不平等待遇等方式,排斥或者限制外地经营者在本地投资或者设立分支机构。	第四十条　行政机关和法律、法规授权的具有管理公共事务职能的组织不得滥用行政权力,采取与本地经营者不平等待遇等方式,排斥、限制或者**强制**外地经营者在本地投资或者设立分支机构。

续表

第三十六条　行政机关和法律、法规授权的具有管理公共事务职能的组织不得滥用行政权力,强制经营者从事本法规定的垄断行为。	第四十一条　行政机关和法律、法规授权的具有管理公共事务职能的组织不得滥用行政权力,强制**或者变相强制**经营者从事本法规定的垄断行为。
第三十七条　行政机关不得滥用行政权力,制定含有排除、限制竞争内容的规定。	第四十二条　行政机关**和法律、法规授权的具有管理公共事务职能的组织**,不得滥用行政权力,制定含有排除、限制竞争内容的规定。 **行政机关和法律、法规授权的具有管理公共事务职能的组织,在制定涉及市场主体经济活动的规定时,应当按照国家有关规定进行公平竞争审查。**
第六章　对涉嫌垄断行为的调查	**第六章　对涉嫌违法行为的调查**
第三十八条　反垄断执法机构依法对涉嫌垄断行为进行调查。 对涉嫌垄断行为,任何单位和个人有权向反垄断执法机构举报。反垄断执法机构应当为举报人保密。 举报采用书面形式并提供相关事实和证据的,反垄断执法机构应当进行必要的调查。	第四十三条　反垄断执法机构依法对涉嫌垄断行为进行调查。 对涉嫌垄断行为,任何单位和个人有权向反垄断执法机构举报。反垄断执法机构应当为举报人保密。 举报采用书面形式并提供相关事实和证据的,反垄断执法机构应当进行必要的调查。
第三十九条　反垄断执法机构调查涉嫌垄断行为,可以采取下列措施: (一)进入被调查的经营者的营业场所或者其他有关场所进行检查; (二)询问被调查的经营者、利害关系人或者其他有关单位或者个人,要求其说明有关情况; (三)查阅、复制被调查的经营者、利害关系人或者其他有关单位或者个人的有关单证、协议、会计账簿、业务函电、电子数据等文件、资料; (四)查封、扣押相关证据; (五)查询经营者的银行账户。 采取前款规定的措施,应当向反垄断执法机构主要负责人书面报告,并经批准。	第四十四条　反垄断执法机构调查涉嫌垄断行为,可以采取下列措施: (一)进入被调查的经营者的营业场所或者其他有关场所进行检查; (二)询问被调查的经营者、利害关系人或者其他有关单位或者个人,要求其说明有关情况; (三)查阅、复制被调查的经营者、利害关系人或者其他有关单位或者个人的有关单证、协议、会计账簿、业务函电、电子数据等文件、资料; (四)查封、扣押相关证据; (五)查询经营者的银行账户。 采取前款规定的措施,应当向反垄断执法机构主要负责人书面报告,并经批准。**必要时,公安机关应当依法予以协助。**

续表

第四十条　反垄断执法机构调查涉嫌垄断行为,执法人员不得少于二人,并应当出示执法证件。 执法人员进行询问和调查,应当制作笔录,并由被询问人或者被调查人签字。	第四十五条　反垄断执法机构调查涉嫌垄断行为,执法人员不得少于二人,并应当出示执法证件。 执法人员进行询问和调查,应当制作笔录,并由被询问人或者被调查人签字。
第四十一条　反垄断执法机构及其工作人员对执法过程中知悉的商业秘密负有保密义务。	第四十六条　反垄断执法机构及其工作人员对执法过程中知悉的商业秘密**和个人隐私**负有保密义务。
第四十二条　被调查的经营者、利害关系人或者其他有关单位或者个人应当配合反垄断执法机构依法履行职责,不得拒绝、阻碍反垄断执法机构的调查。	第四十七条　被调查的经营者、利害关系人或者其他有关单位或者个人应当配合反垄断执法机构依法履行职责,不得拒绝、阻碍反垄断执法机构的调查。
第四十三条　被调查的经营者、利害关系人有权陈述意见。反垄断执法机构应当对被调查的经营者、利害关系人提出的事实、理由和证据进行核实。	第四十八条　被调查的经营者、利害关系人有权陈述意见。反垄断执法机构应当对被调查的经营者、利害关系人提出的事实、理由和证据进行核实。
第四十四条　反垄断执法机构对涉嫌垄断行为调查核实后,认为构成垄断行为的,应当依法作出处理决定,并可以向社会公布。	第四十九条　反垄断执法机构对涉嫌垄断行为调查核实后,认为构成垄断行为的,应当依法作出处理决定,并可以向社会公布。

续表

第四十五条　对反垄断执法机构调查的涉嫌垄断行为,被调查的经营者承诺在反垄断执法机构认可的期限内采取具体措施消除该行为后果的,反垄断执法机构可以决定中止调查。中止调查的决定应当载明被调查的经营者承诺的具体内容。 反垄断执法机构决定中止调查的,应当对经营者履行承诺的情况进行监督。经营者履行承诺的,反垄断执法机构可以决定终止调查。 有下列情形之一的,反垄断执法机构应当恢复调查: (一)经营者未履行承诺的; (二)作出中止调查决定所依据的事实发生重大变化的; (三)中止调查的决定是基于经营者提供的不完整或者不真实的信息作出的。	第五十条　对反垄断执法机构调查的涉嫌垄断行为,被调查的经营者承诺在反垄断执法机构认可的期限内采取具体措施消除该行为后果的,反垄断执法机构可以决定中止调查。中止调查的决定应当载明被调查的经营者承诺的具体内容。 **对涉嫌违反本法第十五条第(一)(二)(三)项规定的垄断协议,反垄断执法机构不得中止调查。** 反垄断执法机构决定中止调查的,应当对经营者履行承诺的情况进行监督。**经营者应当在规定的时限内向反垄断执法机构书面报告承诺履行情况。**经营者履行承诺的,反垄断执法机构可以决定终止调查。 有下列情形之一的,反垄断执法机构应当恢复调查: (一)经营者未履行承诺的; (二)作出中止调查决定所依据的事实发生重大变化的; (三)中止调查的决定是基于经营者提供的不完整或者不真实的信息作出的。
	第五十一条　国务院反垄断执法机构作出经营者集中审查决定后,有事实和证据表明申报人提供的文件、资料存在或者可能存在不真实、不准确,需要重新审查的,国务院反垄断执法机构可以根据利害关系人的请求或者依据职权,依法进行调查,并撤销原审查决定。
	第五十二条　反垄断执法机构依法对滥用行政权力排除、限制竞争的行为进行调查。被调查的行政机关或者法律、法规授权的具有管理公共事务职能的组织、经营者、利害关系人或者其他有关单位或者个人应当按照反垄断执法机构的要求报告相关事项、提交相关资料,并就报告事项和提供的资料作出说明。

续表

第七章　法律责任	第七章　法律责任
第四十六条　经营者违反本法规定,达成并实施垄断协议的,由反垄断执法机构责令停止违法行为,没收违法所得,并处上一年度销售额百分之一以上百分之十以下的罚款;尚未实施所达成的垄断协议的,可以处~~五十万~~元以下的罚款。 经营者主动向反垄断执法机构报告达成垄断协议的有关情况并提供重要证据的,反垄断执法机构可以酌情减轻或者免除对该经营者的处罚。 行业协会违反本法规定,组织~~本行业的~~经营者达成垄断协议的,反垄断执法机构可以处~~五十万元~~以下的罚款;情节严重的,社会团体登记管理机关可以依法撤销登记。	第五十三条　经营者违反本法规定,达成并实施垄断协议的,由反垄断执法机构责令停止违法行为,没收违法所得,并处上一年度销售额百分之一以上百分之十以下的罚款;**对于上一年度没有销售额的经营者或者**尚未实施所达成的垄断协议的,可以处**五千万元**以下的罚款。 **组织、帮助经营者达成垄断协议的,适用前款规定。** 经营者主动向反垄断执法机构报告达成垄断协议的有关情况并提供重要证据的,反垄断执法机构可以酌情减轻或者免除对该**经营者**的处罚。 行业协会违反本法规定,组织经营者达成垄断协议的,由反垄断执法机构**责令停止违法行为**,可以处**五百万元**以下的罚款;情节严重的,社会团体登记管理机关可以依法撤销登记。
第四十七条　经营者违反本法规定,滥用市场支配地位的,由反垄断执法机构责令停止违法行为,没收违法所得,并处上一年度销售额百分之一以上百分之十以下的罚款。	第五十四条　经营者违反本法规定,滥用市场支配地位的,由反垄断执法机构责令停止违法行为,没收违法所得,并处上一年度销售额百分之一以上百分之十以下的罚款。
第四十八条　经营者~~违反本法规定实施~~集中的,由~~国务院~~反垄断执法机构责令停止实施集中、限期处分股份或者资产、限期转让营业以及采取其他必要措施恢复到集中前的状态~~,可以处五十万元以下的罚款~~。	第五十五条　经营者集中**具有以下情形之一**的,由反垄断执法机构**处上一年度销售额百分之十以下的罚款:** **(一)应当申报而未申报即实施集中的;** **(二)申报后未经批准实施集中的;** **(三)违反附加限制性条件决定的;** **(四)违反禁止经营者集中的决定实施集中的。** **除前款规定外,反垄断执法机构可以根据具体情形责令停止实施集中,附加减少集中对竞争产生不利影响的限制性条件,责令继续履行附加的限制性条件中的义务或变更附加的限制性条件,责令限期处分股份或者资产、限期转让营业以及采取其他必要救济措施恢复到集中前的状态。**

续表

第四十九条　对本法第四十六条、第四十七条、第四十八条规定的罚款，反垄断执法机构确定具体罚款数额时，应当考虑违法行为的性质、程度和持续的时间等因素。	第五十六条　对本法第**五十三**条、第**五十四**条、第**五十五**条规定的罚款，反垄断执法机构确定具体罚款数额时，应当考虑违法行为的性质、程度、持续时间**和消除违法行为后果的情况**等因素。
第五十条　经营者实施垄断行为，给他人造成损失的，依法承担民事责任。	第五十七条　经营者实施垄断行为，给他人造成损失的，依法承担民事责任。**构成犯罪的，依法追究刑事责任。**
第五十一条　行政机关和法律、法规授权的具有管理公共事务职能的组织滥用行政权力，实施排除、限制竞争行为的，~~由上级机关~~责令改正；对直接负责的主管人员和其他直接责任人员依法给予处分。~~反垄断执法机构可以向有关上级机关提出依法处理的建议。~~ ~~法律、行政法规对行政机关和法律、法规授权的具有管理公共事务职能的组织滥用行政权力实施排除、限制竞争行为的处理另有规定的，依照其规定。~~	第五十八条　行政机关和法律、法规授权的具有管理公共事务职能的组织滥用行政权力，实施排除、限制竞争行为的，**反垄断执法机构**可以责令改正，**并向有关上级机关提出依法处理的建议，**对直接负责的主管人员和其他直接责任人员**由上级机关**依法给予处分。 行政机关和法律、法规授权的具有管理公共事务职能的组织**应当在反垄断执法机构**规定的**时间内完成改正行为，并将有关改正情况书面报告反垄断执法机构。**
第五十二条　对反垄断执法机构依法实施的审查和调查，拒绝提供有关材料、信息，或者提供虚假材料、信息，或者隐匿、销毁、转移证据，或者有其他拒绝、阻碍调查行为的，由反垄断执法机构责令改正，对个人可以处~~二万元~~以下的罚款，对单位可以处~~二十万元~~以下的罚款；情节严重的，对个人处~~二万元以上十万元以下~~的罚款，对单位处~~二十万元以上一百万元以下~~的罚款；构成犯罪的，依法追究刑事责任。	第五十九条　对反垄断执法机构依法实施的审查和调查，拒绝提供有关材料、信息，或者提供虚假材料、信息，或者隐匿、销毁、转移证据，**或者威胁人身安全**，或者有其他拒绝、阻碍调查行为的，由反垄断执法机构责令改正，**对行政机关和法律、法规授权的具有管理公共事务职能的组织可以向有关上级机关和监察机关提出依法给予处分的建议，对其他单位处上一年度销售额百分之一以下的罚款，上一年度没有销售额或者销售额难以计算的，处五百万元以下的罚款**；对个人可以处**二十万元以上一百万元**以下的罚款；构成犯罪的，依法追究刑事责任。
第五十三条　对反垄断执法机构依据本法第~~三十八~~条、第~~二十~~九条作出的决定不服的，可以先依法申请行政复议；对行政复议决定不服的，可以依法提起行政诉讼。 对反垄断执法机构作出的前款规定以外的决定不服的，可以依法申请行政复议或者提起行政诉讼。	第六十条　对反垄断执法机构依据本法第三十一条、第三十二条作出的决定不服的，可以先依法申请行政复议；对行政复议决定不服的，可以依法提起行政诉讼。 对反垄断执法机构作出的前款规定以外的决定不服的，可以依法申请行政复议或者提起行政诉讼。

续表

第五十四条　反垄断执法机构工作人员滥用职权、玩忽职守、徇私舞弊或者泄露执法过程中知悉的商业秘密，构成犯罪的，依法追究刑事责任；尚不构成犯罪的，依法给予处分。	第六十一条　反垄断执法机构工作人员滥用职权、玩忽职守、徇私舞弊或者泄露执法过程中知悉的商业秘密，构成犯罪的，依法追究刑事责任；尚不构成犯罪的，依法给予处分。
第八章　附则	**第八章　附则**
第五十五条　经营者依照有关知识产权的法律、行政法规规定行使知识产权的行为，不适用本法；但是，经营者滥用知识产权，排除、限制竞争的行为，适用本法。	第六十二条　经营者依照有关知识产权的法律、行政法规规定行使知识产权的行为，不适用本法；但是，经营者滥用知识产权，排除、限制竞争的行为，适用本法。
第五十六条　农业生产者及农村经济组织在农产品生产、加工、销售、运输、储存等经营活动中实施的联合或者协同行为，不适用本法。	第六十三条　农业生产者及农村经济组织在农产品生产、加工、销售、运输、储存等经营活动中实施的联合或者协同行为，不适用本法。
第五十七条　本法自~~2008年8月1~~日起施行。	第六十四条　本法自　年　月　日起施行。

后　　记

本书两位著者20余载从事经济法学，特别是竞争法的教学科研工作，“愚者千虑，亦必有一得”，20余载下来也算是有了一点心得，遂成此书。其中部分内容曾在学术期刊公开发表，并被转载、转摘、引用，体现了学术界一定程度的认可。现在两位著者对竞争法的理论和制度进行整体性阐述，尤其注重将竞争法一般原理和我国重要的竞争法制度结合起来展开解析，意图进一步提升对竞争法诸问题的认识和理解，也期待能够抛砖引玉，为我国颁布已13年的反垄断法律制度和实施近30年的反不正当竞争法律制度的进一步发展和完善作出些许学者应有的贡献。

本书是孙晋教授主持的国家社科基金重点项目“现代市场体系建设的竞争法问题研究（19AFX019）”、中国法学会2017年度部级研究课题“新经济领域的经营者集中审查问题研究（CLS[2017]C12）”和国家市场监管总局2019年政策研究课题“竞争政策在结构性改革中的重要作用（201901）”的成果之一，同时也是李胜利教授主持的国家社科基金“反不正当竞争法与反垄断法的关系研究（15BFX123）”和安徽省软科学“安徽省科技政策的公平竞争审查研究（201806a02020024）”的成果之一。

在成书过程中，得到了武汉大学法学院、武汉大学竞争法与竞争政策研究中心、安徽大学法学院、安徽大学经济法制研究中心等单位，以及我国著名经济法学家漆多俊教授、我国著名竞争法学家王晓晔教授等学界前辈的关心支持，著者向上述单位和专家的大力支持和指导关心表示衷心感谢！在资料搜集整理过程中，得到武汉大学法学院经济法学博士后邝磊、博士研究生徐则林等，以及安徽大学经济法学博士研究生郑和园等协助，著者对他们的付出致谢！本书的顺利出版，得益于法律出版社的大力支持，还要感谢法律出版社陈妮编辑为本书付梓所做的高水准工作。本书在写作过程中，参考、借鉴和吸收了其他学者的学术成果和相关案例，在此一并表示感谢！

本书虽经著者力求完善而完成，但由于水平有限，书中内容难免粗浅甚或出现错误，恳请读者不吝批评指正！

孙晋　李胜利

2020年1月

图书在版编目(CIP)数据

竞争法原论：第二版／孙晋，李胜利著. -- 新1版
. -- 北京：法律出版社，2020
ISBN 978-7-5197-4574-5

Ⅰ.①竞… Ⅱ.①孙… ②李… Ⅲ.①反不正当竞争
-经济法-中国-高等学校-教材 Ⅳ.①D922.294.4

中国版本图书馆CIP数据核字(2020)第086267号

竞争法原论(第二版)
JINGZHENGFA YUANLUN (DI-ER BAN)

孙 晋 李胜利 著

策划编辑 陈 妮
责任编辑 陈 妮
装帧设计 马 帅

出版 法律出版社
总发行 中国法律图书有限公司
经销 新华书店
印刷 固安华明印业有限公司
责任校对 李景美
责任印制 吕亚莉

编辑统筹 法治与经济出版分社
开本 710毫米×1000毫米 1/16
印张 26.25
字数 530千
版本 2020年10月第1版
印次 2020年10月第1次印刷

法律出版社／北京市丰台区莲花池西里7号(100073)
网址／www.lawpress.com.cn
投稿邮箱／info@lawpress.com.cn
举报维权邮箱／jbwq@lawpress.com.cn
销售热线／400-660-8393
咨询电话／010-63939796

中国法律图书有限公司／北京市丰台区莲花池西里7号(100073)
全国各地中法图分、子公司销售电话：
统一销售客服／400-660-8393/6393
第一法律书店／010-83938432/8433
西安分公司／029-85330678
重庆分公司／023-67453036
上海分公司／021-62071639/1636
深圳分公司／0755-83072995

书号：ISBN 978-7-5197-4574-5
定价：88.00元
(如有缺页或倒装，中国法律图书有限公司负责退换)